U0510521

◎本书的出版得到厦门大学南洋研究院"南洋文库"出版项目的资助

马来亚华人
秘密会党史

The Impact of Chinese Secret Societies
in Malaya: A History Study

〔英〕威尔弗雷德·布莱斯 著
（Wilfred Blythe）

邱格屏 译

中国社会科学出版社

图字：01 - 2018 - 0590 号

图书在版编目（CIP）数据

马来亚华人秘密会党史／（英）威尔弗雷德·布莱斯著；邱格屏译.
—北京：中国社会科学出版社，2019.5（2019.10 重印）
（南洋文库）
书名原文：The Impact of Chinese Secret Societies in Malaya：A History Study
ISBN 978 - 7 - 5203 - 2632 - 2

Ⅰ.①马…　Ⅱ.①威…②邱…　Ⅲ.①华人—会党—研究—马来亚
Ⅳ.①D634.333.8

中国版本图书馆 CIP 数据核字（2018）第 128685 号

© *Royal Institute of International Affairs*, 1969. This translation *Impact of Chinese Secret Societies in Malaya：A Historical Study* is published by arrangement with Chatham House, the Royal Institute of International Affairs. The translation is the sole responsibility of China Social Sciences Press and is not an official translation by Chatham House.

出 版 人　赵剑英
责任编辑　宋燕鹏
责任校对　李　剑
责任印制　李寡寡

出　　版　中国社会科学出版社
社　　址　北京鼓楼西大街甲 158 号
邮　　编　100720
网　　址　http://www.csspw.cn
发 行 部　010 - 84083685
门 市 部　010 - 84029450
经　　销　新华书店及其他书店

印刷装订　北京君升印刷有限公司
版　　次　2019 年 5 月第 1 版
印　　次　2019 年 10 月第 2 次印刷

开　　本　710×1000　1/16
印　　张　41.75
字　　数　661 千字
定　　价　156.00 元

凡购买中国社会科学出版社图书，如有质量问题请与本社营销中心联系调换
电话：010 - 84083683
版权所有　侵权必究

略 语 表

Act. Sec. ：Acting Secretary 代理秘书

App. ：Appendix 附录

AR：*Annual Report*《年报》

BEFEO：*Bulletin deÉcole Francaise d' Extrême Orient*《法兰西远东学院学刊》

Beng. ：Bengal 孟加拉

CCP：Chinese Communist Party 中国共产党

CDL：China Democratic League 中国民主同盟

CDPL：Corresp. Relating to the Disturbances in Perak and Larut 与霹雳和拉律骚乱相关的通信

CID：Criminal Inspector Department 犯罪侦察科

CJSA：*China Journal of Science and Arts* 中国科学与艺术杂志

COD：Colonial Office Despatch 殖民地办公室电报

Col. Sec. ：Colonial Secretary 殖民大臣

Commr, Dy Cmmr：Commissioner, Deputy Commissioner 委员，代理委员

Conf. ：Confidential 机密文件

Cons. ：Consultations 磋商

Corresp. ：Correspondence 信件

CP：Chinese Protectorate 华民护卫司署

CSO：Colonial Secretary's Office 殖民部

Doc. ：Document 文献

EPO：Enquiry into the Complicity of Chiefs in the Perak Outrages，1876

霹雳骚乱同谋调查

FMS：Federated Malay States 马来联邦

GD：Governor's Despatch 总督电报

GG：*Government Gazette* 政府公报

GN：Gazette Notification 通告

GOI：Government of India 印度政府

Gov.：Governor 总督

IGP：Inspector-General of Police 警察总监

IOL：India Office Library 印度事务部图书馆

JAOS：*Journal of American Oriental Society* 《美国东方学会杂志》

JAS：*Journal of Asian Studies* 《亚洲研究杂志》

JIA：*Journal of the Indian Archipelago and East Asia* 《印度群岛与东亚杂志》

JMBRAS：*Journal of the Malayan Branch of the Royal Asiatic Society* 《皇家亚洲学会马来亚分会杂志》

JP：Justice of the Peace 太平局绅

JSBRAS：*Journal of the Straits Branch of the Royal Asiatic Society* 《皇家亚洲学会海峡分会杂志》

JSEAH：*Journal of the South East Asian History* 《东南亚历史杂志》

Keesing：Keesing's Contemporary Archives 基辛氏当代档案

KMT：Kuomingtang 国民党

Leg. Co.：Legislative Council 立法会

Lett.：Letter（s）信件

Mal.：Malacca 马六甲

MCA：Malayan Chinese Association 马华公会

MCP：Malayan Communist Party 马来亚共产党

Mgte：Magistrate 地方官员

MPAJA：Malayan People's Anti-Japanese Army 马来亚人民抗日军

MPAJU：Malayan People's Anti-Japanese Union 马来亚人民抗日同盟

Mtg：Metting 会议

NDYL：New Democratic Youth League 新民主主义青年团

OCAJA：Overseas Chinese Anti-Japanese Army 海外华人抗日军

Ord.：Ordinance 法令（条例）

P. of C.：Protector of Chinese 华民护卫司

PAP：People's Action Party 人民行动党

PEP：Perak Enquiry Papers 霹雳调查档

Pg：Penang 槟榔屿

PLC：Proceedings of Legistrative Council 立法会记录

PRCR：*Penang Riots Commission Report*《槟榔屿暴动调查报告》

Pres.：President 大臣（部长）

PRO：Public Record Office，London 伦敦公共档案室

RAS Trans.：*Royal Asiatic Society Transactions*《皇家亚洲学会学报》

RCs：Resident Councillor（s）参政司

Reg.：Regulation 条例

SATU：Singapore Association of Trade Union 新加坡贸易联合会

Sel.：Selangor 雪兰莪

Sel. Ctee：Select Committee 选举委员会

SFP：*Singapore Free Press*《新加坡自由报》

Sing.：Singapore 新加坡

SMCYYC：San Min Chu Yi Youth Corps 三民主义青年团

SPA：Singapore People's Alliance 新加坡人民联盟

SS：Straits Settlements 海峡殖民地

ST：*Straits Times*《海峡时报》

Supt：Superintendent 主管

UMNO：United Malay Nationalist Organization 巫统

目　　录

第一部分　起源与历史

第二部分　镇压之努力

第三部分　20 世纪的马来亚

第四部分　战后马来亚

导　言

　　本研究的目的在于说明中国的秘密会党的传统作用；他们对海峡殖民地和马来诸邦的输入，他们对华人的影响，以及这些地方的政府为解决因此而不断出现的问题所进行的各种努力。

　　我们知道，源于社会需要并以自我保护和精神满足之结合为基础的教门式会党在中国存在很多个世纪了。这样的会党一旦成立，就因那些欺凌弱者的残暴群体及勒索贫民大众以自肥的人为追求一点点的权力利益而不断被腐蚀，并成为准备在一个相对安全环境下合法经营的各个层次上的业主和商人的避难所，同时也为那些保护和支持穷人的骑士精神保留了一线希望。特别是那个依这种通常惯例组织而成的三合会，自 17 世纪以来就对马来亚移民的源头——中国南部所有的地区——有着潜在的影响。①

　　第一波移民潮始于 18 世纪末 19 世纪初。三合会及其他类似组织在新国家的生活环境下比在故土有着更好的社会需求，一定程度上代替了在中国的各种各样的家庭、村庄和宗族，并且经常为与其有关的移民提供权力支持。

　　通过这种方式，大部分都曾经属于三合会的群体成了统治他们自己会员的组织。在某些地方，比如新加坡，不同的方言群建立了自己的会党；而在其他地方，比如槟榔屿，会党把不同方言群的人，甚至一些根本没有中国血统的人吸收为成员，有时也以地域或职业为标准，或者同时考虑了所有这些因素。但不管它是以什么标准组合成的组织，这个有着秘密仪式和以血誓作为忠诚手段的会党通过入会仪式的束缚，可能是那些精神方面规定的内容，为在统治者的种族、语言、宗教、习惯和行为方式都完全陌

---

　　① 参见第二章。

生的土地上生活的人提供了一种社会背景和一个小型的政治集团。在这个组织里面，或者通过这一组织，可以找到权力、保护、帮助、亲属感等。在这种情况下，移民对会党的依赖是不可避免的。对移民而言，压力实际上是无法抗拒的，秘密会党对其所从事的职业的控制无法逃避。

这种由会党组织对移民社区实施的控制体系的迅速增加意味着很多正常应由政府掌握的权力，至少是那些由英国人实际拥有的权力，被会党利用他们的包括处死在内的惩罚手段支配着，而且会党并不认为当局比他们更有优势。这种由非政府组织掌握的、超出法律范围的权限的中间层存在，有时使目的性很明确的政策和立法归于无效，政府的权力也等于零。事实上，会党实施的控制体系比政府实施的更容易被中国人接受。这些会党在马来亚的经历在很大程度上关系到英国控制的政府运用英国的法律机器去对付那些外来文化的干扰问题。

因为当每个会党都能够统治自己的成员（无论出现了什么样的嫉妒与不和，有时甚至是分裂）时，就不会有任何中央控制体制的规定会被那些有更高权力的人接受。当会党因为经济竞争，或对保护和控制权力的争夺，或仅仅是不同会党会员之间争执和矛盾互相冲突的时候，社会群体分裂成的兄弟组织就更加剧了他们之间在报复杀人、聚众械斗和其他严重破坏和平事件层面上的对抗。

在新加坡则存在这种缺乏中央控制的例外。那里有一个由受义兴会兄弟组织控制的各个分会的首领组成的一个核心组织，它在各会党或会员之间产生矛盾时扮演仲裁人的角色。会党内部对抗（在义兴会组织内部）发展为对公共和平的威胁的危险性就通过这种方式减小了，尽管从来没有消除，但义兴会集团之外的三合会及其他的非三合会会党则不会对此核心组织效忠，因此，公共争吵还是有足够的空间。

早些年，刑事犯罪，如行刺、谋杀、勒索和聚众斗殴等，都被认为纯粹是警察的问题，以为只要有足够的、训练有素的警察就可以保证犯罪仅仅成为书本上的概念，并希望政府能一如既往地为此目的加强警察力量、提高警察素质。但很快就发现，问题显然不那么简单。在这一群体里，正常的起诉和证人向警察说明情况并到法庭作不利于被告的证词都是不行的，因为如果犯罪人被发现，就会被他所在的会党保护起来，那事实上就是在鼓励犯罪，并采取行动以便任何人都不敢作不利于他的证词。而且，没有一个高级警察或其他的政府官员会说哪怕是 1/6 的移民的方言，在警察队伍中的华人也不会去进行调查。他们只相信那些翻译，而翻译本身就是秘密会党的一员，并承受着压力。那些曾经被招募去当警察的华人也是一个样。

因此，这个遍及整个华人社会系统的兄弟会的网络便跟警察作对，反对警察维护公共秩序。如果说会党对政府有任何特别的敌意，那仅仅是因为每一个会党对它自己的会员而言就是一个政府，他们讨厌外来的干涉。正因为如此，当局发现自己必须考虑为了建立一个和平且良好的政府，这一由会党全体所拥有的权力是否应当被剥夺，如果是，又应该采取什么样的手段。

这些想法很自然地变成了立法控制意图，首先，那些有名的会党就要被禁止，但这一点立刻遇到了困难，这种禁令可以通过改名来回避，如果会党被解散的话，则换个不同的名字重组一个新会党就好了。而且也很难区分哪些兄弟组织是对国家的公共安全有害的，哪些是宗族组织。宗族组织拥有大量的会员，并对其成员实施有效控制，但它显然是福利社团。根据能获得的不多的调查资料，宗族组织在某个时间以前就从那些不同的协会组织中脱离出来了，它与"秘密会党"是有区别的。

社团被称为"秘密"有两种原因：一种是他们可能是秘密的组织，他们的首领秘密工作，成员小心地隐藏真实身份；一种是他们可能是一个"公开"的社团，即他们的领袖人物都是众人皆知的，或者是可以了解到的，但它有秘密仪式（通常是入会仪式），有制约着其成员不向非成员特别是当局泄露该社团事务的秘密宣誓。当然，一个社团也可能同时因为这两种原因而被认为是"秘密的"。

马来亚早期的华人秘密会党之所以是秘密的，就是因为他们有秘密的入会仪式和誓言。一般而言，他们的存在和首领都不是秘密的，尽管他们在惹麻烦后会试图逃避责任。所有这些秘密会党的仪式，也包括秘密誓言（如果被违反就可能被处死）。

一旦意识到秘密会党把追求终极权力放到它的誓言中，就有理由相信任何要求会员发与法律相悖的誓言的那些会党都应被禁止。通过这种办法可以打破束缚。正如罗安（J. R. Logan）所指出的，根据现有法律，槟榔屿的律师不可能确认他们犯了罪，因为绝不可能证明那些事实上发过的誓言的存在，这一建议也就被丢到了脑后。

与此同时，那些负有维持秩序责任的警察和行政官员发现必须与秘密会党首领暂时妥协，以便在发生骚乱时他们能及时控制自己的会员，并通过仲裁或协商达成协议。事实上还采取过一种制度（在早期是不合法的），即要求秘密会党首领必须宣誓担任临时警察，并在暴动期间与警察一道上街巡逻，以便让他们暴露在危险的状况之中，从而让他们知道和平的重要性。

在当局与秘密会党这种不稳定的关系还在继续的时候，就有人开始通过立法来加强警察在发生骚乱时的力量了。自然，从欧洲官员到欧洲人的非官方组织的领导都不停地提了很多建议，其中包括：要求所有的居民进行登记并任命一位地方和平官，秘密会党及其首领和会员都应登记；授予总督驱逐权力，等等。所有这些建议没有一个被印度政府接受，在海峡殖民地实施任何这类措施前都必须得到他们的同意，因为海峡殖民地那时依然是印度政府行政管辖下的一部分。实际上是弥漫在印度和英国本土的政府圈子中的自由主义氛围反对对此给予立法限制。事实上，就连直面这一问题的海峡殖民地的总督也一直相信主要是警察出了问题，没有必要进行特别立法。直到 1866 年，即将退休的总督卡文纳夫（Cavenagh）才得出结论说，应当采取进一步的控制措施。

那时，马来亚地区尚不在英国的统治之下。在霹雳（Perak）①、雪兰莪（Selangor）锡矿区和如今叫森美兰（Negri Sembilan）的那个地区，马来亚的统治者和土酋已经与秘密会党的首领就矿工和饷码持有人缴税的数量达成了一致。然后，华人自己去开发他们的资源，当会党间发生械斗甚至发生内战时他们都无力干预。

1867 年，海峡殖民地的管理移交给殖民部，同年槟榔屿就发生了秘密会党暴乱，其直接结果就是和平保护法授权总督在出现令人恐惧的骚乱，即有人持有武器或用武器攻击他人时可以会同行政局宣布戒严。同时还授权总督会同行政局可以驱逐任何非英国国籍的人，并有权驱散暴徒，要求贸易正常进行。这一法案虽然是只有一年有效期的暂时措施，却被发现非常有用，以至于它不断被修改完善直到 1872 年被吸收编入成文法，

---

① 霹雳又称吡叻，本书统一使用"霹雳"。——译者

变成永久性法律条款。然而，此法的目的并不是要对付会党。

槟榔屿暴乱刚一结束，就成立了一个委员会去调查暴动原因并提出控制秘密会党的议案。尽管议案表明其"目的是镇压危险会党"，但经过立法会对条文的删减，它根本就没有镇压的权力了，不过它规定所有成员在10人及其以上（共济会除外）的社团，不管其是否危险，都要登记注册。一个有非法目的或可能对公共和平造成威胁的社团一旦登记注册，就可以要求它提供关于会员、结会仪式、规章制度和账目等方面的详细情况，并且可以要求其领导层担保不会违法。会党参加暴乱则可能被罚款，并对他人人身或财产造成的损害给予相应赔偿。这一法令于1869年12月通过，与前一部法令一样，开始时都暂定有效期一年，但1872年成为永久性法律。

采用此新法令的结果就是使得去掉和平保护法中那些过于严厉的条款成为可能，其中一项重大的修正就是，对戒严期间参与暴乱的危险会党领导层的流放范围进行了限制，希望这两部法令能对秘密会党首领起到威慑作用，它所授予的权力很少用到。

尽管赋予政府的权力日益增长，华人群体内的骚乱仍在继续。并非所有的骚乱都应归因于秘密会党，有些是对市政立法中规定的那些不得人心的苛捐杂税的抗议。但这些印象的存在是因为中国人口中有着难以控制的因素，比如不适当的限制和与秘密会党的广泛的联系都是对公共秩序的威胁，对于限制中国移民和扩展"甲必丹（Capitan）"① 权限的好处的探讨和争论使这个问题更清楚，那就是每个群体的首领都会对自己和他的成员负责。那些控制移民的设想政府还比较容易接受，但商人和企业家是靠进口廉价劳动力获利的，对任何限制都持坚决反对的态度。由于甲必丹制度扩展到荷兰的东印度公司，这种编团编委的格局不可能被任何英国政府接受，除非面临绝境。

招募中国警察的可能性又一次引起争议，但通过秘密会党的影响而实施腐败的危险是最大的担忧。另有一种积极的做法就是任命一个懂中文的欧洲政府官员做翻译，他可以在与华人社区有关的问题上帮助政府制定规

---

① Capitan 又拼作 Kapitan，是马来亚（大概自葡萄牙时期）广泛使用的称呼社群首领的术语。

章制度。

毕麒麟（W. A. Pickering）就是这样的一位官员，他于1872年初到达新加坡，第二年即被任命为"护卫司"（Protector）。从一开始，他关于华人事务的提议就被政府采纳，并且执行社团登记的责任从警局转移到了他手中，这使数据记录得更为完整和精确。不久，他在新加坡的秘密会党首领中确立了威望和影响，极大地促进了当地政府同华人的交流。很快，他认识到允许会党存在的危险性，不得不采取军队编制式的荷兰模式。因为这种形式不可能被接受，并且，也如他所见到的那样，秘密会党太强大了，不改变某些制度就无法镇压，他继续试着通过用现有的法律规定向秘密会党首领施加压力，让他们用自己的影响去控制暴乱和骚动。在海峡殖民地，护卫司与秘密会党的这种联络方式被当作行政管理经验继承下来。然而，这也只是在部分情况下有效，仅仅是在他们遇到危机时，即他们无法继续实施"保护"活动——开办非法赌博、开设妓院，接到他们自己"法庭"的判决，会党内部争斗、嫉妒和仇杀之时，因为这些不体面的事件随时都可能导致暴力冲突和打斗。然而，华民护卫司署（Chinese Protectorate），也就是毕麒麟所在的那个部门的成立，毫无疑问比以前更能有效地进行控制了。

在马来诸邦，尤其是霹雳的拉律（Larut）地区，秘密会党对政府的恶意被看得清清楚楚。在这里，最初的马来亚政府被聚集起来的成千上万的、被认为毫无权力的华人矿工所淹没，这些人的领袖同时也是秘密会党的首领。分属两个华人帮派的矿工之间的流血内战所引起的混乱导致了1874年间英国人对马来亚地区的干涉。自此以后，在英国人影响下的每个州都清楚地规定禁止秘密会党。尽管这一政策的自然结果是秘密会党必定暗中存在，不过，这使得当局无论什么时候发现秘密会党组织或他们的成员在华人社区里露面和示威都可采取措施应对，一旦被发现，他们就要冒被起诉和坐牢的风险，这些秘密会党的积极组织者和领导者则可能会被驱逐回中国。

在海峡殖民地，尽管秘密会党对华人实施控制的证据在不断增加，当局对会党卷入暴乱的了解也在增多，容忍的旧政策却还在继续。这引起了立法会非官方成员的严厉批评。毕麒麟关于镇压秘密会党会引起危险除非有替代组织的观点一直到1888年都被普遍官方认可。这一年，新总督

（金文泰，Cecil Clementi Smith）先生到来，此人有在秘密会党被禁止的香港和秘密会党被容忍的海峡殖民地（任殖民大臣）管理中国人的经验。他坚持要镇压秘密会党，否定了毕麒麟的观点，并于 1889 年争取到立法会支持社团条例。根据该条例，10 人及以上的秘密会党都必须登记注册，并授权总督会同行政局可以拒绝任何目的与殖民地的和平和良好秩序不一致的社团进行登记。如果有必要，为了公众安全和福利，还可解散某些社团，对于协助管理非法社团，可判监禁三年，而会员则可处 500 元罚款，单处或并处 6 个月监禁。

该法于 1890 年 1 月 1 日生效。它与其他一些修正条款一道明确地宣布那些使用三合会仪式的组织是非法社团，而持有三合会文件或其他随身用具者也是违法行为。此法作为控制秘密会党的基本法令一直到日本占领马来亚前还在起作用。所有基于此法被起诉的人都要得到华民护卫司的同意（在其作为社团注册官的管辖范围内），如果审讯后，他觉得对方关于与秘密会党的关系交代不太令人满意的话，他有权要求对个人进行拍照和摁手印。与这一控制和镇压法令并行实施的还有《驱逐条例》（Banishment Ordinance）。根据该条例，如果总督会同行政局认为对维护国家的和平和利益有必要的话，除持英国国籍外的任何人都可以被驱逐出境。

整个马来诸邦（除柔佛是直到 1916 年外）都采用了类似的法律规定，这两部法律所授予的权力足以控制比长期以来威胁公共和平的骚乱更为严重的秘密会党的暴力活动。除了这些限制和镇压措施外，遍及马来亚的华民护卫司署的分支机构扩大为贫穷华人服务的仲裁所，所有到这里来的人都无须付费，既不用付钱给法庭也不用付钱给律师，有懂汉语又了解华人习俗的官员裁定要求、仲裁诉讼、调解争执，这至少减少了会党间开战的理由。

虽然局面平静下来，并且一直保持到日本入侵，但秘密会党这一毒瘤仍旧在侵蚀着华人族群，只要官方稍有放松，或实施有困难，它马上就蓬勃发展。秘密会党这个概念作为社会机体的一部分仍旧在继续，尽管大家都知道这样的组织是不合法的。民众常常陷入进退两难的境地，不知道是该向政府报告他们的活动还是该屈服于他们的要求。正如前文提到的那样，公众的压力不停地改变，在控制不到的边远地区、官员有所松懈的地区，以及侦探和其他官员公开受贿的地区公众的压力就特别大。在这种情况下，就会有三合会的仪式继续存在，即使在城市里压力也并不会完全消失，秘密会党经常被流氓和街头恶棍所代替，警察采取行动的结果，就是秘密会党放弃了表面上的仪式，但保留了敲诈勒索、施压和报复等绝活，带给民众一种根深蒂固的习惯性的恐惧。

在日本战争爆发前的 30 年间，因为华人政治社团——主要反映在参与中国的政治运动上——的出现而使情况发生了很大的变化。有的此类社团，如中和堂（Chung Woh T'ong）和致公堂（Chi Kung T'ong），就是三合会的直系后代，他们采用三合会仪式。而其他组织，如国民党（Kuomintang，KMT）就不那么接近三合会的风格，尽管他们也会发誓并对不忠者进行惩罚，而且每个人都想用传统高压手段来达到目的。在描绘这一相对平静的时期时，我们必须把这种新的发展方向考虑进来，因为政治社团为会内兄弟之间的联系提供了新的渠道，尽管也有个别的公众骚乱应归因于政治社团，但从整体上说他们并没有像旧会党那样从事刑事犯罪。随后成立的马来亚共产党纯粹是一个华人组织，它成为另一个组织中心，其形式虽然与三合会不一样，但它所宣扬的目的就会对和平造成威胁，而且事实上也经常这样。

不过，警察局不同部门的警惕性及政治特别组、刑事犯罪侦察科、统管华人族群活动的华民护卫司等，使得马来亚各级政府能将社会秩序维持在合理平衡状态，当然也会不时地被新加坡的帮派和以中国为基地的政治组织的暴力诉求扰乱局面。然而，政府官员逐步认识到政府赖以维持会党世界和平的主要依据——《驱逐条例》的效果时，由于本地出生人口的增加，该条例正被不断侵蚀，因为这些人是不能被驱逐的。在采取行动对付以中国为基地的政治组织时，英、中两国的关系也是不得不考虑的问题。但尽管有这些限制因素的存在，犯罪事件和公众骚乱依然保持在合理范围之内。事实上，如果考虑到人口由多种族构成的因素及华人人口来自不同的方言群，我们就会把伴随秘密会党出现的骚动看成合理现象。

就在抗日战争爆发前不久，有些华民护卫司署集中精力于保持登记的或豁免登记的社团——只有很少几个社团是危险的——记录这种无用的活的官员建议，《社团条例》应该由香港模式来取代，在香港只有简单的一条法律：如果社团活动危害公共和平及社会安全的话，总督会同政务局有权宣布该社团违法。奇怪的是，同时也有香港的官员提出，香港的法律规定不够充分，并提倡采用新加坡的法律模式。日本对两个殖民地的占领实际上结束了这场争议。

战　后

日本军队占领马来亚使当地政体被改变，英国人统治时期的司法运作程序不复存在。许许多多秘密会党成员被处死，其他人逃到热带丛林中参加了秘密抵抗组织，他们中的大多数参加了马来亚共产党（MCP），还有些人成了日本奸细，向日本人告发其兄弟们的犯罪活动及他们所发现的抗日活动。

虽然那时的日本政府对不受欢迎者实行残酷无情的斩尽杀绝政策，但并没能根除秘密会党这一毒瘤。而且，众所周知的是，霹雳海滨的日本官员还与秘密会党合作进行走私活动。因为日本人在许多农村地区都从事走私和黑市交易活动，秘密会党成为这些活动的代理人就是合理的假设，但能获得的信息很少，秘密会党显然非常谨慎，尽管他们也还举行过入会仪式。

随着日本军队的投降和英国军队的进入，情况有了翻天覆地的变化。英国政府实施结社自由的政策，加上自由的恢复，各种各样的社团迅速遍布了马来亚。新加坡政府也倾向于废除旧的《社团条例》。马来亚的其他地方也在马来亚联邦（后来的马来亚联合邦）这个中央组织下统一起来。不久，事实就证明放弃《社团条例》和《驱逐条例》的控制手段鼓舞了三合会，使他们再次卷土重来，掌握了华族社区的权力，如同早期的槟榔屿。

尽管政府宣称不执行旧的《社团条例》了，但也没有公开提出采用香港禁止会党的法律模式，所以一般人都认为三合会不再是非法组织了，这种情况一直拖了 5 个月才得到解决。而就在这段时间里，三合会有了长足的发展，特别是在槟榔屿，他们对政府构成了严重威胁，招收了数以千计的会员，举行典型的三合会入会仪式，还发血誓。所以，槟榔屿的人，从百万富翁到乞丐都被敲诈盘剥。马来亚治下的其他地方尽管不完全是这样，但也非常普遍。

一旦宣布实施旧法条中的反三合会条款，就有可能通过起诉再次勉强起用驱逐权力来对付那些被证明卷入罪犯行列的秘密会党会员，以对会党的公然的犯罪行为给予压制。受人操控、设备简单且过度劳累的警察虽然不能对问题给予足够的关注，但毕竟它已经在发挥作用了，只是因为政治原因被取消了华民护卫司署更增加了困难。

因为除三合会外，其他的社团都是合法的，公众发现自己要么被欺骗，要么被强迫参加了那些新成立的会党组织，它们经常是打着福利会的幌子，与共产党组织和国民党支部一起使得持有武器的犯罪组织急剧增加。随后（1947 年）被采用的法律采取自愿登记的形式，但两年后被证明试验失败。于是战前的立法再一次被起用，要求所有社团都申请登记。新加坡政府已经取得了殖民部的同意，重新起用战前的《社团条例》，因此，联合邦和新加坡再次处在同一基础之上。在这两个地区，警察队伍经过重组，犯罪侦察科下特设了一个秘密会党特别组，因此力量有所增强。

然而，此时又出现了威胁和平的新情况，马来亚共产党通过怠工和恐怖活动组织的反抗活动比以前的对抗行动更危险，并导致政府拥有特殊的紧急权力，如任何人只要对公众和平造成威胁，就可以不经审判被逮捕和拘留。这些权力被广泛应用，不仅被用于对付那些与共产主义运动有关者，还用来对付那些被了解或被怀疑是秘密会党组织者或成员的人。结果，秘密会党组织被削弱。三合会活动时不时就会复兴，但只要有这些紧急权力存在，就能够处理这样的威胁，尽管新《社团条例》被采用，而且现在还可以自由行使驱逐权力，政府还是觉得非常尴尬。有意思的是，新加坡也实施了相同的紧急管制，随后就决定不再利用这些权力来对付那些与共产主义运动无关的人，并释放了那些根据紧急管制逮捕的秘密会党的成员，这导致了与秘密会党及其匪徒有关的犯罪直线上升。

在联合邦，拘留权没有出现松弛现象，而且警方充分地利用这一权力去保证 1957 年独立的到来，因而并没有导致秘密会党假装在英国人一旦离去，他们可以更好地保护华人的利益不受一个以马来人占多数的政府的欺负而增加活动。英国人的离去及公民权利的实施让秘密会党有了更多的参与到当地政治领域的空间。同样的环境下的新加坡也是如此。

当地政治党派的形成及随后竞选运动和竞选游说证明给秘密会党带来了不少机会，他们的人通常都具备恫吓与强迫的技能。此外，他们再次向新加坡政府提出了他们的想法，希望新加坡政府同意他们把自己的会员都组织在一个公开的"伞状"的三合会之中。一旦这个组织被允许存在，其政治意义是不可估量的。

在联合邦，共产主义起义最终失败了。紧急管制被取消，逮捕和拘留权力则与其他的规定一道被写进了永久性法律，继续有效，秘密会党成员或其他的刑事犯罪分子的身份证被标记了特别符号，如果这些人再犯罪，则要被处以双倍的惩罚。

1955 年 2 月，新加坡产生了过渡时期新宪法，其中规定首席大臣和内阁都必须民选产生。新当选的政府（1955 年 4 月）在立法方面迈出的第一步就是废除《紧急条例》，但很快发现保留逮捕和拘留权力仍然十分必要，并很不情愿地将这一权力写进了一部只实施了一年的条例之中。在实际运用中，我们仍可看到它跟以前一样，只用于对付那些与共产党有瓜葛的犯罪分子，而并没有用于对付犯罪活动日趋增加的秘密会党。

毫无疑问，因为大家都认为民选的政府不会通过严刑峻法来治理百姓，所以国内安全形势有恶化的迹象。地下共产党组织使劳资纠纷、罢工及骚乱剧增，给秘密会党提供了壮大自己队伍的机会。有人针对控制会党力量扩张的立法形式提出了很多想法，并提议给警察局和法院以额外权力，但最终只是勉强同意可以像对待共产分子那样，无须审判就实施逮捕和拘留，似乎这样就足以减轻公众每日因为帮派的盘剥、杀戮及其他斗殴带来的威胁了。最后，还通过立法授予政府这些权力。毫无疑问，新加坡政府极其希望不要走到这一步，但是在考察了所有可供选择的方案并实验了他们的可行性之后，他们最后还是迫不得已走上了联合邦政府选择的那条道。这样，两地在控制秘密会党及其会员方面再次使用了相同的法律。

现在，大家都接受了这样一种局面，即正常的司法程序显然不可能处理马来亚（新加坡当然也包括在内）的华人社会问题了。

有人可能会争辩说，握有此种超常权力对殖民势力撤出后新出现的许多州——即使不是大多数——来说是明智之举，但这样做通常是因为害怕政治颠覆，就好像马来亚使用《紧急条例》对付共产党的颠覆活动那样；另一方面，马来亚的此类权力对于处理秘密会党也是不可或缺的，它们不仅仅是用于对付力求推翻政府的政治组织，而且同样被用来对付那些犯罪行为影响了公共和平的捣乱分子。

现在突出的问题是，在解决这个问题上是否有任何比英国的司法体制更有效的渠道。当然，不管是在中国还是在马来亚；无论是中国的清政府还是日本军队（在相对较短的时间内）都没有把秘密会党逼上绝境。而这两大统治者在动用死刑方面都堪称残酷无情，尽管这样的严刑峻法在实际操作中会因为他们的下层官员的腐败而打点折扣。现在中国的人民政府是不是更有成就呢？近年来倒是很少听说中国的秘密会党，尽管有证据清楚地说明会党还依然存在，并且他们还因 1961 年给政府惹了麻烦而遭到无情镇压。但观照历史，我们会发现这并不能从根本上解决这一毒瘤。

如今，许多国家随处可见青年流氓组成的团伙，毫无疑问，战后普遍混乱的风气和无纪律状态加剧了马来亚及其他地方的此类问题。但（也许除了西西里的黑手党之外）西方国家的帮派很少有像三合会这样的具有长期而又系统的仪式化的背景。或许，要摘除这一社会肌体上的毒瘤需要采取更多的激进措施，而不是寻求镇压的法令和把会党成员统统关进监狱（或者，就像中国那样，统统杀掉），或许还需要他们彻底放弃那些刺激一代又一代人追求梁山好汉的辉煌的中国历史、神话和传统。[1]

似乎中国共产党正在期待出现以下这些结果：利用人们对中国传统历史上的这些英雄的赞美将他们变成共产党的先驱和榜样，这样，就将他们的价值追求引到共产党的轨道上来了，其目的是使中国社会上这些根深蒂固的对英雄的崇拜转变为对共产党及其领导人，以及他们所取得的成功的崇拜。

毛泽东在 1927 年谈到这种转变时是这样说的：

> （湖南的）会党加入了农会，在农会里公开地合法地逞英雄，吐怨气，"山、堂、香、水"的秘密组织，没有存在的必要了。杀猪宰羊，重捐重罚，对压迫他们的土豪劣绅阶级出气也出够了。[2]

也许随着时间的推移，新的历史时期教化出来的第一代或第二代人中

---

[1] 参见下文第 19 页。

[2] 《选集》（北京，1964 年版）第一卷，第 53 页。转引自 Stuart Schram in "Mao Tse-tung and Secret Societies", *China Quarterly*, July-Sept. 1966, p. 5. （注：本译文直接引自人民出版社 1991 年 6 月出版的《毛泽东选集》第一卷，第 38—39 页，因为译者手头上没有 1964 年版的《毛泽东选集》。——译者）

会出现足以排挤旧传统的新规矩，并将有能力促使那些曾经皈依三合会的人投身到支持共产党及其政府的行列中来。但这在我们这一代是不可能看到了。

或许20世纪30年代以前有些东西是值得我们学习的，那时土生华人（Strait Chinese）和他们的中国同胞（China-looking Brethren）之间的隔阂比现在要大，尽管后者（他们在华人族群中占多数）中的许多人都在海峡出生，但他们在华校中接受中国式的教育。一般而言，他们的父母都出生在中国，因此他们在学校和在家里都浸润在传统中华文化之中，而秘密会党正是这种传统文化的一部分。另一方面，土生华人都来自父母是在本土出生的华人家庭，有的甚至已经经过好几代人了，他们在西式学校接受英文教育，学习西方的历史、伦理道德和行为方式，那种原始的中国人气质渐渐消失，华人传统中的那种忠诚与热情对他们不再有吸引力。结果，这类人中对秘密会党感兴趣的极少。因此，假设19世纪时能够为所有的华人孩子提供英式教育的话，秘密会党在20世纪的影响就要小得多。

然而，假设归假设，事实上是不可能的，因为即使提供了更为广泛的英式教育，大量人口往来于中国，财政上的负担使这种全包式的教育政策完全不可能贯彻。今天的情况已经完全不一样了，每年不再有成千上万的华人劳工为复兴三合会的思想而从中国涌来，而且他们还带来了妻儿老小。现在，对移民开放的大门已经关上多年，无论是从经济、社会还是政治上考虑，都没有重新打开的理由。在马来亚，中国出生的孩子的数量迅速减少，根据本地需要设计的教育体制也正在形成之中。

那么，本书想要说的就在于，基本的文化变革在于以本地表征代替华人传统中吸引学生们的兴趣、热情和忠诚的东西，虽然未来的教育形式无须像马来亚模式那样西方化。不过，任何此类变革都必定会遭到华人的激烈抵制，就像他们抵制消除中国政治在学校的影响那样。如果大部分的华人都被接纳为一个独立国家的公民，那么，这种文化迟早要被改变。

在和平的情况下，马来亚的政府部门现在拥有的广泛权力似乎就成了关注的焦点。但拘留数以千计的秘密会党会员——将暴徒带离街道的同时也给公众和警察一个期待已久的喘息机会——不可能被看成最后解决了问题。如果通过感化、教育和学习经商的本事，那些人能够变成有价值的市民，而且在释放时就提供工作机会，那才是再好不过的事。这就是安乐岛

（Pulau Senang）计划的目的。虽然该计划因为过于迷信改造的威力，且几乎没有采取安全预防措施而导致了灾难性后果，计划本身却是值得称道的。① 但任何类似计划只能处理那些被会党牢牢控制住的人，而会党中很可能有许多人根本不需要采取此类措施来对付。有人认为，从根本上讲这不是一个经济问题——那些年轻人一来就找到工作——虽然因为没有工作会使情况变得更糟糕，而是一个道德问题。

本研究希望通过对马来亚会党历史的回顾，揭示其深层本质，以及他们对现时华人生活的实际和潜在影响。这也将有助于把此问题放到社会学框架内来讨论。本书是写给那些现在正同公众打交道的管理者及那些目前从民众那里获取了权力的民选政府官员读的，他们正极力从那些一个又一个的经验和政策中为他们设计切实可行的办法。在这一点上，他们值得深切的同情和理解，因为在吉隆坡和新加坡两政府遇到的所有问题中，这是最难解决的。

---

① 参见本书第520—523页。

中国背景

由于秘密社会组织在中国社会中根深蒂固这一特性，因而有必要在介绍这些会党在马来亚的活动之前，概述一下中国的秘密社会在传统中的概念、宗教、伦理道德和社会活动，并说明对今天的影响。

长久以来，中国社会形成了一个固定模式，就是拉帮结派以相互支持达到共同目标。家庭和氏族是血缘的自然联系，大家都明白各自的责任，但这种感觉还会延续到其他形式的团体中，比如某个省或区远离家乡的男人们组成的会馆、商人或工人组织的行业协会等都会或独自或联手像同业工会一样保护他们成员的利益。对那些离开世代居住的村落在中国的别处或国外寻找工作的、生活在其他方言群体中的个人来说，会馆有助于减轻他们被隔离和忽视的感觉。他们可以通过会馆见到与他们说同一种语言、来自同一地方的人。会馆组织就像一个"互助会"，由一个大家公认的有声望的长者管理，能帮助新来的人解决诸多问题和争端。

许多这类会馆除了能为做生意和社交提供场所，并在需要时担当起传统裁决机构之外，还有慈善功能，能为生病、失业、死亡的会员提供救济，这些钱或者来自每月的定额捐赠，或者向会员募捐所得。即使没有这样系统的救济，至少会有一口灵柩、一套丧服，以及一个写有该会馆名称的灯笼。所有会员，不论多么贫穷卑微，都因此而有了一个体面葬礼的保障。在西方人看来这也许微不足道，但中国对能够让死者的灵魂在仪式中继续前行的葬礼却十分看重。对于一个在外乡工作的人来说，如果知道他的葬礼有这种保障，知道他的尸体不会被遗弃在某个洞内，或像狗一样被扔进河里，知道他的灵魂不会在野外迷失，等等，是一种莫大的安慰。据中国的传说，生命中最重要的事就是死后被体面地安葬。

这些会馆都包含有宗教因素在其中，那就是对家庭和氏族祖先的崇拜及在特定的时间的庆祝、祭祀和戏曲表演中对某个守护神的推崇。每个会馆都发扬一种团结、维护集体利益及依赖自己的会馆而不是国家的观念；每一个会馆也都排外，谨慎地保护会员的利益，对外人潜藏着敌意。

在强调兄弟情谊的秘密社会中更强调宗教仪式，反映出人们对传统伦理道德的信仰，其中充满了对自然力量：天与地、星球、太阳和月亮的崇敬；对统治宇宙间所有物体，特别是天、地、人的道教自然法则——产生了宇宙的安宁和公平的神秘调和："太平"——的认可。

儒教的作用在于强调对个人、家庭和国家的"义"与"忠"，皇帝有如父亲，要对子民们的福祉负责。祖先崇拜反映在礼仪中规定了对真实的或是想象的"祖先"敬畏。

颇受欢迎的道教的影响可以从学习不同养生技巧的教派和礼拜仪式中找到，如气功要求不饮酒，不吃五谷，只喝水；对长生不老药的孜孜以求；追求阴阳的完美平衡；信仰炼金术和神秘力量，还有就是对某些数字，特别是 3 的倍数：18、21、30、72 和 108，及完美数字 5 的使用。整个道教潜藏着的那种无政府状态及对控制反叛的追求，使它更加适合叛乱者。

佛教也是如此。它在中国的发展过程中呈现了许多能易于被作为日常礼仪接受的特性。观音这位仁慈的女神与她的救世之舟都出现在神秘的三合会礼仪之中，就像菩提达摩①的名字"达摩"一样，他在 6 世纪居住的修道院——河南少林寺——作为教授中国武术中的"武僧"的场所而出名。② 三合会就在其关于起源的作品的神秘阐述中提到这个历史细节。③

12 世纪以后广为人知的著名的叛乱教派白莲教，其仪式中包含了很高的道教内涵，而它的名字就是从 5 世纪建立的一个虔诚的佛教派别中"借"来的。④

在这些组织中，由中国人的民族精神这根复杂纤维纺成的线被织入了神秘组织的礼仪中，创造了一种颇受大家欢迎的具有延续性和权威性的

---

① 印度僧人，中国佛教禅宗的始祖。——译者

② J. J. M. De Groot, "Militant Spirit of Buddhist Clergy", *T'oung Pao*, 1891.

③ B. Favre, *Les Societes Secretes en Chine* (1933), 116 – 132, 200 – 202.

④ P. Pelliot, "La Secte du Lotus Blance et la Secte du Nuage Blance", *BEFEO*, iii (1903); S. Couling, *Encyclopaedia Sinica* (1917), p. 467.

情感。

这些组织形式多种多样，有些是道教或佛教的变体，从一开始就像宗教派别那样，或者分别从道教和佛教中吸取了各自的一些仪式；有些自始就是公开的叛乱团体；还有一些则是流氓和骗子欺诈公众的媒介。他们那身连着头巾的服装引起了人们对探究特定的教派历史的困难的注意："在开始时具有政治性质的团体因为注入了新鲜血液或因处在新的环境中而变得具有宗教性，反之亦然；有的消失了或者被迫销声匿迹。若想东山再起，也许就要使用新的名字，或在一个新地方，教义或组织则改不改都行……"[1]

需要指出的是，中国社会模式中有一种特殊形式的关系，就是结拜兄弟。这虽是古代的风俗，但普遍以公元 2 世纪的桃园三结义为证。它与三个陌生人，即刘备、关羽、张飞有关，当王位受到叛乱威胁的时候，他们宣誓结拜为兄弟，至死不渝，以拯救国家、服务人民。正是从这个传说开始，关羽的人物形象以关帝出现，是战神、勇气、奉献、忠诚的象征。他的画像被广为使用，不仅在寺庙里出现，也在家庭和各种尊崇守护神的场所见到。结拜兄弟在中国人的生活中乃常见特征，即使是在商业圈中，一旦立誓，其关系就凌驾于其他一切关系之上，一直到死。这种结拜兄弟的联系是秘密会党中的常见因素。

秘密教门与秘密会党

虽然这些有着煽动性目的的秘密教门或秘密会党的形成根源在古代，但这类组织出现的具体的时间却有赖推测。

尼达姆（Needham）[2] 认为，公元前 1600 年或更早的铸青铜者与道教经书备受赞誉的"神圣的叛乱者"有关。然而，法维尔（Favre）[3] 却指出，目的在于讲述东周时期的故事的《春秋》并未提及任何秘密会党，虽然该书记录的各种对国家产生影响的不幸事件——政治的、杀戮及因中

---

[1] Couling, p. 501.

[2] *Science And Civilization in China* (1954–1956), ii. 119.

[3] Favre, p. 43.

央封建集权的不统一而产生的危机等——本应该包括这些组织的活动。艾伯哈德（Eberhard）① 则认为，秘密会党的种子作为一种被过度压迫的农民阶级的表达媒介，能够在公元 3 世纪的萨满教②起源中找到；导致公元前 202 年汉朝建立并把平民刘邦推上王位的叛乱的情形倾向于支持那时叛乱者组成一个秘密的社会形态的假设。

在公元 25 年东汉建立前的动乱时期，出现了许多这类组织。"赤眉"推翻旧政权建立了新朝代，这个时期的其他叛乱组织还有"铜马""铁胫""绿林"和"大枪"等。③

至此，普遍认为流浪者阶层已经出现，迁徙的农民及洪水、饥荒、战争、高赋税受害者与踟蹰于街头的流浪汉在任何有食物的地方停下来。而无论在任何地方，这些流浪者都不受欢迎，因为他们像蝗虫一样见到什么就吃什么。他们并不认同不保障他们生活而且还把他们当造反者和土匪来对待的政府当局。这些正是研究秘密教门和秘密会党的随手可得的素材。秘密教门和秘密社会的成员都发誓忠诚和保守秘密，不承认除自己组织的领导者之外的任何权威。④

这个游离于法律之外的流浪汉的阶层就是后来著名的"汉留"（汉朝传统的保留）。因此，人们热衷于把他们与第一个以叛乱手段登上王位的平民，即汉朝的建立者联系起来。用他们自己的话说，他们是"江湖兄弟"，他们吸引了具反叛思想者、失业者、无产者、罪犯、法律的漏网之鱼等，他们"在船上生活"，或居住在山地和沼泽地里，但与整个社会多有联系。⑤

一旦哪个地区成立了这样的会党，该地区很快就陷入会党网络。地主、店老板等所有有收入的人都发现给它交保护费是值得的，实际上必须有它存在。

---

① W. Eberhard, *A History of China* (1950), p. 60.

② 萨满教是在原始信仰基础上逐渐丰富与发达起来的一种民间信仰活动，曾广泛流传于中国东北到西北边疆地区操阿尔泰语系满—通古斯、蒙古、突厥语族的许多民族中。——译者

③ W. Stanton, "The Triad Society or Heaven and Earth Association", *China Review*, xxi & xxii (1899), reprinted Hong Kong, 1900, p. 1.

④ M. Loewe, *Imperial China* (1966), pp. 132, 180–181.

⑤ Mao Tse Tung, *Selected Works* (1955), i, 20.

除了劫富济贫的传统，这类会党还无一例外地反对现政权，他们认为政府是大多数贪赃枉法的压迫者的代表。这种能够使官员因害怕丧命而收敛的"英雄"的组织也有某种理论作支撑，就是维护被称为"义"的东西，即维护普通民众的公正。

他们对政府官员的不信任和厌恶是如此根深蒂固，以至于他们就像躲避鼠疫一样避免法官求助，人们总是想尽办法在法律程序框架外解决争端。在这种调解和仲裁系统中，各种自愿组织发挥着重要作用。但是，秘密会党喜欢权力和利益，一个地方的秘密会党往往变成了权力的中心，是法律体系之外的种种运作最终的非正式批准的来源。他们的权力依赖于一旦他们的命令不被遵守就有被杀戮的可能及人们对他们的恐惧。这种恐惧不仅仅来自如果不够忠诚或不遵守誓言就可能被杀头，而且还有通过最初的入教仪式一点点地灌输对上帝的恐惧，如果被上帝知道他们揭露了会党中的秘密，就无法逃脱的死亡惩罚。

几个世纪以来，在因发生洪水、饥饿、征兵或无度税收而引起社会不满时，就会在下层社会出现一个被赋予超常权力的领袖。农村中流传着关于不寻常现象的流言，新领袖即将出现的新闻会传遍该地。这个领袖可能是一个道士或僧人，或自称是佛祖转世，将那些迷信的或易于轻信的民众网到自己的旗下，承诺他们会有更好的生活；或者他利用历史延续的吸引力，宣称自己是前朝皇族的后裔，现在重新获得祖先的王位；又或者，他可能是一个赶考中失意的人，因此对政府不满；或者，他可能只是一个手上沾满血的逃亡者、一个"在江湖上"充满活力的无甚可失的英雄，呼吁人们来帮助他。

"起义"是用来描述人们造反暴动的一个词语（即以正义的名义造反）。起义发生地的地方官往往会成为第一个受害者，因为在造反民众心中，他们是仇恨的目标——政府的代表，同时还因为这些地方官竭力不让其所掌控的权力之印落入叛众之手。此后，造反运动便会轰轰烈烈如暴风雪般地席卷各地。暴民之治所制造的恐怖迫使万民顺应。但是，单单依靠军事力量往往都不足以扑灭起义的火焰，所以，国家军队往往会加入起义队伍，以免于被起义的烈火焚毁。起义一旦发生，就有如燎原之火，极有可能席卷全国，鼓动民众，破坏庄稼，最终导致统治者及其制度被颠覆。而此等运动的起源即造反组织起初的核心往往是某个地方秘密社会，而随着运动的发展，就会有其他类似的组织陆续加入其中，因为所有这些组织的教义都有同一个目标——反对现政权。

事实上，秘密社会在中国组织体系中的地位，就如同政党和投票箱在西方社会中的地位一样。他们是受压迫者寻求救济的最终方式和途径，并可以为更换人们所反对的政府打开一条通道。此外，这些组织通过给会员施以仪式——这种仪式能够满足人类与生俱来的与天共应的渴望以及让他们进入只有被神灵选中灵魂的人们才能享受的秘密避难地的欲求——让其成员感受到安全和数量上的优势。但是，人们由一个专政进入另一个专政的宿命无法避免，尽管人们，尤其是帮助新政权统治者登上宝座的人总是希望新的政权会比旧统治好一些。公元 2 世纪时，出现了许多道家学派，虽然其起初公开的名义是宗教，但他们的领袖人物很快就利用了汉末时期人们对政治和土地的不满情绪成立了群众组织，并慢慢具有了暴动性质。当时的各派之中，"五斗米道"最为有名，其名字因其特定的"入会费"而来，该门派也因其收"入会费"而能够在汉中建立一个小型的独立王国，并作为一支政治力量一直持续到公元 339 年。它曾试图推翻东晋王朝（Eastern Chin Dynasty）[1]，但以失败而告终。其之所以重要，另外一个原因就是它最后成为中国第一道教。创立人张道陵先生死后被赐封为"天师"，其家族一直享用这一名号，直到 1927 年该派在江西龙虎山的皇宫寺被毁。

同时代与其类似的另一教派称为"太平道"（Universal Peace，*T'ai P'ing*）。同样，太平道开始时也是一个富有正气的组织，但很快陷入宫廷争斗，并引发了黄巾军起义。[2]一时间，起义军控制了全国三分之二的土地，饱受饥饿之苦的农民已经伤透了心，迅速接受了这场运动提出的充满希望的口号。[3] 黄巾军起义于公元 184 年被镇压。也就是这个时期，桃园

---

[1] H. F. Macnair, ed., *China* (1946), ch. XVII, p. 285; Favre, pp. 64 – 69; H. Welch, *The parting of the way* (1957), pp. 115 – 116.

[2] Favre, p. 61; Welch, pp. 117 – 118; V. Y. C. Shih, "Some Rebel Chinese Ideologies", *T'oung Pao* xliv (1956), pp. 163 – 170; L. Wieger, *Textes Historiques* (1929), i. 773.

[3] 自然灾害带来的灾难主要发生在以下年份：洪灾 175 年，干旱 176 年、177 年、182 年、183 年，疫病 173 年、179 年、182 年。（H. S. Levy, "Yellow Turban Religion and Rebellion at the end of the Han", *JAOS*, lxxvi (1956), pp. 214 – 222）

三兄弟（前面已作说明）相互结拜，主动承担起救国的重任。

隋朝时（581—681），由于征召大量民工进行工程建设，最终导致大范围的起义运动。其中有一支起义队伍至今仍被人们广为流传，它就是瓦岗寨起义。这次起义中，一些侠士决心抵制当时朝廷贪得无厌的要求，自发聚集在一起，占山为王。他们在瓦岗寨落草为寇，并冠以"正义的造反"之名，对抗朝廷及其官员。在备受欢迎的赞颂传统英雄的舞台剧或古典书籍中，这次起义作为7世纪初期的代表被描述为人民反对官府压迫的正义举动的榜样。

公元12世纪时，这一传统铸就了另一个在中国历史上更为著名的起义帮派，时至今日，其组织和活动仍代表着中国秘密社会的主要特征。中国古典名著《水浒传》（水上强盗的故事）讲的就是这一反叛组织的事迹。其实，他们的故事在1660年风靡全国之前就在民间流传已久。① 这是一个关于一百〇八将的故事，在这一百〇八将中，36人是领袖，另72人处于稍逊的地位，正好各自代表着正统理论中关于36"天王星"和72"地王星"②的说法。这些人全都触犯了当朝法律，聚集在山东一个湖泊中的梁山上，落草为寇。不了解通往山头秘密通道的人根本无法进入他们的聚居地。他们在山上"忠义堂"前共饮血酒，发誓以诚相待，保守秘密，服从命令，天为父、地为母、星为兄弟、月为姐妹。该组织中无任何等级差别，从出生到婚姻等各种人际关系一概不论。所有成员都是大家庭中平等的兄弟，"不论其是否聪明、野蛮、粗俗或具有浪漫情怀，也不论他们是能言善写还是会舞枪弄棒，更不在乎其能奔善跑、精通某种诀窍抑或欺诈之道。他们中的每一个人都根据自己的特点和爱好，在最适合的岗位上发挥自己的才干"。他们践行自己的箴言"忠义"，尽自己的力量反抗压迫者和鱼肉乡民的官员。他们的传说中有这么一段逸事，即他们若被朝廷招安，他们是愿意接受并为当局服务的，并且愿为皇上赶赴前线，以表其忠诚和爱国之心。

因此，水泊梁山的故事一直得不到国家当权者的首肯也就不足为奇

---

① 英文有两种翻译，即赛珍珠（Pearl Buck）的"All Men Are Brothers"（1933）和杰克逊（J. H. Jackson）的"Water Margin"（1937）。

② 即三十六天罡和七十二地煞。——译者

了。有清一代，先后于 1799 年和 1851 年两次出现动荡。《水浒传》因其本身具有反叛的意味而一度被禁止刊行。直到现代，《水浒传》才得以与世人重见。它是 20 世纪 30 年代在中国共产党的支持下出版的。在其前言明确将之放在中国早期共产主义性质文学之列，"其对现代的意义不亚于作者写书那个时代"①。毛泽东坦承该书是影响其早期思想发展脉络的书籍之一。② 由中国共产党重编的《水浒传》现在已被广泛用于政府宣传活动。③

12 世纪时，中国出现了最为著名的造反教派——白莲教。该教大约成立于 1129 年，以创立于 5 世纪的佛教作为教名，并制造了不小的混乱，但白莲教与佛教在远大理想和超俗梵行方面并无任何共同点。它自始至终都是一个由掺杂着强身健体、性活动及摩尼教、道教和佛教特点的以半宗教仪式将信众聚合到一起的叛乱组织。④ 1281 年和 1308 年，官府两度将该教列为禁教。⑤ 然而，在随后的六十年间，又出现了几次自称与白莲教有关的起义活动。那时到处都是饥荒，据说六分之一的人都被活活饿死了。⑥ 虽说最后推翻由蒙古人统治的元朝并建立中国历史上另一个新朝代——明朝的起义是 1368 年的红巾军发动的，但不管怎么说，白莲教与此难脱干系（具有某些关联）。一个姓朱的人通过民众的造反登上了权力的宝座，登基后称为"太祖"，并取年号为"洪武"，他就是众所周知的"乞丐皇帝"。他将中国自外族人统治下解放出来的成功故事极大地鼓励了其他秘密社会的领袖们，尤为明显的是，随后出现的"三合会"将其尊为始祖，并将"洪"作为其所有成员的姓氏。

几个世纪以来，多次出现由自称继承白莲教衣钵的会党发动的起义。在满族人统治的清王朝期间（1644—1911），皇室发布的无数禁止异教的

---

① *All Men Are Brothers*, pp. vi – ix.

② Edgar Snow, *Red Star Over China* (1937), pp. 129 – 132, 138; Ping – chia Kuo, *China: New Age and New Outlook* (1956), pp. 32, 38, 65 – 66, 88.

③ Sing. Leg. Ass., Sess. Paper Cmd. 14 of 1959, p. 3 (Communist Literature in Singapore).

④ Chan Wing-tsit, *Religious Trends in Modern China* (1953), p. 158; De Groot, *Sectarianism and Religious Persecution in China* (1903 – 1904), pp. 164 – 165; J. Kesson, *The Cross and the Dragon* (1854), pp. 250 – 251; V. Purcell, *The Boxer Uprising* (1963), p. 147.

⑤ E. H. Parker, *China, Her History, Diplomacy, and Commerce* (1917), p. 303.

⑥ Eberhard, p. 251.

法令和公告均提到了白莲教的名字①，但是，白莲教却奇迹般地存活下来，并和其他幸存的组织联合起来发动了导致 1900 年事变的"义和拳"运动。

上文对白莲教的简要介绍就足以说明叛乱组织具有的坚强生命力和无孔不入的特点。尽管当局屡次将其宣布为异教并决心铲除，但其竟能长久地活在老百姓的心中，并在适当的时候重现江湖。有人认为这时的白莲教与此前某个首领具有直接关系，并利用他自己对以前仪式的了解而进行部分的加减改变，再次使该教对贫苦农民具有吸引力。元朝和清朝都存在一股号召民族主义爱国运动以推翻异族统治的力量，但它们却不是这些组织成立的主要原因。因为，明朝作为一个由汉族人自己统治的朝代，同样也发生了为数不少的起义暴动，并且，最终未能逃脱被起义军推翻的命运。

在白莲教影响最大的华北和华中一带，还存在着少数其他教派。② 后来，白莲教在这些地区的龙头位置被另一会社——哥老会取代。哥老会在上海设有分支，即"青帮"和"红帮"，"青帮"除在上海活动外，在长江一带也具有不小的影响。③

"哥老会"的壮大与曾国藩的湘军极有关系。曾氏的湘军主要是用来镇压、驱逐盘踞南京一带的太平天国运动军的，但人们认为湘军与那个"宗教性军队并无二致"④。湘军的组织形式似乎会一直存在下去，没想到湘军在 1864 年收复南京后即被解散，军队内因津贴被停而怨声载道。⑤

---

① 1662 年并不像沃德（J. S. M. Ward）和士多林（W. G. Stirling）在《洪门或天地会》（*The Hung Society，or The Society of Heaven and Earth*）（1925 年著）（i. 3）说的那样艰难。康熙皇帝 1670 年发布圣谕，公开谴责异端教派，1674 年公布的被禁止的教派名单中就有白莲教。（参见 De Groot, *Sectarianism*, p. 153）

② 考林（Couling）的著作第 501 页提到詹姆斯（F. H. James）1890 年写的一篇文章中说，仅山东一地就活动着全国 100 多个教派中的 52 个。

③ 在哥老会的发源地——长江流域的安徽省，它被称为安庆帮，人们喜欢用"庆"的同音字"青"来代替。

④ Li Chien-nung, *The Political History of China 1840–1928* (1956), p. 66, 68, quoting Inaba Iwakichi.

⑤ W. J. Hail, *Tseng Kuo-fan and the Taiping Rebellion* (1927); F. Boyle, "Chinese Secret Societies", *Harper's Mag.*, Sept. 1891; C. W. Mason, *The Chinese Confessions of C. W. Mason* (1924), p. 245.

士兵纷纷加入哥老会，致使该会的影响迅速扩大，并不断制造叛乱。①
1911 年辛亥革命发生后及随后的军阀割据时期，哥老会在较大范围内实
际上成了土政府，各地的头头都由军阀充任。

如今中国共产党领导的政府中许多重量级人物都是从"兄弟会"这
所学校毕业的，在那里，他们学会了如何控制传统民众的叛乱以实现自己
政治抱负。②

20 世纪，"青帮"在其控制的地区一直是真正的统治力量。它与比它
规模稍小一点的"红帮"染指了无数罪行：走私（尤其是鸦片）、赌博、
敲诈、卖淫以及收取保护费等。自 1927 年起，"青帮"头子杜月笙就一
直把持着上海的政治、商业和黑社会势力。③

华北和华中讲普通话的各省与福建、广东和广西等拥有众多方言的几
个省份之间存在不小的文化障碍，这种障碍阻挡了白莲教在南方各省的传
播，并且，当时南方早已有了的最大会社——"天地会"。天地会亦被称
为"三点会"和"三合会"。其英文名"Traid Society"就是由后一名称
演变而来的。

根据"三合会"自己的说法，其创立年份在满清王朝建立后的第二
十六年——1674 年。该会的主要口号是"顺天守道"和"反清复明"。
其仪式和教义中夹杂着祭祖、祭天、民间道教、佛教以及儒家教义的成
分，主要表现在共饮血酒、宣誓保密和结拜兄弟。

跟梁山好汉一样，其成员注定要在一个新家庭中获得新生。他们以明
朝的开国皇帝——他们自封的"始祖"的年号为他们的新家取名为
"洪"。这就是"洪门"产生的根源，其后的哥老会及其北方分支都坚持
这一点，采用了三合会同样虚构的历史，只是在组织形式和礼仪上保持他
们自己的独立性。只要是有"洪门"存在的地方，不论是中国或者外国，
他们都宣称自己是中华民族精神的真正守护者。

三合会从一开始就像其第二句口号所隐含的意义那样，是一个非常具

---

① J. D. Ball, *Things Chinese* (1925), pp. 614 - 615; Chan Wing-tsit, p. 161; J. Hutson, "Chinese Life in the Tibetan footbills", *New China R.*, Feb. 1920.

② Agnes Smedley, *Battle Hymn of China* (1943), p. 113; Snow, pp. 65 - 68, 129 - 138, 212 - 214, 352.

③ Y. C. Wang, "Tu Yueh-sheng, 1888 - 1951", *JAS*, May 1967.

有煽动性的会党，很快就横扫南方诸省，许多地方建立了组织。各地三合会虽然礼节相同，但并没有统一的中央组织。清朝政府通过发布特别法令来禁止这种兄弟会的成立就足以反映其当时给朝廷带来的困扰。1792 年始提到天地会这个名字，① 此时距离由台湾当地的三合会组织领导的重大反叛活动已经 6 年了。那次起义中，地方官员被杀死。由此，兄弟会的活动进一步引起了政府的高度重视。② 至 1817 年，南方三省出现了多次由三合会领导的地方性暴动，数以千计三合会会员被当众斩首。

1853 年，中国爆发了两次波及海峡殖民地的三合会起义：一次发生在福建的厦门；一次发生在上海。许多此前住在海峡殖民地的成员举起了起义大旗，于 5 月占领了厦门。经过几个月与政府军争夺城市的拉锯战，双方于 11 月达成协议：起义者离开城市，起航去新加坡及南洋其他地方。同年 9 月，来自福建、广东的 15 万名三合会成员在上海组织领导另一起义。一些兄弟会成员因被认为参与非法活动而被捕或被迫害，这使他们的弟兄非常生气，于是，他们举兵起义，并迅速占领了该市。起义者控制上海 18 个月后，双方再一次达成协议，政府允许三合会会员撤退。1855 年 7 月 17 日夜，起义士兵撤离，其中部分人前往海峡殖民地。③

这两次起义都发生在太平天国运动的早期。1850 年至 1864 年的太平天国运动对中国社会造成了极大的破坏，差一点推翻了满族人政权。但太平天国运动并不是三合会起义，虽然大多数中国人认为太平天国源于兄弟会——这部分是因为其领导人，一个来自广东的客家人姓洪，但也有可能是因为此人早年得到过一个与明朝皇帝同姓朱的三合会首领的支持，这个姓朱的领导人（1852 年被捕）希望利用太平天国运动的帮助取得皇位。此后，另一名三合会首领发现组织内有诸多他们所不喜欢的清规戒律而离去。④

太平天国运动的领导者，那个因科举考试失败而精神错乱的人，接受

---

① Sir G. Staunton, trans., *Ta Tsing Leu Lee* (1810), App. xxiii, pp. 456 ff.

② 据法维尔（Favre）说，他们引起政府的重视与分别发生在 1749 年、1789 年、1817 年、1832 年的暴乱有关。此一观点还可参见 Stanton, p. 10 - 11, 20 - 24。

③ Stanton, pp. 15 - 20; A Wylie, "Chinese Researches", *Shanghae Almanac*, 1854.

④ Hail, ch. 3; Lindley, *Ti - Ping Tien Kuoh*, *The History of the Ti - Ping Rebellion* (1913), i. 52.

了基督教的某些指示，自认为被上帝选中来拯救他的国家。他吸收了一些伪基督教因素作为其组织的教义，用以约束他的信徒们，并把他的兄弟组织称为"拜上帝会"。在鼎盛时期，该教的叛乱行动差不多席卷了全国，造成2000万人丧生。1864年，他死于南京，此时南京已被政府军占领，他的追随者有的向政府军投降，其余的部队在厦门附近奋战了一年多，最后归于失败。①

与此同时，真正的三合会在南方暴乱不断，到1854年，广东的每个地区和广西的大部分地区都发生了公开叛乱，江西和福建也受到影响。珠江三角洲的重要城镇都在三合会的掌握之中。当皇室最终夺回对该地区的控制权时，据估计，仅广东一个省就有100万人被处死。②

造成1855年至1868年间广东地区起义不断的深层次原因是广东本地人和客家人之间的对抗。客家这个名字隐含着"拜访者""客人"的意思，他们被看成外来者，尽管他们的祖先在公元2世纪被从山东赶到南方起就已定居于此。直到太平天国运动末期，朝廷才找到办法来处理客家人的问题，让客家人放下武器，到其他地方耕种，但在此斗争中他们死了15万人。③许多因动乱及三合会起义造成的难民逃到江西加入了太平天国，而更多的则逃到了安全的香港、美国和南洋等地。尽管朝廷采取了残忍的镇压手段，小撮的三合会仍然存在，他们先后于1877年、1886年、1892年和1898年发动叛乱。

诚然，推翻清朝是三合会的明确目标，但当朝的经济因素特别助长了暴乱的发生。历史上很少有哪个朝代的民众对土地问题感到满意，但清朝因人口膨胀而耕地没有相应增加，土地问题格外突出。从汉初到明初共1600年，中国的人口一直保持在5000万人到6000万人的稳定状态。在明朝1368—1644年的276年间，人口激增到1亿人。而1850年太平天国

---

① Cdr. Brine, *The Taeping Rebellion in China.* (1862); S. W. Williams, *The Middle Kingdom* (1900–1901), 631; Li Chien-nung, pp. 53–81; MacNair, *Modern Chinese History* (1927), p. 335 ff.

② Stanton, p. 21.; William, ii (582) ff.; Hsiao Kung-chuan, *Rural China* (1960), pp. 710–711 n.

③ Eitel, "History of the Hakka People", *China R.*, ii (1873–1875); Ball, pp. 281–282.

运动爆发时，人口达到了4亿人，① 农民占总人口的80%，这使饥民问题极度放大。

19世纪的最后25年，中国的社会和政治形态中出现了另一个因素，即留洋学生吸收了国外的不仅具有煽动性而且具有革命性的思想后回到中国，他们准备通过模仿西方国家建立代表机构，把公众与政府长久地联系在一起，而不是宣称要复兴前朝。

当孙中山还是广东一家教会医院的学生时，就于1886年加入了三合会。② 他在香港完成学业后，便决定全身心地投入革命事业中。他同中国、美国檀香山、国外其他地区的兄弟会的分会取得了联系，但很快他就发现，建立共和国的热情受到了限制，因为三合会设定的是一个具有汉族血统的帝王，而不是国外那种总统共和制。③

1894年，孙中山创立了自己的组织——兴中会，该会在组织形式上也采用了传统的秘密会党的形式：发血誓、使用暗号、隐语等。④ 1895年，兴中会尝试组织的早期起义没有成功，孙中山便去了国外。之后的1899年，他想通过在香港召开兴中会、三合会和长江流域哥老会的首领会议而取得遍布中国的秘密社会的支持，希望他们同意合作。⑤ 但因为无论是三合会还是哥老会都没有一个中央组织，革命没有取得什么发展，各地的首领都忙于处理自己地盘上每天发生的意外情况。

1900年，孙中山与日本政府驻台湾总督密谋，试图通过中国南方的三合会进行一次起义，但是最后关头，日本取消了支持他的计划。在北方，义和团起义的失败也是革命的退步。义和团起义本是反清秘密社会组

① Eberhard, p. 290；Ping-chia Kuo, pp. 12 - 13；L. C. Goodrich, *A Short History of the Chinese People* (1957)，p. 202.

② J. Ch'en 与 R. Payne 的著作 *Sun Yat-sen, A Portrait* (1946) 及李剑农（Li Chien-nung）的著作第145页均提到，这一时期中山孙最亲密的朋友就是三合会会员郑士良。汤良礼（T'ang Leang - li）的著作 *The Inner History of the Chinese Revolution* (1930) 第20页也说，孙在这一时期里加入了哥老会。孙在他的那些回忆录中并没有提到他自己是不是洪门中的一员，但不是的可能性极小。

③ Sun Yat-sen, *Memoirs of Chinese Revolutionary* (1918)，pp. 190 - 198；T'ang Leang-li, pp. 24 - 27；C. Click and Hong Sheng-hwa, *Swords of Silence* (1947)，pp. 108 - 199.

④ B. Martin, *Strange Vigour：Biography of Sun Yat-sen* (1944)，p. 101；T'ang Leang - li, p. 29.

⑤ J. Hutson, "Chinese Secret Societies"，*CJSA*, (1929)；Glick and Hong, p. 153.

织的起义活动，后来与朝廷拉上了关系，转而成为反欧洲的一个渠道。

1905 年，具有优势的南方组织兴中会与其在北方得到哥老会极大支持的相应组织华兴会合并，并改名为同盟会。同盟会采用秘密组织内结拜兄弟的形式，对背叛者处以死刑。[①] 该组织在 1907 年到 1908 年发动了一系列的小型起义，主要集中于广西—云南—印度支那周边，影响极大。[②] 至 1911 年，该会在全国 17 个省内拥有 10 万会员，同年 4 月企图在广东掀起的起义被很快镇压下去。10 月，在湖北省会武昌爆发了一场起义，出人意料的是，该起义成就了 1912 年 1 月 1 日民国的成立及满清政府的灭亡。

整个这场革命中，传统秘密会党所起的主要作用是担任第五纵队（Fifth Columnist）[③]，虽然他们只是在战斗过程中本能地参加了起义。三合会对这次革命的帮助还体现在他们对资金的帮助方面，钱主要来自美国和马来亚的兄弟们。虽然他们中间很多人还是倾向于王朝改革的，但当明白王朝必然灭亡时，只能顺应时势。

民国成立后，秘密会党不再是非法组织，他们像权力集团那样公开化了。他们仍然保持着结拜兄弟的秘密仪式，但要求摆脱法律的束缚，让他们自由。不久之后，每个想进一步发展其事业的官员和军队领导都发现加入一个地区会党很重要，[④] 由于政府授权和允许，会党夺权的道路非常明显，全国范围内的政府都被会党分割了。最后，军阀成了地方政治格局，而这些军阀就是利用这些会党及他们的地位来取得支持的。

政治的发展，包括议会的成立，导致了宪法和同盟会宗旨的变化，同盟会由一个革命会党转变成为政党。同盟会在合并了一些小的党派后改名为国民党（1912 年 8 月）。从此以后，随着宪法和称呼的变化，国民党就

---

① T'ang Leang-li, pp. 49 - 50; Martin, p. 104; Li Chien-nung, p. 201.

② Li Chien-nung, p. 221.

③ "第五纵队（Fifth Columnist）" 的意思是 "为破坏一个国家的团结而不择手段从事暗中活动的颠覆分子所组成的秘密小集团"。这个名词产生于西班牙内战时期。1936 年，西班牙独裁者佛朗哥的部下莫拉率领的 4 个纵队进攻马德里。攻城前，他发表广播讲话说："我率领的 4 个纵队已经包围了马德里，第五纵队则部属在城内。"这里的第五纵队指的是 "在城里做内应的人"，现在人们用这则成语来指 "间谍" 或 "内奸"。——译者

④ K. S. Latourette, *The Chinese: Their History and Culture* (1951), p. 681; A. D. Barnett, *China on the Eve of the Communist Takeover* (1963), pp. 127 - 129.

成了中国名义上的政府，直到 1949 年被共产党取代。

孙中山清楚地意识到依靠这些秘密会党取得群众支持的危险性，因为他知道，会员只忠于直接领导他们的首领，且他们向来反对政府当局。不过，这也是他们的作用所在。1919 年，国民党重新立法的过程中，他要求洪门废除他们的仪式，更改兄弟会的名称，转变成一个与他自己的政党一样的政党。① 但是他的要求没达到目的，虽然三合会的成员也加入了国民党，但是总体上他们只支持孙中山，不允许三合会被完全吸收。他们辩称，革命很有可能遭到背叛，三合会应该处于一个能够保护人民自由的地位。因此，他们必须继续作为一个独立的组织存在，而不对任何政党负责，组织管理也仅凭内部的章程和会员的忠心。②

正当孙中山到处寻求帮助的时候，他于 1921 年在莫斯科接触到了第三国际，并被说服让中国共产党以个人名义加入国民党。但这一计划因军阀陈炯明的野心在 1922 年遇到了困难（陈炯明是广东惠州的客家人，一心想统治两广地区，因此不断破坏孙中山统一中国的计划）。俄罗斯革命后建立的强大共和制政府，让孙中山深受感染，于是他接触了俄罗斯驻华代表越飞（Adolf Joffe）。1923 年 1 月，孙中山与越飞达成了一个合作意向，即由俄罗斯帮助国民党抵抗帝国主义和完成国内革命，但不要在中国过多宣传在中国行不通的共产主义。③ 一位年轻的俄国革命领导人鲍罗廷（Michael Borodin）④ 被派给孙中山做助手。1924 年 1 月，中国国民党代表大会通过了一个苏联模式的新党章。大会同意中国共产党党员全体加入国民党。同时，那些参加了国民党的秘密会党会员或公开组织的成员都要详细说明他们在这些组织或会党中情况。

重组后的国民党，不但对于以民族主义的名义加入共产党的人是个巨大的鼓舞，而且，对于那些有革命信仰又渴望有出路的新一代学生来说也同样振奋人心。对于孙中山来说，国民党重现生机使他有可能再次获得民心，并成为完成革命的新动力。然而，并非所有他的同志都是这样想的，

① 从 1914 年 7 月到 1919 年 10 月，该党派就称为革命党。
② Glick and Hong, p. 232.
③ MacNair, *China*, p. 140.
④ 鲍罗廷（Michael Borodin），俄罗斯人，原名马尔克维奇·格鲁申贝格，1923—1927 年共产国际驻中国代表和苏联驻中国国民党代表、国民政府高级顾问。——译者

有人就担心他们自己的地位被那些蜂拥而至的充满活力的新成员所动摇。于是，国民党发生了分裂，孙中山和大多数高层领导，包括汪精卫和蒋介石等，组成了一个由孙中山领导的国民党参政会，把那些反对改革的"老同志"排除在外。

同时，旅美华人也在1923年表达了他们的看法，他们认为中国的政治局势太过混乱，他们要施加影响以改变现状。

中国移民最早进入美国大约是在19世纪50年代。那时，中国大陆的三合会起义被清政府所镇压，很多三合会会员从上海、广东等地逃往美国，来到了美国西海岸（加利福尼亚和哥伦比亚地区）。他们都是南方人，大部分是广东人，主要是三合会会员。到美国后，他们的组织在当地社会扎下了根。他们把自己组织名称定为"致公堂"（即致力于社会公平的意思），但更以"洪门"之名为世人所知，① 如果用英文来表述，就类似于"中国共济会"。在整个太平洋和美洲的地区，从墨西哥、巴拿马、菲律宾、秘鲁，到澳大利亚、新西兰，甚至远到古巴，只要有中国人居住的地方，就会有三合会。1923年10月10日，五洲洪门第三次恳亲大会在美国旧金山召开，大会在关于中国的发展问题上试图以三合会的政治观点来代替孙中山的三民主义，他们认为孙中山的治国理念中含有军阀、压迫、腐败等因素。一些与会代表还认为，孙中山和他的国民党已经失去了存在的意义，而1923年的"孙—越协议"丝毫不能缓解他们的猜疑与不安。

在此次大会中，有一项决议获得了普遍认可，那就是要在上海建一所五祖纪念祠，以弘扬洪门精神，这将推动对三合会合法性及爱国精神的肯定。纪念堂于1925年12月12日开放，由名闻美洲与澳洲的三合会首领赵煜（Chiu Yuk）任堂主。这些行动的目的就是为了建立一个名为中国民治党（Min Chi Tang，即中国的民主党派）② 的政治性组织，意图在国民党的独裁统治下建立一个民主政府，此举引发了尖锐的党内斗争。该提案意味着对孙中山的批评，因为其中一些成员是孙中山的亲密战友和坚定的支持者，因此发生了对立。需要说明的是，孙中山本人已经认识到，在中国，许多人并不喜欢用旧式会党充当现代化政党的观念，而宁肯保持会党

---

① 普通话发音为"Hung Men"，广东话发音为"Hung Mun"，意思相当于"洪家"。

② 根据广东话译过来就是"Man Chi Tong"。

的传统形式，这样，会党在行动上还可有充分的自由，不需要按中央的命令来行事。最终，虽然建立民治党的想法获得了大多数代表的赞同，但由于受到反对力量的强烈抵制而并未获得通过。

然而，香港的一些陈炯明的支持者抓住了反对国民党的机会，他们于1923年3月着手组建并于同年10月在旧金山宣布成立了五洲致公堂（Ng Chau Chi Kung Tong），在从香港到海外的华人社团会中到处宣传，以募集资金来支持陈炯明反对孙中山及其政党。这些宣传在十年前陈炯明和孙中山一起反对袁世凯政府时并肩战斗过的惠州地区产生了相当大的影响。该堂后来被称为中国致公党。

1926年，与三合会有关的另一个小小的政治党派重现于香港，这就是中和堂（Chung Woh Tong），该党于1898年由三合会中同情孙中山革命的同志所创建，该党的一名领导人使之恢复了生机，他就是尤列（Yau Lit），但他并不赞成在国民党内部继续扩大共产党员的影响。①

孙中山1925年去世并未立即削弱国民党同苏俄及共产党的亲密关系。当时广东国民政府的领导权落入汪精卫之手，他是孙中山在同盟会时期最信任的同志之一，后来成为国民党国会中的实际领导人。那时，广大的中国民众以工农联盟的形成加入共产党的行列中，工人和学生在反帝运动中走到了一起。

但汪精卫的地位在1926年初被动摇。1月召开的国民党二大上，蒋介石被推为国民党中央执委会主席，汪蒋矛盾公开化。蒋看到多数运动都掌控于共产党之手，于是密谋对共产党的核心机构予以打击。3月20日晚，陆军、海军及军空学校的共产党领导人都被逮捕，驻广东的苏俄顾问也被监禁，省港大罢工指挥部遭到一支特遣队的突然袭击，被逼交出所有武器。汪精卫暂时去了欧洲。4月15日，在严格限定为国民党内部和政府雇员才能参加的中央执委会上，蒋介石被推举为国民党主席和北伐军总司令。北伐的目标是消灭北方军阀，把全中国置于国民政府统一领导和控制之下。

1926年10月汉口被攻陷，这里代替广东成了国民政府所在地，但当

---

① 早期，尤列在香港九龙和东京及马来西亚（1901—1909年）建立了中和堂中央。他于1912年从暹罗（现在的泰国——译者）返回中国，并依附于袁世凯。袁世凯死后，他退居香港，开始研究佛经并吸食鸦片，在受到共产主义者的威胁而被唤醒之前，他在政治上没起过任何作用。

北伐军到达长江下游直至上海后，蒋介石发现工会和共产党已被压制住了。他想避免同青红帮的首领发生直接的冲突与对抗，这一点还是比较容易做到的，因为普遍认为蒋介石在 1911 年在上海时曾是青帮的成员。[①]

1927 年 3 月 17 日，旨在迫使被胜利冲昏头脑的群众组织就范的行动在南昌开始。当时，蒋介石命令解散当地的国民党支部，并逮捕其中的左翼成员，工会和学生组织被关闭，还有一家报纸遭封杀。同样的事件也发生在九江、安庆、芜湖和南京。蒋接着到了上海。就在这时（4 月 1 日）汪精卫从欧洲回到国内，重新执掌武汉政府。汪、蒋都拼命排斥异己，扩大自己的影响。蒋介石把自己的亲信安插到了武汉，并坚信全国的政权将会落入他或汪之手，这也是他殚精竭虑要除掉汪和武汉政府的原因。

蒋的计划于 4 月 12 日凌晨 4 点钟开始实施。胳膊上缠着白带子，取意为"白色工会成员"的青帮成员全副武装地向上海共产党和左翼工会组织发起突袭，坚持信仰的被捕者被投入监狱或当场枪杀。第二天，工会中剩余的成员试图组织大罢工，并在经过商议后举行了游行。当走到军队指挥所时，遇到了机关密集枪的扫射，300 多人被杀。随后，蒋介石武装控制了局势，并开始挨家挨户地搜捕共产党员及其支持者。[②] 不久，上海"平息"下来，但蒋介石武装在宁波、福州等地，甚至南至厦门、汕头、广东都使用了同样的手段。

洪门组织高度评价了在上海和其他城市的清洗行动，声称这些行动把中国从共产党统治的危险中解救出来。另有一种更为客观的观点倾向于认为，帮派是站在将来有利可图的一方。当然，他们对民众的影响并未受到共产党或者民族主义者的军队的干扰。他们依然控制着赌博、鸦片、妓院和敲诈勒索等他们极易失去控制的行当。他们现在有了比以往更好的条件来对那些富人施加影响，因为这些富人俨然已成为蒋介石的经济代理人。[③]

莫斯科当局一时被这些大清洗打懵了，他们的驻华代表提出了一个建

---

① H. R. Isaacs, *The Tragedy of the Chinese Revolution* (1951), p. 81; Wang, *JAS*, May 1967, p. 437.

② Isaacs, *Chinese Revolution*, chs 9 – 11.

③ 关于杜月笙及青帮在 1931 年的上海掌握着无上权力的叙述，参见 Isaacs, *Five Years of KMT Reaction* (1932), Chapter headed "Gang Rule in Shanghai"; Y. C. Wang's biography of Tu.

设性的意见，试图拉拢国民党左翼与共产党结盟，以对抗蒋介石。但汪精卫却决定抛弃共产党，转而通过国民党来限制工会，在这点上，他与蒋介石采取了一致的立场。12 月（1927 年），他再次去欧洲。中国的北伐还在继续，1928 年 1 月，北伐军打败了张作霖，占领天津和北京，取得了此次北伐的巨大胜利。同月，国民政府迁都南京。

虽然北伐取得了空前的胜利，但并不能说蒋介石赢得了全国的普遍支持。不但是被国民党排斥在外的共产党反对他，其他政党与他也并不同心，而且，随着时间的推移，派系斗争加剧了这种分裂。1929 年 1 月，汪精卫从欧洲回国，领导同南京国民政府相对抗的一派。一个月后，两广军阀又在南方联合起来向蒋介石宣战。于是，遍布全国的各种势力，如秘密会党等，星火燎原一般迅速蔓延，采取古代的"梁山好汉"的方式对抗政府。这种形势遍布华南和华中，尤以河北、河南、山东为最烈，这些地方的秘密会党填补了当地中央政府势力薄弱的真空，从而以这种方式宣告了自己的合法性。在 1931 年 5 月召开的全国代表大会上，蒋介石宣称，共产党迅速壮大的原因之一就是国民政府不得不经常分兵去镇压各地的叛乱。

除了这些内部隐患，日本的魔爪也伸向了中国北方，1931 年 9 月的九一八事变标志着日本侵华的开始，进而是 1932 年攻击上海，1937 年开始全面侵华。蒋介石的绥靖政策受到了全国人民的广泛抨击。1936 年西安事变后，蒋被迫同意与共产党组成抗日统一战线。那时红军在毛泽东、朱德、周恩来的领导下扎根于陕北。这支军队最初由各地的贫农和游民等无产者所组成，并在共产主义运动中逐渐成长壮大。① 那些从农村出来的走投无路的人们，因长期在共产党的军队中被灌输共产主义思想，并受到共产党的严格控制，因此非常忠诚。共产党通过思想灌输及传统爱国主义教育吸引了更多的人参与进来。一个典型的例子就是贺龙将军，他本来是袍哥组织的领导人，但现在他和他的手下一起加入了共产党队伍。②

日本于 1937 年 7 月 7 日开始全面侵华，这一天深深地刻在中国历史

---

① Sehram，"Mao Tse-tung and Secret Societies"，*China Quarterly*，July Sep. 1966，p. 6.

② Isaacs，*Chinese Revolution*，pp. 400 – 401；*Ping Chia-kuo*，pp. 64 – 66；*Smedley*，pp. 113，336；R. C. North，*Chinese Communism* (1966)，p. 109.

的记忆当中。北京和上海均被攻陷，从此，所有中国人，包括海外华人，都卷入抗日救亡运动之中。

日军的进攻势如破竹，上海于11月沦陷，杜月笙和他的青帮原指望能打赢这场仗呢；12月，南京陷落，中央政府转移至汉口，但不到一个月，汉口也失陷，中央政府不得不再次转移至重庆，直至抗战胜利。

虽然日军暂时很嚣张，但征服全中国也是不可能的。中国打起了游击战，对日军不断骚扰袭击，迫使日军守备部队的活动局限于人口较集中的城市中，其他的广大地区并未受到日本太大影响。北方的袍哥和南方的三合会无所不在，日本侵华也给他们提供了展示的舞台，他们经常打埋伏战，刺杀日军官兵，这一方面打击了日军嚣张气焰；另一方面体现他们藐视政府的无能。

中国共产党领导的红军以陕北为根据地，全面展开游击战。他们转战于各地，但尽量避免与日军进行大规模的阵地战，以免自身力量遭到毁灭性打击。[1]

当日本人的军事侵略行动趋缓并最终陷于停顿时，他们扶植了一个傀儡政权，即所谓的"改良政府"，以期开创新局面，至少是让中国民众都去支持这个新政权。当时率代表团去河内访问的汪精卫被日本人看中，并被任命为该政府的领导人，汪于1938年到南京赴任。

日本很清楚中国秘密会党在政治上的重要性，此经验不仅来自侵入满洲时的经历，更主要的是因为这类会党在日本本土的影响。[2] 在侵入满洲时，他们利用过日本的会党，在占领区，他们向中国知名秘密会党首领施加压力，想让他们友善对待日本人，以便利用他们做宣传，借此向学生和社会灌输他们的思想。

汪精卫的"改良政府"是日本人上述方法在上海的应用，青帮领导

---

① 至1945年，共产党有90万军队，控制着30万平方公里的土地，辖区居民9500万人。[W. W. Rostow, *The Prospects for Communist China* (1954), p. 28]

② 1931年至1936年间，日本的秘密会党刺杀过两位首相：滨口雄幸（Hamaguchi Osachi，日本第27任首相。滨口雄幸在东京火车站被右翼青年佐乡屋留雄开枪打伤，一年后因伤势恶化死去。——译者）和犬养毅（Inukai Tsuyoshi，日本第29任首相。犬养毅被极端民族主义的海军军官山岸宏、三上卓等刺杀。——译者）、两名金融大臣：井上（Inouye）和高桥（Takahashi）、一名将军：渡边（Watanabe）和一名海军上将：齐藤（Saito）。参见 R. Storry, *The Double Patraits* (1957)。

人也被拉下了水。杜月笙先是逃到香港后又转到重庆，一直维持着与蒋介石的良好关系，但留在上海的其他青帮高层领导人却发现支持"改良政府"有利可图，或者说这才是明智的选择。

青帮的一名领导人（张啸林）就应日本人之要求组织了"市民协会"（Citizen's Union），后来他被一名重庆派来的密探刺杀，他的两个继任者也是同样的下场，一个是季云卿（Chi Yun-ching），另一个是高金宝（Kao Chin-pao）。在日本人指使下由青帮头领出面组建的另外三个组织于1940 年 5 月合并成南京的"中日亲善组织"，其分支机构遍布 40 个日军占领的城市，该组织还公开发行《今日南京人民报》。

另一个由"改良政府"支持的一个强大的组织——"机动分队"内就有许多青帮的恶棍。[①]

"改良政府"所实施的日本政策就是渗透到所有支持国民党政府的组织，这通常会引起组织内部领导人的分裂，从而让民众看不出真假。支持"改良政府"的会党组织装出一副合法的姿态，并发表声明，发布指示。在这些方法都不奏效或效果不明显的地方，他们干脆建立一个名称一模一样组织，交由"改良政府"的支持者控制，并再次对那些不明就里的人展开强大的宣传攻势，大谈自己的合法性。

在实施这项政策的同时，汪精卫于 1940 年 11 月在广东建立了一个组织，向中国南方及海外的三合会组织发出呼吁。该组织起了夸张的名字："五洲海外华人洪门联合会"，并于 1940 年 11 月 29 日向所有三合会成员发表宣言，鼓吹全世界华人联合起来，为国家贡献出最大的爱国热情，这才是对汪和日本首相大力宣传的"大东亚共荣"的最大支持。同时，该会还给全世界的三合会及致公党拍发电报，邀请这些党派的成员回国以帮助汪进行国内建设和维持和平。

在香港，他们试图通过九龙的中和堂会员来宣传他们的和平运动，九龙中和堂创始人尤列的养子尤永章（音 Yau Weng-cheung）被劝说在尤列开设的九龙学校建立一个像"中和堂中日友好协会"的组织，其目的是为日本人担任"第五纵队"。1941 年，一个规模宏大的、起名为中和公司（Chung Woh Company）的组织在香港隆重登场。从其文件中可以发现，

---

① *Sin Chew Jit Po*《星洲日报》（Singapore），26 May 1941.

该社团的目的在于向洪门施压，以使他们为汪精卫政府的和平运动效力。

在这种形势下，海内外同情和支持洪门的，无论是在日本占领区还是在占领区以外，都被劝说拥护新政权。这真可谓是战后国民党与共产党争夺洪门支持时对洪门组织采取的渗透、分化与同化的先驱。

同时，在重庆，随着战争的拖延，国民党政府和共产党虽然都在抗击日军，但却不能在政治联盟问题上达成一致。1945 年 3 月，蒋介石宣布同意 11 月召开一次国民代表大会以建立宪政政府，使所有政治团体都能拥有合法和平等的地位。[1] 1945 年 8 月日本投降后，他（于 9 月 3 日）[2] 再度发表了类似的声明，但由于害怕共产党会取代他的地位，大会推迟召开。虽然如此，这样的声明仍然让包括中和堂和中国致公党在内的少数党派看到了在未来国会中发挥作用的可能性。国民党也开始通过洪门来寻求群众的支持，并称这些党派应当通过加入国家重建联合会参与到国家的重建工作中来。

由于看到了中国政治发展的可能性，以及出于对因国共两党分裂而使中国缺乏高效政府的关心，海外三合会会员，尤其是美国致公党对于祖国的事务非常关心。早在 1945 年 3 月，他们就与一些持不同政见者在纽约召开了一次会议，大会决定重组三合会为政治党派，积极将中国建设成一个民主的宪政体制国家。[3] 1946 年 7 月，在司徒美堂（Szeto Mei-tang）领导下，他们在上海组织召开了"世界大会"，司徒是美国三合会的元老，战时曾在重庆。这次大会否定了由某个政党吸纳洪门的方案，代之以成立一个由洪门支持的政党，取名为"中国洪门民治党"（Chung Kuo Hung Men Min Chi Tang 或 China Hung Family Democratic Party）。[4]

该党在创建初期就被国民党所渗透，这意味着如果这个三合会的新政党要想生存下去，就必须紧密地同国民党联合起来。但美国华人中倾向于民主的群体一旦发现其有支持独裁者的迹象，就拒绝做其后盾，于是党内裂痕逐渐扩大。1946 年 11 月国民代表大会召开时，民治党发现他们被完

---

① Keesing, v. 724 – 727, 9 – 16 June 1945.

② Ibid., vi. 7705 – 7710, 2 – 9 Feb. 1946.

③ See Manifesto of 1 Jan. 1946 at App. of Glick and Hong.

④ 从广东话翻译过来就是"Chung Kuok Hung Mun Man Chi Tong"。

全忽视了，因为会场根本就没有为他们的代表提供座位。此次海外三合会谋求政治地位的体验也间接影响了马来西亚的三合会的行动。

本次国民代表大会遭到了共产党的抵制，随后两党间的军事对立开始紧张起来，与此同时，共产党发起了一场建立民主同盟的政治行动，旨在组织民主战线以孤立国民党。1947年10月，几个由知识分子组成的民主团体联合成立了中国民主同盟，想为国共两党提供一条中间路线。但不久就被国民党宣布为非法组织，理由是与共产党结盟以及通过其在香港和新加坡的分支机构指责由中央政府发起的这场动员。该组织的许多领导人员被捕，其余则逃往香港和美国。①

1948年5月，共产党发布了鼓舞人心的宣言，号召成立政治协商会议以建立一个除国民党以外的包括所有政党的联合政府。随后，在香港和中国南方的民治党派领袖悄悄抵达北方筹备此次会议。一直与国民党作对的中国致公党派李济深主席和三合会老领袖司徒美堂出席会议，他们于1949年8月到达北京。在经过三个月的前期准备工作后，中国人民政治协商会议于9月召开，会上选出了新的中央政府成员，10月1日中华人民共和国中央人民政府宣告成立。

出席会议的各党派领袖都在新政府中安排了职位，并被分配了职责，另外还建立了海外事务委员会，以便在海外寻求支持。司徒美堂被任命为该委员会主任。常务委员会中有六名中国致公党成员，包括香港和马来西亚各一名。这使得中国致公党成为与海外华人沟通的媒介。1950年4月，该党发表声明称，虽然有海外宣传的必要，但作为政党在中国的独立行动应当停止。因此，三合会作为政治团体就从此真正消亡了。

洪门的沉浮值得深入思考。他们中的一部分，如北方哥老会被红军所吸收，但在北部和西部的许多地方，他们的组织影响远胜于共产党。在这些地方，秘密会党，如"红枪会""长发会"等都想自己建立一个类似于共产主义形式的统治。在南方，人们始终充满革命热情，并且广东、广西都有对本地将军们的忠实拥护者，共产党的号召力显然遇到了相当大的抵制，特别是在农村地区。

20世纪50年代中期，数量惊人的第三种力量公开宣称既反对共产党

① Keesing, vi. 9017–9018, 14–21 Feb. 1948.

又反对国民党。他们在香港建立组织，以期从美国获得经济援助而开展游击战。其中许多发起人都只会吹吹牛而已，但也有一支广西的队伍在李宗仁（Li Tsung-jen，当时在纽约）将军的支持下真想坚持反共；广东也有一支这样的队伍，是由张发奎（Chang Fa-kuei）——中国军队曾经的总司令领导的。中和堂与这两支队伍联合起来，就像 1946 年组建中国致公党一样，宣称组成一个新的政党。

秘密会党对新成立的政府来说依然是个很棘手的问题，这从 1951 年1 月 2 日发布的一项声明中就可以看出。该声明说，所有的秘密会党（堂）都要解散，因为"违反了人民的根本利益"。2 月 23 日①，又出台了法规，规定秘密社会成员可判处死刑或终身监禁。该法规第八条特别提到了"那些利用会门进行反革命活动的人"②。在这里，我们用现代的眼光来看这些老条例，它清晰地表明当局者的不安，同时也说明出台这些条款已经非常有必要，因为反共活动已经在许多地方有增强的势头。许多农民并不支持政府的土地改革，武装反抗正在加剧，单是广西一省，就有3000 多名土改干部在推行政策时被杀害。③

这些规定所产生的直接后果就是全国执行了大量的死刑。合理的假设就是这些被执行死刑的人中绝大多数都是秘密社会的成员。国家安全部1956 年 1 月的一份报告表明，封建残余思想并未从人们的心中根除。该报告指出，前一年，共有 27 名"假冒皇帝的人"被捕，他们中有些人妄图建立"新王朝，并称帝"。过去的几个世纪中，人们不断回忆造反的秘密会党领袖也正说明了传统思想的强大控制力。④

与此同时，蒋介石及其国民党政府在美国的保护下在台湾扎下了根，他希望海外洪门的众多成员支持他的"自由中国"。1956 年 10 月，中国洪门恳亲大会在台湾召开，旨在选出海外洪门的中央执行委员会，以与国民党结盟。这次大会参加者众多，所有的努力好像都是在使代表们明白，三合会作为人民利益的监督者，其任务就是尽力抵制共产党的侵蚀，但最

---

① 1951 年 2 月 9 日，政务院七十一次会议通过了《中华人民共和国惩治反革命条例》2 月20 日中央人民政府委员会第十一次会议批准。

② *Ta Kung Pao*《大公报》（Hong Kong），23 Feb. 1951.

③ Keesing，viii. 11419A，21－28 Apr. 1951.

④ Ibid.，x. 14943，23－30 June 1956.

后似乎没有什么有实际价值的东西落到实处。①

海外洪门，几乎完全由南方人组成，是三合会兄弟在国外的组织，他们也发现自己对共产党人民政府和台湾国民党政府的进步与宣传都可以接受，国共双方都希望与有深厚群众基础的三合会结盟。近年来的事实表明，三合会只是因为他们在多方言地区的语言优势及地方忠诚而可用来支持政党在地方上的影响，要想让他们成为一个与自己同质的政治实体则未必可行。

不管已经与秘密会党完全融为一体的古老的中华民族气质在共产主义的泛滥下能否保留下来，但事实上无论爆发反传统思潮与否，新旧观念的并行与相互包容总比完全抛弃掉旧传统，而完全依赖外来的政治与文化体系要好得多。我们可以合理地推断，虽然现代政治形态无处不在，但许多传统观念仍将继续保持，而且作为秘密会党形成基础的、如此根深蒂固的传统并非容易根除。

---

① 该报告用中文印行（共 154 页，外加照片）。

序

    本书填补了迄今为止马来亚和新加坡历史研究领域的巨大空白，其内容关注的是会引起非华人（在某些情况下也可能是华人）强烈兴趣的华人秘密会党。自从一战后我与威尔弗雷德·布里兹一起在东南亚工作，10年来，我对他的博学、他的理解力、领悟力及其他能力就有了相当的了解。他的这本书将成为任何声称囊括远东基本事务和东南亚特别事务研究书籍的图书馆书架上的必备。

    近几代海外华人在马来亚扮演了重要角色，在新加坡更是举足轻重。学者、历史学家、文学家已经写了众多关于他们的作品，但几乎没有人对那些从自有华人移民开始就来到马六甲、槟榔屿、新加坡，随后又遍布马来各邦的——比在适合他们生存的家乡繁荣得更快的——华人秘密会党对当地华人社会的重大影响给予足够深入的关注。会党直到今天仍然与当地的各项重要发展交织在一起，他们通过独特的、一般说来秘密的社会及政治手段，有时甚至是犯罪手段有力地参与各种事务。虽然他们想在东南亚建立政府的事在当地是新事物，可在中国却和他们的历史一样长。布里兹先生首先是简单地介绍了会党在古老中国的起源，然后费了大量笔墨来叙述会党在马来半岛的再度繁荣。他描述的这个平凡故事有时读起来像是在读情节跌宕的侦探小说。比如，他在369页写道："（洪门会）会党……给一般民众带来了如此恐怖的影响，以至于除了从侦察人员和告密者那里获得他们的犯罪情报外，不可能从其他人那里获得任何信息。而在这些侦察人员和告密者有六个被枪击致死，两个失踪，一个被淹死，一个因枪击受伤。"

    然而，本书讲述的又不仅仅是一个犯罪故事，它还不断地、有时甚至是主要地叙述了日常生活、经济活动、政府对华人的管理，偶尔还把话题转到人物、社会组织和华人政治方面，这些华人可以吹嘘说他们比地球上其他种族有延续得更悠久的文明。所以，这本书是一部生动的研究著作。它不是写那些相对而言并不重要（却有趣）的家庭的碎片化的、死板的历史，而是对那些在他们的故土和海外都十分活跃且非常重要的、古老的民族的描述。众所周知，他们不仅仅是有个性、能干、有文化的人，而且对其他人来说他们经常是神秘的人物。布里兹先生描述了那些困惑的西方殖民政府为何不能完全理解秘密会党的组织、活动和目的的东方式复杂性，也不能明白为何他们根据东方的政治观念和立法方式来处理会党就从来没有完全成功过。由于这些背景，他简略地概述了马来半岛上不同地区的华人、马来人和其他种族人口的历史，包括他们在最近的二战中的变迁、日本的占领、马来亚联邦的形成及近来的变化、共产主义者在丛林中的叛乱、马来西亚的建立与部分分裂等。他前后一致地、清楚地记载了那些复杂的事实，有启发性地评论那些持续的情况。而且，他的书将具有极高的价值，因为至今它仍不需要补充，在任何时候它也不可能被具有同等权威的著作所取代。那些他分析过的、与最近发生的事件有关的警察记录和文献都已经被毁，再也不可能查阅得到。

我非常高兴向广大读者介绍这么一本优秀的书。

马尔卡姆·麦克唐纳

前　　言

　　我在马来亚政府的华人事务部（Chinese Affairs Department）工作的近30年中，对马来亚华人秘密会党的了解是通过一个伦敦大学和马来亚大学（后来位于新加坡）联合赞助的三年研究计划实施的。为此，我要感谢前伦敦经济和政治科学学院院长亚历山大·卡－桑德斯先生和洛克菲勒基金会人文部的查尔斯·B.法斯博士对此课题的兴趣及基金会赞助人的财政支持，使这一课题得以完成。

　　感谢马来亚联合政府和新加坡政府让我在研究中随意使用他们记录下的、与此有关的、能找到的各种资料，也感谢所有的警察们的热情合作。我在华人参事局中的许多同事（包括华人和欧洲人）遍访乡村，广作调查，搜集信息，翻译文献，我要特别感谢他们。这是同志情谊的有力证据。

　　我在战后（指"第一次世界大战"——译者）华人秘密会党活动风起云涌的时候到马来亚联邦（后来的马来亚联合邦），担任华人事务秘书真是件幸运的事。警察在突然袭击中获得的那些关于入会仪式、秘密誓词（包括仪式变化的手抄本）以及会党成员对警察所作陈述的复印件等文献和材料都被交到我手上。后来，在研究此课题期间，又有秘密会党会员（包括入会仪式主持人）——他们中有的人落到了警察手里，其他人则是我通过自己与地下社会的关系而接触到的——提供了大量关于战后会党发展和仪式的资料。我本希望把大量的仪式变化和修改都包括进来，但为了不跑题，我不得不决定集中讨论会党的影响，而仅仅在书中提供少量的神秘材料。

　　我想介绍一下我的新朋友，马来亚警察麦维·雷林·维尼（Mervyn

Llewelyn Wynne），他的研究成果作为限制性文献于 1941 年以《三合会与东方禁忌》的名字出版，1957 年，马来亚政府同意将保存完好的复印件分发到合适的大学和研究院图书馆中。虽然我在许多方面与维尼的结论不同，但他的作品对我而言既是一种鼓励，也是一种资料来源。对于他的儿子 O. R. W. 维尼（O. R. W. Wynne）先生，我感谢他让我使用他父亲的手稿和笔记。还有一本书值得一提：这是一本印在木版上的原始书籍，持有人是新加坡和槟榔屿的三合会，在 1890 年秘密会党被镇压时，它落到了当时的总督金文泰手里。金文泰夫人将这本书作为礼物送给了我，在此深表谢意。

最遗憾的是我以前的同事、剑桥大学的巴素（Victor Purcell）先生，他于本书付梓之前去世了。他对我提出的资料要求总是有求必应，对于这样的帮助，有时候连我自己都不知道用什么样的方法表示感谢。我以前在马来亚英人协会的同事休·布里森（Hugh Bryson）也是这样。我还要感谢伦敦经济学院的雷曼德·弗斯（Raymond Firth）教授和莫里斯·弗雷德曼（Maurice Freedman）教授，感谢他们所提的建议及在本书漫长的写作阶段所给予的关注。同时也感谢伦敦大学亚非学院的杜希德教授（D. C. Twitchett）对第二章所做的评论。

我必须感谢现为香港《远东经济评论》助理编辑的约翰·基廷（John Gittings）先生，是他建议我把又长又详细的研究简化成适合杂志专栏的文章。对于本书的出版，我诚挚地感谢赫米亚·奥利弗（Hermia Oliver）女士和凯瑟林·多福（Katharine Duff）女士。他们在编辑过程中的细致、热诚不仅减少了我的工作量，而且鼓舞了我的干劲。特别值得一提的是，多福女士还帮我准备了那让人头疼的索引。

对我的妻子，无论我怎么感谢也不为过，她从一开始就被卷入这一工作之中：帮我查阅和抄写资料（多达数千页）；写草稿；编辑；讨论；等等。本书也算是对她这么多年的辛勤付出的回报吧，没有她的这些付出，本书根本不可能完成。

在处理人名的过程中，将那些中文字译成英文真是困难重重，他们的名字的标准拼写可能是五大方言中的任何一种，也可能是数种小方言中的任何一种。最简单的解决办法就是都把它们按普通话（国语）来译，但那是不行的。我保留了地方用法——主要是福建话、广东话或客家话。即使如此，这些字的罗马音还是五花八门。我不敢奢望准确，但还是希望没有弄得含混不清。

布里兹

1968 年 2 月于泽西岛格楼维尔

译　者　序

　　1969 年，伦敦、吉隆坡、香港三地的牛津大学出版社分社联合推出布里兹的《马来亚华人秘密会党史》，这是第一本全面、完整、系统论述马来亚华人秘密会党的专著。布里兹曾作为马来亚政府华人事务部的一员，在马来亚工作了近 30 年，还担任过华民护卫司一职。

　　由于工作性质的关系，他不仅可以阅读当地政府的各种记录资料，而且有机会接触各个阶层的华人，因为走访乡村进行调查也是他工作内容的一部分。布里兹在担任马来亚华民护卫司期间，不仅因公务与警察局长过往甚密，而且私交甚笃。毫无疑问，他有得天独厚的获得华人秘密会党第一手材料的机会。特别是关于战后的华人秘密会党的发展情况，几乎没有出版物可供参考，他通过对那些落入警察手里的会员进行采访，得到了相当宝贵的资料。此外，布里兹还从撰写了《三合会与东方禁忌》的维尼的儿子那里得到了一批手稿；从 1890 年在海峡殖民地任总督并亲自镇压华人秘密会党的金文泰的女儿手里获得了 1890 年被镇压会党交给金文泰的一些会党书籍。所有这些加上他本身的天赋，使他的论著成为那个时期研究马来亚华人秘密会党的权威之作。马尔卡姆·麦克唐纳说该书"填补了新加坡、马来亚历史研究方面的空白"，并非完全是溢美之词。

　　由于作者所代表的特定利益群体的问题，书中对第二次世界大战后新、马等地的反殖民运动多有指责，把马来亚共产党、马华公会及其他党派或社团的反殖民主义运动统统划归流氓帮派的打架斗殴和扰乱社会秩序的犯罪行为，同时处处拔高英国的殖民政策，为殖民政府利用《紧急法令》滥杀华人进行辩解。而且他对 19 世纪华人秘密会党的活动、成员结构和性质的论述也没有站在实事求是的立场上，而是一味指责华人秘密会党蓄意制造动乱、扰乱社会秩序，损害公众利益。另一方面，一些完全与会党无关的组织也被他认定为秘密会党，他甚至将三五个人的打架斗殴都看作是会党活动，华人协会偶尔干了坏事也被归为秘密会党一类。事实上华人协会既没有秘密宗旨，也没有纲领，与华人秘密会党完全是两回事。

译者在南京大学社会史研究中心攻读博士学位期间，搜集、整理了所有能够获得的关于东南亚华人秘密会党的资料，其中包括导师蔡少卿先生从大英博物馆复印的相关档案，撰写了《东南亚华人秘密会党研究》，并获得博士学位，该书于 2003 年由生活·读书·新知三联书店出版。该书认为，东南亚华人秘密会党与血缘、地缘会馆一样，是东南亚华人社会结构的重要组成部分。19 世纪三四十年代以前，由于华人移民不多，华人秘密会党事实上就是一个华人社会的经济共同体。它们吸收各地来的华人入会，保护所有华人的利益不受侵犯，为团结整个华人社会、战胜恶劣的生存条件起了相当的作用。但随着华人移民的大批涌入，华人社会的小集体意识日益明显，华人秘密会党受此影响，渐渐以帮群为中心，分裂成一个个语言经济共同体，代表各自的利益派别在经济活动中采取行动，成为各帮的经济代理人。这一时期里，虽然华人秘密会党依附于各帮群生活，常常为了本帮的利益而互相争斗，大打出手，在近百年的时间里发生了大大小小的械斗上百次，造成无数人死伤、大量钱财被耗，但它同时也是政府赖以管理占当地人口大多数的华人的工具，是维护华人社会稳定、保证华人社会正常运转的调节器。由于政府的纵容及自身的落后性，会党为了聚敛钱财，有时也会利用威胁、利诱等暴力手段逼迫新客入会；武力保护鸦片走私，保护烟馆、赌馆及妓院的经营；有时则为了反对某些他们认为不合理的政策而公然与政府对抗。但总体上说，华人秘密会党并不是一个以破坏社会治安、颠覆政府统治为目的的组织。况且当地社会治安的扰乱，也并不限于华人秘密会党的活动。屡次动乱，也不单是华人，其他当地民族也都同样发生骚乱事件。

19 世纪末以后，由于各国政府对华人秘密会党的严厉镇压，他们的生存空间大大缩小，一部分蜕变成犯罪组织，但绝大多数会党却利用机会，投靠居住国及中国本土各政治派别活动，为自己寻找一条全新的生存之路。1941 年 12 月，太平洋战争爆发，虽然华人秘密会党遭到了日军的无情屠戮，但并不影响他们积极投身到居留国的抗日洪流中去，用实际行动写下了壮丽的一页。第二次世界大战后的华人秘密会党，经过了一百多年的兴衰荣辱，开始以更成熟的姿态来面对变幻莫测的政治形势。他们一方面调整自己的"过客"心态，渐渐把自己融入当地社会；一方面则积极投身于轰轰烈烈的政治运动中，并希望把华人秘密会党改组成一个新的政治党派，取得政府的承认。在这种努力碰壁后，他们转而与其他政治团体结盟，继续在居留国的政治活动中发挥自己的影响。

在从华人秘密会党被取缔到他们逐渐蜕变成政治党派的几十年中，有的会党流为匪帮，成为扰乱社会治安、破坏社会秩序、阻碍社会发展和进步的毒瘤。但到20世纪六七十年代，真正的华人秘密会党在东南亚华人中所占比例已经非常小了。它们已不再拥有19世纪的辉煌，也不再像抗日战争时期一样获得华人乃至居留国人民的支持，因而也就不能再如以往那样翻手为云、覆手为雨，给社会带来的不安和动荡也就极其有限了。

所有翻译过学术著作的人都明白这项工作的艰辛，本人不敢说自己的工作就比别人的工作辛苦，但翻译本书时遇到的各类专有名词确实让译者头疼，并耗费了大量的时间来甄别校对。

由于马来亚早期华人移民主要来自闽、粤两省，闽南语和粤语自然成为华社的主要日常用语，但偶尔也有人讲其他地方的方言，如潮州话等。而马来亚在1957年8月31日独立之前的一百多年一直是英国的殖民地，官方语言是英语，政府的档案也是用英语记录的。这些档案根据当地华人的语言，翻译成英语后记录事件发生的地点和事件中的人物，可因为华社的语言差别很大，政府的档案中对同一个人、同一个会党的记录也存在很大的差别。因此，把布里兹书中这些人名、地名及其他专有名词弄清楚并不是一件容易的事。如马来亚最大的华人秘密会党之一——义兴会，其在原著中有"Ghee Chin""Ghee Hin""Gehin""Nghee-hung"等不同拼写；天地会则一会儿被拼写成"T'in Tei Wui"，一会儿又被拼写成"Thian Tai Huey"。不仅如此，原文中还有非常多的根据各地方言直译成英文的人名，现在要把这些人的姓名还原真是个棘手的难题。比如"Khoo Teng Pang"这个人，译者折腾了很久，始终无法找到其中文名字，但他在马来亚华人会党历史上的影响却不小，于是译者请了非常了解马来亚会党史的朋友去调查，才知道这是根据三都语译成的英文，其中文对应的名字是"邱肇邦"；再如"Ahyas"这个词，一开始看到它还以为是马来土话，经再三考证才明白它是潮州话，意思是"阿爷"。在潮州话里，潮州人互称阿爷,是"少爷"的意思,"阿舍"(AhXia)也是这个意思。

另外,由于本书所述之事发生在新加坡和马来西亚,当地华人对很多地名都有约定俗成的译法,如果译者不能遵从,而是根据英语直译,那么,把这个中译本拿给当地人看,他们都会莫名其妙,不知道这就是发生在新、马的故事。如"Pitt Street"不是"皮特街",而是"椰脚街";"Pudu"不是"卜都",而是"半山芭";"Bridge Street"不是"桥街",更不是"布里奇街",而是"过港仔"或"城隍庙街";"Balik Pulau"不是"巴力布劳",而是"浮罗山背";"Armenian Street"不是"亚米年街",而是"打铜街"或"本头公巷";"Prangin Road",不是"卜朗金路",而是"港仔墘""湾头仔街";最绝的是"China Town",它不是我们在世界其他地方经常见到的"唐人街",而是"牛车水"。类似的例子还有很多很多,无法一一列举。

提到这些特别的人名地名,我特别要感谢那未曾谋面的朋友王明光先生。王明光先生祖籍福建福清,华裔新加坡人,长住在泰国。他不仅熟悉新加坡、马来西亚的街道、典故,也熟悉泰国大小地名,更为重要的是,他自称建德堂①首领邱天德②的"粉丝",虽然并不研究历史,也非学界中人,却在工作之余搜集了数箱关于邱天德的资料,不仅走遍邱天德的十三块墓地,抄下多处神主牌的文字,而且到新加坡查阅了大量的海峡殖民地档案。他对邱天德的兴趣加上他在语言方面的天赋(他的常用语言包括普通话、闽南语、广东话、泰语等)使他对与邱天德有关的那一段历史非常熟悉。他不仅帮我指出博士论文中的错误,更为我校阅本书的全部

---

① "建德堂"(Kien Tek)也称"大伯公"(Toa Pek Kong, Toh Peh Kong),于1844年12月30日在日落洞(Jelutong)的元化(Yew Hua)成立,创始人"邱肇邦"(Khoo Teng Pang),是由从义兴会分离出来的福建人组成的团体,其中大部分为侨生福建人(即在新加坡、马来亚出生的福建人,也称福建峇峇)。*Draft Report of the Penang Roit Commission*,1868,p. IX,para. 14;Report of the Commission on Chinese labour in the Colony,1876。在拙作《世外无桃源——东南亚华人秘密会党研究》(生活·读书·新知三联书店2003年版)一书中,笔者在大部分时候都使用"建德会"这一称呼,友人王明光先生指出"建德堂人为了有别于洪门,绝不会把公司称为建德会或建德社",而笔者因为受"义兴会""海山会"等名称的影响,把建德堂称作了建德会,谨此更正和说明。

② 邱天德(1826—1891),字志达,祖籍福建漳州府海澄县三都新安社,槟榔屿英籍华人、著名商绅,槟榔屿最大的苦力经纪人,1860年继"开基盟主"邱肇邦为"建德堂"大哥。(*Straits Settlements Legislative Council Proceedings*,19 - 6 - 1876)

译稿，因此，我无论怎样感谢王明光先生都不过分。

在我动手翻译本书之初，爱子还不到两岁，现在他已经是八年级的学生了。这些年，孩子在长大，我自己的工作、生活观念也在改变，人在变老，心情也在变平和。这部保存在电脑里近十五年的文稿，我每年都会在上面留下些打磨的痕迹，总觉得这是自己养的另一个孩子，越看越有滋味。

邱格屏

第一部分

起源与历史

开 拓 者

一 早期殖民者与华人移民

华人在现代马来亚的经济、社会、政治生活中的作用是显而易见、无须多言的，但从历史发展过程来说，这是晚近才出现的情况。虽然在 15 世纪的马六甲王国建立时就有少数华人在马六甲居住，但直到英国的影响渗透到马来亚之后——首先到槟榔屿，然后到新加坡——华人才大量涌入，并在国家生活中成为重要因素。

1786 年，弗朗西斯·莱特（Francis Light）上尉率领"国家船队"从印度出发，在一个现在被称作槟榔屿的某个地方上岸并升旗，"以他的大英帝国的君主之名给该岛命名（即威尔士太子岛——译者），将其占领为东印度公司所用"。这并不是海盗们的掠夺行为，而是与吉打苏丹达成协议的结果，为马来亚发展打下了基础。下一步就是斯坦福·莱佛士（Stanford Raffles）在 1819 年建立新加坡。1824 年以条约形式从荷兰手里得到马六甲之后，它就成了马来亚英国殖民者的第三块领土。

因为在全书中将要反复讲到这三块殖民地的管理构架，此处有必要对英国统治的安排作一简单介绍。

槟榔屿最早由孟加拉总督直接管辖，由一名执政官（弗朗西斯·莱特）管理具体事务。他在 1800 年接任副总督。1805 年，槟榔屿被升格，与马德拉斯、孟买及孟加拉具有同样地位。新加坡在 1819—1823 年间一直由在苏门答腊的莱佛士管理，那时它也属于孟加拉的一部分。1826 年，新加坡、马六甲与槟榔屿合而成为一个最初名叫"威尔士太子岛、新加坡、马六甲联合殖民地"的管理单位，直到 1830 年才成为印度省的领地的第四个组成部分，政府机构设在槟榔屿，每个邦在整个大殖民地的总督之下都有自己的市政议员。

1830 年，第四省被废黜，只保留孟加拉省，政府机构仍在槟榔屿，那里由执政官统治，三个邦各自由代理驻扎官管辖。

几乎在同时（因为与法庭执行官的关系）就发现保留总督和议员的资格是必要的，但并未给总督什么权力，他仍需要与孟加拉商讨每一管理上的细节。1832 年，政府机构迁往新加坡，那里的重要性远远超出槟榔屿和马六甲。1851 年，他们称为"海峡殖民地"的地方在法律上脱离了孟加拉而直接由印度最高统治者统治。1867 年，殖民地的管辖又从印度政府转到了英国殖民部，海峡殖民地遂变成了皇家殖民地。

马来亚大陆各邦也慢慢地都成了英国的保护领地，每邦都接受一名英国驻扎官或顾问官。1896 年，霹雳（Perak）、雪兰莪（Selangor）、森美兰（Negri Sembilan）及彭亨（Pahang）四邦同意组成一联邦，名为马来联邦（Federated Malay States），设联邦法官和英国驻扎官——后来被称为"大臣"，海峡殖民地的最高统治者也就是马来各邦最高统帅，不管他是不是联邦成员。抗日战争之后，马来亚的九个邦，包括槟榔屿、马六甲，合并为"马来亚联邦"（Malayan Union），后来改称为"马来亚联合邦"（Federation of Malaya）。从 1957 年 8 月 31 日起，马来亚联合邦被承认为自治政府，新加坡则被排除在外，继续保持其单独属地的形式，直到1958 年 6 月才作为一个独立国家实现内部自治。①

接着，马来亚联合邦与新加坡和婆罗洲的沙捞越及沙巴（以前称为英属北婆罗洲）合并成马来西亚。马来西亚始建于 1963 年 9 月 16 日，总部是设在吉隆坡的中央政府，后来，由于马来西亚的政治领导人与新加坡的政治领导人之间的分歧导致了部分解体，即新加坡于 1965 年 8 月 9 日分裂出去，并成为英联邦的一个独立共和国。

1786 年的协议规定，槟榔屿作为东印度公司的一个贸易驻点和战时船只维修点，东印度公司在吉打受到外来攻击时提供为其武力保护，并每

---

① 原文关于新加坡内部自治的时间有误。1958 年 8 月英国宣布给予新加坡自治地位，1959 年 6 月 3 日成立新加坡自治邦，英国仍保留国防、外交、修宪等权力。1957 年 8 月 31 日，马来亚联合邦宣布独立，不再是英国殖民地。——译者

年向吉打苏丹支付 6000 元补助金。为了建立驻点和维修点，莱特首先关心的是对劳工的鼓励，因为那时岛上实际无人居住。他的努力很快就见到了效果，一名来自吉打的华人甲必丹急于把他的权力延伸到新殖民地去，他以渔网作礼物。① 从科罗门德尔（Coromandel）海边来的印度人，从吉打和苏门答腊来的马来人及从马六甲、暹罗、荷属印度、沙捞越和中国来的华人一并被槟榔屿的繁荣贸易吸引了。

然而，中间在安排上出了一点小差错，因为公司拒绝履行原协议中关于保护吉打的条款，这使当地政府与许多早期欧洲居民发生了争执，并使苏丹发动了一场企图把岛屿收回去的战争，但并没有成功。据说为此目的还有进一步的计划，即槟榔屿华人 1799 年也被卷了进来，但 1800 年，苏丹不再坚持原合同（附带协助条款），而且撤除了在大陆上的一条领地分界线，现在称为威省。作为回报，他的补助金提高到每年 10000 元。

虽然甘蔗、胡椒、稻谷和豆蔻种植的扩张由于领地的增加而成为可能，但槟榔屿在很多方面都未能达到那些开辟者的最高愿望。受热浪的影响，当地的死亡率很高，又没有什么硬木用来修船，而且它远离香料岛，使得它没法干涉荷兰贸易，而马六甲海峡是一个臭名远扬的海盗猎守地，从西里伯斯（Celebes）来的船只都害怕过槟榔屿。

斯坦福·莱佛士，一个东印度公司的殖民官，在槟榔屿住了多年。他了解它的缺点，看准并抓住机会于 1819 年在海峡的南端靠近中心地带且更具有控制力的地方建立了一个贸易站，并取得了马来亚统治者们的同意，可以在新加坡建立贸易据点。新加坡当时的人口很稀少，总共大约只有 150 人居住在河岸边。据说到了 1811 年才有几个中国人在那里定居，他们可能是潮州人，有的在离河岸不远的斜坡上建了甘蜜种植园。据莱佛士说："也许在岛上不到 53 个中国人。"因此，那里也与槟榔屿一样，不久就有大量的华人劳工和商人移民前往。②

马六甲却是另一番景象，华人至少在 15 世纪就已定居在此了，其领土自 1511 年以来一直由欧洲人（葡萄牙人和荷兰人）控制，直到 1824 年

---

① 此人就是海基会辜振甫的四代祖辜礼欢。——译者

② SFP, 2Oct. 1856; W. Bartley, "Population of Singapore in 1819", JRASMB, XI/2 (1933); *Memoir of the Life and Public Service of Sir T. S. Raffles*, by his widow (London, 1830), app., p. 10.

马六甲才最终成为英国的领地，这是通过与荷兰签订条约以苏门答腊的明古连（Bencoolen）作为交换才取得的。然而交换直到 1825 年 4 月才完成，当时那里已有许多华人家庭了，他们大部分是福建人，一些人已经在此定居好几百年了。

农业、渔业和贸易为最早华人居民的主要生活来源，在新加坡岛，不久前才有几小群华人在海滨周围的小溪旁居住下来。这些群体都与中国的村庄一样，主要由有共同祖先的同姓亲戚组成。那些被称作林厝港、蔡厝港、叶厝港的生活遗迹表明河流曾经由林姓、蔡姓和叶姓分别控制着。在早期，还有另外一些姓张、陈、廖、朱的厝港，现在都没有了。①

19 世纪 30 年代，由于华人在新加坡种植香料失败而进一步到南柔佛开荒种植胡椒和甘蜜时，他们依然保留这种制度，并且在柔佛河边建立起类似的居民点。在那儿，他们被称作"港客"，每一居民点都有一个头叫"港主"，就是河流主。

通过不同的族群领袖进行间接统治的制度在东方被普遍采用，特别是在由西方人统治下的多种族地区。这种制度首先于 16 世纪在马六甲由葡萄牙人采用，接着，荷兰、法国、英国等也在他们的东方殖民地内采用。他们给每一族群任命了"甲必丹"，而甲必丹在某种意义上来说成为该族群的最高领导，在他们自己的族群内行使最高权力。

在早期的槟榔屿，华人甲必丹、马来人甲必丹和朱利亚人②甲必丹都是由政府任命的，他们负责维持秩序，并有权处理他们自己群体内的小案件。相同的制度被引入新加坡，并在马六甲一直保存下来。这也成为马来诸邦的华人族群扩大后为当局所接受的一种相处方式。在马来诸邦，华人

---

① 在海峡殖民地，华人只要每年向当地统治者缴纳一定的租金，就可从统治者那里取得允许开垦河流两岸或沼泽的"江河证书"（Surat Sungai，也称"港契"），获准在某些指定的河流上种植胡椒、甘蜜等，这种制度就叫"港主制度"或"江主制度"。获得"江河证书"的华人被称为"港主"，他们所管辖的地区则称为"港脚"。港主分为两种，一种是持有"港契"的，马来话称作"Tuan Sungei"。他所持的港契，一般不止一张。他自己不必定居在港内处理港务。这种人称为大港主；另一种是持有委任状的人，马来话称作"Kang Chu"。他自己可能是持有少量地契的港主，也可能是大港主的代理人。"港主制度"的做法虽然早就存在于新、马等地，但作为一种制度是在 19 世纪中叶以后才首先在柔佛推行的，这种制度在柔佛实行了 70 多年，至 1917 年被废除。——译者

② 朱利亚人为印度穆斯林，来自科罗门德尔海滨。

甲必丹的正式任命实际上到 19 世纪后期才停止[①]。

在荷兰和法国的领地内，甲必丹承担的责任更重，如在印度支那，法国人把讲不同中国语言的群体分成不同的小群体，各自都有自己的首领。每个移民到来后就被分给他所属的那个族群的首领，首领则对移民负责。如果官方需要，他就必须认出每一个人。虽然马来亚的这种制度不像此种情况，但每个华人团体都有自己的、名声较好的领导人充当头目，甚至小范围或小方言群也有他们自己"地方承认"的甲必丹。

华人人口在大陆，特别是在霹雳、雪兰莪、森美兰的迅速遍布与锡矿的开发有极密切的关系。锡矿在马来亚已开采了几个世纪，并且由马六甲出口，但开采和出口都掌握在马来人手中，也许也有零星的一点华人矿工。但不远处的暹罗、均克锡兰（Junk Ceylon 乌戎沙兰，也称嗵叨）在 1787 年就有华人被锡矿场雇用了，因为弗朗西斯·莱特在那一年的年度报告中提到了华人。

马来各邦最早的可信的人口统计数字大约出现在 1824 年，那时约有 4000 名华人在霹雳的锡矿场当劳工或做贸易，约有 200 人在芦骨（Lukut）的锡矿中被人雇用。芦骨后来并入雪兰莪，1878 年 2 月又与森美兰合并。1828 年，大约 1000 名华人矿工住在双溪乌绒的内地，其总部设在亚沙（Rasah）。[②] 这个数字与邻近的居住了几个世纪的马六甲华人相比，与同一时期并不遥远的暹罗、爪哇、婆罗洲的田庄里拥有的一万多华人移民相比，并不算多。[③]

然而，19 世纪 50 年代，一些马来人业主为了开发锡矿大量吸收华人移民，从那时开始，如潮水般的华人男性移民蜂拥到这里，到 1901 年，华人占了雪兰莪人口的 65%，霹雳州的 46%，在其他州则与马来人差不多，高峰期出现在 1913 年，那时有 25 万华人在马来各邦开采锡矿。

虽然锡矿的大量开采在 19 世纪导致了中国的劳动力大量流入，而 1895 年始大规模开发的橡胶种植园从 1905 年起进一步扩大了对劳动力的

---

① 郑太平直到 1921 年还被委任为霹雳华人甲必丹。——译者
② R. J. Wilkinson, "Sungei Ujong and Notes on Negri Sembilan", *JSSBRAS*, 1921.
③ Raffles, Despatch on the "Singapore Institution", 1823〔SSR（M2），Lett. Fr. Beng〕; Memoir, p. 225.

需求。许多劳工是从印度招来的，但数以百万计的华人也到马来亚谋求工作机会。

这些华人移民劳工的直接雇主一成不变的是华人店主、承租人或典当主。他们通过经纪人获得劳力，这种劳工需要与进口机构订契约，该制度被称为"卖猪仔"，它遭到许多人的诅咒。1822 年，当莱佛士从明古连（Bencoolen）到新加坡参观时，觉得有必要制定相应的规章制度。1823 年4 月 1 日，新加坡开埠 4 年后，也就是他离开殖民地前两个月，他颁布了一项保护华人移民的法令。其中说：

> 由于那些没有钱支付旅费的自由劳工和其他人被从中国或其他地方作为旅客带来的事时有发生，也由于新加坡的居民需要且愿意预付款项以接受他人一定时间的作为赔偿的服务的情况，此种安排并不能客观反映登陆的人是自愿来的。但无论是什么情况，旅费或其他费用的金额不得超过 20 元，如果以服务方式作为补偿，则服务时间以一个成年人而言，最长不得超过两年，并且所有的协议的签订都应该有一名地方行政长官在场，并遵循自由知情的原则。

该法令的目的是好的，但没有机构来保证法律起作用，更不用说有警察或执法部门了。几年前，贩卖劳工的恶习仍然很严重，此种案件照常被送到地方法官面前依法处理，仅仅偶尔有"新客"① 在签订了同意支付旅费的合同后会取得自由。无论如何，只有抱怨是不够的，需要有一整套强制制度——就像下文将要提到的那样——提供完完全全的保障。同时，虽然有困难，但将新客带到这块新大陆的进口制度却为无地的中国农民提供了一个生存和自我发展的机会，甚至提供了一个在他的祖国的土地上永远不可能获得的致富的机会。1794 年，弗朗西斯·莱特对槟榔屿华人作了以下评价：

> 他们在追求金钱上有不屈不挠的毅力……他们待到积累了一大笔财富时就回到故里，但他们每年都会从他们所获得的利润中拿出一部

---

① 新到海峡殖民地的劳工。——译者

分寄回家去。一个贫穷的苦力为了得到两三块钱总是干两个人的活。

他还补充说："他们沉溺于赌博，没法让他们远离此行。这使得他们穷困潦倒，走向毁灭的边沿。"①

华人移民无例外地来自中国南方的三个省——广东、广西和福建——确实自古以来就很少有例外。他们分成五大群体，来自广东、广西的广府人（包括广西人）；来自三省区的客家人；来自广东北部汕头和福建南部及其附近的潮州人；来自广东海滨的海南岛的海南人；主要来自福建漳州和厦门，也包括福州及其北部区域的福州人与兴化人。

在早期的文献中，要将他们区别开来并不是件容易的事，广府人（来自广东和广西两省）、客家人、海南人及一些潮州人被划在"澳门人"一类，因为他们都齐集澳门以出洋。（自1842年建成香港后，广东、广西人主要从那里出洋）。"客家人"（或福建人说的"客"）与"潮州人"这两个词在早期文献中并未出现，虽然说这两个群体肯定是早期移民的一部分。潮州人有时被称为"阿爷②（Ahyas）"，虽然这个词的起源并不清楚。福建人则被称为漳州人，因为他们中的多数来自厦门北部的漳州。

早期抵埠者多为"澳门人"，他们构成了华人劳工和手工艺人的大部分，也构成了契约劳工中的多数。潮州人这个群体通常从事农业，他们在槟榔屿、威省和吉辇（Krian）建立甘蔗种植园；在新加坡，他们干种植甘蜜和豆蔻的活儿。广东人和客家人从事农业的也不少，但矿业开发以后，他们中的大部分人就到矿场去了，为了尽快挣大钱而宁愿冒险。

福建人在数量上是没法与"澳门人"相比的，但他们在商业方面占有重要地位。一些在马六甲、仰光、荷属印度群岛等地建家立业多年的福建人也被吸引到了槟榔屿。在槟榔屿，他们都是经商而不是做手工劳动，但他们北边的同胞，如福州人和兴化人按一般规律都是从事手工劳动的。

不同方言群体间的语言障碍是难以克服的，广东和广西人都讲一种广东方言，那是福建人听不懂的。广东话里也因地区不同而有分别，有的话

---

① 转引自"Notices of Penang"，*JIA*，Ⅴ（1851），P. 9.

② "阿爷"（Ahyas），潮州人的互称，"少爷"的意思，"阿舍"（Ahxia）也是同一意思。——译者

就很接近大部分广东人讲的广东话，有的则不一样；潮州人也有自己的方言，与福建话很相近，但与广东话相去甚远；客家人讲的方言有好几种，与普通话更接近一点，但不同于南方的土话；从海南来的人所讲的方言表明他们与福建人和广东人是近邻，但互相间听不懂。

在福建帮中的差异更多地表现在发音方面，在福建省大约有 100 种常用方言，虽然移民中只有几种，有一些方言，如福州话、福建话、兴化话，对于其他讲福建方言的人来说也是极其难懂的，因为他们是讲给"澳门人"听的。

各帮之间不仅语言不通，而且风俗各异，更重要的是各帮之间的小帮把他们之间的嫉妒与敌视、宗族械斗与相互猜疑等他们在中国的生活的一部分也带到马来亚来了。

这些人不管来自哪个省、哪个州或哪个地区，也不管他们的语言和风俗有多大差异，他们有一点是共同的：在中国，在他们的村子里，与他们的日常生活及人们的福祉相关的事都由人们自己而不是政府处理。不管官府怎么变化，它对人们来说都不是好兆头，因为它意味着收税、征兵或服役，或者是限制人身自由的其他方面。因此，移民不可能对海峡殖民地的外国政府比对他们自己的政府更好，虽然满清政府是外来者，但英国政府更是外来者。所以，他们在认同问题上更觉遥远。不同地域的方言群体：广府人、福建人、客家人、潮州人、海南人构成了他们各自分离的帮，这些帮又按省、州、府分成不同的群体，还有的按宗族分成不同的组织。

早期的人口完全是男性。因为直到 1863 年才有正规女性移民，所以每帮都是从安全感和公正性这个角度来考虑他们自己的头领人选。这种情形极其适合秘密会党的形成，因为所有的移民都了解三合会，并且他们中的大部分是中国三合会的会员。因此，没有多久，这种帮会式社会就在马来亚扎了根，并成为控制华人人口的主要中心。

大部分关于马来亚华人的可能找到的资料都是来自欧洲人写的当代文献，包括官方的报告和公文、新闻评论及杂志上的一些文章。否定这些资料中反映出了早期商业殖民者和传教热心人的优越感是愚蠢的。那些人表现了维多利亚英格兰在西方文明中的进步性，并表明它所代表的水平高于其他人种。在那个客观的人类学评估尚未开始的时代，无论是正式还是非正式的作品都对证据表现出极度的轻视，并且，这种轻视因为华人移民难以控制的天性及他们中缺乏受教育的人而加深了。

不过，像罗安（Logan）和沃恩（Vaughan）这样的作者理性地坚持了客观的研究方法。许多任期较长的政府官员或普通职员都看到了他们的亚洲移民具有如此的人类同情心和理解力这样一些问题，以至于商业团体经常冒出这样的批评：政府在与"当地人"相处时缺乏处理问题的方法。

对于西方与东方的影响，没有人记录华人移民的想法，但有一点是毋庸置疑的，如果以中国关于西方人的历史记载为参照的话，华人移民对西方人的轻视比西方人对华人移民的轻视要严重得多。

二 早期马来亚的秘密会党

虽然没有关于槟榔屿开埠的早期华人中是否存在秘密会党的资料，很显然弗朗西斯·莱特知道他的华人居民是具有组织秘密团体倾向的。1794年1月，槟榔屿开埠不到8年，弗朗西斯·莱特写道："他们说话谁也不懂，善拉帮结派以对抗政府法令中不称其意者。"[1] 1799年，这种反对政府法令的倾向表现为发动阴谋叛乱。在这次叛乱中，据说有500人秘密发誓忠于他们的头领（一位欧洲种植园主的仆人），并打算建立"独立于当局的政府，自己选举首领和法官"[2]。当这位头领和其他四位一起被代理执行官考特（Caunter）先生逮捕后，全城谣言四起，说是马来人被奎达（Queda）王储秘密地鼓动起来与华人结成联盟，华人为此目的已备好了攻城云梯。[3]

有很多理由怀疑这一"阴谋"曾经存在过。在那个时候，欧洲人社会与当局之间有着强烈的不协调，他们之间的恶感发展到官方准备逮捕几名煽动华人对抗政府的欧洲人的地步，但冲突事实上似乎并未发生，否则，这种事应该在早期的文献中被提到。实际上很可能是这么回事：被宣布为此"阴谋"的"领头人"的欧洲雇主罗巴克先生在对此事表态时发誓证明说，这个故事的情节就是华人甲必丹与这位要向他征税的"领头

---

① *JIA*，V.9，引述莱特的话。
② *JIA*，V.9，第117页，引述考特的话。
③ *JIA*，V.9，第117页，引述考特的话。

人"的一次个人争吵。

回过头来看一下，似乎华人甲必丹做三合会头目是件顺理成章的事，也可能是罗巴克先生的雇员刚开始处在一个竞争的社会里，因为他已经有500个登记注册的雇员了，这使华人甲必丹感到不舒服。① 因而他们的秘密发誓、他们的忠诚以及他们要选出自己的头领以建立一个自己的管理机构的行为都被宣称为阴谋，这与三合会组织的追求非常一致。

第一份关于马来亚三合会组织的专门资料是出现在一篇描写三合会的文章中，是一个名叫米尔尼（Milne）的传教士写的，他那时是马六甲英华书院的老师。② 他提到马六甲的一个华人裁缝"在1818年前后，也就是刚刚转为殖民地时，组织谋杀活动。③ 他从保安手中逃脱后到马六甲地区的锡矿场中躲避起来"（这个人是个会党头目，他的逃脱全靠他的同伙帮助）。米尔尼说：

> 在外国殖民地，这种会党的目的就是抢劫和互助。那些懒惰、赌博和吸鸦片的华人（特别是下层社会的）总是属于这类兄弟组织的。他们偷盗或抢来的财物都按各人在会党中的职位高低进行分配。他们相互保护以免受警察的攻击；隐瞒各自的犯罪行为；协助同伙逃脱治安官的惩罚。

他还补充说："在爪哇、新加坡、马六甲及槟榔屿这样一些地方，当一个陌生人到来时，他不论住上多长时间都乐于向会党交纳一小笔钱，以免他们找麻烦。"

米尔尼关于马六甲的叙述与罗少校（Major Low）关于威省的记载是一致的。当他提到峇都交湾（Batu Kawan）一处甘蔗种植园里的华人时

---

① 当我们考察槟榔屿秘密社会形成的细节时，我们注意到，1799年只有一个秘密会党建立，而这个秘密会党居然不是臭名昭著的三合会的一支。然而，这并不排除当时的槟榔屿有从暹罗，特别是从锡兰来的三合会存在，因为在那两个地方早就有华人定居了，而且离槟榔屿又很近。他们所说的阴谋也有可能就是两支三合会之间为了争夺在槟榔屿建立自己领地的争斗。

② "Sam Hop Wui"即"Three United Society"，或"Triad brotherhood"。这篇文章写于1821年，同年7月又被送到中国进一步补充资料。米尔尼死于1822年6月，留下一些未完成的手稿[*RAS Trans.*，ⅰ/2（1827），pp. 240-50]。

③ "转为殖民地"是指1818年从荷兰手里接过来。拿破仑战争时期，马六甲在英国手中。

说，他们属于一个公司。① "在1829年以前多次起事，有证据表明他们偶尔也吹号以对抗政府军"，这些偶然事件并没有记录，但罗少校继续说：

> 当一个中国人被逮捕或被指控犯了罪，不管是多么残酷，他所在的公司都会一致努力把他赎出去，如给议会捐赠，高额贿赂不利他们的证人使他们不出庭作证，并使某些人作伪证。采用恐吓手段威胁那些有良知的证人，让他们对在逃犯人的去向表示沉默或对被指控犯人的行踪保密也是公司在处理此类事件时的惯用手段。当一个公司以指控另一个公司中的某人犯了罪的方式来反对另一个公司时，就不要指望采用什么合法手段了。②

截至1824年，也就是新加坡开埠五年时，三合会在新加坡已司空见惯了。莱佛士的秘书、马六甲米尔尼博士的马来文教师阿都拉先生（Munshi Abdullah）曾经对他参观过的一个会党总部有过描述。他在他的杂志——*The Hikayat Abdullah*③——中，对他那次在新加坡参观天地会的旅行进行了完整的描写。在他的叙述中说，几千人参加会党，他们都住在丛林深处，有的拥有自己的种植园，但主要靠抢劫、海盗和谋杀为生。有一位首领，四位副首领，"小喽啰们四处望风并到处逮人入会……入会时要经历可怕的考验，发誓并喝鸡血酒"。那些不愿加入的人则被严刑拷打甚至被谋杀。

阿都拉通过一个从马六甲来的华人朋友——他本身是一个会党成员，才能到会党总部去参观。他由他的朋友及四位其他的华人陪同，没有碰到什么陷阱。"他们在树干上爬上爬下，在沼泽地上艰难行走，还得过水。"他们早晨5点钟出发，到达目的地时已是下午4点了。"三间大木屋，每间约有180英尺长，里面的每个人都像蛆一样挤在一起。"木屋的四周有

---

① 广东人公司最初的意义是经济合作组织，但后来扩张，指任何为共同利益组织起来的组织或群体。在马来亚，这个词还指被一个群体占有或使用的房屋。

② T. J. Newbold and F. W. Wilson， "The Chinese Secret Triad Society of the Tien-ti-huih"，*JRAS*, ⅳ（1840–1841），p.133.

③ 这里除用"T'in Tei Wui"代替了"Thian Tai Huey"之外，沿用了A. H. Hill博士在*JMBRAS*，ⅩⅩⅶ/3（1955）的译法。*Hikayat*的写法到1840年才出现。

一条深而宽的渠沟，用可移动的窄桥连接起来，以免陌生人闯入。阿都拉蹲在一间远离主厅的小屋里，他在那里可以透过墙上的缝隙看到所发生的一切，在竹梆敲打声中，五六百人从三间木屋里集中起来，实际上他们都在小屋里的数百盏鸦片烟灯前吸鸦片，阿都拉也有一支。当竹梆声响起时，鼓也被敲响，所有的人都成排地坐下来，面向他们"祖先的画像"。两名执事坐在中间的一张高椅上，八个手持利剑的人站在他们后面或两边，其他人在神龛前烧纸。

要求入会的人被推到前头，剃光了头发，没穿衬衫。当他跪到先生面前时，持斧者大喝一声，同时把斧头在他脖子上舞弄一番。接着是一连串的问答。这个人说自己父母双亡，要求入会，① 并发誓忠贞与保密，于是在场的一个人就在他的小指头上割了一下，挤几滴血到一个已经滴有其他人的血滴的碗里，以表示精神上的重合。② 入会者、先生及其他在场的人都要在他们祖先的圣像面前喝一口碗里的东西。

入会仪式结束后，接下来出现了紧张的局面，一位不愿入会的人受到拷问。他被绑住双手推到先生跟前要求服从，但他拒绝了。这时有人用竹棍打他。当问他是否愿意入会时，他先是不回答，后来说不愿意，持斧者便将斧头在他头上挥舞了一圈以示威胁。当他第二次说不愿意时就被推倒在地，并有人用竹棍猛抽他，他痛苦地尖叫。当他再次说不愿意时，先生命令第二天早晨把他杀掉。文献上说，"他因拒绝入会而被处死"。阿都拉说，"他们刺杀了几十个人，都是从新加坡抓来的，这就是他们的组织不断壮大的原因"。而且，当会员背叛或泄露秘密时，立即被处死。

阿都拉对他所看到的情景极其震惊，并请求他的朋友在天亮之前尽快带他离开那个"该死的"地方。他没有提到对那个叛逆如何被处死，可能他说的"他被处死"的事仅仅是猜测而非亲眼所见。他说的许多人被卷入的事也是有所夸大的，但没有理由对他亲眼所见的事表示怀疑。他还提到会员抢掠和当海盗的事，指责政府在对待那些"不受任何限制、不知羞耻、不为他人着想的会员的劣迹时"的被动性。并得出结论说，造

① 这表明入会者否定了他的世俗父母，而作为洪门家庭中的一员从此诞生。
② 现在的习惯仅仅是扎一下新会员的手指，并且也只有新会员喝血酒。这里的叙述没有提到"砍鸡头"。关于入会仪式的详细情况请参看附录一。

成这种局面的原因在于"那时公司（指东印度公司——译者）的许多法令还未延伸到新加坡"。

阿都拉还记录了一桩关于天地会进攻新加坡城的谣言，他的华人朋友说，他们还计划与他们在马六甲和槟榔屿的会员合作。如果这件事是真的，这一材料对于指证 1799 年在槟榔屿的暴动是极其有力的。

英国官员在处理华人秘密会党的活动方面缺少经验而导致后者更猖狂的事是有可能的，在这一点上英国人不同于他们的荷兰同人。后者在 1622 年刚与中国打交道时就知道在中国的福摩萨（即台湾——译者）的秘密会党的厉害。他们在那一年被海盗首领兼会党头目的国姓爷（郑成功）赶出了福摩萨。1677 年，他们曾警告他们的船只注意马六甲海峡的"国姓爷"海盗。① 整个东印度公司都有过秘密会党叛乱的经验，那里及马六甲都曾给予了严厉镇压。而英国官员对潜在的威胁力没有认识，镇压手段不够狠，因而秘密会党的力量和胆量日益增大。到 1825 年时，三州府——新加坡、马六甲、槟榔屿——迫切需要取得有关会党成员及他们的活动资料，而且，对其会党对三州府内部安全的威胁似乎也是一件危险的事，因为他们可能进一步与暹罗人联系，把他们的影响渗透到整个半岛。荷兰在占领马六甲期间已与霹雳和雪兰莪签订了同盟条约，条约规定他们负有保护这些正面临被暹罗人征服的王国的义务。1824 年，荷兰通过条约把马六甲转给了英国人，终止了其对马来各邦的统治，暹罗也就打通了其南进的道路。

吉打成了首先被暹罗占领的牺牲品。1821 年，六坤府尹（Raja of Ligor）将其推翻，虽然国王本人成功逃跑并在槟榔屿获得庇护，但他的许多家人沦为阶下囚，他们中约有一半人被杀掉。1823 年 6 月，六坤府尹照会槟榔屿总督说，暹罗国王已经同意吉打成为他的领地，同时命令吉打前国王投降并不得有任何光复吉打领地的企图。② 槟榔屿总督拒绝干涉，1825 年 4 月，槟榔屿总督得到消息说，六坤府尹在吉打及董里（Trang）组织 300 艘武装船只，以实现其攻打霹雳和雪兰莪的目的。

然而，槟榔屿总督罗伯特·富勒敦（Robbert Fullerton）却宁愿相信

① Victor Purcell, *The Chinese in Southeast Asia* (1965), p. 241.
② SSR (A18), Pg Cons., Council Mtg, 10 July 1823, pp. 2–7.

这支舰队的真正目的是攻打槟榔屿，他得出这种看法的信息来自几个渠道，有的说在槟榔屿雇用 200 人到城里放火，以准备进攻；有的说六坤府尹是个中国人的儿子，他的总理大臣也是个中国人，而且大家都知道他们已与槟榔屿华人订约，一位在押犯人提供的信息表明，王储的核心集团与殖民地的华人秘密会党有关系。①

该犯是个福建人。他说，八个月以前，他的雇主，一个"澳门"华人，也是一个金匠，邀请他参加一个"公司或俱乐部"，金匠本人就是那里面的成员之一。这个公司就是"义兴"，它的成员"极多"。② 所有参加的人都被迫发誓说，他们"将在需要他们或发生骚乱时到场"。他知道他们藏有标枪及其他武器，所有这些东西被分藏在不同的地方。有的在烧酒饷码商的房屋里或其房屋附近的其他建筑内。没有缴纳会费（据他说是 5 元）或者没有发誓的人是不能入会的。

他也提供了两个"澳门"华人的相同俱乐部的资料，他们是"和胜"③ 和"海山会"，并说有个叫刘亚昌的人是这两个会党的会员。他最近去六坤就是"极其想与暹罗人联合起来，而现在槟榔屿的暹罗人没有几个，如果暹罗人也有这种想法的话，这是进攻槟榔屿的极好的机会"。[这个刘亚昌被伯尔尼（Burney）上尉聘为他与六坤府尹的中间人]④

1825 年 5 月 26 日，这一信息立即被警察局长 R. 考特（Caunter）通过驻该地法官 R. 艾伯森（Ibbertson）送达总督手中，其中还包括警察局长本人对华人"俱乐部"的意见。他写道：

> 在本岛约有 7—8 个华人俱乐部或会⑤，有的已建起来好几年了，他们公开活动的名目是贫苦兄弟互助，特别是以正当手段为那些死后没有钱的人付丧葬费用。因为我知道这些华人阴谋组织这些会在中国

---

① SSR（A20），Pg Cons.，Council mtgs 3 & 19 May 1825. Also H. Burney, *The Burney Papers* (1910)，ⅱ.121 ff.

② "Ghee Chin"（义兴）就是"Ghee Hin"，也有写作"Gehin"或"Nghee-hung Kwun"的。

③ 王明光先生认为，和生、华生都是和胜的不同发音。——译者

④ SSR（D8），Penang's Letts to India，pp. 80 - 83，No. 523，14 May 1825.

⑤ Hoey（福建话"会"的发音）、Wui（广东话"会"的发音）与所有不同的拼写（如 Hooey，Huay，hway，Hui 等）都表示一个团体，但现代欧洲人在写作时已经把它看成了"秘密会党"的代名词，本书中也完全如此。

是被严厉禁止的。在这里，这一组织主要，如果不是唯一的话，建立在我们称为广东人或澳门人的华人中。本岛约有3000人是广东人或澳门人。如果有人邀请，潮州人也有可能成为会员，有的潮州人就说过他们属于谋个会。但会党主要还是由广东人组成，在他们与潮州人之间存在极其严重的嫉妒，并经常相互敌视。

在六坤府尹到吉打之前的两年半或三年的时间里，他一直与当地广东人或澳门人保持秘密通信，并把不少人送上了他装备好的船只，带到锡兰去。在那里，他们被怀疑犯了严重的海盗罪。我相信这是事实。①

这份报告导致的结果就是，考特接到通知说，"安全是主要目标，在逮捕受到怀疑的会党分子的一般案件中，应对他们施以更为严厉的法律制裁形式"，并要求他在行使他的权力时采用所有的方式以阻止此类"公司"或俱乐部在将来进行集会。通知还提醒他说，许多这种人似乎与为府尹服务的人相像。

而且，在本岛有武装的几个团体已犯下几宗严重抢劫案。然而，这些会党可能表现为慈善团体或实用组织，在什么时候他们都应该被看作是充满了嫉妒并对社会和平有威胁的组织。此后，应该考虑建立一个常规机构以彻底镇压或至少是将其置于警察局的监视之下，以阻止他们实现其扰乱治安、危害政府的目的。

最后，他被指示继续监禁被认为是会党头目之一的刘亚昌，以便在议会召开前进行审查。②

考特的调查并没有证实总督所担心的事，他报告说，找不到资料证明俱乐部的集会有不利或不恰当的目的，也没有找到任何所描述的武器。正是他的意见指出了俱乐部的目的：一部分是为了捐募救济金，如为生病或贫穷的兄弟付钱，为贫苦者料理后事，等等；一部分则是为了募款以便在进行每年两三次的集会时能好好吃一顿。本岛上的广府人和澳门人（但不是泉州人）中是有几个会党存在，有的已存在二三十年了，只有一个

① SSR（H14），Pg, Letts & Ords in Council, 1825, Council Mtg, 12 May.
② SSR（H12），Pg, Lett. & Ords in Council.

承认他们的会员必须发誓。他相信这种会党对那些身在海外、在需要帮助时没有亲人和朋友的华人来说是有益的。"但因为华人的特殊性格及其他环境，制定政策将所有此类会党置于控制和规范之下，并禁止会员受命发誓或作此类表白是有益的。"

考特还翻译了义兴俱乐部的新会员在砍鸡头时被要求宣读的马来文誓言，尽管有保守秘密这样的条款，但誓言本身并没有危害性。他补充说，"秘密的"这个词就等于"安静的、有序的"的意思。①

这种替刘亚昌的辩护及对俱乐部活动表示出来的几乎像唱赞歌一样的态度与总督所相信的是如此之不同，以至于他计划找槟榔屿四位主要华商来打听情况。咨询活动在 6 月 9 日由总督本人及主法官一起主持。四位华商不仅证实刘亚昌是海山会的头目，而且谈到不少关于海山会的情况。从他们谈话的内容来分析，这些华商并不是"澳门人"，他们可能是福建人。按他们的说法，海山公司建于两年前，大约有 1000 名会员，"都是澳门人中最低阶层——苦力、木工、园丁等，他们都是穷人。在他们中，既没有商人也没有值得尊敬的买卖人。他们都被看作是坏人，好人是不会加入此类俱乐部的"。商人们如是说，但事实证明这并非全是真的，因为进一步咨询时，他们都同意结束此类俱乐部是最明智的选择，可他们认为要查出这些会员中比较好的人的名字是不容易的。按这些情报提供者的意思，几年前被六坤府尹雇用的"澳门人"属于海山和义兴俱乐部。他们知道，刘亚昌曾到六坤去争取出任霹雳的华人甲必丹，并且有人提醒他带 200 人从槟榔屿到霹雳去谋划此事，由于义兴俱乐部与"海山俱乐部一样人数众多，而且都是由一些坏人组成的"。他们说，许多会员都是水手，他们与住在北固（Pegue）、暹罗及其附近国家的人有联系。②

这一消息不仅证实了海山公司具有令人不愉快的性质，而且证实了海山会在其早期的 1823 年时与六坤府尹的联系及刘亚昌在海山会中的职位问题。但总督截获了另外一些关于六坤府尹的直接罪恶意图的消息，那是

① SSR（H14），Pg. Lett. & Ords in Council，1825，pp. 892 – 895. 警察局长考特（R. Caunter）1825 年 5 月 21 日写给约翰·安德森（John Anderson）的信，于 1825 年 5 月 24 日呈给议会。

② SSR（A18），Pg. Cons.，1823 – 1825，pp. 253 – 255.

写于 6 月 6 日的一封信，由六坤府尹送给他的兄弟——威省一位受人尊敬的居民。在信中，写信人说逼罗人"将毫无疑问地要进攻槟榔屿，他们现在正准备，并仅仅是等到白人放松警惕时，去偷袭他们"①。

因此，在证实了他所有的猜测之后，富勒敦总督立即写了一封措辞强硬的信给六坤府尹，拒绝让府尹的武装舰队在攻打雪兰莪途中经过槟榔屿及其大陆之间的海峡，并警告他说，如果他们有任何人到该岛上来，都将被视为带有敌意，而他们也将采取相应的措施。② 总督在第二天（6 月 10 日）的政务会上宣布了这一消息，当时他严厉地谴责了警察局及其局长在"警戒和发现这种图谋不轨的组织"方面的失职。这一谴责以书信的方式被送到警察局长手中。在信中，考特被通知，"总督以各种手段所取得的有关信息的结果"，似乎表明刘亚昌"毫无疑问"是海山公司的头头。信中还说，"如果有任何人从事协调六坤府尹的活动"，那肯定他就是海山会的成员，通过搜查文件或其他方式获得海山会会员的名单是极其有意义的。"如果对他们集会的场所采取突然搜查的方式，而不要去相信那些头目的声明，那么，所有成员的名字及他们这些集会的真实目的就可以被了解。"信中还提出，希望能获得华人被六坤府尹利用的线索，同时，认为刘亚昌应该继续被监禁，不允许与任何人交往。总督在信中表示他很遗憾在这件事上表现出警察"如此缺乏，以至于俱乐部像得到了暗示一样"，他很惊讶这些俱乐部竟然被允许组织和存在。他们是"一些最低层、最贫穷的人，一个在岛上没有任何关联的阶层。他们随时准备做任何坏事，关起门来开会，遵守秘密誓言等。他们要想出一个较适合的推翻政府的方法也是有困难的"。

总督在政务会上只阻止了立即对这些俱乐部进行镇压的呼吁，因为他希望有可能把会员找出来。信的结尾要求对"公司"的性质和目的进行彻底的调查，并发出最后通牒说："一旦发现不友善者，都将被视为六坤

---

① SSR（A18），Pg. Cons. , Pg. Lett. , pp. 209 - 210. Chori Teang 于 1825 年 6 月 6 日写给他兄弟 Syed Jaffar 的信。由 Maing 送给总督安德森，并于 1825 年 6 月 10 日在议会上宣读。

② Ibid. , pp. 243 - 253. 总督（Robbert Fullerton）1825 年 6 月 9 日写给六坤府尹（Raja of Ligor）的信，1825 年 6 月 10 日在议会宣读。

府尹的密使。"①

1825年6月16日、23日及30日的政务会都发生了激烈的争吵，因为艾伯森与槟榔屿的地方行政长官克拉伯里（Clubbley）先生认为，总督在未能及时地逮捕六坤府尹这件事上负有责任，而不应该指责警察。他们也提到总督已指示警察局无须"在逮捕嫌疑犯时使用更为严厉的法律措施去对待一般案件"。结果，总督在一份长长的备忘录的最后写道：

> 没有人比我更欣赏这种公开的调查及所有的保护措施了，英国的法律在审理和判决那些主观的和不公正、不合适的指控时给予这样的保护。但像在这样的案例中，警察局官员还有别的任务要承担，如果阴谋及煽动叛乱的行为正在形成，那么这些秘密的阴谋就应该被跟踪或遭到反对。对于该案而言，政府的优势时有减少，警察局公开的、炫耀性的调查只是为了打击其目标并给他们定罪，由于该调查是如此滑稽，最终失败了。②

显然，针对英国本土制定的审判程序，不管是否适合，都已经在社会状况完全不一样的槟榔屿使用了。

当那些被搜集到的关于会党的资料与从会党的房屋中搜出来的书报、文献一起送给政府时，考特反复说他仍然相信那些"俱乐部"存在的目的是慈善事业，他没有理由猜测别的。然而，人人都认为应该尊重总督的思路，他同意"俱乐部"可能是与"政治无关的，特别是在华人中。但他们都是……最具侵略性的人"。所以在他看来，对会党的镇压是应该的。

有证据表明考特对于"俱乐部"的性质及他们之间的区别并无清楚的概念。他写道：

① SSR（129），Misc. lett.，1825，pp. 44 – 47，No. 603：J. Anderson，Act. Sec. To Govt. to R. Caunter，Supt of Police，Ft Cornwallis，10 June 1825；ibid.，p. 75，No. 650：Fr. J. Anderson to R. Caunter，Ft Cornwallis，16 June 1825.

② SSR（A18），Pg. Cons.（1823 –1825），23 June 1825，pp. 394 –491. See also ibid. Mtgs of 16 june 1825，pp. 312 –324，30 June 1825，pp. 514 & 518.

在中国，这种团体叫作会馆，① 是政府允许的。我知道，他们后来有了一定的规章制度，入会的人员也有限制。这类型的会与另一种叫作天地会的会是千万不能混淆的，后者是秘密社团，他们的组织是为了非法的目的。

槟榔屿的三个会都属于这种情形，而不是他的情报人员告诉他的那种情形。

考特列举了槟榔屿的七个俱乐部，所有的都是由澳门人，比如广东人和客家人组成的。② 三个主要俱乐部成立的日期很接近（按考特列出的广东话）：义兴（Ngee Hung）（1801 年），和胜（Woh Sung）（1810 年），海山（Hoy San）（1823 年）。在后来的几年中，他们以福建话，如 Ghee Hin，Ho Seng 和 Hai San 等，③ 常常在官方文献中被提到，其余的俱乐部也表明是地方团体。

1826 年，一个名为存心（Chun Sim）的福建人会党成立——后来以"Chin Chin"这个名字广为人知，因为"澳门人"会党对福建人采取高压态度，后者便组织会党以使澳门人"低调"些。这个会党的名字在考特的继任者约翰·帕图拉（John Patullo）1829 年提供的一份名单中出现过。④ 至此，四个会党都在全国各地及乔治城的总部有了分支机构。

槟榔屿的三个由"澳门人"组成的会党：和胜、义兴和海山是三合会的不同支系，这一点在当时并没有被真正意识到，但在后来的信息中表露出来。沃恩在 1854 年写的文章中提到前面两个比海山会更接近中国有名的三合会。按他的说法，海山会则是形成于槟榔屿。⑤ 这就意味着义兴和和胜是从其他地方进来的，可能他们来自暹罗或缅甸，这两个会党在仰

---

① "Hooey Khoon"（会馆）等于福建话的"Hoey Kwan"，广东话的"Wui Kwun"。意思是从中国的同一个省、州、区来的人组成的协会。

② SSR（A18），Pg. Cons.，23 June 1825，pp. 415–428.

③ 按正常的广东方言应该是"Yi Hing""Woh Shing""Hoi San"。维尼在 *Triad and Tabut*（1941）p. 76 中错误地把 Woh Sung 和 Ho Seng 看成两个会党。

④ SSR（A66），1829，pp. 64–72.

⑤ "Notes on the Chinese of Pinang"，*JIA*，ⅷ（1854）. 该文为匿名文章，但人人都知道是沃恩（J. D. Vaughan）写的。

光一直互相支持，直到 1954 年。①

没有理由怀疑三支会党都是以三合会为根基的，正如考文（Cowan）1897 年在墙报上所说的那样，这是通过他们的腰凭记录下来的。不仅如此，而且现在可以说他们各自代表三合会的三个堂口。和胜代表第一堂，义兴代表第二堂，海山是第三堂。因此，虽然所有会员都是三合会的兄弟，但划分为三个不同群体却可能是因为各方利益无法协调而导致竞争与对抗。在各堂之间没有"教廷"来裁定会党间的冲突时，会党的首领们便放弃了正规的解决渠道，而是用武力来解决这种事情。

帕图拉在 1829 年谈到槟榔屿华人秘密会党的构成及行为的报告中清楚地表明，他不赞成他的前任关于会党是无害的这一说法。他警告说，他们曾经搞出"很坏的结果"来，包括保护杀人犯和抢劫犯。他还提到，面对会党的团结精神，要获得他们活动的真实情况很困难。他同时也注意到，对大多数小事情进行惩罚时没有必要通过极其复杂的形式。他写道："英国法律的使用永远没有必要为那时每天，甚至每时都发生的小犯罪事件而改变。我一点也不怀疑，随着法律的完善及时间的流逝，许多人会将犯罪分子指认出来……"

帕图拉特别强调了"澳门人与潮州人之间几乎在每一项投机生意，特别是在饷码承包②方面的竞争"。这种关于税收承包与会党之间存在某种关系的观点是非常合理的。一种以垄断税收为基础的税收制度在槟榔屿刚从孟加拉独立出来的早期就已经存在了，有一时期包括出售鸦片、烧酒、烈酒、印度大麻（从 1808 年起）、猪肉、烟草、石油、酥油、猪油、柴火、原木、食盐，等等。到 1811 年时已经出现了赌博饷码，而赌博饷码正如法官所要求的那样，在一次偶然的会议上由大陪审团提出异议后就不存在了。到 1825 年时，只有 5 种饷码被保留，他们是鸦片饷码、烧酒饷码、麻醉品与大麻饷码、槟榔叶饷码及猪肉饷码等。这最后一项由于地位高的华人为建立并维持为贫穷华人所建的医院及房屋基金的需要而一直存在，后来又加上了典当饷码。

新加坡和马六甲采取同样的税收制度，赌博饷码在马六甲到 1826 年

---

① *Kwong Wah Jit Poh*《光华日报》（Penang），11 Nov. 1954。

② 税收承包制度在东南亚的华侨中称作饷码制度，英语译为 Farmer。——译者

才废除，而在新加坡，到 1829 年才废除。① 鸦片、烧酒、猪肉及典当饷码一成不变地由华人承包。这种制度对支持秘密会党的领导从事组织建设及秘密活动极有利。饷码生意是极其脆弱的，因为任何影响都可能导致生意毁灭，因此，在这一领域里竞争的双方达成一致，以便尽可能地少向政府支付承包金是有必要的。取得一项饷码的权利就意味着在财富、名声及势力方面立即有所增加。而在这种争夺中，遍布马来亚的秘密会党扮演着重要角色。

应该注意到 1825 年 5、6 月时总督亲自审查的槟榔屿秘密会党的四位主要商人中，三位都曾是饷码执照的持有者。② 同时，考特认为六坤府尹的主要代理人也是"我们的华商"，并认为"我们的潮州商人"一部分在他的名义下持有吉打的饷码。③ 福建商人说，"臭名昭著"的海山公司首领刘亚昌一直希望成为霹雳的甲必丹，作为回报，他给六坤府尹以帮助。有证据表明，在 1823 年 7 月，一些"从槟榔屿来的厦门人"在霹雳企图用武力从广府人手里夺取赌博、鸦片及烧酒饷码。④ 1829 年 6 月，帕图拉指出，"从其他地方"（威省）向槟榔屿进行非法烧酒及鸦片走私就是由卷入其中的澳门人和潮州人争夺烧酒饷码引起的。

关于饷码商与会党之间的关系（在新加坡），槟榔屿的记录员本杰明·马尔金（Benjamin Malkin）在 1835 年时写道：

> 起源于鸦片饷码的新加坡的税收到后来已经得到了巨大的增长，我曾经听说过它的处理方式就是岛上一些与会党或兄弟组织有关的人成了饷码商，并可能比他们的前任支付了更多承包金，而附加的那些条款又给了他们侦查任何走私的权力。简而言之，他们不仅获得了设立劳役偿债制度，而且有使他们的间谍与走卒遍布全岛的优势。⑤

---

① *GD 181*，to S. of S.，27 Aug. 1869.

② SSR（I20），Pg. Misc. Lett.（1806 – 1830），No. 412，p. 199，4 June 1817；SSR（I27），Pg, Misc. Lett.（Out），1824 – 1825，No. 460，p. 659，26 Apr. 1825.

③ SSR（A18），Pg. Cons.，pp. 428 – 436，23 June 1825；Caunter to Anderson，22 June 1825.

④ SSR（F5），Lett. fr. Native Rulers，1826 – 1832，pp. 128 – 129. 霹雳王储于穆斯林 1244 年 2 月（即公元 1828 年 7 月 31 日）写给总督富勒敦的信。

⑤ Encl. 8 to Gov.，Letts to Beng.，No. 23，1 Apr. 1843（IOL）.

可以肯定，直到饷码制度被废除，华人社团中的巨擘一成不变地持有这些饷码的执照，而且，也可以肯定的是，他们事实上也一成不变地是会党头目或赞助人。

1830 年 5 月，我们发现了一些支持帕图拉关于会党活动的不受欢迎的性质的观点的材料，那是在槟榔屿警察局长 H. 奈尔（H. Nairne）向总督会同行政局报告的一件事。在该案中，会党头目被指控，"由于他暗杀的对象对他过于恐惧而不敢作于他不利的证词"。他补充说：

> 总督将会明白由于维护公众和平而允许华人在任何情况下都可以明确地保留其公司的房屋是多么危险，因为这些房屋建得如此好，以至于外面的人要想听到里面在实施残酷惩罚时的叫喊声都是不可能的。

奈尔相信邪恶的事件都会在"公司"里发生，并建议禁止华人继续加入会党，如果有人违反，则应鞭笞 72 下，或罚修路一年。虽然说他们假装以慈善为目的，但他们与那些替他们干坏事的人有极密切的关系，这在中国是被法律所严格禁止的。①

行政局一方面发现要找出这些会党的性质有困难，一方面决定让警察局长给政府一个关于公司的清楚的定义和说明，以便于二者被同时送达立法当局作为对付和处理"非法集会"的依据。但是局长不能不表态说，对于考特和帕图拉说的他没有什么要补充，并建议使"公司"解散的最好办法就是"在他们的盛大日子里不允许他们举行任何游行"。他能保证反对的仅仅是前总督已间接地支持了海山会，因为他给了该"公司"及其后人一块广阔的土地。②

最后，行政局于 1830 年 6 月决定将帕图拉 1829 年写的报告送几份给新加坡和马六甲的委员们，向他们寻求关于此种在他们管辖的殖民地内存

① SSR（A70），Pg. Cons.，1830，pp. 101 – 107. 警察局长奈尔 1830 年 5 月 21 日写给总督帕图拉的信，于 1830 年 5 月 31 日呈至委员会会议。
② Ibid.，1829，pp. 195 – 196.

在的会党的报告，以及会党的影响和目标及"任何能搜集到的关于会党的一般组织与企图的材料"。同时，奈尔通过在乡村任命村长（马来文为Penghulu）来要求所有部族实行严格的注册制，因为对坏分子严格的检查需要借助岛上的力量。

新加坡也已经有了秘密会党的问题，在1830年3月2日举行的政务会上，驻扎该地的政务官肯尼斯·麦金森（Kenneth Murchison）提出了一项备忘录，那份备忘录是针对新加坡最重要的事情而提的，而那最重要的方面就是新加坡内地的未定居的人口问题。在新加坡，聚集着"大量的、难以对付的华人帮群，他们的个性勇敢而暴躁，他们在晚上闯进城里，靠抢劫为生，他们蔑视警察"。相信阿都拉1824年参观秘密会党的隐居所所获得的信息，就有理由肯定那些被提到的抢劫者就是天地会分子。

备忘录继续写道：

> 这种恶性事件随着每年丛林里人数的增多迅速增加，而生活方式却没有同比例的进步。如果岛上的路互通，在警察的有效控制下，这种情况应该有所改善……但岛上现有的情况就是一种警告，急需干预。

他认为需要立即雇用一支强有力的警察和军队置于立法会的管辖之下以进行盯梢，借以证实抢劫者的力量并在任何可能的情况下抓住他们。他还建议设立一支装备精良的，在可能的情况下以军队作后盾的警察部队，永久性地驻扎在城外，当然，他也建议大路、小道应该互通。最终还应制定适合限制和规范将来移民来的华人的条例。[①]

一项快速调查表明，大量的稻米种植取得了进步，总督认为对于岛上土地的占有和耕作比总督府曾了解的要广泛得多。进一步的调查（估计要花三年）正在进行之中，同时只有"偶尔的检查"是可能的。[②]

当麦金森收到来自槟榔屿的，关于要求报告新加坡的会党存在的情况的信之后，他设计了一个关于会党的组织形式、目的及会员情况的调查

---

① SSR（I39），1830，Pg. Misc. Lett.，pp. 78–81，23 July 1830：H. Nairne to R. Ibbetson.

② SSR（A68），Sing. Cons.，2 Mar. 1830，pp. 9–11.

表，并要他的助理、驻扎官 S. G. 文翰（Bonham）去完成。这一文献第一次给我们提供了关于新加坡华人秘密会党的详细轮廓。①

根据文翰 1830 年 9 月 17 日的统计，在那时的新加坡有三支"会"存在，即天地会、关帝会、祖师公会。这些会"没有联系，而且各不一样"。"祖师公会只是 4 个月前才成立"，被看作是"一个宗教团体而不是别的"。第二个是关帝会，差不多都已经绝迹了，因为文翰说他的成员加入了天地会，如果真是这样，则它后来又恢复了，因为六年后的关帝会还广泛存在。文翰认为，天地会是最大最危险的会。

他认为该会由一些非常特殊的阶层构成：

> 福建、澳门及马六甲的本地人在我看来与前面我提到的第一个会党（天地会）有联系，甚至可以说是它的主要领导者，较穷的阶层构成了其中的大部分，但如果这些定居者分为富人和穷人的话，我毫不怀疑后者是占压倒性优势的，而前者极少有从它那里得到收获。后者的一切都与抢劫、掠夺有关，与正义不搭界。

然而，文翰认为："我曾经谈到的那些华人一般都相信结婚和丧礼的开支是由会党成员抢来的。"

还应注意的是，马六甲的土生华人被看成了华人的分支，他们是马六甲出生的华人，他们的祖先在那里已住了几代人的时间了，他们是"峇峇"②，并被与那些晚近时期的移民区别开来。按文翰的说法，一般都认为几乎所有的"真正的中国人"都与天地会有关，大部分的"马六甲土生华人"要么与天地会有关，要么与祖师公会有关，但没有任何值得尊敬的马六甲土生华人是天地会成员。

他认为在新加坡郊区的所有的华人都属于天地会组织，会员总数不少

---

① SSR（A68），Sing. Cons. ，12 Mar. 1830，SSR（B10），Lett. to London，p. 133，30 Apr. 1830.

② "峇峇"（Baba）：海峡殖民地对华人与当地土著人所生混血儿的称呼。在东南亚，对华人与当地人所生的混血儿的称呼各地都不一样，菲律宾称为"密士底梭"（Mestizo），越南称为"明乡"（Minh-Huong），印度尼西亚称为"伯拉纳堪"（Peranakan），缅甸称为"桂家"（Gwe Chia）、暹罗称为"洛真"（Luk Chin & Lukjin）。——译者

于 2500—3000 人。

（他写道）在农村的种植园主是被迫入会的，如果他们不入会，就会遭到抢劫和掠夺，并被完全赶出他们的种植园。然而，我担心根本不用怎么劝说，因为如果大部分的种植园主都厌恶会党的话，那就不可能强迫他们入会。

至于会党的真正目的，他相信："一般而言，在下层社会中进行抢劫和掠夺并认为在上层社会中具有一定的势力和地位是不恰当的。我认为他们的两个目的就是运用他们的能力让罪犯被逮捕后逃脱正义的惩罚，以及在被捕之前通过作伪证或买通他人作伪证来帮助他逃走。"

他的统计证实了阿都拉所说的在会党内部存在领导机构的情况。天地会的主要首领是陈玉关（音，Tan Yu Guan）。在他的领导下，每个不同的方言群都有他们自己的领头人，在"其方言群的任何成员做好事或坏事前"首先要与他们商量。① 在某些情况下，会党的主要成员会举行大型集会以惩罚那些被指称违反会规的会员，通常的惩罚是鞭笞，但据称甚至在执行死刑时也集会。他说，那很显然，人们都对这种集会感到恐惧，也根本不愿谈起这种事来，更不愿成为告密者。

他简单地描述了会党的入会仪式，其中包括砍白公鸡鸡头。把血装在一个盛有酒的杯子里，入会者及其他在场的人都割破指头挤点血与鸡血混合在一起，每人喝一口。同时跟着长兄或者主管人发誓："有难同当；不将会内秘密泄露给外人或本会其他成员；遵守会规制度。"关帝会的入会仪式也一样，除了以割破舌头代替手指外。而祖师公会的入会仪式还包括烧黄纸，"黄纸上写有对会员的命令，以防他们听不到"。

文翰认为新加坡城发生的大部分抢劫案及农村发生的所有关于帮会的抢劫案都是天地会的人干的。他们在其头领的一致同意下与他们所信任的人一起干。至于他是否知道会党的收益，以及会党如何保护他们那些生病或年老体衰的会员，他回答说："我可以毫不犹豫地说，这种福利是根本不可能有的。如果我可以用我看到的生病和年老的会员的例子来证明的话

① "tribe"是指方言群体，比如福建、广东、客家、潮州、海南等。

（他们经常在街头与我们交谈），我可以推理说，如果一个人都没有救济过的话，这些不幸的人的关心与救济在起初时是他们没有考虑的事。”

文翰相信海峡殖民地三州府的会党是互相帮助的，并有资料显示槟榔屿的一个会党曾经向新加坡的一个俱乐部会所捐助了 200 西班牙元。

并非文翰信中的所有材料都是以事实为根据的，因为随着时间不断推移，他获得资料显然有难处。

在新加坡，没有一个地方提到义兴这个名字，我们曾经看到的义兴是在槟榔屿的天地会形成的资料中，后来被新加坡采用了。还应注意到，新加坡的天地会接受了所有的华人帮群，每一帮群都在自己的头领领导之下，而槟榔屿的三合会以“澳门人”为基础，虽然也不排除其他帮群。

关帝会是什么样儿我们只能凭推测。我们了解到那时在与新加坡南部紧邻的荷属东印度群岛的廖内（Rhio）有过一个这样名字的会党，荷兰当局对其采取了严厉的镇压措施，包括把它的成员驱逐到新加坡去。它正如我们所了解的那样，是天地会的敌人，也是三合会型的秘密会党，包括有发誓的入会仪式。

至于祖师公会，就像文翰说的那样，它的存在可能主要是宗教的目的，也许不是秘密会党。显然，它的入会仪式上不用发誓，虽然它经常秘密地焚烧字纸。该会后来在 1846 年又被提到过一次，名字是“祖师公”（Choo Soo Gong）。①

文翰已经决定了怎么样去与这些可恶的会党打交道。他认为只要有现时的审判制度存在，要废除他们就是可能的。如果法律允许，他建议只要警察确信会党成员犯下了抢劫罪，那么他们的首领就应当被抓起来，并要被处以他们赔偿被盗财物双倍的罚款。这样，他们就不得不向会员征税，而会员会“把入会看成赔本的买卖而放弃”。他说：“如果政府在开始处理的案件中有些不公平，他们也会由于得到的好处而保持心理平衡。”

并不是文翰一人认为海峡殖民地的法律不足以处理会党的威胁。1833

---

① *SFP*，12 Mar. 1846.

年，《华人收藏》① 上的一篇文章提到了三合会在海峡殖民地的发展过程及海山会与义兴会的敌对。他们的牺牲品没有救济，因为没有证人敢作证，也就取不到任何证据。编辑希望：

> 当局……要警告……那些没有法律观念、对以通常方式作证的证人构成威胁的人，对他们采取军法管制。……这些会党似乎不是为了获得政府的承认，而是为了谋求物质利益。他们希望成为所有贫穷华人成功的榜样，而让那些欧洲的管理和让居民做绅士的资本、头衔和薪水不要影响他们。

法律条文权力不足这一主题正如在英国设想的处理会党的主题一样，经常在政府的往来信件中出现。讨论的问题总是怎样给警察或者法官、执政官足够的权力，以便在不与英国的基本法律冲突的情况下控制会党。

马六甲

虽然槟榔屿当局曾于 1830 年写信给马六甲当局谈关于那里的秘密会党的事，但没有查到像文翰写的关于新加坡的情况那样的材料。然而，从米尔尼 1821 年的叙述中我们可以知道，在 1818 年时，马六甲已有兄弟会组织，虽然它一直被冠以三合会的头衔，而没有别的称呼。②

当 1818—1824 年荷兰重新控制马六甲之后，可能秘密会党的活动就被严厉镇压了。但从纽波尔德（Newbold）和威尔逊（Wilson）的统计中我们可以知道，在 1826 年，三合会"在英国不太严厉的，也许可以说是过于自由的政策下又重新活跃起来了"，并且，当某个会党的"来自种植园的会员"聚在一起举行庆祝活动时，又发生了争吵，并扰乱了社会治安。四个华人被送上法庭，其中三人被判三个月至两年的监禁，两位"头目"被要求承担维护和平的责任。③ 同样一份资料也证实马六甲所有

---

① Vol. ⅱ. Sept. 1833，pp. 230 – 233.（一般猜测，祖师公会就是后来被火烧毁的金兰庙，一方面该庙主祭俗称祖师公的清水祖师，另一方面 1839 年碑记以"哥"和"合"做人称；该庙领导人陈治生因此被视为早期秘密会社举足轻重的人物。——译者）

② 参见前文第 37 页。

③ *JARS*，ⅵ（1840 – 1841），pp. 120 – 158.

的该会会员"要么是广东人，要么是澳门人，福建人是不允许加入的"。据说在马六甲有五个头目，尽管他没有说明他们到底属于同一会党还是属于不同的会党。

然而，我们从 1834 年有关马六甲的另一统计资料里知道，海山会和义兴会都是华人移民的主要代表，很少有土生华人或有钱人属于他们那一阶层。似乎也有可能这两大会党在马六甲存在已有一段时间了。① 事实上据米尔尼报告，可能 1818 年发生的马六甲裁缝谋杀案就是这两个会党头目早期竞争的结果。1826 年，如纽波尔德和威尔逊记载的一样，两个敌对会党又产生疑心，杀人犯所属的会党成员不顾一切地追捕逃犯，因为该犯对受害者抱有同情心。

纽波尔德于 1835 年在马六甲参观了三合会的建筑，他说："从各个种植园及内地锡矿来的会员，加上马六甲本地的人数共有 4000 人"。他没有表示他是否觉察到在会党内部存在两个支系的问题，他的人数是指一个组织还是指所有会党也只有让我们自己猜。他给出的总数可能不仅包括马六甲的会员，也包括来自双溪乌绒的拉沙、马六甲的边沿地宁宜（Linggi）、森美兰的芦骨（Lukut）及所有华人在那里建立矿点有一段时间的地方的会员，马六甲是进入这些地方的港口，也是三合会组织的控制中心。

在这些矿区，不仅华人团体之间有冲突，而且在华人矿主与马来河沿岸的村民间也常有对抗。河流是唯一可通向茂密的森林、找到矿点的路。马来酋长在一条河口或者说是河流交汇处设立了一个站点，这样他就可以对所有被船只运出的锡矿及输往上游的供应物资收税，这是他税收的基本来源。高税收往往成为争吵的原因。1828 年，拉沙（Rasah）就报道了这种事件。当时那里有 1000 多名华人矿工，据另一资料显示，马来人突然袭击了三合会的财源中心。另一记录事件表明，华人利用他们的人数优势进攻马来人，但被击败了，不得不放弃那里的矿区。他们中的大部分逃到南部的芦骨，那里的锡矿吸引了他们。而拉沙的锡矿在 1830 年被 400 个从马六甲来的华工重新开采，可三年后，他们也被赶了出去。②

① Lett. fr. Mgte, PW, to RC Penang; 9 May 1860. Encl. in GD 108 of June 1860 (IOL).

② T. J. Newbold, *Political and Statistical Account of the British Settlements in the Straits of Malacca* (1839), ii. 33 – 34; Wilkinson, *JSBRAS*, 1921.

1834 年，芦骨也爆发了同样的械斗，当时有 300 名或 400 名华人矿工袭击他们的雇主，企图夺取矿藏。他们烧毁房屋，屠杀雇主的亲属，但后来被马来人赶走，以报复他们的暴行。[①] 随着时间的流逝，马来各邦的华人矿工组成了他们的秘密会党，这不仅成了马来酋长需要着重对付的问题，而且也是海峡殖民地的英国政府，特别是槟榔屿和马六甲的殖民政府面临的主要问题，因为那里住着开发锡矿的资本家和贸易商。

---

① Newbold.

不断出现的问题

一 1843—1852

华人移民人口的迅速增长，自然导致了三合会人数的膨胀及活动的扩张。纽波尔德在 1839 年写道，在马六甲、槟榔屿和新加坡，审判经常因为贿赂、发假誓及兄弟会为了协助罪犯不被查获和惩罚而聚结在一起公开暴动而失败。[①] 在新加坡，特别是一个从事抢劫的帮派人数快速增长，1843 年时，居然多到足以让公众引起相当的警惕，并于 2 月 10 日由托马斯·奥克斯里、雪里弗主持公众召开了大会。

根据当时当地的一份报纸——《新加坡自由西报》（*Singapore Free Press*，1943 年 2 月 16 日）的报道，所有当地居民各阶层均参加了这次大会。在场的令人尊敬的华侨商人承认，华侨贸易商及店主向秘密会党交保护费的事是很常见的。会议认为会党应该被取缔，并要求政府应制定政策来保证这一措施的实施。还有人提出，那些被发现缴纳保护费或接受保护的人也应受到惩罚。有一项建议还说应该任命一些华人做警察的耳目，但受到在场的有影响的华人的反对，因为他们认为这种行为将使情况变得更糟。文章说："这表明要么他们对他们的家乡人的诚实不持乐观态度，要么他们知道会党的势力太大了，不可能使那些华人耳目从他们自己的事业转到公众的利益上来。"

讨论的实际结论是：

---

① Newbold，i.13 - 14.

为了镇压这些会党及受会党控制或影响的组织，应该通过一项极其有利的法令，特别应将那些支付与接受保护费的个人或群体进行处罚……

当此一决定通过时，在场的最有影响的华人毫无疑问都坐在那里保持沉默，因为他们中的任何人都没有交过保护费是不可能的，他们肯定知道只要被点到，他们仍需缴纳。有趣的是，正如报刊上所说，那些重要的华人坚决反对征召华人进入警察局就是因为他们意识到这种行为只能使缴纳的保护费更高，在解决他们与秘密会党的关系时更复杂。

也有人写信到报社去，其中一封信列出了天地会入会者的详细名单，并补充说："所有的华人，不管他们属于哪个帮或者讲哪一种方言，都被吸收为会员。"根据写信者的说法，这些会党在新加坡至少有 20 年了，那也就是说新加坡的会党大约形成于 1823 年。他估计其成员在 20000—30000 人。他评论说：

担任会党的头目的人应该以其恶习、报复心及残忍而闻名，而且他必须是一个极有人格力量和精明狡猾的人，他对其他人有很大的影响力。

作者认为，规定付保护费不合法是没有用的，他赞成采取更激进的手段，即当会党的头目们秘密开会时，将他们抓起来，收缴他们的书刊、报纸、图章等，将他们投入监牢，如果可以，就将他们送到孟买去……①

1843 年 3 月，在新加坡举行的一次公开审判（Oyer and Terminer）会上，民刑推事威廉姆·诺里斯（William Noris）先生在开幕式上谈到了三合会各帮的行动，那些人"具有后来所假设的大胆、鲁莽的性格，足以引起人们的注意"。他请求那些性格好、有地位、受人尊敬的华人团体成员前来大胆地宣布并发誓将来不参加这种"非法会党"。

这些公众集会的建议通过新加坡总商会交给了殖民地政府的代理总督塞缪尔·加林（Samuel Garling），于是他搜集了所有他能找到的关于这方

---

① *SFP*，23 Feb. 1843.

面的材料——其中包括很多的附件，不少于 17 份——一齐送给了孟加拉
总督。①

这些附件可以分为三种，与 1843 年 2 月的公众集会提出的决议有关
的部分，关于秘密会党的早期报道部分，其中包括米尔尼的文章（写于
1821 年）、考特 1825 年的报告，文翰 1830 年的报告以及一份由 W. T. 路
易斯（W. T. Lewis），也就是后来威尔士太子岛的助理驻扎官及警察局长
1843 年在加林的特别要求下写的一份新报告。除了在名字的拼写上有些
差别外，这份报告的不同之处就在于，根据路易斯的说法，在槟榔屿，海
山会先于义兴会存在。考特和帕图拉则认为相反，加林似乎忽视了 1829
年所列的名单及对槟榔屿会党所做的介绍中一直没有海山会。

有一份重要的附件就是新加坡参政司（切奇先生，Mr. Church）写的
一封信，信上注明的日期是 1843 年 2 月 14 日。在这封信中，他认为英国
的法律和规章条例不适合"我们这些复杂又邪恶的人口"，并且认为警察
局长"在他的法律范围内"应有权做出罚款、监禁、做苦工、鞭笞等处
罚的决定，就像在香港一样。如果像过去那样，他就不得不将简单、细小
的攻击事件交到第三人手中去处理。毫无疑问，会党的邪恶主要就是由那
些臭名昭著的事实所促成的，如 9/10 的华人人口被看成会党成员；在抢
劫发生时……华人店主并不帮助警察，他们完全是被动的，而且他们还经
常为抢劫者提供庇护。

他认为，这个问题因为没有限制从中国来的移民更为严重了。在过去
的 6 个星期里，已经有 5494 名华人注册登陆，实际人数毫无疑问会更多。
他们中的大部分都处于"极端贫困的状态"。但由于甘蜜的低价及其他因
素，这么多流进的人口要找到工作的困难是显而易见的。如果不需要更多
的劳工，就必须限制"从中国进口流浪汉"。

因此，切奇认为应通知船主不要让中国移民登陆，除非本地居民同意
付给他们 6 个月的生活费，并对他们的品行端正承担责任。然而，这条意
见并未被作为附件送达，因为加林"始终相信新加坡的那些对港口的自
由贸易非常关注的贸易群体不会同意切奇的观点"。

---

① SSR（R9），Gov.，Lett. to Beng.，No. 23，1 Apr. 1843，pp. 1 ff. 附件并不在前面提到的
文件中，参看 William，24 May 1843，Judicial Dept. Proc. of the Deputy Gov. of Beng.（IOL）。

这些附件的主要目的有两个：第一，获得在新加坡增加警力的许可；第二，建议通过镇压会党的法令。当然也还有些别的、不那么重要的目的，如提供秘密服务基金；配备顾问；允许在某些情况下使用鞭笞进行惩罚，等等。附件还包括一份题为《在海峡殖民地镇压俱乐部、秘密会党及危险个人法令》的草案，它列举了以下这些会党：三合会、天地会、广济会、关帝会、义兴会、海山会、和胜会。可以设想，在这些文件中，这一名单包括了当时海峡殖民地的所有华人秘密会党。

议案宣布所有的俱乐部及社团以会或者华人兄弟组织的名称出现者、任何隐含这些名称者，以及所有其他与会党拥有相同目的和章程的俱乐部和社团都要作为"非法组织或联合体被严厉镇压和禁止"。任何俱乐部或社团只要要求并同意其成员发誓就不需要通过法律认可即可宣布其为非法组织或联合体——但互助会（Freemason）① 特别排除在外。

而对会员的惩罚则是判 7 年流放或罚做 3 年以内的苦力。

附在这些法律草案之后的是新加坡、马六甲和威尔士太子岛的法庭法律代理詹姆斯·里查德森·罗安的一篇长长的评论。在评论中，他不仅对警察镇压会党提出了自己的观点，而且重新起草了整个法案。② 罗安认为，发誓并不能作为镇压会党的充分证据。在其他方面，他指出，永远也不可能证明（一个人）发过誓，事实上也永远不可能知道不同帮会的会员，包括犯罪集团中的会员，是否发过誓。他认为，在采取这么简单的评判标准的法令之下给罪犯定罪是不可能令人信服的。他还讨论了将华人分成不同的等级，或者将移民按他们来自的"数百"个区域和"他们对犯罪行为是否有强烈的同情心"来区分。但他得出结论说，这种制度"将与政府所标榜的自由、正义是极端不协调的，而这种自由、正义至今仍在英国的东方殖民地中吸引着大量的移民，并被视为永久的资源"。

他说到了之所以对会党缺乏深入了解的困难，虽然这些会党在槟榔屿犯下了"大量罪行"，地方法院也早就知道他们的存在，但没有找到可以

---

① "Freemason"（互助会）也译作"共济会"，是英国的一个互助组织。随着英国在东南亚建立殖民地，共济会也开始在东南亚出现。——译者

② 罗安以其 *Jouranl of Indian Archipelago*（《印度群岛杂志》）编辑的头衔更为人所知。"法律代理"这个头衔并不表示他有一个正式官职，只是表明他必须到法庭去履行一定的义务。

查实他们的罪行的证据，也没有人提供过证据证明某人是会党成员，"更没有人根据自己的实际经验"令人信服地描述过会党的入会仪式、誓言及准确的章程等。这并不是说中国政府对三点会或天地会的会规、仪式及活动的了解就"比我们更可靠和完整"，也不是说他们曾经引诱某个会党成员转变成他们的情报员而泄露会党的秘密。[1]

对征召华人警察之事，罗安犹豫不决。显然，现在的警察未能获得真实的资料，因为他们既不会说中国话，也不与华人打交道。因此，第一步就是要雇用一定数量的华人普通警察及雅马打（Jamadar）。[2] 但是会党的势力如此强大，"下层华人社会又是如此极度的腐败"，贿赂与威胁的危险又如此显而易见，以致对精心挑选出来的华人的忠诚与可靠都表示怀疑。但可以肯定的是，如果他们不忠，他们会干出更多的坏事来。

孟加拉政府对加林提出的建议的回复，简单一点说，就是坚决反对。建议中关于加强警力、配备顾问的要求都同意了，但罗安的评论意见似乎具有一定的影响，因为孟加拉代理总督对立法这一建议只给了一个简短回答，即没有必要为镇压会党而特别立法。"增强警力一事现在已获批准，如适合，就在殖民地内招募人员，这将在没有特别法规的情况下有效地保护殖民地人民的生命和财产，事实上，颁布特别法规在这些案件中似乎也是没有用的。"[3] 同时，加林递交的由新加坡法律代理拿皮恩（Napien）起草的第三稿立法草案[4]的命运也不那么妙，三部立法草案没有一部被正式公布，这就让会党自由的政策继续实施。

然而，虽然有孟加拉政府的保证，不久以后还是爆发了由会党活动直接引起的暴乱。事件起因于何炎哥[5]的葬礼，他是天地会（此时已称为义兴会）[6]的创始人和首领。在他死前的一段时间里，他已经由于身体不好

----

[1] 这是马来亚的评论第一次提到"三点会"，它的名字被拼写为"Three Dotd Society"。1831 年时这个名字在广东非常出名（参见 *Chinese Repository*，Vol. ii，Jan. 1836，p. 424。）显然，这是天地会的另一种叫法。

[2] 印度警官的一种。

[3] SSR（S10），Gov. lett. fr. Beng.，1843，pp. 53 – 53；Under-Sec. To Govt of Beng. To the Act. Gov. of Prince of Wales Is.，Sing. & Mal.，No. 489，Ft William，24 May 1843.

[4] Ibid.，p. 65，No. 587，19 June 1843.

[5] 南海人何阿炎。——译者

[6] *SFP*，10，11 & 18 mar. 1846. See also Bonham's report of 17 Sept. 1830，p. 58 above.

而不能对天地会进行管理了，但他仍然是名义上的首领，并在葬礼上享受无限的尊敬。葬礼定在 1846 年 3 月 3 日举行，警察同意游行，条件是不能引起骚乱，参加此次葬礼的人也不能比往常多。

显然，警察有些担心。当好几百人聚集在一起时，大家决定在去墓地之前在城里组织一次一直绕到直落亚逸街（Telok Ayer Street）的游行。按义兴会会员的说法，此次游行的目的只是想在一个有影响的会党的门前表演一下，但其对手关帝会①的头目则认为义兴会故意抢劫属于关帝会的几个会员的家。因此，警察在游行队伍到达甘榜格南（Kangpong Glan）之前就要求其改变方向，沿着一条路直接走向墓地。这对义兴会来说是极丢脸的事，于是，受到挫折的义兴会向警察发起攻击。然而，更糟糕的是，警察让一个名叫何祖德（Ho Choe Tek）的翻译替他们将命令送到义兴会手中，而这个何祖德不是别人，而是关帝会的头目。他和警察局的一名信差都被打成重伤。直到带着武装的军队到来，才把送葬队伍逼到墓地。那些领导这次骚乱的人被描述为"显然是丛林里来的苦力，都配备有铁棍和木棒"。新加坡一个以"黄埔"的名字而闻名的重要华商因在直落亚逸街开有"黄埔"公司而立即在报上否认他与两会党有任何瓜葛。②

葬礼游行在中国人看来是一次极重要的展示机会，死者的财富、势力、名声都可以在此时通过棺材及其配件的豪华程度、游行队伍的大小及参加葬礼的各派团体代表的数量——他们各自都有不同的旗帜、灯笼、帽子、扇子和代表各自特点的行头——等反映出来。在马来亚，会党间为他们的头目的葬礼而发生的冲突事件非常常见。会党在游行过程中表现出来的势力和骄傲及会员们聚在一起时极力寻求机会展示他们的权力和尊严的行为对与他们竞争的会党及其首领来说就是一次侮辱，从而总是导致争吵。

---

① 这里的"Kwan Tec Hoey"就是文翰说的"Quan-ti Hoey"（See above，p. 58），在这段时期的文献手稿里，这一名称一直存在拼写上的混淆，部分是因为把字母"T"的大写误写作"Y"，如"Quan Yah""Quan Yat""Quan Quay"。即使在这篇打印的文章里，也有"Kqan Tec""Kwan Taec""Kwan Toec"等不同拼写形式。

② "黄埔"是一个令人羡慕的华侨商人，真名胡亚基。他出生于中国的广东黄埔，后来（1853 年）成为英国臣民，稍后（1853 年 10 月 5 日）又成了新加坡的中国领事。他还被推举为俄国和日本领事。1867 年，他被授予 CMG。他死于 1880 年，他的骨灰后来被运回中国安葬。他的遗像则被挂在新加坡的维多利亚纪念厅。

在那时还没有立法会，但一些有影响的市民有机会在大陪审团①举行的会议上发表意见，当然，前提是他必须是陪审团中的一员。在审判会上，以及在英格兰和威尔士的法院，大陪审团都习惯于讨论他们的殖民地当前的问题，并"现场"记录下他们的观点，这种现场记录下的观点构成了民众表达观点的一种渠道，而且有容易引起政府注意的优点。那时的一些民刑推事（正如法官们所了解的那样）很高兴有机会由陪审团——他们常常使用强烈的措辞而不是恭维话语来向政府表达——把意见送达政府，从而让执政官难受一下。驻扎官、总督，甚至有时还包括印度政府也倾向于认为文件中经常出现的抨击是错误的、没有经过仔细考虑的，或者是与当地情况不符的。尽管如此，他们还是十分需要这些信息，有一次，巴特沃斯（Butterworth）总督针对槟榔屿驻扎官对这些抨击的批评非常恰当地说：

　　我请求那些对大陪审团发言的严苛要求不要再出现了，毕竟这些文件是在庄严的誓言下写出来的，不管大陪审团的许多观点如何错误，但都是根据他们当时的事实所提的。我希望不要怀疑这些观点只是为了好玩，也不要怀疑将这些观点形成文是为了取悦某些党派或隐瞒一些真实的不满。②

在义兴会与关帝会发生冲突后举行的一次罪犯审判大会上，大陪审团提交了一份措辞尖刻的关于警察与会党控制的文件，它说服了总督同意将其送到孟加拉。"正如一位陪审员所说，这份文件的长度应归功于商业团体的在大陆间来来往往的信件中的要求、语气和精神，同时也应归功于组成大陪审团的各方之天性。"③总督对会党冲突的叙述促成了文件的形成。他提到了会党间存在的敌视行为，并评论说，"在华人居住区，不同的会或秘密会党间已发生了相当让人激动的事，特别是在廖内，那里有很多人

　　① 大陪审团（Grand Jury）是英国1933年以前实施的一种司法制度，一般由12—23人组成，可调查一项指控，以决定是否有充分的证据应使被告受审，或对该案不予受理。——译者
　　② SSR（U17），Gov.，Lett. to RCs，1849，pp. 118–121：No. 152，11 Apr. 1849.
　　③ SSR（R13），Gov.，Lett. to Beng.，1845–1846，pp. 445–457：No. 66，Pg，7 May 1846.

移往新加坡，并极力挑起骚乱，令人高兴的是影响并不深远"。他还回忆了加林关于镇压会党而提的议案，但又当心任何欲使此事纳入影响范围的企图都将被证明无效，"因为这些会党在任何有华人居住的地方、在任何华人阶层中都存在"。然而，他本人的建议非常不具体，他认为要把会党头目找出来并要他们立约保证和平这样一种办法可能有效，但是这种对会党的公开承认首先就行不通，因为如果可以找出这些会党头目的话，他们就应该被逮捕并受到处罚，而不是立约的问题。至于警力，要想获得完美的组织似乎是不实际的，"因为我们可以看到当地土人虽然每年都在殖民地内找工作，却拒绝到科罗门得尔（Coromandel）去。在这里，华人是不值得信赖的，而土著人懒得自己去做警察"。

孟加拉总督的另一次答复附在后来代理总督的意见中，他认为没有必要为镇压会党而特别立法，并且，即使有法律条文存在，也将在这些案件中"完全失效"。[①]

但孟加拉法庭在 1846 年 7 月的另一份文件中再次提起了这次骚乱。在文件中，他们提出了将警察局脱离总督之管辖而归于法院的设想。他们坚持认为警察局长的任何行为都应该依靠他们而不是政府的执行官，并且认为印度政府有必要制定一项法令以明确所有的下级警员与和平官都由当地政府任命，而警察局长则应由孟加拉总督直接任命。[②]

不仅如此，1845 年 5 月的一份文件还指责杰克森（Jackson）先生被任命为警察局长和助理驻扎官的事，并像指责孟加拉政府一样，严词指责了地方当局。这一次又招致批评。孟加拉政府指示总督通知大陪审团："为了让他们意识到他们写这样的文件的后果，请他们全部到需要一个大陪审团的省里去，那里有利于他们控制自己的嘴巴。"在第一次送交文件时总督曾说，"秘密会党在华人中的存在已经引起了政府一次又一次的注意，并想了许多控制的办法，所以，我就不详细说这个问题了。我本人认为华人是世界上最好的、最温和的殖民主义者"。他从孟加拉得到了常见的答复："关于华人秘密会党，资料已经正式整理送到最高政府去了，他

---

① SSR（S13），Gov.，lett. fr. Beng.，p. 120，No. 1605，29 July 1846.

② Ibid.，p. 132（encl. in No. 1715 of 15 Aug. 1846），1 Aug. 1846. Also S13，p. 153 and encl.，forwarding No. 1964，Ft William，23 Sept. 1846.

们将倾向于立法以对付这些会党。"①

1849 年 9 月,新加坡大陪审团又一次提请政府注意会党的威胁,并以那些在岛屿内地从事种植且皈依了罗马天主教的华人被屠杀的案件为例。在将此文件发往孟加拉政府的过程中,总督重复了他反对立法的想法,但建议"训练一批机警的监督员到内地去"。他还补充说,这些人到浓密的丛林中驻扎下来,利用限制的手段去达到令人满意的结果是极端困难的,至于对华人教徒的屠杀,他清楚地表示,那是因为他们大多数人被指责为会党分子。②

1850 年的报纸上公布的一件事表明了义兴会是如何努力控制新加坡华人的。一条属于 5 个中国人的船只被盗,船主在经过 14 天的调查后发现它在实龙岗(Serangoon)河上,里面装满了武器,同时他们抓住了在船上的 3 个人,并准备把他们送到警察局去。在去警察局的路上碰到了一个叫陈亚头(Tan Ah Tow)③ 的人,他是义兴会的大哥。他命令将被抓的人放了,并让抓人的人于 6 月 9 日到位于梧槽(Rochore)街的公司总部去,他要在那一天听听事件的经过,并做出判决。因为不敢违抗,这 5 个人到时就去了。当陈述事件经过时,不仅是那个偷船的人在里面,而且还有其他大约 30 个会党成员坐在椅子上。他指令这 5 个人把船上的物品归还给偷船人,然后把船开走。这 5 个人拒绝接受,这时,那位大哥命令揍他们。于是他们遭到拳头、石块、竹伞柄的攻击。这位大哥后来在法庭上被指控为非法拘禁和暴力杀人,判蹲 6 个月大牢,罚款 200 元。《新加坡自由西报》评论说,在整个审判期间,法院被许多的会党要人包围着,他们表示对惩罚很满意。有人还在无意中听说,如果要通过集资收取这 200 元的话,每人只要摊一分钱,因为有 2 万会员。每个会员要缴 2 元的入会费,并在公司需要集资时缴纳规定数量的钱,虽然说并不是每月都需要。所以,让会党捐 500 元、1000 元是很普通的事,凑 2000 元也是几天

① SSR(R17),Gov.,Lett. to Beng.,1848,pp. 65 – 66.:No. 74,21 June 1848;SSR(S16),Gov.,Lett. fr. Beng.,1849,p. 2:No. 36,5 Jan. 1849.

② SSR(R19),Gov.,Lett. to Beng.,1849 – 1850,p. 187.:No. 134,Sing.,8 Oct. 1849. 这份文件被刊登在 1849 年 10 月 5 日的 SEF 上。

③ 初稿时译为"陈亚天",朋友王明光先生建议译为"陈亚头",并给出了令人信服的理由:"南洋闽广人都称头目为 Ah Tow,华文为亚头或阿头。"——译者

的事。据警察了解，在前面提到的 1846 爆发的葬礼暴动中，会党在 8 天里就集资了 2 万元，而且葬礼已花去了 5000 元。

到 1850 年时，有迹象表明会党特别是天地会（义兴会）正将他们的威胁之手伸向改信基督的华人，后者那时作为种植园主遍布全岛，而且人数还在稳步增长。按巴克利（Bukley）的说法，只要有一点点借口，华人基督徒的种植园就要被劫掠，每个园主都遭勒索巨款。在岛内，改信基督教的人不仅仅限于从会党内分离出来的人，而且还包括岛上那些利益受到威胁的人。因此，会党"通过盯梢来避免人们变成基督徒，那可是他们力量的源泉"。①

1851 年（威胁）达到了高潮，早在 2 月份于克兰芝（Kranji）和武吉知马（Bukit Timah）的丛林中就开始出现了麻烦，那里酝酿成了攻击华人基督徒的总爆发地。骚乱持续了一周，据说有 500 人被杀，他们中有许多人都是行为良好的改教者，而且都是种植园主。② 印度犯人都被成群成群地派到丛林中追逐叛乱者，但最后还是动用军队才解决了问题。

大陪审团再次按惯例起草文件，请求采取法律行动反对会党，但总督依然坚持他自己的观点，那就是除了导致放弃丛林中的甘蜜种植园的独裁政策之外，没有任何法律能完全镇压他们。

在审判会中，被捕者作为典型被判处为期 7—14 年的徒刑。总督希望这些判决在将来能阻止那些违法行径。他在结束他的讲话时很高兴地补充说："那些值得尊敬的、住在城里的、拥有荒地的甘蜜种植园主在事件发生后来过，他们捐赠了不少钱给华人教徒，以弥补他们的损失。"③ 也许他做出这种姿态的理由是害怕其他方面的法规将会导致内地的种植园关门。

此后安静了一段时间，但因为没有采取措施对付会党，他们便迅速繁荣兴旺起来，1852 年 10 月，警察贝兹尔（Berthier）与一个印度警察、两个普通警察在离丹那美拉路（Danah Merah）不远处的地方袭击了义兴会的一次入会仪式。他们发现有 250 人在场，他们还缴获了许多书、报纸、

① C. B. Buckley, *Anecdotal History of Old Times in Singapore* (1902), ii. 542.

② J. F. A. McNair and W. D. Bayliss, *Prisoners their own Warders* (1899).

③ SSR (R21), pp. 299 – 302, Gov., Lett. to Beng., No. 37 of 18 Mar. 1851.

写有字的旗帜、印在布上的腰凭、行刑用的红色短棍、图章、扎手指用的针头，等等。10 月 23 日的《槟榔屿公报》在提到这件事时说，不知道英国反对秘密结社的法律在殖民地内是否有用，也不知道贝兹尔的行为是否会被视为非法。

毫不奇怪，在所有的麻烦过后，华人秘密会党已经喜欢上了行政官员和公众会议的决定、大陪审团的文件、直接反对他们的法律备忘录等，因为这些东西从来没有实实在在地成为这个殖民地法律的一部分。如果他们在事实上都能成为法律的话，警察局要与这些会党打交道就成为绝对不可能的事。

编辑进一步补充说：

与这些会党打交道的第一步就是结束与会党勾勾搭搭的奇怪制度，行政官员和警察都如是沉溺于此，他们肯定感到他们自己已被那些变化无常的法律拉进去了。政府应当要么公开承认他们的完全存在，就像总商会或其他没有特许证的团体一样。要么就不与他们发生任何关系。华人都很精明，他们能够从统治者屈服的、不协调的政策中得出正确的结论。一会儿法官在法庭的椅子上指责会党。一会儿他们的头目通过警察局长与政府形成联盟。一会儿总督和参政司承认他们在殖民地享有比他们在自己的国家所具有的更大的权利，这实际上就表明政府没有他们的帮助就不可能保护生命和财产。

文章认为，第一件要做的就是实行注册制度，这可能会有些具体的好处，如可能知道他们的房屋和土地具体在什么地方，也可能使会党自己一个接一个地争相要求注册。然而，公报也建议要小心：

有人认为义兴会在新加坡有 13000 人，政府允许他们不经过审查就自由发展会员，建筑会所，拥有财产，以及让他们的大群人马将他们的头目的灵柩送到墓地去，那种场面就是一个非洲国王的葬礼也不过如此。即使我们有足够的证据证明他们发过非法誓言，我们企图突然采取强硬措施反对 15000 人也是不公平又愚蠢的。

这是政府面临进退两难困境的准确陈述。会党的存在一般会对公众利益构成威胁，他们通过反对法律保护会员的利益。会党鼓励会员犯罪，如果某个会员从来没有犯过罪，他就成为别人取笑的对象。会党里的优雅之士以发誓的方式禁止向当局告发有犯罪行为的会员。但是，虽然会党有这种种邪恶行为，他们在早期的殖民地中仍然被允许存在。他们包括了大部分的中国人口，也包括大量的犯罪分子。政府去干涉他们只能是自找麻烦，因为他们的军队可能非常容易被毁掉，而且，会党作为会员的友谊团体扮演着有用的角色，最关键的是，他们是政府和群众之间最有效的联系渠道。华人没有选举人，甚至没有一个人作为所有各派会党的代表进入选举团。除了英文报纸外，表达公众意见的唯一渠道就是大陪审团，但两家报纸及陪审团反映的主要是欧洲商人的意见，不代表华人群众。

这就是出现"与他们勾勾搭搭的奇怪制度"的原因，这也就增加了试图以法律作为禁止那些从事不法行为的会党的合理手段的困难，并使得诸如地缘和血缘团体以及共济会（许多欧洲人参加）可不受限制地发挥的作用。

1852 年 12 月，深受会党困扰的、当时已是新加坡庭审法官的塞缪尔·加林向政府提交了一份备忘录。总督巴特沃斯正好请假不在，执行总督 E. A. 布兰德尔（Blandell）与他的头头持相同意见，那就是控制秘密会党是警察局和地方法院的事，而且属于特别法的范围。他认为像加林这样一个有"高度辨别力、有耐心、热情的庭审法官，在主动、聪明的现任警察局长丹门（Dunman）先生的协助下，应该不需要任何法律援助就能对付会党"。奇怪的是，他的观点的来源基础竟然是他所谓的"考虑到新加坡的生命和财产安全，每年都需要注意朝好的方面转化"。他还说：

> 如果我们比较一下岛上去年与 1842 年、1832 年和 1822 年的状况，我们会发现会党的犯罪行为在每一时期都在减少，在最近几年，他们已经减少到了相当低的程度，这是受警察系统改善的影响，而不是法律作用的结果。

他不愿再提到印度总督的事，但是向新加坡驻扎官建议拨付一大笔钱由警察局使用，为了获得秘密会党的情报，应该设立秘密会党服务基金。①

是《槟榔屿公报》和加林过虑了，还是布兰德尔太放心了呢？他们评价的不同可能来自其着眼点的差异。最近就没有出现公开攻击法官布兰德尔的事，他看到了会党犯下的许多罪行，并发现随着时间的推移而有所改善。另一方面，加林作为庭审法官，凭他的实践经验就知道会党的影响就在于几乎不可能了解任何会员的犯罪行为，可以肯定的就是会党的部分影响没有表现出减少的痕迹。

马六甲

大陪审团的文件不仅限于新加坡，因为马六甲也面临着同样的问题。"在那些开在离城 20 英里或稍远地方的锡矿场——没人居住，尚未开发的乡村地区的锡矿藏——仅仅以一条想象中的界限把我们（马六甲地区）从马来的柔佛、雪兰莪及其他州分开。"② 早在 1833 年就已经有个叫 J. B. 威斯特豪特（J. B. Westerhout）的人在南宁（Naning）开了一家锡矿。1840 年，他又帮助一个中国人在榴梿东加（Durian Tunggul）的地方开了一家。事实证明极有利可图。其他中国人也争相效仿。大约从 1846 年开始，锡矿点就以极大的规模增长，劳工从 1848 年的 2000 人迅速膨胀到 1850 年的 4000 人。③

据布兰德尔说，那些直接从中国带到锡矿场的矿工就是对他们本国的法律、习惯、风俗也是一无所知，他们完全是一个男性社会。他们的雇主怂恿他们喝酒、吸鸦片、赌博，他们犯了罪，除了极其偶然地被公众知道外，是完全不受警察干涉的，而且，他们"也不与马来亚乡村里极少的不懂法又未完全开化的人相对抗"，结果他们由于外部管理的缘故而发展

---

① SSR（U），Vol. 24，1852 - 1853，Gov.，Lett. to RCs，pp. 126 - 130：No. 422，29 Dec. 1852，fr. Gov（Blundell）to RC Sing. Also S22，Gov.，Lett. fr. Beng，1855：Encl. 221，26 Sept. 1855（Comment No. 52）.

② GD 51，8 may 1852.

③ Blundell：as No. 23；J. H. Croockewit，"The Tin Mines of Malaya"，*JIA*，ⅷ（1854），p. 113；J. B. Westerhout，"Notes on Malacca"，ibid.，ⅱ（1848），p. 172.

成马六甲的独立政府。布兰德尔说，他们潜意识里是依赖英国势力的。

矿场于 1848 年受到马来人的激烈攻击，华人矿主为将来防卫之计，配置了武器，建起封锁工事，还制定了令马六甲人感到恐惧的规章制度。而就在此时，海山会和义兴会之间有了矛盾，前者的头目被描写成"一个有钱又聪明的锡矿主"，并被指控杀了对方的一名会员。他完全是无罪的，他的辩护律师记录（1860）道：

> 海山会那时（1848 年）在海峡殖民地取得了其他任何华人秘密会党都未取得的地位，在此前后，主要由于在格生（Kessang）发现了锡矿并由该会开采，采取完全排外的手段。海山会当时不仅包括许多在中国出生的华人，而且包括马来人、波依人（Boyanese）、吉宁人，还有报道说印欧人的一些上层人士也被吸引入会。[1]

这次骚乱的结果是在 1849 年 8 月马六甲的大陪审团步新加坡大陪审团的后尘，也形成了一份有关华人秘密会党的文件，建议对会党采取"审查的权宜之计"，但根本没有引起反应。孟加拉代理总督同意马六甲参政司及总督巴特沃斯的看法，即他们所指责的邪恶行为不可能通过"任何特别压力或者法律惩罚"得以矫正，而且，印度政府已经反对使用法律了。[2] 然而，在使矿点由驻地警察控制并提供经费以改善马六甲地区的河道与陆上道路的通畅方面的措施取得了一定效果。但 1851 年一项企图在矿区征税的法律又导致了武装反抗，而此时矿工已在 5000—6000 人之间了，直到部队到来秩序才稳定。

马六甲的大陪审团又提交了一份文件，布兰德尔这位执行总督就是前任马六甲参政司，他非常了解这个问题，并于 1852 年 3 月与民刑推事一起坐在马六甲的审判大会上倾听证人的证词。这些证词按民刑推事的说法，"表明了矿区在一种极其恐怖的状态之下"。[3]

---

① Lett. fr. Mgte，PW，to RC Pg，9 May 1860：Encl. to GD 108，5 June 1860（IOL）.

② SSR（S16），Gov.，Lett. fr. Beng.，1849，p. 128；No. 1108，Ft William，17 Aug. 1849.

③ Lett. fr. Recorder to RC，Mal.，23 mar. 1852. Encl. to Blundell's dispatch No. 51，8 May 1852（IOL）.

很显然，需要与矿区社会建立更加密切的关系对矿区进行控制。布兰德尔随即命令对这一地区的矿藏、道路进行调查，并批准对那些在道路上来来往往的劳工的马车收取道路养护费。矿区警察局的建立也就此开始了，首先是在位于一片被烧光了树林的空地上建立营房，并鼓励人们在那里建住房和商店，以形成一个村庄。此外，在这一地区的其他特定地点建了四个警察分局。布兰德尔批准用一年矿税的1/10来维持这个乡村警力，"以保护矿区不受外来侵犯和避免内部骚动"。他还注意让参政司、地方法官及警察局长经常视察锡矿区，并指示所有的争端在可能的情况下都要集中在现场解决。①

这些法规实施的结果就是，他在1853年4月能向上报告说秩序已经建立起来了，矿主们感到他们受到了保护，矿主的人数也在快速增长，警察局的周围正建起许多的房屋和商店，又有几家矿场新开张。锡矿税、鸦片税的增加表明该地正走向繁荣。印度总督在了解报告后要求布兰德尔不要忘记应该在确定那1/10的锡矿税作为警察局维持费之前应获得他们的批准。②

槟榔屿

在此时的北部殖民地，相关骚乱的记录仅仅与发生在威省的由华人种植者在1850年挑起的麻烦有关，当警察发现要请马来人团体来帮助他们镇压骚乱之前，参与闹事者已被解除武装。③但是槟榔屿一个叫"建德社"（Kien Tek）的新秘密会党的形成为后来的麻烦埋下了种子，该会也经常被称作"大伯公"（Toh Peh Kong）（正确的拼写应该是 Toa Pek Kong），这个名字在福建方言中为保护神的名字。

这一会党成立于1844年，其创始人为"邱肇邦"（Khoo Teng Pang），是由从义兴会中分离出来的福建人组成的团体，其中大部分为侨生福建人。其规章制度是要求会员的子孙世代均为会员，儿子继承父亲的事业。

---

① Lett. fr. Gov. to RC, Mal. No. 145, 4 May 1852. Encl. in GD 51, 8 May 1852.

② SSR (R24), Gov., Lett. to beng., No. 51, 8 May 1852; *SSR (R25)*, ditto, No. 44, 17 Apr. 1853; SSR (S22), Gov., Lett. fr. Beng., 99, 26 Sept. 1855 (Comments 7 & 15).

③ SSR (U19), Gov. to RCs, 1849 – 1950: No. 57, Sing., 5 Feb. 1850.

根据规定，任何会员只要加入义兴会、和胜会、海山会之一，就立即被驱逐，他的儿子、孙子也不准再入该会。该会很明显地讨厌三合会（至少在它建立时是这样），它特别好与义兴会对抗，而且一直如此。①

二　新加坡暴动，1854

19 世纪中叶是中国移民史上最辉煌的时期。在中国，起于 1851 年的太平天国叛乱给民众带来了无法言说的痛苦与悲惨。同时三合会起事，客家人与广府人之间的械斗横扫南部各省。在此期间，美国铁路的修建、澳大利亚金矿的发现及马来亚锡矿的开采为大量的中国手工劳动者和叛乱分子提供了出路，否则，这些人在那种混乱状况下不是面临挨饿就是要被处死。那时，他们家乡的南部各省都十分混乱。

厦门小刀会叛乱于 1853 年 11 月结束。据了解，叛乱分子在撤出城之后，就乘船到了新加坡。这一点并不令人奇怪，因为这次叛乱的首领就是新加坡的海峡侨生。三合会起义人员因此才有了突然的流动。四艘福建来的中国帆船于 1853 年 12 月到达新加坡。据说 1854 年 1 月才到的大约 1/5 的人是中国皇帝在叛乱期间在厦门抓住的。他们举着三角旗，报告上说，这些旗帜标志着他们是属于天地会中人。检查后还发现船上有 28 门大炮、26 支火枪、10 把铁制小型可旋转枪、许多梭镖和火药，其他 11 门大炮及 13 桶火药已在中国帆船到来之前运到，并被检查过了。② 估计在那一年的季风到来时有 2 万移民来到新加坡。相比之下，平常只有 8000 人或 10000 人。他们都是些一无所有、准备接受任何不幸的人，不久之后，不幸果然就降临了。

1854 年 5 月 4 日，暴乱在新加坡爆发，持续了 10—12 天，遍及整个岛屿，有福建人住的地方，也有潮州人住的地方。械斗每天的细节都有记录，400 多人被杀，300 多间房屋被毁。③

---

① *Draft Report of the Penang Roit Commission*，1868，p. ix，para. 14；Report of the Commission on Chinese Labour in the Colony，1876.

② SSR（AA31），Lett. to Gov.，4 Jan. 1854.

③ *SFP*，5 May 1854 ff.；also Buckley's *Anecdotal History*，p. ii，585.

在此次暴乱中，会党参加的证据不足，无法给出结论。据巴克利
（Buckley）说：

> 福建人和潮州人之间爆发了一次争吵，因为前者拒绝参加捐助那
> 些被中国皇帝的军队赶出厦门的人。潮州人属于澳门帮，其他澳门
> 人、广府人和客家人也都卷入了械斗。

在中国，潮州人与福建人就长期积怨，此次争论无疑是进一步表白他
们之间那些宿怨。但他们是否与新加坡的华人秘密会党有关联还未得到证
实。几乎可以肯定，它卷入了地域与宗族团体之争。

这次冲突的直接原因是一件极小的偶然事件：两个华人——一个福建
人和一个潮州人——为了其中一个人从另一个人手里买的一卡迪（Catty，
当时新加坡的重量单位）① 的米而发生争执，结果恶言相向，旁边的人也
参与进来。"接着就是棍棒相加。消息很快就传到了邻街，双方会员遂成
百上千地加入到这次恶战中来。那是想想都后怕的场面，械斗扩展到周围
的街道，街上所有的商店都立即关门了。棍棒、石头、刀子在街上飞舞，
只要看到敌方会员在街上，一有机会砖头就从楼上的窗子里被扔了出
来。"商店被毁坏抢掠。夜幕降临前，政府出动了军队以维持秩序。5 月
6 日，星期五，械斗在只有潮州人和福建人的地方再次爆发，这些事件由
在警察、海军陆战队的士兵，以及大部分欧洲居民、几位发誓效忠的特别
警察的停在港口的商船上的指挥官等处理。政府在城里的警卫工作是值得
赞扬的，但骚乱延续到了乡村。从星期一开始，在东陵（Tanglin）、武吉
知马、巴耶利峇（Paya Lebar）等地区的农村受到暴徒们的破坏和抢劫，
在巴耶利峇地区福建人遭到严重打击，所有的房屋都被他们的敌人烧了个
精光，他们的敌人还屠杀男人、女人和孩子，许多地方都是残缺不全的
尸体。

有的暴徒来自柔佛（Johore），于是天猛公（Temenggong）要了 200
个马来人作补充，他们与特别警察一道乘船沿着岸边在不同的地方上岸，

___

① Catty 也称 Kati，1 卡迪 = 1$\frac{1}{3}$英镑。——译者

占据了城市里的主要道路，把能找到的暴乱分子都包围起来，在勿洛（Bedok），一幢能容纳许多人的大建筑被毁掉。经过几天的屠杀、放火、抢劫及对房屋、种植园、花园及果树的恣意破坏之后，暴徒们终于停下来了。

在向印度政府报告这次骚乱时，总督很清楚地说他们没有直接对抗政府，骚乱完全是派系之间的私仇所致，因为事实表明，虽然有500人蹲监狱，但在逮捕他们和镇压骚乱的过程中，没有一个警察被杀或受伤。另一个偶然事件就是参政司与地方治安法庭的法官在市里走了一圈也没有被骚扰。而不幸的是，在市内，"两大家族几乎在每一条街上都是相对而居"，使得他们在互相开战时警察无法到场。总督还难过地补充说，在乡村，由于浓密森林的掩护，他们犯下了许多可怕的罪行，因为那里种有甘蜜和豆蔻，只有"用圆木铺在地上，才能在那些深深的沼泽地"上找到行路。

当局没有从华人社会的领头那里获得任何帮助，他们虽然被派出去，但不能强迫他们离开家。总督认为，这一冲突已经酝酿很久了。"我所能集中起来的那些会员，全都是从厦门到这儿来的。在这里，他们因为无法无天而被驱逐，那些被中国拒绝的好战分子在去年涌来本岛，人数达15000到20000，他们与会党重新勾结起来，通过加入双方会党而为他们自己服务……"① 显然，在骚乱被镇压下去之后，一些不受欢迎的中国移民就立即回中国去了，因为1854年5月6日的《海峡时报》报道说，这时有20多艘中国帆船离去。

骚乱的直接结果就是向印度政府要求在海峡殖民地增加驻扎的武装力量，"被中国驱逐的好战分子"的流入、骚乱的广泛蔓延，以及伴随而来的残暴行径表明，所有华人都可能在任何时候，被以最不堪一驳的借口卷入某一场潜在的屠杀。为了扩大警力并增加其有效性，当局开放了岛上的小栈道而管制河面交通，以免中国帆船上的游民登陆，同时还采取了许多其他紧急措施。但经过很长一段时间，总督才得出结论说："管理华人的严格法律是非常需要的。"6个月以后，这样的一份法律草案被交到印度政府手中。

---

① SSR（R26），Gov.，Lett. to Beng.，1854，pp. 78 - 86，Nos 42，13 May 1854 & 43，17 May 1854，pp. 87 - 119.

1854 年 6 月 28 日，总督向印度政府汇报说，在骚乱期间有 515 人被捕，但只有 245 人有证据支持对他们的审判。这些人于 6 月 6 日在特别刑事法庭上被审理，两人被判处死刑，15 人被流放到孟买，63 人被送到劳教所。其余的人在承认到过现场并接受法官的讯问后，90 人被释放，75 人被宣布无罪。①

随着这 500 人被审问完毕及其中的一半人被判刑，我们可以料到，如果这些骚乱受到相互敌对的会党的鼓动和煽情，外面的人也会对此略有所知，其结果是报纸的大肆指责。不过，没有证据表明骚乱受到任何特别会党的指挥。尽管如此，潮州人、广府人和客家人团体都有出现，因为总督在他 1854 年 6 月 28 日的公文结尾这样写道：

> 自从我上次就此事（骚乱）进行交流后，各地都出现了和平，恢复了秩序。澳门人、广东人及其他小帮派与其他反福建人的主要阶层形成的联合组织也被完全打破了，以至于有一派拒绝分担另一派的沉重的诉讼费，因为在整个审判期间，他们一直请了两名律师为他们作辩护。②

地方报纸报道得比较多，1854 年 5 月 30 日的《海峡时报》上的一篇文章暗示，华人社团，包括会党的组织制度是很危险的，并指责政府在面对舆论不断的警告时，仍然"盲目相信并错误宽容"。舆论年复一年地详细叙述这种在海峡殖民地不断增加的华人的性格而导致的后果，并认为此种状况与地方政府运用会党的影响来与其他帮派达成妥协的暂时利用制度的倾向有关系。为了重新实施政府的控制，应该通过严厉的法律条款以镇压超过限定数量的华人集会，并规定将会党的规章制度、会员姓名及头目登记注册。政府应当加强现有法律以反对非法集会，并强化其他法院所可能采用的法律，同时，应当宣布现有法律——现在都已变成一些死的法律条文了——的加强。

5 月 19 日的《新加坡自由西报》更为坦率，但没有关于某个会的具

---

① SSR（R26），Gov.，Lett. to beng.，1854，pp. 158－161，No. 59，28 June 1854.

② Ibid. .

体证据，只是预计会党肯定是带来麻烦的根源。

> 最初的也是最大的不满，就是来自华人的会或秘密会党，因为似乎现在仍没有人怀疑后来在城市和乡村的导致了几百人失去生命，大批财产被毁的纷乱骚动是起因于这些非法团体之间的世仇与宿怨，关于稻米的争吵仅仅是一个借口而已。

在报道了对那些被捕者的公开审判之后，他接着说："如果这些人——在一次争论中，他们的力量被分散，有的开始把矛头对内——能够把骚乱持续 10 天……他们一定有胆量把自己变成所有会员的共同目标……所以，会党必须被镇压。"

巴克利也认为秘密会党与这些暴动无关。沃恩在 1878 年以这次冲突及其他一些有关帮派冲突的资料为例，说明了他的观点：会党并不是海峡殖民地华人社会生活中唯一的不稳定因素。他认为，那些不断发生的大多数暴乱都源于会党的观点是一个普遍的错误。1854 年发生在新加坡的最大一次骚乱就是福建人对抗澳门人、客家人、潮州人和海南人。"秘密会党的严肃义务被抛诸脑后，同一会党的会员相互械斗致死"。1870—1871 年、1872 年和 1876 年，福建人和潮州人之间又发生械斗，家族之间也经常发生械斗，"在所有这些骚乱中，秘密会党的誓言都成了家族和地域世仇的祭品"。会党是造成骚乱的一个因素，但总还有别的因素介入这样一群容易激动的人。他写道："在香港，暴动就不那么明显，因为居民大部分为广东人，如果将移入海峡殖民地的人局限于中国的一个省内，那么，有望得到和平。"[1]

沃恩认为，秘密会党肯定是海峡殖民地华人中的一种不稳定因素，但并不是最重要的不稳定因素。沃恩在他举的例子里有些言过其实，因为有足够的证据表明，同一个省的华人无论在中国还是在马来亚都手足相残、兵戎相见。事实上，沃恩本人关于不同姓氏之间的械斗的叙述就已经对此作了充分的注解。不过，无论是方言群、宗族、省籍关系还是地域团体，他们本身并不是最危险的，而他们的利益与某一会党的利益相一致时才最

---

[1] J. D. Vaughan, *The Manners and Customs of the Chinese of the Straits Settlements* (1879).

危险。

沃恩列举的 1854 年骚乱的例子具有特殊性，因为虽然如他所说，所有的帮群都是属于同一个会党——天地会或义兴会，但实际情况却是每一帮都有它自己的支会，可以说是会中有会。从现有证据来看，不可能判定义兴会就单属于福建人，因为福建人是所有集团中最强大的一支。他们在偶然中组织了福建人团体以对抗同会中的其他派系，而所有这些派系均来自广东省，如果从会党各分支后来的争夺分析，这种情况绝对是有可能的。

可以肯定的一点就是，这种麻烦是在 1853 年三合会暴乱分子从中国厦门撤退到马来亚之后才出现的。他们由"澳门人"、福建人和潮州人组成，但他们中哪一群占支配地位却没有人知道。如果巴克利所说的福建人拒绝参加捐助而导致了这场骚乱，那可能主要是潮州人。但不管他们怎样，他们在厦门造成了巨大毁灭，一来因为他们自己的抢劫掠夺，二来是清朝军队通过报复当地百姓来间接发泄。他们到达新加坡给当地的三合会组织注入了新的暴力因素，他们在厦门就已经有了组织经验，他们的成员则忠于自己的群体。这些人并不是作为贫穷劳工到新加坡来的，而是作为除了自己的群体没有牵挂、没有约束的、被嗜血与暴力唤醒了的冒险者来的。所以，至少从这方面来讲，1854 年的骚乱可以归因于三合会的影响。

极有可能这些从厦门来的侵入者造就了当时新加坡的义武会。关于这一会党，在官方资料中首次出现于警察局执行官 C. B. 布兰克特 1860 年 5 月 1 日所列的"新加坡岛内不同秘密会党名单"中。[1] 在这份名单中所列的人数为 800 人，据说他们都是潮州人。我们发现在后来 1885 年的一份资料中，1875 年成立的槟榔屿的义兴会也被描写为"主要是潮州人"。[2] 因此，有理由相信那些从厦门来的三合会分子中的潮州人应对 1854 年的骚乱负责任，同时也要对新加坡这种复杂的三合会状况负责任。

一旦由骚乱和对卷入其中的人的审判引起的激动消失，总督就考虑如何制定加强政府处理此类骚乱的法律了。一项在香港实施的法令（1846 年第 7 号）被送到了地方法院征求意见，关于在马来亚郊区镇压叛乱的

---

[1] Encl. to GD 108, 5 June 1860（PRO）. See App. 3, p. 538.

[2] Pg. *AR*, 1885.

法律草案也正在研究之中。

总督的调查因印度政府给予他补充力量而受到鼓励。在调查过程中他接到文件说，议会中皇家总督很高兴能与地方治安法院的意见完全一致，他所采取的镇压近年来暴动的法令是允许范围内最好的，也是最安全的。文件在表示了对与镇压会党有关的不同个人和服务部门的行为满意之后，继续写道：

> 我直接向你保证，印度政府将准备立即考虑立法问题，你可以据此法令阻止如此不体面的灾难性的骚动的爆发。但印度政府认为你所肯定的几项法律意见都是不成熟的，议会中皇家总督认为，最严厉的法令对极有可能再次发生的如你们最近镇压的骚乱一样的骚乱是非常适合的。①

通过与三州府参政司及新加坡地方法院法官商量后，"关于更有效保护公众和平"的提案由驻新加坡的英国最高法院职员起草，并于1854年11月送到印度政府手中供考虑。在草案之后还附有三位驻扎官的意见。新加坡的法官打算，草案将首先在新加坡试行。该草案主要包括以下4个方面：

> 居民登记制度；
> 总督的驱逐权；
> 秘密会党注册制度；
> 任命华人领袖作为地方维和官员。

在一份包含内容极多的文件中，总督提出了他的看法，他不喜欢实行居民登记，但可以保留该条款的存在。至于驱逐权，他认为他"难于向阁下完全地表达他对于使用如此强势又遭人诟病的权力对付个人的感觉。相反，现代法律的规章制度及精神实质在某些方面都不适合海峡殖民地的情况"。总督也表达了他对这种特殊情况的想法："华人的宗族性、团结

① SSR（S21），1854，Gov.，Lett. fr. Beng.，p. 98；GD 665，16 June 1854.

精神、攻击倾向、对外国政府管制的不耐烦、希望控制法律的欲望，以及
他们那些违反我们的法律精神的习惯和观念，使他们喜欢按自己的方式去
解决他们之间的分歧仇怨及其他一些小事，而不是去向法律寻求公道。所
有这一切都需要有特别的法律才能达到效果。由于某些头头们命令那些有
点影响的人以最严厉的方式去对付那些敌对的宗族却不考虑任何结果，导
致这些罪恶长期存在。这些头头们都不是永久的定居者或居住在此的商
人，而是岛上暂时的寄居者，通常只待上一季就想回到他们的家乡去。而
在这一季里，他们能积聚不少财富。"所以对他们的驱逐并不像表面上看
起来那么难以接受。

这有些言过其实，因为毫无疑问有一些天地会的领导是长期住在那里
的居民。总督又补充说明，享有驱逐权力的主要是对海峡殖民地有经验的
官员，如切奇（Church）先生及所有的地方法院的治安官，其中包括陈
金声——一位在华人中享有极高地位的人。

关于会党注册，总督再次重申了他对推行全面镇压的反对态度。他
说，虽然这种法律是有益的，但如果从一开始建立殖民地就推行，那将
"证明是一个完全的失败"。草案建议要求这些会党进行登记，包括他们
的名称、目的、规章制度、大小头目、会员的姓名与居住地点，以及他们
集会的场所与约定集会的日期，等等。所有没有按规定进行登记注册的会
党都被视为非法团体，其成员要被送进本地或外地监狱。草案还规定，集
会必须在晚上8点以前公开进行，公安局长及其代表有权进入集会现场。
总督对此写道："所有这些将无论如何都能查出拉帮结伙的倾向，这种倾
向是那些我认为在热带，也可能是在全世界的最好的殖民者——华人最危
险的特点。"

任命"维和官员"或"地方警察"的条款不仅是对华人而言的，也
是对"土著居民"的各个阶层而言的。他们希望这条款能"选出有名气
的人，使他们有充分的自主权力以指出他们所在区域内的骚乱分子和行为
不检点的人，汇报那些人的计划、集会、阴谋行动或者暴力倾向，他还能
鼓励身边那些乡下人向立法当局倾诉他们的不满，而不要像现在一样把他
们的不满交给会党处理"。

法律草案的最后一部分表明总督将他的这一条款延伸到了槟榔屿、威
省及马六甲。文件上写道："我注意到上面所提到（1854年5月）的骚乱

已经清楚地表明了中国人的反叛性格，加上他们与其他团体相比人口数量上占压倒优势及会党影响的强大，使得现有的法律毫无作用，这就迫切需要有这次提交的法律草案上所提出的如此严厉的条款，我衷心希望它将获得最令人尊敬的印度议院皇家总督的批准。"①

草案中关于更好地保持公共和平的部分于 1855 年 1 月 13 日得到了福特·威廉姆（Fort William）的认可，而总督却被通知说要将草案转到立法会进行研究。② 1855 年 10 月 3 日，伦敦那位令人尊敬的法院院长就新加坡 1854 年发生的事，包括 5 月骚乱向印度总督做了说明。他说："非常明白，不仅警察数量不够，而且法律提供的力量也远远不能控制华人，因此，申请制定更为严厉的法律条款是合适的，而你对这些条款的考虑，并向我们汇报，将会更加引起注意。"③

但很显然，这条新法规未能付诸实施，更不要说在后来的文献中有它的踪影了，这只能推测是印度立法院抵制了它的实施。

这是巴特沃斯总督的最后杰作，他 1855 年因健康不佳而退休，第二年就在伦敦去世了。他自 1843 年起担任总督，历经十多年，虽然他受到以欧洲人为主的社团的批评，但在以华人、阿拉伯人和印度人为主的商人集团的支持下，他坚持了结社自由的政策，并认为控制会党的邪恶行径才是警察的要务。他努力加强警力以便有效地处理这一弊病。同时，它支持向警察和地方治安队提供充足的经费以便获得会党非法行动的资料的政策。

但最后，当继续压制成为不可能之时，他得出结论说，现在法律不够用。他的继任者是一位镇压法令的勇敢的反对者 E. A. 布兰德尔，他做过马六甲和槟榔屿的参政司，他对秘密会党的阴谋有充分的了解。

三 民众大游行的烦恼

扰乱公共和平并不只是华人秘密会党，华人社团也并不是唯一令人焦

① SSR（R27），Gov. Lett. to Beng.，1854－1855，pp. 18－38；GD 110，27 Nov. 1854.
② SSR（S22），Gov.，Lett. fr. Beng.，1855，p. 41.；Despatch 148，Ft William，31 Jan. 1855. Sec. To GOI（C. Beddon）to Gov.，Prince of Wales Is.，Sing.，& Mal.
③ Ibid.，p. 222 & encl. London comment，3 Oct. 1855，forwarded to Singapore from India.

虑的社团。

不同社团在庆祝他们的节日时经常伴随着流氓滋事，而街道则经常被游行队伍和在路边舞台或广场舞台上表演的戏班堵塞。主要的印度节日就是洒红节（Hoolie）①和十胜节（Dusserah）②，印度的穆斯林庆祝阿舒拉节（Moharram）③，中国人则庆祝阴历新年。所有这些时候在街上都会出现游行队伍中两个敌对帮派互相斗殴的事，因为这些节日被当作清算旧账的好机会，今年被打伤的一方蓄意来年报复。

早在 1842 年 5 月，由于曾经有过的不愉快经历，政府就不允许在新加坡的印度人举行此类游行，并禁止此类"东方禁忌"在城市里出现。④1849 年，新加坡大陪审团提请关注限制亚洲人庆祝节日的好处，特别是上面提到的那些在主要节日期间举行的庆祝活动。⑤

总督赞成制定一些控制法令，但参政司问他哪种限制方式可行时，他指出，这些游行从殖民地建立的早期就一直被忍受着，即使犯罪分子也允许参加活动，因此，它们至今已成为这些人的宗教了。最后，他还认为，每一种嗜好都应当"与陛下的安全和信任目标一致"。⑥

1852 年，槟榔屿的警察努力推行控制华人游行和华人戏班在路边演戏，结果，一位华人代表去拜访总督，并要求取消限制，布兰德尔先生表明了他的观点，他说，只要华人的宗教活动不引起大街的堵塞，其任何行为都不危及行人的安全，他们就不会被警察干涉。这就再次成为诡辩，因为警察就是抱怨这些游行队伍和戏班堵塞道路、危及行人安全。在这种情况下，布兰德尔先生同意这位代表"在路边或者他们的居民区的街道内树几根杆，挂上灯笼，并在他们门口摆上铁盒烧纸"，除特殊情形外，戏

---

① 春分时节印度克里西纳人举行的狂欢节。洒红节就是泼水节，是印度纪念黑天的节日，源于古时的丰收祭仪，在每年 2—3 月（印度历为 12 月望日）举行。节日期间，成群结队的印度教徒，载歌载舞，在篝火旁边尽情跳跃，庆祝春天来临，并互相泼水，向路人撒红粉或红水。——译者

② 印度的中秋节。十胜节是印度教最盛大的节日，又叫凯旋节。仪式共举行 10 天，庆祝拉玛战胜邪魔。时间在 9—10 月。——译者

③ 伊斯兰教新年。——译者

④ Buckley，p. 375.

⑤ SSR（U17），Gov. to Cs，1849，No. 165，19 Apr. 1849：Grand Jury Presentment，para. 13.

⑥ SSR（U18），Gov.，Lett. to RCs，1849，pp. 246 - 249，No. 418，12 Oct. 1849.

班的演出应在晚上 10 点结束，虽然这应由地方治安法院自由决定。①
1852 年，犯罪分子与警察之间在阿舒拉节期间发生冲突，1855 年末，警
察局再次决定禁止此类游行。② 1855 年 10 月，新加坡参政司写信给总督，
建议将来所有在阿舒拉和十胜节举行游行的报告都不要批准。③

　　海峡殖民地的印度人口不仅包括商人、小贩、劳工，而且有时不时从
印度来的部队，这些通常都是马德里的土著步兵，虽然偶尔也会有从孟买
和孟加拉来的部队。这些人中有穆斯林也有印度人，他们参加当地公众的
游行已经成了惯例了。从印度遣送来的罪犯则形成了另一个印度帮派，他
们被描述为"来自孟加拉首都的恶棍和土匪"④。1787 年以后，在明古连
就有了监禁印度罪犯的牢狱，明古连当时是英国在苏门答腊西海岸的经营
地。1825 年，英国将其交给荷兰以换取马六甲时，这些罪犯大约有 800
人到 900 人就从明古连转到了槟榔屿，再从槟榔屿流向三州府。从那时起
到 1860 年，三州府一直是罪犯流放地，而当 1867 年海峡殖民地脱离英属
印度之后，锡兰⑤就成为这种罪犯的去处了。1844 年，由于当地居民的强
烈反对而停止向塔斯曼尼亚⑥运送罪犯之后，海峡殖民地虽然抗议，但仍
成了香港罪犯的流放地。这种状况一直持续到 1856 年，当时这样做是考
虑到这种行为是"很危险的，因为这些罪犯都是那些要靠他们的同乡作
为生存的依靠的人，所有这些同乡都有极大的影响和相当的钱财来帮助和
保护他们的会员与当局作对"⑦。

　　刑满后，许多印度罪犯都选择留居海峡殖民地，并被吸收到印度人中
间，就是那些仍在服刑的人，在所有的这类节日中也"习惯于一种与他
们的处境极不相称的放纵与狂饮，他们的游行队伍成为公共大街上最吵闹

---

① SSR（U24），Gov.，Lett. to RCs，1852 - 1853，pp. 2 - 3，No. 311，7 Oct. 1852.

② Narrative of 4th quarter of 1852，27 Apr. 1853，paras 64 - 67. Comment on this at SSR（S22），Gov.，lett. fr. Beng.，No. 99，26 Sept. 1855.

③ SSR（U30），Gov.，Lett. to RCs，1855 - 1856，encl. of 31 Oct. 1855 in No. 531，5 Nov. 1855.

④ McMair, *Prisoners Their Own Warders*.

⑤ 斯里兰卡的旧称。——译者

⑥ Tasmania，澳洲东南一岛，为澳洲一邦。——译者

⑦ *SFP*，20 Nov. 1856.

的一群"①。

然而，印度人的游行队伍在 1855 年并未完全禁止，在与槟榔屿和马六甲的驻扎官商议后，总督认为这是不明智的。他指出，如果基督教与佛教的游行不允许上街，华人的游行也同样应该禁止。他认为，关于严厉禁止和改观游行的法案应规定要有足够的人去充实警力，这样才能在几年内减少游行。

同时，在现有法律之下应该采取严厉禁止，特别是在阿舒拉节和十胜节期间，所有罪犯的游行都应禁止。

因此，在 1856 年 9 月的阿舒拉节时，新加坡的罪犯就没有被允许抬着他们的图腾在公共街道通过，并且，他们的演出也只能在队伍中进行。结果，几百名罪犯强行越出行列，抬着他们的图腾并用手电筒照着它，队伍一直走到驻扎官的居住处，他们在那里自编自演了"极其喧嚣又无拘无束"的节目，后来，他们又在总督府门外作了同样的表演。②

在槟榔屿，警察可以将节日限制在 5 天内，而不允许拖至 10 天或更长，做到这一点并没有什么难度。《槟榔屿公报》（1856 年 9 月 13 日）要求政府利用新警察法带来的有利条件组织一些基本条款，以便"检查此类令人讨厌的行为"，从而"使公众有权使用街道"，并避免发生游行队伍堵塞街道的事，同时建议一些对公众开放的地方应在公园内，警察局长决定谁有权使用。该报还评论说，每一种族、家族、宗派及社团都在幻想"这些节日那么重要，公众肯定都会尊重他们并把地方让给他们使用的"。纵情享乐者的快乐有一半都在于他们对"迫使当局和民众屈服于他们自己那些令人讨厌的东西的暂时胜利并给他们的信仰给予至高无上的地位"这种权力的感觉。而这是一种不该沉溺的情感。

总督和新闻界都提到的"新法案"就是"警察法案"，它与一份"管理委员会法案"一道于 1856 年颁布、推行，并从当年 11 月 1 日起生效。

---

① Ibid. , 18 Sept. 1856.
② *SFP*，18 Spet. 1856.

这些法案的推行产生的影响远远不同于表面上看起来可信的那些法案。①

警察法案的第一部分里关于警察归属政府管理的清楚说明就遭到了大部分太平局绅的激烈反对，因为他们始终坚持警察的任命和控制应由警察局长把握，使其只受地方法院的控制与指挥，在表决时，许多人弃权了。1856 年 7 月 29 日，在新加坡举行了公民大会，在此次会上通过了反对"专制和违宪"的决定。该决定认为，如果警察都可以享受税收基金，那纳税人就更应该享有了。②

这两大法案的其他部分为管制集会和游行时的表演，禁止占据街道、道路、公共场所，禁止在街上播放音乐和破坏市场秩序提供了法律依据。两大法案都非常完整、全面。警察法案有 118 条，管理委员会法案有 142 条，各自都有一份中文摘要以便于向民众传达，但文献包括的全部的权力、规定、限制和要求等，长到了令人无法容忍的程度（虽然从表面上只有如此才能被充分理解）。当然，政府遇到了普遍存在于政府中的难题，特别是在那些在语言和文化上与民众不一致的政府中。两法案中加强了警察的控制力，毫无疑问，庞大的移民群体促使它更有意义，甚至是更关键。说它更关键，甚至是从 100 年前英格兰的管理角度来看的，如果是从新加坡当地人的角度来看，这种重要性就值得怀疑，因为这些人都是习惯了街道上、市场里拥挤的人群，他们并不在乎西方人眼里的卫生和耳朵听到的嘈杂。换句话说，人们并不认为它是必需的或者是保证他们形成良好习惯的法律，而是一种从外部强加给他们的东西。

毫无疑问，英国在其殖民的几个世纪里没有比向那里的人民推行其法制体系更艰难的事了，特别要不偏不倚地利用法律就更难。至少在马来亚，要向所有的人口推行那种在英国本土已被广为接受，并让所有人都处于平等地位的法制是不可能的，虽然如此，但由于那些被殖民地收留的人口并不是按自然增长的，因此它不可能在任何时候都如部分政府官员所希望的那样是善意的。作者清楚地记得一位固执的老马来人遭到指控后在法

---

① 那些法案包括：（1）India Act，Ⅷ of 1856。这是一份规范加尔各答、马德里、孟买等城镇的警察及威尔士太子岛、新加坡、马六甲等殖民地的警察局的法案。（2）India Act，ⅩⅣ of 1856。这一法案旨在管理和改善加尔各答、马德里、孟买等城镇及威尔士太子岛、新加坡、马六甲等殖民地的警察局。

② *SFP*, 31 July 1856.

庭上反诘："这是什么法？它既不是习惯法，也不是宗教法，那它是什么呢，也许它是你们的习惯法或者宗教法，但不是我的，我永远不会有这种东西的。"

在早期的马来亚，控制华人日常生活行为的法律的推行受到更为激烈的抵制。在中国是没有这种法律的，那里的法律是处于压迫者地位的政府的工具。为了不与法律打交道，各种贿赂、欺骗、借口等阴谋都会用上，人们的日常交往也不是由法律来控制的，而是由他们自己及代表他们的组织按照习惯来控制的，所以，一项调整他们日常生活的正式法律的出台与实施，以及对违法犯罪的惩处都是不受欢迎的。此外，这种法律在某种程度上总是一成不变地意味着至少是对部分民众生活的干涉。要小摊小贩从某个地方挪到另一个地方去；对街道和市场边的人行道要保留足够宽度的坚持；对在露天大剧场进行演出的管理和时间限制，等等。所有这一切都意味着人们最关心的挣钱的机会的减少。此外，要让公众弄明白这些新法规的意思几乎就是无法超越的困难。

到 1856 年年末，新加坡的华人社团对于准备强制推行的新法规感到不舒服了，他们的不自在被认为"部分是来自于许多规定的苛严，一部分则是来自于警察在执行新法规过程中的不公正和执行手段的野蛮，还有一部分就是语言上的抽象使表达非常不完整，或使某些案件的观点错误"①。

在槟榔屿也出现了不同意见，甚至在新法案推行以前，槟榔屿的警察就不允许"在城内的街道上举行那种吵吵嚷嚷的游行"，因为会扰乱秩序。1856 年 9 月，华人社团向总督呈送了一份备忘录，其中说：在海峡殖民地，从有居民开始就一直允许举行他们自己的宗教庆典和结婚、丧葬游行，从来没有警察干涉过，他们要求重新享有这种待遇。总督给他们回了一封简短的信，说："这是英国的殖民地，在英国的法律管制之下，不可能允许其他有不同信仰和习惯的居民在城内的街道上燃放鞭炮或敲锣打鼓地游行而任他们给坐在马车里或骑在马背上的人带来危险，否则，本市的和平、安宁及良好秩序就要在一夜之间被各种不同的演出给搞乱了。"中国人到了英国殖民地就必须学会改变他们的生活习惯和宗教庆典，以与

_____

① *SFP*，8 Jan. 1857.

其他居民相一致。已经有两个地方供戏班在街道上演出了，而在结婚庆典时燃放鞭炮是否为不可避免之事也"应当要最终解决"。但在游行时抬着图腾则被认为会对行人构成危险，因而必须被限制和控制。在中国人的新年里，有几天应该允许"在特定范围内或他们的私人领地内"存在这些活动。在这些地方，他们随时可以演戏或举行其他娱乐活动。丧葬游行也应被允许，"但在过街道时应该受到限制"。

这封由布兰德尔署名，标有"1856 年 9 月 8 日，槟榔屿"字样的信于 1856 年 11 月 11 日在《海峡时报》上刊登出来。随着新年的到来，新加坡和槟榔屿的华人社团所感到的那种别扭变成了公开的对抗。

对控制法令的反应

一　新加坡，1857

1857 年 1 月 2 日，新加坡发生了一次总罢工，那里的商业生活顷刻间陷于停顿，商店关门、公共市场息业、欧洲人家庭的供应品在威胁和恐吓中被拦截。

商业团体感到非常不安，在此情况下，谢里夫（Sheriff）召集了一次会议，主要的欧洲人及三位中国商人出席了会议。这三位中国商人分别是胡旋泽①、陈金声和陈金钟。陈金钟当时是福建会馆（地缘会馆）的领导。会上成立了一个代表团，准备向总督汇报情况，并请他发布通告，请求人们复工，并声明他本人准备随时听取合理意见，还要修改警察法令和保护委员会法令的条文。

总督按会议所希望的那样发布了有关这几方面的通告，其中说，新法案不具有代表性又易产生误解，并宣布新修改的条文将在一个月内出台。同时，大炮被运到了政府山（Government Hill，即现在的福康宁，Fort Canning）和珍珠山（Pearl's Hill）上，俯视全城。但具有极强煽动性的手写公告贴在了政府通告上，声称政府的承诺无诚意，他们只是想争取时间做准备，华人打算用武力扫清全岛上尚未开化的野蛮人。毫无疑问，除了表面的不满之外，政府与华人敌对情绪的爆发还由于中国与英国之间的恶意攻击事件。② 英国船只封锁了广东的河流和港口，厦门和福州弥漫着仇

---

① 胡旋泽即胡亚基，又名"黄埔"。——译者
② 指"亚罗号"（Lorcha Arrow）事件。

外情绪，以至于在马来亚的多数华人移民的家乡都受到了影响。接下来的几天，海报铺天盖地，其中宣称，由于英国人在广东的倒行逆施，是在新加坡消灭他们的时候了，因为许多华人老板（雇主）与这些野兽站在一边，他们也应当被消灭。

幸运的是，这种糟糕的局面没有继续发展下去，华人社团领袖被说服去进行阻止，第一天罢工过后，生意又像平常那样做起来了，但多数市民已经被吓怕了。在 1 月 3 日重新召开的公众会议上，大家就东印度公司对殖民地的治理无方进行了持久热烈的讨论，这是新加坡、槟榔屿和马六甲直接划归王室统治的好机遇。最后通过了以下决议：

> 在这次骚乱中，人们对某些首领的信赖显然说明了华人秘密会党要对这种危险的联合负责，他们日渐增长的势力长期以来一直威胁着社会治安。此次会议的意见认为，无论是在政务会还是立法会上，尊敬的东印度公司都应受到深深的谴责，因为他们对此殖民地居民的吁请和抗议——他们已经通过法律手段寻求当局制止这些具有威胁性的、在不远的将来会带来非常严重后果的秘密联合——如此蔑视和轻描淡写。①

总督在向印度的皇家总督汇报时说，新加坡的华人像在"自己本国内通过商店关门息业、威胁或诱使印度土著人以他们为榜样"那样来表达他们的不满情绪。他承认市内海报上那些抽象词语的翻译都是有问题的，他尽可能详细地解释了罢工组织提出的一般性问题。在回答问题的过程中，他充满信心地论证"在华人中存在一个充满力量和精神的组织，它激起了人们的担忧和恐惧"。他认为，不可否认，华人秘密会党是该组织的基本架构，他们首领的"目的或许远不只是要改变警察部门的不公"。但他们在他们自己人中的力量和影响，政府以现行手段不可能与之相抗衡。欧洲人对一直未通过禁止这样的组织的法令很有意见，但他不相信这样的法令会有什么效果。欧洲和爱尔兰的经验都表明了这一点，事实上，镇压法令也许正好让他们以后的行动更加秘密。各种各样会馆的存在

---

① *SFP*, 8 Jan. 1857.

是华人生活中的自然特征，关键是如何更好地控制那些变得危险的组织。

总督提出两项措施替代立法。第一项就是打造一支组织井然的、高效的警察队伍。他指出，新加坡正在崛起为东方最大的城市之一，它的贸易和船运仅次于加尔各答①，居第二位，虽然它的人口规模还不能与其他管辖区（Presidencies）②的城市相比。其境内居住着不讲秩序、影响极坏的一群乌合之众，这在印度的其他城市是看不到的。最为重要的是，这群人在语言、习惯、性格等方面都与要征招警察的那个阶层相去甚远。他还认为，新加坡的警察局长不应该在其他岗位上兼职，而应该把他的全部精力都投入到这一职位上去；招募一支高效的警察队伍。而选择最优秀的人出任警察局长，并给予他丰厚的待遇也是必需的一环。

总督在谈到第二项措施的时候还有点犹豫，不过最后还是提出来了。他提出：

> 海峡殖民地总督应该被授予由他单独负责的驱逐权，而不应该考虑法律的规定……只要有证据表明某人对殖民地的和平与良好治安有威胁，总督应该有权力将其逮捕并遣送出境。

他认为，驱逐权如果要在法律调查或审判之后才可用，那是完全不起作用的，因为要获得与有影响的华人秘密会党首领不利的、公开的、社会认可的证据是有困难的，甚至是不可能的。他意识到这样绝对的权力易于被滥用，或者如他提到这个问题时所表达的那样是"错误的管理"。但他也指出，他会承担责任，并将详细地汇报他行使此权力的过程及理由。他在谈到如果万一出了差错，他考虑的不是造成的伤害，而是那些挑衅法律的恶意的秘密政治社团领袖的麻木，因为他们知道，他们即使违法了，法律也不可能给他们定罪。他继续说：

> 拥有这样一项权力我自己并不是就好过了，对于一个好政府来

---

① 印度东北部的港市。——译者
② 管辖区（Presidencies），指原来英属印度的马德拉斯等三大管区，包括孟买管辖区、马德拉斯管辖区、孟加拉管辖区。——译者

说，从未有过先例，而且是与所有的规则背道而驰的。该权力的施行包含着重大的责任，但我相信这样做是明智的。新加坡的华人并不是我们的国民，他们在习惯、观念和语言上都与我们不一样。他们属于一个外部国家，每年都会有大批的人从那里招进来，这使得他们那个阶层经常发生极其糟糕和严重的骚乱。他们相互之间因为誓言、怜悯和教育水平而制约，他们形成了一个完全不一样的群体，不喜欢我们的法律，守法仅仅是在法律能够保证他们安全的时候。当然，也有例外，不少华人忠于我们，愿意与我们站在一边，支持我们，但他们没有什么影响力，还会受到那些大胆的、不受道德约束的人的威胁。这些人对于我们的有力措施是很有兴趣的，但如果不解开他们可能被报复的疙瘩，他们是不会真正给我们任何支持的。

在此公文后，总督还附上了一份法律草案。该草案授予他"逮捕故意给殖民地的和平与秩序造成危险的会党分子足够的权力，并可以将这些人从他们现在居住的地方遣送到他（总督）指定的地点"。

任何以此方式被遣送的人如果返回均要被驱逐出境。总督则要向印度政府详细汇报每一案件的情况。根据该法令，审理程序无须经过任何法庭。该法令没有对人身权利的保护进行任何规定，也没有关于终止或暂停总督行使权力的规定。①

《新加坡自由时报》（1857年1月15日）认为警方要对事件负主要责任，并认为正是他们的违法行为激起了最近出现的这场骚乱。该报还认为，对葬礼游行的审批采用收费的办法等规定都是违法的，它激起了更多民众的不满。它还进一步暗示说，在其他事务上的权利也因"几乎没有被批准的"而被剥夺了。随后，它提到了以往时不时出现的各种各样的建议，比如对人口和协会组织进行登记，但它指出政府甚至就没有足够的人来做这件事，这将使情况比以前更糟糕。它也怀疑政府采取这样的措施对待华人是否会得到理解，因为很丢脸的实际情况就是被赋予这样重大责任的官员居然没有一个人懂中文，也没有一个人能将那些措施准确地翻译

① SSR（R30）；Gov.，Lett. To Beng.，1856－1857，pp. 218－234；No. 6，Sing.，10 Jan. 1857，with encl.

出来，甚至连用口语解释明白都做不到。（作者还漏掉了一点，那就是无论是出版社的绅士们还是商业团体都可能无法胜任）

在1月下旬召开的会议上，大陪审团以惯常的热情指出"会或华人秘密会党是威胁和损害殖民地和平及居民们的人身和财产安全的组织"。它回顾了前几任大陪审团反复多次表达的同一意见，对孟加拉立法会的冷漠感到悲哀，并强烈抗议继续拖延。大陪审团认为有两种计划可行，一是全面镇压，二是有条件地允许他们继续存在，其中的条件之一就是所有的社团必须进行登记。陪审员们认为第二种建议可能更有建设性。①

在向印度方面提交这份陪审团报告时，总督再次坚持"由英国的法院通过立法管制是不可行的，因为秘密组织的精神已经深入华人心目之中"。他同意会党是邪恶组织的说法，并希望看到他们被取缔，但他预言，如果立法被通过，那么来登记的首领就将是傀儡，获准召集的会议上也不再是讨论真正的商务问题。他再次重复了他曾经表达过的意见：第一，一支真正可靠的警察力量是最重要的，但要变得真正可靠和有效，有的东西就会跟现在的情况完全不一样；第二，他需要驱逐权力这项"强有力的辅助工具"。

> 了解总督手中握此大权后，会党组织的管理阶层会有恐惧感，警察部门也会比秘密会党组织威信更高。我总是在想，如果警方能够将自身的形象提高到他们自己所介绍的那样高，比如使民众不受伤害和压迫，那么会党的政治优势就将逐步消失，尽管他们还可以对那些贫穷和有需要的人给予帮助。②

在回信中，印度政府同意关于通过特别法来镇压会党是不合适的观点，但也认为没有理由授予地方政府放逐的权力。

> 逮捕华人店主这种活儿的轻松恰恰表示没有必要采取此类特别措

---

① *SFP*, 22 Jan. 1857.
② SSR（S30），Gov.，Lett. Fr. Beng.，1857, pp. 303–308：No. 31, Sing.，31 Jan. 1857.

施，阻止华人不满的有效办法将会在运用法律的过程中找到。①

欧洲人的担忧增加了，因为总督应驻中国全权大使的要求于 1 月份从海峡殖民地派兵进入中国，那些愤怒的商人要他赔偿因他的政治行动而导致的货物损失。② 在通知印度政府关于他的派兵决定时，总督并没有担心华人会发生暴动，他那个"非常能干且有经验的助手、地方法官杜门先生"也没有担心。但后者承认欧洲人的这种情绪反应及一部分驻军的离去确实让人"感到焦虑"。③ 当地报纸公开了一封一位新加坡居民写给加尔各答的《英国人》的信件，其中说道："事实终究是事实，我的手枪最近四周一直上膛，但除了 1854 年 5 月的华人骚乱（欧洲人并没有受到威胁）时期外，这些年来分两段使用不超过七次。"他要求要有军队来支持立法的实施，"这样才足以保证政府有控制权，而不是像现在这样会党有控制权"④。

2 月 5 日警察与一群印度人在直落亚逸街的冲突让形势变得更糟。一名警察同意印度人举行已经按规定审批了的节日庆典，但要在晚上 10 点前结束。可到了 11 点，该区的副督察发现他们的庆祝活动还在继续，一排坚固的木栅栏把所有的入口都堵得严严实实。副督察命令他的手下拆除障碍，于是他们受到了那群人的围攻，被赶回了警察局，还被用利器和石块攻击。警察向那群人开了火，打死 1 人，打伤 7 人，后来又有两人死在医院里。

审讯表明，警察的行为是合理的。对此，总督却不认同，并开除了另一名督察和一名听差，其他卷入该事件的人也都降了级。

欧洲人对此表示强烈不满，他们举行集会并通过了决议。拒绝接见代表的总督被通知说："该事件有力地说明了警察局长、参政司及法院法官都由同一人担任是不合适的"，并要求他把对警察的管理权交给地方纳税人，而不要交给可能控制它的地方法庭。

---

① SSR（S25），Gov.，Lett. Fr. Beng.，1857，p. 70：No. 414，Ft William，27 Mar. 1857.

② SSR（R30），Gov.，Lett. to. Beng.，1857，pp. 299 – 300：No. 28，Sing.，27 Jan. 1857.

③ Ibid.，pp. 279 – 286：No. 22，20 Jan. 1857.

④ *SFP*，2 Apr. 1857. Date of original，28 Jan. 1857.

　　但总督不为所动。很显然，他在商业团体中的受欢迎程度还不如印度政府。

　　随后从沙捞越传来的坏消息使局势变得更紧张。2月17日，因在中国开战而引起的反英怒潮使得古晋（Kuching）的客家金矿主举行了一场暴动。这是由三合会组织的一场暴动，暴徒们袭击了地方政府所在地，并将它洗劫一空。布鲁克酋长（Raja Brooke）和他的职员们死里逃生。最后，马来人和达雅克人（Dyaks）消灭了那些来犯之徒。布鲁克在指责华人秘密会党时说到，新加坡现在的局势对沙捞越来说是很好的教训。① 在新加坡，治安官召集了公民大会，在这次会议上通过了一项决议，其中提到要注意沙捞越事件及向印度政府索要"那些经常要用到的法令，没有它们，骚乱和暴动就无法控制"②。

　　总督趁机利用沙捞越暴动引起的不稳定写信给印度政府，再次要求他们任命一位全职警察局局长，因为沙捞越发生的事情随时都有可能在新加坡发生："华人在我们的人口中占绝对优势，他们中的很大一部分都是从邻近的广东来的，而在广东，他们曾经或正在积累起对英国人的仇恨，他们所采取的肆无忌惮的攻击手段就表明了这种仇恨有多深。"总督再次要求将殖民地的保护置于一支有效的警察力量之下。这种保护"不仅是生命安全的保护和财产不受强盗、小偷的侵犯，而且包括在当下为了政治目的而引起战争的环境下的安全，并且不受华人秘密会党的威胁"。他继续说："为达此目的，警察局应该由一个责任心强、受过良好训练的人来管理，他要集中全部时间和精力于此职务之上，而不是像现在这样由一个并非通过能力选拔而推举出的，还有别的职务在身的官员来管理。"

　　他把警察局长的任命看得如此之重，以至于为了提供资金，他提议废除新加坡的参政司，此职位由总督手下的一名助手兼任即可。③

　　尽管印度方面拒绝通过特别法案来镇压秘密会党，也拒绝授予总督可以流放会党会员的独裁权力，但他们已经决定在新加坡任命一位全职警察

　　① *SFP*，19 Mar. 1857.

　　② Ibid.，2 Apr. 1857.

　　③ SSR（R31），Gov.，Lett. to Beng.，1857，pp. 64－71；No. 55，14 Mar. 1857.

局长，并授权总督可以任命一位月薪 800 卢比的警察局长。①

这可能是件让总督比较满意的一件事了，因为就在这个时候槟榔屿发生了暴乱，这使他的处境比较困难，威信也受到影响，欧洲人的恐惧情绪也增加了。他在 1857 年 4 月 27 日写给孟加拉政府的文件中说：

> 认为新加坡的欧洲商人与海峡殖民地的华人的目的不一样真是我的不幸。在目前这种两国交战的环境之下，我们必须准备镇压任何反对当局的骚乱和暴动，但另一方面，过于谨慎又会显得我们太害怕，并对华人进行某种限制和强迫，而这些都有可能激起华人相当的敌视。我的目标就是要表明我们不了解他们的情况，同时不对我们的华人人口表示出任何的不信任。②

然而，也许他还会补充说，欧洲商人的恐惧不仅仅源自华人的暴动行为，而且源自印度兵变，源自他们明白我们在海峡殖民地的要塞都是这些来自印度的雇佣军把守的。

二　槟榔屿，1857

由于警察强制执行新法令中关于在街道上戏剧表演必须取得警察局的同意的条款，槟榔屿于 1957 年 3 月 14 日发生骚乱。华人联络曾经在寺院前进行表演的哇扬③，在警察规定的最后期限到来时仍拒绝拆除戏台，警察局的一名官员便命令他的手下强行推倒，正当他们在推的时候，遭到了猛烈且成功的抵抗。这一局势使暴徒们无法控制，他们接着攻击了警察局，警察开枪导致多人被打死。第二天，所有的商店均关门息业，给城里送供应物资的人都被暴徒们拦了下来，两名在街上巡逻的印度士兵也受到攻击，被抢走了两支步枪。要塞守军不足，欧洲人都登记为特别警察，参

---

① SSR（S25），Gov.，Lett. fr Beng.，1857，p. 70：No. 414，Ft William，27 Mar. 1857.

② SSR（R31），Gov.，Lett. to Beng.，1857，pp. 133 – 139：No. 79，Sing.，27 Apr. 1857.

③ 在新马，马来人把所有的戏剧，包括华人传统大戏、电影，都称为哇扬。英国人不让华人举行的是华人布袋戏及华人传统大戏。——译者

政司请求马来人帮助他们一道反对华人。马来人表现得"爽快又高兴",这也许可以让华人明白他们继续采取暴力行动是愚蠢的。

在随后的庆功会上,参政司对采取镇压措施给予了很高评价,可总督对一开始的警察捣毁戏台的行为就有意见,认为是不合理也不合法的,而应该发通告说,反对或抵制拆除戏台条款者均罚款 100 卢比。但就抢夺两支步枪之事,他非常愤怒,拒绝对那些人的牢骚发表意见。有一支步枪即刻就拿回来了,而另一支下落不明。他对参政司说,"必须体现出我们的优越感,为了国家的荣誉,我们要把步枪收回来"。他确信,如果没有被收回,这支步枪就会成为广东人的武器,无论从哪个角度看都不应该让华人收藏这样的东西。① 一份允许 3 月 28 日上演哇扬的同意书也被撤回,槟榔屿有头有脸的华人居民就整个令人遗憾的事件提出了看法,可总督指示参政司给了他们一个草率的回答,即他们如果不找到那支步枪,他们提出的要求就没有商量的余地。

总督在与印度政府打交道时清楚地表态,暴动"完全不是冲政府来的,也不是冲欧洲人来的",因为"审批限制迄今都是与华人的乐曲、游行及节日为根据定的,为什么大街和道路都会被堵塞",极有可能是被最近发生在广东或沙捞越的事激起了"爱国情绪"。他们的目的是"迫使当地政府废除最近刚刚对华人节日和游行等方面的限制,而且,反对行为也是直接单独指向警察,因为他们才是限制条款的直接执行人"②。指责警察的行为是有点不公正的,总督仍然坚持他的观点,即如果步枪不归还,华人的申诉就不予理睬。

但他的态度并没有得到皇家总督的支持,反而被通知说他的政务会内部有人认为,即使步枪没有归还,也不应无限期拖延听取那些"令人尊敬的华人"的意见之事。而且,总督关于如果华人没被非法对待或被激怒就不会暴动的假设也没有人表示支持。无论如何,警察的任务就是根据法律行事。因此,总督被要求向地方当局给予更加详细的说明,向他们解释他们不仅必须小心避免采取非法的武力攻击(这一直是镇压所采取的

① SSR (U33), Gov., Lett. to RCs, pp. 27 – 39; No. 137, 13 Apr. 1857.

② SSR (R31), Gov., Lett. to Beng., 1857, pp. 85 – 87, 115 – 122; Nos 58&70, Sing., 21 Mar & 21 Apr. 1857.

行动），而且即使在法律规定范围内采取反对行动，不管他们是华人还是别的人，都有必要让他们明白犯罪的原因，凡是要做的都要"平心静气地、耐心地"做好。①

陷入这样的僵局之后，槟榔屿那些"令人尊敬的华人"便直接写信给皇家总督，并由对1843年的加林法令草案给予批评的罗安律师代表他们起草了一份备忘录，附带还写了一封措辞巧妙、很有说服力的信。罗安说，他担任槟榔屿华人公开会馆的法律顾问，与五大秘密会党形成鲜明对照。② 他肯定地对皇家总督说，他的委托人也十分希望归还步枪，但要他们承担归还责任是不公平的。他们要求对他们的不公正待遇进行调查，并申辩说警察法令规定的哇扬审批已经被粗暴地拒绝了。他还说，在保存祖先灵位的庙宇外表演这些哇扬是他们对自己祖先表达的一种敬意。③

1857年5月23日，这份备忘录及罗安的信与槟榔屿参政司及总督的信件一起被送到了印度政府，④ 印度政府了解到这些情况后，参政司因答复华人请愿时的愤怒语气而受到指责，总督则被要求不管有没有步枪，都要调查华人的申诉。

利用路易斯（Lewis）⑤ 的承诺带来的有利机会，请愿者真正希望把步枪交回去，以改变困境，让自己与那些调查他们的申诉的官员保持一致。⑥

接着情况更糟糕。几天以后，总督被要求"以温和及恰当的语言"通过罗安通知请愿者，议会中皇家总督对他的委托人希望将步枪归还给政府及渴望调查他们的冤情表示满意。他的政务会成员也都希望"警察法令规定的对华人的某些宗教仪式的审批不会被粗暴拒绝，即使在调查期间也是如此，这不是法律的根本宗旨"，而且，还对影响海峡殖民地的议案和法令翻译成中文进行了安排。⑦

① SSR（S25），Gov.，Lett. fr Beng.，1857，p. 70：No. 817，Ft William，9 June 1857.
② 大概是指义兴、和胜、海山、建德和存心。
③ SSR（S32），Gov.，Lett. to Beng.，1857，pp. 107 – 125：No. 173，Pg，28 Sep. 1857.
④ SSR（S31），Gov.，Lett. to Beng.，1857，pp. 198 – 202：No. 96，Sing.，23 May 1857.
⑤ W. T. 路易斯，槟榔屿的天主教教徒，1843年时写过一篇关于华人秘密会党的文章附在加林的报告内。
⑥ SSR（S25），Gov.，Lett. fr Beng.，1857，p. 177：No. 1059，Ft William，14 July 1857.
⑦ SSR（S25），Gov.，Lett. fr Beng.，1857，p. 177：No. 1232，Ft William，31 July 1857.

　　总督被欧洲人指责，受华人的气，还得不到印度政府的支持，处境挺惨的。然而幸运的是，那把步枪在 6 月底终于回来了，就在印度政府的第二封信到来之前，于是，他可以马上就安排调查而不会颜面扫地。而且，还可以继续坚持他的观点，即那些有影响的华人只要用点心就能找回步枪。

　　他也可以有机会评论罗安的信了，因为在送给印度政府的同时，该信及备忘录的副本都送了一份给总督。他指出，罗安不过是一个收费律师而已，他本人（布兰德尔）对华人的实际接触和了解并不比罗安少。他还说：

　　　　这封信中，罗安完全忽视了华人的一个极其明显的特征……华人都对秘密会党（会）非常了解，他们的权力和影响渗透其中，并通过他们反对政府当局，只要是符合这些会党的想法和目的就行。

　　总督特别提到这些会党通过威胁和贿赂手段为管理设置障碍，如总督原来声明的那样，他认为"公开"的会与秘密的会是有区别的，并指出罗安那些在请愿书上签字的华人，他们都是这个或那个会党的会员。①

　　他不同意关于哇扬表演是他们崇敬祖先的一种方式的说法，因为哇扬由专业演员表演，没有什么地域限制，也不一定要在寺庙旁边，而是哪里有空地就在哪表演，也没有宗教庆典仪式。马六甲就没有哇扬，也许是因为在那里无利可图。在新加坡，华人人口比槟榔屿要多，哇扬也是在晚上6 点以后就被禁止上演。可在槟榔屿，哇扬经过了好长一段时间还是通宵达旦，在这段时间里，警察的工作效率一直受到怀疑。在一个可以在露天搭建戏台的小城里，整个晚上警察都不可能有效地工作，在这样的场合，锣鼓总是不停地叮叮咚咚地敲。

　　毫无疑问，罗安说哇扬是一项宗教仪式有些言过其实了，事实上，它只是由专业队表演而已，与寺庙及寺庙里的宗教仪式搭不上关系。但一般而言，表演总会由某些人赞助一下，这些赞助人与寺庙和血缘或地缘会馆

---

　　① SSR（S32），Gov.，Lett. to Beng.，1857 – 1858，pp. 107 – 125：No. 173，Pg，28 Sep. 1857.

一起负责搭戏台及支付表演队的费用，让所有人免费观看，以示对神明和祖先的尊重。大多数情况下，寺庙、血缘或地缘会馆建在乡村，那里会有永久性的戏台，因此碰到什么庆祝活动，他们随时都可以组织上演。

华人确实会在节日里连续不断地放鞭炮庆祝，同时还没日没夜地进行锣鼓喧天的戏剧表演。到今天，即使华人新年时放鞭炮的时间只限制在几小时内，也可以看到沿街被花炮纸覆盖着，像红地毯。在马车节期间，他们不问青红皂白地把鞭炮往街上扔，或者有时候就扔在马车将要经过的路面上，这无疑是一种危险的行为，因为骑马或赶马车的人多数是欧洲人，华人自己并不会受到这种行为的伤害。

还是在那封信里，总督说：

> 仔细读读那个对槟榔屿华人完全不了解的罗安的信就会得出结论：华人是有耐心、宽容的民族，他们遵纪守法，他们一直受到警察的凌辱与迫害，直到最后拿起法律武器来保护自己，改变命运……他们唯一感到不平的是对他们的喧嚣庆典和娱乐活动的强行限制，他们决定要废除这样的限制。

总督说的确实是对的，在信的结尾，他给出了一个折中的办法。

对于印度政府说要将所有的议案和法令都翻译成中文的指示，总督在新加坡和槟榔屿都早已体验过它的不容易。暴动期间，槟榔屿曾经张贴过一份通告，这份通告与新加坡张贴的内容一样。但因为中文翻译的影响，槟榔屿则要取消，而新加坡则要恢复。这是完全不对的。英文本的通告最后只好送到浮罗池滑（Pulau Tikus）的天主教教会大学里去。在那里请一位教授将通告译成拉丁文，然后请一位受过良好中文教育的学生从拉丁文翻译成"标准普通话"。但通告贴出去以后，"违警罪法庭推事（police magistrate）带着通告到处走动，向城里不同的华人解释其中的词汇，因为只要有新语汇不太懂，就会使人们做出错误的解读。通告印了数百份，在城里乡下广为张贴"①。

翻译这个问题已经困扰当局许多年了，早在 1828 年，总督富勒敦就

---

① *SFP*, 9 Apr. 1857.

想从澳门招翻译来帮助进行法庭审判，但他被告知有两个不可逾越的障碍，第一就是"华人唯利是图及不诚实的性格……这足以使他们无法受雇担任需要高度责任感的口译一职"。第二就是"海峡殖民地的华人来自不同省份，他们讲不同的方言，他们大多数不懂广东话，而这个省的人比较熟悉英语"①。

作者还提到著名的汉语言学家莫里森博士（Dr. Morrison），他也同意他们的观点，并附了一封信在后面。他在信中写道：

> 在广东被称为语言学家的人是听不懂福建方言的。仅就知识而言，我认为英华书院（在马六甲）的高年级学生比其他当地人要好一些，但综合考虑，我认为所有的当地人处理重大事情方面都要打个问号，需要检查一下他们对欧洲人的认识。②

问题在布兰德尔任总督时期也没有解决的希望，在回答印度方面关于翻译的问题时，他说皇家总督阁下也没有办法。

> 为了解决翻译的问题已经进行了多次努力，我的前任为此把法令送到香港去，但结果还是无法全面了解清楚……我比较倾向于认为，由于语言的特殊性，有的事不一定是行得通的，把英文的法律文书翻译成中文那样的象形文字几乎是没有希望的。③

这一次也一样，总督毫无疑问是对的，在那个时候还是不可能有准确的翻译，但原因不在于中文是象形文字，而在于无论是中国人还是英国人都没有同时对两种语言掌握得比较好、有能力进行翻译的。即使真的翻译出来，其使用范围也很有限，因为海峡殖民地的华人中巨大的文盲群体不

---

① SSR（N4），Sing.，Resident's Diary，1828，pp. 572 – 575；Lett. fr. W. H. C. Plowden, Charles Millet, & W. Davis, to R. Fullerton, at the Presidency of Prince of Wales Is. Macao, 12 Aug. 1828.

② Ibid., p. 575；encl. fr. Robert Morrison to Pres. and Sel. Ctee（Macao），14 July 1828.

③ SSR（S32），Gov.，Lett. to Beng.，1857 – 1858，pp. 107 – 125；No. 173，Pg，28 Sep. 1857.

可能弄清楚这是什么东西。

1857 年 7 月 2 日成立了一个槟榔屿三月暴动调查委员会，三个月之后，该委员会提交了一份报告。不过这份文件满意度不高。主席是当时槟榔屿驻扎官的助理布雷德尔（T. Braddell），其中的一个成员是牛汝莪（Glugor）的布朗（F. S. Brown），他倾向于对眼前的证据进行评价，因为他们没有听到反方的陈述，不能对这些人的看法做出评价。第三个人是马帝耶（P. E. Mathieu），他是不受委员会调查所得材料限制的那一类，自己单独提交了一个报告。总督说他在报告中"以代表一般群体的口吻说话，实际上他是没有这个资格的"①。槟榔屿的参政司作了进一步的评价，"马帝耶的单独报告可以说是根据华人的法律顾问（毫无疑问是罗安）的建议起草的"②。

不过，报告虽然有缺陷，但委员会提出了诸多建议，这些建议成为日后政策的基础。他们建议要把所有定期的节日列一个清单，以便为警察提供信息和指导，对于不定期的宗教节日、结婚、葬礼等庆典进行审批是理所当然之事。警察的职责在于留心游行队伍是否违反规定。他们还建议将禁止燃放烟花改为"在所有必须的场合允许"在他们自己的场地上"燃放烟花"，只是对于哪些是"必须的场合"没有说明。为了避免华人与警察在寺庙内发生冲突，他们建议将寺庙也纳入考虑范围，华人可以在里面搭建永久性戏台。最后，他们非常遗憾《警察与管理法令》没能译成中文，所以，提议在地方政府内长期雇用一个有能力的欧洲人从事口译和其他翻译工作。③

罗安向调查委员会提交了一份很有价值的备忘录。总督指示驻扎官使用这份文献，如果决定"与那些令人尊敬的华人搞好关系的话……有几个会馆是可以抬着他们的神像周游的，并在节日里允许他们在限定的范围内放烟花，同时还应划定一个范围允许他们在结婚时放烟花"。

到 1858 年还没做出最后的决定，而这时讨论又开始了。1857 年 12

① SSR（U34），Gov. to RCs, 1857－1858, pp. 55－72: No. 405, Gov. to RC Pg, Penang, 24 Oct. 1857.

② SSR（X），Gov's Diary（X14），1857－1858, p. 197: No. 355, RC, Pg, 7 Oct. 1857.

③ *SFP*, 19 Nov. 1857.

月 10 日的《海峡时报》上登载了一篇关于华人在槟榔屿的历史及对他们的习惯进行法律约束的长文。此文从内容到形式似乎都像出自罗安的手笔。文章说:"槟榔屿华人的公众活动、宗教仪式及社会庆典都受到法律的限制,无论是警察还是政府,法律都没有授予他们镇压的权力,他们只是受到立法机构(如印度)或他们自己保护欧洲人的愿望的制约。"

文章的结尾写道:"华人是受邀来这里的,他们跟英国人、法国人和美国人一样有正当理由。欧洲居民并不比亚洲人高一等。"

最后,有 27 个"宗教的和友好的"协会及 10 个血缘会馆得到承认,同意他们在规定的时间内可以举行游行,与此同时,19 个固定节日也得到了政府的认同。①

特殊会馆及特别节日得到政府的承认对槟榔屿的华人来说具有特别重要的意义,其他州的华人——可能已经注意到了——就没有享受到这样的规定。但这并不影响会党,除非会党的会员与会馆会员有交叉的时候,或者他们的目的一致的时候。

1857 年 3 月的槟榔屿郊区及 1857 年 1 月初的新加坡郊区似乎都没有秘密会党在活动,正如总督所说,他们大概"全都组织起来对抗政府当局,只要这些会馆的领导人的观点和目的与他们一致"。

到 1857 年 8 月,事实已经很清楚地表明槟榔屿的华人在此番对抗中战胜了警察和总督,因为人人都知道皇家总督决定任命一个调查委员会,秘密会党首领很有可能在了解到自己的"胜利"后会增强自己的挑战情绪,因为他们才是对抗活动的真正推动者。从那时开始,一波新的骚乱活动又开始了,这次不是为抗议政府而是因为敌对华人会党间的公开挑战。

---

① SSR (DD34), Pg., Lett. to Gov., 1861: No. 242, Prince of Wales Is. 24 June 1861, fr. RC (H. Man) to Sec. To Gov., SS. Covering Lett. forwarding Police *AR*, 1860 – 1861.

上升的趋势

一 进一步的措施，1857—1867

1857 年的械斗浪潮刚刚在槟榔屿平息，两会党又开始了一系列的争斗，义兴会为一方，建德社或者说是大伯公会为一方。第一次冲突发生在 9 月 15 日，接着 10 月 6 日又发生一次。据说是义兴会首先发难，但没人提供证据指控义兴会，最后只好由几个有影响的华人在双方说合。① 虽然械斗中有几个人受伤，但双方都没有关于死亡的报道。这些冲突只不过是双方为了争夺霸主地位而进行的长期械斗的预演。这种长期混战引起了总督的关注，同时也敦促总督注意增强警力和驻兵。

1858 年间，总督与印度政府就海峡殖民地为防止有可能遭到的攻击及缓和华人秘密会党之间不断的械斗进行了讨论。

总督只是反复强调他的观点，认为一支强大的、组织良好的、情报准确的警察队伍是处理华人秘密会党的最有效工具，但要建这样一支队伍有困难。警察局的委员们则要求建一支侦察队伍，但总督认为不可能，因为以往的警察队伍中没有一个华人，而任何不懂中文的人都不可能成为这种侦探。他认为，如果有钱培养一支一流的警察力量，倒是有可能及时说服那些有责任感的华人相信警察，退出会党。② 但同时他又提出，组建一支英国人的军队"作为全面镇压华人的手段"。然而，值得注意的是，

---

① SSR（X14），Gov.'s Diary, 1857 – 1858, p.199：No.373, note. Fr. RC, Pg, 16 Oct. 1857.

② SSR（R33），Govt, Lett. to GOI：No.113, Sing., 4 Sept. 1858.

1865—1866 年间，在槟榔屿任命了四名侦探，其中的两名华人在槟榔屿，另一名印度人和一名马来人在威省。两名华人侦探据说侦破了不少华人的案件，但对于追踪那些可能与秘密会党有关的严重罪犯方面则不那么有用。①

1858 年，新加坡的欧洲商人向总督请愿，要求立法以对付秘密会党在"熟练劳工签订合同方面"的影响，但总督回答说，那不太实际，因为不可能在法庭上证明秘密会党的存在或他们的存在有什么害处。在 12 月 2 日向印度政府递交的备忘录中，布兰德尔总督说，如果可以通过立法来镇压会党或消除他们的影响的话，他认为可以立法，但他担心立法只会增加秘密会党施加影响的手段并使其本质更坏。他一直是这种观点，但也只是他个人的观点而已。显然，大部分欧洲人的看法与他相反，他们的意见也是值得尊重和考虑的。②

在印度总督半心半意地应付海峡殖民地总督提出的、不通过特别立法的力量就消除会党首领的影响的建议后不久，他就把 1858 年印度政府通过的一部法案——1858 年 3 号法令——介绍过来了。该法可以在会党向海峡殖民地扩张时使用，以处理秘密会党的首领。这部法令将常规不在孟加拉、马德里、孟买及其他东印度公司所属的每一块地方的"国家罪犯"都除外。所谓"国家罪犯"，就是依立法会上总督的命令，而不是遵普通法律程序逮捕并拘留的犯人。布兰德尔指出，除非法令规定补充关于秘密会党首领这一条，或给总督权力对他们实行逮捕或拘留，否则，这部法令在海峡殖民地没法实施。③

这样，布兰德尔的时代就算结束了。到 1859 年 2 月，槟榔屿建德社和义兴会之间带有残酷的和报复性的暴力冲突事件再现端倪，城市和郊区都发生了好几起打架斗殴事件。城市里的许多商店都关了好几天的门，军队也出动了，欧洲人则被征召去做特种警察。于是，建德社的首领邱天德被命令逮捕，地方治安官要求他缴纳 5000 卢比的保证金，并承诺两年不犯事。保证金很快就交上来了，但 2 月 26 日，保释金还未缴完，又发生

---

① SS *AR*, 1865 – 1866.

② SSR（R35），Gov., lett. to Beng., 1858, pp. 30 – 32；No. 150, Sing., 2 Dec. 1858.

③ SSR（R35），Gov., lett. to Beng., 1858, pp. 288 – 294；No. 78, Sing., 14 May. 1859.

了一桩奇怪的事，就是那些出庭作证的义兴会会员中，12 名主要会员向法庭出了一份相同的具结。毫无疑问，他们认为需要当局来约束自己的行为，否则就更混乱了。到这儿还没结束，因为建德社的首领们也出具了这么一份具结，结果是签了 24 份契约。签完之后，已有三辆马车准备在外面了，每辆车都拉着两会各自的两名首领赶往骚乱现场。公开敌对立即就停止了。①

虽然在双溪赖（Sungei Dua）② 和浮罗山背（Balik Pulau）两郊区械斗持续了 24 小时之久，但契约似乎已起到了结束敌对行动的作用。③

1859 年 7 月，印度政府批准总督为到加尔各答（Calcutta）去任职而做一个月的准备。他在 1858—1859 年的年度报告书的结尾处提到了秘密会党。他在报告中说，要改变秘密会党的邪恶可不容易，加强反对他们的立法只能使他们的势力增强。在法庭向所有阶层的人都开放，并允许任何一方进行辩护时，秘密会党是难以整治的，只要华人有足够的钱和精力，他们就会通过付钱让法律来保护他们的会，"针对会党的条文越多，华人得到的也越多，他们也就越繁荣"。

但当地的报纸并不这么看问题。④ 它们指责布兰德尔在此问题上对法官和律师造成了严重影响，而这两种人都被认为是"公众最讨厌的人"。

新总督柯勒纳尔·奥弗尔·卡文纳夫于 1859 年 8 月 8 日到任。他一上任，会党问题就引起了他的重视。9 月，槟榔屿建德社与和胜会的一场争执引发了一个星期的骚乱。之后，当邱天德再一次被捕并受到审判时，建德社会员则关闭商店以示抗议，以至所有商业都陷于停顿。还有更复杂的因素，那就是秘密会党的活动已蔓延到其他种族人口之中。从槟榔屿参政司及警察局的报告看，总督要求获取"有关在吉宁人及其他伊斯兰教住民中可能存在秘密会党一事，特别是要弄清他们是自己成立的会党，还是附属于华人秘密会党"的紧急情报。⑤

---

① Lett. fr. Mgte, PW (at the time also Mgte, Pg), 9 May 1860. Encl. in GD 108, 5 June 1860.
② 槟榔屿的 Sungei Dua 被称为双溪赖，而彭亨的 Sungei Dua 则被称为双溪亚都。——译者
③ SSR (X16), Gov.'s Diary, 1858 – 1859, pp. 287 – 290, 18 Mar. 1859；RC, Pg, 28 Feb. 1859, Reports an outbreak of the Chinese Hoeys with great violence and outrage.
④ SFP, 2 Aug. 1860.
⑤ SSR (U39), Gov., Lett. to RCs, 1859 –1860；No. 420, 31 Oct. 1859, pp. 141 –142.

早在 1854 年，沃恩就已报告说，华人秘密会党的影响已经扩张到了非华人之中。他还详细叙述了在参观一个马来人村庄时一位马来哈芝（Haji）① 加入和胜会的情形。在这个村中，"村长毫不迟疑地承认，早在两三年以前，所有的伊斯兰教男性居民，包括他本人，都已加入和胜会了"②。

1859 年 11 月，在马六甲又出现了骚乱。根据情报，警察到了一个叫巴力马拉纳（Parit Malana）的村中，在一幢村长的房子里发现有大约 100 名马来人和华人聚在一起，为义兴会的新会员举行入会仪式。在那座房子里，我们可以看到"三十到四十支枪和许多大炮，后面则放着中国的神坛，点着香炉，马来人和华人都在没有区别地发誓"。有两名从别的村庄来的马来亚村长也在场。集会由一名华人主持，他被人认为是"一个值得尊敬的马六甲华人"。

进一步的调查表明，巴力马拉纳的组织在北马六甲地区的吉冬（Kendong）有分支。在那儿，有几位村长及他们的追随者已加入了义兴会或海山会，"他们中有的人性格很残暴"。据了解，其中三位村长参加了"一次在一个隐秘地点召开的会议"，他们还制定了一项绑架 20 名马来青年到巴力马拉纳去的计划，决定通过暴力威胁，强迫他们入会。

三名从巴力马拉纳来的和三名从吉冬来的村长及那一名会议主持人受到了法庭的审判，分别被判处 3—6 个月监禁及 50—100 元的罚款。另一名马来人及华人首领涉嫌胁迫马来青年加入华人秘密会党而被判 12 个月苦力。

整个审判过程都有详细记录。在由参政司麦波申（Macpherson）中尉主持的审判中，"法庭一直都被那些对审判深表关切的马来人挤得水泄不通"。新会员入会的仪式和发誓的誓言都记录得非常详细，而与新会员进屋登记有关的内容则仅仅是简单概括了一下：他赤着脚，如果是个马来人，就被迫向神发誓，然后教他怎样回答问题。在他从剑下或从像桥一样东西下走过之后，就有人要他杀死一只公鸡并从火上跨过去。之后是扎破他的手指，将血滴入一个装有酒的碗里，这个碗里的酒是要求每人饮一口

---

① 一个曾到麦加朝圣过的人。

② *JIA*，viii（1854）.

的。他严肃地发誓与兄弟们结成患难与共的同盟。因此，所有的罪犯都被包庇，警察遭到抵制，法庭的罚款也由大家共同支付。事实上，那抗拒法律的温床很可能使马来人感到很满意。如果他们总这样反反复复地干下去，没有人去检查，则将会毁了整个马六甲。①

卡文纳夫受到极大震动，他发表了一项声明，警告那些马来人不要听"有阴谋的外国人的坏话"，因为他们在这块土地上既不存在利益，也与这个国家没有关系，而他们却在尽力劝马来人入会。"他们只是想给自己捞好处。"他还警告义兴会和海山会的那些头目们说，当局已经掌握了他们的姓名，如果有谁敢触犯法律，法律将严惩不贷。②

这份声明被在法庭上公开地大声宣读。据参政司说，"起到了极大作用，所有在冲突和械斗中被遗忘了一段时间的法规、命令又重新复印了一遍"。那些复印件被散发到全区各个地方。结果，有100多人前来提供情报，并约有200人来自首，"承认他们曾经登记为会员，但现在决心从这些结拜组织中脱离出来"。参政司在给总督的报告中提到，在那些因参与非法集会而被审判和惩罚的人中有一名警察，他提供的情报说，其他还有好几个会员是警察，那些被判刑的村长被新选出的村长所代替。

许多马六甲的马来人说，他们"恐惧会甚于恐惧法"，入会仅仅是为了保护自己。在槟榔屿也证实曾有印度穆斯林和爪夷卜根人③参加华人秘密会党的入会仪式。面对这种秘密会党的影响日益增加的状况，总督决定向印度政府提出通过立法来解决问题。他认为，直接可行的措施是在马六甲加强地方警力。④

他向印度政府递交的公文极不具有说服力，附在后面的法令草案也是匆忙准备的，在提到华人秘密会党向其他种族成员扩张的问题时，总督被迫承认，扩张的结果也有可能会降低会党的秘密性。而且，政府收到的请愿一致表明，这种秘密性正在遭到破坏。他发现，要有那么一个强有力的契约足以"团结风俗和观念均不一样的马来人、吉宁人和华人"为一体

---

① Lett. fr. RC, Mal., to Gov., No. 153, 5 Dec, 1859, encl. in GD 203, 12 Dec. 1859.

② SSR（V12），Gov., Misc. Lett. Out, 1859：GD 191, 28 Nov. 1859. Copy of Procl. Encl., Sing., 24 Nov. 1859.

③ 印度人与马来人所生的混血儿。

④ SSR（R36），Gov. to GOI, 1859 - 1860, pp. 1 - 4：No. 203, 12 Dec. 1859.

是难以令人置信的。不过，他仍认为需要采取立法行动，并希望，如果可能的话，建立一个像英国的共济会那样的相互帮助的社团，这些危险社团最终也可能从做坏事转为做好事了。①

但为这一良好愿望所做的努力没有得到印度政府的任何鼓励，总督得到的回信与以往在这个问题上的回答是一样的，并且还通知他说，国民议会认为没有理由推翻已经达成的关于立法没有用的结论。事实上，已经有人请愿的事实，表明政府已开始得益于民间社团。有人建议总督自己申请要求加强海峡殖民地的警察和武装力量，以进一步促进公平管理，使那些已经由他的前任提出的控制国家罪犯的权力进一步扩大。他在马六甲发表的声明受到国民议会的怀疑，认为可能有失偏颇，因而不同意他定的这个基调，"这样说话只能使华人疏远政府，而不会阻止秘密会党的形成"②。

开局就不令人满意，但总督坚持他的理由。他指出，虽然这些会党对政府的敌意不像他们对敌对会党的敌意那样经常出现，但由于他们的骚乱已经使海峡殖民地的两个地方连续处在无政府和暴力之中了，因而只能号召马来人帮助政府镇压这些骚乱，尽管他的前任已经得到过这种帮助。虽然他关于制定严厉措施的观点遭到反对，但他仍然有权将那些他认为应该被遣送出境的会党分子遣送出去。

至于这些会党在法律中的地位，他说："现在海峡殖民地实行的法律与英国本土实行的法律没有差别，在没有深入了解之前我不能说现行法律对镇压秘密会党有多少作用。"他指出，两名民刑推事各有不同的观点，其中一人认为，普通法律已经足够当局用来处理这些会党了，而另一人则认为需要采取特别措施。他举了一个警察袭击一次会党入会仪式，查获全部暗号及有关会规的例子。但这名推事建议警察局的高级代表们将那些被捕的人放了，"因为不懂中文，没有任何警察局的官员敢发誓说他听到的那些中文誓言是违法的，也没有人能说这次集会不合法"。至于马六甲的声明，他的本意并不是指责那些在逃的华人会党成员，而是针对那些引诱马来人加入秘密会党的一部分人。他将马六甲的华人分为三个阶层：商人、农民和矿工。前二者主要由本土英国公民组成，他们住在城市及其附

① SSR（V21），Gov.，Misc. Lett. Out，1859；No. 191，28 Nov. 1859.
② SSR（S28），Gov.，Lett. fr. Beng.，1860，p. 3 ff.：No. 30，Ft William，7 Jan. 1860.

近，就他所了解的而言，他们"虽然因为害怕而加入会党，但仍依赖我们的法律。我没有理由相信他们会对那些入会过程有任何兴趣。而且，那些最值得尊敬的人已经在调查他们日渐增长的影响的结果中表达了他们的谢意"。对这样的人使用声明中的那些术语显然是不合适的，相反，矿工则是"一群捣乱分子"。他们居无定所，经常是在一个地方待上几个月就移到附近其他州去了，大多数人在南宁和吉生的矿场做工，因为那里的路有好几公里都是从丛林中经过，如果没有马来人帮忙，很难控制突发事件。

在这些矿工中，会党的作用是全能的。据笔者了解，因为那些毫无价值的阴谋诡计，从中国来的以谋生为第一要务的怠惰之徒通过在会党中谋得一官半职来维持生活。他们与海峡殖民地没有关系，只能被看成是个外国人，因此，笔者有充分的理由认为，他们曾经的主要作用就是劝导马来亚的村长背叛自己的信仰，笔者的申明主要就是针对那些人的。①

总督关于依惯例处理秘密会党相关问题的令人不满意的解释显然对印度政府有很深的影响，有人告诉卡文纳夫："如果经过周密的考虑，并听了海峡殖民地的民刑推事和警察局的主要权威和官员的意见后，你依然认为对此种会党必须给予立法上的尊敬，立法会主席就将要在立法会召开之前考虑你所提交的任何一项法律草案了。"②

鉴于这些事实，总督就既有法律以及为了镇压会党，使会内头目及其他人都不至越轨，并使会党的行动不再秘密而是暴露在警察的视野之下所需的法律规定在槟榔屿和新加坡搜集了民刑推事们的观点，同时还听取了三州府警察局特别委员和地方法官的意见。③

除了两条建议外，其余所有的意见不是支持这类立法就是支持那类立法，根据这些建议，编成了一部专门规定那些为了管理宗族、慈善机构、其他基金的，或者是成员之间为了互助而成立的团体如何登记的新法令草案。登记由临时警察委员会每年办理一次，"只针对那些没有任何非法目

---

① SSR (R36), Gov., Lett. to GOI, 1895 – 1860, pp. 99 – 110; No. 18, 13 Feb. 1860.

② SSR (S28), Gov., Lett. fr. GOI, 1860, p. 63; No. 652 of 27 Mar. 1860.

③ SSR (V31), Gov., Misc. Lett. Out, 1860, pp. 69 – 76; Nos. 180, 181, & 182, all dated 19 Apr. 1860.

的的会"，其头目的姓名和地址以及他们聚会的地点都必须登记在册。聚会的通知要发给当地警察一份，警察有权决定是否批准。一个超过 24 人的聚会如果不能给出令人满意的理由就意味着是非法的。但某些阶层的社团聚会可以不向警察发通知。①

该草案于 1860 年 6 月 5 号送达印度，但没有进一步的行动，因为伦敦的印度事务部官员于 7 月 16 日通知东印度公司的总督说，关于此问题的立法"应当推迟到目前正在考虑的问题——海峡殖民地的总督应该从印度划归殖民部直接管理——决定了之后才继续"②。这一处理原则被通知给卡文纳夫，从那时起，这个问题就被搁置起来。

与此同时，三州府的秘密会党活动继续风起云涌。1861 年 8 月，两个福建人会党——存心（Chin Chin）和建德（Kien Tek）在槟榔屿打了起来。当时双方被批准在同一天举办大戏，并且都安排向当地的戏院租木板搭舞台，双方都想独霸那些搭舞台的木板，于是争执就开始了。当这个消息在槟榔屿传开以后，那些附和于两会的其他会党也都加入械斗之中。

第二天，两会的头目都受到警告，如果他们还敢惹出来任何麻烦，他们以后就别想再办大戏了。这一次，械斗双方都要挑出 12 个人由一个独立裁判官领导协调善后事务。最后达成一项协议，以各处罚金了事。但这仅仅是一次短暂的突发性事件，没过多久，存心会的队伍经过主要是建德社会员居住地方时，一场新的冲突又开始了。到 8 月 25 号，械斗规模已非常之大，原来由存心公司的人占据的 50 间房屋被舍弃，连房客们都聚集在存心公司周围等待即将开始的攻击。

参政司亨利·门（Henry Man）长官派人送信把双方的头目都找来并让他们宣誓成为特别警察。他俩被告知说，只要有骚乱的危险存在，他们就必须作为警察进行服务。除放哨外，督察还要求两会派出相同数量的人员协同警察处理万一再发生的骚乱，以保证他们占据前沿阵地。驻扎官在笔记中说"新的特别警察发现有些事情非常可笑，而且不可能在他们的办公室里达成一致"，虽然他们最终非常不情愿地在午夜时出门巡逻，但

---

① SSR（R37），Gov.，Lett. to GOI，1860，pp. 78 – 85；No. 108，Sing.，5 June 1860.

② SSR，Gov.，Lett. fr. GOI，1860；No. 1781，25 Aug. 1860，encl. No. 80（Judicial），London 16 July 1860.

这"总比深更半夜手里拿着警棍，旁边站着警察到街上走来走去要好"①。

骚乱没有继续发展，在骚乱发生快一周时，会党间尚不能达成一致意见，于是请求驻扎官干预以结束骚乱局面。最终双方和解，各自都保证自己的一方保持和平，并被处罚金 1000 元。文件上每一方都有 3 个人的签字，交给驻扎官保管。

在议论这场骚乱时，驻扎官提请大家注意，会党似乎随时都借鸡毛蒜皮的小事制造事端，并让大家关注会党头目在缩小和扩大骚乱方面的能耐。他觉得在现有状况下，槟榔屿的和平不能太依赖特别警察制度的效率，而应依赖会党首领的命令、个人职位，以及他们的社会影响。

这一次，我们又有了一个区别传统的中国人和英国人的关于法律应该与政体相吻合的观点的例子。在他们给驻扎官的请愿书中，争斗双方同意在某种条件下休战 6 个月。驻扎官认为这种状况是与保持良好的秩序及统治相矛盾的。在与会党首领的一次会面中，他指出，对各种诉讼有必要进行区分，搞清楚哪些是朋友能解决的，哪些是要到法庭上来解决的。在他看来，会党危害最严重的行为就是首领总想让原告撤诉，哪怕是重罪诉讼也不例外，从而以公司替代治安法官。

他发现危机正在降临的最肯定的标志之一就是那些相互不和的会党首领不再去他们以往常去的地方，他们在那里通过秘密中间代理人就可以指挥各种活动。当大多数有影响的会党首领被要求担任特别警察，并只要有

---

① 之后的一位总督哈利·奥德（Harry Ord）先生在 1868 年说："要求会党中那些有头有脸的头目担任临时警察以及由此带来的他们对骚乱分子的更深一层的影响，最终被证明在处理紧急情况，保护和平时非常有用。"根据门长官的说法，这主意是由民刑推事本森·马克斯维尔提出来的，他在 1858 年（可能这个时间有误，应该是指 1859 年槟榔屿发生的骚乱）发生惊人的骚动时向地方法官推荐了这一方案。马克斯维尔在 1860 年 4 月写给总督（卡文纳夫）的信中建议，应该通过一条法律"对那些拒绝服务（指担任临时警察）或在服务过程中不听命令者处以短期监禁；批准逮捕对政府要求担任临时警察的传唤不予理睬，或者当骚乱发生之时接到传唤，却离家外出，最后推定与骚乱有关联的人"。而且，这样一条法律并没有成为事实，虽然这样的办法到 1867 年才算合法，但不仅在槟榔屿，而且在整个殖民地都一直是这样做的。卡文纳夫在他1861—1862 的年度报告中提到过这一做法的成功，并且希望秘密会党的知名首领宣誓担任临时警察以及把他们纳入警察局"以便通过把他们的个人利益与保护和平联结在一起而吸引他们，使得华人被永久地镇压这样的法律条款不会受到太多的抵制"。［GD to S. of S.，Co：No. 186，11 Sept. 1868；SSR（DD34），Pg, lett. to Gov.，1861：No. 374，Pg, 20 Sept. 1861，RC, Pg（Man），to Gov.（Cavenagh）；Pg AR，1861-1862，p. 3，para. 6］

理由就可以让他们不断地担此责任以后，这类计划就无法继续了。主要的派系主义者因此可以在镇压事务中采取行动，并保证了他们个人有公平的机会参与打架，"在阻止其发生过程中成就了一次最具实践价值的偶然事件"。

门长官曾经在马六甲和新加坡工作过，他发现槟榔屿的会党比其他殖民地的更活跃。他还注意到槟榔屿的会党得到了一定数量官员的认可，这是他在其他地方没见过的，他认为，"这在某种程度上是 1857 年公布的新警察条例所促成的。该条例的实施确有些欠考虑，其中的有些条文被会党法律顾问视情况而技巧性的使用，其他地方的驻扎官并不知道有这些妥协性条款"。他虽然没有建议立即撤销这些条款，但他"非常赞成他们关于统一三州府制度的意见"。最后，他写道："任何一个外人都很难支持会党间的争吵，在早期，他们主要的行动是谋杀，谋杀手段一个比一个残暴，谋杀一旦实施，总是惨无人道的……这些会党对警察逮捕罪犯也是一个严重障碍，因为他们的头目肯定会给他自己的人方方面面的帮助，以使他们避免惩罚，这自然保证了那些危险分子对他们忠心耿耿。"①

虽然每有争吵发生秘密会党头目宣誓担任特别警察已成为惯例，但这并没有阻止骚乱的出现，槟榔屿会党间的宿怨与仇恨随着霹雳州拉律地方 1861 年和 1865 年华人矿工间争端的开始而日趋加深。这是海山会和义兴会矿工为控制矿场而展开的争斗。自此，两会在槟榔屿的组织之间争吵不断。这种局面虽然后来有了转变，但建德社利用这一时机加强了自己的力量。

1861 年 12 月，建德社和存心会再起争端，没多久就把义兴会也卷了进去。1862 年 5 月，会党首领们不得不再次宣誓担任特别警察，因为局面非常糟糕，建德社已经作好部署与义兴会及和胜会决斗。1863 年、1864 年及 1865 年，情况变得更糟糕，大多数时候，建德社要么与义兴会斗，要么与和胜会斗，要么与存心会斗，这种局面在 1865 年 2 月达到了顶点。当时，建德社和义兴会发生争执导致了更大的骚乱，并迅速席卷了城市和农村。建德社盘踞的日落洞（Jelutong）在骚乱的 5 天中被烧了个精光，有 20 人失踪。尽管会党首领依然像以往一样宣誓任特别警察，暴

---

① SSR（DD34），Pg，Lett. to Gov.，1861；No. 374，20 Sept. 1861.

乱分子却是在军队和马来亚农民的帮助下才得以控制的。①

拉律 1865 年 6 月重新开始的械斗触动了敏感的槟榔屿，10 月，义兴会与和胜会因在市里的妓院里发生了一次小小的争吵而相互殴打起来。11 月 10 日，一个叫和合社——几年前由一些名声不好的人创立，1865 年时被描述为"最小会的党"，其成员主要来自新宁，是其他会党，也包括义兴会的最下层人员脱离原会后组成的一个群体——加入和胜，于是和胜的势力有所增强。

幸运的是，和胜会与和合社的人集中在市内的四条街上，只要在这四条街上增加警力进行控制，就可以阻止骚乱蔓延到农村。会党头目再一次被要求宣誓做特别警察，而且，警察坚决拒绝从哨位上撤回，那些骚乱分子最后总算签订了和平条约。②

骚乱带来的结果就是槟榔屿参政司、陆军上校门先生于 1865 年 2 月提出的立法建议。他的这一建议与先前关于控制首领，准确地说是控制社团领袖的建议有区别。他强调尽快保证这些首领们的服务得到落实的重要性。在这一思路下，他坚持"公务员可以感觉到，虽然没有立即出现和平的局面，但首领有办法阻止混乱局面的蔓延，并最终给它画上句号"③。

他指出，不幸的是"在我们现有的制度下，总是要先发生了一定数量的暴力事件和骚乱后，地方法官在强迫个人充当特别警察这件事上才能显示出自己的公正"，而在此期间，骚乱已经将 2 万人卷入其中了，正规的警察此时必须和那些临时组织的小分队一起派出去处理情况。他认为通过建立一种在城市和农村分区，并把各区的户主登记为特别警察的制度应该能避免这种无能局面的出现。这些人中应该有一定比例可以在公司制造事端时找得到。在每个区都要任命"一个特别警察的头目，他在出现这样的紧急情况时从主要政府部门获得命令，并安排和召集他属下的人员，对那些没有反应的人给予罚款和刑事处分"。

① SSR（U50），Gov.，Lett. to RCs，1865：No. 58，23 Feb. 1865；also SS *AR*，1864 - 1865. SSR（R44），Gov.，Lett. to GOI（Judicial），1862 - 1867：No. 7，23 Feb. 1865.

② SSR（DD42），pg，Lett. to Gov.，1865：No. 484，14 Dec. 1865. Encl. No. 78，7 Dec. 1865，fr. Dy Commr of Police to RC，Prince of Wales Is.

③ Sec. To Govt SS to Sec. To GOI，lett. No. 7，23 Feb. 1865. Encl. No. 58，Minute of 17 Feb. 1865.

（他建议的）这一程序可以迫使他们去帮助警察或别人，这些人要么是骚乱的组织者和帮助者，要么是发现情况与自己的会党无关而冷漠地坐在家中的人，尽管那些谋杀和抢劫就是他的邻居干的，或者被谋杀和抢劫的就是他的邻居。

对于处理这样的问题，报纸有自己的看法。《新加坡自由西报》（1865 年 3 月 9 日）在一篇赞扬建德社的首领邱天德——"暴乱中最伟大的谋杀者"和义兴会首领李遇贤（Lee Ko Yin）① 勇敢地协助陆军中校门先生阻止他们自己的会员的重要文章中说，如果通过一部法律承认会党的合法存在，政府官员尽力让会党成员的精力都放在正事上，会党就会成为有用之物。比如说，只要稍微劝说一下，他们就会建起救济院。"会党中存在重要的善良胚胎"。如果登记法通过，有影响的人应该被任命为友好会党的登记官，"他应该是个华人的保护者（protector of Chinese），如果聪明点，他还会做很多的好事，他在几年后就会取代那些导致争吵的因素，成为政府力量与支持的来源"。在华民护卫司被正式任命以前，是当地文献第一次提到这个字眼（指"protector of Chinese"这个词），它影响了政府 20 多年后采取的行动。

总督 1860 年在印度采取的办法被拒绝并不是因为它有缺点，而是因为即将进行的管理上的变更。差不多五年的时间过去了，可这种变更还没开始，总督决定重新提出他的立法的请求。对于更有效地管理秘密会党这个主题倒是没有扩大，他只是认为仅有镇压是不够的，还必须进行控制，以使秘密会党从邪路上回到正轨。他认为，通过要求会党进行登记并限制其非法集会就可以达到目的。他补充说："只要现在这种不确定性继续存在，要证明非法集会的成员有罪的法律又是如此，警察所有控制华人秘密会党的努力都将被证明是无效的，海峡殖民地将会因为不断出现的带有武装的人之间的流血事件和暴力活动而脸上无光，虽然这些武装起来的人以往很少反对官方，但他们的组织和兄弟有能力，如同现在这样，把他们一

---

① "Lee Ko Yin"的广东发音是"李过贤"，但所有现存资料的中文名都是李遇贤。可能是"过"与"遇"繁体字太相似造成误拼，而李也将错就错一直使用。——译者

起送到很远的地方去，以逃脱惩罚。"①

虽然如此，他却希望像陆军上校门先生建议那样，登记的事不要增加开支，他同时还建议 1860 年 6 月已经提交了的，随时都可以在需要的时候调整的规章能适合目前的这种状况。

负责的官员从宏观上给予了回答，对会党提出了三条处理意见：①直接跟他们打交道；②用另外的办法威慑他们；③通过改善对被害人的保护和不让会员逃脱惩罚来动摇会党的影响。根据处理意见①提出的计划，没有一项是在无立法保证的情况下能够完成的，他怀疑在海峡殖民地归属问题依然没有决定，即还在印度政府治下的时候时机是否成熟，但如果总督认为立法是有用的，他就应该提交一份法律草案。根据处理意见②提出的建议，部分被政府不间断的各种各样的安排实现了。自愿步兵团的组建，新加坡防卫体系的建立，以及整个海峡殖民地军队的增加等加强了政府的力量。前面所列举的治理华人秘密会党的计划及任命特别警察的办法都是有用的。如果在处理意见③的支持下，则可能会取得更多的成就。在某个时候，吉宁人和马来人都加入到华人秘密会党之中，因为他们相信华人秘密会党在保护他们的生命和财产方面比政府更有效，也可能正是在这一点上，华人秘密会党的影响很容易、很有效。因此，总督才问他是否有什么建议来改进法院的效率和警察的力量。②

卡文纳夫觉得他必须坚持他的观点：因为法律对什么是非法集会都没有一个明确的说法，即使军队和警察的力量都不增加，也将证明会党的有害影响能得到控制。他对海峡殖民地的归属易主问题表示出疑问，因此建议提交两份法律草案，一份是规范会党集会的，另一份是保障和平的，"不会损害合理的自由——英国政府在所有的目标中最为推崇的一项"③。

让华人清楚地了解：虽然根本不会反对他们有合法目的的集会，但集会只要没有报告警察局，事实上就违法了，也让他们明白英国的法律不会有模棱两可的条文可以减轻他们的罪行，这样，会党首领也将很快就失去

① SSR（R44），Gov.，Lett. to GOI（Judicial）1862－1867，pp. 202－205：No. 7，23 Feb. 1865.

② SSR（S33），Gov.，Lett. fr. GOI，1865，p. 162：No. 190，Simla，17 July 1865.

③ SSR（R44），Gov.，Lett. to GOI（Judicial），1862－1867：No. 23，Pg，12 Aug. 1865.

他们的权力，而会党组织本身则在很多情况下可能会转变为善良的兄弟组织，利用他们的基金从事慈善事业，给那些从他们的家乡来的穷人带来无数的好处。

到 1865 年 10 月，两部法律草案——一部是为了更好地规范会党和阻止非法集会，一部是为了顺理成章地更好地阻止暴乱与非法帮派的出现——被送达印度。① 新加坡的印度土著居民蔑视立法当局的新发现也成了早日采取立法手段的一个附加理由。

年底陆军上校门先生提交的统计报告中，槟榔屿与威斯利华人秘密会党严重械斗次数增加，这进一步迫使当局考虑立法事宜。他同时还说，由于"华人所起的不良示范作用"，当地印度人、马来人中非良善者都加入到华人秘密会党中去了。

他特别担心的是一个从吉打来的赛胡申（Syed Hussein）在威斯利省建立起来的一个马来人会党。这个人通过威胁利诱召集了好几百人在他手下，还从吉打带来武装支持者到乡村进行恐怖活动。可一旦发布逮捕命令，他立即逃到边境去。因为他崇尚的是恐怖行为，恐怕很难抓住他的犯罪证据。

为了给槟榔屿的会党施加压力，门先生于 1865 年 12 月召集了许多华人领袖开会，并通知他们说，他已经指示警察局在 9 个月内不得批准除婚礼游行外的任何游行活动，除非他们能让他们的同乡守规矩。这些华人领袖都公开表示他们自己也从心底里讨厌会党，并提请政府对它们进行压制。提议倒是很快就有了，请愿书却从来没收到。他们见过这次面之后，这些华人领袖就与他们的主要支持者罗安商量起如何摆脱目前这种两难困境来了。最后，他们中有一人告诉驻扎官说，罗安先生对镇压会党会对政府有帮助这一点并不抱什么希望，因为他们的目标主要是赢得高度尊敬。

这些领袖们显然同意驻扎官关于由法院去惩罚骚乱分子是极不恰当的观点。"事实上"，门写道："有效的阻止办法并不是把参加骚乱的苦力关进牢房一个月，那仅仅是把他们转移到岛上更好的住房中去，他们在那里一边扮演着自己团体的牺牲者的角色，一边只管吃、喝、睡。"

---

① SSR（R44），Gov.，Lett. to GOI（Judical），p. 254；No. 34，Sing.，23 Oct. 1865. 不幸的是，无论是在新加坡还是在印度立法记录中都没有在这两 部法律文本。

华人领袖们提出了一个简单得多、也有效得多的建议："那些被证实参与了暴乱的人应该被鸣锣押往现场，他们的罪行和惩罚都应该公开宣读，然后这些犯人应该被纹上六道纹印送到另一个地方去，在那里，同样的仪式再重复一遍，这样一直不停地做下去，直到惩罚达到目的。"

驻扎官相信这些华人领袖的建议比法院的判决更能有效地阻止暴乱的发生。[①]

马六甲

1859 年以后，马六甲有好几年都没出现秘密会党的活动，警力的加强及隔周一次的郊区法庭开庭似乎重建了马来亚的信心。至于华人，除了1863 年的一次葬礼游行中有过很快就被镇压了的海山会与福明会和福清会的冲突外，没有发现其他的会党活动记录。

新加坡

在新加坡，曾向总督表示"那些为控制会党而立的法没有丝毫实践价值，并且可能激起华人群体的对抗"的人员之一的警察局代理委员（布兰克特，C. B. Plunket）在他于 1860 年提交的备忘录中列举了当时在新加坡存在的华人秘密会党。其中显示共有 14 个会党的存在，"估计人员"为 39000 名。最大的是福建义兴，据说有 15000 名会员，其次是海山，有 6000 名会员。但这些数字都是"估计人员"，缺乏可信度。根据后来登记时的统计数据，似乎布兰克特的数据过于夸张了些。

虽然新加坡的骚乱比槟榔屿少，但敌对会党间会员的冲突却时有发生。一个特别好战的会党——义福会第一次出现在官方统计报告中，布兰克特列举的"估计数"是 800 人。这个会党可能在 1854 年就成立了。自此以往，该会党就不断地卷入到各种纠纷之中。

1861 年，它涉嫌刺杀一名华人基督徒，并使其受重伤。罪犯最后终于被逮捕，流放 15 年。民刑推事麦克考兰德（R. B. McCausland）先生警告雪兰莪——在那里已经有人犯罪了——的居民说这样的罪犯总会遭到严

---

① SSR（DD42），Pg, Lett. to Gov., 1865；No. 484, 14 Dec. 1865.

重的惩罚。① 1862 年至 1863 年间，义福会一个臭名昭著的首领在中央警察局那 100 码见方的院子里被刺伤，行刺者被抓，其中一人被判流放 10 年，其余的两个判两年监禁。那一年，会党首领都像在槟榔屿一样要求宣誓担任特别警察，尽管如此，依然发生了 230 多起谋杀案，主要发生在不同华人会党的会员之间。②

1863 年，义福会再次引起人们的注意。也是这一年，义兴会、义福会及福兴会——后者是当地新出现的一个会党——之间的争斗更为残酷，引起争斗的原因就是从中国来做妓女的女人，以及由会党组织的赌场的普遍流行。义兴会首先对两名到地方官员那里为一义兴会涉嫌参与的案件作证的人进行了袭击，行刺者随即离开了该岛。1863 年 10 月，义兴会一名会员被福兴会的几个人杀掉，虽然后来有 4 人被捕，但没有一个被证实犯罪。③

新加坡的情况因为印度人组织的秘密会党红旗会和白旗会的成长而变得更为复杂。在 1861—1862 年，两支印度人会党——一支由船夫或者说是红旗人组成，另一支是由刑满释放人员领导的甘榜格南（Kampong Glam）的行为不端者和妓女组成——发生了一系列小斗争。④ 总督在他的年报中（也许是过于乐观地）报告说："吉宁人的会党的傲气受到严重打击"，他们的兄弟组织逐渐变得臭名昭著，影响力也在下降。⑤

1863—1864 年间，那些被确定是秘密会党会员的警察（大概是印度人）都被解雇了。⑥ 在 1864 年的阿舒拉节期间发生的骚乱使得卡文纳夫决定以后所有与这些庆祝活动有关的游行活动都应该禁止。⑦ 1865 年 2 月，红旗会和白旗会又打了起来，同年 10 月，住在新加坡的"本地印度人"联合起来在法庭上反对司法当局，但仍有 6 个人分别被判两年监禁。他们当中有两人在当地社区是很受尊敬的，却被证实雇用无赖行刺敌对会

① Sing. AR, 1861 – 1862, p. 5, para. 22.
② Sing. AR, 1862 – 1863, pt 3, p. 3 para. 2.
③ Ibid., 1863 – 1864, pt 3, para. 23.
④ Ibid., 1861 – 1862, p. 5, para. 22.
⑤ Ibid., p. 3, para. 7.
⑥ Ibid., 1863 – 1864, pt 3, p. 2, para. 1.
⑦ SSR（U50）, Gov. to RCs, 1864：No. 212, 25 June 1864, Sing.

党的会员。攻击者免于惩罚"是由会党基金支付保金做保证的，这种支付方式要么是对行刺者的罚款处理，要么就是维持和平的值勤警察接受了贿赂"①。

到年底，总督向印度汇报 1865 年发生的骚乱事件时感觉到了压力。他汇报说，这些会党的不良影响及当局为将会党纳入管控并压制他们的不良影响的立法的必要性已经如此经常地催促着高层政府，以致他认为对他意见的任何进一步解释都已无必要。

至于在威省的马来人的麻烦，他报告说，他已经延迟了吉打王储的生活津贴直到赛胡申可能投降，并为对英国主权的侮辱道歉为止。这一行为得到了皇家总督的认可，但对针对会党的立法问题没有提及。②

1866 年 6 月，当局收到了一封"由许多槟榔屿值得尊敬的华人居民撰写，请求采取合适的措施以阻止会党的有害影响的"请愿书，这大概是槟榔屿的地方首领与罗安商议的结果。这一请愿书也被送到了印度。总督在回函的附件中表示，他同意门中校的意见，"认为对那些在街头闹事的人进行肉体上的惩罚将达到很好的效果"。他建议：

> 那些根据《警察法》之规定被要求担任特别警察却拒不执行他们接到的命令的人应该立即受到惩罚，由警察当局要么处以罚金，要么实施监禁，而不是像现在这样由地方法庭起诉他们的不端行为。③

但是，与 1860 年一样，印度政府方面没有采取任何行动，因为把海峡殖民地划归英国殖民部的磋商此时已进入最后的阶段了。卡文纳夫回顾他七年的工作历程，他最后能做的就是把立法请求摆在他所有要求的首位，其目的是更好地规范会党和阻止非法集会，阻止骚乱与非法联合。他在报告中表明了他的观点：

① SSR（R44），Gov.，Lett. to GOI（Judicial），1862－1867，p. 254；No. 34，23 Oct. 1865.
② SSR（R41），Gov.，Lett. to GOI，pp. 335－336；No. 31，22 Dec. 1865. 来自印度的答复是：SSR（S35），Gov.，Lett. fr. GOI；No. 99，3 Feb. 1866。
③ SSR（R44），Gov.，Lett. to GOI（Judicial），1862－1867，pp. 277－278；No. 12，22 June 1866.

只要当地政府缺少必须有的法律武器——不为镇压，而是为对秘密会党进行有益的控制，海峡殖民地就将继续因他们之间的帮派争斗而脸上无光。警察的戒备与坚定并不能阻止邪恶行为。①

二 马来诸邦锡矿场

19 世纪中叶，华人劳工就在三大河流的上游开采三大主要锡矿了，他们分别在宁宜（Linggi，位于森美兰）、巴生（Klang，位于雪兰莪）和拉律（Larut，位于北霹雳）。宁宜和巴生的矿场以马六甲作为转运中心，而拉律的依靠则在槟榔屿。这些地方的骚乱成了海峡殖民地总督焦虑的主要所在，因为由矿区敌对会党会员间的竞争一再地引起财政不稳定，并使和平受到威胁。

宁宜

前面已经提到过拉律和双溪乌戎的华人矿工与马来人在 1828—1834 年间的械斗。1844 年、1846 年和 1848 年，马六甲的华人矿场投资人抱怨马来酋长对宁宜河流域各矿点的勒索破坏了他们的贸易，最后一年，本地马来人和一群定居在该地的拉哇人（Rawa，苏门答腊人之一）之间的一场械斗使矿场完全被毁坏。矿场恢复以后仍有不满意的地方，1853 年，马六甲参政司布兰德尔对想在此定居的人进行了干涉，虽然主要的领导人物如双溪乌戎的拿督克拉纳（Dato'Klana）及林茂（Rembau）的王储都应对主要犯人负责任，李柏·克拉菩（Lebai Kulup）却不需要负责，其他人也无法攻击他。马六甲的参政司路易斯（W. T. Lewis）在 1855 年对该河流域的检查表明克拉菩在新邦已经立稳脚跟，那里正好是宁宜河与林茂河交汇进入马六甲之处，那些无营业执照的人为在此收税筑有四道护栏。那里的主要领导人不止一次宣称他们已无力进行干涉。② 其时，马六甲尚在荷兰手里，他们说，他们也曾希望荷兰人能助他们一臂之力，而现在他

---

① SS *AR*, 1864 – 1865.

② PP C. 1320.

们则把打破封锁、疏通河流、为他们解决困难的希望寄托在英国人身上了。

情况被反映给印度政府。既然当地酋长也与那些人同流合污，印度政府同意从新加坡派一支海军部队去清理那些违章收税的封锁。① 1857 年底，封锁被扫清，并在宁宜河流域建起了村庄，1858 年 5 月，英国人采取了同样的行动清扫林茂河。

但双溪乌戎自己在 1860 年 8 月遇到了麻烦。那里的主要领袖（克拉纳和林茂）要对 14000 名华人征收 4000 元的税。当华人抵制这一行为时，政府就禁止进口大米，并禁止向河流上游供给物品，这导致了华人对马来人的袭击。最后，矿工被镇压，200 人被杀，许多人死在丛林里，其他人则逃到了马六甲和芦骨。② 为了保证该地区特别是在河流沿岸能令行禁止，总督卡文纳夫建议在新邦设立一警察局，沿河在宁宜驻扎一位英国官员，并派一艘炮舰偶尔在河道上来回巡视。③ 但正当与政府协商警察局的选址时，他（于 1861 年 5 月）接到了印度政府的指令，建议他将这些开支先放下，因为海峡殖民地很快就要交给英国殖民部管理了。④

总督表示，芦骨耶玛酋长（Raja Juma'at）不同意。耶玛是一个进步而有作为的统治者，他认为几乎没有哪个马来酋长手中的权力被分割到了不能做任何事的地步。他发现很难改变这些州的管理现状，因此他们不应该在威胁当地和平的同时又起不好的作用。⑤

雪兰莪

在雪兰莪有两个华人社团，各自都有自己的会党。

华人矿工大约在 1824 年前的某个时候就已在雪兰莪居住下来了，到 19 世纪 40 年代又有了很大的发展，是耶玛酋长税收的主要来源，因此他是很欢迎华人劳工的。这激起了其他马来酋长在他们自己地区内勘探锡矿的欲望，穆哈默德苏丹（Sultan Muhammad）和他的儿子苏雷门酋长

① SSR（S22），p. 205：No. 3914, 2 Nov. 1855.

② SSR（R38），Gov., Lett. to GOI, 1860, pp. 719：No. 195, 6 Oct. 1860.

③ Ibid., pp. 38 - 44：No. 201, 13 Oct. 1860.

④ IO Records, Ramge 204, Vol. 49, p. 91：Memo. 1314, 22 July 1861.

⑤ 参见前文第 47 页注。

（Raja Suleiman）在马六甲商人的支持下，想插手巴生河谷，但没有成功。但是，1844—1845 年，阿都尔·萨玛德酋长（Raja Abdul Samad）（他既是苏丹的外甥也是苏丹的女婿）把他的势力扩张到了巴生河与雪兰莪河的分水岭。在那里，他发现有少数华人矿工居住，不久以后就开出了几个锡矿场，这还是在间征（Kanching），从现在的吉隆坡往北 12 英里的地方。居住在这里的华人是从广东省（Kwangtung）的嘉应州（Ka Yin Chiu）来的客家人，他们有自己的甲必丹和自己的会党松柏馆（Ts'ung Paak，取"松"和"柏"Pine and Cypress 的意思），它是新加坡义兴会在客家人中的分支。19 世纪 50 年代，这里的居民非常繁荣，他们顺雪兰莪河流而下，出口锡矿到雪兰莪市。

1857 年，苏丹的另一个女婿，阿都拉酋长（Raja Abdullah），在他兄弟耶玛酋长的帮助下从芦骨带了一批华人矿工到巴生河谷去。虽然第一个月就因发烧及老虎袭击而使 87 个工人中有 69 个失去了生命，但总算在安邦（Ampang）建起了一个居民点，而且，仅仅两年之后这个地方就有锡矿出口了。

与此同时，苏丹穆哈默德在 1857 年去世，但他的继位人阿都尔·萨玛德（间征的那一位）直到 1859 年才选出来，而且不是按大家的意思选出来的。新苏丹也一直静悄悄地住在巴生河南端的河口处冷岳（Langat），他每天嘴里叼着鸦片烟管，关心州里的税他能分到多少，让那些吵闹不休的酋长们自己处理他们的事务。

一旦安邦的锡矿建起来就有一大批的华人要涌进来，他们大多数是从广东省的惠州府（Fui Chiu，或 Waichow）来的客家人。他们在巴生河岸边建起了一个贸易中心，就是现在很有名的吉隆坡。随着该贸易中心的成长，其重要性很快就超过了间征。结果，惠州人在吉隆坡的甲必丹比他们的对手，那些老居民们更加有权，也更有名气。因为他们是竞争对手，所以如果以为他们都是客家人就建议他们做朋友的想法是错误的。[①] 间征的嘉应州人和吉隆坡安邦的惠州人各自根据其在中国的地域和在此地的经济利益有着不同的效忠对象，这种区别又因为有了会党的加入而加重，因为

---

① 这一建议出现在 p. 27 of S. M. Middlebrook and J. M. Gullick，"Yah Ah Loy"，*JMBRAS* ⅩⅩ Ⅳ/2（July 1951）。

间征的会党是义兴会的分支，而安邦—吉隆坡的会党则属于海山会的一部分。好在他们中间有条河隔着，否则早就打起来了。不过，和平并没有维持多长时间。

苏丹阿都尔·拉玛德的朋友，一个控制着当地赌博和斗鸡饷码的间征最有钱的人，可能是为了自己那并非经过选举而得来的甲必丹与别的首领发生了争吵。他卖掉了他所有的生意，跟他的家人、手下住到乌鲁冷岳（Ulu Langat）去了。在那里，苏丹曾经给了他广泛的开采锡矿的权利。因此，在通往冷岳河的出口处又有了一个新的嘉应州人居住点。

但是，在间征买下他生意的那个人却不是嘉应州人，而是惠州人叶亚四（Yap Ah Sze）①，他也是与惠州人甲必丹邱秀（Hiu Siu）合伙开拓吉隆坡的人之一。据说，他是该州最有钱的贸易商，也是海山会的主要人物。他买下间征那些生意后遇到的最大问题是如何平衡那个村的权力。

在吉隆坡，海山会的势力随着因双溪乌戎 1860 年的大屠杀而逃难来的人——包括首领刘壬光（Liu Ngim Kong）——的增多而加强。但到了1862 年，马六甲义兴会的一个分支也试图把他们的影响扩张到巴生河谷，并在那里建立了分部，公司地址则在安邦。在所有的筹建者中，苏丹的马来副官翁姑吉（Ungku Kit）毫无疑问是从官方获得了分取海山会权力的许可证的。②

大约在 1864 年，邱秀去世了，而叶亚四拒绝接受甲必丹的任命，最后就把这个位置给了刘壬光。③ 刘上任后的第一件事就是向苏丹陈情说，如果在这个地方同时允许海山会和义兴会存在的话，就必定导致械斗，并要求禁止义兴会活动。结果，义兴会的聚会地点给关了。第二年，他邀请双溪乌戎的甲必丹叶亚来，一个惠州人，也是海山会的首领，与他一道在雪兰莪守护他的那些锡矿，最后他成功地获得了吉隆坡甲必丹的职位。

---

① 叶亚四（Yap Ah Sze）就是《吉隆坡广肇会馆七十周年纪念特刊》第 42 页中所说的叶诗，也就是颜清湟先生书中所说的叶致英。也有的书中称其为亚石。1860 年盛明利在芦骨之战中被杀，叶亚四被拥戴为甲必丹。但他任职后不久即让位给叶亚来。1885 年叶亚来逝世，叶亚四任其遗产受托人并被代理参政司委任为第四任吉隆坡华人甲必丹。——译者
② 1844 年由钟明秀（Chong Bun Sui）报告，被维尼引用，第 411—412 页。
③ 邱秀去世的日期很乱，但 1864 年与其他的时间较为吻合。但 Middlebrook（p. 20）倾向于接受 1862 年这个时间。

正如 1860 年从双溪乌戎来的惠州人在他们雪兰莪的兄弟那里找到了避难所一样，当惠州矿工于 1861 年和 1865 年被赶出北霹雳时，他们中的有些人也逃往巴生河谷，而这一次他们的兄弟还给他们提供了所需的船只。因此，这里出现了一种畸形的发展，因为北霹雳的惠州人已经在义兴会的保护之下了。也许，这些逃难来的人是有责任为义兴会开拓巴生河谷，但把势力延伸到雪兰莪也是有可能的，那里是由海山会的兄弟们控制的，许多人都愿意转而效忠握有地方实权的会党。

同时，巴生河谷的不断繁荣也吸引着新加坡的商人。1866 年 3 月，苏丹没能说服马六甲的中国老板借给他钱，便将巴生地区的税收租给了新加坡的陈金钟（Tan Kim Cheng）和他的合伙人里德（W. H. Read），双方签订的协议里规定他们有权收取当地的税款，其中的 1/10 作为他们的佣金。但那一年该州发生的内战把这个前景不错的集团给毁了，于是该集团的成员便为这些骚乱带来的损失起诉了苏丹。

从现在起，陈金钟这个名字就会不停地与西马来亚的财政事务联系在一起。他是新加坡福建会馆（Hokkien Hoey Kwan 或 Hokkien Association）的领袖，也有可能是遍布整个殖民地的义兴会中福建人分支的实权人物。他的主要收入是饷码税收。这就毫无疑问使他会在雪兰莪的繁荣被毁并影响到他的物质利益时，联合列德及其他人一起要求英国政府出面干预，以保持马来诸邦的和平、繁荣及挣钱的机会。

拉律

继续往北去就是拉律了，在北霹雳的拉律河谷的两个华人群体既有利益上的冲突也有传统上才差异，他们各自都有三合会撑腰。他们之间不仅是竞争，而且还公开敌视。

拉律地区的华人矿工大约是 1848 年时仄隆查发（Che Long Ja'afar）①带来的，他们的成员迅速增长。最早的矿点是在吉利包（Klian Pauh），就是靠近现在的太平拘留所的地方，仄隆查发任命从槟榔屿来的刘三（Low Sam）做他的代理人。与刘三联合的是郑景贵，郑是客家人，来自

---

① 马来语 Che 是叔叔或先生的意思。

广东中部的增城。① 他实际上主管着该地区的锡矿经营，并从增城介绍客家劳工到锡矿来工作。刘三和郑景贵都是槟榔屿海山会的头目，仄隆查发也是该组织的一员。自然，在吉利包的增城劳工都是海山会会员。

从吉利包往北两英里就是新吉利（Klian Bahru），后来改名甘文珍（Kamunting）。在这里，义兴会的人开辟了另一个矿点。现代的材料都未说明这些人是广府人还是客家人。然而，众所周知，1865 年时新吉利是惠州村庄，这就意味着那里的居民是从惠州来的客家人。在 1861 年时也应该是这样。他们有自己的头目，但又从刘三那里取得开矿的权利。

虽然他们各自住在自己的地盘上，但也不是决然分开的，有些义兴会的人也住在海山会的地盘上，反之亦然，他们还在同一块土地上相邻的两个矿点挖矿，并有记录证明一个义兴会的人曾雇用海山会的人帮他挖矿。海山会那时大约 3000 人，而义兴会有 15000 人。②

锡矿的繁荣是从 1861 年苏丹接受每年 10000 元的免役税开始的，虽然最初与仄隆查发签订的数字是 100 元。到这时，仄隆查发已经去世，继位的是他儿子易卜拉欣（Che'Ngah Ibrahim）。据估计，他每月的税收收入是 5000—6000 元，包括各种各样的饷码在内。租赁是由刘三安排的，这就进一步导致了两个华人群体的争执。③

1861 年 7 月 4 日，吉利包的一位海山会矿工与他的邻居，一位义兴会会员，因多用水而发生争执，并打了起来。于是，居住在吉利包的海山会会员立即袭击了少数义兴会会员居住的地方，有一人被杀。当天夜里和第二天，海山会又袭击了住在新吉利的义兴会，烧掉不少房屋，迫使那里的居民逃往他乡。难民们逃到了伯玛登（Permatang，即 Matang），在那里，他们没有东西吃也没有地方住。有两三个人想方法设法带着那些被杀的人的尸体到了槟榔屿。在他们的恳求下，一位警察局代理委员带着一艘炮舰，由两会党的首领陪伴到拉律去解决问题。他们到那里一看，马来酋长已经暂时处理了，并轻率地签订了一份文件。在文件中，海山会承认是

---

① 在现代文献中，增城（Chen Shang）这个名字至少有 11 种拼写形式，包括：Chen Sia, Tsang Sheng, Chan Sung, Tsen Shang, Tan Sian, etc.。

② *ST*, 3 Agu. 1861.

③ *Pinang Gazztte*, 14 Apr. 1860.

自己的错，并同意赔偿 1000 元，其中一半用于支付给伤者和死者家属。据说当地义兴会首领已接受了这个解决方案，但槟榔屿的一个义兴会头目李遇贤（Lee Ko Yin）指出，该文件除了被迫签字的一人外，其余的签字都是伪造的，因为那时他们人尚在槟榔屿。槟榔屿的两会首领继续留在拉律协商新的解决方案，但没有成功，因为获胜的海山会不愿再做让步。到 8 月底，义兴会有 100 人在拉律流浪，并在绝望中到了槟榔屿。①

不久就听说海山会的人在市内的街道上被义兴会的人打了，这显然预示着槟榔屿的争斗即将进入下一个阶段。两艘从拉律来的舢板船被查获，发现里面装有大炮、老式大口径短枪、回旋枪、长枪、手枪、剑、火药、子弹、（海战用的）恶臭弹，等等。这次抓捕行动阻止了一触即发的械斗。②

许多经营锡矿的义兴会会员根据他们的出生地槟榔屿的说法，应该是英国公民，而根据 1818 年和 1826 年与苏丹签订的协约，英国公民在霹雳享有不受妨害的贸易的权利。于是，总督便知会苏丹开展调查，并赔偿拉律——马来当局已经完全无法控制那里的秩序——的英国公民的损失。

1862 年 3 月，由于事情没有进展，海山会已经完全占有了锡矿场，槟榔屿的助理参政司斯马特上尉托代表团转达苏丹，要求派一名官员陪他到拉律进行调查。于是，拉森马那（Laxamana）和斯马特上尉被派往拉律听取各方要求。结果伊斯兰教徒莫哈末泰益（Muhammad Taib）（他在骚乱中受到指控）和海山会的头目都没有露面，他们只听到了侨民们要求赔偿 57000 英镑。后来，由于莫哈末泰益抱怨这一要求太过分，重新召开了一次各方都参加的意见听取会，给义兴会的赔偿金降低到 17447.04 元。③ 但是，虽然公布了赔偿金额，但没有哪个人准备真正付钱。拉森马那被指令必须"要么强制执行支付条款，要么宣布自己能力不行"而请

---

① SSR（DD34），Pg, RC to Gov., 1861（lett. fr. Dy Cmmr of Police to RC Pg. 12 July 1861）. 参见 *ST*, 3 Aug. 1861（art. of 13 July）和 *SSR（D34）* 1861：Petitions by Hai San, 5 Aug., with RC's comments（lett. 343 of 1861, 26 Aug.）。

② SSR（DD34），Information and complaint of C. B Plunket, 29 Aug. 1861；ditto of Chan Ah Kew；Sworn Statement S. Smart, Magte of Police, 29 Aug. 1861.

③ SSR（U5），CDPL, 1862 - 1873：No. 2, 11 May 1862；*SSR（R41）*, Gov., Lett. to GOI, 1862 - 1867：Nos 31, 27 Mar. 1862；45, 21 Apr. 1862；54, 21 May 1862；70, 6 June 1862.

英国人帮忙。① 他就真这样做了，三艘分别叫湖利（Hoogly）、默尔（Mohr）和同兹茨（Tonze）的安装了枪炮的汽船开到了拉律河，以保证断绝那里的供给，并截断锡矿外流。5 月 11 日，苏丹仄隆查发通知英国人，虽然需要增加额外的 5000 元作为封锁河流的补偿，易卜拉欣同意由他支付钱款。②

易卜拉欣此举当然是有利可图的，一方面，他通过他的管理者刘三补偿了他的赔偿金，另一方面，他通过给苏丹解围而使自己在整个拉律的地位更加巩固，获得了"富豪大臣"（Orang Kaya Mentri）的头衔。③

但是，最重要的结果是义兴会返回了拉律。他们向槟榔屿的参政司请求保护，以让他们回到他们原来的矿场去。但这并不是总督原来想要做的事。总督认为必须谴责会党参与骚乱并导致他们自己被赶出去这一行为，并宣布无论在什么情况下，一个非法组织和秘密会党都不能要求英国政府为了他们本来错误的行为而从土酋那里获得救济。④

赔偿金既然已给付，矿场的分配就是当地酋长的事了。⑤ 事实上，易卜拉欣已经许诺义兴会的人可以在一个有清楚界线并与海山会矿场所在地分开的地方开掘新矿。最后，实际上的情况是吉利包被牢牢地掌握在海山会支持的增城客家人手里，而新吉利则主要是由义兴会支持的惠州人的居住地。

但这种隔离并不是绝对的。1865 年的一份统计数据表明在吉利包有 7 家惠州人店铺，而增城人则有七八十家。在新吉利，所有的店铺都是惠州人的，但是，虽然有 16 个矿点属于惠州人，增城人也占有三个矿点。而且，一些增城人在虽然被允许采矿却招不到劳工的情况下，就把他们的矿点转租给自己介绍劳工的惠州人了。因此，发生摩擦的可能性随时都有，

① SSR（U44），Gov.，Lett. to RCs，1862，pp. 28 – 33：No. 95，to RC，Pg，13 Apr. 1862.

② SSR（U44），Gov.，Lett. to RCs，1862：Nos 99，25 Apr. 1862；108，27 Apr. 1862；134，21 May 1862；*SSR（U5）*，CDPL，No. 128，28 Apr. 1862，Gov. to Sultan of Perak.

③ Doc. Dated 23 Oct. 1863.

④ 把义兴会指称为"非法"会党大概是根据霹雳的法律。在槟榔屿，义兴会并不是非法会党。

⑤ SSR（U46），Gov.，Lett. to RCs，20 May 1864，pp. 95 – 99.

到 1865 年 6 月 9 日，械斗之火又有了重燃的迹象。①

矛盾的起因是一个惠州人和一个增城人在吉利包的一家惠州人店铺里因赌博发生争执。增城人立即结集人马将惠州人的所有店铺包围并抢劫一空。住在那里的惠州人立即向北逃去，请住在新吉利的同伴保护他们，但仍有 14 人未能逃走。第二天，双方就如何解决此问题进行了协商，但那天晚上在海山会的会所召开了会议，13 名被抓获的人被残忍地杀害。他们的脖子上被插进一根竹子，为的是让血直接流到用于祭祀的旗子上。

第 14 个人逃走了，并到了新吉利。他对事情的陈述激怒了所有的惠州人。于是两会党又开战了，义兴会支持惠州人，海山会站在增城人的一边。6 月 11 日，从新吉利来的 400 人到达吉利包，双方打了两个小时，有 30—40 人被杀死，村庄也被烧毁。

易卜拉欣（在文献中是作为当时拉律大臣被提及的）在骚乱开始时不在场，6 月 9 日他才返回。由于情况越来越糟，他决定，唯一的解决办法就是把义兴会赶出拉律。毫无疑问，他的这一决定是受了他的矿场饷码商，也是海山会会员的刘三的影响，况且，他本人也像他父亲一样是海山会的一员。在他的亲戚的帮助下，他结集了一支马来人军队。到 6 月 18 日拂晓，一支海山会—马来人的联合力量聚集到吉利包了。以 1000 名华人和 100 名马来人组成的主力沿大路开向新吉利，而另一支由 300 名马来人组成的队伍则抄小路前行。新吉利遭到攻击，战斗不到两个小时就结束了，义兴会的人逃走，村庄被夷为平地。锡矿则被运到吉利包的大臣的仓库。

惠州人在他们的首领苏亚昌（So Ah Chiang）的带领下，向北穿过丛林逃向瓜拉古楼（Kuala Kurau），最终目的地是槟榔屿。但大臣命令土酋们拦截逃难人群，抓住苏亚昌及其他首领——这些人前些年因反对增加税收而激怒了大臣，既然现在他们是在自己管辖之下，大臣便命令把他们带到伯玛登并处死。大多数逃难者被允许通过，他们于 6 月 26 日逃到槟榔

---

① SSR（DD42），Pg, Lett. to Gov. 1865，p. 99：No. 235. Encl. a petition from Loh Chong, an eyewitness, dated 26 June 1865.

屿，境况极其凄惨，许多人已经死在了丛林中或威斯利省的路途上。①

槟榔屿的义兴会首领再次请求总督让他们回到原地去。他们都是惠州人矿场的投资者，声称有总金额高达 49573.5 元的巨额债务，那些被大臣拉走的锡块也应该还给他们。也许是考虑到他们这次比 1861 年那次更有理由获得赔偿，总督拒绝干预。那些请愿者被通知说，如果他们真的用他们的影响去阻止两会之间那些不光彩的争执继续发生的话，他们无论如何也不会像现在这样为金钱上受到损失而难过了。他认为，在拉律的华人矿工已经远远超过了那里的马来军队是完全可能的，因为拉律当局采取了严厉的办法来维持和平。②

总督此种转变的主要原因在于他不了解印度政府在这件事上的态度。1862 年 11 月，他曾派出三艘船的海军部队到彭亨（Pahang）等地去保护华人锡矿贸易商的利益，这事被报到伦敦时，国务大臣说总督的行为"太过仓促"。这时在马来亚各邦都出现了麻烦，总督正被那些来自商人、欧洲人和华人的请愿给搞烦了，他们都说在新加坡、马六甲和槟榔屿与各土邦交易时受到了不公平对待。1863 年 8 月，他尽力让印度政府在这件事上调整"政策思路"。"如果总督……能够……替他们（酋长们）担保，印度政府就不会允许和平受到破坏，通过笼络酋长们以不破坏我们的裁定并承认我们的永久性权威从而保持和平并不难。"③

这一请求并没有受到印度政府的鼓励。卡文纳夫被告知说，以这种方式干预不可能受到支持。总督又重新回到 1863 年 12 月的攻击这个话题上，并提醒印度政府说 1862 年与马来半岛的贸易已经近 100 万英镑了，除非能维持一些表面秩序，否则，贸易将会受到严重影响。但是，即使不考虑贸易，他认为根据条约安排及他们在当地拥有的至高无上的权力，英国人也有责任维护和平，并且，他认为一旦打算这么做就不会有什么困

---

① SSR（D42），Lett. to Gov. , 1865, p. 99；No. 235, 26 June. Also No. 42, 27 Oct. , with statement by Oh Wee Kee, 18 Oct. .

② SSR（V41），Gov. , Misc. Lett. Out, 1864 - 1866, pp. 280 - 282；No. 58, 28 June 1865.

③ SSR（R41），Gov. , Lett. to GOI, 1863, pp. 170 - 172；No. 156, 25 Aug. 1863.

难。但领导并没有改变想法。卡文纳夫被通知说,决策已经做出就必须拥护。①

因此,总督在 1865 年不想代表槟榔屿的义兴会进行干预就不奇怪了。当然也有实际困难存在,那就是霹雳苏丹仄隆查发已经去世,新苏丹阿里(Ali)直到 1865 年 1 月 25 日才给总督发函,宣布由他继承王位。与此同时,越来越多的人向总督诉说大臣不道义及在他管辖下所遭受的刁难。

虽然卡文纳夫改变政策的想法没有成功,但他有权派一位官员到拉律去调解矛盾,不过,封锁却像总督所说的那样是不值得的。② 被挑选出来承担此重任的是警察局代理委员耶尔(P. W. Earl),不过他根本没完成任务,虽然说通过阻止苏丹王位的继承削弱了以前由霹雳法院实施的对拉律的微弱控制。大臣在他的朋友海山会的支持下依然得意扬扬,根本对已经在他那块土地上差不多绝迹了的义兴会的请求不予任何让步。耶尔先生也没有外交能力来处理这样的情况。他对大臣的处理后来被王室总督评价为"自大又讨厌"。他仅仅在那里待了三天,10 项诉讼还留下 7 项。这一情况被报送到印度后,总督建议再次实施封锁,但上面要求他只有在外海发生杀人和海盗行为时,也就是那些罪犯逃到拉律又不肯投降时才可使用武器。印度政府总督也认为现在发生的多数案件都没有英国政府干涉的价值,并说也许槟榔屿当局都倾向于推动英国干涉马来诸邦,而不是事件本身需要这样。

从印度政府与总督的往来函件中可以清楚地看到,许多参与请愿的人并不是英国人,而"似乎是仅仅要求获得居住权的人"。总督解释"这仅仅是想被保护而已"。在任何情况下,他都认为,从英国的商业利益考虑,退出保护是不明智的。③

无论法律地位如何,印度政府都不打算支持槟榔屿义兴会的商人,这些人因此没有得到任何赔偿,他们与海山会之间的宿怨依旧没有解决。

---

① SSR (S31&32), Gov. , Lett. fr. GOI, 1863: Despatch Nos 680, 16 Oct. 1863 & 232, 3 Mar. 1864; SSR (R41), Gov. , Lett. to GOI, 1863, pp. 206 – 212: Despatch No. 243, 31 Dec. 1863.

② SSR (S33), Gov. Lett. fr. GOI, 1865, p . 241: lett. of 17 Oct. 1865.

③ SSR (S35), Lett. fr. GOI: No. 436, 4 May 1866; (R41), No. 18, 10 Aug. 1866; (S35), No. 994, 28 Sept. 1866; (R41), No. 23, 23 Oct. 1866.

槟榔屿暴动，1867①

　　海峡殖民地管辖权从印度政府转移到英国殖民部是马来亚历史的一个标志性转折点。多年以来，商业团体，特别是新加坡的商业团体一直强烈要求海峡殖民地脱离印度政府。他们很恼火不得不接受海峡殖民地那些不受欢迎的立法措施，比如在港口征税的条款、印度币是法定流通货币，等等。不过，让他们更为生气的应该是印度政府对待他们提出的那些亟待解决的地方问题的态度。在关于华人秘密会党这个问题上拒绝立法就是一个例子，而在马来诸邦大陆上拒绝让英国政府进行干预则是更重要的事件。

　　马来诸邦的锡矿、木材及其他原材料的利润很高，有各种各样的丰厚税收。虽然说要那些收入减少的酋长在有利可图的项目上给予巨大让步没有什么困难，但不能保证在这些土邦建立起来的企业不向那一群声称拥有征税权的小土酋缴税就能继续存在，也没有人能保证贸易商和他们的雇员的生命和财产会得到合理的保障。几乎在所有的州，由于酋长之间的竞争和嫉妒而引起的骚乱、不同权利要求者的不断分组聚合，以及不同的大大小小的酋长的责任区别都是引起骚动不安的因素，只不过是州与州之间有些程度不一样罢了。

　　所有的观察家都认为，在此种无政府状态下维持统治的希望就在于英

---

① The main source is the PRCR, produced on 14 July 1868 and published in the SSPLC, 1868. Other primary sources are：（a）Contemporary reports by the Lt-Gov. of Penang, Col Anson, the Police Magistrate, C. B. Plunket, and the Dy Cmmr of Police, p. w. Earl, which are encl. in GD 143, 7 Dec. 1867（PRO/ CO 273/13, SS 1867, Vol. 4, Dec. ）；（b）SS Exec. Council Mins. , 1867 – 1869：29 July, 12, 15, 16 & 22 Aug. , 9 Sept. 1867（PRO/CO 275/ 4）；（c）SSPLC, 1867 – 1869. （d）GD to S. of S. , 1867 – 1869, as indicated in references in the text and S. of S. replies, 1867 – 1869（PRO/ CO273）. 最详细的二手材料是：Wynne, Chs. 10 – 16, esp. ch. 16。

国以某种方式进行干预，不仅仅为了海峡殖民地商人的利益和税收，而且也是为保证马来诸邦那些导致两败俱伤的斗争不要延伸到槟榔屿、马六甲和新加坡，从而在这些地方引起严重的混乱，打破和平的局面。

海峡殖民地中无论是哪个种族的居民，这个问题都是显而易见的，也是明显能够解决的，却怎么也说服不了印度政府从这个角度看问题。从印度自身的经验看，大家都很清楚有责任也有义务，同时还有军事、警察和管理能力干涉马来诸邦的事务。从初期开始，佛朗西斯·莱特就与吉打交涉过槟榔屿，东印度公司则对领土的开发不愿承担任何责任。一个贸易中心是可以的，一个海军整修点也是有用的，但别的就没了。至于在新加坡，要不是这个新殖民地很快就繁荣起来，莱佛士面对上级的愤怒与误解根本就无法在这里待下去。随着时间的推进，公司的海军被废除，一直由它垄断的与中国的贸易也随之丢失了，海峡殖民地继续其财政责任，但他们成立时的目的却不提了。对印度政府而言，海峡殖民地变成了一个麻烦和负担，巴不得他们早点脱离。

早在 1858 年，新加坡的欧洲居民就在请愿书上向英国国会下议院提出把海峡殖民地划归殖民部管辖，其中写道：

> ……你们的请愿者一直对由东印度公司统治这一方式感到不自在。显然，上级统治机关并不了解海峡与印度大陆完全不一样，他们总是用对待印度的办法来对待海峡殖民地，漠视那里的居民的要求和希望，而不管他们的要求是如何诚挚和坚定。现在，只有请求大英帝国政府和议会才能实现海峡殖民地居民的长久以来的希望，或者说改变东印度公司对他们的不公。
>
> 好几次事件都证明，一旦遇到与海峡殖民地有关的事情，立法会的成员就表现出不屑一顾的态度，但这种冷漠却并没有让他们在采取行动或制定政策时有些许犹豫，相反，他们很快就通过了对海峡殖民地来说是有害的法案，任当地居民们如何抗议和请愿也没有用。[①]

殖民部与印度政府就转移管辖的问题在 1859 年就开始讨论了，但直

---

① GD 196，16 Sept. 1869，para. 42（Gov. to S. of S.）.

到 1866 年各方才着手操作交接事务,殖民部、财政部、战争部及印度政府之间是可以达成协议的。正式交接仪式被定在 1867 年 4 月 1 日,从那一天起,海峡殖民地就变成了皇家殖民地。新总督是皇家技师陆军上校哈里·斯特·乔治·奥德(Colonel Harry St George Ord)。殖民地有了他自己的正式的行政会议,一个由 9 个官方人员(包括首席法官,以前称为民刑推事)、4 个非官方人员(由总督指定)组成的立法会。其中的三个非官方成员分别是里德先生(W. H. Read)、托马斯·斯科特先生(T. Scott)和里特尔博士(R. Little),他们都来自新加坡。还有一个规定的名额是给马六甲的。不久,又增加了第 6 个名额给华人。

公众的意见不再受到限制,现在有一个论坛,公共利益问题都可以上去讨论,商业群体最希望有人听到他们的意见,感觉到他们的影响。据可靠消息说,殖民地可以建构它自己的法律和政策体系。在马来诸邦创办企业的一些贸易商将会特别得到保护,这在以往印度政府的政策中总是被拒绝的。可是,商业团体将发现他们的新主子——殖民部跟以前的印度政府一样没有同情心。由于失望与怨气的升腾,殖民地第一任总督并不受拥戴。

奥德上校曾经在西印度群岛和西非担任过管理官员,是个很有个性和主见的人。在接管的当天,他就做了件让欧洲人很不高兴的事,因为他明确指出,殖民地的绝大部分税收,特别是鸦片和烧酒税,都是从华人口袋里,而不是欧洲人口袋里来的。年末,在回顾殖民地的财产状况时,他又说,虽然全年的税收收入远远足够开支了,但应该征收更多的税,这可以通过征进口税或同类税种或者直接征收完成。他的这番话大大激怒了欧洲人。①

这使得不仅在新加坡而且在伦敦都刮起了保护风暴,欧洲商人恐惧过后便于 1868 年 1 月 31 日在伦敦成立了海峡殖民地协会(Straits Settlements Association),其成员大部分是新加坡商务公司的老板。该协会宣称他们的目标是:

---

① GD 196,16 Sept. 1869,paras 7 - 18;COD 88,30 May 1868;GD 181,27 Aug. 1869,paras 52 - 61.

反对任何带有偏见的影响殖民地利益的立法，特别是那些有可能阻碍商业繁荣和贸易发展的立法，同时使用各种手段阻止当地政府那些不必要的开支。

因为协会设在伦敦，他们有条件接近部长，同时始终不停地攻击奥德的政策，虽然事实表明新总督是个非常能干的管理者，并在他的6年任期中为殖民地的财政打下了坚实的基础。

他没有能力干涉马来诸邦完全是因为殖民部给他的指示中限制他这么做，至少在殖民地的华人秘密会党这个问题上，他能够提出加强政府统治能力，以便于采取更激烈和有影响的措施来反对威胁和平和富裕的事件的立法。无论在什么情况下，一旦最早的与新殖民地建立密切关系的官方贸易被终止，秘密会党这一议题将首先被立法会中的非官方议员提出来。

在1867年5月4日的立法会上，非官方议员托马斯·斯科特的一项动议被全体一致通过。它写道："所有对当地人有根本的和直接的影响的法规，执行政府都要用当地语言出版，并在当地人中做宣传，而不要搞得复杂又抽象。"5月18日，这同一个人又提交了一份议案，名为"为某种目的成立之会党的头目及成员登记法案"。7月31日，他又把它换成"为更好的规范会党和协会及阻止非法集会之议案"。该方案被公布出来，与卡文纳夫1865年的建议不谋而合。

由于时间关系，没有对该议案采取更多的行动，因为同是在这次会议上，首席检察官托马斯·布莱德尔（Thomas Braddell）要求终止议事程序，以便能够通过"更好地维护和平议案"的一读。该议案及其补充条款以最快的速度于8月12日通过成为法律：《进一步保护和平法》，是为第20号法案。

根据该法案，总督或副总都在有骚乱或暴动发生的任何时候都有理由实施逮捕，有权派出任何两名地方治安官前去维护秩序，并指定数位居民担任特别警察。这就从法律上阻隔了秘密会党首领在暴乱中的作用。其中还有这样的条款，"无论何人何时被发现参与非法、暴乱、骚乱性质的集会，扰乱和平，威胁女王陛下的统治"，就必须立即派地方治安官驱散集会，不愿离开的则可强制驱逐或逮捕。而且总督还可将非英国臣民驱逐出殖民地，不从者可被关入大牢，直到总督将他放出来为止。为了处理武装分子聚集或为了非法目的的集会，总督有权宣布在殖民地或殖民地的任何地方内持有枪械是犯罪行为。对犯该条的人的惩罚包括罚款、入狱，此外还可用藤条鞭打40下，或用九尾鞭鞭打100下。在公告期里，商店如果无故停业或不供应食物或其他生活必需品也是犯罪。触犯此条的人不给予人身保护权。因此，政府通过该法取得了许多权力，虽然都是暂时的，且只能在紧急状态下可以行使。不过，他们还没有权利宣布会党为非法或者要求他们登记。

槟榔屿暴动

如此紧迫地通过此项立法的原因就在于1867年6月、7月间槟榔屿有了不祥预兆，新加坡的义兴会（广东人）和福兴会（福建人）之间发生了冲突。槟榔屿的麻烦事在8月间发展到了殖民地历史上最为糟糕的程度。暴乱期间，市内的大部分地方都陷入斗殴，而在乡村，岛屿的两边及威省都被成群结队的暴徒洗劫一空。槟榔屿的这些暴动事件标志着建德社和义兴会之间的争斗达到了顶点。同时，7月8日在暹罗的万尖（Bang Chiam）、唪叭（Tongkah）等地的矿区也拉开了械斗的帷幕，那里的这两大会党也都加紧了防备。义兴会虽有和胜会的帮助，在交战中仍处于劣势，被迫向槟榔屿的兄弟请求武器及人员的援助。海峡殖民地政府对唪叭府尹求援的反应就是于7月29日发布声明，禁止武器、弹药及战略用品从殖民地向唪叭出口。①

在槟榔屿，比暴动本身让政府感到更麻烦的事是红旗会和白旗会也卷入纠纷，前者帮助建德社，后者支援义兴会。旗会的起源不是太清楚，但一般都知道1867年的槟榔屿和新加坡旗会主要由印度人组成，还包括爪夷卜根人（Jaw-Pekans）及几个马来人。两会互相敌视。在槟榔屿，他们各有自己的势力范围，白旗会的地盘与义兴会的地盘相吻合，红旗会的地盘与建德社的地盘一致。两会都与在自己的地盘内的华人秘密会党合作，特别是在庆祝阿舒拉节时合作密切。在该节的10天假日中，有许多小丑和狂欢出现，街上游行的吵闹声也总是有增无减。在印度，阿舒拉节的习惯就是以支持什叶派（Shiah）和逊尼派（Sunni）的两派之间的战斗结束

---

① PRCR，App. 7，Min. of Exec. Council，29 July 1867［PRO/CO 275（4）］.

而结束。但是，虽然说在海峡殖民地没有宗教派别，但民众斗殴的传统却一直持续着，并经常导致严重后果。

毫无疑问，印度人和印马混血儿的犯罪团伙的成长是阿舒拉节在海峡殖民地堕落的重要原因之一。直到 1873 年，最后一批从印度和锡兰来的犯人才被转到安达曼岛（Andaman），海峡殖民地也才从这种定期增加犯罪人口的桎梏中解脱出来。在过去的几年中，许多犯人被流放到海峡殖民地后就定居下来了，爪夷卜根人和土生华人（Peranakan）就是他们与乡村中的马来妇女通婚的产物，槟榔屿及威省的数量特别多。印度人和土生华人开始按照华人秘密会党的模式组织他们自己的秘密保护会，他们大多数对华人秘密会党那一套很熟悉。他们成立保护会的目的是自我防卫，保护妇女，避免引起那些不受他们欢迎的警察的注意，等等。他们以宗教作掩护，把阿舒拉节作为他们掩政府之耳目的工具。他们干着不法勾当，并把它们当成向对手报仇雪恨的好机会。这种争斗并非源于宗教观念的差异，而是因为对权力的争夺和对地下世界活动的控制。至 1860 年或稍晚，他们显然已经完成了他们与两大敌对华人秘密会党的联合，甚至有的个人还以特殊的入会仪式加入到华人秘密会党中去。作为各类分子的联合群体，他们以红旗会和白旗会的面目活动，并很快就接收马来人中的犯罪分子和闹事者加入，虽然阿舒拉节的狂欢表演及流氓们的争斗多年来一直被该团体的大多数人憎恶。

1867 年 5 月的阿舒拉节期间，槟榔屿红旗会和白旗会的宿怨导致了一位马来亚钻石商被杀。据说他是马来人，虽然他有可能具有阿拉伯及爪夷卜根人血统。有人发现他死在本头公巷（Armenian Street），那是红旗会的地盘。同时，建德社的首领邱天德（Khoo Tean Tek）为了在这一触即发的形势中取得有利地位，使华人秘密会党卷入马来人的争端之中。因为他不仅找到了机会向他的对手义兴会报 1865 年失败的一箭之仇，[①] 而且可以对义兴会可能向暹叻请求援助而出现的反应先发制人。

7 月 1 日，建德社的一名华人成员受到白旗会的马来人成员的侮辱，接着，双方开始了一系列的攻击和报复。由于警方的干涉，7 月 8 日，建德社、义兴会、红旗会、白旗会的首领召开了一次调解会，并达成了一致

---

① 指 1865 年发生在霹雳的义兴会与海山会之争。——译者

意见。

旗会之间的协议书用淡米尔文（Tamil）书就，而华人秘密会党之间的协议书用法定的英文写成。按规定，双方不得"卷入任何吉宁人和马来人的公司"①。

虽然有了这些协议书，但仍然爆发了更为严重的骚乱，甚至出现了死伤。8月1日，邱天德错误地宣布义兴会和白旗会的人偷窃了建德社的一个染坊，由于调解协商失败，建德社的首领们当晚就决定结集武器进攻义兴会。这一命令被送达建德社在市内各条街道里的头头及农村各村庄的头头们手中。这一进攻时间的选择显然与日常护卫槟榔屿的大炮的电瓶被送去仰光（Rangoon）而新的替换电瓶又未到达有关，而且，港口的两名指挥也带着50多名驻军远征到尼科巴群岛（Nicobar Islands，属于印度，在孟加拉湾东南部——译者）执行紧急任务去了。②

从数量上说，义兴会和红旗会远远占优势，义兴会共有25000人，而建德社才6000人，白旗会是3000人，而红旗会只有1000人，不过，建德社已经做好了战斗到最后一刻的准备。早在1865年在日落洞的公共场所打架后，建德社就制定了对那些在与敌对会党械斗中受伤的会员、战死会员的家庭，以及被政府流放和监禁的会员和家庭进行补偿的规章条例。这些条例在后来的所有械斗中都被采用，此时仍在生效。而且，建德社的装备也要比义兴会好得多，这部分是因为建德社的成员要比义兴会的成员富有得多，部分则是因为枪匠及军火商都是这个福建人会党的成员。从7月初开始，武器就不仅被分派到槟榔屿城内的建德社会员手里，而且被分派带了丹绒道光（Tanjong Tokong）、双溪里蒙（Sungei Nibong）、四坎店（柑仔园，Dato Kramat）等地的乡村中。他们此行为的借口是：从啯叩的矛盾冲突看，他们应准备义兴会在槟榔屿对他们进行袭击。红旗会会员通过他们的首领也拿到了步枪。一旦冲突爆发，建德社就将从停在港口的武装帆船上卸下小火炮，并会造成相当严重的影响。③

---

① PRCR Evidence, Nos 1, 4, 10, 23, 37, and Apps 4 & 16.

② PRCR paras 41 & 43；Evidence Nos 44, 46, 51；GD 79, 19 Aug. 1867；GD 143, 17 Dec. 1867. Encl. by Anson, No. 286 of 17 Aug. PRO/ CO 273（13）, Vol. 4.

③ PRCR, Evidence Nos 2, 28, 29, 35, 44. Also App. 3.

袭击始于 8 月 3 日星期六的中午，当时在港仔墘（湾头仔街，Prangin Road）和椰脚街（Pitt Street）发生了激战。那些激动的华人、马来人及印度人挥动旗帜，舞着长矛，端着步枪，手握利剑或操着棍棒涌向街道。建德社及红旗会会员出现在任何有义兴会和白旗会会员的地方。副总督、上校安森（Anson）当时正好住在升旗山上，但他命令地方警察执行官（C. B Plunket）和警察局代理局长（P. W. Earl）采取紧急行动。他们立即召集那些特别警察，还让欧洲人也宣誓担任特别警察之职，同时在街道上布置障碍物，以便恢复秩序。①

义兴会受了损失又丢了面子，于是他们带着那些被打死的会员的尸体围在他们的头目李遇贤的住宅周围，要他号令组织开战。随后，义兴会的两位头目李遇贤和胡为期（Oh Wee Kee）在随后召开的会议上赞成请示政府逮捕建德社的首领以阻止械斗的继续发展。但另一位头目，也就是掌管图章的先生②梅耀广（Boey Yu Kong）决定进行报复，并于当天晚上发布书面命令："向所有地方的大伯公会（建德社——译者）会员开战，要杀、烧和毁灭一切。"③ 同时，他又派人送信到威省、吉打、哂叭等地，召集兄弟们助战。

第二天（星期日），李遇贤和胡为期向政府递交请愿书警告政府，如果不逮捕建德社首领，他们就将失去自己的职位，因为义兴会要举行起义并进行报复。下午两点，亚依淡（Ayer Hitam）村又发生了交火。于是，双方首领被命令于第二天上午向政府报告情况。梅耀广便悄悄地溜走并躲了起来，其他人则在及时地做了汇报后被关在要塞里了。但到星期一上午8 时，城内械斗更为激烈，大批人马举着旗帜从两边涌来，一边走一边互相开枪，还一边放火。

战斗持续了一整天。傍晚，邱天德与李遇贤带着手下与地方治安官一道走到市中心，命令他们各自的会员保持冷静，但零星的战斗一直持续到第二天早晨才结束。一名欧洲政府官员视察了义兴会总部，发现有 30 个

---

① 前驻扎官门上校正好于 8 月 3 日从天定（Dindings）来到槟榔屿，他的偶然到来使得政府可以借用他与槟榔屿会党打交道的个人经验。此后的所有安排都有他的参与。

② 在入会仪式上负责礼节的人。

③ PRCR，Evidence No. 36.

到 40 个装有尸体的棺材，还有 20 人到 30 人躺在地板上奄奄一息。当他走过必德街的华人庙宇时，看到那里也摆着几排等着下葬的棺材。

在乡村和郊区也发生了骚乱，双方都放火焚烧对方的房屋。大约有 800 名属于义兴会的华人和马来人从威省赶来支援，他们在牛汝莪地区登陆，并在那里奸淫掳掠。日落洞村于 8 月 8 日（星期四）被烧光，但胡为期后来被迫发布命令，要求那些从威省来的人回到他们来时所乘坐的船上去，那些船则由政府的汽船拖回去。

第一次风暴过后，那些仍被关押在要塞里的头目们便可以利用他们的影响着手协商解决此问题了。零星的攻击和抢劫仍在继续，但皇家轮船"黄蜂号"从尼科巴的及时赶到，他们带来了野战炮、船员，以及给那些疲惫的军队、警察和市民——这些人在过去的几天中一直在为阻止城里暴徒的掠夺和摧毁而战——带来的受欢迎的救济物解决了这个问题。随后，皇家轮船"卫星号"也开到了。至 8 月 15 日，战斗已经停止，秘密会党所遭受的损失永远不可能为人知晓。

虽然暴动对于槟榔屿来说是一种难受和痛苦的经历，但好在它并不是叛乱，而仅仅是秘密会党派别之间你死我活的争斗。值得注意的是，尽管他们不分青红皂白地厮杀，政府人员却只死了一个印度兵，另有一名警察受伤。

直到星期天即 8 月 11 日下午，关于暴乱的消息才传到新加坡，总督同时接到了安森上校和岛上重要人物——包括欧洲人和华人签名的请愿书。请愿书要求政府立即采取措施制止骚乱，保障殖民地的和平。总督急忙召开了立法会。在会上，首席检察官于 7 月 31 日提出的议案被匆匆忙忙通过。在新法规的武装下，总督于 8 月 14 日到达槟榔屿，并开始处理事务。①

他很快就被那些请愿书和备忘录给缠住了，其中有一份是要求立即任命一位有权估计损失和决定向暴动的受害者赔偿多少的咨询官，他同时还要负责查清是"哪一支秘密会党惹的事，是谁在煽动骚乱，又是谁在暗中支持"，这样，赔偿金就可以从这个会党的房产和个人财产中收取了。

---

① Mins Exec. Council, 1867, 12 Aug. ［PRO/CO 275（4）］; SSPLC, 31 July & 12 Aug. 1867.

其他的则主要是要求通过一部法律，让最高法院、所有的地方官员和治安官员都有权审理全部的谋杀、伤害等案件，并有权判处犯人——无论是首犯还是从犯鞭笞。还有一份请愿书要求会党首领要对他们的会党和会党成员所犯的罪行承担刑事和民事责任。甚至秘密会党成员自己也要求政府应该压制会党，因为他们意识到"对于无数的会员不断地分裂组织，他们已经无能为力了"①。

当总督了解了所发生的一切后，于 8 月 15 日、16 日和 22 日在槟榔屿召开了执行委员会会议，出席的人员除了总督本人，还包括槟榔屿副总督、首席检察官以及一些特别人物如门上校和布朗（F. S. Brown）。为了回应民众的要求，他还在商会里召开了公开会议，并发布了进入紧急状态的枢密令。8 月 17 日，通过警务公告，总督命令槟榔屿裁军，这一命令没有在威省推行，因为政府的军队本来就不足，只有极力抵制。公开会议落实了一项请求：总督应该展开一次调查，且应核实被调查人身份；对于槟榔屿现有会党，"有害的要镇压，无害的要规范"。只是这一请求也没有完全如愿。总督成立了一个委员会负责调查最近发生的暴动的起因，以及秘密会党在此类暴动中扮演了什么样的角色。8 月 21 日，一项"关于槟榔屿最近的暴乱对政府官员和其他人应予之赔偿"议案获得通过。

调查委员会于 8 月 26 日开始工作，由门上校任主席，其他成员包括了四个英国人、三个华人及一个印度商人，其中的一个华人是胡泰兴（Foo Tye Sin）②，他经常在华人秘密会党间担任仲裁。

同时，由于门上校个人的努力，建德社和义兴会的首领都保证给那个被打死的士兵家属付 500 元，并支付政府在镇压暴乱过程中的开支 10000 元，同时付给那些与会党没有瓜葛，但房屋和财产都在暴乱中被毁掉的个人 60000 元。但会党首领"在再三考虑后"也决定，"会党的一方也要向

①　GD 143，7 Dec. 1867.

②　胡泰兴，字狱东，1825 年出生于槟榔屿，为英籍华人，曾被委任为太平局绅和市政局的市议员，备受当局信任与重视，加之他与新宁人的义兴会及增城人的海山会多有接触，因而 1867 年受托调查当年槟榔屿暴动之起因，1873 年 8 月 10 日在安顺副总督官邸召集停战会议，他也是出席者之一。据说，胡泰兴表面上说是独立人士，但暗地里却同情海山党，1888 年曾与邱天德、周兴扬等人力邀福州鼓山寺的云游僧妙莲禅师出掌广福宫，这期间他是总理。——译者

另一方进行相互的损失赔偿, 不要政府干涉"①。结果, 会党只掏出来11250 元, 其中建德社出了6250 元, 而义兴会出了5000 元。②

安森上校在他50 多年后出版的书中说, 他本人劝说会党"自愿捐款", 政府则用那些钱在市内的4 个骚乱源头建了4 个警察局。③ 但是, 在当时的记录中除了门上校在秘密会党首领尚在要塞里关着时安排的钱款外, 没有提到任何捐钱的事。

由治安官们推荐和执行委员会建议并同意, 总督命令, 根据《和平保护法》(*Peace Preservation Act*) 第10 款, 将两个竞争会党的主要头目, 建德社的邱波 (Khoo Poh) 和义兴会的先生梅耀广流放外地, 这样, 槟榔屿争取和平的努力达到高潮。由于邱天德是在本地出生, 同样的行为不可能用到他身上。至于义兴会的首领, 明摆着的事实是大哥李遇贤和二哥胡为期都受梅耀广的控制, 正是由于他的粗暴, 协商不可能进行, 他也就应该对自己的会党在这次争斗中的敌视行为负责。

邱波则有一个月的时间来处理他的事情, 在这一个月中, 他竭尽全力去改变自己的命运, 不仅他自己递交了请愿书, 他的朋友和家人都为他交了请愿书, 声称他好几年来在会党中的作用都不大了。为了证实这一说法, 他的名字被偷偷地从建德社的名单中抹去。④ 但是, 根据首席检察官8 月22 日就请愿一事提交给执行委员会的报告, 以及违警罪法庭推事调查的事实, 执行委员会的意见是, 就请愿书所说的没有参与骚乱行动是不成立的, 邱波毫无疑问是暴乱的有力煽动者, 因此强烈建议将他流放。新加坡的执行委员会9 月9 日也给出了相同的建议, 而不管邱波申请英国国籍的材料是否被撤回。⑤ 总督的观点则是: 没有什么比流放这两个头目更能为维护秩序与信心做出更大贡献的了。⑥

最后, 在同意将1867 年的《和平保护法》规定属于总督的权力转移

---

① Pg Exec. Co. Mins, 15 Aug. 1867 & GD 79, 19 Aug. 1867.

② SSLCP, 1870, pp. 7 & 92, & App. 19, "Return of Money Received from Ghee Hin and Toh Peh Kong Societies at Panang in 1867", pp. 57 – 59.

③ A. E. Anson, *About Others and Myself* (1920), pp. 278 – 283.

④ PRCR Evidence, Nos 27, 29, 32, 35, 44.

⑤ 根据1867 年第8 号法令, "如果动机不良", 委员会主管有权取消移民证。

⑥ GD 128, 28 May 1869.

给副总督以后，奥德上校就离开槟榔屿到新加坡去了，建德社和义兴会的首领们也被从要塞里放出来。

在向国务卿汇报时，总督清楚地表明：暴乱不是针对政府的，而是敌对会党之间竞争和敌视的结果，华人秘密会党的"每一方都在极力拉拢穆斯林教徒"。对于他在槟榔屿收到的无数的要求镇压华人秘密会党的请愿书，他的看法是：这不可能，因为除了大量的流动人口外，在殖民地定居的90000名华人几乎全是六大主要会党的会员。① 虽然它们都是以慈善和福利为目的而成立的，但在那些肆无忌惮的头目的控制下，已经退化成武装分子的集合体。虽然他们从没有反对过政府，但这并不能成为"无论他们为何犯罪，政府都不应反对"的理由。马来人与会党的联合增加了这一忧虑。有时，有的会党并没有从事骚乱活动，也没有参与骚乱的任何一方，"虽然他们的人被杀，房屋被毁"。然而，毫无疑问，如果骚乱没有被制止，或者在市内发生了械斗，所有的会党都必定卷入其中。

然后，总督提到通过新的法律以加强政府管理力度的行为，也提及要求会党头目、所有会员注册及禁止他们随意游行的议案。对于这一议案，他建议在形成决议前听一听调查委员会的报告。

（他说）我的印象是，这些会党将来通过监视的办法和谨慎的适度的控制比现在通过压迫和极端的新法律更容易控制，因为这样的法律会引起他们的反抗。

在向门上校表示了特别的感谢之后——政府对他在骚乱期间给予的极有价值的帮助非常感谢，总督请求政府重新考虑最近做出的、要削弱殖民地驻军力量的决定，因为槟榔屿的可用军队只有30名炮兵和180名海军。他认为，武装警察的增加将证明欧洲军队对马来各分遣队的支持将是使骚乱不再发生的最好的保护手段。②

在基本同意总督采取的行为之后，国务秘书白金汉郡和占德郡公爵（The Duke of Buckingham and Chandos）又从安森上校那里要了一份更为

---

① 义兴会、建德社、和胜会、海山会、存心社及和合社。

② GDs 79, Pg, 19 Aug. 1869; 81 & 143 Sing., 28 Aug. & 7 Dec. 1867.

详细的报告，他奇怪那些参与暴动的人都没有受到公正的审判。而且，他也怀疑在槟榔屿仅有"监督办法"就够了，也就是说不需要采取更强硬一点的行为了。他写道：

> 虽然我决不会对最后那些措施的轻率性视而不见，然而，如果失去现在这样能够建立政府权威及整合华人中那些爱好和平，反对蔑视权威的力量的机会则是不幸的。如果政府由于民众的呼吁而表示自己不能或不愿这样做，则是更大的不幸。

他想了解：华人政府是否有什么特殊的机器存在；他们自己的政府统治时能管多宽；如果欧洲政府直接管理的话，对他们的争吵要管到什么程度。他完全同意奥德关于组织武装警察的建议，并认为安森上校以前在毛里求斯（Mauritius）组织过同样的武装，他的经验可以借用。也许还可以从香港得到一些建议。①

在随后一封写于 1867 年 11 月 6 日的信函中，国务秘书注意到了关于《和平保护法》的提示。他不喜欢第 10 款、第 12 款和第 15 款，这些条款规定总督有权驱逐；用九尾鞭打 100 鞭；对关店的店主罚款，等等。由于法令是在"非常特别的情况下"通过的——当时呈递的议案表明海峡殖民地政府决心不允许再次发生最近槟榔屿暴动这样的骚乱了，而且，由于该措施仅仅是暂时性的，他认为没有必要修订，但他觉得没有任何正当理由能说服女王陛下批准这样一项法律。②

在回信中，总督很遗憾地说，他给人留下了"政府对民众要求政府摆正位置的请求不能或不愿回应"的印象。他还说，许多建议的措施都是不实际的，虽然很大比例的华人与那些好斗的会党无关，也没有参与骚乱，但仅仅从这个理由出发，不能说他们都是爱好和平的，他们还拒绝所有规范他们行为的努力。在这种情况下，他依然觉得他的监督和适度限制政策是合理的，而且，事实上，新加坡政府的鸦片及其他饷码达到 80000元之巨，远远超过以前的投标标的，这一结果已经为他的政策做了很好的

---

① COD/SS 80，22 Oct. 1867.

② COD/SS 91，6 Nov. 1867.

注脚。

他还认为武装警察将是非常有用的，在一定程度上比地方军队更有优势、花钱更少，并能与地方军队一起驻防整个殖民地。为此，英国政府应该会批准军队的部分拨款将来改由殖民地支付。但他也担心，这样会在殖民地遭到强烈的反对，因为这就意味着他们为此目的得额外开支。① 总督的担心是有根据的。他将发现，一方面殖民部并不同意用武装警察来部分代替殖民地的驻军，以减少海峡殖民地驻军的开支，而在另一方面，当地政府也不打算同意为此支付额外的开支，以免又要增加税收。

国务秘书支持安森上校采取的办法：军队和警察当局阻止并在必要时镇压骚乱，但不幸的是8月4日（星期天）副总督不在市内（他星期六下午下了山，傍晚又回去了，中了暑），"因为有他这样职位的一位官员在场，当局就可以施加影响"。

对于奥德为自己政策的辩护，国务秘书没有给予任何的指责，但他补充说：

华人秘密会党越来越独立于政府当局而不是与政府保持一致已经成为事实，你是毫无疑问应该对此负责任的。

我相信，你首先会承认不应忽视有机会阻止他们的独立。一个危险的时代或者说过去了的那个危险时代显然提供了这样的机会。我要向你指出的是，你有责任抓住每一个这样的机会，不过，我非常相信你在这种形势下会做得比你以前要好。

信的结尾是一份最后通牒：

关于你信中所说武装警察有优势部分替代本地军队以驻防海峡殖民地的意见，你应该清楚，虽然现在打算在海峡殖民地减少驻军并代之以警察力量的危险性有待评估，但海峡殖民地可能随时都会像尼科芭群岛一样由于军队数量的减少或者军队暂时的调动而发生谋杀事件。

---

① GD143, 7 Dec. 1867, with encl. [PRO/CO 273 (13), SS, 1867, Vol. 4, Dec.].

你要想清楚,议会的印象是,海峡殖民地政府和立法机关在任何情况下都不能提供它被期望给予的保护手段。①

当这些信件往来于新加坡和伦敦的时候,槟榔屿的警察正采取行动逮捕骚乱分子,调查委员会则调查了许多证人,要他们指证那些人在最近的骚乱中都扮演了什么样的角色。

虽然有数以千计的会党分子卷入到谋杀、抢劫、放火等不法行为中,但要在法庭举证却有困难。1867 年 9 月、11 月及 1868 年 2 月举行的审判大会上,只有 38 人被证明有罪,其中有 13 人是华人,25 人为印度回民——可能包括爪夷卜根人。他们所犯罪行包括援助和煽动谋杀、放火、抢劫、伤害、强闯民宅及非法拥有武器等。他们中有的被判死刑,有的被判 21 年、10 年或 7 年流放,有的被判监禁 3 年、2 年、1 年或 6 个月不等。只有 11 个人被完全执行,而他们中有 6 个人是处 2 年或 2 年以下监禁的,其他所有人的刑期都被减免了。

被判处死刑的包括建德社首领邱天德及另外三名会员:作为会党文书的邱妈便及作为会员的杨天成(音 Yeow Tean Seng)和邱才(音 Khoo Chye)都犯有协助和教唆杀人罪。红旗会的首领仄隆('Che Long)因为纵火罪被判 21 年流放。在义兴会这一边,只有首领李遇贤受到指控,但最后证明指控不实而被无罪开释。

判死刑的消息在槟榔屿引起了强烈反响,义兴会的人欢欣鼓舞,而建德社的人则复仇心切。邱天德作为"此次骚乱无可怀疑的煽动者",② 还是福建人公认的领袖,他拥有强大的势力,又极具个人魅力。从 1859 年开始,他就成为一个大家关心的问题。那一年,他因建德社与和胜会之间的冲突而被捕,但建德社的小商贩、店主等以关闭店门、中断贸易抗议。他被认为是槟榔屿的实际领袖——华人甲必丹。他曾做过鸦片饷码商,这给他带来了巨额财富和名声。作为主要以福建人为主的建德社的大哥,他在其创始人邱肇邦(Khoo Teng Pang)死后接任,拥有极大的权力。他不仅关心他本人的声望,也极在意建德社的名声。骚乱严重时,税务官都不

---

① COD/SS 29,18 Feb. 1868.

② GD 44,23 Mar. 1868,and PRCR,paras 33,43.

敢到岛上巡视，他便大量鼓励鸦片走私，这在某种程度上弥补了他曾经担任过，而现在已经不再担任了的鸦片饷码商的损失。①

安森上校在其 1868 年 2 月写给总督的信中说，所有的人对给予邱天德的判决都很吃惊，有人准备在将犯人从法庭送往监狱的过程中进行劫持，他派了很多武警去护驾。他还补充说，如果要执行判决，最好到要塞控制下的海边空地上去，"蚱蜢"号舰艇到时也应到场，只是可以离得稍微远点。虽然安森没有特别提到他预计会有骚乱发生，而事实上新加坡在 3 月 7 日已有了骚乱的迹象，海峡殖民地的海军当局在此之前已有了感觉，于是，海军部向伦敦的国务秘书发出了通知，皇家珀尔修斯号（HMS Persues）于 3 月 1 日前往槟榔屿。"这种无法控制的局面要求对那些华人赶快执行死刑。"②

邱天德在槟榔屿吹嘘说，政府不敢对他执行死刑。他的话没错，一方面，骚乱的严重性要求惩罚首要煽动者和参与者，但另一方面，对他们的惩罚又可能让会党感到愤愤不平，从而导致更为危险的骚乱，因为对不同的会党给予的不同判决已为众人所知。于是，替犯人说话的请愿书雪片般飞来，他们以各种理由要求免于执行。他们的综合报告中说："证据有误，犯人无罪。"总督向审理该案的法官威廉姆·哈克特先生（William Hackett）出示了这些请愿书。他回答说，在多数情况下，对犯人不利的证据是在合适的时候出示的，那是直接证据，唯一的问题在于证人的可信度上。不过，他声明，在此案中的证人动摇了他的信心。结果，他准备，即使不是全部，也要在很大程度上取消对犯人的惩罚。由于请愿书不断飞来，威廉姆先生只好认为大部分对犯人不利的证据都是那些"带有偏见的人"给出的，但他没有说在任何案件里的证据都是不足为陪审团采信的。虽然总督并不认为这次判决太重了，可他认为应该减轻处罚。然而，如果有了这一个先例，以后就会一发而不可收。③

在这种情况下，作为对那些如洪水般涌来的请愿书的回应，在 1868 年 3 月 18 日的行政会议上，邱天德和他的同伴的死刑问题得到了总督的

---

① PRCR Evidence, Nos 44, 46, 51.

② COD/SS 75, 16 May 1868, & GD 128, 24 June 1868.

③ GD 8, 6 Jan. 1869 (retrospective).

关注。出席这次会议的不仅有威廉姆·哈克特先生，还有首席法官彼特·本森·马克斯维尔先生（Peter Benson Maxwell），他刚从伦敦回来，是总督特别邀请他出席的。会上宣读了法官的审判记录，与会人员一致认为不应对任何犯人执行死刑，这一建议得到了总督的完全赞同，但对于死刑的性质大家还是有不同意见的。会上，包括首席法官在内的部分人赞成干脆不要对犯人给予任何惩罚了，但其他人认为应该给予他们不同程度的监禁和流放。不过，大部分是反对不予追究而赞成给予一定时间的监禁的，哈克特先生认为两年比较合适。总督认为，将死刑减为为期两年的监禁不会消除建德社和义兴会的"误解"，于是决定把死刑改为七年流放，尽管他知道根据现有的法律是不可能执行这一判决的。邱天德出生于槟榔屿，执英国国籍，流放刑根本不适用于他。但总督补充说，他绝不打算"用什么惩罚来代替让这些人服两年苦役"①。与此同时，犯人们被送到新加坡的监狱里去了。

门上校领导的委员会从 8 月到 10 月经过了艰苦的工作，搜集了大量的文献和证词，但他突然离任出国了，这使其他成员非常生气和失望。直到 1868 年 4 月安森上校来接任，他们没有任何进展。他们按总督的指令，根据现有的材料炮制了一份报告，并于 7 月 14 日提交上去。虽然几乎没有任何证据证明旗会的组织与参与，但报告中列举的详细证据和 24 个附录对于了解槟榔屿会党的活动非常有价值。②

该报告中的不少信息已经包含在此前关于骚乱汇报材料中了，但调查委员会所得出的结论及给予的建议值得关注。调查委员会的人坚信骚乱源于两支穆斯林会党在阿舒拉节期间的一次小小的争吵，两支华人会党的煽风点火使得争吵升级，因为前两者早已分别与后两者结成同盟。所有参加骚乱的会党都是受人指挥的，要么是他们所尊敬的首领，要么是其他领导。这些人指挥他们的主要行动，从会党的基金中拿出钱来购买武器和悬

---

① GD 44，Sing.，23 Mar. 1868.

② GDs 71，27 Apr. 1868 & 267，20 Dec. 1870；SSPLC，1868，app. A，p. ii，总督在 1868 年 5 月 6 日立法委员新闻发布会议上的讲话（Gov's speech at opening of new sess. Of Leg. Co.，6 May 1868）；GN 58，Col.，Sec's Office，25 Nov. 1868（PRCR，p. ii）. The Report is printed in SS-PLC，1868，inc. Act XXI of 1867，GNs，the proc. of the Commissioners（pp. i – xiv），List of Witnesses & Mins. Of Evidence（pp. xv – xvi & 1 – 74），and app.，pp. 75 – 134。

赏敌对会党首领的头颅，还给那些在械斗中受伤或死去的会员和家属抚恤金。他们的组织规章如同政府的正规军一样完善，对当地的和平与安宁造成重大影响。穆斯林教徒和印度人与那些传统习惯及种族看法都完全不同的华人的联盟更增加了这种危害性。[①]

调查委员会虽然没有一条条地证明他们提出的条款，但建议镇压。他们认为对会党应该像香港那样通过立法给予完全镇压。[②] 否则，应要求所有会党每年到警察局注册，登记会党首领的名字、目的、会员数等。无论何种誓言都应禁止。一旦发生骚乱，首领应被起诉或罚款，如果不缴，则没收该会党财产。会党首领还要与会员一道为会党所伤及的人和所毁坏财物承担赔偿责任。一旦发现有谁阻止他人向警察局投诉，则要予以重罚。要想截断敌对秘密会党及宗教派别间发生冲突的根源，就不要批准他们上街游行，而这些庆祝仪式也应限制在会党和宗教团体自己居住的区域内进行活动。[③] 报告于10月6日提交给立法会，而为考虑这些建议又组建了一个特别委员会。

会党领导层和那些出过证词的人对他们的誓言支支吾吾，但委员会可以把那些不配合的证人送到感化院（House of Correction）去待三个月，这一强制措施让他们多少有点怕。义兴会的一个首领胡为期在被关了几天后就对委员会的人说："我是怕我的命保不住，如果我说实话，我们的人会杀了我的；如果我不说，你们又要治我的罪。我真希望你们制定出什么条例规章来解除我与会的关系，因为我自己是不敢脱离会党的。"

建德社的首领就难驾驭多了，但他们的计划都是完全公开的，邱天德是人人知晓的主要的骚乱煽动者，尽管他始终坚持自己没有犯法，并否认对他的各项指控。

关于旗会与华人会党联盟的证据也有了，义兴会的头目李遇贤说白旗会的首领端吉（Tuan Chik）也是义兴会会员，而且是马来亚义兴会的领导。红旗会的情况则不是太清楚。两位建德社的领导否认了允许红旗会会

---

① PRCR，para. 45.

② Hong Kong Ord. of 1845，"For the Suppression of Traid and other Secret Societies. 关于三合会和其他秘密会党的镇压"。

③ PRCR，para. 46.

员加入建德社的事："他们根本就不属于我们一会，但他们与我们一起行动，仄隆自称为大伯公，但他并不像我们的会员那样发誓，也不出席大伯公会的领导层在公司总部召开的会议。"① 另一方面，一位官员却说，他听说很多马来人都加入了会党。这可说明他们与会党有关系，但不是他们的全职会员。

其中关于华人秘密会党组成的情况也比较详细，虽然义兴会的大多数会员都是"澳门人"（估计有70%是广东人），但也有福建人。他们显然是在胡为期的控制之下，他的上司就是先生梅耀广。建德社虽然主要是福建人组成——他们中的许多人是海峡侨生（Strait-born），但也允许客家人加入，因为报告上提到有个首领"是客家人（讲客家方言的人）"。②

委员会的报告中也包括1845年胡为期领导义兴会时的人数以及1866年在一个印度人沙木（Shamoo）领导时的人数。③ 翻译好的入会诗篇、规则及誓言都放附录里了（Nos 17—23），可惜建德社的没有这么详细，仅有一点点都是他们极不情愿提供的，没有什么意义。④

调查及所给出的报告对委员会证实和记录骚乱事件有非常重要的作用，并有了调查事件起因的可能性。调查本身也向槟榔屿民众表明，会党首领随时都可以被政府传唤去解释他们的会党组织的行为，而且，会党的神秘面纱被揭开了，即使并不完整，也算是用真实的数据代替了以往那些义兴会和建德社的档案。也许最为重要的是，报告强调了秘密会党对社会的威胁，提出了要么完全镇压，要么强力控制的政策，并肯定在处理骚乱事件时必须有额外的力量。虽然说在多年内都不太可能采取镇压政策，但报告非常强调政府的作用，并推动授权政府以使控制成为可能的立法。

到1868年7月中旬，法院采取了行动，委员会也提交了他们那份被期待已久的报告，但由于马上就是槟榔屿暴动的周年纪念了，政府了解到槟榔屿正弥漫着一股危险的味道。8月初，警察局报告说义兴会和建德社之间又有麻烦了，因为邱天德在玩花招，虽然他那时还关在新加坡的监狱

---

① Evidence No. 28.
② Evidence Nos 47，35 & 22.
③ Evidence Nos 15 & 36.
④ Evidence No. 49.

里，却一直在暗中指挥槟榔屿的会员"想办法去恐吓、刺激义兴会的人，也许会发生意想不到的事"①。

《进一步保护和平法令》（*The Bill for the Better Preservation of the Peace*）于 1868 年 8 月 3 日到期，总督没打算让它继续有效。但接到槟榔屿骚动的消息后，总督让人准备了一份新的议案，其中有与殖民部意见相反的修正案，包括用九尾鞭鞭笞 100 下的惩罚。该议案于 8 月 8 日就匆匆忙忙地交给了立法会，除一个人投票反对外，其余的都是赞成票。②

这一法案遭到了首席法官本森·马克斯维尔先生（Sir Benson Maxwell）的反对，他在原始议案通过时正好不在殖民地，他给国务秘书写了一封长信进行抗议。他说，他不仅仅是反对更换法令的行为，更在于新法令中的几款规定，特别是那些规定主管官员不仅有权把外来人，而且有权把英国公民送入监狱和流放的规定，他还不需要为此费神地考虑自己的判断力，因为没有条款规定他必须说明流放是为了保护殖民地的和平，也不需要进行调查或打报告，这些人也不享有保释权、上诉权和人身自由权。首席法官认为，秘密会党间的"派系斗争"并不真正对英国的统治秩序造成危害，因此，他认为给予总督枪击暴徒、召集华人秘密会党首领担任特别警察、鞭笞持有武器者以及审理骚乱案这样的权力是过了一点。③

这一抗议送到伦敦后，总督对马克斯维尔的批评给予了详细的回答。在一一列举了自 1858 年 3 月以来发生在槟榔屿的 12 次骚乱后，他总结说，就算这些骚乱是"派系斗争"，但他们的行为超越了他们开始时的那种无害性。他继续说：

> 无可否认，如果这个国家一大群拥有武器的人都干上了打家劫舍、杀人放火的勾当，就不仅仅是毁掉几间房屋的问题了，而是把农村夷为平地，并把他们遇到的每一个人都斩尽杀绝。或者，如果再次发生相同的情况的话，他们连续几天占领着市郊，政府的全部努力都会不足以保护城市幸免于难。现在还没有资料说明他们为何闹事，他

---

① GD 174，12 Aug. 1868.

② Act. X of 1868.

③ 这一抗议标注的时间是 1868 年 9 月 1 日，刊登在 app. B in SSPLC/1869。

们的存在本身就是对政府权力的严重威胁，实际上危及英国的统治。

虽然首席法官对这些骚乱没什么大的意见，但我听到和看到的却是他们对殖民地的和平、安全和繁荣的严重危害，他们的存在与我们所追求的好政府是完全不协调的。

我同意这是建设性的意见，但我有充分的理由让人相信政府需要这些特殊的权力来处理他们，因此，去年的《和平保护法》被通过了，今年继续有效。

总督还解释说，流放权并不是新增的，取消移民证的权力则是基本权，而要求秘密会党首领担任特别警察及利用他们的影响抑制暴徒行为的权力虽然到1867年才合法，前任总督却早已自由使用，并被证明在处理紧急情况和维护和平方面极其有用。他认为条例并不是用来制造问题，而是用来解决问题的，也就是为公众保障和平和财产安全，这也是一个政府的首要责任。他还认为，为完成这些任务，政府有权要求给予配套措施，不应为了与英国法律的基本条款保持一致而给予限制。

首席法官对执行政府的职责和权力有他自己的看法。他说，他处在一个独立于执行政府而介于政府与民众之间的位置上，他要保护的是后者，显然他要争取他曾经提到过的给予限制。不过，他认为海峡殖民地政府的执政原则在其占领之初与现在是完全不同的，他可以断言在海峡殖民地三州府适用这些基本统治原则即便不是不可能也是很难的。

由于难以取得可信的证据，过去定罪不是太多就是太严，结果导致会党认为他们只要满足自己的要求，而不用害怕政府。为了消除这种"错误观念"，政府应该拥有更广泛的权力，这些权力不必时时具备，而只是让民众了解在紧急状态下，政府是有这些权力的。[①]

幸运的是，槟榔屿最终未发生暴动。在12月19日立法会闭会时，总督很高兴地宣布在过去的一年（1868年）中没有发生骚乱。恰恰相反，"他感到一种普遍的认同和信心可能是未来和平与秩序的最好保证"[②]。

也许是这种感觉鼓舞了总督，他在这个时候对1867年骚乱中的犯罪

① GD 186, Sept. 1868.

② SSPLC/1868/app. Z.

分子给予减刑。威廉姆·哈克特先生和检察长在审判中再次斟酌了那些证据。在最初被判刑的 38 个人中，有 3 人已经服刑完毕，8 人的刑期没有变化，27 人被减刑。特别是邱天德和他的那三个兄弟被减为做苦役两年，红旗会的首领则以三年苦役代替了原来的流放 21 年徒刑。

　　总督在给国务秘书发送这些被减刑的名单说，"这一仁慈的行为发生在我们的圣诞节期间，华人的新年之前，在这样的时刻，给予什么样的恩惠都不为过"，并在"殖民地"的居民中产生了很好的影响，"这种良好的影响是不会很快就消逝的"①。国务秘书准备同意减刑，但对《和平保护条例》不太满意。他在回信中"建议做一些改进"。接受了这些意见的新议案于 1869 年 2 月 17 日进行了一读。②

　　国务秘书认为，为了公众的和平，在殖民地做这样的事要极其小心。他同意总督关于在殖民地适用普通法和宪法基本原则还不足以达到目的的意见，认为没有理由怀疑立法机关在后来 20 个月中处理的事情是极其明智的。不过，他认为法律不应该开一次简单的会议而不公告就通过了，应该让持反对意见的人到立法会上尽情陈述他们的观点。

　　而且，首席法官的某些反对意见"值得认真考虑"，特别是对于把外国人关起来或遣送出境的权力。虽然他也不同意首席法官关于一个人在被关或遣送出境前应有被保释的权利，也就是说享有人身自由权或上诉权的说法，但他觉得任何一个人被驱逐之前都应该公告列举他被驱逐的理由，随后要将指控送到行政会议。信息、证据和辩护都应该听听，只有总督在会议上陈述为了公众安全的利益必须驱逐某人之后才可以签发驱逐令。

　　法令草案根据这些意见进行了修改，同时还对其他的细微之处做了改动，包括藤杖的次数由原来的 40 鞭改为 30 鞭。虽然首席法官反对，但由于里德先生支持，法案还是于 3 月 25 日通过了二读。在 1869 年 5 月 17 日三读时，两位反对者向国务秘书递交了书面抗议，请国务秘书不要在条例上签字。由于有这些争论，总督认为主要支持来自槟榔屿，他引用 1867 年槟榔屿暴动早期阶段的一份请愿书，强调应对暴乱分子给予重答。

---

①　GD 8，6 Jan. 1869, encl. list of remissions of sentences.

②　COD/SS 31，11 Feb. 1869［PRO/Co273（26）］；234，18 Nov. 1868（SSPLC/1869/app. B）.

在总结暴动时，他引用了槟榔屿的另一份不仅有欧洲人还有"华人、吉宁人和其他土著人"签名的请愿书表达他的观点：

> 从秘密会党人数的增加，会员财富的积累以及现在械斗的规模来看，迄今为止，政府所采取的阻止和镇压暴乱的手段都是不够的。因此，没有特别的立法就不能达到保障殖民地和平的目的。一般的刑法对这样的械斗根本不起作用。

由于在新加坡不是经常发生暴乱，因此可以理解那里的非政府官员感觉不到在这一议案中给主管官员这些权力的必要性。但是在两名非政府官员托马斯·斯科特和布朗及国务秘书的支持下，总督认为坚持议案是正确的。该议案最后成为 1869 年第 7 号条例，有效期至 1870 年 6 月 30 日，1867 年法令同时被废止，其中的某些规定以现有条例补充条款的形式生效（特别是 1867 年第 20 号法令的第 10 款关于驱逐以及对返回殖民地的被驱逐者的惩罚规定）。条例与首席法官和里德的抗议书一起被送到了伦敦。[1]

在传达大英帝国对此条例"至高无上的批准与确认"时，国务秘书（现在是罗德·格兰维尔，Lord Granville）表达了他的希望：不要再出现严重的紧急事件使得像这样的特别且不正常的法律继续下去了。[2] 然而，就在他写下这些文字之前，槟榔屿又爆发了紧急的直接触犯这一条例的骚乱。

新法令草案犯了一个错误，它没有赋予在原始议案上就有的驱逐行动以合法性，因此那些曾经在旧条例下被驱逐出境的人现在又回来了。第一个享受到这一好处的就是义兴会的先生梅耀广，他于 1867 年 8 月被驱逐，1869 年 7 月他又出现在槟榔屿，引起了极端的惊慌。他很快就被逮捕，他被判罚款后就关到监狱里去了。他享有人身自由权的文书随即被签发，槟榔屿的法官说，梅被关进监狱是不合法的，并命令释放他。罚款也未征

---

[1] GD 130, 29 May 1869.

[2] COD/SS 132, 5 Aug. 1869.

收，他有罪的宣判被取消。从这一阶段来看，显然是严重缺乏法律的约束。①

　　槟榔屿的市民都非常害怕，地方治安官于 8 月 4 日碰了一次头，并决定"请求总督采取措施，他必须改变这种有害的局面。会议认为，如果法律中没有惩罚条款，像这样的局面还会再次出现"。还有一个人认为不是法律没有惩罚条款，而是制定法律的人忘记了自己的责任。

　　总督匆匆忙忙赶到槟榔屿，并于 8 月 6 日召开了一次立法会，与会人员跟 1867 年 8 月前面那次会议一样，包括总督本人、副总督、检察长和 F. S. 布朗先生。他解释说，法律中出现的缺点完全是不小心造成的。为了改正这些缺点，检察长提出了一份补充议案，并很快通过了一读和二读。在 8 月 12 日的政务会上，反对议案的代表，梅耀广的辩护律师伍兹（R. C. Woods）先生提交了议案。议案的审查及三读于 8 月 28 日在新加坡召开的立法会上完成，当时正好是第二个被流放者邱波（Khoo Poh）的事刚被听说。

　　这次议案的主要反对者还是首席法官，支持者也是里德，他们最后使得议案延期生效。他们认为，如果驱逐的人返回该地，由于他们本身的行为就不正，总督是有足够的力量惩罚他们的。但他坚持认为原来对驱逐的规定及后来对返回的被驱逐者的规定都是不合法的，判梅耀广向警察及其他人赔偿也是不合适的。② 不过，他拒绝陈述他为什么认为驱逐是不合法的，也不愿说明反对赔偿警察的好处。支持首席法官的列德认为，政府应该像暹罗、沙捞越和爪哇一样，第一步应该是宣布秘密会党为非法组织。早在 1843 年的地方治安官会议上就已决定，政府将通过法律来镇压兄弟会，但除了驱逐几个会员外，一直没采取行动。他认为现在正是通过法律将秘密会党置于控制之下的时候了。"你们从开始的地方治理，而我们是从结束的地方开始治理，通过这样一部法律显然要比通过一部先放纵他们几年然后再打压的一部法律要好得多。"

　　但其他的参政司都认为法律所给予的这些权力是明智的，经过长时间的争吵，该议案最后通过，是为 1869 年第 9 号条例，于 9 月 7 日起生效。

---

① 　GD 202，18 Sept. 1869.

② 　Ibid.，para. 9.

它最有效的条款之一就是，根据 1867 年第 20 号法律第 10 款，被驱逐的人如果返回原地可以被逮捕和拘留，并再次被驱逐出境。

同时，政务会的另一决议是针对梅耀广和邱波这对朋友的，检察长认为对于邱波这个人的驱逐命令事实上是不合法的，他要求总督对该案进行调查。邱波是依据印度 1852 年第 30 号法律条款移民来的，应该享有本地出生的英国公民的特权，根据 1867 年第 8 号法令，也就是移民法，是不能取消其移民资格的。这样来抠法律字眼，总督会同行政局倒是都没想到，做出决定的时候只相信邱波不是本地生英国公民。现在，总督会同行政局必须取消对邱波的指令，与此同时，他认为再强制执行对梅耀广的指令也不太合适，因此，两项指令被同时取消。

这一行为在槟榔屿很难被接受，但总督希望补充条例能够使原来的法律更清晰，他取消这两项驱逐指令的行动被认为是对华人做的善事。① 在伦敦，虽然女王批准了 1869 年的第 9 号条例，但国务秘书不断地说他很遗憾，他一开始没有了解邱波被捕和被驱逐之前的情形，忽视了立法应具有的前瞻性。②

因此，这台戏的主角最后都回到了槟榔屿：邱天德和他的三位兄弟在监狱里待了两年后被释放；邱波和梅耀广也获得了自由；义兴会的首领胡为期和李遇贤根本就没被判刑。梅耀广后来发现，他被驱逐期间，他在义兴会内先生的位置被人取代了，他的上司再也不需要他的服务了。义兴会给了他一点补偿金，他就到吉打的瓜拉巫打（Kuala Muda）过日子去了。一年以后，红旗会的首领也服完了他的三年苦役，回到槟榔屿。

邱天德继续担任他自己宗族和会党的首领，随着时间的推移，他在槟榔屿和霹雳都聚集了很多的钱财，势力也越来越大。但几年之后，也就是1872 年，当人们再次关注槟榔屿时，最感兴趣的就是新加坡的立法会了，他们第一次打算通过立法行动来控制秘密会党。

---

① GD 202，18 Sept. 1869，para. 9.
② COD/SS 205，29 Nov. 1869.

海峡殖民地，1869—1873

一 立法控制的尝试

《和平保护法》通过给执行委员会授予英国普通法以外的权力来强化政府镇压秘密会党暴乱的职能，但这一办法让那些想通过镇压华人秘密会党本身，使会党的存在就不合法来解决问题的人不满意。相关的请愿于1867年8月发生槟榔屿暴动时就送到总督府了，暴动调查委员会则于1868年强烈建议对秘密会党进行"完全镇压"，或者是"所有的会党，无论其性质若何"，均须每年到警察局登记，以便从根本上解决问题。但是1868年10月6日，暴动调查委员会的调查报告摆在了桌面上，随后被任命的特别调查委员会只提出了一个"规范华人秘密会党"的议案。[①] 根本没有提到镇压政策一事，甚至连像托马斯·斯科特在1867年7月提交的议案中的"为了更好地规范会党和协会组织，也是为了阻止非法集会"这样的字眼也没有。

第一个委员会包括了检察长、财政局长和三个非政府官员：里德、斯科特和里特尔，财政局长后来退了出来，里特尔博士则由槟榔屿的布朗先生替换，他们非常想听后者的建议。但要意见一致还是很难，直到1869年7月22日，在总督的直接过问下才出来了一份由布雷德尔（T. Braddell，也就是检察长）、里德和托马斯·斯科特签字的多数人意见报告，大约一个月之后，布朗签字的少数人意见报告才出来。

在委员会任命和报告出来期间，涉及的内容大多增加了。比如多数人

---

① SSPLC/1868/6 Oct. .

意见报告中说，委员会的任命是"为了调查秘密会党的性质和目的……
对到底是进行完全镇压还是给予严格控制提出合理建议，了解他们活动中
的罪恶"①。总督后来的一封信中说，1868 年 10 月 6 日的特别委员会的任
命直接目的就是产生议案：

> 为了根据槟榔屿暴动调查委员会的建议规范华人秘密会党——镇
> 压，如果发现这不可能的话，或者要求登记。登记内容包括：会党名
> 称、会员的姓名及其他资料；禁止他们发誓，否则就给予惩罚；要求
> 会党首领或管理者对该会党成员的行为负责。②

经过几个月的考虑，撰写多数人报告的那些人一边自己学习施列格
（Schlegel）的著作和阅读暴动报告与证据记录，③ 并把这些东西给"杰出
的华人"传阅，一边与新加坡警察局长丹门（Dunman）商量对华人秘密
会党首领和会员进行调查，还调阅了卡文纳夫上校 1860 年写的那些信函，
结果他们只同意暴动调查委员会关于"各州府的多数秘密会党都退化成
私人组织，其目的是反对公共和平及政府的管理"的意见，并要求"最
果断的办法就是采取控制手段"。但他们的建议被认为不如暴动调查委员
会的严厉。他们建议所有的会党（除共济会外）应当登记会员和集会的
详细资料，首领应该被要求为自己及会员的行为找到担保人，集会则要向
主管当局开放，青少年会党应坚决镇压。④

槟榔屿暴动调查委员会报告意见最坚定的支持者布朗先生认为现在的
报告不会有多少用。槟榔屿、嘡叩、拉律的会党的内部械斗本身已经表明
他们是犯罪和危险组织。他们发誓要相互帮助逃脱当局的追捕，他们走
私、赌博、开妓院，完全是只关心自己，所以应该"彻底镇压"。⑤

---

① SSPLC/1869/app. Y，para. 1.
② GD 267，20 Dec. 1869，para. 3.
③ 该著作是指施列格的《天地会研究》（1866）。
④ SSPLC/1869/app. Y，para. 12.
⑤ SSPLC/1869/app. Z，para. 18. 布朗提交的少数人意见报告中那种啰啰唆唆引述法律的风
格大概是起草人罗安（Logan）的，但布朗本人是同意的。（SSPLC/1970/20 June，speech by
F. S. Brown）

多数人报告中说近年来在新加坡和马六甲的秘密会党活动已有所减少，而布朗则强调槟榔屿的秘密会党活动不仅有增加，而且还把当地和威省的马来人都卷进去了，特别是对马来亚的印度人及其会党产生了影响，这对槟岛对面的海岸造成了钳制。立法还必须把穆斯林会党也包括在内，虽然说他们本身并非秘密的会党，但他们参与了 1867 年的华人秘密会党暴动，并在暴动中犯下严重罪行，造成了极大损失。

如果政策仅限制于登记，那么所有的社团特别是华人社团都要登记，因为他们的会员也是秘密会党的会员，那么，相比较而言，秘密会党在其他社团的掩盖下更容易开展活动。

最后，布朗反对多数人报告的原因是该报告没有要求参加暴乱事件的会党支付赔偿金的条款。他认为，秘密会党首领是不大会去关心他们的会员的，但他们口袋里的钞票一旦受影响，他们就要着急了。他坚持认为会党必须允许持有财产，也必须能够起诉他人和被他人起诉。

多数人报告是 1869 年 7 月 22 日上交的，少数人报告上交的时间为 8 月 31 日，那时政务会正按照总督的意思决定由检察长、审计长和托马斯·斯科特先生组成一个三人委员会，以准备一份议案。该议案强制要求除贸易团体和共济会外所有社团都必须进行登记；被登记的社团必须向政府提供全部信息，包括它们的目的、机构、规章制度、会议记录，等等；禁止所有的秘密会党和其他社团的秘密会议。[1] 他（在此阶段）不同意槟榔屿方面关于首领必须对他们会员的暴力行为承担经济责任的建议。但该议案在 9 月 14 日的政务会上一读时，托马斯·斯科特认为它还不太好，并认为首领就是应该承担经济责任，而会员如果在街道上打架就应该处以鞭笞刑，因为肉体惩罚对暴徒有一定的威慑力。

该议案经过了五次政务会的激烈争论，[2] 于 9 月 28 日通过了二读，军队指挥官伍利上校（Colonel Woolley）和 W. R. 斯科特先生提出一些过激观点，前者认为除了镇压，其他的办法都没用，而后者认为与其让会党秘密暴动，还不如允许他们在街上公开暴动。他关于镇压会党将会使投毒和暗杀行为替代暴动的观点为争论增色不少。总督一方面认为镇压极有必

---

① SSPLC/1869/31 Aug.；also GD 267，20 Dec. 1869，para. 6.

② 25 Sept.，2 & 29 Oct.，15 & 24 Nov..

要，一方面又担心这种简单的处理方式会很危险。他力劝众人接受该议案，"因为它不仅仅是摆设，还希望它能处理好与这些会党的关系"。他还补充说，如果这一议案被通过，他将提议修改《和平保护法》，一些观点非常值得考虑的人①一直认为此法没有必要，又不合宪法，或者说根本就不适合。

议案通过了二读，并在 10 月 2 日和 29 日的委员会上进行了辩论，要大家都接受的主要障碍在于罚金责任问题。没有这一条，该议案就被它的批评者认为是不完整的，甚至可能形同虚设，但总督仍然坚持这不可行。11 月 15 日，在槟榔屿代表和托马斯·斯科特依然反对的情况下，总督再次强烈要求通过议案，但同意它只有一年的有效期。这一妥协似乎把首席法官争取过来了。在 11 月 24 日的最后会议上，总督报告说，在首席法官的协助下，社团财产必须承担赔偿社团参与暴动造成损失的条款，以及转移财产、起诉和被起诉权利方面的条款都被加进去了。② 议案的名称也作了修改，"秘密"社团被改成了"危险"社团，以示它仅仅对危险会党适用。现在，甚至连首席法官也认为议案令人满意。它最后被通过，成为 1869 年第 19 号条例，名为《危险社团镇压条例》（*An Ordinance for the Suppression of Dangerous Societies*）。这个名称给人以误导，因为条例本身根本没有镇压条款，而是对所有的社团进行登记和控制，无论其危险与否。虽然原始议案中包含了授权注册官员不予非法社团登记的条款，但最后，这样的温和镇压条款也没有位置。③

所有的社团，除了股份公司和共济会外都被要求到警察局进行登记，登记内容包括名称、目的、经营场所位置、社团管理者的姓名和地址（第一款）。总督接到任何有非法目的的社团——不管是登记了的还是未登记的，或者其游行也可能威胁公众和平的——的书面信息，都应命令登记官召集该社团管理者，以获取更多更详细的资料，包括他们的领导成员、会员、账目、章程、制度、誓词、仪式和腰凭等（第三款）。有权拒

---

① 指首席法官和 W. H. 里德。

② GD 267, 20 Dec. 1869, para. 7.

③ SSGG, 1869, pp. 448 ff. (S. 3 of the Bill); ibid., 10 Dec. 1869, pp. 725 – 730, for Ordiance.

绝给那些"好战的、激进的或本质上不合法的"社团注册（第四款），也有权召集管理者或其他头目与两名保人签订合同，保证不触犯条例的任何一款（第五款）。开会必须提前 24 小时通知，地方官员、治安官和警察局官员可以参加，任何会议只要与这些要求不一致就是非法集会（第七款）。如果两会会员间发生冲突，相关会党可以起诉和被处以罚金刑，该笔罚款可以从主管人、领导层和会员的财产中征收，总数根据被害人和损失的财产情况确定（第十三款）。还有条款规定注册会党持有财产及他们起诉和被起诉问题（第二十六款）。该条例的有效期截止日是 1870 年 12 月 31 日，过期作废（第三十一款）。

总督在向伦敦汇报时强调，他本认为在新条例下采取行动还没必要，但为了给华人留下一个深刻的印象，政府现在装备了一支强大得多的力量，这支力量要不要用就由华人自己决定了。政府不打算用这支力量去对付任何一个为合法目的——他们的行为不会对公众和平及福利造成损害——而成立的社团。显然，总督是在争取时间，他希望通过"谨慎动用这些力量"来控制海峡殖民地的危险因素，尽管他知道要进行彻底镇压力量仍然不够，他还是要受制于警察力量弱且不足、军队实力太小、华人如潮水般涌来这些因素。①

国务秘书罗德·格兰维尔（Lord Granville）在传达女王的同意批示时说，他对此条例的作用和效果很感兴趣，并要求随时向他通报条例的执行情况和它对华人的影响。②

由于总督必须承诺修订《和平保护法》，条例才能通过，于是他立即于 1869 年 11 月 24 日提出了一份修正案，但首席法官强烈反对给属于执行委员会特别司法权的条例附加任何东西，并给国务秘书写了一份抗议书。新的政务会到 1870 年 5 月 23 日才开，总督利用这个时间空当的有利条件与殖民部官员达成了一致，并把国务秘书后来的建议合在一起，重新赶制了一份草案提交到 5 月 23 日的政务会上去。

新议案的有效期为三年，限定政府只有在殖民地的部分地区都陷入骚

---

① GD 267, 20 Dec. 1869, paras 8 – 11; also SSPLC/ 1869/app. UU, Gov's Speech at the closing of the sess. of the Leg. Co. , Pg, 29 Dec. 1869.

② COD 42, 17 Mar. 1870.

乱和危险时才可启用，还有几项权力被一起废除，其中包括终止人身权；对没有正当理由就在骚乱时期闭店或停止贸易的店主进行惩罚；对非法持有或携带武器给予鞭笞或拘留，等等。驱逐权只有被捕之人宣布是危险会党首领或者参与了暴动或骚乱时才可使用。还有条款规定，在这样的案例中，是否取消被捕者的国籍要由国务秘书决定。还有一条被修改的重要条款是：被驱逐者如果不离开殖民地可以处 500 元的罚款或者入狱（不超过一年）直到他同意离开或实际上离开殖民地，而不是由总督决定是否拘留。

在 6 月 14 日的二读说明时，总督重申了他的观点：《危险社团条例》（*Dangerous Societies Ordinance*）与《和平保护法》应该同时保留，至少也要保留相当长的一段时间，这一点他已说服国务秘书了。他认为，过去两年半中槟榔屿的和平秩序完全归功于会党已经意识到了：如果他们违法，总督有权对他们进行严惩这一事实，放弃这些措施将是非常不明智的。①

虽然说修正的议案与原来的《和平保护法》相去甚远，特别是在驱逐程序和明确规定它是只有在民众骚乱的紧急状态下才可使用的权力的方面，但首席法官始终不肯妥协，并且在公开的争论中对总督进行了空前的、露骨的人身攻击。"（他说）总督需要权力，这部法律对他而言就像是衣领上的一条金边一样，是他办公室的一种装饰，它是一种华而不实的装饰，总督对它的态度就像他对待他的其他那些装饰品一样。如果你们谨慎考虑，就不会奇怪我作为一个英国律师为什么拒绝把我所尊敬的任何宪法原则所起的作用归功于这个恶魔麾下的这些哗众取宠的小玩意了。"

在强调需要更为强大的警力而他又明白财政无法承担这一重负时，他又一次生气地骂开了："如果你的报告内容属实，那从 1867 年我们开会以来，在办公楼上是没花掉 20 万元了？② 在蒸汽船上花掉了 20 多万元也是假的了？这些钱不都是给总督盖房子和给几个官员去旅游花掉了吗？你会说你会愿意放弃这些权利，把这些专制条款都写进法律，为增加必要的警力而节约钱吗……"

他提议"5 个月后"再读。

---

① GD 28，8 Feb. 1870，para. 8；SSPLC/1870/14 June，Gov's speech.

② 指政府办公大楼，1867—1869 年修建。

刚从锡兰调来的殖民地秘书 J. W. W. 比奇（Birch）是第一次参加政务会议,① 他对这样的人身攻击感到非常奇怪而且愤怒,对首席法官提到立法时所用的语气表示不能接受,于是,他指出,法律是政务会成员都同意的,不是总督的个人行为,他非常支持政府的政策,并对国务秘书禁止鞭笞的条款感到遗憾。

6 月 20 日,争论继续,这一次,首席法官有三位非官方人士支持,他们是 W. H. 里德（Read）、W. R. 斯科特（Scott）和 W. 亚当逊（Adamson）。不过,他的修正案没通过。伍利上校是支持总督的,F. S. 布朗在"槟榔屿全体受尊敬的华人"的支持下发了言,他觉得有必要通过法案来阻止暴乱再次发生,他也找出了以前授予总督的权力为什么要保留的特别理由。举个例子说,在槟榔屿参加 1867 年暴动的几个秘密会党首领现在"无一例外"都回来了,所有的危险会党首领都拒绝登记。议案的另一个非官方支持者是刚任命的新加坡华人社团代表"黄埔（Whampoa）"。② 他声称有他那个团体的"令人尊敬的人"的支持,他确信直到最近,新加坡的华人都不敢住在"乡下",因为怕被绑架。

该议案于 1870 年 6 月 22 日被通过,为 1870 年第 3 号条例,《和平保护法》的有效期也延迟到 1873 年的 6 月底。在投票之前,首席法官说,在乡村有强大的警力之前,秘密会党会继续繁荣,因为无法从警察那里获得保护的人会继续依赖他们的保护。

但是,虽然说一支强大的警力和一道简单、快速的审判程序在任何处理秘密会党的计划中都是必备的要素,他们却不能完全解决问题,因为除了警察和法院能提供的保护之外,会党会对那些从事巧取豪夺的、被警察追捕的会员给予保护。他们会安排在法庭上保护他们的会员,并对居住在他们控制的地盘内的所有人员实施保护,受害人也习惯于接受这样的保护,因为这与他们移出的中国的数以万计的村落的传统生活习惯相一致。

《和平保护法》一旦被确定延长有效期至 1873 年,把《危险社团条例》的有效期延长至 1873 年的行动也就开始了,该议案于 1870 年 11 月

---

① 前任殖民地秘书,皇家艺术学会会员、陆军上校 R. 麦克非逊（R. Macpherson）于 1869 年突然去世了。

② 黄埔就是胡亚基,他于 1869 年 12 月 21 日被任命为立法议员。（SSGG, 249, 1869）

17 日通过，是 1870 年第 16 号条例。

三个月后，总督在他请假离开一年的前夕向国务秘书汇报说，自从法律生效以来，他们除了根据条例第一款对社团进行登记之外，没有采取其他步骤。他没有发现有必要根据第三款和其他条款的规定增加警力，同时，他也没有证据肯定这样做会有什么影响。但他毫不怀疑这段日子没有发生暴乱很大程度上是因为有这部法律的存在，会党首领们都知道，如果有必要，政府愿意，也有能力采用最严厉的条款。①

二 新加坡新一轮秘密会党骚乱

几乎是总督刚刚离开，在他离开期间代职的官员安森上校就遭遇了新加坡义兴会和另一个会党的全面械斗。② 暴动期间，暴徒对着警察开枪，部队哨所都设到城里来了，逮捕了不少人。虽然会党自己调停了，但械斗已经把一大帮坏分子聚集起来，他们中包括一些刚从中国来的、住在城市附近的沼泽地的人，他们趁机在乡村的几个地方捞了一把。

政府这才发现他们在发生这种事件时太无能为力了。5 月 13 日，安森上校在新一届立法会的首次会议上说，要提出修正《和平保护法》的议案，以便增加政府在骚乱时的应急能力，但最后没这么做。他没从非官方议员那里受到一点鼓舞，因为他们鼓吹，"正是在发生这样的骚乱时才能有效地显示出勇气和能力"，他们反对任何减少自由的措施。③ 这事实上是在批评警察，他们在镇压暴乱方面的无能此前已经遭到了首席法官的严厉指责。警察正受制于领导的不得力。当警察局长托马斯·丹门（Thomas Dunman）于 1870 年初请假一年离去后，他们就被划到了 C. B. 沃尔（Waller）的手下，而沃尔自己本身就是个病人。丹门或许还能真的根据新条例的第一款要求秘密会党登记注册，但沃尔由于缺乏高压手腕和

---

① COD 9，16 Jan. 1871；GD 51，Pg，2 Mar. 1871.

② 在总督府发给国务秘书的信件（GD 59，25 Mar. 1871）中，安森说那两支会党分别是义兴会和和胜会，但到那时为止，新加坡都没有记录和胜会存在的资料。可能是安森一直在槟榔屿的缘故——那里的和胜会活动非常频繁，他把和胜会与海山会混淆了，因为当时新加坡的海山会也很活跃。

③ SSPLC/1871，13 & 17 May.

对秘密会党个人及活动的了解而未成功。

1871 年 6 月初,最高行政会议通知安森上校说,"民众对警察已完全失去了信心"。沃尔辞职了,接替他的是斯比狄(Speedy),他刚到槟榔屿。[1] 安森向伦敦方面提出要求,让丹门立即回来工作,并请求允许继续重新组建 1870 年的公民建设委员会提议的警察。[2] 这是他已经批准要立即进行的项目。[3] 丹门没回来,他申请因健康原因退休。[4] 他推荐 C. B. 布兰克特(Plunket)作为他的继任。布兰克特曾经在他手下干过四年半,在槟榔屿和新加坡都有违警罪法庭推事的经验。这一推荐得到了奥德的支持,同时也得到了国务秘书的同意,布兰克特于 8 月被正式任命。[5] 与此同时,斯比狄回到了槟榔屿,沃尔请假一年,他的位置由陆军上校 S. 杜洛普(S. Dunlop)接替。杜氏自 1870 年 10 月以来就在槟榔屿和威省的警察行业工作,赢得了不少赞誉。[6]

立法会上,大家都同意为改善警察建设拨款,10 月 17 日通过的条例(1871 年第 6 号)规定在海峡殖民地任命警察总监,并在三州府和威省各任命一位主管;"根据非常时期服务条款",所有的警察都是一个统一的整体,所有的官员都要到三州府服务。[7] 也有条款规定在公共交通要道上的集会和游行除了遵守警察总监制定的一般规定外,还应有总督会同政务局的同意。

条例刚通过,警察就面临着发生在 10 月 21 日的一场新的暴乱。这不是两支会党间的冲突,而是像 1854 年的暴乱一样,发生在构成岛上大部分居民的潮州人和福建人之间。有影响的福建人和潮州人领袖、社团领导都没有参与,这场暴乱主要参与者是"下层和苦力",还有些趁火打劫的犯罪分子。依他们的陈述,械斗始于一个福建人发现一个潮州人在中国人的戏院里偷他口袋里的东西,他便大喊大叫。骚动迅速蔓延至城乡,激起

---

[1] COD 12, 21 Jan. 1871;*SSGG*, 150, 22 June 1871.

[2] GDs 22, 2 Feb. 1871 & 141, 2 June 1871;COD 132, 26 June 1871.

[3] COD 123, 21 June 1871.

[4] COD 126, 23 June 1871, with encl.

[5] COD 141, 10 July 1871(*SSGG*, 181, 18 Aug. 1871);CDs 206 & 207, 6 Oct. 1871.

[6] Waller:*SSGG*, 188, 28 Aug. 1871;Dunlop:GDs91, 20 Apr. 1871, & 153, 14 June 1871;*SSGG*, 194, 11 Sept. 1871.

[7] COD 131, 26 June 1871;*SSGG*(Extraord.), 224, 31 Oct. 1871.

了原有的帮派对抗。海军和陆军都被召来协助警察工作，10 月 23 日，该殖民地宣布起用《和平保护法》。① 所有的欧洲人都宣誓担任特别警察，并格外任命了治安员，其中包括 5 个华人：胡亚基（黄埔）、陈金钟（Tan Kin Cheng）、佘有进（Seah Eu Chin）、陈明水（Tan Beng Swee）、陈成保（Tan Seng Poh）。②

商店和官署都关门了，华人秘密会党首领被关在警察总部，到暴乱平息才放出来，同时当局还利用他们劝阻交战双方停战。即便如此，骚乱还是持续了好几天，有 520 名暴乱分子被地方法庭审判，165 人被当众鞭笞或被文上 10 条到 30 条条纹示众。由于当众鞭笞这样的惩罚于法无据，所以当国务秘书通过 12 月 26 日的"伦敦与中国电报"专栏了解到事情的真相后，他要求对此做出解释。③

警察又一次陷入尴尬境地。安森中校在向国务秘书汇报的时候④非常热情地感谢政府官员、地方官员、治安官、特别警察、政府军官指挥的军队和皇家里纳尔多（Rinaldo）号船的船长及其官兵，但警察局接到的是一份谴责报告："布兰克特先生，新任命的警察总监已经竭尽全力了，但从我本人看到的事实和我收到的报告来看，我很怀疑他重组警察队伍的必要资质，从骚乱期间的情况看警察就是一盘散沙。"在最高行政会议上，安森立即起用了警察条例，⑤但他又重复了他在这一届立法会讲话中担心的问题，他说立法和报酬都不能代替一位有能力的领导，也不能代替一帮有能力又愿意干活的助手。⑥ 安森本人也没逃过批评，因为国务秘书在第一次接到骚乱的报告后就同意非官方议员的初期意见，他说，如果在一开始就采取更为有力的措施，骚乱不会蔓延得这么广。⑦

同时，仍在伦敦的总督也通过个人的努力来解决法庭上的翻译问题。这已经不是个新问题了。早在 1828 年就曾有过从中国招收一位有名望的

---

① *SSGG*，（Extraord.），213，23 Oct. 1871.

② *SSGG*，216，219（Extraord.）& 220，23 & 24 Oct. 1871.

③ COD 10，7 Jan. 1872.

④ GDs 247 & 263，24 Oct. & 8 Nov. 1871.

⑤ *SSGG*（Extraord.），224，31 Oct. 1871.

⑥ *SSGG*（Extraord.），17 Nov. 1871.

⑦ COD，259，19 Dec. 1871.

人来做口译的失败努力。① 在过去这些年中，以书面方式给华人社区送去
信息一直是件麻烦事。在协商殖民地归属转换至殖民部的时期里，原来的
海峡殖民地的居民准备了一份备忘录，其中包括一份建议："应该多选些
年轻人去学汉语，以使他们有能力在法院担任口译。"② 当决定在新殖民
地招收行政服务实习生时，国务秘书的打算是让他们中的 2/3 去学汉语
的。不幸的是，对于实习生和口译的地位之争使这一打算被搁浅。1869
年 11 月，有人建议奥德让香港的实习生来做这件事。因为没有找到合适
人选，给他留下的就只有下一步的推荐了，随着时间的推移，这事也就不
了了之。③ 1871 年 8 月 1 日的立法会议上，威廉姆·亚当逊（William Ad-
amson）又提出这个问题。他提议，不管政府的打算如何，都应该在最高
法院招收马来语、汉语和淡米尔（Tamil）语翻译。④

　　就在这时候，奥德遇到了他的老熟人威廉姆·亚历山大·毕麒麟
（William Alexander Pickering），后者正从中国回家休假。作为年轻人，毕
麒麟曾三度到利物浦（Liverpool）的茶叶剪修场工作，后来以水手的身份
加入中国海关——那里的大多数下级岗位都是欧洲人担任的，他负责检查
船舶的到岸和驳岸。他努力学习汉语，后来被调到福摩萨。在那里，他离
开海关受雇于一家商业公司。当他在伦敦遇到奥德时，他已经 31 岁了，
在中国生活了 8 年。他那时不仅懂福建方言，还懂汉语和其他中国方言，
也能够用汉语书写。

　　1871 年 12 月 6 日，奥德向国务秘书强烈推荐毕麒麟任翻译和汉语老
师这一职位，并要求年薪 500 英镑，不过，这一薪金水平是到 5 年后才给
他考虑的。他的任务是给实习生和其他准备取得担任翻译资格的人教汉
语；在法庭和其他地方做口译；起草声明和通知，以及翻译文献。但毕麒
麟也表示乐意帮助警察个人与有影响的社团领袖接触，一般而言，在与华
人打交道的任何场合都少不了他。他于 1871 年 12 月 26 日被正式任命，

---

① 参见本书第 99 页。

② COD 95, 1 June 1869, encl..

③ GDs 130（27 June 1868）, 58, 68, & 186（5 & 15 Mar., 4 Sept. 1869）, and 59（14
Mar. 1870）; CODs 233（14 Nov. 1868）, 102 & 191（13 June & 13 Nov. 1869）, and 71（23
Apr. 1870）.

④ SSPLC, 1 Aug. 1871.

并于三个月后到任，此时正好总督也休完假回来上班。由于缺乏对懂汉语的欧洲官员的敏感，毕麒麟的重要性在短期内可能还意识不到。①

在新加坡，1871 年 10 月的暴动刚平息，布兰克特就把注意力转向了秘密会党的注册登记上，让他吃惊的是，他的前任做了很多无用功。每个会党只登记了一个首领，且很多被登记的姓名还不是会党真正的首领，而是谣传中的那个首领，登记时既没查阅会党的文书，也没核对被登记的那个人。他开始新的一轮注册，从福建义兴会开始，登记内容包括他们所拥有的全部文书、94 位管理人员的名单，还把会党首领召集来签字，并要求他们当着两名地方治安官黄埔和陈金钟的面发誓他们声明的内容属实。到 1872 年 9 月布兰克特向总督提交报告时，已有 12 支会党依此办法进行了重新登记。②与此同时，杜洛普也开始训练镇暴警察，直到他被召回香港才中断。

随着 1871 年 10 月当众鞭笞的惩罚的记忆逐渐退去，秘密会党又开始不安分了，他们又制造了一系列骚乱，那是此前族群对抗的遗留问题。他们没有发生严重械斗，只通过让社团领袖宣誓担任特别警察的办法就轻松镇压下去了，但许多守法的人也卷入族群争斗之中却让人很担心。

械斗主要根源在于海山会和林氏宗亲会馆想把义福会搞垮，因为此时义福会正因内部矛盾势力被削弱。械斗主要发生在义福会的总部所在地嘉宾达街（Carpenter Street），偶尔也会延伸到新桥路（New Bridge Road）和香港街（Hong Kong Street），这两条街都是"三星党"出没，职业暴徒聚集之地，周围满是妓院和赌窟，随便哪条街发生争吵，另一条街的人准要前来助战。1871 年 12 月 6 日发生了一次小摩擦，但随后于 1872 年 1 月在林氏宗亲会馆和义福会之间就发生了长时间的争吵，双方进行了械斗和抢劫。到 3 月和 4 月间，海山会和义福会之间又有了麻烦，每次都零零星星地打上四五天。

这就是总督于 1872 年 3 月返回殖民地时的状况。他的第一个任务就

① COD 264，27 Dec. 1871（Encl.：Sir H. Ord to the Earl of Kimberley，London，6 Dec. 1871）；GD 52，17 May 1872.

② 指警察总监（C. B. 布兰克特）1872 年 9 月 24 日提交的关于 1869 年第 19 号条例，即《危险社团镇压条例》实施的报告。（SSPLC/1872，app. 19）

是答复国务秘书，解释关于前一年10月发生的鞭答事件。他说，发生这样的违法惩罚事件确实令人遗憾，他也同意应该对此进行处分，但他确信治安官是因为没有其他办法才这样做的。他希望不要去责难他们。① 在谈到6月4日的立法会议时，他说他很遗憾发生这样的暴乱，并希望"坚决、明智地使用给予政府的那些权力"会阻止暴乱的进一步发生。然而，因为他和国务秘书对1871年10新通过的《警察条例》都很满意，便立即启动了废止条例，改条例为法律的议案。7月4日，议案成为法律，是为1872年第1号法案。该法案包括了奥德总督在伦敦期间提出的建议，并得到了国务秘书的同意。

大家就议案中关于在警察队伍中招收华人这个特别重要的问题进行了讨论。这一建议是非官方议员J. J. 格林谢尔兹（J. J. Greenshields）在6月20号提出来的，得到了另一为非官方议员里特尔的支持。里特尔认为警察队伍里至少要有1/3或1/4的华人才会有更高的效率。殖民地秘书比奇似乎也倾向于同意，虽然他也指出困难在于华人警察可能自己就是秘密会党成员。他说："整个华人秘密会党系统都是应当受到指责的，政府对他们的迁就忍让是否是对的，他们是否要到了被镇压时才会遵守秩序都是值得怀疑的。"他认为，如果这一正确的办法被采纳，要招收到大量值得尊敬的华人做警察是没有困难的，他认为现在"极端紧要的"是要去做。

总督则表示不同意，他认为雇用会说汉语的人对侦察犯罪行为是极有必要的，但他不同意把他们招收为正规警察，这一点他得到了黄埔和其他华商的支持。

不过，在接下的6月27号的会议上，格林谢尔兹在里特尔的支持下提出了一项动议："这次政务会议应该考虑警察队伍中的华人因素，相信政府会有可能提出这一议案。"反对方以托马斯·谢弗德（Thomas Shelford）为首，他认为华人警察是不可能搞好的。如果迫切需要招收华人警察的话，那么没有两名名声好又令人尊敬的市内的华人居民推荐也不能要，以避免"三星党"和其他有相同背景的人混入。

在谈到华人宗族与族群之间的嫉妒时，他说，一个印度人或马来人特别警察在逮捕一个华人时不会有什么担心，但如一个福建人逮捕了一个潮

---

① GD 29, 2 May 1872.

州人，或者是一个潮州人逮捕了一个福建人，那就极有可能发生严重的破坏和平事件。他还认为宗族与族群的分支的忠心程度增加了任命华人警察的障碍。在中国，如果一个人被任命为清朝的官员的话，他就要远离家乡，因为他可能会偏袒他自己那个地方的人而不执行法律。

但是雇用华人做侦探是完全不同的两回事。他们在欧洲巡视员的领导下肯定会经常搜查到犯罪行为，因为马来人和吉宁人警察都了解这些事。政府也必须采取以前那种以毒攻毒的原则，应该从"现在与赌博公司相关的间谍制度"中吸取教训。他相信，随着欧洲来的警务人员的增加、薪水的提高以及无用之徒的逐步清退，警察的办案效率会有大幅度的提升。

格林谢尔兹的动议没有最终形成决议，而检察长提出的关于在警察队伍中增加华人侦探的补充议案却得到了支持。但由于整个问题都需要慎重考虑，总督虽然不同意华人警察，他还是任命了一个以首席法官托马斯·西杰里弗思（Thomas Sidgreaves）先生①为主任的委员会负责调查任命华人做一般警察的迫切性，其他的委员会成员包括格林谢尔兹、谢弗德和里特尔，此外还有 W. H. 里德（前立法会成员）、托马斯·丹门（前警察局长，现退休在新加坡）和陈成保。② 委员会于 1872 年 7 月 19 日就公布了，③ 但到 1873 年 6 月才提交报告。

与此同时，关于 1871 年 10 月鞭笞示众的情况也报到了伦敦，国务秘书虽然没有忽视"一个有判断力的人"都会采取行动制止危险暴乱这个事实，但没有办法说服他暴动一定要通过这样的违法手段才可以被镇压。他再次强调实施法律不允许的惩罚是一种丢脸的行为，政府如果不是在极其危险的压力面前都不应该使用。④ 但他对"殖民地的特殊情况"印象深刻，同意修正《和平保护法》以便允许对在公告期间内犯罪的人进行杖

---

① 托马斯·西杰里弗思（Thomas Sidgreaves）于 1871 年 10 月 12 日被任命为首席法官，接任退休的皮特·本森·马克思维尔。（GN 211，12 Oct. 1871）

② 很多作品都译为"陈成宝"，笔者的朋友王明光先生说，他见过此人的签名，是"陈成保"。——译者

③ GN 133 of 19 July 1872.

④ COD 132，24 June 1872.

答，尽管他根据刑法典仍然禁止对参与暴乱的人进行鞭杖。① 总督决定立即起草修订的必要性，并抓住机会使《和平保护法》《危险社团条例》变成殖民地永久性法律。相关议案于 1872 年 8 月 15 日提交给立法议员。

就在这一阶段，一些二流会党也开始骚乱，两个海峡侨生会党同顺（Tong Soon）和华江（Wah Kang）械斗持续了 9 天。到 9 月，属于义兴会分支的广惠肇（Kong Fee Siew，也拼作 Kwong Wai Shiu）与"澳门"木匠忠义会（Chung Hee，也就是忠义堂，Chung Yi Tong）开始争吵。之后，义福会与林氏宗亲会馆的世仇也有了导火线。最后，义兴会与它的另一分支义信（Ghee Sin，一个潮州人会党）之间发生了最具威胁的械斗。根据条例的第三款，所有这些暴乱都没能让政府要求任何一支会党进行详细登记，也没能把这些会党划到危险社团帐下，这也正是在讨论要把条例变成殖民地的永久性条文时非官方议员提出批评的最基本理由。

在发生这些争执之前的 8 月 22 日政务会上，大家就刑法典禁止在暴动中鞭答进行了热烈讨论。托马斯·谢弗德认为，国务秘书的决定"非常令人遗憾"。他认为"所有东方的经验都证明鞭答是比监禁更有效的惩罚手段"。在新加坡，这一手段对众多小流氓在街上围攻那些不幸的受害者很有帮助，暴徒们就是应该在他们的同伴面前被鞭答。J. J. 格林谢尔兹和里特尔也表示赞成鞭答刑。伍利中校则说，他可以肯定的是 1871 年 10 月那次暴动如果不使用当众鞭答刑，那就要对暴徒开枪才能镇压。总督也认为，如果鞭答刑可以用来惩罚那种一方有十几个人参与的小型械斗的话，那么就可以阻止这些械斗升级。

对修订和重新起用《和平保护法》《危险社团条例》的辩论于 9 月 19 日展开，对于要使这两部法律永远有效的提议并没有什么反对意见，倒是对政府没能充分利用《危险社团条例》有非常激烈的批评。谢弗德称之为"半闹剧"。格林谢尔兹问：既然发现处理这样的暴动需要不一般的力量，为什么条例还没有得到充分应用。殖民地承认《和平保护法》为镇压暴乱提供了必要的条款保证，但那并不是规定任何"社团"事件都可以使用的，而是必须在"有众多暴徒参与的地方"。他声明，会党首领宣誓担任特别警察，哪怕是像蔡茂春（Chua Moh Choon，义福会臭名昭著的

---

① GD 153，4 Oct. 1872；SSPLC，15 Aug. 1872（检察长的讲话）。

首领）这样的首领也是给了政府很大帮助的。

在接下来的 9 月 26 日的会议上，警察总监就会党注册和 1871 年 12 月 6 日开始的暴动呈交了一份报告，里特尔抓住机会提醒与会人员说，他已经警告过大家了，会党可能设立傀儡首领，从而使登记毫无意义。他声称，他们的影响显然已经不只是在于暴动，而是深入生活的方方面面了，甚至到了几乎找不出一个诚实证人到法庭作证的地步。"据他们吹嘘，新加坡的统治者是他们而不是政府，我很奇怪的是，大家都知道阁下居然没有想出合适的办法来告诉他们谁是新加坡真正的统治者。"他觉得那些法律就形同虚设。首席法官说话的语气平静而坚定，他站在那些希望条例得到坚决实施的人那一边，"我们现在想看到的就是那些曾经发生过的严重暴乱不要再发生了"。他认为现在的当务之急是如果暴乱再次发生，条例中的某些条文必须执行，包括对损毁的东西进行赔偿。[①]

议案通过了三读，并作为 1872 年第 5 号条例成为永久性法律的一部分，被修订的议案和重新起用的《和平保护法》成为 1872 年第 6 号法案，主要修订内容包括在第 11、12 部分，就是允许在公告有效期间对某些人执行鞭笞刑。在这种时候，所有违法犯罪的、参与暴乱的、不顾治安官警告而进行集会的、携带武器的，等等，都要用鞭笞刑取代别的惩罚，或者在别的惩罚上加上鞭笞刑。如果有最高法院的允许，最多可鞭笞 50 下；如果是地方法庭的命令，最高达鞭笞 40 下；如果是地方官员的命令，鞭笞 30 下。刑具则是"一根直径不超过半英寸的九尾鞭"。

10 月 10 日，政务会议就面临着解决议案所提的海军登陆问题、雇用几天军队的问题、所有的欧洲商人和他们的职员要充任一周多时间的特别警察问题。下属委员会检查了不同的开支项目后表示，以后警察的能力提高了，这些费用报告就是多余的了，因为没有这些帮助，警察也应该能够处理好暴动。

到 9 月 29 号，这一批评又有了更好的理由，当时总督和殖民地秘书到雪兰莪去了，新加坡发生了暴动，还是不得不出动军队去镇压。这次暴动像 1857 年那次一样，是政府准备实施管理法的规定，并打算撤销那些不利于城市环境卫生的路边摊而引起的。

---

① SSPLC/1872/26 Sept./Chief Justic/p. 107.

在马来亚，警察局也发了类似公告，但没说那些流动摊贩可以不受影响而继续经营，于是关于警察打算禁止所有的摊贩营业的谣言很快就传开了。一旦警察开始清除摊位，毫无疑问会激起那些摊贩们的愤怒情绪，他们在向黄埔和其他治安官抱怨。虽然警察总监（布兰克特）在10月26号已经接到了黄埔关于不满情绪正在迅速增长的警告，但并没有采取行动向摊贩们解释，29日，三星党人便利用这些人的愤怒情绪发动了暴动。

暴动被证明是冲警察来的，暴徒聚集在警察局和地方法院之间的路上。街上全是喝醉酒的人。法院和警察局里有20多名地方官和警察局的领导，但有的华人治安官建议警察总监尽量不要让群众看见警察，以免激化矛盾，结果，警察没采取任何行动，也没逮捕任何人。

管理上也是一样无能。在总督和殖民地秘书不在期间管事的助理殖民地秘书（埃维，E. A. Irving）是一个级别相当低又没有经验的官员，《和平保护法》没有授予他什么权力，他甚至不能够召开一次一般的政务会议，仅满足于发布一张布告说警察的命令有些误解，然后就是打电话给军队和自愿者。

总督迅速返回新加坡，发现城里很平静，但马上就了解到对处理最近局面的愤怒批评了。他立即给国务秘书写信，[1] 唯恐告状信比他的信先到，并承认他和殖民地秘书不在时确实力量虚弱的原因，这一点已经很明显。于是，又成立了一个委员会，并采取措施以保证以后总督不在时有两名治安官具有召集特别警察的永久权力。他还起草了一份给警察和行政部门在非常情况下行动的命令。随后，伦敦又来了一道指示。[2]

委员会立即开始工作，每日搜集到的证据使总督更加坚信有必要改变警察队伍中警衔较高那些人的现状。他通知国务秘书说，显然没有采取任何步骤来组织和训练警察，以使他们能够处理哪怕是最小的街头骚动。现在需要的是部队式的训练，他请杜洛普上校从香港来帮忙。杜洛普于12月14日抵达，并被任命为警察总监，代替布兰克特，因为后者申请休假

---

① GD 178, 3 Nov. 1872.

② GD 178, 3 Nov. 1872.; COD 72, 9 Apr. 1873. (Printed as app. 23 of SSPLC/1873)

一年。①

两天后，总督前往槟榔屿调查拉律锡矿区因秘密会党对抗引发的矛盾，杜洛普几乎立刻就遭遇到新加坡的会党械斗，当时义兴（潮州人）和义信（福建人）两会在街上打了起来。在杜洛普的领导下，警察表现非常好，展示了"以往从未有过的坚强和果断"。② 但 12 月 23 日又出现了另一场暴乱，这次是义福（潮州人）和义信（福建人）两支会党，双方都有些伤亡。人还在槟榔屿的总督批准根据《和平保护法》发布文告，并指示杜洛普对相关会党进行镇压。警察搜走了义兴、义福和义信的所有文书、旗帜，并把他们的首领找来根据《和平保护法》第三部分的条款进行登记，会员和组织也没落下。义兴会的头目还被要求有担保人，以免他再犯错误。③

时不时仍有杀人和伤害案发生，1873 年 1 月 8 日，潮州人和福建人两大团体再次发生械斗，一帮帮手持梭镖、棍棒、石块的人冲入新桥路，打算抢劫那里的米行。杜洛普带领警察迅速赶到现场。杜自己冲进混战区抓住两个头目，他们都是当天下午刚被法院判鞭笞刑 30 鞭，监禁 6 个月的人，在两名保人保证他们 4 个月内不破坏和平才放出来的。这两人被判 6 个月的苦监，其他 5 人则要找保人。这次迅速、果断的行动制止了暴动，其后的几个星期里，相对比较平静。

但 2 月下旬又出了麻烦，义兴会与海山会打起来了，海山会的会员中有潮州人。骚乱在 5 名暴乱分子在围满"恐惧"人群的警察局被鞭笞以后就停止了，海山会也被根据《和平保护法》第三部分内容要求登记。几天以后福建的运煤工人和"澳门"的木匠在丹戎巴葛（Tanjong Pagar）发生严重械斗，有一个人被杀，几个人重伤。这大概是福建人—潮州人之间世仇的另一次表现吧。当一切都停下来后，澳门人似乎还决定要对抗下去。这次有 18 名首领被逮捕和判监禁，他们中的 12 人还要接受额外的肉体惩罚，于是和平才得以保持。④

---

① GD 217，14 Dec. 1872.
② GD 14，18 Jan. 1873.
③ GD 84，27 Mar. 1873.
④ GD 84；*Strait Daily Times*，27 Feb. 1873.

　　义兴、义福、义信和海山的登记是在毕麒麟的手上完成的，从这时开始，毕麒麟和杜洛普就开始合作，这是后来几年秘密会党世界中的一个重大事件。总督向伦敦汇报时承认，毕麒麟的工作无论是在与个人还是会党打交道方面"对政府都很有价值"，"我们现在终于弄到了一些关于会党的可信资料"。

干涉政策

一　土邦的骚乱

当 1872 年欧洲的领导人和华商在规范华人移民这个问题上出现分歧时，英国对大陆地区的干涉又迫切需要联合华商，在那里，华商的资金正受到日益增长的政治骚乱的威胁。

由 34 名马六甲商人代表于 7 月提出的关于严重损害雪兰莪贸易的陈述得到了政府的"例行回答"：拒绝所有的保护责任。1873 年 5 月，由 248 名主要华商签字的备忘录摆到了立法会的桌上。他们抱怨说，各土邦是如此无秩序，"以至差不多整个西海岸……都可以说处于无政府状态，任何正规贸易都结束了"。该备忘录还指出，殖民地税收中的相当大比例来自华人（通过鸦片和烧酒），而他们的生计却是如此糟糕，因此，请求在土邦改变政策以维持和平与秩序，并保护合法商人。①

雪兰莪的躁动

1864 年朱玛特（Raja Juma'at）酋长去世，这一强大力量的消失使那些相互竞争的酋长们都试图控制雪兰莪和巴生河谷的富矿区，这导致了自 1866 年至 1873 年间持续不断的内战。

1866 年，玛赫迪酋长把阿都拉酋长（朱玛特酋长的兄弟）赶出了巴生，尽管他自己占有这个地方也遭到了攻击，他还终止了巴生地区的税收中苏丹的份额。苏丹需要一个有能力的代表，于是把他的女儿嫁给了吉打

---

① 该备忘录签字的日期是 1873 年 5 月 28 日。（C. 1111. pp. 30 –32）

苏丹的弟弟东姑扎乌丁（Tunku Zia'u'd-din），并把他带到雪兰莪作自己的"瓦吉尔"①。在欧洲的文献中他被当作"副王"。他进入雪兰莪的政治圈使当地首领对他满是愤恨。不久，苏丹也跟他吵了起来。②

　　争夺巴生河谷控制权的混乱局面的出现与华人矿区首领不能确定支持谁有很大关系。甲必丹刘壬光（Liu Ngim Kong）于1868年去世。在他去世前就得到苏丹同意，指定叶亚来（Yap Ah Loy）作为继任。这一任命遭到了前甲必丹的亲属和间征的嘉应州人的怨恨，叶亚来通过实施包括死刑和招募贴身侍卫的法律来巩固自己的地位。反对派的先锋部队是由一个叫张昌（Chong Chong）的前甲必丹的亲戚及20名追随者组成的。他们于中国新年前夕（1869年2月）到达吉隆坡，想在庆典上制造暴乱并夺取政权，但对方适时的警惕挫败了他的计划。因此，他前往间征并要求嘉应州人反抗叶亚来和他的族人叶亚四。后者被警告有危险，设法在晚上离开间征，但中途遭到伏击并被杀。叶亚来立刻调动华人和马来人的混合部队去间征报复，但嘉应州人假装不知道这一阴谋。而张昌尽管被追到了万挠（Rawang），但还是跑了。

　　为了避免更大的麻烦，玛赫迪酋长召集了双方首领去巴生，警告他们要保持和平。他逮捕了两名煽动叛乱的张昌的支持者，随后，于1869年6月14日为叶亚来举行了一个马来人风格的公开的就职仪式，以向华人帮派表明，叶亚来是由他正式承认的甲必丹。

　　1869年8月，死去的阿都拉酋长的儿子伊斯麦尔酋长（Ismail）向玛赫迪酋长提出了挑战。他试图收回他父亲在巴生河谷的权力。10月，苏丹的女婿从吉打挑了500名精兵加入战斗，围攻一直持续到1870年3月，巴生方面投降，玛赫迪逃走。围攻期间，叶亚来陷入了困境，唯恐玛赫迪给他操办的就职典礼被当作对苏丹及其代理人的不忠。11月，他去冷岳拜访苏丹，对事情作了解释，并请求苏丹帮助反抗间征的嘉应州人"作为阻止进一步骚乱的手段"。他成功了，并且获得了军火和现金。1870年初出现了惩罚嘉应州人的机会，200名马来人和400名华人组成的部队在叶亚来的控制下进攻间征，屠杀了136名居民。

---

① 即代理人或代表。

② "Zia'u'd-din"是近代罗马语，现代文献中写作"Dia Oodin"、"Dia Udin"或"Kudin"。

他的敌人张昌却依然存在。张昌与一个叫赛马啸（Syed Mashor）的曾卷入反对苏丹及其代理人的马来好战分子结盟，准备袭击吉隆坡，推翻甲必丹。叶亚来事先得到警告，于是从新加坡和中国招募了战士。但是，尽管他手下有 2000 名持有武器的士兵，9 月 7 日的袭击开始后，他却难以抵挡包括来复仇的嘉应州人在内的 2500 名士兵对城市的攻击。直到 10 月底，在马来军队的帮助下，攻击者才被击退。1871 年 5 月，对方又组织了进攻，仍没成功。虽然张昌的队伍被打得落花流水，他本人却又一次逃走了，过了一年多才再见到他的身影。

由于发生了一次 34 人被杀的特别残忍的海盗事件，英国进行了干涉，这使他们之间的敌对暂时停了下来。海盗船开到了瓜拉雪兰莪，那里是玛赫迪酋长任职之地，英国皇家里纳尔多号战艇摧毁了那里的要塞和几艘战争用快艇。玛赫迪酋长和他的支持者逃到了苏门答腊，离开了被苏丹的代理人占领的瓜拉雪兰莪。这次海军行动是在殖民部部长（比奇）拜访了苏丹之后进行的。部长要求所有与海盗有关的人投降，并恢复扎乌丁作为"副王"在全雪兰莪境内拥有[1]的全部权力。

这一安排被勉强承认，因此，副王招募了一支外国雇佣兵，包括了欧洲人、欧亚混血儿、锡克教教徒和印度兵，用他们镇守吉隆坡和瓜拉雪兰莪。然而，尽管如此，在 1872 年 8 月的进攻中，反对派首领和张昌却取得了胜利。[2] 尽管叶亚来本人逃到了巴生，但没几名士兵逃脱，他的大多数战士被杀。他与副王一起又招募了一支新军队，1873 年 3 月收复了吉隆坡。他决心摆脱嘉应州人的威胁，于是袭击了间征，并杀死 300 名村民。现在，他重新获得了他的位置，并于 1873 年 5 月 6 日重新正式就任华人甲必丹。这一次是由副王组织的，按华人的习俗并着中国式礼服，而不是按马来人的习惯。[3]

直到年底，雪兰莪的大多数地盘才在副王的控制之下。采矿（因此此项税收）实质上停止了，乡村在荒芜、沙化，叶亚来自己则负债累累。

---

[1]　PP C. 465, containing GDs 172, 176, & 186（14, 28 & 29 July 1871）；COD 202, 26 Sept. 1871.

[2]　R. O. Winstedt, "History of Selangor", *JMBRAS* (1934), p. 27. 其中给出的名字叫钟亚忠（Teoh Ah Chong）。"Teoh" 是福建话，"Chong" 是同一姓氏的客家音译法。

[3]　Middlebrook & Gullick, *JMBRAS*, July 1951.

他的债权人之一是新加坡律师詹姆士·古希尔·大卫森（Jame Guthrie Davidson），此人时常给他提建议，并给予财政支持。作为回报，他在1873年3月获得了雪兰莪领土上的特许采矿权。但想剥夺这种特权的雪兰莪锡矿公司发现，由于该州的混乱环境，募集资金是不可能的。该公司在伦敦的代表与国务秘书进行了接触，询问是否有可能提供保护，如果不行的话，该公司是否可以自己招募军队。正如总督希望提供保护的要求一样，这次也是按惯例给予了回答，招募私人军队的申请被拒绝。[①]

公司并未被吓住，（1873年9月）接着建议，因为英国不可能提供帮助，公司领导可能会期望通过其他渠道的欧洲力量或许是德国来进行干涉，以保证和平。[②] 这是新一种新压力，当国务秘书拒绝进入这一网络或拒绝允许政府有支持公司的任何行为时，他传递了这样的信息：新总督已经指示仔细调查雪兰莪州的事务，到那时，他就不会有什么意见了。[③]

拉律的骚乱，1866—1873[④]

在拉律，吉利包的增城客家人1865年的战争胜利后，在大臣和海山会的支持下，在郑景贵的领导下，一直保持着无可匹敌的优势地位。与他们结盟的是从广东省一个叫五邑的地方来的广东人。他们的领导是大臣的代理人刘三（Low Sam）。刘三虽然是广东人，却与增城客家人相处友好，他在中国的家与他们相邻。

义兴集团，尽管在1865年战败，但又一次接管了新吉利的矿山。大多数早期的惠州客家人劳工在1865年被赶了出来，并四处逃散，代替他们的是广东新宁的客家人，尽管也有些广东人被雇用。新宁人的代表是何义寿（Ho Ghi Siu），槟榔屿采矿业的组织者，他在苏亚昌被刺杀后接管了新吉利。

在中国，新宁是广东西南部四个相毗邻的区——被称作四邑——之一。在四邑，从1854年开始，本地广东人和早些世纪进入该区的大部分

---

① COD 259, 29 Nov. 1873 and encl. .
② CD 197, 20 Sept. 1873. Encl. d. 18 July 1873.
③ COD 259, 29 Nov. 1873 and encls.
④ 主要材料是 GD 43, 24 Feb. 1874（C. 1111. pp. 108 – 114）。在新加坡的基本材料是 *SSR* (U5)。这其中包含有许多手写的原始材料，包括一些后来没有印刷的。

客家人发生械斗，在 1865—1866 年间达到高峰，大多数客家人被逐出，很多逃到海外避难，涌向拉律。

槟榔屿的一些义兴会首领，包括李遇贤、何义寿和陈亚炎都是新宁人。早在 1853 年，就有一个强大的新宁会馆与海山会发生争吵。此外，和合社也主要由新宁客家人组成，他们中的大部分人与其他会党不和，事实上，1865 年 11 月，和胜会加入他们反对义兴会的战争中。但 1872 年在何义寿的领导下又与义兴会友好起来。①

自布莱德尔（Braddell，1874）以降，许多作者在描述第三次拉律战争的参与者时都引用斯金纳（Skinner）在他的《霹雳事务纲要》（1874）中那个有问题的说法：大多数的义兴会会员与广东人为一方，大多数的海山会会员与客家人为另一方，尽管他还说，族群分裂有些让人搞不懂："许多人与并不是由他们自己人组成的公司站在一边"②。

对相关文献的仔细研究出现了一些需要重新评价的东西。不错，这次战争是拉律锡矿区王权争夺战的继续。在那次战争中，槟榔屿的两大华人集团金融家之间的战争自 1861 年就开始了，其中一大集团受义兴会支持，另一集团受海山会支持。但似乎拉律的矿工主要是客家人，战争双方的主要参与者也都是客家人，尽管他们来自中国的不同地方。③

1861 年和 1865 年爆发的第一次和第二次拉律战争中，以北方的新吉利为据点的惠州客家人对抗以南方的吉利包为基地的增城客家人。在 1872—1873 年的战争中，新宁客家人取代惠州人对抗增城客家人，尽管在战争结束前广东人也参加了双方的战争，而且福建人和潮州人都被卷入其中。

秘密会党集团的分界线是，义兴会及其盟友和合社为一方，而海山会为另一方，后者的力量因先有广东"五邑"来的人的加入，后有建德社

---

① Vanghan，in *JIA*，viii（1854）& *Manners and Customs of the Chinese*，p. 99；Irving's Memo.（C. 1111，p. 127，para. 4）；SSR（DD42），Lett. to the Gov.，1865，No. 484，14 Dec. & encl. 78. 和合社经常被缩写为"Hap Shah"或"Habsya"。

② C. 1111，pp，114 – 25. Quotation from p. 121.

③ 埃文 1872 年 7 月 24 日的回忆（C. 1111，p. 127）中说，战争爆发时（1872 年 2 月），拉律有 20000—25000 名华人，其中约有 2000 名澳门人或 3000 名澳门人，其余的都是客家人，这些客家人又分成两支：增城人和新宁人。参见 C. 1111 第 13 页王亚玉（Ong Ah Yu）跟斯比地 1872 年 10 月 18 日的谈话内容。在那里，他也提到何义寿是"客家人"。

及和胜会的加入而得以加强。下面对此情况进行了总结。

第三次拉律战争

北方（新吉利）

矿工：大多数客家人来自"四邑"，主要是新宁区，还有一些惠州客家人和一些广东人。

领导：何义寿，后来是陈亚炎（他们都是新宁人）。

支持会党：义兴会与和合社，槟榔屿的金融家也与这些会党联合。

名称：这一方被称作"四邑"或（按福建方言）称作"四郡"（SEE KWAN）。

南方（吉利包）

矿工：大多数客家人来自增城，还有一些来自广东的"五邑"。

领导人；郑景贵（增城客家人）、刘三。

支持会党：海山会。从 1872 年 8 月起，主要是广东五邑人支持，1873 年 5 月，主要由本地生福建人组成的建德社（大伯公会）加入，也有包括福建人在内的混合会员性质的和胜会的支持。这一集团中的槟榔屿的金融家主要是当地出生的福建人。他们中，邱鸿才（Khoo Hong Chooi）最为优秀。

名称：从 1872 年 8 月起（而不是以前）这一方被称作"五邑"或（用福建方言说）"五郡"。

骚乱始于 1872 年 2 月，当时增城人正就新宁人声明是自己的一块矿山与新宁人发生争执。李遇贤代表后者试图协商，但他却在 2 月 16 日因被指称与一增城人①的老婆私通而被谋杀。李被抓住关在大猪笼中，绕村游行一周后被丢进池塘。可以想象，作为消除 1861 年使他们丢尽了脸的、影响力强又令人讨厌的对手的手段会有多厉害。②

尽管双方同意调解，但仇恨却不会减少。2 月 24 日因赌博而起的争

---

① 此人为海山会首领郑景贵的侄儿。

② 猪笼事件的译本可以在以下资料中找到（但有差异）：C. 1111，p. 16，Campbell's Memo, 24 Oct. 1872. Confused. CDPL, Encl. 96, Koh Boo An's account, 25 Aug. 1873. Swettenham's Journal, SSPLC，1874，App. 26，p. 4. Confused. Wynne, p. 266。

执引发了暴力事件。增城人拿出武器，高举旗帜，由其领导人签署的声明要求攻击新宁人，并承诺对战争中负伤的人给予补偿。尽管他们的人数是对手的两倍，增城人还是失败了，因为新宁人都是精兵强将。到 3 月 26 日，增城人死了 1000 人多，剩下的被逐出拉律。约 10000 人到了槟榔屿，其他的到了吉打和霹雳。

2 月 22 日，大臣从槟榔屿来到拉律，但只有 40 个有武器的警察听他指挥，他已经没有能力去干涉了，一旦新宁人掌权，他就要被迫向他们妥协。[1] 作为这次调解的一部分，他成为和合社的成员，让何义寿做他在槟榔屿的代理人。刘三被允许保留作为大臣在拉律的代理人的位置。据说，大臣也分到了战利品，主要是些锡矿石。尽管他否认这一点，但还是激起了被剥夺的增城首领的怨恨。[2]

胜利者在峇东的护栏后挖了壕沟保护自己，并派舢板船到拉律河口巡逻以防止多余的船舶靠近。这种对正常贸易的干涉激起了槟榔屿的华商的抗议。3 月底，奥德从英国回来后派了一艘炮艇到河口，使封锁归于失败。他还送总审计师埃文（C. T. Irving）去槟榔屿和即将要从英国回来的代理副总督（比奇）进行紧急商谈。使马来政府无权控制华人矿工的报告有些让人不安。

> 如果华人选择联合并驱逐马来人，（埃文说）我不知道怎样去阻止他们。这种情况下，华人社会的各个集团与在帮派战争中成长起来的秘密会党之间将会出现空前完整的、史无前例的联合。[3]

同时，因连续不断的霹雳王位争夺战而引起的马来酋长之间的不和也有雪上加霜的危险，奥德又一次派埃文沿西海岸去访问雪兰莪、拉律和槟

---

[1] 斯金纳的大纲中说是 2 月 12 日，但这个日子肯定是误抄的。门德利写给 Dhulkajah 十三的信（CDPL, Encl. 6）中是 2 月 22 日。这个日期也被许武安（Koh Boo An）的报告（CDPL, Encl. 96）所证实。

[2] C. 1111: p. 16（Cambell's Memo.），p. 127（Irving Memo.），pp. 148 – 150（Mentri's Statement）；SSR（F7），Gov., Lett. fr. Native Rulers, 1865 – 1874, p. 372, No. 150, 24 June 1873; CDPL, Encl. 10, Petition fr. Four Chinese, 8 Apr. 1872; Encl. 21, Petition fr. Chang Keng Kwee, 26 Sept. 1872.

[3] CDPL, Encl. 10, 13 Apr. 1872.

榔屿。因为大臣正面临着义兴会与和合社联合的压力，因而要求逮捕海山会在槟榔屿的首领以阻止可能会发生的对拉律的入侵。他想通知大臣，这不大可能做得到，但不会允许任何人组织"任何敌对势力"来反对这个国家。① 埃文也要求那些相互敌对的马来酋长们放弃他们的分歧，联合起来维护和平秩序。

1871 年 5 月，阿里苏丹死后即位的阿都拉酋长是明显的王位继承人，但没有经酋长会议的公开选举，因为他没有出席苏丹的葬礼，马来的麻烦也因此而起。相反，1871 年 6 月，伊斯麦尔酋长被当选，并且此后的几个月内并无不满的迹象。但 1872 年 1 月，阿都拉在下霹雳几位酋长的支持下请雪兰莪的东姑扎乌丁写信给英国政府，要求支持他夺回王位。他和另外四个次要酋长也给总督写了一封信。但是，埃文尽管 5 月、6 月又一次访问拉律，却没能与酋长们面谈此事。情况没有改变：伊斯麦尔是选举出来的苏丹，阿都拉则作为被剥夺了继承权的人对此表示不满。②

增城人发现不断地向槟榔屿政府呼吁进行赔偿只能得到"例行公事的回答"，他们在海山会和槟榔屿最富有的商人的金钱的支持下掌握了事情的主动权，并开始计划打回拉律去。③

1872 年 6 月出现了暴风雨即将来临的第一个信号，当时，何义寿在槟榔屿的房子被炸掉，他负伤逃走。8 月，他被人从后面刺了一刀，且有一个马来人在拥挤的街道上向他开枪，但他还是捡回来一条命。增城人和他们的支持者从中国招来了士兵和战舰，并诱使五邑人与他们结盟反对新宁人。同时，大臣要求副总督首先要帮助他对付阿都拉，因为他的代理人正打算在拉律收税，其次也要对付"最近暴乱中离开拉律的所有的华人，这些人现在正召集力量，准备再一次毁掉拉律。在回信中，他得到保证，

---

① SSR （G7）, p. 22, Minute by Ord, 18 Apr. 1872.

② C. 1111, pp. 1–4; GD 189, 6 Nov. 1872, paras 7–11; pp. 117–120 （Skinner's Precis）; pp. 128–136 （Irving's Memo）.

③ CDPL: Encl. 7 （A. N. Birch to Col. Sec. S'pore 18 Mar. 1872）; Encl. 10 （Petition 6 & 8 Apr.）; Encl. 12 （Petition 11 June）; Encl. 13 （Reply to Encl. 12, 24 June）; C. 1111, p. 121 （Skinner's Precis）, footnote.

肯定会采取行动阻止在槟榔屿商定的关于拉律骚乱措施的。①

10 月 14 日,槟榔屿警察局的代理局长斯比地(Speedy)上校登上海山会停在邱鸿才的港口的一艘舢板船,发现有 200 支步枪和刺刀,8 门小炮,400 支矛和 100 名士兵。该船的证件上写着,它是驶往霹雳河而不是到拉律的,就被放走了。后来,有人发现,它事实上是去拉律的,并带了好几艘满载人员和武器的船支援增城人。何义寿作为大臣的代理人,他抱怨此前的四天里,已有 2000 支步枪和超过 10000 磅的火药已通过这种方式送到了。1000 名士兵也已秘密从槟榔屿来到拉律,并且已开始了烧杀行动。他称邱鸿才为教唆犯。②

堪培尔(Campbell)和斯比地匆忙赶回拉律河,发现了三艘载有重型武器的海山会的船只,但斯比地所能做的只是释放在其中一艘船上发现的两名被抓住的恐怖犯。③

械斗从 14 日开始,当时,五邑人的武装队伍在海山会首领的率领下和从舢板船上下来的前来增援的有重型武器装备的士兵一起在矿区居民点制造了五起令人震惊的袭击,造成屠杀遍地都是。越过吉辇(Krian)四处逃散的亡命者被当地受大臣指挥的马来人杀死。三四百名妇女和儿童被俘后要么被卖为奴隶,要么或被分给胜利者及他们的马来支持者。至少有 1000 名男子被杀,2000 多人(包括 100 名伤员)逃到了槟榔屿,并在街上四处流浪。他们当时又累又饿。④

增城人和支持他们的海山会完全控制了拉律,但何义寿很快就计划反击。他请求新加坡的义兴会向他提供军火、钱和男子。他从中国购进了一些战船,还招募了新兵。他把这些人结集在威省靠近高渊的地方,只要他

---

① 锡兰的警察局局长 G. W. R. 堪培尔(G. W. R. Campbell)接任比奇担任槟榔屿副总督。CDPL: Encl. 17(Campbell to Col. Sec. , 6 Sept. 1872),Encl. 16(Letter from Mentri, 27 Aug. , reply 30 Aug.)。

② C. 1111, pp. 11 – 12.

③ 这其中的一个叫王亚玉的人 10 月 18 日对斯比地的陈述内容包括第一次已经提到的有五邑人参加。他说,有 7000—8000 五大区的人,其中 2000 人是士兵,都持有武器。

④ C. 1111, pp. 10, 14 – 15, 146 – 147;Encl. 96. 关于伤亡人数的资料出入非常大,四邑人的请愿书(C. 111, p. 146)中说是矿区有 8000 人,有 2000 人在那里被杀死,3000 人死在路途上。堪培尔的报告则说,总共是 4000 人,有一半人被杀。斯比地的报告是"1000 多人"。许武安说,有 500—600 人被杀,200—300 人被饿死,300—400 名妇女和儿童被绑架。

们越过吉辇边境进入霹雳地界就把他们武装起来。在拉律，他和两个在直弄（Trong）的心怀不满的酋长密谋，这两人同意配给他武器，并让他的船只在他们的河流上进行装备。这一点很有必要，因为已发布告示声明禁止向槟榔屿出售武器。海山会取得胜利 7 周后，何义寿在义兴会与和合社的支持下，于 12 月 12 日发起了反攻。

约 1000 人的军队从吉辇横穿大陆向前挺进，其他人从拉律河口南面的里茂（Limau）河口的直弄登陆。尽管遭到了强烈反抗，但在正午之前，港口和通往矿区及新邦（Simpang）的最重要的道路都已在义兴会的手中。后来在新邦修筑了一道强大的防御工事。河道上被打上桩，用一条铁链拦着，11 只从直弄来的装备有武器的舢板船守在河口。

大臣在峇东处于不安全的状态。他的房子被包围了两天，10 名警察被杀，所有的锡矿石被抢劫一空。他设法逃到武吉干当（Bukit Gantang），他的要塞被义兴会占领。

此后，陆地上的战争处于僵持状态。义兴人尽管占据了峇东，并继续封锁拉律河，但没能将海山会的人逐出矿山。尽管那时海山会已经占据了哥打（Kota）的要塞，却不能收复主要的供给通道。然而，在海边的活动却相当多。2 月，何义寿的船队袭击了其敌人的最遥远的所有船只，但 2 月 21 号，政务会在皇家海军在拉律河口的一只巡逻艇的支持下还是下令武力封锁港口，迫使义兴会撤离他们的船队。此后，他们利用非常适宜于岸边无数的浅水溪流的轻型划艇就能轻易袭击想追击他们的重型炮艇和汽船。义兴会还在岸边的双溪牛拉（Sungei Gula）、西泠盛（Selinsing）和克鲁邦（Klumpang）建了登陆点。而海山会因从中国获得了战船并且急于避免与槟榔屿当局纠缠，他们在远离霹雳河的芙蓉岛的溪流上进行了不少武器装备。一个福建人村庄瓜拉古楼变成了海山会通过陆上补给吉利包和新吉利矿区的基地。

2 月 19 日，大臣宣称两方都从槟榔屿获得了帮助，并呼吁殖民政府帮助"对付正在拉律械斗的华人"，他承认他已经无法控制那些人了。他的请求得到了堪培尔的支持，因为他害怕战争会蔓延到槟榔屿。并且，他以前也曾建议，如果在拉律也任命一个英国驻扎官，就有可能给这一地区带来和平。但严格按照殖民部指令行事的总督不准备对违反武装禁运指示和海军巡逻的规定的人采取任何行动。并且，根据奥德的命令，大臣被告知，他总是站在胜利者这边而没有说明他对谁更感兴趣，这可以得出他跟海山会站在一边的结论。并且，他谴责政府没有履行对霹雳的义务，霹雳可以说就是在我们槟榔屿的朋友或海峡殖民地其他人的庇护之下。因此，我们没有请求其他力量的帮助。①

阿都拉继续苦苦争夺王位。2月28日，他与义兴会签署了一项协议，承诺如果将大臣和海山会逐出拉律并支持他就任苏丹，他将让他们承包拉律矿税，并帮他承担战争费用的一半。后来（4月28日），他给总督送去一份"霹雳主要人物"的名单，这些人都请求他帮忙阻止拉律战争，因为英国人的目的已经很清楚了。总督的回答是不提供任何帮助，直到他和大臣决定支持哪一派华人更合适。②

然后，有一个叫纳哥达特朗（Nakhoda Trang）的调解人提议，应该叫新加坡的陈金钟去调解义兴会和海山会之间的争执。阿都拉很爽快地同意了，但大臣不热心。尽管大臣在外交上游移不定，但他站在海山会这边，并可以说没有机会与被他称为"异常暴烈的"新宁人和解的机会了。③

如果陈金钟可以帮助阿都拉取得苏丹王位的正式认可的话，阿都拉将连续十年向陈金钟提供十一分之五的（大臣认为该属于他自己的）税收。当大臣知道这一消息后，便拒绝与阿都拉作任何进一步的交易了。当后者向总督报告这件事时，请求总督支持他作苏丹的要求，并请总督命令大臣服从他。总督的回答是，在阿都拉举行正式就职庆典之前，麻烦政府是没什么用的。尽管总督同意并鼓励陈金钟去调停，但没提任何建议。7月4日，继续回到槟榔屿任职的安森上校报告说，阿都拉已经公开支持义兴会，并把他的印鉴交给了何义寿，让他作代理人。他还补充说，他对陈金钟安排的事是否会有令人满意的结果没一点信心。④

在此关头，经过了奥德所希望找到解决办法的一段长时间之后，奥德于3月28日给伦敦发去了华人请愿书，并报告说，看起来拉律的事情没

---

① CDPL, Encls. 26, 29, 50 (with attachment).

② SSR（F7），Lett. fr. Native Rulers, p. 368；GD 43, 24 Feb. 1874, para. 32（C. 1111, pp. 108 – 114）.

③ CDPL, Encl. 43, 23 Apr. 1873.

④ PEP, Vol. ii, Statement of Nakhoda Trang, 1 Sept. 1876；CDPL, Encls. 49, 50, 54, 56.

有变好的可能了，也没有找到好的解决办法。①

在这些信件到达伦敦之前，堪培尔就已经到了那里，并向金伯利勋爵提交了一份报告强调局势的严重性，要求进行"友好干涉"以结束这样的局面，并说，要有一个"驻扎行政官员"才能阻止此类事件的再次发生。②

同时，沿海地区的敌对情绪在加剧。海山会的人把他们的注意力转向了以南部拉律河口为基地的义兴会。1873 年 5 月 7 日，一支由舢板船和渔船组成的军队挥舞着大臣的旗帜（黄色）、建德社的旗帜（红底黑边）及和胜会的旗帜（黑底白边）突袭了住有 2000 名潮州人的双溪牛拉，并对居民进行了大屠杀。③ 这支在瓜拉古楼训练的混合部队后来又袭击了克鲁邦和西泠盛这两个潮州人定居点，而与此同时，十八丁（Sepatang）（也是住的潮州人）受到了大臣雇用的马来人的袭击。6 月 12 日，双溪牛拉再一次被"马来人和闽籍华人"袭击。④ 许多潮州人逃到了威省，那里有大片的潮州人社区。从此，潮州人就与义兴人结盟。

对牛拉的袭击是建德社与和胜会站在海山会和五邑人一边公开加入拉律战争反对义兴会与和合社的第一个证据。⑤ 由于这些会党几乎包括了槟榔屿所有的男性华人人口，安森越来越害怕殖民地内出现突发事件。此外，他的警察总监斯比地上校于 6 月突然辞职，谣传是在印度招募被解雇的印度兵为大臣服务。⑥ 同时期的记录都不支持安森和奥德都明白甚至鼓励斯比地的冒险的推断。⑦

---

① GDs 188 & 216 of 10 & 24 July 1873（C. 111，pp. 28 – 30 & 32 – 33）.

② Campbell's Report，Dated London 28 June 1873，Received 3 July（CO273/74）. Also quoted in D. MacIntyre，"British Intervention in Malaya, the Origin of Lord Kimberley's Instructions to Sir Andrew Clarke in 1873"，*JSEAH*，Oct. 1961.

③ CDPL，Encl. 48，27 June 1873.

④ Ibid. ，Encl. 96，Koh Boo An's account，25 Aug. 1873；Encls 59 & 48.

⑤ SSR（G7），20 May 1873. 和胜第一次被正式提到加入该集团是在警察总监 1873 年 8 月 20 日的报告中（CDPL，Encl. 89）。

⑥ 关于斯比地被门德利雇用的条件的报告非常多，参见 GD 246，14 Aug. 1873. Also PEP，ii，Penghulu Mat Ali；L. Wray，*The Tin Mines And Mining Industries of Perak*（Taiping，1894）；GD Conf. ，18 Oct. 1876。

⑦ GD 246，14 Aug. 1873；COD 143，8 July 1873（CO273/69）.

安森召集各方华人首领开会，大臣和阿都拉也出席了。① 经过5个小时的争论，双方同意将争议突出的问题交由安森裁断。陆上和海上的对抗暂告停止，所有人员都去拉律宣布这个决定并命令服从。但在最后时刻，强烈反对这一建议的何义寿拒绝去拉律，并派快船送信指示他的人不要理睬休战决议。所以，当一行人员于8月11日早晨到达拉律，阿都拉勉强地发表声明，号召新宁、潮州、惠州各派的领袖放下武器时，没人理睬，使团失败了。回槟榔屿的途中，安森命令逮捕何义寿，并通知阿都拉，只要他（安森）还有任何影响，阿都拉就永远不会变成槟榔屿的苏丹。②

从那时开始，大臣有安森和奥德两人的支持就成了幸运之星。安森赞成他招募印度兵的计划，但对从威省来的潮州人在义兴会舢板船的支持下将去进攻瓜拉古楼（一个在和胜会保护下的福建人村庄）以报复潮州人在海边小镇吉辇的屠杀的传言很是忧虑。③ 在槟榔屿，和胜会威胁说，如果发生这样的事，他们会报复义兴会。无法忘记1867年暴乱的安森命令逮捕几名会党首领，并通知总督说，拉律的暴乱如果不停止，槟榔屿肯定在几天之内就会发生暴乱。④

在毕麒麟的陪同下，奥德马上离开了槟榔屿。前者被送到了拉律，并指挥一支海军巡逻队肃清各条河道。9月3日，在安森的建议下，奥德承认大臣为拉律合法的、独立的统治者。两天后，禁止载有武器的船只通过的命令也按他的意愿放弃了。⑤ 为了帮助控制近海水域，在威省吉辇河口北部的克拉岛（Pulau Kra）建立了海上警署。总督一回到新加坡，就向立法会报告了政策变化的情况，并说："所有对危险的担心都消除了，商人和渔民可以在皇家米吉号的保护下继续他们的职业了。"⑥

他的梦很快被义兴会唤醒了，对义兴会正式承认大臣很生气，于是加

---

① 阿都拉是由雪兰莪的总督陪同来的，有人再次提议，如果英国不愿意帮忙的话，可能会寻找其他的支持力量。

② CDPL, Encls 74, 75, 78, 80, 88; Anson, p. 322.

③ CDPL, Encl. 80; C. 1111, p. 45.

④ SSR（G7）, p. 185, 19 Aug. 1873; CDPL, Encls 89, 97; GD 248, 21 Aug. 1873（C. 1111, p. 43）.

⑤ GD 253, 5 Sept. 1873（C. 1111, pp. 43 – 44）; COD 208, 22 Oct. 1873; CDPL, Encls 90 – 95.

⑥ SSPLC, 9 Sept. 1873, p. 151.

倍努力去维护自己的权利。9 月 16 日，有人企图炸掉大臣在槟榔屿的家，随后对郑景贵的家也作了同样的尝试。[①] 大臣受到政府态度变化的鼓励，他答应给陈金钟 16000 元，如果他能够安排把义兴会从拉律赶出去并保证阿都拉将永远不再被承认为苏丹的话，但陈金钟回答说，他无论如何不能把义兴会赶出去，而只可以在两派间进行调解，所以没因此出现什么结果。[②]

对运输船只的海盗性攻击在增加，在拉律河上巡逻的米吉号螺旋桨也在第一道封锁前遭到炮轰。一支派往河上的报复队伍于 9 月 20 日摧毁了这一封锁线，清除了炸弹。4000 名曾到峇东避难的义兴人到达那里后向英国人无条件投降，但请求保护他们不要遭到大臣的报复。这并不是计划的一部分，于是，为了继续巡逻，船队撤走了。[③]

同时，从带领一队人马到加尔各答为大臣招募服役人员的斯比地那里传来了新消息，奥德发出了要求他们努力结束分歧的官方紧急电报和信件。他们于 9 月 27 日、28 日到达槟榔屿港口，带着 110 名印度士兵和一些克虏伯枪于 29 日前往拉律，并在拉律河口的南面登陆。他们从那里逼近内陆地区的武吉干当。在武吉干当，有一队伊斯麦尔从附近打矿区招来帮助大臣的人马加入他们之中。[④]

斯比地尽力通过在哥打的海山会得到武器和供应品，但关键地方在新邦的道路交汇点，那里已被义兴人设置了防御工事守护。一个月前他曾采取了反攻行动，但没有成功，于是在 400 码远的地方也筑起了一道封锁线。为威胁哥打而对义兴封锁线的一次袭击很成功，海山会占领了下游的一些封锁线和河口的小据点，因此切断了在峇东的义兴主力和在新邦的前哨的供应线。

在此关头，槟榔屿的义兴人在取代名誉不好的何义寿的陈亚炎领导下，请求安森干涉拉律，但他们仅仅被告知，如果他们完全从这个地方撤出，什么都不会发生。面对这种僵局，他们加大了对运输船只的攻击力

---

① GD 271, 19 Sept. 1873（C. 1111, p. 46）.

② PEP, ii, Statement of Nakhoda Trang, 1 Sept. 1876.

③ C. 1111, pp. 46–50.

④ 这支队伍的估计数在 100 人到 1000 人。参见 PEP, iii. 48；Gullick. "Captain Speedy of Larut", *JMBRAS*, Nov. 1953；C. 1111, p. 43。

度，以切断海山会的供应线。① 殖民地的繁荣看起来跟过去一样遥远。10月3日，担心官方承认并暗中帮助大臣的阿都拉访问了新加坡，希望通过陈金钟去见总督。这点上他没有成功，W. H. 里德和其他立法会议员建议他等新总督安德鲁·克拉克先生到来再说，克拉克已经拿到任命通知了。阿都拉重申了他与陈金钟的协议，指定他作为拉律的收税人，一旦阿都拉被任命为苏丹，他就能获得十一分之五的税收。阿都拉在暴乱中过了三个星期后，与他的 20 名追随者返回霹雳等待事情的进一步发展。②

二　干涉

1873 年 11 月 2 日，哈里·奥德退休离开新加坡，《海峡每日时报》（*The Strait Daily Times*）11 月 1 日的欢送社论中把所有显然是由于殖民部的规定，包括不是他发明的对马来诸邦实行不干预的政策所导致的无能都归于他的运气不佳。

他的继任安德鲁·克拉克于 11 月 4 日抵达新加坡。他在离开伦敦之前就已经了解了金伯利勋爵关于未来政策的观点。后者与堪培尔讨论了拉律的情况，并对他关于在那里任命一位行政长官的建议印象深刻。他在 7 月 7 日是这样记录的，他认为应该努力结束拉律的骚乱了，但也认为直接干涉拉律"非常不明智"。

雪兰莪锡矿公司和殖民部的对话于 6 月 25 日开始，7 月仍通过信件和会面在继续。华商的请愿书于 8 月 21 日送抵殖民部。从这些文件可以清楚地看出，不干涉的刻板政策应该予以重新检讨，或许由扩大的现有条约并在这些州任命他们准备接受的行政官员的政策所取代的结论已经做出。导致前述变化的主要因素明显是雪兰莪锡矿公司建议的，因为他们建议，如果英国不愿提供保护，他们就要求德国人那么做。认为华人的请愿

---

① C. 1111，pp. 70 – 73，124 – 125.

② PEP，ii. 39 – 42，Statement of Nakhoda Trang，1 Sept. 1876；iii. 26 – 27，Statement of Haji Mahomed Syed，16 – 18 Dec. 1876.

书会比先前的无数干涉请求有更大影响是不合道理的。①

　　改变政策的可能性在给新总督的命令中就被提出，要求他检查并报告采取哪些步骤维持和平与秩序比较合适，尤其是要考虑在每个州任命一名英国官员是否明智。②

在霹雳的干涉

　　克拉克一到新加坡就与杜洛普、毕麒麟以及列德和其他包括陈金钟在内的商会首领一起进行了商量，③并于12月初收到了最近刚访问了拉律的安森的报告。在报告中，安森称如果不进行干涉，未来除了专制和暴乱什么也不会有。④12月，情况有所恶化，并在1874年2月义兴会袭击克拉岛上的警局时达到顶峰。克拉克决定采取措施，并派毕麒麟到槟榔屿转送陈金钟写给四邑人首领的信件，只要他们同意放下武器和战船并把拉律的事务交给总督管理，斯比地就下令阻止。这个影响甚大的文件于1月6日由24个四邑人首领签署。⑤

　　记录显示，毕麒麟没有与海山会及其同盟者接触，也没有对他们的态度作任何汇报。但克拉克受与四邑这么快就取得的成功的鼓励，决定不仅强制裁决华人派别间的冲突，也要抓住机会解决霹雳的王权继承的问题。⑥他通过电报命令安森派弗兰克·瑞天咸（Frank Swettenhan）就"海山会的投降问题"到拉律去拜访大臣和斯比地，并要求休战。他还召集上、下霹雳的马来酋长14日到邦咯与总督开会，那里华人的首领也被召集参加。

---

　　①　CO273/67；C. 1111, pp. 28 – 32, 39 – 42. 主要文献是 CO 273/74。如果想了解详细资料，请看 C. D. Cowan, *Nineteenth Century Malaya*（1961），ch. 4, and MacIntyre, *JSEAH*, Oct. 1961。

　　②　COD 197, 20 Sept. 1873（C. 1111, pp. 38 – 39）.

　　③　PEP, ii. Nakhoda Trang.

　　④　C. 1111, pp. 142 – 144.

　　⑤　Ibid., pp. 74 – 75, 153 – 154. 谈判不是与义兴会的首领而是与四邑的领导人（他们也是义兴会或和合社的首领）进行的，"四郡"的形成也是这个原因。文件上华人签的日期是1874年1月6日，而不是打印的1月16日。

　　⑥　克拉克在他的信件（CD 14, C. 1111, pp. 70 – 73）中给人的印象是毕麒麟已经获得了华人双方的同意。到1月13日，郑景贵代表的增城人才同意，而追随该派的其他人到1月15日才同意。

瑞天咸 1 月 8 日乘"皇家艾凡"号离开槟榔屿前往拉律，与他同行的还有五邑这一派的 10 个主要人物，他们在峇东登陆。瑞天咸在一名海军中尉和三名海军士兵的陪同下，从那里出发走了 13 英里的路才到斯比地和大臣在武吉干当的营地，沿途还被通知，守在封锁线的两派华人已提议休战。在新邦，双方的封锁线都仍有人把守。瑞天咸在得到大臣参加会议的承诺后返回海边，驶向邦咯。在那里，他离开"艾凡"号，和五邑的首领一起乘"公平马六甲"号溯霹雳河而上，去与马来酋长们联系。①

同时，在新加坡，克拉克于 1 月 9 日收到了阿都拉的来信，该信是阿在 12 月 13 日与总督交流后由里德起草的。阿都拉以苏丹的口气建议与"英国政府"签署新的条约，并请求派"一个有足够能力的人到霹雳来跟我们共同生活……并且向我们展示一套好的政府制度"。这与殖民部的想法如此一致，如果里德没有受总督的敦促在信中给出提议是不合道理的。②

被总督派去安排会议的麦克奈尔少将（McNair）和杜洛普上校于 1 月 10 日傍晚抵达槟榔屿，第二天上午就证实了四邑的首领与毕麒麟签订协议的事，而五邑的首领仍旧留在槟榔屿，说是为了等其他的首领同意接受。当这三位官员第二天早晨乘柔佛号到达拉律河时，他们在第一道封锁线处就被五邑人告知，他们接到了严格命令，不允许任何船只进入或离开，他们也没有接到休战或交出船只的指示。一根吊杆被放了下来，九艘舢板船准备向他们开火。柔佛号只好撤离驶往邦咯。他们 13 日早晨到达后才发现，总督乘坐的柏拉图号已经在那里了。由于瑞天咸还没有从霹雳河返回，杜洛普和麦克奈尔又乘柔佛号去接那些酋长们。这次他们还是由毕麒麟陪同，毕不仅带着四邑的首领陈亚炎，而且还带着乘艾凡号来的对仲裁还没表示同意的五邑的代表郑景贵。经过几个小时的争论，他最后像四邑首领那样，基于总督的"公正、公平和无偏见"在协议上签了字。但他只签了"增城人"三个字，尽管他承诺回邦咯后会尽力劝说该派其

① F. A. Swettenham, *Footprints in Malaya* (1941), pp. 32–33; C. 1111, pp. 157–159, report by J. C. Patterson (HSM *Avon*); PEP, iii. 48, Statement by Kulop Rhee, 29 June 1877.
② Read, pp. 25–26; C. 1111, p. 85, Abdullah's letter, 30 Dec. 1873.

他首领同意。① 他 15 日一到达那里就花了一个早晨和他的同僚们讨论这件事。下午，总督看到华人双方的首领聚在了一起，由毕麒麟做翻译。双方都准备放弃他们的赔偿要求，只要同意他们回到矿山去。那些老婆和孩子被抓走的人要求把人送还给他们。经过长时间的会谈，双方同意签订一份包括了所有条款的文件，20 日，所有的人都在该文件上签了字。② 在大家约定的那一天，26 人在属于华人两派的协议上签了字，第 27 个出现在协议上的名字是何义寿，他没有出席会议，但 2 月 10 日签了名。③

　　械斗双方都放下了武器，撤除了封锁，并且都自由地回到了拉律工作。一名或多名殖民政府官员与双方各自派出的一名华人组成一个委员会，负责解决矿山归属和商业行为问题。像供水这类将来会发生的问题服从住在拉律的英国驻扎官命令，他的决定就是最后的决定。最后，对于华人，有了解决争议的中立仲裁机构，就有了和平地重新开始他们在矿山活动的基础，如果必要可以向总督求助。④

　　至于马来人问题，克拉克的总的处理原则是通过羞辱大臣和压制其他酋长使他们接受他的提议。阿都拉被承认为苏丹，伊斯麦尔领取养老金退休。大臣尽管是拉律的总督，但受苏丹管辖，所有的税收都以他的名义征收，所有的任命都由以他的名义发出。在霹雳任命了一名英国驻扎官，在拉律任命了一名助理驻扎官。这次干涉和将来维护和平发生的所有费用都由大臣负责。吉辇和天定的一些地区割让给英国以控制海盗。⑤ 马来人的协议于 1 月 20 日下午由酋长们签署，但是大臣极不情愿盖上他的印章。对他而言，这场智慧战的结局非常令人遗憾，他和海山会被压制，而阿都拉和义兴人通过他们在新加坡的结盟而成为胜利者。他大权旁落，痛苦地回到了拉律。斯比地被总督任命为助理驻扎官并立刻上任。⑥

---

①　C. 1111, p. 78（Report by McNair & Dunlop）; p. 156（Chang Keng Kwee's Agreement）; p. 166, para. 53（Braddell's report）.

②　C. 1111, p. 167（Braddell's report）.

③　Swettenham's Journal, 11 Feb..

④　C. 1111, pp. 174 – 175.

⑤　关于邦咯协议的内容，请看 C. Northcote Parkinson, *British Intervention in Malaya*（1960）, App. A.

⑥　GDs 14 & 15, 26 Jan. 1874（C. 1111, pp. 70 – 73, 85 – 86）; GD 43, 24 Feb. 1874（C. 1111, pp. 108 – 114）; COD 14, 6 Mar.（C. 1111, p. 88）.

平定拉律的行动丝毫没有拖延，被指定的委员会成员包括杜洛普、瑞天咸、毕麒麟、郑景贵和陈亚炎。与四邑人打交道没遇到什么困难，他们立刻交出了武器并拆除了防御，甚至在新邦和亚恩（Ah Oon）这样的防备森严的地方也一样。但海山会很不顺服，并有意妨碍。只有在逮捕了他们的 11 名首领并在斯比地的印度兵的帮助下才最终拆除了堡垒，而且直到当众施以鞭刑的情况下，那些下落不明的义兴妇女才出现。共有 53 名妇女获救。大臣同样抗拒，但杜洛普的强硬态度和他的合作者的劝说使他明白拒绝委员会的要求是没有用的。至 2 月 19 日，所有的封锁线都被撤除，武器也交出来了，丢失的妇女也获救或下落清楚了。由于对双方都声称有所有权的大约 150 个矿点的归属不可能做出决定，委员会决定在拉律划桩为界，北部的矿山归四邑人，南部的归五邑人。助理驻扎官为所有矿山准备了租约，清晰载明界线和每年的租金，新开矿山要经过他的批准。

这些决定在 2 月 20 日在哥打召开的两派均有代表参加的会议上由瑞天咸宣布。瑞天咸在总督的命令下，已经做好了防备，10 天前就在槟榔屿拿到了何义寿在华人签署的邦咯协议上的签名。大臣出席了会议，但郑景贵因无法忍受公开地联合决定给予四邑和他自己的帮派同样的权利这样丢脸的事而没有陪委员会走到最后一程。他以生病为借口去了槟榔屿。四邑的首领很开心地接受了协议，但五邑人抗议说他们必须咨询郑景贵而退席。然而，殖民地最后并没受到挑战。但瑞天咸的日记很明显地表示，郑景贵和大臣希望他们在邦咯不情愿地签署的协议会由他的支持者当场挫败，其他委员要克服这一障碍并维持拉律的和平需要有坚强的决心。①

霹雳英国驻扎官的职位仍旧空缺，然而，直到 11 月，总督提名的候选人 J. W. W. 比奇的操行才有人调查，而这一耽搁对引进新的行政结构造成了严重后果。②

---

① C. 1111：pp. 229 - 230, Report and Journal；p. 240, Gov. to Earl of Carnarvon, 27 June 1874；pp. 241 - 242, Carnarvon to Gov. 4 Sept.；also SSPLC, 1874, Papers laid on the table 15 Sept. .

② 比奇负债累累，并在 1873 年决定饷码承包人时从新加坡的一名华人鸦片饷码商那里借了钱（CO 273/76, ff. 95 - 105, 克拉克 1874 年 7 月 13 日写给卡纳文的私人信件）。

在雪兰莪和双溪乌戎的干涉

正如安德鲁·克拉克先生设想的那样，他在邦咯解决了霹雳事务后就把注意力转向了其他西部沿岸可采矿的州。1873 年 11 月在雪兰莪海面发生的海盗行为为他在 1874 年 2 月派遣海军并坚持要派一名代表到现场调查提供了机会。7 月份发生另一起海盗事件后，他又有了劝说苏丹接受 F. A. 瑞天咸作为非正式顾问（8 月）的理由。如此，瑞天咸所起的作用就很大了，10 月，苏丹每月提供 1000 元作为英国驻扎官和他的开支，并同意由他负责进出口事宜。①

1874 年底，克拉克任命副王的朋友和顾问担任此职，而殖民部对这个人表示坚决反对，可在没有其他合适候选人的情况下，还是非常不情愿地同意作为暂时方案。此后，他对该州财政的兴趣发生了转移。当瑞天咸在冷岳与苏丹一起时，他在巴生就与副王在一起。②

1874 年，所有使锡矿区走向分裂的因素全部在双溪乌戎出现了。③1873 年当选的年轻拿督克拉纳（Klana）与老拿督班达（Bandar）之间相互嫉妒。老拿督声称与克拉纳拥有同样的地位，他自 1849 年当选以来就有收取海关、海港、和宁宜河上口岸及主要商业交通命脉的税收的权利。

在毗邻的林茂州，两竞争者为了继承权和非法征收宁宜河上的过路费而发生了战争，讨厌的是华人矿工和他们在新加坡、马六甲的财政支持人都卷进来了。在矿区，海山会与义兴会相互敌视，并出现了敌对华人群体与相互敌对的马来酋长结盟的趋势。

1873 年及 1874 年初，没出现商人的请愿书和酋长们的讨论，但 1874 年 4 月，安德鲁·克拉克先生为寻找强有力的中央政府，决定任命克拉纳为大酋长并给予他英国的支持。班达拿督要求的平等地位则没人理睬。5

---

① GD, 27 June 1874（C. 1111, pp. 240 – 241）；GD 319, 3 Oct. 1874（C. 1320, p. 5）.

② GD 357, 30 Dec. 1874（C. 1320, p. 55）.

③ 主要资料有：GD, 8 May 1874（C. 1111, pp. 232 – 234）；GD, 29 Dec. 1874（C. 1232, pp. 7 – 11）with 24 encls. 最重要的资料有：Encl. 1, Braddell's Report；Encl. 17, Pickering's Report, 23 Dec. 1873. Pickering's Journals, though printed and sent with the Despatch, are not in C. 1320. Encl. 18, Dunlop's Report, 18 Dec.；Tatham's Report, 18 Dec. 。

月初，总督依据克拉纳和一些小酋长的协议视察了宁宜河并清除了封锁。①

班达被这种对双溪乌戎事务的干涉及自己屈居于克拉纳之下所激怒。当他向总督表明他的不妥协态度后，毕麒麟被派往双溪乌戎警告班达不要扰乱和平，并命令华人不要参加任何可能出现的争执。他发现有 10000 多名华人居住在栅栏围起的大村庄里，人数大大超过了马来人，很多人是 1872 年从巴生来的难民。海山会控制大部分人口，包括广东人和惠州客家人，前者受甲必丹黄英（Wong Ying）领导，他在这个州已住了 30 年多年，是最强势的领袖。而客家人则在他们自己的甲必丹邱三（Hiu Sam）的统治下。② 成员显然曾经是客家人（可能像在雪兰莪一样是嘉应州人）的义兴会则在甲必丹吴钦的领导之下。③

毕麒麟发现，班达极其顽固，他不承认克拉纳有任何优先权，并反对英国人的任何干涉。毕麒麟在对付华人方面通过威胁流放那些妨碍和反对克拉纳的人取得了成功。吴钦因站在班达一边，因此撤回他的支持。班达就"双溪乌戎的姿态"给总督作的陈述根本没用。11 月 15 日，克拉纳召集所有酋长开会（班达拒绝参加）。在这次会议上，他征得了他们的同意，撤掉了班达，并选举总管大臣（Panglima Besar）亚马德（Ahmad）替代他。会议为此准备了一份文件，毕麒麟作为证人见证所有出席会议的人都在上面签了字。④

第二天就出现了对抗行为，毕麒麟很快就发现他自己要在克拉纳这边管理事务。在从马六甲和新加坡来增援的陆军和海军的帮助下，战争 11 月底就结束了，老班达撤往丛林，并最终到达新加坡。⑤ 但战争期间，发现了一份黄英敦促他的人签署的在任何时候并以任何手段帮助老班达的中文文件，他和吴钦的支持倾向在发现了老班达的锡矿石储藏点是由他们的

① C. 1320, pp. 40 - 42, Agreement of 21 Apr. ; C. 1111, pp. 232 - 238, GD 142, 8 May 1874.

② 这是客家音。在现代文献中，他的名字用福建话拼作"Khoo Sam"。——译者

③ 他的名字也拼作 Ng Li K'im, Ngo Khim, Gnoh khim 及 Ugoli Khim。

④ 由于墨污，文件上的英文日期看不清，因此被误认作 11 月 10 日，而相应的马来文日期是 11 月 15 日，这也为毕麒麟的记录所证实。

⑤ 关于谈判与战争的详细资料，请看 Parkinson, ch. Ⅶ, and R. N. Jackson, *Pickering, Protector of Chinese* (1965), ch. Ⅱ。

人守护时就更清楚了。亚沙也发生很严重的华人骚乱，在那里，邱三允许他的惠州客家人（海山会）去攻击吴钦的人马（义兴会），并且捣毁了村庄。有几人死亡，很多人受伤，在逮捕了邱三和他的头头之后，战争才结束。

从新加坡来管理救济部队的杜洛普上校罚了每个甲必丹3000元：邱三是因为扰乱和平，其他两个是由于帮助班达逃跑。他们因不缴罚款，被处以用柳条鞭鞭打20下，驱逐出境，并没收财产。吴钦是唯一缺席的人，也被处鞭刑，但此后同意支付罚款。该地区所有的华人都被解除武装。12月9日，三位甲必丹以10000元的保金达成协议，大家忘记旧仇，并返回矿山和谐生活。所有的囚犯被释放，克拉纳拿出一头水牛来举行宴会。

关于矿场出租、供水控制和税收的规则公布了，不受欢迎的人头税被取消，锡矿税减少到十五分之一。除非克拉纳允许，否则，携带武器是被禁止的。鸦片、烧酒和赌博饷码租给了三名甲必丹组成的集团，每月交1500元，并允许他们各自在本地经营赌博饷码，每月交200元。达士上校（Tatham）也是救济部队的一员，被任命为助理驻扎官，受克拉纳领导，毕麒麟的勇敢和主动挽救了非常困难和危险的局势，因而获得"许多信赖"。

因此，在13个月的时间里，安德鲁·克拉克明显改变了华人1873年的请愿书所描绘的马来亚那种令人沮丧的面貌，变得充满希望和期待。他在霹雳和雪兰莪分别任命了一名驻扎官和一名助理驻扎官，并在双溪乌戎任命了一名助理驻扎官。此外，还创造性地任命了"本地事务秘书"，并提名托马斯·布来德尔（Thomas Braddell）担任此职。干涉的框架已经确立起来了。

在霹雳的失败

1874年11月，比奇到达霹雳去管理一个以两位苏丹的政治忠诚为分界的州，在那里，酋长个人在各自的地区内是全能的，那些在邦咯条约上签了字的酋长还不明白这对他们的独立有多大影响。而且，由于他们放弃了收税的权力，驻扎官任命的迟延就意味着新税收体制建立的迟延，因此，许诺给他们的津贴就没有钱来支付。大臣深感痛苦，与他过去的税收相比，他现在仅仅收入微薄，其他酋长也很快加入他以抵制英国控制。①

一般的描述都把拉律作为例外，在那里，斯比地立刻组建了政府框架。矿山的工作又重新开始了，1874 年，人口从只有 4000 名华人战士增加到 33000 名矿工和商人，其中 26000 人是华人。② 从一开始，斯比地就决定禁止秘密会党，他声称得到了华人领袖的赞成。然而，这种外交性的接受很难使进入拉律的大量矿工抛弃那种能给他们提供个人保护、丧葬福利和重要而又强大的愉悦感觉的根深蒂固的社会习惯。不过，这一禁令使得斯比地能够采取行动反对那些组织秘密会党活动的人，并使两次建立秘密会党的尝试均告失败。但义兴会和海山会仍然存在，尽管没有发生冲突。③

然而，在从马来人转移给英国人控制期间，华商及秘密会党相互间肯定存在竞争，只要有可能，那些没有别的收入的酋长们就想保留他们以往的收税程序。阿都拉不顾先前对陈金钟的承诺，将税收出租给了一个在槟榔屿的华人，几乎可以肯定这个人就是义兴的陈亚炎。陈金钟预见到与英国结盟比跟阿都拉结盟有好处，他把跟阿都拉签署的协议交给了总督，但在阿都拉将他的税收交给其他人时，他不准备坐视不管。陈的姐夫李清池（Lee Cheng Tee）拜访了阿都拉，而阿早已背弃了槟榔屿协议，收了 24000 元就把饷码给了他，尽管总督警告他税收上不作让步。恰好比奇来，他告诉李，他的饷码是不会被同意的，但最终还是批准他在霹雳河口征收 5 年的饷码，每年租金 84000 元。

比奇的提议之一就是在殖民地内应有一个囊括全霹雳的成土（鸦片——译者）饷码，虽然遭到了以前持有该项饷码的人的强烈反对，他还是以 96000 元的价格承包给了李清池为首的新加坡的一集团。这引起了当地人极大的怨恨，不仅是槟榔屿饷码持有人（自 1873 年，该项饷码就归建德社的邱天德领导的闽帮所有），还有很多是拉律矿山的承包者。显

---

① 这里的主要资料是 1876 年为调查"霹雳暴行"中酋长们的共谋行为而任命的委员会搜集的材料，包括一份证据摘要、一份证据删节本和附在后面的调查中产生的大量信件。其他的资料包括在新加坡档案中的三卷未出版的《霹雳调查文件（1876—1877）》和 C. 1505 & 1506，这些都包括在通信和其他重要资料中。

② C. 1111, pp. 238 – 240, 由瑞天咸和比奇报告。

③ Speedy's *AR* on Larut; *SSGG*, 3 Apr. 1875.

然，这些承包者在进口生鸦片时已缴过税了，他们自己把鸦片制作成成土，零售能获得可观的利润，由于普遍掺假，利润更高。根据新制度，只有饷码商才可进口鸦片制造成成土。对新制度的反对是如此强烈，在华人的新年（1875 年 2 月 5 日）发了薪水后，劳工们就逐渐离开了矿山。有3000—5000 人到了巴生和其他地区，锡矿产量急剧下降，鸦片税从 3 月的 3500 元跌到 4 月的 1500 元。比奇采用了武力，大批劳工离开的恐慌暂告段落，但损失已经造成，1875 年的锡产量只达到斯比地最初估计的 40%。①

这次统一饷码的失败对比奇的财政计划是个严重打击。已经前往印度就职的总督被比奇的"肉搏战"办法和"饷码的混乱"搞得烦透了，但比奇发布的有总督签字同意的关于税收安排的文件只是增加了下霹雳的酋长们的反对而已。新总督威廉姆·杰维斯（William Jervois）先生于 5 月10 日到达新加坡，7 月初访问了拉律和霹雳河流域。他离开时确信，唯一的解决办法就是由英国官员到霹雳政府任职，这一建议后来被国务秘书拒绝了。阿都拉感觉到了压力的增加，转向陈金钟求助，同时与以饷码作交换提供保护的槟榔屿义兴会保持一致，但没有什么作用。陈金钟斥责阿都拉不遵守《邦咯协议》，毕竟这一协议让他登上王权宝座，并劝说他签署比奇所需的某些法令，承认欠陈金钟 16000 元，这是比奇签字同意从税金中支付的。②

但阿都拉和酋长们已经决定，维护他们的权利只有一条路可走，就是杀掉比奇。伊斯麦尔的支持者与在槟榔屿的海山会和建德社首领进行了接触，没有得到任何鼓励，但阿都拉和大臣的代理人从华商处带来了武器。11 月 2 日，当比奇沿霹雳河而上去张贴声明其权力的传单时被谋杀。军队随后被派到霹雳，但没有遇到坚决抵抗，因为马来人被他们自己的阴谋分裂了。③ 经过审判，三名与谋杀密切相关的人被处以绞刑，六人被判终身监禁。调查委员会调查的结果是，阿都拉、大臣和其他两人作为共犯被

---

① 瑞天咸关于马来诸邦财政状况的回忆录，1877 年 2 月 8 日（SSPLC，1877，App. 4）。Speedy's *AR* on Larut，1874，para 86；Gullick，*JMBRAS*，Nov. 1953，pp. 48–49。

② EPO，Apps. XⅧ，XⅫ–XXⅦ。

③ 详情请看 Parkinson，ch. X。

放逐到塞舌尔（Seychelles），而伊斯麦尔被允许在酋长的管理下住在柔佛。

这次敌对行动中，华人没有参加。斯比地报告说，那些在拉律的人"倾向于赞成英国的统治"，并提供了士兵和所需劳动力。这次骚乱的结果是李清池绝望地放弃了他的饷码，陈金钟也从霹雳的政治舞台上退了下来，把他的收税地盘给了那些老对手们：分别以陈亚炎、郑景贵和邱天德为首领的义兴会、海山会和建德社，一旦恢复和平，他们很快就开始了竞争。

在雪兰莪和双溪乌戎的成功

当大卫森被任命为雪兰莪驻扎官时，大陆上依然是内战留下的荒芜。吉隆坡一片废墟，大批采矿工人离开了该州。有谣言说——毫无疑问是叶亚来和他的海山会支持者散布的，凡是支持张昌的华人一律不允许返回。这造成了一定影响，尤其是对那些从前占据间征和雪兰莪河谷的嘉应人影响很大。根据新加坡方面的指令，大卫森的首要的职责之一就是使人们知道，所有劳工，无论支持谁的，都欢迎回到他们的家园，并且通过提供交通工具和免费供应粮食来特别帮助嘉应州人，直到他们找到工作。[1] 1875年 2 月，华人劳工流开始涌进，此后一直在继续。数百人因为不得人心的成土税而离开拉律到巴生河谷找工作。其他人包括嘉应州人也从双溪乌戎回来了。因此，像在拉律一样，海山会和义兴会的人都返回来，并变得很稳定。

在一名叫西尔斯（Syers）的陆军上尉的领导下，从马六甲招募来的警察在每条河口和每个矿区都成立了警察局。而叶亚来则只要通过将所有关于其他秘密会党活动的信息传递给西尔斯的简单办法，就可有效防止他们侵扰巴生河谷。他还提供了 200 名华人士兵帮助大卫森镇压玛赫迪酋长复位的威胁性运动。这次运动中，苏丹因不满意来自冷岳河谷的可怜税收而在暗中支持。此后，总督命令引进给酋长们津贴的统一税收和集中收税的政策。受霹雳的例子的警示，总督特别在意事先就让酋长们相信他们不

---

[1]　C. 1512，pp. 7 – 24；GD，10 Feb. 1876.

会因为政策变化而遭受损失。①

叶亚来受到可以从政府基金贷款实施其发展计划以及被准许经营吉隆坡的毒品、烧酒和赌博饷码的鼓舞，积极地投入各项恢复活动之中。1876年至1877年，锡的价钱比较低，他因被准许对从巴生出口的锡征税而度过了财政难关。到1880年，政府所在地迁移到吉隆坡，行政司法权大部分落到了他和另一海山会首领叶亚石（Yap Ah Shak）②手中。作为华族的地方治安官，他们不仅握有来自地方政府的权力，而且，更厉害的是，他们掌握了源于他们所属会党的权力。甚至在英国政府接管了该市的行政事务后，叶亚来还向华商索取每年的"自愿捐献金"用于他的公共开销，继续他的行政控制。一些人发现这个独裁者的束缚难以忍受也是可以理解的。广东人和福建人生气是因为是他而不是他们对驻扎官有影响。嘉应州人和其他义兴会员一定是站在对立的阵营里的，而其他要在他管辖的地盘上生存的会党，比如马六甲海峡的福明会，总是被他很快就报告给了警察局长，自然对他怀有仇恨情绪。叶亚来目不识丁，精力旺盛，百折不挠，且残忍冷酷，是他那个时代的华人甲必丹的杰出的代表。直至1885年去世，他毫无疑问是该地区真正的统治者。

双溪乌戎

杜洛普和毕麒麟的殖民统治是成功的。采矿工作很快就重新开始了，在亚沙建立起了一个新村庄，开办了一个警察局，而且修了一条直通河边的路，使锡矿得以畅通无阻的运到马六甲海峡。但拿督克拉纳，一个靠英国的支持而富起来的人的态度极大地激怒了与他同为酋长的那些人，以至于他们提议填补自1869年以来就一直空缺的大酋长以削弱他的权力。关于这项提议的争论引起了当地人的一场战争。在这场战争中，英国军队站在克拉纳一边。1876年11月，达成了一项政治解决方案，此后，反抗运

---

① C. 1111, pp. 269 – 271, Swettenham's report, 18 Dec. 1874；C. 1320, pp. 94 – 96, Davidson's report, 16 Mar. 1875；pp. 97 – 103, Swettenham's report, 8 April 1875；pp. 105 – 111, Skinner's report on the West Coast States, 22 Mar 1875；C. 1505, p. 59, 93, 95, 100, 107, 165；Swettenham's Memo. , 8 Feb. 1877（SSPLC, 1877, App. 4）.

② 叶亚石又名叶致英、叶伯雄。1860年因专心营商，把双溪乌绒华人甲必丹的位子让给叶亚来，1885年叶亚来去世后，叶亚石接任吉隆坡甲必丹，直到1889年去世。——译者

动就停止了。

与霹雳之战一样，双溪乌戎的华人没有参与，尽管义兴会和海山会依然对抗着。甲必丹们吸取了 1874 年的教训，不支持交战的任何一方，而是依靠英国的干涉得到令人满意的结果。①

结论

不出所料，英国的干涉受到了整个地方的华侨商人和矿工的欢迎，尽管有一方在拉律暂时丢了面子，因为解决的先决条件就是企业有利可图。马来人的反应则比较复杂。克拉克的冲动与比奇的愚蠢使酋长们产生了怨恨、怀疑、抵抗的情绪，虽然那些与英国合作的人获得了权力和名声。阿都拉、伊斯麦尔、大臣和其他主要酋长被清除霹雳就意味着新的驻扎官不仅仅是以顾问的身份而是以统治者的身份出现了。

---

① Wynne，p. 412，Chong Bun Sui's report；C. 1505，pp. 193 – 196，GD，17 Dec. 1875；C. 1709，pp. 84 – 86，GD，13 Dec. 1876；pp. 128 – 129，COD，27 Feb. 1877. 更详细的资料请看 Parkinson 的著作。

第二部分

镇压之努力

走向镇压

一 海峡殖民地，1873—1876

1873 年 11 月，安德鲁·克拉克先生抵达新加坡，他的首要任务就是重组立法会，立法会的三名欧洲非官方成员已于前一年 9 月辞职。在奥德启程之后，国务秘书通过新总督给那几个表示不满的绅士们发了一份圆滑的公函。根据他的建议，这些人同意回到他们的职位上，并且接受再次任命。

同时，《华人移民条例》在这些人缺席的情况下已经通过了三读，并作为 1873 年第 10 号条例正式出现在法律文献中，但是它同时通过了一项还没开始付诸实施的悬置条款。克拉克急于缓和气氛，决定对提议进行重新评价，还征求了新加坡和槟榔屿商会、警察总监及两名汉语翻译毕麒麟与卡尔（槟榔屿）的意见。此后，直到 1877 年 3 月，移民问题一直是讨论的主题。

1874 年 12 月，新加坡的欧洲商人和银行家们请求立法会主张考虑华人移民议案的失策。他们强调，防止秘密会党控制移民的最好办法是废除会党，他们才是一切严重骚乱的根源。他们支持控制从新加坡向外移民，但极力主张向内移民的绝对自由，因为新加坡的繁荣比以往任何时候都更加依赖富足的劳动力资源，而这些劳动力资源只有通过移民获得。①

虽然警察总监和汉语翻译都提议拟议中的法律不应该阻止移民进入，总督仍于 1875 年 4 月通知国务秘书，他没有看见一点使法令有任何成功

---

① SSPLC/1874/app. 33.

实施希望的机会，他正准备另一项授予警察特别权力的议案，并引进香港的登记制度，然后进行修改，使其不是依靠中央政府而是依靠市政委员会运作。① 该计划是基于毕麒麟的提议：把新加坡分成几个行政区，每区由一个行政长官管理，他为其行政区内的那些行为对政府负责。② 但是在该议案的框架形成之前，克拉克就被调任了，而新任命的总督威廉·杰维斯先生的观点不一样。③

同时，邓洛普和毕麒麟都竭力说服政府充分利用他们已经掌握的权力控制会党。毕麒麟的第一次解释包含在"1873 年关于海峡殖民地华人的一般状况的报告"之中。④ 在该报告中，他提到新加坡的敌对秘密会党之间在 1873 年并没有发生严重械斗的情况，并将这种进步归功于所有此类会党都必须根据《危险社团条例》第三部分进行登记，归功于依据该条例采用的戒严手段使《和平保护法》得以实施。由于自 1872 年 12 月实行戒严以来一直没有解除（事实上一直到 1885 年都没有解除），戒严的存在保证了政府有权力在经过调查之后可以将任何与混乱或骚动有牵连的人或者与登记的会党负责人有牵连的人（本地生的英国公民除外）驱逐出境。同时也确保对那些参与暴乱的人在被警告后如果仍不解散，就可以处以鞭答。

邓洛普与毕麒麟建议可以把这些做法推广到槟榔屿和马六甲。这些殖民地都受到了附近大陆骚乱的影响，槟榔屿是受拉律骚动的影响，而马六甲是受双溪乌戎、林茂和雪兰莪的影响。1873 年上半年，槟榔屿对显眼的社团实施更加严格的登记，但华人会党和红、白旗会继续活动。1874 年 6 月，邓洛普建议在槟榔屿实行戒严，或者干脆就禁止秘密会党。但政府对他的两项建议都没有采取行动，他被迫依靠登记制度控制秘密会党。1875 年，情况变得更遭。那一年，新加坡的义福会在槟榔屿和威省同时发展起来。1875 年底，警察局长认为，大部分犯罪是殖民地的秘密会党所为。他说，秘密会党正日益强大。他还强烈要求通过给其两年的通告时

---

① GD 127, 29 Apr. 1875.

② W. A. Pickering, "The Chinese in the Straits of Malacca", *Fraser's Magazine*, Oct. 1876, pp. 443 – 444.

③ GD 256, 31 Aug. 1875.

④ 注明的日期是 1874 年 10 月，而呈送到立法会的日期是 1875 年 5 月 4 日。

间，有力打击秘密会党，在这两年内准其关闭自己的账户。

1875 年 12 月，马六甲的会党间发生了严重冲突，原因是马来人的一次表演中的一件小事，结果福明会和义福会都卷入其中。当时，马六甲的代理副总督（布兰克特）刚好不在，他去双溪乌戎了，因为那里发生了马来人起义。有人劝代他行使职权的官员说，双溪乌戎的马来人准备进攻马六甲，马六甲的马来人将加入这次起义之中。他从槟榔屿派遣了 100 名尼泊尔籍士兵前往维持秩序。但当布兰克特回到殖民地时，他发现根本不是谣传中的那么回事，尽管他要求派一支更大的军队永久驻扎马六甲。同时，福明会与义福会之间的谈判也被拖延了，义兴会加入义福会一边。福明会的首领，也是政府的翻译的明水（Boon Swee）得到指示去解决问题，但发现在警察、军队和马来人联合恢复秩序以前，必须进行戒严。结果130 多人被指控，其中两个人被判死刑，63 人被判处不同刑期的监禁。①

马六甲义兴、福明、义福、海山这四个会党的暴动，导致他们被强制性的要求根据《危险社团条例》的第三部分注册，而且警方发现了许多富裕的种植园主和商人都隶属于这些会党。② 当这一切结束后，布兰克特可以向政府报告说：这些暴动与反抗马六甲或当地政权的马来亚运动没有任何关系。恰恰相反，通常来说马来人愿意提供力所能及的帮助以镇压这些暴动。③

通过调查整个华人的情况，杜洛普于 1876 年写到，他不主张在缺少其他可代替秘密会党的组织的情况下鼓吹实施镇压的《危险社团条例》。鉴于后来的事件，可以想象，他本来是主张完全禁止秘密会党组织（正如他以前鼓吹的一样），但是与毕麒麟的交流改变了他的观点，使他得出这样的一个结论：如果取消这些会党组织，就没有了政府与华人群体之间的媒介。他发现，华人整体上对于殖民地法律非常无知，对于大英帝国愿意公平地对待移民的政策毫无认识，却非常乐意加入那些秘密会党。在这

① 义兴会包括福建人、广东人和海南人，使用白色旗帜，福明会则由海陆丰（Hoi Luk Fung）的客家人组成。明水是当地出生的客家人。马六甲骚乱的主要资料包括：GD 371, 29 Dec. 1875, Printed at PP C. 1505, p. 236, with encl. to p. 243. C. 1505 的其他相关部分的序列号是65，66，67，87，93，105（with encls）and C. 1709, p. 31 & Serial no. 17。

② IGP *AR*, 1876.

③ PP C. 1505, p. 243.

里，他们的利益由那些强有力的会党领袖来照顾。他认为，这里所需要的不仅仅是过多的新法律或者法律修正案，因为"一个强有力的政府，其行政官员与民众有着亲密的联系"。他主张在每一个殖民地都建立一套登记华人的制度，任命一个华民护卫司，此人必须是一个完全可信的欧洲人，熟悉华人的几种方言，而且能够书写。他应该得到从殖民地有代表性的几个族群中影响力不凡的华人的帮助，而且他还必须在人口集中的地方办公，使那些需要他帮助或想听他意见的人可以随时能找到他。政府公布的所有中文布告必须由他经手。私人发行的任何商标或中文出版物必须在出版之前提交给他，并由他盖章同意。所有华人商业公司、协会、慈善团体和秘密会党组织必须由他登记。① （看起来这个好像是毕麒麟跟杜洛普讨论的事情，后者不久就有了以更激烈的方式来表达此观点的机会）

威廉姆·杰维斯（William Jervois）爵士于 1875 年 5 月 10 日就任总督，10 月 7 日就召开了他的第一次立法会议。他在开幕词中表示，香港的登记制度不适合于新加坡，他赞同采取基于《锡兰主仆关系法案》的措施，这个适合于所有的族群。但是，1876 年 6 月，他在作了进一步考虑后任命了一个委员会，以便在"考虑殖民地华人劳力情况，顾及华人劳力保护后，再决定有没有必要立法"。该委员会完全由官方人员组成：殖民地秘书约翰·道格拉斯（John Douglas）、财务大臣威兰斯（W. W. Willans）和警察总监杜洛普。该委员会在 9 月完成了报告，并于 1876 年 11 月 3 日的立法会议之前予以公布。报告清楚地反映出杜洛普的影响，其中包含了一个极富指导性的移民地位远景图和缺少介于政府和华人社区的中间联系的景象。②

政府对华人知之甚少，甚至完全不知，而作为殖民地工业脊梁的他们中的绝大多数对政府也了解不多。我们知道每一年都有一定数量的华人涌入，有一定数量的华人离去，但是他们在这里待多久，有多少人会回来，他们在想什么和需要什么，我们却一无所知。除两个翻译官毕麒麟和卡尔（Karl）外，没有其他官员熟悉华人自己的语言里的那些最普通的对话。

于是，毫不奇怪，大多数华人带来了和促使他们离开家乡一样的观

---

① IGP *AR*, 1875. See SSPLC/1876/app. 19.

② SSPLC/1876/app. 22.

念：政府的主要功能就是通过公平的或者卑鄙的方式榨取钱财，很少知道我们的政府对他们所承担的义务。移民到来时，由头家（输入机构）引渡，接着穿越海峡直接带到其工作的地点。在工作期间，除非他有犯罪行为而且被发现，否则是不会与政府官员发生任何联系的。我们相信，绝大多数来到这些定居点工作的华人回去时不会清楚地知道这里是否有政府的存在。

来后不久，移民就会想方设法成为秘密会党的一名成员——假设他还不是的话。遇到麻烦时，他会去找会党中管事的。如果没有人帮他出头，他就会找一些有影响的华人来帮他。如果还是没达到目的，他可能会请求那些他听说过的一些据说会善待华人的老资格欧洲人，但是他从来不会想到去请求政府官员帮忙。

委员会得出结论：同时运用《危险社团条例》（Ⅺ Ⅹ 1869）和1872年的《和平保护法》来处理秘密会党问题，与自由国家处理黑帮的法律一样有效，而且增加了一些只有这些措施才会有效的规定：政府官员通过逐渐与华人加强联系的手段来争取对华人的影响和赢得华人的信任，或者说给会党成员出路的法律才是有效的法律。但当时委员会不准备主张采取这样的措施。

委员会主张在新加坡和槟榔屿（可能后来还包括马来亚）任命华民护卫司。护卫司应该是熟悉汉语方言的欧洲绅士，还应得到那些定居在这些住居地上的、不同宗族的、受人尊敬的华人的帮助。委员会还提出，一定比例的行政实习生应该首先送到中国去学会讲中文和会说一种、如果可能的话最好两种方言。

至于控制移民，应该对苦力经纪人和其征召新丁机构颁发执照，并由移民站负责接待，这样就会由护卫司来考虑他们融入这个社会的安全性。同样，殖民地征集来服务于其他地方的劳力将会在护卫司面前陈述理由。条例应该很简单，因为这对于取得华人社区中有责任感的那部分人的信任与合作是必要的，突然强烈干预华人的习惯和风俗只会让他们逃避，并增加华人秘密会党的影响。

二　新加坡邮政暴动，1876

几乎就在委员会的报告公之于众时，新加坡自 1873 年以来一直维持的和平秩序突然被"邮局暴动"打乱了。这表明《和平保护法》宣言的存在和根据《危险社团条例》第三部分的详细登记都不足以保证暴动不会发生。杜洛普早已认识到这点，他当时就警告说，华人的不满情绪在增加，会党因为其首领的强大影响力，必然给政府带来麻烦和危险。①

新加坡的邮局暴动发生于 1876 年 12 月 15 日。这次不是会党内部的争吵，而是直接针对新加坡政府的，因为政府正意图引入一套新的送信和汇款给新加坡的华人家庭或商业往来的制度，而迄今为止，华人原本一直依靠的是信馆。② 这些信馆像运送商品一样船运信件和汇款到华南的合适港口，那里的代理机构再寄送至其在主要城市的代理人，然后那些代理人再接着传送给在乡镇和村庄一级的代理人。这套制度在交换处理过程中有着无尽的自肥机会，而汇款人没有任何的补偿。为了使华人有更好的邮政设施和服务，安德鲁·克拉克（Andrew Clarke）爵士提出给予槟榔屿的一个华人公司收发来自殖民地的信件和汇款的垄断权，对每封信件征收 6 分的税款，对每笔汇款征收 10% 的税。为此特权，该公司必须每年上缴政府 7000 元。杰维斯在这个安排完成之前就接替了克拉克，他担心这项事务会遭到滥用。因此，他认为这个公司应该被任命为邮政支局，工人每月领取少量的薪水，使他们成为法定意义上的公务员。也可以允许他们根据固定的比率从事邮政汇票业务，利润归其所有，但是不能垄断，他们要和信馆竞争。信馆则要求在所有的信件上盖印，然后通过这个华人邮政支局或者公共邮局送出去，而不是像以前那样不付邮资。信馆也还像往常一样从其顾客身上收取费用。这样，这些信件就会被政府邮局系统运送到信馆在厦门和汕头的代理机构。③

---

① IGP *AR*，1875.

② 关于邮政"饷码"的争论可见于 GDs 285（9 Oct. 1874）&72（17 Mar. 1875）；COD 10（19 Jan. 1875）& COD（AI）28（11 Feb. 1875）。

③ GD 46，4 Feb. 1876；CODs 75 & 87，29 Mar. & 11 Apr. 1876.

大约在这套新的制度生效 10 天前，谣言四起，说政府正计划着要把汇款到中国的垄断权交给一家两个福建耆耆开的公司。如果这是真的，那么就会使得经营着绝大多数信馆业务的潮州人失业。不管毕麒麟所传达的版本是否有垄断权，但最主要的信馆业主——也包括其支持者，即义福和潮州人分支的义兴会党的首领——的信馆业务都会受到损害。政府声明其资助的组织有安全保障，其实是暗指汇款到中国税率会低于以往。信馆业主们拒绝政府邀请他们与华人邮政支局合作。

事情变得越来越糟，因为邮政支局早就准备好了一张草拟的布告，它包括该项目的各个细节，并错误的表示该公司将有业务垄断权，尽管毕麒麟删除了这个条款，但是信馆业主们还是得到了原来的复印本，于是出现了号召暴徒们起来攻击新的华人邮局和杀死邮局工人的标语。

在紧接着的 1876 年 12 月 15 日的暴动中，一些攻击邮局的暴徒围攻和打砸警察，另外一些暴徒则释放了被抓进警察局的囚犯。当警察局遭到袭击时，警官命令其下属开枪，结果有三四名暴徒被打死，另有一些人受伤。同样，在梧槽也发生了暴动。商店和市场因为有要求他们关门的标语出现而不敢开业，一个大胆开门营业的商店被潮郡义兴的一伙暴徒和海山会——该会的三个成员已经在围攻警察局的骚乱中被打死——的队伍关闭。政府命令军队驻扎在福康宁（Fort Canning），两个秘密会党的头领被逮捕，但没有其他的会党卷入进去。最后，10 个最能惹事的信馆业主和这两个会党的头领被押送到警察的冥王星号（Pluto）汽船上，随后，该船接到命令驶离岸边，但待在鸣号可闻的范围内。黄昏时，该市恢复正常。

潮郡义兴的头领林亚泰（Lim Ah T'ai）一直是政府的眼中钉、肉中刺，最后被政府驱逐；海山会的首领被控以暴动的罪名；剩下那十个业主，在港口外的暴风雨中待了两天，感激涕零的缴纳了 3000 元保证金（有的缴了 1000 元）就回来了。华人邮局在 12 月 18 日正式营业，引起了民众的广泛兴趣，业务稳定增长。①

后来，国务秘书提醒总督关于让民众通过自己的语言去彻底了解新的

① GDs 444，27 Dec. 1876，3，4 Jan. 1877；COD 43，5 Mar. SSPLC/1876/app. 31，Reports by R. W. Maxwell & W. A. Pickering.

法律或者规则的重要性，但毕麒麟在汇报暴动情况时说，那些信馆业主们"在煽动暴动时只是简单的试着去歪曲那些早已被海峡殖民当局证明成功的东西，因此，冗长的标语只会给他们充裕的时间组织一场更加严重的暴动"。

实际上，煽动暴动不仅仅是海峡殖民地华人的传统抗争方式，在中国，只要当地方官或者其他行政官员引入新的有损于他们既得利益的措施时，这种方式总被频繁使用。任何一方都是在权衡过对方的实力后再相应地做出行动，发生在新加坡的暴动正是这样。信馆经营者通过秘密会党来煽动暴动，其他群体立即辨认其信号，而且只有在哪一方即将获胜表现得很明显后，他们才会收敛行动，以免对手给自己带来灾难。在这种特殊情况下，事件影响到了整个华人社区——正如前任警察总监所建议的，政府才会明白整个秘密会党组织是反抗它的。

一旦邮局暴动的兴奋浪潮消退，政府的注意力就再次转到保护华人移民的问题上，这是毕麒麟在 1877 年 2 月 17 日提交的一份报告上的移民问题，关系到发生在两个星期内的新加坡新客绑架。

一位受人尊敬的华人已经见过警察总监梅杰·杜洛普，要求签署一份雇佣合同，因为他提出要雇几个新客到他的面包店工作。契约的有效期为 360 天，付给每个劳力 30 元。根据合同，每个劳力已经领取路费和差旅费 24 元。如果劳力拒绝工作，其雇主可以任意处罚；如果劳力逃跑，则可以告示通缉。当这位申请人被告知文件不合法时，他觉得惊讶，还说这些条件比一般新客所得到的要好多了。至于这 24 元，是不会给新客而是给掮客的，掮客再付给负责运送的船长 5 元到 6 元的路费，剩下的则归其所有，其中包括路途上的开支和利润。

为了深入了解新客移民制度，毕麒麟参观了刚从中国来的拥有 20 条到 30 条船的船队。每条船带来了 50—120 名苦力，很多是来自中国内陆省份广西，他们到任何海港大约都要 6—7 天的行程。很多新客被用笼子关在船上，直到各个移民代理为他们找到去处，并帮助付完差旅费后才准离开。船上押运的人没有被发现，但通过其会党头领，他还是被带到了警察局。有的秘密会党深深地卷入到囚禁并运送新客到苏门答腊的事件中，当然其中必有义福会。就在那一天早晨，毕麒麟在其报告中写道，这是一个小小的骚乱，一支由松柏馆（客家人）的打手组成的武装队引着一伙新客到岸边，把他们装上马来群岛式大号木帆船①，然后再转移到舢板船上带到苏门答腊。新客一两天前从海南乘船到达，被关在直落亚逸街的一间屋子里，他们不愿再往前走了。新客还声称，他们原被告知说是离开中国去新加坡工作的。于是，掮客和会党的打手就强迫他们乘船，双方便互殴。掮客向警察抱怨说，新客进攻他们，因此警方倾向于支持掮客，20多个新客被带到了警察局，其中有几个已经受了伤。毕麒麟和杜洛普随后视察了大号木帆船，释放了另外的15个被强迫上船的人。

在向政府汇报此事时，毕麒麟主张必须在帆船运送高峰到来之前立即采取下一步骤，即要求所有新客雇主的名字必须登记在册，禁止运载苦力到殖民地以外的地方，除非这些苦力首先被带到警察局，并向他们解释了他们将要从事的工作。这份报告于1877年2月23日提交到立法会议，同一天，还提出了保护华人移民的议案。

另外一份关系到移民和秘密会党的文件，尽管不是寻常可看到的，但也宣读了，并于1877年2月19日签订，即1876年11月任命了一个委员会去调查传染性疾病条例的运作情况。在讨论卖淫问题时，该报告提到了秘密会党和三星党对妓院那种"非常令人反感的影响"。不仅妓院老鸨自己是会党成员，而且他们及妓院的其他人还要接受会党和三星党缴纳的勒索。比如，有个妓院老鸨一年缴给义福会100元，而每个妓女则收取20分的月捐。另外，妓院还得给会党成员缴保护费，这些人靠给妓院做"卫兵"赚取生活，其部分职责就是负责女子不被掳走。

这些不满都不是最近才有的，早在1863年（那一年，小规模但稳定的华人女子移民开始了），《新加坡自由西报》就曾注意到，年底时，许多华人女子已被秘密会党引渡来卖淫。关于这方面的文章自1865年相继涌现，到1877年时已建立了良好的制度。②

1877年2月23日，保护华人移民的议案在被摆到立法会议的桌面上，作为传染性疾病条例委员会成员之一的非官方议员里德，因了解报告内容，说他将在下一次会议上鼓动一个决议，在移民法进入正式审查程序

———————
① 大型货运驳船。
② 1853年三合会军队撤出厦门时，几个福建人的妻子和家人为了逃脱清廷士兵的抓捕也被一起带来。那一年的移民中还有几个单身女性，但自此之后，直到1863年才有女性移民到来。

之前，应该提交镇压华人秘密会党的议案。后来他确实这样做了，但决议
在讨论后被撤销，华人移民议案继续讨论，并于 3 月 23 日成为正式法律，
是为《华人移民条例》（1877 年第 2 号条例）。其中规定，在所有州府任
命一个华民护卫司，以检查新客、接待移民场所的建立情况及移民从事劳
动的登记情况。无期合同被取消。国务秘书卡纳凡（Lord Carnarvon）在
传达女皇陛下对华人移民条例的亲切肯定和赞成时，说道：

> 如果我没有表达我如下的观点，那就是我的失职：海峡殖民地上
> 的华人移民，像威廉姆·杰维斯附在信件中的报告所揭露的那种对海
> 峡殖民地华人移民的污蔑是没什么可信度的。在大英帝国的殖民地
> 上，没有犯罪的自由人也可能被强行拘捕入狱或被处以大额罚款，并
> 要通过特别立法来保护他们，简直就是耻辱。①

第二个变成法律的相关议案于 1877 年 3 月 23 日通过，是为《拐骗条
例》（1877 年第 3 号条例）。其中规定了华民护卫司的任命、移民食宿场
所的建立；为每年招募新丁颁发执照；给那些到殖民地以外地方工作的人
签字；对那些通过欺骗、诈骗、恐吓、假证明等手段招人者以处罚。《拐
骗条例》首先生效（1877 年 5 月 14 日），接着护卫司的办公室在 6 月 1
日挂牌。毕麒麟于 5 月 4 日被任命为新加坡的华民护卫司，E. 卡尔
（Karl）在槟榔屿就任相同职位。另外，来自香港的华人学者、登尼斯博
士（Dr. Dennys）被任命为新加坡华民护卫司的助手，于 5 月底到任。②

《华人移民条例》一直到年底才正式生效，这是为了有时间通知中国
的各个港口。有九个部分的条款在 1877 年 9 月生效，另外还有两个部分
在 12 月 1 日生效，但是与接待场所的待遇相关的那部分——一个让国务
秘书极其怀疑的部分，拖到 1878 年 4 月才开始运行，那时，在《拐骗条
例》的强制要求下，领取了执照的代理机构已经提供了合适的新房作为

---

① GD 99, 29 Mar. 1877；COD 146, 5 July 1877.

② GDs 99 & 100, 29 Mar. 1877, & 168, 18 May 1877.

中转站。毕麒麟和 E. 卡尔也被任命为华民护卫司。① 1877 年 9 月，护卫司又成为会党的登记人，他们从警方手中接过了这项工作。此外还采取了一个削弱会党权力的步骤，尽管某些非官方的成员主张完全禁止。

毕麒麟成为会党登记人后走的第一步，就是对会党成员和行政事务人员进行再登记，每一个区域的会员都登记在首领的目录条下，以便可以通过首领找到会员。义兴会福建分支的重要头领是海峡侨生，他们反对这个再登记，但还是被召集到地方治安官面前道歉并表示遵守。

实际上，1877 年很少有会党惹麻烦。在槟榔屿和威省，印度人—马来人会党（红、白旗会）——据说绝大多数的会党成员属于华人会党，对于每一个穆斯林宗教节日来说依然是个麻烦，结果他们要求举行穆哈兰节游行的请求被拒绝了。同样，槟榔屿的两个会党——义兴会和建德社（大伯公会）之间也有摩擦，因为 1877 年鸦片饷码在投标中已经从建德社成员的手中转到义兴会员手中，但没有发生严重械斗。在马六甲，也有着一幕典型的秘密会党纷争。10 月有一场华人葬礼，因为义兴会的头领死了，他的长子拒绝同意福明会来参加葬礼，尽管他的一个兄弟是福明会的成员。紧接着在 12 月，新加坡的勿洛（Bedok）发生了一次义福会和义兴会的械斗，因为及时逮捕了 100 名暴徒，加上殖民地秘书的警告：如果麻烦扩大，他们将被驱逐，这场纷争才被平息。

驱逐或者"流放"正如其所指，比入狱更让人害怕。适用驱逐条例的范围在 1877 年 3 月的一次会议上拓宽了，也就是在这次会议上，华人移入条例得以通过。以前，驱逐只适用于那些在《和平保护法》生效时期被逮捕的人，这些人是危险会党的行政事务人员或者曾经是暴动或骚乱的煽动者或参与者。这次修正授权总督可以在调查后驱逐任何人，只要是为了维护公共安全而有必要的话，当然，这个人不能是大英帝国的国民。② 但是，这一权力仅仅能够在公告时期使用，而且在警察局长没有下达正式的书面文件说明此人的驱逐很有必要的话，不可采取任何驱逐行动。

① GDs 300, 356, & 378（12 Oct., 28 Nov., & 24 Dec. 1877）；25（24 Jan. 1878）& 47（3 Feb. 1879）；CODs 258（27 Nov. 1877）& 31（13 Mar. 1878）.

② Ord. V of 1877.

根据毕麒麟 1877 年的年度报告，驱逐条例在马六甲被证明是有效的，对秘密会党的首领很有作用，他们清楚地知道他们再也不能认为大英帝国的规章是温和的而可以豁免。被驱逐者不但被切断了权力和利润的来源，而且存在风险：他的对手会把他出卖给中国当局，因为在那里，三合会成员的身份本身就是犯重罪。毕麒麟还引用了林亚泰的例子，林是潮郡义兴的头目，在 1876 年的邮局暴动中被驱逐，但后来又于 1877 年 12 月回到了新加坡。他的会党的头目立即把他带到了毕麒麟面前，以免所有的会党成员因为他的违法行为而遭受牵连，于是，当他再次被驱逐时，无人反对。

这样的行动一直让人满意，但是毕麒麟已经在关注越来越多的海峡侨生，他们加入这些秘密会党，却不在驱逐的范围内。因此，毕主张任何加入秘密会党的人都要遭受刑罚，相信如此一来，多年以后，会党就会衰退成"即使不像英国国内的石匠联合会或者林业联合会一样的无害组织"，至少也会大大削弱从中国汹涌而来的移民某种潜能，正是这种潜在的力量使得秘密会党一直存在。

总督，也包括其他人把任命"护卫司"看成具有历史性的意义是不大可能的，但事实恰恰就是这样，作为政府的一部分的华民护卫司署的建立，使得其官员成为华人与政府之间可信任的联系媒介，它不仅仅是处理出境入境的问题，还包括所有影响到华人社区的事情。护卫司署也成为政府做出与华人有关决定时所依赖的部门。一旦护卫司被任命，普通大众和政府之间就有了一个可以密切联系的机构。一些小麻烦则可以送到懂得，起码是懂一点汉语与风俗习惯的行政官员面前，但这个官员又与所有的宗族、地域、省份没有任何关系，可以保证其公正性。而且，这项服务是免费的，当总督维德（Weld）在几年后（1882）就一些法律专家做出的暴虐指控——一份法官们认为是最无道理、最过分的报告——写信给国务秘书时说，华民护卫司署最大的优势就是通过这个办公室，华人社区每一个不懂英语的人都可以写信给殖民政府的秘书，并保证把他的任何请求提交给政府。①

护卫司也迅速的掌握了大量的有关华人不同派别的人口、纠纷、图谋

---

① GD 168，1 May 1882.

和区别的知识，他们的反应对政府立法和诸如此类的事情帮助最大。华民护卫司署被证明是华人文化和海峡殖民地西方文化之间冲突的缓冲器。

三　海峡殖民地，1878—1887

建立华民护卫司署的结果之一就是护卫司每年都会写一份报告，这些报告包含了比以前能得到的更多更详细的有关华人社区和特别是秘密会党的信息。

新加坡重新登记危险会党于 1878 年 1 月结束，当年的报告显示，共有会员 17906 人，其中 3862 人是在这一年加入的。该数目不断增长，1879 年时为 23858 人。这也是历史上第一次得到马六甲秘密会党的官方数字，三州府的状况下面有说明。

新加坡的秘密会党中，9 个是义兴会的分支，唯一例外的是海山会。我们知道，新加坡的天地会（T'in Tei Wui）（后来成为义兴会）在早期由四个不同的族群组成，劳少校（Major Low）在 1840—1841 年写作时把他们分别称作福建人、客家人、潮州人和广东人，共有会党成员 5000 人到 6000 人。从后来的文献中很明显地看出，客家就是松柏馆（Ts'ung Paak Kwun 或者 Pine and Cypress Hall）。广东人又称为广惠肇（Kwong Wai Shiu），意思是成员来自广东省的三个主要的府县：广州（Kwong Chau）、惠州（Wai Chau）和肇庆（Shiu Hing）。第五个族群就是海南人（Hainanese），它于 1866 年首次被官方提到。① 其他日常信息则无从知晓。

新加坡华人除了这五个族群以外，另外的四个部分或者另外的四个义兴的分支为什么成立不清楚，也没有他们成立的准确日期。它们的名称分别是：福兴、义气、义信和义福。加林（Garling）在 1843 年列举的会党名目中一个也没提到，也没有一个出现在 1846 年 3 月 18 日的《新加坡自由西报》上。因此，可以设想他们那时还不存在。只有福兴会例外，它出现在布兰克特 1860 年 5 月 1 日的会党名册上，布氏当时是警方行动委

---

① "List of the different Secret Societies in the Island of Singapore", prepared by Plunket, actg Comm. of Police, 1 May 1860. It is an encl. to GD 108 of 5 June 1860.

员会的委员。福兴会于 1861 年到 1862 年的报告中第一次被官方提到。①

1879 年海峡殖民地根据《危险社团条例》
第三部分登记注册的华人秘密会党

新加坡		槟榔屿		马六甲	
会党名称	会员人数（人）	会党名称	会员人数（人）	会党名称	会员人数（人）
福建义兴	4291	义兴会	22939	义兴会	1380
潮州义兴	1453	建德社	8116	广府义兴	282
海南义兴	1576	和胜会	4623	义武会	556
义福会	4728	义福会	1725	福明会	1126
义信	1212	存心会	1830	海山会	156
广福义气	2331	海山会	394		
福兴	3109				
广惠肇	1576				
松柏馆	2224				
海山会	821				
总计	23858 *		39627		3500

* 此数据原文统计有误，实际合计数为 23321。——译者

资料来源：新加坡和槟榔屿的数字来源于 *Chinese Protectorate Annual Report*，1879，Appendix；马六甲的数字来源于 *Malacca Annual Report*，1881。

槟榔屿的数据包括了威省的会党成员，尽管与新加坡的 10 个危险会党相比，槟榔屿只有 6 个危险会党，但这里的会党成员比新加坡多得多。

据布兰克特说，义气是由客家人、潮州人和潮郡人的义信会组成的。义气的全名应该是"义气广福"（Ghee Khee Kwang Hok），从这个名称可以想象出其成员来自广东和福建两省。该会党于 1873 年被列为危险会党，要求以此名登记。

最后还有个义福会，这是新加坡最不驯服的会党组织，经常与义兴会群体中的姊妹会党相互仇杀。1860 年以前，一直没有官方文件提到该组织的存在，而它的起源也是靠猜的。里德在他那本《游戏与政治》中说，

---

① SS *AR*，Feb. 1861.

它 1841 年就存在了，但这并不可靠。从该书可以看出，他把义福和早期与义兴会争斗的广潮（Kwan Tec.）弄混了。提到该会党的第一次可靠资料是在 1854 年，在宋旺相（Song Ong Siang）的《新加坡华人百年史》上。他在提到 1880 年义福会的头目蔡茂春（Chua Moh Choon）的去世时说，蔡茂春作为会党头目早在 1854 年就已很有名了。我们知道，这一年三合会叛乱难民从厦门来到新加坡，导致了那一年的新加坡暴动，因为当地的福建族群拒绝帮助潮州来的那部分叛乱者。根据布兰克特 1860 的名单，义福会是一个潮州人会党，很可能就是由从厦门逃来的潮州叛乱者组成。他们组织的三合会，就像"老同志联合会"那样，在"义福"这个名称下继续保持自己的特性，并表示它来自福建省。但这个新成员顺从于新加坡这个地方的强大的三合会母体，并依附于它，于是，它也就与义兴会的其他分支处于相同的地位，除非它变成一个被认为是由恶棍和流浪汉组成的堕落组织。最起码，这是一个可以解释它起源的理论，因为有那些它经常和其他义兴会兄弟组织交战的事实存在。

上面 1879 年的这张新加坡会党的名单中，唯一不是义兴会兄弟组织的就是海山会，它显然在 1846 年至 1860 年间来到新加坡的，于 1873 年被登记为危险会党组织。[①]

实际上，一般人都认为新加坡的重新登记导致了压力的缓解和事件的减少，但事实上，这样的改善源自于 1871 年毕麒麟被任命为华人翻译官后与警方的密切合作。在槟榔屿，事态并不那么平静。那里的会党比新加坡的更强大，一定程度上是因为接近霹雳的锡矿。1878 年 8 月 16 日，威省高渊（Nibong Tebal）的义兴会和义福会之间发生了一场械斗。后者是新加坡同名会党的一个分支，在北方殖民地的潮州人中刚成立三年左右。威省有着大量来自潮州的农业人口，那是早已盘踞在这里的义兴会的天敌。早在 1877 年的 5 月，那里就有了麻烦，仅仅是因为该居住地没有宣布实施《和平保护法》，就使那些在暴乱中犯下罪行的义兴会首领没有被驱逐。1877 年 6 月 22 日对该条例的起用使得这一障碍被清除。

1878 年的骚乱显然被预计到了。一周前，义兴会首领就申请要求准许他们在这一天举行祭祖宴，但被拒绝了。不过，当大多数的当地义福会

---

① 布兰克特 1860 年提到它时，说它有 6000 名会员。

成员外出打鱼时，200 名到 400 名义兴会成员在一小时里就聚齐。祭奠的桌子摆好了，义兴会的一个成员抓住机会，与一名路过的义福会成员吵了起来，因为这个人欠他债。暴动立刻就发生了，义兴会冲到了义福会的总部进行掠夺。一个小分队的警察根本不起作用，负责警官向曾身为警察的比尔菲特（Mr. Pillfert）求助，他现在住高渊。

不巧的是当比尔菲特到现场时，义福会成员刚好打鱼回来，一场大战随即展开。警官的右手也被成打骨折。因为害怕整个警察力量被压制和消灭，比尔菲特向进攻他的人开枪，杀死了义福会的头目，于是人群四处逃散。这次暴动的直接的后果就是义兴会的两个领导人，包括以前那个找麻烦的，一起被驱逐。

总督威廉姆斯·鲁宾逊（Williams Robinson）爵士（他于 1877 年 12 月 19 日接替杰维斯）在为他的行动向国务秘书辩护时指出："不大可能，几乎是不可能在一个正规的法院里获得对现有的和类似的罪犯的判决"，并且补充说：

> 要取得足够的证据来指控一个富有的、有无数华人参与的会党的首领的困难几乎是无法克服的，因为证言必须从华人那里得到。我相信主要是因为遇到这种困难，我们现在执行的条例就已经过时了。①

尽管爆发了这样的骚乱，任命华民护卫司产生了良好结果的结论还是得到了大家的同意，华人请护卫司而不是秘密会党解决纠纷的比例也在增长。但是，正如毕麒麟指出的那样，这种趋势会导致首领权威的消减，而这种组织的动摇意味着将增加政府要求首领负责其成员所犯下的暴力的困难。显然，他急着要引入一套控制制度来取代这些秘密会党。

更多的首领还是被驱逐了：1879 年，新加坡义信会的两个首领因为该会党与义气的争吵而导致一人被杀；同年，来自槟榔屿的和胜会的一个头领因参加了该党与义福会的严重的冲突而被驱逐。② 但国务秘书米歇尔·西克斯—比奇爵士（Michael Hicks-Beach）在赞同该行动时也提出了警

---

① GD 281, 28 Sept. 1878.

② GD 330, 26 Sept. 1879.

告，此权力应该有保留地使用，只能用在特别的情况之下。①

毕麒麟也认为，这些权力不应该仅仅用来对付那些会党首领，还应该用来处理整个会党组织，如果有迹象表明该会党对温和的控制，大概就是对护卫司的劝阻不太友好，那么可以终止或者取消登记：

> 公共和平被扰乱，生命受到威胁，法律受到那些饥饿、贫穷且因为在自己的国家犯了罪到我们这里寻求保护和豁免的半开化的人的挑衅，这对欧洲居民、行为端正并确实值得尊敬的华人来说是不公平的。②

这一突发事件显然是由 1878 年威省的暴动和同年 10 月和胜会成员在邦咯（Pangkor）地区谋杀天定（Dingdings）主管罗伊德（Lloyd）上尉的案件引起的。③

> （他继续说），称华人为"殖民地的脊梁"一点也不错，但是必须记得是我们的旗帜插在了殖民地上，华人趋之若鹜不过是为其自身利益。没有我们的政府，这里就会陷入无政府状态，拉律已经提供了一个代价昂贵的例子。新加坡和槟榔屿的自然资源很少，绝大部分地方只是欧洲贸易货物的集散地，如果真是那样的话，这里就会衰退为丛林，只有海盗会在此住。马来诸邦的矿产在这种条件下也只会被那些华人冒险家开发，人口会因为华人时不时的大屠杀而逐渐减少。

毕麒麟承认事态已经不像曾经那样糟，但他把这归功于个人努力和警察首领与华民护卫司的影响力。他认为，这还不是稳定的基础，不应该满足于此。他建议，"我们自己那些太过自由的法律"是不适用于控制华人的。他要求政府考虑引入一套更加适合的制度。但是，尽管事态非常稳定，他还是认为"在某个不远的将来，会出现令人烦恼的问题"。即使会

---

① COD 157，9 July 1879.

② CP *AR*，1878.

③ 参见下文第 252—253 页。

党被取消，困难依然会存在，因为几个大的宗族会馆将轻易地取代秘密会党，且可能会引起更大的麻烦。①

但是，情况在一两年中有了好转，尽管会党之间仍有些小的纠纷——如果在前些年就会导致严重灾难，但政府当局比以前消息灵通，且在事情失控之前就能干预了。

至1880年，不仅首领的影响被政府的政策削弱了，而且许多主要头目已经去世，其中包括最富有传奇色彩的首领蔡茂春。此人自1854年起就是义福会首领，他的名字在立法会的辩论中出现过多次。毕麒麟称他"长期干着阴谋勾当"，还说他的同乡们都非常怕他，尽管他实际上在去世前几年就发现最好的策略就是站在政府的一边，支持政府。他在维护和平方面发挥了巨大的作用，不仅仅是维护他自己的会党成员之间的安宁，而且维护其他会党和帮派之间的安宁。对于新加坡的华人来说，蔡茂春是权力的象征，他的话就是法律，因为他有办法来实现，这不仅是因为他是当地最大、最无法无天的会党的无可挑战的首领，而且也因为他是政府主要官员依赖的重要对象，这使他可以诽谤陷害任何违抗他命令的人。

接替老一代首领职位的这些人有着完全不同的特点，他们既无权威又无前辈的个人魅力，对其会党的影响很小。另外，他们明显无法强制会党成员缴纳捐献，所有这些都加重了毕麒麟的不安。会党从不缺少新的成员：新加坡每一年就有4000—5000人，槟榔屿则更多，马六甲大约有1500多人。一个让人不安的特征就是这些新成员中有相当一部分是当地土生土长的华人，驱逐条例对他们不适用。

由于护卫司和警方的年度报告，也由于负责调查警察力量状况的委员会的报告，秘密会党问题引起了公众的注意。② 负责调查警察力量状况的委员会的主席是金文泰，他于1878年从香港到新加坡担任殖民地秘书一职的。在香港，会党组织是被禁止的，那里绝大多数的警察都是华人。该委员会的其他成员有包括 W. W. 威兰斯（殖民地财政部部长）和三个非官方的人物：里德、谢弗德和沃尔特·斯科特。

委员会于1879年8月给出了一个报告，尴尬地指出警方和秘密会党

---

① CP *AR*, 1879.

② SSPLC/1879/app. 32.

之间存在暧昧关系，特别是依靠会党首领来逮捕那些"要抓"的人。据说，在警方和华人群众之间没有别的联系的渠道。当警察局需要一个华人翻译时，会立即找来一个会党的首领。华人原告不会讲马来语，经常宁可向自己的会党寻求帮助。

委员会了解到，以前曾试过让华人担任普通警察，但这个计划失败了，因为他们加入会党组织，把自己奉献给对自己利益最大的一方会党。大家都同意所有证据无一例外都反对雇用华人作临时警察。为了方便警察和民众之间的沟通，委员会建议在重要的警察局设一个华人警官，要求他能说自己国家的大多数方言和马来语。尽管警察总监（杜洛普）反对，委员会还是主张一半的侦探应该是华人，而且这支力量还应该加强。

警察总监和华民护卫司都在委员会面前摆出证据反对削弱会党的影响力，这比以前通过法律所破坏的更加严重。但是委员会还是认为通过采取各种可能的手段来侦察和打击罪犯要比培养那些正逐步消退的会党首领的影响好得多。

事情发展到政府圈子内出现了应该执行哪种政策的分歧，所有人都同意秘密会党是邪恶的，如果他们不存在，当然会是一件好事，但杜洛普和毕麒麟害怕在没有可供替代的能控制华人局面的选择前进一步削弱会党首领的影响可能会导致灾难性的后果。金文泰则赞同或者镇压所有的会党或者继续逐渐削弱首领地位的方式。

问题在 1880 年 6 月讨论新的华人移民议案时再度陷入争论，新的华人移民议案与前面提出的议案一样，遭到了一些非官方成员的反对，部分人认为"太苛刻"，部分人和以前的主张一样，因为政府从来没有堂堂正正地想过镇压秘密会党的必要性，而是使用缓和剂，如移民法案，来小打小闹，修修补补。谢弗德说，"据我看来，政府一直在枝叶上修修剪剪，从来没有深入根部。自 1869 年通过条例（《危险社团条例》）以来，政府已经修筑了外围工事，现在肯定可以打击其大本营了"。

对于第一个批评——该法案"太苛刻"——殖民地秘书给出了精彩的回答。他说，每个文明的政府的职责就是"无论付出多大的代价，都应该确保所有在我们司法体系内的种族受到最完善的支持而不被人践踏，因为他们经常被自己的同胞践踏"。这是他在香港获得的经验。至于秘密会党，他清楚地宣布，自己一方面非常乐意取消，但是另一方面，因为他刚来，他听从新加坡那些富有经验的官员的建议，认为在这种情况下，最好是让他们自己瓦解。

新的殖民地秘书被说动并放弃自己良好的判断力并不奇怪，因为在这场争论中，我们发现检察长（T. Braddell）言之凿凿：秘密会党的时代已经结束了，政府再用那些被认为"轻率的措施"来对付会党就是欠思考的，也是无用的。但是，尽管有他自信的、在某种程度有点傲慢的保证，而且有大家都接受的会党已不如以前那样坏的说法，但我们很快就发现，修订《危险社团条例》是明知之举。这部分是想控制毕麒麟的年度报告中所指出的会党那种令人讨厌的发展，部分是想处理红、白旗会对马六甲的马来人和槟榔屿的印度人—马来人社区日益增长的威胁。

在马六甲，这些会党似乎到1878年才兴起，这一年，他们的首次争吵引起了人们注意。第二年，白旗会的成员攻击红旗会的一次集会，当时红旗会会员刚从清真寺回来，造成一人死亡。群情如此激愤，以致8个马来人的审判要移到新加坡才能进行。所有人都被判有罪，其中两个被判服7年苦监。同样，在槟榔屿，自1879年开始，这些旗会一直骚动不安。

1882年，议案被移交到议会，具体包含了三个方面的变化。第一是禁止红、白旗会和其他不管什么名号的会党组织，只要了解到其成员中有不是在中国出生的华人就一律禁止。同时也禁止那些成员中有英国出生或持英国国籍的秘密会党。最后，修订后的法律授权执行总督、注册官和警察局官员联合签署的文件中的会党，无论其注册与否，只要对公共和平构成威胁，总督就可以将其召来，让他们自己解释它不应该被镇压的理由。在听完陈述的理由后，如果总督还是认为该会党会对公共和平造成威胁，那么可以命令对其进行镇压。于是，该会党的管理者就会被处以1000元的罚款，或者囚禁12个月。而任何人如果被发现是一个被镇压会党的成员的话，就可能会被罚款500元，或者入狱6个月。该法令于1882年3月7日正式生效，是为1882年第4号条例。因此，1869年通过的条例与1882年通过的"危险社团镇压条例"，至少在名称上就有些相同，这是第一次为镇压危险会党提供制度。

当把该条例交给国务秘书时，总督维尔德（Weld）说，一些非官方议员认为所有的华人秘密会党都应该被镇压，但是，在听取了警察总监和华民护卫司的意见后，他相信渐进地直至完全消灭会党组织会更好。① 国务秘书在回信时大体上赞同该条例，并表示他宁愿更简单些，宁愿保证所有的"危险会党"，不管是由华人还是非华人组成的，只要是非法的，都要被镇压。② 但是没有再收到修订意见，该条例在随后的三年中都没有变化。

但是，从毕麒麟的 1882 年的报告可以清楚看出，他对于未来是高兴不起来的。这份报告从来没有公之于众，可能是因为它关注的主要是展示非常不光彩、非常容易引起争论的殖民地华人娼妓贸易的远景。对此，他这样写道："与奴隶制度相比，马来诸邦的债奴制度是清白又公正的。"③

在他关于统治华人的论述中，很明显地显示出他仍然为控制机构的不稳定而担心。尽管在这一年新加坡没有突发事件，但他觉得有必要说明他相信"在海峡殖民地缺乏适合于华人的立法的情况下，强大的会党组织对于政府来说确实是一个帮助。在现有情况下，事实上很难想象没有他们的帮助，如何才能使如此庞大的华人人口稳定有序"。他不赞成荷兰人实施的严厉控制制度，但赞成会党通过首领来统治的制度。他也非常希望所有的政府部门的官员都去学汉语。如果这样做了，就可以废除护卫司，而且新加坡的安全就会置于一个更加坚实的基础之上。

《危险社团镇压条例》的新条款于 1882 年 3 月生效，到年底，海山会被镇压，因为它"对殖民地的和平而言是个无可救药的麻烦和威胁"④。这是最小的"危险"会党，而且也是唯一一个非义兴集团的会党。它曾经确实很讨厌，两个头目都在 1881 年被放逐了（但在 1883 年秘密返回）。即使在解散之后，它的前成员仍然制造乱子，因为他们所习惯的方式没有随解散而立即消失。

这就是接下来要面临的问题。一个会党被取消后，它的成员就加入另一个会党，如此一来，他们就可以在注册会党的庇护下继续他们的保护和

① GD 108，14 May 1882.

② CODs 115，15 May 1882，and 288，13 Nov. 1882.

③ 谢弗德在 1899 年 2 月 7 日关于社团法令的辩论中透露，1882 年的报告从来没有公之于众，其复印件于 1883 年 6 月 27 日由总督送给国务大臣（GD 274. Filed at PRO in CO 273/121），报告签署的日期是 1883 年 4 月 12 日。

④ GN 1 of 1883；GD 272，27 June 1883.

敲诈活动。另有一条发展途径就是：驱逐会党首领和压制会党本身，削弱了危险会党的力量，这会鼓励其他作为友好会党登记的会党来接替他们的活动，诸如以前由危险会党垄断的妓院保护等。在某些情况下，这些友好会党仅仅是被镇压的危险会党会员的新组织。1885年就有两个这样的会党刚刚组建就被镇压了，另有三个会党被要求以危险会党的名义注册。[①]同年，义兴会九个分会中的两个，潮郡义兴（潮州人部分）和义信也被镇压，因为"一年之间，其组织的瓦解和管理者及行政事务人员的无能使得该会党对公共和平变得更加危险"[②]。

　　同样，新权力也运用于其他的殖民地。在马六甲，义武会（Ghee Boo）和福明会这两个老对手再一次引起骚乱，因而遭到镇压。[③] 在槟榔屿，义福会自从1875年建立以来就一直制造暴动，特别是其与义兴会的纠纷，因为义兴会自然会憎恨义福这个新的权力集团的侵入。1885年9月，槟榔屿的义福会被镇压。[④]

　　早在那一年的4月就有两个议案被提交上来，一条是关于修订《危险社团条例》的，另一条是关于修订《和平保护法》的。第一条议案是对国务秘书建议的综合，规定"所有的会党（不管是华人的、穆斯林的，还是其他的），只要执行总督认为它们对公共和平构成威胁，就可以镇压"。但是，尽管负责政府行政工作的金文泰赞同该政策，但是受到最高行政会议成员一致支持的毕麒麟和杜洛普的顾虑还是占了上风。

　　这两个官员连同其他的"注册登记官"（担任警察总监的 R. W. 马克斯维尔、担任槟榔屿警察局长的 H. 理查德和槟榔屿的华民护卫司助理 E. 卡尔）提交了一份冗长的反对镇压所有危险会党的备忘录。他们认为，经验证明，现存的登记和监督制度可以防止三合会变得危险，也认为在英国殖民地上统治华人是有用的。在那些地方，"法国、西班牙、荷兰的殖

---

　　① 被镇压的两支会党是广杰堂（Kwang Kit Tong）和五福堂（Ng Fuk Tong）（GNs 354 & 355 of 1885，公布的日期是6月26日，签署日是1885年6月19日）。要求注册的会党则包括利城行（Li Seng Hong）、洪义堂（Hong Ghee Tong）及粤东馆（Yuet Tong Kun）。(CP *AR*, 1885)

　　② GNs 352 & 353 of 1885.6月19日签署，6月26日公布。维尼（pp. 392&399）认为GN353是镇压义兴会，这种观点是不对的，应该是义信会。

　　③ GNs 411& 412 of 24 July 1885, publ. 31 July.

　　④ GN 508 of 1885.

民立法是不会被宗主国所赞同的"①。

当金文泰把这份备忘录交给国务秘书时表示，尽管他个人觉得除掉危险会党越快越好，但他还是谨慎地尊重华民护卫司和警察局长的对会党进行一般压制的意见。然而，他赞成严厉控制秘密会党。第二个议案于4月份提交到立法会，目的是取消法律中关于驱逐外侨只能在布告公示期间的条款。毕麒麟在他1884年的年度报告中表达了他的看法，驱逐权力的"限制不适当，可以将其延伸为驱逐那些职业惯犯，中国侨民仅仅是把我们的殖民地当作他们掠取不法收入的场所。现在，这些人淹没了我们的目的，他们长期以来就是靠公共开支养活，尽管了解他们对殖民地公共和平是个威胁，但是除非发现他们犯有所谓的半政治罪，否则不可能驱逐他们"。

也许金文泰认为，这样一份影响华人事务观点的官员声明都被立法议员们洗耳恭听，他更有能力重新考虑驱逐权力的问题了。在讨论议案期间，大家都承认新加坡已经戒严12年了，（实际上是自1872年12月24日起），并不是因为这段时间里一直存在对骚乱的恐惧，而是因为政府不想失去驱逐那些其存在本身就"与公共安全不协调的"外侨的权力。根据检察长的说法，该权力在不同的时期都非常有用，他使得政府能够及时有效地对付非法组织，对这些组织而言，刑法典这样的普通制度是不够的。同时，政府认为殖民地也不能总是处于戒严状态，除非它确实遇到了不一般或反常的情况。

修改条例的建议遭到了反对，一位非官方议员提出推迟考虑的意见，得到了首席大法官托马斯·思格里夫斯（Sir Thomas Sidgreaves）的支持。他认为，除非附加规定它只能例外使用，否则给执行官员那么多的权力会遭到严厉反对。

在这一点上，现在已经做了议员的里德先生宣布，该立法是专门针对秘密会党的。同以往一样，他抨击政府没有能够镇压会党。他指出，自1881年以来的四年里，新加坡有15000人加入会党，槟榔屿则有16000人。他呼吁政府采取强硬行动来镇压会党，而且认为这不会太困难，因为会党首领都是权力很少的稻草人。检察长说，实际上，里德已经强烈表示

① GD 502，17 Nov. 1884，encl. 2，11 Nov. 1884（PRO 273/130）.

支持该议案了。他强调，要重视驱逐权力的使用，令人惊奇的是，在过去五年里，只有三名华人被驱逐。

非官方议员谢弗德认为，政府放松手中任何控制外来移民的特殊权力都是极其有害的。他补充说，他认为是议会铲除"怪物、殖民地未来的统治者的时候了。我认为，我们应该希望有绅士来管理这个殖民地，相信他善良、公正，并拥有以前的总督和现在尊敬的政府主管（金文泰）的能力"。

这是来自奥德总督那个时候的非官方议员的孤立呐喊，毫无理由可以假设他的同僚也会有他的这种感受。但是，谢弗德深深地关切着秘密会党仍然掌控的权力，他说："在所有立法、劳工法、华民护卫司等的背后，会党在我们中间还有如此的影响真是令人耻辱，但又确实如此。实际上，通过年复一年的招募，我们已经有了庞大的外来人口，去年就有大约120000名处于最底层的华人到来。他们对我们的法律、我们的风俗习惯、我们的语言一无所知。除了他们的宗族和会党，他们从来没有认同过任何权威。"

作为答复，金文泰在着手去努力准备镇压秘密会党的方法时，力求减少会党的活动和影响。尽管四个非官方议员和首席大法官反对，该议案最终得以通过，是为1885年第5号条例。

经过仔细考虑，毕麒麟在他那一年的报告中表示，为了消灭殖民地上的非法赌博组织者，渴望确保驱逐程序得以使用。他还提到，看起来会党"对处罚条例的存在很敏感并有所收敛"。他主张，不要希望从华人身上得到保护和帮助，因为只要他们遵守法律，平静地生活，这些东西就可以在殖民地上自由得到。他还特别提出，警察局的官员和护卫司无论有着多么长久的经验，熟悉会党首领或者了解汉语方言可能都会对控制华人秘密会党有帮助，他们必须得承认他们所依赖的最有力的武器就是驱逐条例，它尽管被保守使用，但总被证明是一件特别武器。

1885年提出了另一个与秘密会党有关的议案，其目的是禁止当众鞭笞刑。这个建议在国务秘书1872年提出时就遭到立法会的强烈反对，这次的反应跟上次一样。现在国务秘书再次提出建议。他于1883年1月18日给所有殖民地的总督们发了一份巡回函，要求法律禁止当众鞭笞刑。这一指令似乎没有得到及时回应。1884年10月22日，他又发出了另一份巡回函，要求给他一份有关这方面情况的报告。金文泰在 1885 年 1 月回复此信时附寄了一份规定禁止当众鞭笞刑的条例草案。受立法会以前所说的以及他自己在东方 25 年的经验影响，他冒险建议，如果总督认为可以的话，就把此条款作为一般规则的例外。他考虑过当该条例在新加坡得到大众赞同时，有可能会引发严重暴动，当众鞭笞对暴民而言是种潜在的威慑。① 这一建议仅仅是想让国务秘书德比（Lord Derby）说出他的真实想法：在实践中应该彻底禁止鞭笞，当局不应该在这件事上有任何保留。②

于是，该议案于 1885 年 4 月 16 日提出，5 月 18 日二读。这立即遭到了里德先生的攻击。他认为，这去掉了"我们所拥有的唯一的震慑，以前已经做到了在街上没有人被枪击倒，我也不希望再看见这样的场面，但如果没有一些有震慑力的东西来阻止暴徒，就无法避免"。他举了新加坡一些严重暴动作例子，这些暴动发生时他都在现场，但对 1871 年的暴动特别注意。他认为，这场暴动之所以被镇压，就是地方官可以自由地运用当众鞭笞来对付暴徒。他指出，尽管驱逐是政府手中一个有用的武器，但是它不能用来对付在英国领土上出生的华人。另外，在这种时候所需要的是可以让所有人都看见的处罚，为此，他甚至反对只有总督一人保有命令当众鞭笞权力的建议，他要把这一权力留在地方官手中，他第二次推动该议案"6 个月以后"再进行二读。

其他的一些非官方议员也支持里德，不仅仅是因为他们相信新加坡的经验已经表明当众鞭笞有着震慑作用，还因为他们强烈反对听命于国务秘书，因为据他们看来，他对殖民地的状况不了解，他要通过的立法完全不适合殖民地需要。谢弗德怀疑是否有争论该问题的必要。国务秘书以前已经干预过了，他提到 1872 年刑法典修正案的争论，那时尽管主要官员都反对废除在暴动时用鞭笞刑，但是最后所有的人都投了赞同票。他也提到在 1871 年那次暴动中使用鞭笞刑的突出作用："暴徒们被打出血，再那个样子被送回到他们的同伴身边，这个作用大大胜过把那些人成群结队赶到我们的监狱去。"至于那些非官方议员所关注的，他宣称，如果他们被雇用"仅仅是去登记殖民地某个教区的法令"，很少有人会把荣誉和议会席

① GD 13, 12 Jan. 1885.
② COD 42, 18 Feb. 1885.

位联系在一起。

两个官方议员给政务会写信，支持里德的延迟提议，首席大法官也认为，如果这个法令通过的话，那么最高行政会议就会处于一种几乎是被羞辱的状态。他认为，这取决于最高行政会议而不是取决于决定是公开还是私下实施执行鞭刑的地方治安官。他还说，在 1871 年的暴动中，有的绅士"无耻地……违法当众鞭笞暴徒，作用极佳，可以阻止暴动"。奇谈怪论事实上出自司法部重要官员之口，他的任务就是监督法律条款不被废置。

但是这场争论最特别之处就在于金文泰可能是受到谢弗德在以前的争论中对政府官员那种轻蔑态度的刺激，居然没有指示官方议员投赞成票。如果他这样做了，就可能会因为他那张决定票而使该议案得以通过。事情过去后才发现投票赞成该法案的只有政府的干事、代理殖民地秘书和检察长。

正如所预料的那样，国务秘书（现在是斯坦利，Lord Stanley）在这个时候被该事件彻底激怒了，他毫不犹豫地表达了他的不快，但是他可不能再提出议案，命令官员们重新投票——这在这种情况下显然是不行的——通过禁止当众鞭笞的法律。但是，通过给总督发的指导性意见起到了相同的作用。它规定不准执行当众鞭笞刑。于是，无论地方治安官何时命令执行当众鞭笞，到了最高行政会议那里，总督就会发出这样的指令，以确保不会公开执行。在那里，事情就这样了结了。①

旨在阻止本地出生华人加入会党的立法被认为是一项成功的措施，尽管它刚出现时可能会被认为是不切实际的。但是，问题并没有解决，因为如雨后春笋般出现了"友好会党"，据说都是由海峡侨生中最坏的人组成的。它们迅速地取代了会党的地位而制造麻烦。实际上，会党的首领抱怨，他们被控制在严厉的政策之下，对其成员的行为负责；而那些友好会党没有这样的限制或责任，干了种种阴谋勾当却免受处罚。5 个这样的新成立的会党因为对公共和平造成威胁，有人提出了法律建议书，它们要么面临被镇压，要么被注册为危险会党，于是他们可自己解散了，他们的组

---

① COD 22, 10 July 1885.

织者则可以再次自由组织。① 即使一个被登记为危险会党的组织被镇压了，也还有苟延残喘的可能，或者有在一个更加无视法律的暴戾首领领导之下再度兴起的危险。这种事就曾发生在潮州义兴身上。它于 1885 年 6 月被镇压，但 1886 年底在臭名昭著的头头领导之下又开始进行非法活动。

另一件值得关注的事就是会党卷入了公众赌博。莱特（Light）曾描述华人"极其喜欢赌博"，想推翻这一结论却从来就没成功。许多当地官员同意马六甲副总督在 1868 年说过的一句话："对赌博的热情弥漫于各个阶层的华人，可以说它是这个民族的消遣，我们要把它定为犯罪的努力的唯一后果就是使得警察彻底的道德沦丧，因为他们先是从赌徒身上勒索大量的钱财，然后再成为他们的同伙和侦探。"②

在新加坡，从 1882 年开始，毕麒麟已经让政府注意到，当地公开存在的 100 多家赌场"对公共福利和华人的良好秩序有着巨大的威胁，而且……一定程度上使警察品行败坏"。但是，他的治疗方案不是禁止而是引入一套更严厉的措施来治理。"没有什么大不了的"，他说，"更可能会在秘密会党之间引起些争吵和嫉妒，而不是争夺在各州府开设赌场获得的巨额利润"③。毕麒麟对赌博与秘密会党的福利之间联系的判断是正确的，这一点得到所有有经验的警察或护卫司的支持。它的中肯可以从后面第 20 章关于赌博的详细数据中得到证实。在毕麒麟时代，对赌场的控制应该是 1879 年的普通赌场条例，但这一立法很明显没有实现它的目标。在提案时，直言不讳的非官方议员列德将它刻画为"一个进一步腐化已经腐化了的警察的方案"。多年过去后，这个预言更显正确。

1886 年 4 月任命了一个委员会来调查公众赌博和博彩问题，毕麒麟是其中一名非常活跃的成员。该委员会得出结论说，在新加坡和槟榔屿有一套腐化警察的系统制度。新加坡的制度就是两到三个公司从赌场征收用来贿赂警察的捐款，其中卷入赌博发展和保护最多的会党是义福会，它的活动延伸到邻近的荷兰群岛和加里曼斯（Karimuns）。在那里，中国副官

---

① 它们分别是：同明（Tung Meng）、锦福（Kim Hok）、福德春（Hok Tek Choon）、义兰堂（Ghee Lan Tong）、永全堂（Eng Chuan Tong）。它们于 1886 年自动解散。

② COD 241，26 Nov. 1868：Report on Malacca, para. 53.

③ CP *AR*，1885.

于 1887 年 4 月被谋杀。

在毕麒麟任职期间中，他很自然地关注着与职业性赌博相关的方方面面的调查。他估计义福会将会报复那些在赌博委员会面前出示不利于该会证据的会党首领。然而，1887 年 7 月 18 日，一个名叫蔡亚惜（Chua Ah Siok）的潮州木匠走进毕麒麟的办公室，毕麒麟以为他要请求帮助，可他突然取出一把斧头扔向毕麒麟，毕的前额被砍成重伤。

所有的人，不管是欧洲人还有华人，都被这次袭击震惊了，因为华民护卫司是政治实体中最有用的成员，华人对他不但是尊敬而且是有点敬畏了。于是，一个负责调查此次袭击原因的委员会立即成立。该委员会最终得出结论，这次阴谋是有计划的，"如果不是义福公司，那肯定是某些首领要报复毕麒麟对赌博所采取的行动"①。被雇用的袭击者受到了监禁 7 年的惩罚。但是，尽管没有证据证明他是由义福会的首领或其他人教唆的，义福会的五个首领还是被驱逐了。指控他们的罪名是：他们是华人副官谋杀案的同谋。

为了表示政府的不满，总督宣布戒严，禁止一般准许的在即将到来的七月半时上街游行。尽管贴出了一些煽动性的抗议标语，但这个禁令看起来还是被大家接受了，因为在 10 月 13 日的一次立法会议上，谢弗德对华人在"被剥夺了他们已经享有多年的特权，而这一特权又是最触动他们心灵深处的"之后所采取的态度表示满意。同时，他要求审视政府对待会党的政策，尽管华民护卫司和警察总监都认为保留会党可以达到抑制和发现犯罪的目的。

毕麒麟主张，应该通过镇压义福会来警告其他会党，还说如此行动的理由就是它远远比在前几年被镇压的秘密会党严重。同时，他相信到了政府采取严厉的措施来逐渐的取消现存的所有危险会党的时候了，以免他们在被严惩之后继续残存或者建立同类性质的新会党。在他 1887 年年度报告中，他给出了使他得出如此结论的理由，这不同于他在 1879 年所表达的观点。他写道：

　　我一直这样认为，在我们的领地上，天地会的存在本身就是反常

---

① GD 445, 17 Oct. 1887.

的，不体面的，但是考虑到自从殖民地建立以来他们就被毫无限制的准许发展，而且通过警察局的官员和华民护卫司署的真诚合作，近些年来，我们不仅能够控制他们，而且在许多方面已使他们变得对政府有益。近来的经验表明，如果没有上面提到的合作，这些会党很快就会变得和以前一样危险。为此，我恳求镇压这些会党。

但是，他仍然担心这样做的后果，不主张完全取消。其结果将是这些会党仅仅是在名义上被镇压了，对他们的控制会给华民护卫司增加无法忍受的负担。另外，尽管表达的语言不同，我们发现毕麒麟表达了这样的信念：英国的司法准则不足以确保控制华人秘密会党。他主张另一种严厉惩罚——对被镇压的会党或者新建立的会党的人处以长期监禁、罚款、驱逐等，并要求："无罪释放必须由被告举证。"

毕麒麟和杜洛普都发现，鉴于护卫司的努力和后者观点的改变，有必要对形势进行重新评价。杜洛普在评价他关于取消危险会党的建议时说，他相信是政府镇压会党的时候了。他认为，"冒一次险，把所有的会党都一次性镇压"也许会更好。如果像华民护卫司建议的那样，只镇压义兴会的分支义福会，他害怕会加强其他剩余会党力量。这些会党没有好坏之分，他们都一样危险，都从事过经营和保护赌场和妓院的活动。"如果政府认为有足够的证据指控义福会犯罪，我认为没有比这更好的机会可以镇压该会党和其他与其有密切关联的会党了。"①

---

① GD 292，20 June 1888，para. 7.

镇压政策，1887—1890

对毕麒麟的袭击是政府对待会党政策的一个转折点。非官方欧洲议员原来一直有——虽然不一致但非常强烈——的想法是反对立法会和新闻界的宽容政策。另一方面，在殖民地早期，政府圈子里就有人不愿通过与英国相反的做法来限制国民，而重点强调改善警察力量和法律的实施。后来，当很明显的需要另外一些手段时，秘密会党已经强大到让政府都害怕直接挑战会党的境地，于是，顺应时势的 1869 年立法也仅仅要求会党进行登记，希望慢慢地控制。但是，在登记条例实施 20 年后，他们的权力仍然很大，可以阻止华民护卫司和警察总监通过任何政策来剥夺他们的合法性。

当金文泰爵士于 1887 年就任总督时，潮流开始转向了。正如我们所见，他一直相信镇压才是唯一正确的策略，他的到来毫无疑问既影响了毕麒麟又影响了杜洛普，虽然在具体的程序方式上有所不同。

公众赌博委员会在 1886 年 11 月的报告中提出了采取别的行动来反对会党的理由。但这是不可行的，因为来自中国的移民浪潮没有显示任何消退的迹象：1887 年，至少有 167906 名华人到达新加坡，70109 人到达槟榔屿。危险会党成员在那一年里增加了 6136 名，槟榔屿的增长数目令人惊讶，达 14536 名。新加坡登记在册的总数为 62326 名，槟榔屿为 92581 名，但是没有任何方式来查验有多少人离开或者死亡。①

除了 1 月份在槟榔屿有过一场义兴会与和胜会的摩擦外，这一年里没

---

① CP *AR*, 1887, app.

有其他的会党暴动,但这一年新增加的成员表明了潜在问题的严重性。①
1888 年初发生在新加坡的两件事,加强了政府从殖民地生活中去除秘密
会党毒瘤的决心。

1888 年 1 月 1 日首先登台的新条例是要求实施用人登记制度。该条
例早在 1886 年就已通过,目的是提供确定用人身份的途径,以便阻止长
久以来一直存在的一个用人向另一个用人转借证书的习惯。很自然,用人
们强烈反对这样的限制。很大一部分属于海南群体的用人是海南义兴会的
成员。该会党有组织地抵抗政府法律的实施,煽动人们攻击已经登记的用
人,迫使他们放弃工作,还组织对坚持遵守条例的雇主进行联合抵制。这
些活动于 1888 年 1 月被镇压,9 个成员被驱逐。②

在汇报中,总督说他一直反对引入这样的法律,因为同样的法律在香
港和锡兰都没有达到目的。1888 年 3 月,国务秘书指示他去与执行委员
会商量废止该条例之事,并于 10 月通过了废止议案,总督宣布该法律是
"不合适的、无作用的,不宜保留在法典上"③。

第二次骚动于 1888 年 2 月 20 日至 22 日发生,尽管起初不是由秘密
会党组织的,那也有必要警告会党首领运用自己的影响阻止其成员参加暴
动。暴动的原因是政府打算强制执行城市(环境保护)法令第 129 款,
禁止在公共街道旁摆摊出售商品,以免堵塞公共通道或人行道,这就是有
名的"走廊暴动"。

市政委员会里那些出租自己家门前屋檐下的空地给摊贩们的华人和欧
洲人都反对此法的实施。④ 在他们的屋檐下摆摊的摊主们也都知道他们的
想法。因此,当市政检察官(为了保证那些有碍观瞻的东西不再出现)
由委员会主席领着前去要求货摊主清除他们摆在屋檐下的摊位时遭到了
抵制。

2 月 21 日,受影响地区的货摊主被指令关门闭店,并将过道清理干

---

① 人们有趣地发现,这些会党与建德社在 1887 年女王大赦时都曾向她致敬。(GD, 5
Oct. 1887)

② GN 115/1888;命令决定日和发布日均为 1 月 24 号。该会党的会所在马拉沓街(Malabar
Street)31 号,登记显示有大小首领 62 人,会员 4763 人,其中有 2200 人在 1887 年捐过钱。

③ GD 79, 20 Feb. 1888; COD 92, 28 Mar. 1888.

④ 托马斯·斯科特是主要反对者之一。

净。委员会开了一次会，决定了一个折中方案，即仅仅要求清理 3 英尺宽。尽管第二天店铺和市场都关门了，暴徒们却冲上街头，用石块袭击欧洲人、马来人和印度人。成伙的三星党用石头攻击警察。于是，再次出现以前常见的对抗态势：整条街道上店门紧闭、暴徒游荡。

另一次有华民护卫司和几个重要华人参加的会议决定：折中方案中应该体现更多的民意。23 日的早晨，又出现了新暴动，但到中午，暴动就平息了，商店也重新开业。三个华人暴徒被警察打伤，其中一个毙命，①四个被当众鞭笞。

看起来好像当局的第一步要求仅仅是清理那三英尺大小地方，应该不会有麻烦，其实这是对当时局势的完全误解。妥协的措施意味着保留人行通道畅通的企图被挫败了，尽管表面上达成了一致，但侵占人行道的情况还会继续，结果就是货摊再一次阻塞了通道。因为既得利益远比市政的热情更为强烈。

根据警察总监的命令而执行的当众鞭笞四个暴徒的做法被国务秘书要求做出解释，这是他的前任对这个不体面行为的指示。他表示，没有总督的直接命令，绝对不能准许当众鞭笞。② 其实解释本身就是对以前的绝对禁止的松动，金文泰立即向警方公布这一指示。看起来这种类型的惩罚再也不会在殖民地上使用。

1888 年初，政府提出一个把《和平保护法》中有关驱逐部分取消，然后单独立法的议案，同时，一份修正案把"在采取行动之前必须有警察总监签署的书面文件"的要求去掉了。总督在回复争论意见时说，驱逐程序中不仅应该有警察总监，而且特别应该有华民护卫司的陈述和报告，他"了解99%的案件，或者更多"。

另外，还有很小但很重要的修补。在原有条例中，驱逐程序用来对付那些其离开"对大众安全来说是必要的"的人。在这一款上加上了"或者幸福安康"的字样，这一改变没有遭到反对，但确实大大地扩展了驱逐的范围。渐渐地，这些条款失去了原来的内容。它本来是指在暴乱或非法集会这种性质的活动扰乱和平时，需要通过戒严，甚至使用特别的法律

---

① GD 83, 27 Feb. 1888.

② COD 99, 9 Apr. 1888.

来对付，而现在，没有破坏和平的人也可以被驱逐，只要总督认为他们离开殖民地必然符合殖民地的利益。这也不是意味着该权利毫无节制地使用。当然，它仍然只能用来对付外国人，而且要举行听证，之后，每个个案的相关文件还得上交给国务秘书，他会仔细地调查所有情况。但是，实际上现在的《驱逐条例》可以用在不讨人喜欢的人身上，比如赌徒、做女人生意的掮客，也可以用来对付秘密会党成员，即使他们的活动不一定马上破坏和平，只要他们对社会安康有危害就行。新的《驱逐条例》于1888 年 3 月 1 日生效，为 1888 年第 6 号条例。

一　社团条例，1889

到了 6 月，总督在与毕麒麟及他的行政会议磋商后，觉得终于到了废除容忍秘密会党的政策的时候了。在向立法会提交草案前，他给国务秘书写了一封信，清楚地表明了镇压会党以及控制一般社团的意见。[①] 在信中，他对殖民地上的华人秘密会党的情况和性质，他们对社区和平及公正执法的影响，以及现有立法不能控制秘密会党的情况，等等，都进行了描绘。他说，他一直对政府所采取的政策表示遗憾，并认为该政策是软弱的、对大众利益有害的。对于秘密会党被镇压后没有相应机构来取代会党的争论，他认为，自从任命毕麒麟后情况就大大地改变了。随着毕麒麟领导的部门的发展和经过汉语培训的政府官员数量的增长，现在，政府对华人事务有了更多更好的了解，华人居民越来越认识到他们可以从政府得到真正的、忠实的保护，而之前他们只能从会党身上去寻找。即使政府当局通过会党首领控制华人暴徒的能力削弱了，他还是毫不犹豫地建议应该镇压所有的会党。"政府必须是至高无上的权威，在海峡殖民地上的成千上万的华人眼中则不是这样的。"

他承认，这样的法令会在大多数华人中引起巨大的骚动。"可能会出现骚乱，因为多年以来在这里生活并靠赌场和妓院发家的、一直能够从他们迷信无知的同胞身上榨取钱财的秘密会党首领不会甘愿放弃他们的富有影响的地位。"

---

① GD 292，20 June 1888.

　　他保证会留出充裕的时间，通过所有可能的公开方式，使政府的目的和意图被大家很好地理解。他总结说，"令人高兴的是，政府将会得到社会上受人尊敬的和守法的一部分人的大力支持。如果我的政策被采用，我一点也不担心它的成功问题"。他相信，完全镇压秘密会党的过程被拖得越长，要镇压他们就越困难。

　　这封信连同该法案的一份复印本于1888年6月20日送达伦敦，另外的复印本于7月9日交给杜洛普和毕麒麟，但他们两人联合签名写信给总督，反对该法案。他们认为，政府甚至将会失去对已登记的165000名危险会党成员、200名到300名友善华人会党管理人员的控制。他们指出，该法案没有提供任何取代现有控制的措施。他们宣称，尽管他们希望看到危险会党解散得越快越好，但是必须得有其他可以取代他们的控制力量，否则，将仅仅是法律上的解散，而不会解决问题。他们主张应该在决定立法的性质之前进行全面的调查，他们相信，特定的立法将会是华人关注的地方所需要的。这样，他们再次表达了他们的信念：仅有在英国构思出的法律准则对于控制海峡殖民地的华人是不够的。

　　这样的进展是未曾预料到的，毕麒麟和杜洛普都恢复到他们在1879年的立场，当时，由金文泰担任主席的警察委员会出示了证据。当总督要求杜洛普解释他的态度时，杜洛普坚持说，当他提出镇压政策时，他已经考虑过了，政府在采取这一步骤之前，应该考虑"在我们的人口内有效地控制华人的整个问题"。① 当总督要求毕麒麟解释时，他认为：

　　"不要再草率地取消那些已经带来许多好处的法律……我们已经能强有力地控制混乱的、各个阶层的华人，任命一个委员会……来调查和汇报秘密会党的废除的全部问题是明智的。在缺少我们现在毫无疑问已经拥有的手段的情况下，控制华人最好的方法就是1869年的第19号条例——后被修改为1885年第6号条例。"他主张，警察总监和华民护卫司署应该向委员会和各个阶层的华人出示证据。他还认为，政府安排的委员会应该在立法之前获得完整的信息，如在荷属印度、印度支那和香港的有效地控制华人的特殊立法。他认为这样的一个委员会可以提供一些政府在取消危险会党后控制华人的制度。他说，"缺少更好的方式有段时间对保持殖民地

---

① GD 347, 30 July 1888, encl. 2: lett. dated 20 July 1888.

的和平也是有用的"。他还说："如果没有更好的制度,我只会对未来有
着最严重的担忧,该条例生效了,可能只是制造出混乱和骚动,因为它的
条款几乎去掉了现在政府的一切限制。"他得出结论说:

> 最多只有4—5个殖民地官员理解居住并融入海峡殖民地和马来
> 诸邦的混乱的、傲慢的、完全不同的华人,除了因为不守秩序的天性
> 而引起的麻烦之外,政府很少考虑到他们。如果此条例得以通过,就
> 不会有其他适合于文明又守法的安格鲁·萨克森种族的法律来征服和
> 控制他们了。①

尽管总督把信件的复印本交给了殖民地官员,却不准备在他的回信中
修正这些观点。他说,"委员会或委员没有完成任何调查,也不能给予政
府比目前了解的东西多一点的有用信息"。他完全反对采用荷兰和法国殖
民地处理当地人口的时髦方法。②

毕麒麟的这一变化太大了,以至他自己都难以接受,他感觉太累。自
从他有这样想法以来,就没再回到原来的生活状态。现在,他被批准7月
19日离开。从那时起,他就再也没有回来过,因为他一直没有完全恢复。

国务秘书对改变政策的反应是令人激动的。③ 他同意秘密会党对和平
的威胁已经被认识到多年的观点,认为那些对局势有合理判断的人同意镇
压秘密会党真是人民的希望。遗憾的是,没有更早朝这方向努力。但是,
他还是很高兴听到总督说相信现在的政府有足够的能力处理这种威胁的
话。尽管他认为毕麒麟和杜洛普的批评更多的是针对镇压的方式而不是镇
压本身,但他清楚总督会在采取行动之前负责任地考虑这些批评,并决定
镇压会党之后如何最好地控制华人。

伦敦的国务秘书、殖民地检察长(Mr. Bonsor)和代理殖民地秘书
(Mr. Skinner)进行了磋商,讨论采用香港的条例而不是在新加坡草拟条
例是否可行。国务秘书认为香港的条例(1887年第8号条例)主要的规

---

① GD 347, 30 July 1888, encl. 3; lett. dated 20 July 1888.

② Ibid. .

③ COD 342, 22 Oct. 1888.

则就是：

> 已知的三合会和其他为非法目的而成立的无论是什么名字的会
> 党，或者其目标与和平及殖民地的良好秩序不协调的会党，都被宣布
> 为非法会党……

检察长指出，根据该法律，能否通过一个会党的性质和目标就确定其犯罪是让人怀疑的。"这些会党长期的经验表明，他们可以在字面上有着最无懈可击的目标，但是在实际行动上，却可能是社会和平的持久威胁。"总督接到指示，要求他与最高行政会议考虑好哪一种处理方式将会最好，引起的摩擦和遭到的反对都最小。如果这个决定不同于香港的模式，他在和本塞（Mr. Bonsor）商量之后，就有权把他提的议案作为国务秘书的补充意见提出来。

总的来说，国务秘书的信函是英国政府的艺术杰作，它尽可能地包括了方方面面的观点，但它又确确实实是一个向前冲的信号。1888 年 12 月12 日，金文泰立即把他和国务秘书之间的来往信件展示给立法会。一周后，检察长推动了"修正与会党相关法律"的议案的一读。

他警告政务会必须注意到事情的重要性，与外来人口中的大部分相关的最有价值的机构已不可能再夸大了。这些"有价值的机构"在接下来的争论中不止一次被提到。他对反对香港模式作了解释，并提出了该法案的主要特征。每一个成员超过十人的社团，也有一些例外（登记的公司、领执照的公司、共济会），是非法的，除非是根据条例进行了登记的。而且，没有总督同意，任何会党不可以登记。根据旧法律登记的现存会党被要求在新条例生效之日起的三个月内获得同意并进行重新登记。权力开始被分散，因此，如果看起来对公众的安全和幸福有必要的话，会党随时可以被解散。总督还授权把一些会党排除在登记之外。在起诉非法会党成员的过程中，一旦确定有这种性质的会党存在，控方就极力证明它的成员不到 10 人，或者它是有豁免权的那一类。对经营或协助非法会党的人可能处 3 年监禁，对非法会党的成员则罚款 500 元或者监禁 6 个月，或者既罚款又坐牢。

议案提出和公布的直接结果就是总督和立法会委员收到了义兴会领导

们的一份备忘录，宣布他们的会党没有政治目标，而是值得赞赏的慈善社团，某种程度上讲是共济会的同盟，它与中国的三合会不是同一组织，而是在殖民地上建立的一个地区性的独立实体。在 1885 年之前，成员不限于华人，但是，自从那一年法律经过修正后，它的成员局限于在中国出生的华人。他们列举所有被批准和支持的慈善事例：为建贫民医院捐给政府土地；为穷苦华人种植蔬菜捐献土地；给木蔻山（Palau Jerejak）麻风病院捐款，等等。他们还计划在槟榔屿路建一所他们自己建造和提供经费的国际麻风病医院，并已获得了土地。此外，他们还一直为死去的穷人提供棺材，并列出了一系列他们支助过的名单。① 鉴于此纪录，请愿者请求免于登记。

立法会第二次会议于 2 月 7 日举行，议案被第二次提出。本以为在当时新加坡那样的氛围里，而且政府再三重复的惩罚都没有起到恐吓作用的情况下，该议案的二读应当被大家欢呼通过。相反，导致了议会历史上最激烈的争辩，并出现了非同寻常的结果：所有非官方议员（总共 7 人）投反对票，而官方议员全部（总共 8 人）投赞成票。

反对的基础可以归结为第一个非官方议员谢弗德关于动机的开场白。他认为，毫无疑问，立法会对该议案的考虑比其他任何议案都要多。尽管有着"对帮助政府镇压对公共和平有威胁的会党最诚挚的愿望"，该法案"在形式上让人如此反感，在条款上如此广泛"，以致不可能被人接受。在他长长的演讲中包含的情绪不同于他以往的表达。尽管他以前对总督不能被授权的观点表示过嘲讽，现在，他采取了相反的观点，甚至引用了一些前任首席法官对总督权力的尖刻指控。通过引用毕麒麟和杜洛普的一系列年度报告，他坚持认为，应该逐步改善维护和平的局面，这个时候不需要任何苛刻的措施。他发现，尽管移民浪潮汹涌澎湃，犯罪却令人惊讶地少了。1874 年 7 月，监狱里日均有 810 名犯人；1884 年日均为 834 人。1888 年 2 月的监狱里收容的罪犯与十年前的数字一样，为 982 人。要知道，从 1871 年到 1881 年，新加坡的人口增长了 115400 人。在他之后就是毕麒麟对议案提出反对意见：会党是华人所习惯的一种组织形式，政府已经认可它们，与其合作取得了一定的成功，现在，华民护卫司对华人事

---

① 在今天的槟榔屿总医院的一个墙角外，还可找到当年为麻风医院捐赠土地的纪念石碑。

务比以前了解得多，警察力量也有所加强，但是还没有足够的组织来代替会党，没有一个熟悉华人语言的警察。根据警察总监的报告，欧洲人警卫队、锡克教徒（Sikh）紧急事件组织主要不是用来警戒街道，就是一种官衔和职位而已，比以前没有时更糟。

谢弗德赞同政府不予理睬毕麒麟在立法之前进行全面调查的建议，认为在触动华人"最喜欢的机构"这件事上，没有必要获得最关注部门的信息。他支持逐渐取消的建议，主张加强警察力量，增加会说汉语的本国公务员，提高法庭上的翻译水平。他相信，"渐渐的，不需要很长时间"，就会消灭会党里的危险因素，可能在不远的将来，就能看到政府可以在一定程度上放宽压制措施，"即使东方人也会结束对一个自由又深得民意的政府的怨恨"。

每个非官方议员，包括华人成员佘连城（Seah Liang Seah）在内，都反对该法案，但不是持同样的理由。年龄最大又富有经验的成员（亚当逊，Mr. Adamson）完全不同于谢弗德对会党相对无害的评价。他从护卫司和警察总监的年度报告中引用的材料表明了这些会党对善意政府的持续不断的挑战。他认为，政府干预的时候到了。但他反对法案条款给予总督拒绝登记会党的权力，因为通过这一手段使会党非法化并不可取，该条款还宣布可以驱逐任何犯有经营或者帮助非法会党罪行的人。正如草案上的规定，这个附加条款同样也可用来对付英国人和外侨。其他的非官方议员与谢弗德以及亚当逊的观点一样，其中有人再次提到了"人们关注的最喜欢的机构"等。

这场争论持续了2月7—8日，因为最高法院的介入而更加激烈。最高法院给这些条款又附加了另外的、次一级的条款，授权总督可以终止条例，使秘密会党可以自行结束自己的事务。很清楚，政府可以没收会党的财产充公。

委员会对该法案令人满意的考虑结果就是，总督可以回答国务秘书说，法案通过了，没有任何分歧，也没有任何的延期。并入该法案的一个条款使得法案需要延期生效，因为要给国务秘书机会考虑。第三次审议该法案是在2月21日，获得了一致通过，但直到1889年4月，国务秘书才通知总督，他已经建议女王签署该条例了。最终收到了皇室的同意签字。① 在干预期间，国务秘书考虑了海峡殖民地协会给他的陈述意见，槟榔屿的义兴会党又送给他一份备忘录，与以前的备忘录差不多，上面有分会成员的数目，在槟榔屿和威斯利省是 45000 名，在海峡殖民地是 80000 名，该会党在槟榔屿大约有 300000 元的资产。备忘录还列出了该会党所捐献的不同慈善机构，强调自己不仅没有被镇压，而且是一个已登记并得到承认的组织。备忘录还建议，如果需要实施更多的控制，也容易实现，有必要的话，华民护卫司还可以就任会党的主席，没有护卫司在场，会党举行会议就是非法的。会党极力支持毕麒麟和杜洛普在他们联合签署的信件中提到的异议，这封信已经公布，并向立法会委员公开。

备忘录的复印本送给了一份当地的新闻机构，《槟榔屿公报》（*Pinang Gazette*）毫不犹豫地指出，这未必会有任何作用。它的一个领导人（在 1889 年 4 月 16 日）用下面的话总结了这种立场：

> 会党为慈善事业捐赠了大量的钱财；帮助无助的难民；埋葬死去的穷人；他们的首领安排暴动，又在适合的时候出来阻止。但是另一方面，会党穷凶极恶，实施恐怖的、法律所不允许的秘密处罚，还教唆、包庇犯罪，他们各种各样的组织和盘根错节的机构就是对殖民地的和平安康的长久危险。

备忘录被交到总督手里，尽管总督没有看轻会党慈善工作的价值，但他仍然认为这一点与会党的财富相比很不相称，其投在非法用途上的财产更多，形成了实施一系列暴行的方式，提供了保护罪犯的条件。他还引用一些秘密会党的誓词，如有一个会党要求所有的成员运用其力量来保护被警方逮捕的同伙，其他的则要求所有的成员必须保护因为犯罪或不幸处于困境中的伙伴。最后，他宣布在所有的会党中，义兴会对殖民地的安康威胁最大。备忘录完全不值得从正面去考虑。②

① COD 255，17 Aug. 1889.
② 事实上，这些誓言引自 Vaughan 的著作 *Manners and Customs* 第 115—119 页的关于义福会的三十六誓，他们与刊登在 1868 年 PRCR 附录 22 上的义兴会的誓言有根本区别。

　　义兴会确立自己受尊敬地位的企图没有实现，但是该会党这样做符合其自身利益。他们觉得可能会成功地游说国务秘书，说明自己是槟榔屿社会结构中的一个重要部分，利用自己慈善基金捐献者的地位，逃过新法律的镇压。

　　这部新法律，即 1889 年《社团条例》，就是 1889 年第 1 号条例。但是国务秘书希望不要在 1890 年之前实施，这样就可以有充裕的时间来警告会党，并使得"不了解新法律"不再成为不服从的借口。但是，金文泰的热情和坚毅已经赢得了改变政策这场战斗的胜利。他长期统治华人的经验告诉他：毕麒麟和杜洛普所感觉和表达的害怕会大大地打折扣。再也不会有秘密会党应该被准许作为华人的一个重要的社会组织而继续存在了，仅有一次例外——就在日本刚刚占领时期，以后再也没有任何对会党禁令的松懈。

　　在条例生效之前，政府考虑要建立华人参事局。1888 年 12 月 19 日，《海峡时报》上发表了一个华人写的一封信，建议应该成立一个给政府提建议，做政府和华人大众之间联系媒介的华人参事局。① 这个想法立即得到国务秘书的赞同，他于 1889 年 1 月要求总督考虑这个建议，同时还说，如果再有一些欧洲商人加入到这个参事局来，则可能更加有益。② 国务秘书接见了伦敦海峡殖民地协会的一个代表，在有关条例的问题上，后者也建议设立一个包括华人首脑人物和一些欧洲人在内的华人参事局是个好方案。③ 不久，总督递交了一份新加坡华人参事局的草案。关于这个华人参事局组成和职责的规章于 1889 年 12 月 20 日公布，④ 其成员的名单于 1890 年 1 月 31 日在公报上刊登，于是该参事局几乎和新的社团条例同时生效。⑤

　　参事局最多时可由 18 个总督提名的人组成，包括不超过 6 个福建人、5 个潮州人、2 个广东人、2 个客家人、2 个海南人和华民护卫司。常务会议每月召开一次，还规定有特别会议。会议记录要交给总督，讨论的主题

---

①　写信人是陈恭锡（Tan Kong Saik）（GD 255，17 Aug. 1889）。

②　COD Conf.，25 Jan. 1889.

③　COD 255，17 Aug. 1889.

④　NG 745.

⑤　GN 79，1890（publ. 31 Jan. 1890）.

包括对华人社区造成特别影响的各种事务,如仪式和庆典、华人教育、救助穷苦和生病华人的计划,以及针对应该引起政府注意的麻烦事件的立法。该委员会还被授权仲裁华人社区之间的争执。通过这种方式,社区之间沟通就有了渠道,可以把受人尊敬的富有代表性的华人充实到这个机构中,还能处理华人的慈善事务,解决纠纷。必须说明的是,除了华民护卫司,这个参事局里没有其他欧洲人。

可能有人会感到奇怪,为什么多年前没有想到要组成这样一个机构。但事实是,会党行使了传统上就被他们所控制的极大权力,而且他们一定程度上被政府承认为华人纠纷的仲裁者,没有华人胆敢成为该参事局的成员。只有当这些会党被宣布为非法时,建立一个这种无派别类型的组织才是正确的道路。

在槟榔屿,1890 年 3 月任命了同样的参事局,由华民护卫司助理、8 个福建人、3 个潮州人、4 个广东人、2 个客家人组成。①

从一开始,该参事局就取得了极大的成功。其成员的地位被官方认可,它的建议和主张都受到政府极高的重视。一方面,作为以论坛形式存在的参事局是无价的,华人代表可以提出他们的观点。另一方面,护卫司在特定事情上可以解释政府的政策,听取反对意见或者不同建议。知道了政府的观点后,成员们就可以在各个区域的机构里进行讨论,然后综合成一个合适的声明来代表华人社区的意见。

无论是长期以来一直担心华人秘密会党控制问题的官员还是反对总督处理会党问题的建议的人——毕麒麟和杜洛普——此二人都因健康问题从自己的职位上退休了,后又都被召集来参加新法律的执行工作。毕麒麟于 1889 年 1 月离开殖民地返回英国,之后曾写信给国务秘书,长篇大论地提出他的反对意见,还表示他和杜洛普所需要的法律,能使总督解散任何成为威胁或麻烦的会党,拒绝登记任何会党,通过驱逐条例或者监禁惩罚会党头领。② 但是,他在信中没有提出任何新观点,他说的那些重要性在总督 1888 年 6 月 20 日的信件里几乎都提到了。很明显,毕麒麟被惹火了,因为他一直等到该法案草案送到国内的那一天才

① GN 187 of 27 Mar. 1890.

② 16 Jan. 1889, encl. to S. of S. Conf. Dispatch of 25 Jan. 1889.

看见，他觉得自己应该被更多地咨询，但是总督只是在这封信的旁边的注释中提到，他在这个问题上与毕麒麟有过多次交谈，没有任何理由认为总督不明白毕麒麟的观点、担心、反对和其他种种必须考虑的问题。随着时间的流逝，毕麒麟的健康状况有了改善，但是，因为心智和神经紧张，他的出院时间推迟了好几次。他带着提高了的每年 3500 元的特殊退休金退休了。① 尽管毕麒麟在一个相对来说比较年轻的年龄——48岁时离开了新加坡，但是因为住在新加坡近 17 年，还是对殖民地和马来诸邦的行政工作留下了深远的影响。

警察总监杜洛普同样到了山穷水尽的时候。他与政府的分歧在公众赌博委员会时就有了，他强烈地反对警方卷入。因为不愿意面对这种情况，1887 年，国务秘书甚至要求他的办公室报告其履行职责的态度。② 尽管杜洛普 1879 年在警察委员会时毫无疑问地存在着失职行为，金文泰总督仍然答复说，杜洛普还是有杰出成绩的，他拥有有价值的经验，在处理各色混合人种组成的警察方面显示出了他的技巧。尽管他认为杜洛普没有成为比自己更好的警察局长的才能，他也确实没有认为公众利益将会被他的辞职所推动。③ 但是，当国务秘书在 10 月份同意提出新的《社团条例》时，他再次要求杜洛普做出保证，在紧接着的镇压会党的过程中，他必须有镇压任何骚乱的必备的精力、坚定和智慧。④ 现在，总督认为是该让依然担任市政委员会主席的杜洛普离开的时候了。他的健康每况愈下，在他出院返任警察总监之后，人们认为他已经不可能有效地履行繁重的、并且必须担负一定责任的职责了。他被安排在 1890 年 6 月离职，终止了他的市政管理工作。那时他 52 岁，已经在警察总监的位置上待了 17 年了，尽管他是在新的《社团条例》生效后辞职的，但也没有因为他第二次担任市政主管而请他参与该条例的执行工作。⑤

任命一个调查警方效率的委员会以加强警察力量的建议引起了人们的

---

① GD 338，17 July 1889. 其中包括 5 年的特别资格和 10 年的受伤额外补偿。

② S. of S. Conf.，2 Nov. 1887.

③ GD Conf. of 20 Jan. 1888.

④ S. of S. Conf. dispatch of 22 Oct. 1888.

⑤ 他于 1890 年 9 月 3 日退休，每年的退休金为 2142 元（GD 230，31 May 1890；COD 262，30 Aug. 1890）。

注意，其中有建议说应从香港征召华人应急队伍。总督可能是考虑到香港处理华人事务的经验，于是支持该建议，使其进展神速。1890 年征召了 25 名治安官，后来这个数字有所增长，但是到了 1891 年底，这个应急队伍被认为"不完全让人满意"。第二年，警察总监表示，他对这件事"几乎不赞成"。最后只有一名警官、两个下士和 27 个治安官得以保留，他也没打算要补上这些空缺。有人发现这些人"或多或少的都与品格低劣的人有联系"。于是他后悔了，承认华人应急队伍的经验是个失败。最后一名警官的合同于 1894 年被终止，他被解雇了。那位警官因为错误的拘禁他人被判了两个月的监禁，之后就被释放了。这个良好的促进警察和华人大众更加密切联系的建议于是失败了。

亚当逊在 1889 年 10 月再次提出了训练更多的华人官员的问题，他要求那些被送到中国培训语言的警署学生回来后应该被安排到护卫司署工作，而不是安插在殖民地的普通职位上。总督回答说，保证不会错失任何加强护卫司力量的机会，但是，这些人不是要被训练为华民护卫司，因为所有的政府部门都需要他们。尽管宣布了该政策，但是多年以前从来没有提及过如此重大的意图。一个迅速发展国家里的"管理经验"并不支持公务员到中国进行为期两年公务员培训的方案，因为他们在这段时间里有可能被用来缓解殖民地和后来的马来诸邦的行政事务的繁重压力。

二 执行

新的《社团条例》是在 1890 年 1 月 1 日开始生效的，但是，几个月前，整个殖民地上已经大面积地散发布告，为废止华人社区的秘密会党做准备了，特别的标语送给已被旧条例划归危险行列的会党，根据新的法律，他们将不会被登记，并必须在 6 月 30 日之前结束其事务。在这个时候，新加坡的危险会党有：

义兴集团

（1）福建义兴、（2）福兴、（3）松柏馆、（4）广惠肇、（5）广福义气、（6）义福

其他

　　（1）洪义堂、（2）利城行、（3）粤东馆、（4）兴顺（Heng Sun）

　　当然，前六个都是义兴集团幸存的分会。以前，共有 9 个这样的分会，但是另外三个——潮郡义兴、海南义兴和义信早在 1885 年就被镇压了。其他四个不属于义兴集团的会党原本被登记为友好社团，但在 1885 年变得不再友善后，1886 年就被登记为危险会党。

　　尽管新加坡秘密会党会员的具体数目不清楚，但在 1889 年，这 10 个会党登记有 1321 名行政事务人员和 68316 名成员。1890 年 2 月，所有的会党都把印章、腰凭，连同他们的账簿、登记册交给了华民护卫司。在这些会党的要求之下，这些物件均被销毁。属于义兴集团的会党首领要求会党的物件应该在义兴会的中心庙宇毁掉，并为此举行了一项仪式，华民护卫司及其助理，以及有关会党的成员一起参加了仪式。① 在仪式上，六个会党首领烧掉了他们与义兴会联系的腰凭，"这些腰凭表明他们是义兴母组织的一部分"②。

　　政府在向立法会报告此事时，说这一行动等于正式放弃与中国那些著名的"或者说臭名昭著的"会党的任何联系。从这点上可以看出，这些腰凭来自中国的某个组织，但是这个名称不可能再被某一个不在中国的海外三合会组织所使用。正如义兴会的请愿者所说，他们是"在殖民地上建立的一个地区性的独立实体"。另外，新加坡的义兴会已建立了一套分会制度，它们在洛克街有一个中心，就是这次仪式举行的地方，很有可能那些被销毁的文件就是来自这个被考文（Cowan）称为总"堂"的地方。这个中心本身就从来没有被登记为会党，但它建成了那个时候人人都知晓的中国或海外的三合会历史中的一个实体。它管理着中心组织，给会员发可以使用中心设施的腰凭。因为腰凭的销毁，这些分会和新加坡的"总堂"的联系被切断了。这次首领们公开烧毁文件也是他们的一个宣言，

----

　　①　鲍威尔（F. Powell）继毕麒麟之后担任华民护卫司一职，赫尔（G. T. Hare）任助理。印有会党会员腰凭及其他文献的木版及他们的印章在 1942 年（原文误为 1924 年。——译者）日本占领以前一直保留在新加坡的华民护卫司署，战后就再也没找到了。

　　②　Address by Gov. to Leg. Co. , 13 Mar. 1890；Cowan's Wall Street 1897；GD 111, 14 Mar. 1890；CP AR, 1890.

明确表示他们不再对其成员的行为负有任何责任了。而且，这个举动还宣布，将来任何使用这些会党的印章和徽标，或者持"腰凭"的人都是冒名顶替者。这是长期以来会党和政府之间关系的顶峰。

六个月的限期还没到，新加坡的会党事务就结束了。其中，义福会受到了特殊对待。毕麒麟早在 1887 年就建议要镇压该会党，1890 年 6 月 20 日，总督颁布了解散义福会的命令，其理由是解散行动对公众的安全和康乐确有必要。① 其他九个会党没有接到解散命令，但政府公报上刊登了解散消息，通知民众自 1890 年 7 月 1 日起，这些会党和义福会都是非法的。②

槟榔屿也同样采取了这样的行动。这里没有举行公开脱离关系的仪式，但是这正好解释了在槟榔屿不像新加坡那样共有一个"总堂"，每一个会党都是独立的组织。他们分别是：（1）义兴会、（2）大伯公会、（3）和胜会、（4）存心会（Chun Sim）、（5）海山会。1889 年，他们共有 409 名帮会管理人员和 113300 名会员，尽管这里实际会员的数目也和新加坡一样不得而知。

为了明确解散的程序，了解所遭遇的抵制，槟榔屿的护卫司助理与会党首领一起召开了无数次会议。特别是义兴会，那是个极其强大的组织，拥有大量的财产，而且还没有放弃不被解散的希望。最后发现了会党首领不愿同意解散的另外一个理由，那就是他们利用会党基金谋取私利，结束会党事务就会暴露他们应遭谴责的行为。还有一些不愿解散的请愿，但是首领们都保证过了，请愿是没用的。控诉盗用基金的责备以及采用何种方式来分配财产的争论使会党内部有了不和谐的声音。虽然成立基金的事没有落实，但槟榔屿所有的会党都在 3 月前把印章交给了护卫司助理，闭门大吉。③

8 月 21 日，这 5 个会党与新加坡的义福会一样，根据总督会同行政局的命令被解散，④ 但没有说明为什么采用这样的程序，可能是义兴会对

---

① GN 373 of 27 June 1890.

② GN 381 of 4 July 1890.

③ GD 111 of 14 Mar. 1890.

④ GN 472 of 22 Aug. 在此公告中，建德社以其常规名字（罗马字为 Kean Tek）"建德"代替了这一时期的文献中被大量使用的"大伯公会"。

槟榔屿的生活影响太深了，槟榔屿的义兴会的强大力量使总督做出了明智的决定：命令其解散而不是拒绝其登记，从而使其非法。

除解散这 5 个危险会党外，槟榔屿的另外两个已被登记为友善的会党也被宣布非法，它们分别是和合社（Ho Hop Seah）和存义社（Tsun Ghee Seah）。① 为什么前者没有被登记为危险会党再次成为一个谜，因为在 19 世纪 70 年代，它就恶名昭著了。② 沃恩在其 1878 年的著作中提到，这两个会党都被登记为危险会党。因为找不到那个记录，只能假设如果沃恩是正确的，他们的侵略性肯定是在后来减少了。

1888 年，也是马六甲会党有数据统计的最后一年，共有 3 个会党被登记为危险会党：义兴、澳门义兴（Macao Ghee Hin）、海山会。它们共有 7000 多名成员，义兴占了绝大多数，有 6487 人，其他的两个会党每个仅有 500 多名成员。没有记录怎么会有两个义兴会党的档案。最早的会党 1835 年就存在了，它在 1876 年时与其他的三个会党即福明、义福、和海山会一道被登记，前两者在 1885 年就被镇压了。

澳门义兴于 1879 年建立，这大概是 1875 年的马六甲三会械斗促成的，可能是广东人脱离了原来的会党，组成了自己的义兴会。1879 年，澳门义兴会仅有 282 名成员，而早先成立的义兴会有 1380 人。这两个会党继续同时并存，直到 1889 年，其中一个有新名字：新义兴或者"新的"义兴会在老义兴会党的地盘出现，而澳门义兴则继续存在。从中可以看出，老的义兴会在 1889 年经过了重新组织，希望通过改变组织和名称会被准许在新的法律下登记入册。关于这两会的情况，别的都不太清楚，只知道他们在这一年发生了械斗。那个时候，马六甲市内的会党有澳门义兴、新义兴和海山会。

第一个被镇压的就是澳门义兴。与新加坡的义福会及槟榔屿的会党一样，他们在 1890 年 8 月 5 日的命令中被宣布解散。同一天，新义兴和海山会也变成了非法组织。③ 享受这种不同待遇的原因可能是澳门义兴会比其他的会党更加危险。但是，如果像上面所说，新义兴是老义兴的重组，

---

① GN 473 of 22 Aug. 1890.

② Vaughan, *Manners and Customs*, p. 99.

③ GNs 444 & 445 of 8 Aug. 1890.

它远比其他三个拥有的权力大, 看来, 它仅仅被宣布为非法是太温和了, 因为下半年总督就发现有必要发布命令来解散该会党。①

这样, 正式镇压会党就在这三个殖民地上展开了。1890 年 3 月 13 日, 总督在立法会上宣布成功地终止了新加坡和槟榔屿的会党组织, 第二天又向国务秘书递交了同样内容的报告。② 他把大部分功劳归于新加坡的护卫司鲍威尔(Powell)和槟榔屿的助理护卫司华瑞(Wray)的工作, 赞扬他们"非常机智、谨慎并充满活力地完成了委托给他们的任务"。因为有了他们的机构在镇压危险会党的法律运转中的作用, 该法律实施得令人满意, 因此, 殖民地除掉了所有"与华人有关的、多年来给公众安康带来恶劣影响的秘密组织"。

总督自然夸大了他热情鼓吹的政策的直接结果, 他在镇压的立法程序完成前, 也就是在 4 月 8 日, 带着他的政策一定会成功的充分自信启程前往英格兰。

在新加坡和马六甲, 对会党处置财产和分配基金的劝说没有遇到困难, 只有新加坡义福会的财产根据解散条款被官方接管了。但是, 槟榔屿的情况则不一样, 义兴会和建德社拥有大量的财产, 尽管其转卖刚好在规定的 6 月 30 日完成, 正如年初的布告所说, 由于发生冲突, 这些财产的分配被拖得很长。

义兴会的事经过了四年的诉讼, 最后到高等法院才得以解决, 律师们从此案中大捞了一大把。槟榔屿的一名律师担任了一段时间的法庭书记官, 根据他的继任者和检察长的报告, 给有关法律公司处理事务的高昂费用都是从不动产中支付的。另外, 托管者没有根据提交给法庭的名单付费, 有些项目据说是虚构的。有些钱不是拿去付债, 而是去"送礼"了, 这让人很不满意。③ 根据法庭的命令, 义兴会党的两栋房产允许用来存放死去的会员的"牌匾", 从基金中辟出总额为 3000 元的款项来进行祭奠礼拜。存放纪念牌的房屋现在仍然存在, 基金则由四个受托人管理, 他们

---

① GN 1 of 9 Jan. 1891.

② GD 111 of 14 Mar. 1890.

③ Reported by G. Hare, Act. P. of C., Penang, 6 June 1893; SSPLC/1893/app. 30; CP *AR*, 1894, p. 8.

都是新宁人（Sin Neng）。同样，根据建德社的规定，其神坛也保存在那里，且仍旧存在，三尊塑像代表着大伯公。它们由一个建德社解散时形成的团体照看着，那就是宝福社（Po Hok Seah），他们负责举行必要的仪式。同样也允许和胜会在大伯公街（King Street，槟榔屿街名，俗称大伯公街。——译者）的一间房屋里保留它的纪念牌，那里是它的总部所在地。① 尽管没有提到新加坡这方面的情况，义兴会的神坛牌匾却仍然在劳明达街（Lavender）离老总堂不远的一个小庙里。这样，祖先的祭祀就永存了。

槟榔屿的助理护卫司被义兴会继续保存神坛牌匾的地点问题所困扰，他在报告中表示"将来要关注这些房屋"。同样，在报告建德社的结束时，他说：

> 最重要的是，不允许其他社团（宗教的，慈善的或者其他的）来占据建德公司的房屋，因为其带有半宗教，半党派性质，是大量的有影响力的华人阶层、海峡侨生或其他人的特别兴趣和尊敬所在。几乎可以肯定，有人有用新名称在这个老巢穴复兴该会党的企图。

他还警告政府说，尽管五个危险会党明显已被取消，但是其成员没有放弃身份资格，而且，只要有机会他们就会复苏。

他还有件烦心事，就是义兴会的徽章已被槟榔屿会党送到吉打去了，他建议吉打政府当局禁止这些会党。政府主管弗雷得里克·迪克逊（Frederick Dickson）把这个建议交给了吉打的酋长，却只接到一个刻薄的回答：如果殖民地上不存在会党，吉打早就镇压了。一条新通过的吉打条例宣布"自此，法律不允许这类公司成立，因为他们妨碍和威胁国家法律的执行，另外，穆斯林法律也禁止会党，因为他们抵制和破坏国家的法律和风俗习惯"。还有特别的镇压："诸如义兴会、大伯公会、海山会以及和胜会一类的华人秘密会党，以及所有非华人的公司都被禁止。"② 会党被警告必须将其财产在 8 月 2 日前分配给会员，如果没有这样做，财产

---

① GD 340, 21 Aug. 1890, encl. report by G. E. Wray, 10 July 1890.

② GD 392, 6 Oct. 1890, encl. 25 Sept. 1890.

将于 8 月 16 日被拍卖,而且所有的旗帜和其他的物件都要移走。

柔佛和新加坡的关系就像吉打和槟榔屿的关系一样。早在 1890 年 3 月,新加坡的华人参事局就通过决定,要求政府邀请柔佛政府合作。因为苏丹到欧洲去了,于是迪克逊写信给巴莽古酋长(Pamangku),要求他采取措施镇压柔佛所有的此类秘密会党。酋长回答说,柔佛唯一一个曾被政府承认的秘密会党就是义兴会,他没有发现其他的会党。这个秘密会党已被承认了好多年,他不能在没有和苏丹商议的情况下,承担镇压会党的责任,它会向苏丹提到此事。①

鲍威尔在 4 月 22 日的备忘录中评价这个答复时说,这有助于理解义兴会分会。他说,柔佛的会党就是新加坡义兴会的分会,而且从劳明达街的总堂里找到了原件证明。大约 10 年或 15 年以前,义福会党试图在这里建立分会,但是被"马哈酋长"镇压,因为他考虑到如果这里有了两个秘密会党,它们就会争斗。义兴会的影响扩展到了麻坡,这与马六甲的义兴会党有关,双方的成员在对方的区域里都可以请求帮助。于是,他要求镇压:

> 新加坡义兴会与其在此的 9 个分会、在马六甲和柔佛的附属会党,以及其在槟榔屿、苏门答腊、婆罗洲(Borneo)和仰光(Rangoon)的同源组织都是一个联合体,他们共同在这个地区的华人生活中起着重要的作用,还有许多人在鼓吹这种精神,正是这种精神使创始人首先在中国建立了政府中的政府,以颠覆现在的王朝。之后,他们就在欧洲的殖民地上用他们自己的方式来处理事务;包庇犯有各种罪行的罪犯;与管理人员、警察或者其他努力将他们绳之以法的力量对抗。

如果仅仅柔佛的三合会可以在他们的名义下以公开集会,那就不会有任何东西可阻止柔佛的义兴会招募新加坡和马六甲的所有三合会成员。槟榔屿的会党就是通过这种方式控制了吉打、苏门答腊的大批会员以及雪兰莪和双溪乌戎(Sungei Ujong)的新加坡会党,尽管这些地方对会员资格

---

① GD 340,21 Aug. 1890,encl. 5 Apr. 1890.

管理严格。

根据义福会前任秘书的说法，柔佛政府不愿意镇压义兴会的一个理由就是马哈酋长自己就是其中的一员，尽管鲍威尔也曾几次听到反驳意见。但是，虽然迪克逊多次努力想让柔佛的秘密会党受到镇压，可柔佛的政府没有采取任何行动。实际上，一直到1915年，控制会党的法律才在柔佛生效，但是那时候，阿布巴卡（Abu Bakar）苏丹已经死了20年了。

在1890年殖民地实施镇压会党政策的同时，也根据新条例开始社团登记和豁免登记的工作。截至8月，新加坡已有30个华人社团被准许登记，槟榔屿18个。被豁免登记的社团，新加坡有52个、槟榔屿18个、马六甲6个。① 被豁免登记的社团的种类在1889年12月的报刊上刊登了通知，② 他们分别是娱乐、慈善、宗教、文学团体。你可能并不惊讶地发现，海峡殖民地协会不属于此中任何类别，它是根据新条例第一个登记的社团。

三 镇压或者沉沦，1890—1899

1889年的《社团镇压条例》不是一个改变华人对会党激情并诱使华人对政府的禁令恭顺接受的魔术棒。在接下来的数年里，仅仅是因为有华民护卫司和警察的长期警戒，有根据《社团条例》和《驱逐条例》所采取的及时行动，才阻止了许多新会党在老会党的废墟上崛起。

政府面临着许多的问题：政治气候变得不和谐，因为英国政府坚持每年只给在殖民地上的英国军队付100000元的费用；银价变动影响了贸易，以银价为标准的官员的薪水受到了影响；大英帝国政府极力引入英国模式的改革，包括监狱条件、娼妓处理、赌博业和毒品销售；帝国对殖民地政府关于鞭笞是暴动的最大威慑的抗议的忽视。政府认为控制娼妓是减少在男性人口中占绝大比例的性病传染最好方式，并认为赌博是整个华人社区的根深蒂固的习惯，政府的关税收入的大部分都来自鸦片饷码。

这些年，中国试图通过华人领事向海峡侨生施加影响，让他们对中国

---

① GD 340, 21 Aug. 1890.

② GN 735 of 18 Dec. 1889.

政府效忠。另外，中国的革命运动正在进行，海外的富裕华人社区显然成了他们宣传和要求财政支持的目标。世纪之交，孙逸仙在香港召集了北方哥老会和南方三合会的领导人，向他们寻求反抗满清政府的支持，这使海峡殖民地的官员预料到会出现复杂的政治局面，且这在以往就是法律和秩序方面的一个主要问题。镇压三合会的政策在殖民地继续存在，并具有至高无上的重要性。

早在 1890 年 8 月，政府执行官，虽然不同意总督的政策，却是政府政策的忠实履行者的迪克逊爵士就冒险向国务秘书提出，会党首领以"几乎让人不敢相信的平静"接受了政府的法令。他认为，需要保持最高的警觉来确保这些会党已确实被镇压，而不是转入地下活动了。华民护卫司鲍威尔在 1890 年的年度报告中说，自己并不认为存在了如此长时间，又有着庞大组织的秘密会党不再会对和平构成威胁，可能在不远的将来，就会一次又一次地看到他们的威胁之所在。①

确实有一些老的会党复活。同时，一个曾有 4000 名成员的"危险会党"，为躲避诉讼而于 1886 年自动解散，并在同一年里企图重组为一个混合了中国出生的华人和海峡侨生的会党。对其领导人的指控让这一行动未能落实，但它于 1891 年 6 月再次出现，并因召集人力车夫而引起了骚乱。11 个会员被法庭判有罪，两个首领被驱逐。②

政府发现的另一个在其臭名昭著的首领领导下继续活动的会党就是义福会，它敲诈勒索、赌博、还卷入街头争斗。1892 年 3 月对其活动场所的所突然袭击，收获了足够的证据，从而可以合法地驱逐他们的一些首领，其中包括一个与 1887 年吉里门（Karium）的中国官员谋杀案和袭击毕麒麟案有牵连的人。当他愚蠢地从柔佛回到新加坡时被逮捕了。③

绝大部分被镇压的老会党并没有重建其组织的企图，但是，由于没有他们存在，在对妓院、戏院、店铺和小商贩的"保护"等高利润行为的

---

① CP *AR*, 1890, para. 5.

② CP *AR*, 1889, para. 6 & 1891, para. 6；Police *AR*, 1891, para. 63；GD 340, 24 Aug. 1891. Reply：COD 365, 30 Nov. 1891. 维尼（p. 402）认为此会党是孙中山的同盟会的基础。不过，虽然他们的性质一样，却扯不上什么关系，孙中山的党组织是模仿日本的 Domeikai。

③ CP *AR*, 1892, para. 3；Police *AR*, 1892, para 13, 14；GDs 193（30 Apr.），305（14 July），396（6 Oct. 1892）.

诱惑下，形成了许多小规模团体。他们的成员都来自原来的会党，对繁荣经济有一定作用。但至1891年，这些帮派组织就实实在在地成了威胁。①

槟榔屿的模式也差不多，会党解散后留下的真空一部分被新成立的非法会党填补，特别是由福建渔民和日落洞（Jelutong）的人力车夫组织的实权集团：朝天社（Tian Thien Sia）②和大帝爷（Tai Te Ia）③。

另有一个稍许不同的重要会党，名叫水陆平安（"Shui Luk P'eng" "Peace on Water and Land"），以"破棺材"（"P'au Kwun Ts'oi" 或 Coffin Breakers）闻名。④ 这是一个来往于中国、海峡殖民地和缅甸（Burma）的船队，靠偷盗、抢劫、欺诈、麻醉行人、敲诈、欺骗、控制甲板空间、欺骗性赌博等诸如此类的手段维持生活。破棺材的名称可能出自一个带圆上盖的长形枕头箱，那时候，每个移民华人将其所有的财物都装在里面。据说，该会于1885年由一个名叫关凡（音Kwan Fan）的广东人在中国或香港成立，1888年，一个被香港警方驱逐的首领在槟榔屿建立分会。它没有仪式，没有旗帜，也没有其他随身的东西，但其成员佩戴的标志是一个铜钱样的银币，上面写有"平安"（P'eng On）二字及成员代号。在举行婚礼和葬礼时，该会党的灯笼上标有"华记"（Wa Kei, Chinese Record）字样，此二字也是它的印章。护卫司在1890年的调查中披露，大约有400名成员在所有主要船舶和码头上谋生，因而对新加坡和槟榔屿都有影响。政府向17个首领发出了驱逐批准令，其中的11人被逮捕并被驱逐出境。

如果镇压会党的政策要公平合理地执行，那么，小规模保护型会党的大批出现就急需护卫司署和警方采取彻底行动。1892年，槟榔屿的这两个福建人会党的42个头目被批准逮捕，因而会党也就烟消云散了。新加坡的三个主要的集团是义忠兴（Gi Tong Heng）⑤、义德春（Gi Tek

---

① CP *AR*, 1890, paras. 7–11 & 1891, paras 3–5; GD 234, 2 June 1890.
② "朝天社"又名"张天社"，主祭张天师。——译者
③ "大帝爷"又名"大帝会"，主祭保生大帝。——译者
④ 当代文献中把它称为"Broken Coffin Society"，"Coffin Breakers"与中文名更接近些，而 W. G. Stirling 则称为"The Coffin-breakers' Society"。*JRASMB*, iv/1（1926），pp. 129–132。
⑤ "义忠兴"是潮帮义福会的残余。——译者

Chhun)① 和义凤春（Gi Hong Chhun）②。他们的 16 个首领被批准驱逐，150 名成员在被拍照和警告后上了护卫司署的黑名单，其他还有许多人被起诉。

驱逐的人数引起了伦敦方面的担心，万一该政策失败，会党复活并获得权势怎么办？但总督向国务秘书克纳慈弗德（Lord Knutsford）保证，真正有实权的组织已经被有效地镇压了。如果驱逐政策继续有人支持，他相信殖民地将消除多年来一直影响其安宁的最危险因素。③

在提出 1892 年的财政预算时，他主张总督不仅可以解散过去在实际运作中拥有权力的会党组织，而且可以解散所有的会党组织，即所有危险的会党，这样，殖民地将会比多年前更加远离这种残暴血腥。而这只要通过使用驱逐条例和社团条例就可取得，严重犯罪更是大大减少。④

毫无疑问，镇压政策的有力执行对华人而言是极大的调整。1893 年 8 月，就在金文泰爵士要退休之前，立法会非官方议员在他们写给总督的信中给予了赞扬，其中写道：

> 通过长期与香港和海峡殖民地官方打交道并与世代居住于此的土著人交往而获得的知识，您成功地处理了一个对于一位没有经验的总督来说有着根本无法克服的困难的问题，我们所指的就是镇压秘密会党。这一措施的执行不仅没有导致混乱，而且得到了受人尊敬的、勤奋的阶层的合作和祝福，它已经完全被华人所承认，其后果之一就是暴力犯罪已经减少。这要特别感谢陛下您，因为在这件事情上，您不仅仅是一个负责变法的总督，而且也是措施的实际创始人和起草者。⑤

这个时候，社团条例又增加了一条限制条款，它非常清楚地表明，一

---

① "义德春"是福帮。——译者
② "义凤春"是福帮，也称"金义凤春"。——译者
③ COD 180，3 June 1892；GD 303，13 July 1892.
④ SSPLC/ 1892/app. 8，20 Oct. .
⑤ SSPLC/ 17 Aug. 1893.

个要在殖民地活动的社团必须是在殖民地而不是别的什么地方登记注册的。①

政府当局仍然保持高度警惕。除了以赌博为业兴起的小规模会党外，以"闱姓（Wai Seng）"彩票为媒介的大型辛迪加联合组织也开始活动，广大民众都被拉来给中国定期举行的考试赢家下注。为了不被新加坡赌博法律约束，他们在柔佛设立了一个总办公室，在新加坡则开设秘密票券代理机构。此计划非常成功，以致有巨额汇款（估计每月 100000 元）被汇到柔佛，对华人贸易产生了不利影响。彩票销售商的记录经常很模糊，很难证明他们与彩票有一定的联系。新加坡的赌博经纪人还设立了特殊的基金，有一些是有着良好声誉的商人，他们可以通过律师保护自己。总督给柔佛苏丹的关于镇压博彩业的个人恳求根本无效。最后，华民护卫司了解到新加坡赌博经纪人的详细情况，并根据一般赌场条例采取了行动，使得1893 年有 12 个人被批准驱逐，其中 5 个人被实际驱逐，剩下的 7 个人逃到柔佛，仍然在各邦和廖内群岛上小规模的活动。在槟榔屿，博彩业在吉打的总部指挥下活动，每年有 100 万元的成交量。隐藏在槟榔屿的许多代理机构被指控，1895 年，当局对主要的经纪人下达了 8 份驱逐书，有效期至 1898 年。赌博的小型变种就是花会，是一种有 50 个数字的彩票，在槟榔屿很盛行，两天开彩一次。②

尽管反对闱姓彩票的行动如箭在弦上，但此时出现了一种名叫十二支（Chap Ji Ki）或者叫 12 张牌的新型赌博。这种赌博形式很快就在女性海峡侨生流行开来，引起家庭不和。政府在林文庆博士（Dr. Lim Boon Keng）的努力下开始注意到它在整个殖民地上的广泛影响。一旦发现，政府通常采取的办法就是在可能的情况下起诉，在合适的情况下驱逐。

随着赌博在广大民众中流行，犯罪数字和"妓院中的恐吓活动"也不断地增加。后者的出现应归咎于 1894 年殖民书记官对妓院和娼妓登记的废除，因为他认为，"自此以后就可以被护卫司良好地监督"。③ 取消政府控制是国务秘书直接命令的，尽管海峡殖民地强烈反对。其直接后果就

---

① Ord. Ⅶ, 23 Nov. 1893.

② CP *AR*, 1895, paras 13 – 15 & 1898, paras 23 – 26.

③ Col Sec's Report 1894（J. A. Swettenhan）.

是在所有的殖民地兴起了保护妓院的会党，增加了敌对团伙之间的街头争斗，他们都在争夺从妓院、商店和小商贩那里收取保护费的权力。①

当国务秘书再次询问是否有秘密会党复兴时，总督查尔斯·米歇尔（Charles Mitchell）告诉他，这里的赌博在增加。但是，1895—1896 年间采取的行动已经起作用了。②

护卫司也发现了新加坡的秘密会党和已登记的"友善会党"之间的复杂联系。过去的同明再次在芽笼（Geylang）兴起，还联合了两个已登记的社团，他们分别是完全由海峡侨生组成的和庆社（Ho Keng Sia）和完全由海南人组成的文兴（Bun Heng），除了他们之外，它还从甘榜明古连（Kampong Bencoolen）和甘榜格南（Kampong Glam）招收了大批成员，还有一个已登记的海峡侨生社团——顺德和（Sun Tek Ho）加入其中。同时，一个由福建和潮州的谭姓族人组成的名为二龙会（Gi Lengor Two Dragons）③ 的新非法会党也在甘榜西贡（Kampong Saigon）和合乐路（Havelock）开始活动。这两个集团之间的仇杀严重破坏了和平。当地出生的首领被带到法庭接受审判并被判有罪，四个在中国出生的首领被驱逐，三个已登记的会党被解散。在马六甲，昭应祠（Chiau Eng Si）这个非法会党分裂了，和槟榔屿的会党结局一样。④

驱逐程序有个缺点，就是准许来自殖民地的被驱逐者定居在"附近的马来诸邦而不受打扰"。1896 年，殖民地和各个保护邦之间一起对此进行了修正。为此通过了一项法律，即禁止"所有被柔佛、马来诸邦驱逐的人及没有英国国籍的被驱逐者"在殖民地内定居。政务会上，互惠决议在马来诸邦也被通过。⑤

但是，除了会党争斗和赌博业外，另外还有一个值得关注的、威胁到公共和平的事件，即 1897 年 1 月市政条例新条款的实施，导致了 16000

---

① CP *AR*, 1895, paras 6 – 12. Ord. XII of 1894 amending the Women and Girls Protection Ord., 1888.

② CP *AR*, 1895, para. 25；COD 355, 4 Sept. 1896. GD 461, 4 Oct. 1896.

③ 新马帮会习惯"二"与"义"共用，"二龙会"也称"义龙会"，无论福建话还是广东话，"二"与"义"都同音。

④ CP *AR*, 1896, paras 4 – 6, 7, 9, 12；GDs 291（24 June），339（26 July），422（12 Sept.）& 461（4 Oct. 1896）.

⑤ Ords II & XIV of 1896；SSPLC/1896；COD 239, 15 June 1896；GD 373, 19 Aug. 1896.

名人力车夫罢工，此次罢工由那些反对严厉控制人力车夫的车主煽动。情势危急关头，当局立即宣布根据《和平保护法》戒严。中文标语充斥着大街小巷，主要煽动者——一个福州人力车夫被捕。尽管许多群众被分散，但仍发生了小规模实质性的暴动，三天后，当地才恢复到正常状态。

然而到 9 月底，人力车税率提高与当地居民区遭到污染的水井被当局命令关闭等事件引起了同样威胁的麻烦。华人在街头张贴标语，号召人们在九月初九中午（10 月 4 号）起来行动，对每个官员和立法会主席的头颅悬赏 500 元。随着时间的临近，店主开始恐慌，但警察在军队和自愿者的协助下显示了他们的实力，护卫司则劝说民众不要理会威胁。当天确实什么事都没发生，安然度过。①

对政府权力的另一次挑战发生在 1899 年，是因为准备驱逐槟榔屿非法会党枋廊会（Panglong，也称木场会，Timber Yard Society）② 的 7 个首领。这个潮州人会党于 1898 年末期被当局发现，其首领被捕后，代表主要首领的请愿书送到了国务秘书手中，批评当局滥用驱逐条例的权力，并建议对法律作些改动。总督被这个可能威胁到驱逐条例权力的请愿所困扰，并将注意力放到国务秘书 1868 年与总督所签的协议上，该协议说，为了保障殖民地的公共和平，仅有普通法和程序法原则是不够的，并认为主管人员在为公共和平提高警惕时应该"有这样的权力装备，才会使警戒有效"。他指出，就因为有这些权力，才使得和平局势适当保持，平静秩序的广泛存在绝对不是取消这些权力的理由。国务秘书（J. 全伯莱 J. Chamberlain）支持总督，拒绝同意请愿书中所提出的改变驱逐法律的请求，认为它对"为社区提供有效的保护"是必须的，毫无理由干预。他对驱逐会党首领的决定没有提出反对意见。③

驱逐条例在执行过程中还遇到了其他困难，如被驱逐对象声称自己在当地出生，我们却没有他出生地的证据。按照法律的规定，任何对驱逐命令不满的被驱逐对象都可以以维护人身保护权为理由，向最高法院提起申

---

① CP *AR*, 1897, paras1 - 8; Col. Sec's *AR*, 1897, para. 21; GDs 55 & 381, 1 Mar. & Nov. 1897; Song Ong Siang, pp. 294 - 301.

② 福建话"枋廊"是华语"板厂"的意思。

③ CP *AR*, 1899, paras 1, 2, 4, 9, 19; GDs 115 & 136, 23 Mar. & 13 Apr. 1899; CODs 127 & 147, 10 & 25 May 1899.

诉,如果他能说服法庭接受他是英国臣民身份的话,那么法庭就一定会取消该命令,因为驱逐条例只能用在那些"非女皇陛下臣民"身上。到了1899年,被捕的秘密会党成员经常假称自己在当地出生,这种经常唆使证人提供伪证的做法迫使当局关注真伪,以免这个政府武器库中唯一有效的武器因送交高等法院的错误案件受挫。

争论的焦点在于:高等法庭或者主管官员能否决定一个人是不是当地出生的本地居民。为了避免这种两难困境,查尔斯·米歇尔(Charles Mitchell)爵士向国务秘书建议:驱逐条例应该进行修订,以便适用所有在英国本土和在大英帝国领地上出生的人,大英帝国认为这些人仍然是外来势力。他指出,经过三代人之后,中国政府才会把海峡侨生当作已经失去中国国籍的人。他还说,越来越多符合驱逐条例中被驱逐范围的人在着手申请英国国籍,却提不出任何这样做的理由。

总督提出的建议确实没有给伦敦的检察官留下什么好印象。他们认为,这个建议既无必要也不可行,但在反对法庭干预主管官员的行动方面提出了很好的意见。他们建议,应该修正法律,以便使驱逐条例可以适用所有的法庭和所有名义上不是英国出生的人。说完这些后,国务秘书又同意并提议总督在发布驱逐命令后,应该会同政务局证明这个人是英国出生的,然后再撤销驱逐令。①

通信的结果就是立法会于1899年8月29日提出了驱逐条例修正议案,以确定总督会同政务局是否有权最后决定一个被驱逐的人的国籍。9月5日议案二读时,林文庆博士表示反对。但检察长告诉他该法令不是要取代法庭的犯罪审判,而是让政府可以清除不需要的人。这完全是行政事务,他还补充说,"所有对这个地方富有经验的人必须意识到这个立法会带来特殊的好处"。

9月12日,委员会中有人进一步反对该议案中的这些条款,这次是当地律师事务所的领导人白金夏(Burkinshaw)。他承认,他完全赞成政府在合适的范围内尽可能地将权力用到极致来控制殖民地上的混合人口。"面对这些最擅长搞阴谋和组织最邪恶机构的种族",他说,"政府手中毫无疑问必须握有特殊权力,再也没有必要把处理了的事情交到殖民地的法

① GD 190,17 May 1899. Reply:COD 208,15 July 1899.

庭上去了"。但是，他也认为总督的权力应该受到一些安全措施的限制。总督回答说，他承认从理论上讲，不能完全保护驱逐条例。"但是"，他说，"就算把理论放在一边，应采取的实际措施就是如何使得我们所在的殖民地上的居民获得最大的好处"。他认为这个责任不应该分给高等法庭一部分，又分给最高行政会议一部分，而是应该继续授权给主要负责殖民地安全的实体组织。

当殖民地秘书亚历山大·瑞天咸（Alexander Swettenham）谈到秘密会党的头领无节制地使用其权力来误导高等法庭的结果时，白金夏反驳说：

> 政府在过去的三四年中已经彻底地回到了从前的状态，因为从我们政务会议给予的一次又一次的保证来看，我们有理由相信秘密会党镇压条例已经起作用了，而且现在还在非常成功地起作用，危险会党已经成为过去。但我们肯定被完全误导了，因为殖民地秘书表示他们仍旧很猖狂。

实际上，记录表明控制是有效的。过去强大的三合会组织已经分解，他们对社区的威胁已经消除。尽管突然出现的小规模团伙在不停地骚扰，但是，政府通过对社团条例、驱逐条例以及另外一些附加权力的运用已经完全取得了控制权。政府很清楚，如果出现了任何漏洞，这些权力就会无效，秘密会党的威胁就会卷土重来。该法案于 10 月 26 日获得通过，是为1899 年第 17 号条例。总督最后的话语简直就是真理："我们负责这个烦人的任务"，他说，"是由于考虑到殖民地的特别背景，而且也因为殖民地的安全很大程度上依赖这些给予总督会同行政局的权力"①。

---

① SSPLC/1899/29 Aug. and 5，12 & 26 Sept.；GD 367，29 Sept. 1899，& COD 315，27 Oct. 1899.

马来诸邦，1875—1900

一 华人秘密会党

在英国的干预之下而平静下来的马来诸邦西海岸，华人人口进一步增加。在这些采矿业发达的土邦里，华人在数量上已经超过甚至远远超过了马来人。威廉姆·杰维斯（Jervois）爵士早在 1875 年就认定，这"迫使我们迟早要进行干预"①。毕麒麟在 1876 年 10 月的《法沙杂志》（*Fraser's Magazine*）上也表达了同样的观点：

> 我们不能对马来诸邦的和平将使华人人口大量流入这样的事实视而不见，因为需要我们的干预以维持这种和平。通过矿业或农业聚集资本的人绝大部分是在英国出生或有英国国籍者，而我们殖民地上所有的劳力几乎都与秘密会党有关，因此，各土邦的任何骚乱将影响我国人的贸易，而且威胁着这个殖民地的良好秩序与安宁。另外，我们有道义上的责任保护马来人不受华人打击，并保护华人不会在骚乱中互相残杀。

显然，驻扎制度的引入导致了这些土邦采用的英国行政制度不断增加。

---

① GD 335，2 Dec. 1875.

霹雳

在霹雳战争末期，要找一个合适的、富有经验的官员来担任英国驻扎官的职位都有困难。戴维森（Davidson，来自雪兰莪）和 W. E. 马克斯维尔（W. E. Maxwell）① 暂时补缺，直到 1877 年 4 月当局任命休劳（Hugh Low）才算解决问题。休·劳原来是个植物学家，在婆罗洲待了 30 年，而且在那里担任过不同的行政职务。他利用合理的政策及他对马来人的了解、坚强的性格、对细节的运用以及对人民幸福的奉献，开拓了一个和平繁荣的霹雳的基础条件，并把此模式推广到其他土邦。②

在霹雳战争之后，阿杜拉（Adullah）苏丹及其同党的废除减少了马来亚对英国影响扩张的敌意，但是，阿杜拉的继任约塞夫（Yusuf）不得民心。他首先于 1877 年被任命为穆达（Muda）的酋长，后来（自 1878 年 9 月 1 日开始）成为摄政王。为了扩大政府的执政基础，劳设立了一个邦议会，由穆答、三个马来首领、驻扎官、驻扎官助理（Speedy）③ 和两个华人即"甲必丹"阿贵和"甲必丹"阿炎组成。于是，拉律战争中华人对抗双方的领导者，即郑景贵（Chang Keng Kwee）和 陈亚炎（Ch'in Ah Yam）的地位被官方承认。

秘密会党和饷码

在整个马来土邦，英国驻扎官任命之后，秘密会党首领在饷码上的利益变得更加清楚。竞标饷码成功的人拥有供应某个地区的鸦片、烧酒或烟草的垄断权。在该地区反对走私就是此人而不是政府的头等大事，但如果他向政府控诉的话，政府也会进行调查。为了保护他的垄断权，秘密会党成员的身份是无价的。他们是地下社会的眼睛，能很快地掌握有关保护自己集团并获得奖赏的信息。他们组成了一支保护该地区饷码商利益的代表力量。没有这样一支力量的支持，饷码商可能会失败，因为他的对手会通

---

① 前首席法官 P. B. Maxwell 的儿子。

② Emily Sadka, ed., "Journal of Sir Hugh Low", *JMBRAS*, Nov. 1954, covers the period 19 Apr. –15 June 1877.

③ 斯比地（Speedy）于 1877 年末辞职。马克斯维尔、休·劳和杰维斯都批评他的能力，后由马克斯维尔继任。

过由他们自己的会党成员进行走私来破坏他的事业。

就在休·劳就任霹雳总督前两个月，吉辇和古楼（Kurau）地区以及拉律南部（非采矿区）的一系列饷码给了一个名叫胡为期（音 Oh Wee Kee）的福建人，他在槟榔屿暴动时坐槟榔屿义兴会的"第二把交椅"。这些饷码包括鸦片进口与烟土的制作和销售、烧酒与烟草的进口、典当行与赌场执照的发放，其他还包括木材、咸鱼等的销售税。这些饷码都归义兴会的一个人所有。这对槟榔屿的饷码商非常重要，因为那个时候，即 1877 年 1 月至 1879 年间，那里的饷码商也是义兴会的成员，因此向槟榔屿走私而破坏他们自己利益的可能性减小了。

除了承包出口岸的一系列新饷码，政府还在角头（Tanjong Piandang）这个小村庄里设了一个警察局以维持这个闹市区的秩序。角头是一个和胜会控制的潮州人村庄，他们很讨厌那个在他们中的饷码制度和警察局，他们只关心自己的利益。5 月，饷码商抱怨鸦片走私影响了他的税收，马克斯维尔在劳的陪同下对沿海村庄进行了视察，部分警察则在角头搜查走私鸦片。在该村的首领屋内发现了一些走私品，于是村民中发生了骚乱，他们用长矛、三叉戟和其他的武器进攻马克斯维尔一行，警察在向人群开枪后才得以脱身。有两人被打死，其他人被打伤。[1] 此事件后，劳命令解除古楼海岸沿线所有村庄的武装。[2]

劳的政策不但维持了拉律矿区的繁荣，而且发展了霹雳近打河谷的富矿区。马来人和华人很早就在这里采锡了，早在 1874 年就从拉律涌入了一批采矿劳力，除了因建议在拉律实施烟土饷码所引起的不满情绪外，成千上万的华人已经在拉律地区工作了 20 多年，而近打则刚刚开始。但是开发的困难在于把船从丘陵地带拖到海边，有一段很长的河流要经过，需要反复地向沿线的马来人首领付过路费，这是一个令人沮丧的问题。

给首领付报酬的收费站制度早已由中央财政定期付费制度所代替，1879 年，劳安排清除近打河流流域的障碍和堵塞工作，霹雳河可以行得更远了。此后又修建了连接矿区和通向码头的道路。1880 年末，政府选定了从霹雳河上溯 16 英里的安顺（Telok Anson）作为海上往来商船的住

---

① GD 174，26 May 1877.

② Sadka, p. 39 n. 36 & p. 60.

宿地。

为了吸引发展该地区的资金，劳提出要设立 1880 年 1 月至 1882 年 12 月的为期三年的饷码，他于 1879 年 11 月向国会宣读该建议时说：

> 我对设计这个自由措施非常着迷，因为我非常期望开发我们曾经忽视了的富含锡矿藏的地区，并带动其他地区进一步发展起来。迄今为止，霹雳河流一直被完全忽略，但是通过刺激槟榔屿的鸦片饷码商的发财欲望，我希望会有助于吸引劳力和资金，这在增加饷码商的鸦片收入的同时，也会增加政府从锡矿出口贸易中获得的收入。

劳所提到的槟榔屿饷码商，以邱天德为代表，他是建德社的强势人物，正如他自己所预料的那样，他逃过了 1867 年的死刑惩罚活了下来。他如今再次成为槟榔屿福建人的领导人物。最近，他的联合集团赶走了义兴会，而义兴会曾经在 1877 年至 1879 年间掌管着槟榔屿的鸦片饷码。

劳的意图就是联合该土邦所有饷码商成为一个内容广泛的单位，包括囊括鸦片、烟土、烧酒、赌博、典当、烟草和采矿等行业。他希望平均每月可得到 50000 元的收入，第一年，每月可得到 42000 元。邱天德恳求他不要实行这个计划，因为它牵涉的任何一个集团都要花很多的钱。然而，投标人还是被请来了。

该计划的一部分就是，饷码商除了可以向那些领了执照获准制作和售卖烟土的人出售鸦片丸外，自己也有权制作和销售烟土。劳认为，这样的制度不仅会比对球状鸦片简单的征税产生更高的税收，而且会通过提供更低廉却高质量的烟土使劳工受益。[①]

和 1874 年一样，拉律的锡矿主再次强烈反对现有制度的干预，要求自由制作和售卖烟土，如果需要更多的税收，他们愿意增加对鸦片丸的关税，只要不对烟土进行限制就行。

1879 年 10 月 3 日，劳和马克斯维尔抵达太平（Taiping）。当时，甲必丹阿贵和其他人都在场，广大劳工要求劳和马克斯维尔解释政府期望从这个新制度得到多少利益。但是，一个上午，1500 名劳工聚集并包围了

---

① 胡为期的饷码采用的是同一制度。（Sadka，p. 52 n. 82）

驻扎地的小山，要求撤回烟土饷码建议。劳要求会谈的努力没有实现。应招而来的印度警察①驱散了人群，但市内不久又发生吵闹，警察开了火，打死 28 人，打伤的人更多。②

在接下来的两天里，劳与包括两名甲必丹和邱天德在内的华人领袖一起开会，结果却清楚地说明没有什么能动摇这些人拒绝接受烟土饷码的决心。两个甲必丹都主张废除该提议，并建议把鸦片丸的关税增加到 5 元一枚。

引入综合饷码的计划破产了，劳自己打算向一些特别项目征收地方税。吉辇—古楼的饷码和拉律南部的饷码以前由胡为期（义兴会）控制，如今由"代表槟榔屿鸦片饷码商"的邱天德（建德社）承包，因为对霹雳河需要征收鸦片（5 元一个）和烟草（3 元一皮库尔）两个新税种。

在拉律矿区，进口鸦片丸直接征税的制度仍旧实行，但是郑景贵甲必丹早就有了其他项目——烧酒、烟草、赌博、典当饷码的执照并允许保留。霹雳河的赌博、典当和烧酒饷码没有人出价，以前在霹雳持有饷码的一名新加坡人（辜锡水，Koh Sew Swee）提醒劳，在峇当（Batang）的华人矿工是绝对不会同意引入这些饷码的。

于是，以邱天德和郑景贵为代表的建德社和海山会的联合金融集团在其后的三年时间里不仅在槟榔屿而且在霹雳的大部分地区都是最厉害的，这打乱了义兴辛迪加集团的阵脚。

霹雳南部地区在早期开发时不是没有会党引起的麻烦。在近打，义兴会和海山会是劳工的代表。1878 年，采矿公司因为集体打架闹事受到罚款的事例就有两起。同一年，和胜会再次在沿海地区展示了它的力量，因为他们谋杀了天定地区的首任执行官罗伊德（Lloyd）上尉，此人是在天定根据《邦咯条约》被转让给了英国后上任的。

罗伊德与他的妻子及三个孩子住在邦咯岛一幢平房里，尽管有一支 12 人的马来人警察在 20 英尺远的地方保护着，还有一个巡哨，一伙歹徒还是在 10 月 26 日早晨袭击了他们的住所。罗伊德被用一把斧头砍死，他

---

① 这些人都是斯比地印度兵，被编入 Lt Walker 的武装警察队伍中。

② Sir Frank Swettenham, *Malay Sketche.* Low's Reports and Diary encl. in GD Conf., 18 Oct. 1879, & GD 357.

的妻子和一个来访的朋友也被斧头砍伤，孩子们和女仆则逃到了丛林，武器和钱财被打劫，住所也被火烧毁。但是，由于村长的及时到来营救了两个女人。

看起来，这次行动是有组织有计划的，一艘快船从槟榔屿搭载歹徒，还有从邦咯对面的红土坎（Lumut）来的一艘帆船，嫌疑犯可能是和胜会成员，他在马来亚负责警卫，是一个活跃的会员，此人持有罗伊德的连发左轮手枪。红土坎的和胜会领导人是一个华人劳工承包商，他被捕了，尽管他拒绝承认和其他承包商有牵连，也没有与他们同谋。他们就是全部的华人劳工，大约有 1000 人，当合同突然停止时，他们在红土坎一个欧洲人开的糖业公司工作，仅有 200 人回到了槟榔屿，但仍然留在这里的承包人失去了钱财，因为要给付贷款给劳工。他们非常生气，要进行报复。

1879 年 2 月，一个自首承认参与谋杀的人被绞死在槟榔屿。但有谣言说他是和胜会交出的替罪羊，真正的罪犯隐藏起来了。劳在汇报他的调查的结果时说：

> 从吉辇到伯南（Bernam）河口的整个霹雳沿海都属于和胜会。他们认为自己完全是自力更生，因为没有得到过政府的帮助，因此，政府就没有权力向他们征税，或者给他们制定规则。1877 年，霹雳政府受到其中两个居民区的公然蔑视，虽然政府还是成功地维护了它的权威，但是，邦咯地区对应得收入征税的做法已经在拉律引起极大的不满，并产生了促使人犯罪的怨恨情绪。①

邦咯谋杀案突出地表明对从矿区营地开始的整个海岸沼泽地迅速增长的华人缺乏监督管理。这些劳工中的绝大多数都被雇来为槟榔屿劈柴火。拉律河南部地区的这些团伙的无法无天倾向如此严重，以至 1879 年 3 月的国家议会提出，从拉律河南岸到木歪（Bruas）河的所有华人必须登记并领取执照。在这个地区，"每个伐木工、锯工或渔民开的公司或设立的其他任何种类的组织"都要登记。每个单位和公司的首领负责提供公司

---

① 邦咯谋杀案的主要材料包括：GDs 301, 304 & 348 (27 Oct., 30 Oct., & 12 Dec., 1878); Reports by Low at SSPLC, 1878, app. 45, & 1879, app. 2。

完整的工作细节, 包括劳工的数量和姓名, 如有任何变化, 也须汇报。每个劳工每年要缴 1 块钱执照费, 但凡是其雇主不愿为其良好、和平行为担保的劳工领不到执照。被发现无执照的人就会被罚款 100 元, 或者监禁 6 个月。还有一个保障条款就是："任何华人不准居住在从陆路或水路不能轻易达到的地方——无论涨不涨潮。"

这些规定只有在 R. S. F. 沃克（R. S. F. Walker）中校领导下的武装警察具有高标准的效率时才能实施。他拜访过该地区的每个公司, 登记制度的执行没遇到什么麻烦。①

1880—1881 年, 登记制度扩大到霹雳, 每个超过 16 岁的男性华人都被要求每年登记一次, 费用 1 元。这项人头税收入全部用作华人医院基金（the Yeng Wah Hospital, 炎黄医院）——一家为华人劳工病患建立的医院。② 引入该登记制度的目的之一就是"方便逮捕从拉律逃到霹雳市区或反过来从霹雳市区逃到拉律的合同劳工"。很难相信在没有照片或指纹的情况下每个人的身份都能够确定, 不过, 可能警察在造访各公司时进行了登记, 当局的一些监视也可能阻止了暴力行动的出现。另一方面, 1882 年的太平和巴里文打（Parit Buntar）发生了与暴力密切相关的事件, 即反对人头税事件。1885 年底, 该项税收被取消（1884 年收入 48675 元）, 同时引进矿区华人劳工登记制度而且免税。该项税收的损失由鸦片丸额外增加的 1 元钱税弥补。③

西海岸其他土邦的早期英国驻扎官, 如劳, 非常渴望吸引外来资金开发矿藏。双溪乌戎 1882—1883 年的驻扎官保尔（Paul）曾惋惜这里没有足够的资金或企业来发展工业, 马六甲的华人也没有投机锡矿的兴趣。后来, 森美兰（Negri Sembilan）的驻扎官李斯特（Lister）将鸦片和其他饷码出租给新加坡和马六甲的投标人, 希望他们能投资矿业。1888 年, 此计划失败。在接着的两年里, 他悔恨地想, 把饷码交给那些对此地不感兴趣的外来者而不是当地的矿业开发者是影响极坏的。

1884 年, 雪兰莪的驻扎官罗杰（Roger）也有着同样的打算, 希望通

---

① State Council Mtg. , 1 Mar. 1879, & Report on Revenue and Expenditure, Perak, 1879.

② Diary, 29 Sept. 1879; mtgs 3 Nov. & 30 Dec. 1879.

③ Perak *AR*, 1884, 1885.

过将饷码承包给槟榔屿的商人而增加对矿业的投资开发，但他也没有成功。

在所有的案例中，当地秘密会党对投标饷码的入侵资金的态度起着重要的作用，这些垄断权的拥有者一成不变地（通常当地的矿业开发商）是当地秘密会党的领导人，而且依靠会党来保护自己的利益，除非外来者可以和这些人达成一致，否则他就会遭到这些会党的反对，这就意味着他们会暗地里通过走私手段来作对。在大多数土邦，鸦片饷码商能用的日子不多。1892 年，森美兰的鸦片饷码商破产了。此后，驻扎官决定政府直接征收鸦片丸税，而且成功了。雪兰莪驻扎官于 1894 年，霹雳的驻扎官于 1895 年先后仿照这一范例，尽管烧酒、赌博和典当饷码仍然存在。

马来诸邦的华民护卫司

劳非常清楚地意识到需要一个更好地与迅速增长的华人族群沟通的办法，于是他任命了一个名叫谢伍兹（Schutz）的上尉为"护卫司"。谢伍兹于 1884 年到任。我们不知道他是否有资格担任这个职位，但他富有激情地开始了他的工作，并于 1 月 20 日提议拉律的所有友善会党都应该在他的办公室登记，该提议被通过。

不久以后，霹雳和雪兰莪是否依然存在秘密会党的情况引起了争论。在毕麒麟第二次离职就医期间，鲍威尔代替他在新加坡的工作。鲍威尔1883 年的年度报告中提到，这些会党在依然马来诸邦存在。新加坡代理护卫司应该知道，他对马来诸邦事务发表意见对瑞天咸来说是太过分了。瑞天咸曾经是霹雳的驻扎官，并在劳离职时期代理其工作。他向谢伍兹提到了鲍威尔的报告，谢伍兹说：

> 秘密会党在土邦是不允许存在的，但很可能这里有大量的会员，他们都是在槟榔屿或其他地方起家的，也有可能这些会员在丛林举行过秘密会议，尽管没有任何人被警察发现过。至于我所能够确定的，就是这里从没有发生过直接受会党影响的严重骚乱或暴动。①

① Wynne, p. 409.

可以猜想，谢伍兹提到的仅仅是最近的事情，而瑞天咸却进一步评论说："显然，霹雳没有华人秘密会党，就我所知，这样的会党是禁止存在的。"他还说："雪兰莪也没有这样的会党，我认为吉隆坡的某些派别有自己的公司总部，那就相当于我们的招待所，他们通过修建庙宇，埋葬死人来帮助每一个人。"①

同样，雪兰莪的驻扎官罗杰更加直率地否认了在雪兰莪有这样的会党存在。于是，鲍威尔咨询新加坡高等法庭的翻译钟明水（Chong Bun Sui），钟是马六甲出生的客家华人后裔，受雇于霹雳、雪兰莪、双溪乌戎的政府部门，因此，根据鲍威尔的说法，他有"获得这个问题的知识的特殊机会"。如果，看来非常可能，这个翻译就是陪伴毕麒麟到双溪乌戎的那个马六甲的翻译官"明水"（Boon Swee）的话，他在1875年马六甲暴动时期就是福明会党的首领，他当然有"特殊的机会"来发现在这些土邦的会党组织的真相。

他肯定了鲍威尔的观点，还提供了详细信息，因此鲍威尔能够汇报说拉律和雪兰莪的首领都是槟榔屿、马六甲或新加坡的会党任命的。因为政府的禁令，这里没有设总堂，不过，会议还是开的。新来的劳工经常由其雇主付给入境费用，再记入其欠账记录。义兴会和海山会在这三个土邦都建立了组织。在拉律，义兴会的首领是甲必丹陈亚炎，海山会的首领是甲必丹郑景贵。在近打，义兴会首领占据甲板（Papan），海山会的首领占据务边（Gopeng）。在雪兰莪，也有义兴会和海山会首领，海山会的首领是叶亚石和叶亚来甲必丹，因此，当他们两个都坐到地方治安官位置上时，这里实际上就成了海山会的一个法庭。在间征（Kanching），义兴会绝大部分是由嘉应州（Ka Yin Chiu）的客家人组成，他们都是松柏馆的成员，是新加坡义兴会的客家人分部。间征的海山会的首领是叶亚来的族人。义兴会和海山会在森亩丹（Semuntan）都有，在双溪乌戎，这两个会党都已经成立多年了，会党首领的大名远扬。②

从这份报告的细节中可以清楚地看出，这两个会党没有严格地局限于各自的方言群。每个会党里都有广东人和客家人首领，可以肯定这两个会

---

① Wynne，p. 410.

② 完整的报告是由 Wynne 写的，参见 Wynne 的著作第411—412页。

党的成员是混合的，尽管广东人看起来在义兴会占据压倒性的地位，而客家人在海山会中也绝对位居主导。

雪兰莪警察局的首席长官（西尔斯，Syers）面对这份材料仍然坚持在他的辖区里没有证据证明有任何会党组织的存在。海山会的成员在困难时候就会向叶亚石求助是千真万确的，但是他们没有公司地址（公开的），而且西尔斯有理由相信，甲必丹不是会党成员，但理由没公开。他知道1884年有人企图在雪兰莪建立马六甲的福明会（明水早已经汇报给了鲍威尔），承认在警方知晓之前，已经有200名成员了。在这件事上，甲必丹很明显耍了高明的手段：他把所有能得到的关于这个可能的对手的信息都给了警方，让警方去镇压它。

毫无疑问，翻译官的报告是正确的，欧洲观察员看不见也不可能知道雪兰莪华人族群中三合会的黑手推动着的矛盾，他们甚至与土邦的行政管理都有紧密的联系。

在霹雳，谢伍兹上尉同样不愿意承认在这里有任何会党组织。他坦率地与甲必丹和报告上提到的其他领导人打交道，所有人都否认做过会党首领。陈亚炎承认曾经做过20多年的义兴会会员，但是该会党在霹雳不需要首领，因为在这里没有分会或者总堂。他经常告诉槟榔屿的会党说，在霹雳开设分会是非法的。郑景贵也讲了一个同样的故事，还补充说他在今年年初已经辞去了海山会的会员资格。谢伍兹说，"我知道这个情况"。

毕麒麟回来后也支持鲍威尔，尽管他没有参加有关这里是否有会党组织的争论，但相信会党在这里的影响力仍然存在，这些领导人不希望因为承认卷入会党而损害自己是可以理解的。

实际上，在接下来的三年里，谢伍兹能够做更深入的调查，并发现三合会的分支广泛存在。1887年的报告中，他提到了几起暴动，都是"秘密会党有害的影响引起的。他们通过完善的组织引起小纠纷，制造敌对会党成员之间的嫉妒，进而发展到严重破坏和平，并导致谋杀、纵火、毁坏有价财产，等等"。其中最严重的两次分别于4月发生在瓜拉江沙（Kuala Kangsar）的沙叻（Salak）和11月发生在近打地区的甲板。这两起都源于妓院争吵。沙叻的械斗在和胜会与义兴会之间展开。后来这两个会党的领导人都被驱逐，其他人被判监禁。这次事件暴露了几个月前刚选出的和胜会在槟榔屿的领导人，但他一直住在霹雳，他在那里招收新成员的热情激怒了义兴会的首领。

甲板的械斗发生在海山会和义兴会之间，[①] 双方以佩戴红白徽章作区别，义兴会成员在腰部扎上红绑带，海山会则在手腕和头上绑上白带子。大约有 500 名义兴会员一大早就从拿乞（Lahat）赶到，并立即进攻和抢劫了海山会的两个公司，将他们的六个成员打成重伤，其中一个后来死了。地方治安官一到，手中握有武器的暴徒就被当场鞭笞，首领则被逮捕。经过苏丹、驻扎官及近打首席长官的审判，有两人因杀人罪被判死刑，在太平执行处决；其他人受到 6 个月到 10 年不等的监禁处罚，还有 12 个人被藤条抽打。另有 12 个公司被罚款，金额从 36 元到 5000 元不等。驻扎官向地方治安官和警方表示了感谢，因为他们在该地区"和平被威胁到需要紧急报警的程度"时保存了大众的信心。

谢伍兹写道：

> 这些秘密会党把当地土邦，特别是霹雳，当作狩猎乐园，他们可以从这里获得很大一部分额外收入。这是如此地有诱惑力，纵使他们的会员在这里工作要冒很大的危险，依然有无数的人以及他们的同乡要加入到会党中来。这还不够，为了增加他们的人数，据我了解，他们近来放松了自己的一些规定，使得来自当地土邦的愿意加入会党的人不需要到槟榔屿举行入会仪式了。他们的流动机构或秘密先生有权在土邦建堂，让待入会者熟悉必要的符号并从他们那里拿到誓词。[②]

这与谢伍兹三年前向瑞天咸描绘的完全不同。他说，殖民地政府对他们的承认增加了土邦处理秘密会党的困难，并对霹雳政府没有采纳他的建议——每个持有"票证"的会党成员应该被视为犯法——表示遗憾。谢伍兹反对殖民地的承认制度，尽管这一制度的目的是更好地控制会党，事实上却使得会党和以前一样有权力，而且给予会党向会员征收费用的权力，让他们更加强大。

---

① 劳 1877 年的年度报告中说是"和胜"与义兴，而谢伍兹的报告与驻扎官 1888 年的报告一样，说是"海山"与义兴。

② GD 347，30 July 1888 Encl.（PRO）.

这一年，有三个人接受了苏丹和驻扎官的审判，他们都是义兴会的活跃分子，先被判死刑，但随后又改判为 24 年劳役。根据劳的年度报告，主要是因为近来都没执行死刑的，尽管这与霹雳法律相符合。同时发布的一份宣言告知公众，死刑惩罚在将来是要执行的。

这使得 1888 年 11 月 14 日的殖民地立法会议上提出了殖民地法律和霹雳法律不一致的问题，在霹雳法律里，死刑可以受到殖民地公开允许的事情的影响。结果霹雳的法律于 1889 年 8 月被修改，对组织华人秘密会党处以：（a）最高罚款可达 1000 元；（b）入狱最长可达 5 年；（c）鞭笞可达 30 次；（d）驱逐；（e）没收所有财产。加入会党的人会受到程度稍轻的同样处罚，禁止会党的旗帜、腰凭、票证或文献。①

1887 年，由于在通向近打河流门户的安顺任命了第二位官员勇（W. Young），霹雳护卫司署的职权得到了加强。这年 11 月突然爆发的骚乱引起了当局的警觉，第二年 9 月，在同一个地区——甲板送来了另一场骚动的报告。沃克少校，"霹雳新客"的司令官，在了解武装警察力量的情况下，通过参观矿区和视察暴徒们居住的公司而对他们的力量有所了解。在每一个地方，他都尽力去获取义兴会或海山会的劳工数目。他是如何精确计算的不得而知，但必定是通过有经验的翻译官来合理估计的。

值得注意的是，在他所视察的这八个地区里，其中的七个地区既有义兴会的支持者也有海山会的成员。他总共视察了 246 个公司，经常是在同一个地区既有义兴会的公司，也有海山会的公司。义兴会在五个地方占主导地位，其余的三个地方则海山会有绝对优势。有个地方仅有 6 个公司，222 名矿工都是海山会成员。沃克估计，整个地区共有 9447 名义兴会会员、5394 名海山会会员。

进一步控制矿工的措施就是谢伍兹所提出的一项制度。在此制度下，所有的劳工离开雇主时，必须获得去职证明，任何雇主都不可以雇用一个没有这个证明的劳工。这个试验的主要理由就是当其他地区有更好的前途时，契约劳工大量外流。这一计划于 1885 年引入，原本仅仅在矿工中使用，后来延伸到农业和机械业的合同劳工。负债移民的登记表和照片由护

①　CODs 42, 130, & 336 (9 Feb., 10 May, & 18 Oct. 1889); GDs 146, 261, & 433 (2 Apr., 5 June, & 5 Sept. 1889); Perak State Council Mins., 5 Aug. 1889 (Perak GG, 30 Aug. 1889).

卫司保管。1888 年底，威廉姆·考文（William Cowan）接替谢伍兹。他汇报说，这个制度在拉律运作得很令人满意，但是在近打不是很成功。驻扎官则不敢肯定其在拉律的成功。有人向门（Men）举报说，很多人非常灵巧地伪造必需的证明，他们用一块甜土豆模仿制成公司"印章"。这是这项登记和证明制度遇到的困难的一个典型例子。到 1891 年，即使承认该制度有用的话，作用也不大。

死刑被取消后，1889 年通过的法律的执行遇到了困难，1892 年又对该法律作了修改，这一年有 18 人受到指控，17 个被判有罪。1895 年，霹雳也采用了殖民地 1889 年通过的关于会党登记的法律。

19 世纪的最后几年里，霹雳的会党没有再制造引人注意的麻烦，尽管近打的护卫司助理在 1869 年时仍认为该地区 70% 的华人是秘密会党成员，主要是义兴会成员。由于持有证明的成员将被逮捕，他们变得更加狡猾，并将这样的证明隐藏起来。护卫司助理关于更密切控制会党的办法有：（a）香港已采用的沿线夜巡制度；（b）给坏人照相取证。他还建议保护官应该可以自由动用秘密服务基金来购买有价值信息。

1897 年，有人企图在端洛（Tronoh）建立海山会，但被发现；1899 年又有两次建立会党组织的尝试，一次是在近打，另一次是在拉律，但是他们的名字没有记录在案。

从 1885 年到 19 世纪末，雪兰莪出现了几起建立秘密会党的企图，一起发生在 1887 年。第二年 5 月 24 日的政务会议的命令正式禁止华人秘密会党，同时颁布了与后来霹雳一样的处罚条例。尽管这样，在同一年，从日里（Deli，在苏门答腊）和槟榔屿来的人还是企图在双文丹（Serendah）建立会党组织。他们都是海山会员，活动引起了混乱。他们罚款后被命令离开土邦。

警察局长再次对华人甲必丹的帮助表示感谢，驻扎官瑞天咸写道，这证明"这里没有危险会党组织。华人社区里最受人尊敬的、最明智的人对他们的同胞有着巨大的影响，他们可用来帮助政府，他们被当作法律和秩序的补充"。毫无疑问"有价值的影响力"可以被叶亚来和叶亚石用于其会党组织。

驻扎官（W. E. 马克斯维尔）在 1891 年写道：

土邦之外的会党一次又一次地努力，想在雪兰莪的矿工中扩张自己的影响……部分华人领袖明显地憎恶在土邦建立秘密会党，他们在 1891 年向警方透露消息，使得义兴会的一个首领被捕，其随身携带的账簿和文件清楚地表明了他的职业。

后来他又说，"在所有人口当中，某一族群（如客家）占优势，有利于保持矿区的秩序"①。可能他真正要表达的意思是某个秘密会党，如海山会占压倒性优势。

1892 年，义兴会在双文丹和新街场（Sungei Besi）建立分部，魁首被捕并受审。有谣言说他们还在万挠（Rawang）的雪邦（Sepang）开设了分部，但是没有证据。第二年，在一个会说汉语的官员 H. G. 里奇斯（H. G. Ridges）的领导下成立了一个华人秘书处。里奇斯 1890 年时虽然被任命为华人秘书，但一直组织矿产部。当局草拟了控制华人秘密会党的规则，关于会党登记和禁止的立法于 1894 年被通过。②

随着霹雳、雪兰莪、森美兰和彭亨等四个州于 1896 年的联合，海峡殖民地的一位文职官员被任命为马来联邦的华人参事局秘书，总部设在吉隆坡。他就是 G. T. 赫尔（G. T. Hare），最后，他的声名仅次于毕麒麟。1898 年，他令人惊讶地报告说，雪兰莪没有秘密会党的权力或影响，仅有一小部分住在这个州的华人是其他的会党的成员。这一陈述如此地不同于任何地方或任何时候发现的（包括雪兰莪）华人矿业集团的已知历史，以致很难接受这是一个正确的结论。正如谢伍兹在霹雳发现的那样，甚至对于护卫司署的官员来说，都需要花时间才能识别表面上良好的组织的真面目和三合会组织的秘密网络。

1899 年是值得关注的一年，因为这一年通过了三部法律：《华人参事秘书实施条例》（Ⅷ——根据该条例，秘书有权裁决华人之间的纠纷）、《实施驱逐条例》（XⅢ）和《社团法规》（XXIX）。最后这个法规沿袭了殖民地的《社团条例》。

从 1884 年起，我们很难从森美兰的报告中了解会党组织的情况。禁

---

① Sel. *AR*, 1891.

② Reg. X of 1894 (26 Sept.); in force fr. 1 Jan. 1895.

止秘密会党的条例于 1889 年通过，以秘密会党确实存在的殖民地的模式为准，这个模式可能起源于地方官员耶里布（Jelebu）的报告。1892 年，当局任命了一个本地甲必丹，失败了，因为被任命的那个地区最老、最得民心的华人总是遇到财政困难，而且处于某个秘密会党的强大影响之下，"该会党利用他扩张自己的权力"。在处理华人犯罪问题上也遇到了困难，因为华人说不敢透露信息。1896 年，驻扎官（E. W. Birch，比奇，代理）因该州府没有能说汉语的官员而烦恼，他还注意到华人人口在增长，有 3000 名矿工在武来岸（Broga）。有人报告说秘密会党犯下了杀人案，受害人看起来是警方的线人，他被塞住嘴巴暴打后活埋，尸体被移动过三次，在第一次掩埋的地方埋进了一条狗，以欺骗警方。

在槟榔屿，1890 年 1 月的州立法会议通过了与在雪兰莪已生效的声明相同的声明，禁止组织华人秘密会党。不久，有三人因为违反该声明而在关丹（Kuantan）被起诉。在彭亨西部文冬（Bentong）的华人人口直到 1897 年才开始发展起来，那时土地都根据特定条款给了"陆佑（Lok Yew）①，他是附近的雪兰莪州的一个主要华人资本家"。众所周知，他在 1884 年是拉律义兴会的一个领导人，假设他在文冬的雇员也是该会党会员是合情合理的。到 1898 年 4 月，那里已有 700 名会员。1899 年，通过了《驱逐条例》（XI），还任命了一个能说汉语的官员巴尼思（W. D. Barnes）。

很清楚，社团条例在殖民地生效以前，这四个马来土邦已经采取了禁止华人秘密会党的立法行动，但 1889 年该条例在殖民地变成法律之后，四个土邦就一个接一个地采用了同样的立法。

在这些州引入禁令与在殖民地上的影响差不多。现存被承认的秘密会党，比如义兴会和海山会（在霹雳是和胜会），非常遵纪守法，以致没有保留对外的组织联络处，但他们的会员和影响都还存在，尽管为了让当局注意其存在而夸大它是不明智的。可以肯定，禁令确实有助于抑制敌对会党之间的危害性暴动，因为任何会党傲慢地展示其权力或公开地压制别人都可能会带来官方的惩罚。没有引导华人废除他们文化遗产中的这个根深

---

① 陆佑（陆如佑）是太平 Kamunting（新港门）粤东古庙 1882 年总理，陈亚炎（陈圣炎）是值理；一直以来陆佑都被视为义兴头目。——译者

蒂固的现象应该说对华人来说是有好处的，这些好处就来自政府手中握有部分控制的权力。

二　马来人秘密会党

霹雳的马来人组织——旗会的证据第一次出现是在劳主政之初。1879年10月20日的州立法会议上，驻扎官让摄政王注意到了吉辇和古楼主管（Dension，登逊）的报告。该报告表明这些会党是该地区和平的威胁。自其源头来说，旗会主要由南印度人组成，后来有爪夷卜根人加入，[①] 而真正的马来人倾向于避开他们。毫无疑问，霹雳最早的旗会来自与槟榔屿紧密联系的海岸地区，但没有具体日期。尽管维尼认为他们在拉律混乱期间就已存在，却没有足够的证据。当局自从确定旗会存在于槟榔屿之后，就几乎肯定了在霹雳也有同样的会党。而且，为了搞清楚比奇被杀案而调查的大量马来证人的详细证言记录中，尽管有人揭露其他的合作组织，但没有提到他们的存在。所有集团或个人私下里给出的这些证据中的多数仅仅是想陷害对手，因此，如果旗会真的存在过，那么他们不可能不被提到。

当驻扎官于1879年10月处理该问题时，主管表示，根据国家法律，这些会党是非法的，法律对会党成员的惩罚就是驱逐。这毫无疑问是指霹雳的宗教法，它禁止异教。再次提到这个会党是在1880年2月20日的州立法会议上，当时驻扎官在会议桌上放了红旗会的一本票簿，这是在靠近古楼的地方搜来的，有人报告说，"那里在没有村长参加的情况下开了山堂"。这些记录表明登逊经常抱怨这些会党制造麻烦，政务会曾多次宣布他们为非法。不知道这一记录是否提到总督1879年的意见，或关于该意见的已经无迹可寻的决定。

下霹雳海岸远处就是邦咯群岛，它成了殖民地的一部分，于是也接受了1882年2月修正的《危险社团条例》，因此，红、白会党仅凭名字就被特别禁止。1882年5月，槟榔屿的警察总监R. W. 马克斯维尔召集这两个会党的首领开会，要求他们解散，并交出名册，他们在6月份完成

---

① 参见本书第105页。

任务。①

1882 年 8 月，邦咯与槟榔屿的会党之间的联络点在下霹雳被发现，当时有三名首领被捕，其中两个是白旗会的，一个是红旗会的。9 月，他们在霹雳受审，被判严酷监禁。审判纪录中写道："这些会党在殖民地有总堂，但是最近在下霹雳有分会。"白旗会的首要领导人是朱沙里布（Che Sarib），他是峇眼那哥大奥马（Bagan Nakhoda Omar）村的领导人。他说，他儿子大约四年前在一件伤害案中作证，被告是作为白旗会会员的另一个马来人。因此，当这个儿子第二次拜访邦咯时被当地的义兴会员痛打一顿。为了保证自己的安全，这个年轻人在槟榔屿加入了白旗会，该会还让他劝其父也加入，并许以官衔。儿子是被义兴会会成员痛打的，不是白旗会党所为，加上他那时还不得不赶到槟榔屿去参加入会仪式，可以下结论，这个时候（1878 年），在他的地盘上可能还没有白旗会的分支组织。

对他房屋的搜查没有发现名册，但该村几个投诚的人说，他们的会员证都是从他那里来的。这里还有插着白旗的四间房屋。两封未注明日期的信件，其中一封的内容是邦咯白旗的大哥（Twah Kohs, Elder Brothers）指示他和其他两人"对冒犯他们集会者进行鞭笞、罚款或者侮辱"②。这些信件无法断定是在 1882 年 5 月到 6 月之间邦咯会党解散之前还是之后写的。这些会党后来几年在整个霹雳地区的发展证明当局对他们的管理很是尴尬，不仅是因为他们所犯的罪，更是因为他们对马来警察及下属的收买。

这个时候没有发现这些会党在其他邦存在的记录，而且，实际上直到 1901—1902 年才再次提到他们在霹雳地区的存在。那时，在霹雳下游，即安顺发现了一个白旗会组织。据说它有很多会员，因为强制入会，所以也是很危险的。在吉辇发现了一个同样的会党组织，也叫白旗，据说会员也不少，并同样威胁非会员。于是当局在所有地区展开调查，结果发现马

---

① IOP to Lt. Gov. , Pg, 11 Sept. 1882 (quoted by Wynne, pp. 346 – 347).

② Journal of Mr. J. B. M. Leech, Magistrate and Collector, Sabak Bernam, Aug. 1882（维尼书中第 346 页引用）。维尼书中用的是"Terah Kolis"而不是"Twah Kohs"，但这显然不是误抄造成的。Jema'ah 是宗教武装。

来警察力量都受到了干扰。在下霹雳，4 名会员被逮捕，但英国驻扎官决定反对驱逐他们，因为证据不合理。在吉辇的马来人当中，有 6 个人被驱逐，根据他们的出生地，有的被驱逐到槟榔屿，有的被驱逐到吉打（Kedah），4 个逃跑者被通缉。

调查结果再次表明这些会党与槟榔屿有关，那里的红白旗会仍旧存在，前者以亚真（Acheen）街，后者以日落洞为根据地。不幸的是，没有足够的信息来证明他们举行入会仪式，也没有重要华人的指示。结果，苏丹在 1903 年 3 月 24 日发表宣言，警告会党是受到严格禁止的，会党会员将被驱逐、监禁和罚款。宣言还说，这个禁令在以前的马来人统治下是有效的，在今天的统治者这里，仍将严格执行。

直到 12 年后，即 1915 年 9 月，①警方才出来一份报告，说在实兆远（Sitiawan）有一个三合会党，其成员既有华人又有马来人，当地都称为"红旗会"。护卫司署的调查则显示，实际上这里有一个海南人担任首领的三合会，那一年的最后一天，有 100 人参加了入会仪式。显然，这又是马来人被允许加入华人会党的另一个例证。这种模式在整个霹雳河向北延伸的村庄中都存在，那些村庄住的几乎都是马来人。1917 年，有人到这里进行了调查。

那年的 1 月，霹雳的英国驻扎官（马克斯维尔）写了一份备忘录，说他从权威马来人那里了解到，这里有大量的旗会活动，与 1902 年一样，总部仍在槟榔屿。华民护卫司切普曼（W. T. Chapman）的调查表明，华人对这里的会党有着非常大的影响。1915 年初，掌管霹雳河的助理地方官（杰维斯）提交了一份报告，其中列出了他在此期间搜集到的会党信息。

从中我们可以看出，他掌握了大约 4 个马来会党的信息，尽管这些会党占据的地盘基本相同，即从南部的地卡岛村（Kampongs Pulau Tiga）到北部的拉央拉央村（Kampongs，Layang-Layang），但性质截然不同。其中仅有一个会党被特别提到有华人会员，他们住在端洛和安顺，有 300 多人。可以假定，这个被特别提到的会党是华人会党的分支，从马来人所使用的秘密符号这一微小信息看来，他们可能是以三合会为基础的。这个马

———
① 本章提到的报告及法庭案件的详细内容见 Wynne 著作第 23—25 章。

来人会党在南部地区，即兰伯（Lambor）和地卡岛一带很活跃。它的入会费是 5 元，月捐 50 分。

据说拉央拉央的另一个会党也与安顺有关系，尽管没有提到华人，但看起来这也是一个以安顺地区的华人秘密会党为基础的马来人会党。它的入会费是 2.5 元，每月缴纳 25 分。这个集团与一个缴 5 元会费并每月有一定月捐的、他们之中最大的会党是对头。后者的成员是纯粹的马来人，与华人没有任何联系，他们有好几百人。入会仪式上要用到一把手柄上刻有新月和太阳的大刀，入会者站在那里发誓时头上顶着《古兰经》，然后就是喝誓水。这样的秘密仪式看起来不是缘于三合会。一个股东同时包括了会党和非会党成员的橡胶实业公司的成立掩盖了会党的面目。该会党的意图就是在会员需要时给他们以法律帮助，并为他们解决法庭外的案件。这可以看成马来人对华人会党入侵其社区的反应。

据说在波打（Bota）还有另外一个纯马来人会党，但没有详细资料。助理地方官在报告这些会党时说，这些会党除了协助罪犯之外没有证据证明他们还煽动犯罪，但一个会党为了自我保护而派生出另一会党却是事实。他承认，马来警方在提供信息和调查可疑背景给予的帮助少得可以忽略不计，这使人联想到会党的影响力是如此强大，以至警方都不愿意去干预，因为报告多处说到许多的会党领导人都是出自良好家庭，他们在马来警方中很有影响。

有人提到这些都是旗会以及与槟榔屿有联系的会党，杰维斯未能找到他们与早期霹雳的红白旗会关系的蛛丝马迹。与红白旗会不一样，他所称呼的这些"霹雳河会党"大概是"纯粹的当地马来人"。仅有一次偶然机会，他听说槟榔屿的马来人与这些会党混在一起。他们互利互惠，规定在生病、婚嫁时互相拜访。因为拉律战争的结果还存在疑问，人们认为通过这种方式签订条约预防突发事件是明智的，杰维斯对此印象深刻。

这一联想非常合理，因为如果存在摆脱英国控制的可能性，马来人就要向这些会党寻求帮助，以反对华人和其他马来人。然而，虽然杰维斯能够从密告者那里，偶尔也从村长那里获得了一定的信息，特别是会员名册，但因为当地的秘密和恐怖气氛，他不能挖掘出会党的根源，直到获得确切消息，他们一直没有采取任何镇压行动。

此后直到 1920 年才再次听说其他马来人秘密会党的消息。当时，他们接到情报说红白会在木歪存在，各会都有一个马来人首领，但显然这次又是马来人会员组成了中国的三合会，据说是大伯公会（红旗）和义兴会（Yi Hing）（白旗）。每个会党都有当地的华人首领，来自槟榔屿的华人特使经常去拜访他们，被承认的马来人可以参加入会仪式。从仅有的一点资料来看，仪式是三合会类型的。红旗会的一名成员提到要在神坛（大哥）面前宰一只家禽，然后兄弟盟誓，再吃掉那只家禽。还有一个过去是护卫司线人的马来人亲历过白旗会的仪式：刺破左手的中指，在遥望天空时，首领重复誓言。在这两个例子中，誓词都是用华人首领自己的语言读的，马来人不明白。他们被告知，背叛的惩罚就是死亡。

警方突袭了1921年6月举行的一场入会仪式，12个华人和11个马来人被捕。警方的记录和法庭的案件审理记录都没有提到红白旗会，但从法庭的展览中可清楚地看出，这个仪式是三合会的。实际上很明显，各个不同会党的会员入会仪式都打三合会"旗号"。出席人名单每个名字后出现的"开山数据"表明了这一点，这表明该人被获准加入兄弟会的三个分会。14个初入会的人中有10人的名字之后有第三堂的数字4—9，因此，可以假设，海山会，或其分离组织，在该地区比其他会党拥有更多的成员。

一份用三合会暗语书写的文件表明了有多少新老会员参加入会仪式。形式如下：

> 肉（Flesh），1 两（Tahil），4 尺（Chis）
> 骨头（Bones），6 两（Tahils），9 尺（Chis）
> 总计（Total），8 两（Tahils），3 尺（Chis）①

---

① Tahil 和 Chi 均为重量单位。（Tahil 相当于 1/16 卡迪，也就是中国的 1 两，等于 $1\frac{1}{3}$ 盎司，大约是 37.799364 克。陈国栋先生在《东亚海域一千年》的自序中说："在《诸蕃志》《岛夷志略》《星槎胜览》《瀛涯胜览》等十五世纪以前的中国文献中，提到东南亚地区的公用度量衡，通常会提到'婆兰'或'播荷'（Bahar），那是印度的量词（unit）。可是十六世纪以后的中国文献或欧洲文献，却经常提到 pikul（picul）、kati（catty）、tahil（tael），拼写略有出入，其实其内容就相当于中国度量衡当中的'担'、'斤'、'两'。"参见陈国栋《东亚海域一千年》，台北远流出版公司 2005 年版，序言：自序。——译者）

对此的解释是：新成员 14 人；老成员 69 人；总数为 83 人。大约在这个时代，在霹雳发现了同样形式的文件。

法庭审判的结果是两名华人被判监禁，后又被驱逐，其他的 15 名华人和马来人被勒令具结保证守法。入会仪式举行后五天，有人找到了向警方报告入会仪式举行的时间和地点的华人的尸体，他的头盖骨被打开，喉咙被划破，刀子还留在伤口上。很可能他是在仪式举行的那个晚上被谋杀的。木歪会党的主要领导人被捕，他是被勒令具结的人之一。那一年稍晚些时候，上霹雳的玲珑（Lenggong）的报告提到了他，上霹雳的会党通过从木歪霹雳河东部的布兰耶（Blanja）来的村长与木歪的秘密会党联络。华人首领一直忙于在玲珑地区招兵买马，1921 年 9 月截获的信件中说，该会党的"主管"是住在槟榔屿的一名华人。

在包含了拉央拉央（霹雳河）村长组织的马来人会党和北吉辇地区马来人与马辰人（Banjarese）组成的三合会——其首领也住在槟榔屿——的信息中发现了马来人这个时候（1921 年）的兴趣所在，三合会中有许多吉打的马来人，包括吉打的警察都有。会党的领导人中有三个是马来人、两个马辰人，还有一名华人。

霹雳的华民护卫司（A. M. Goodman，高德曼）在 1922 年试图估计霹雳河地区马来人会党的活动范围。他在 7 月 3 日的报告中说，因为 1921 年木歪会党的暴露，会员们烧掉了账簿、收据、会员证，但从那时起，会党又重组了。为了互相保护，他们的成员是混合型的，既有马来人也有华人。他特别提到了"红旗会"和"白旗会"，并把它们的分布详列如下：

白旗会：沿河流从巴力（Parit）到峇甘（Telok Bakong）（也就是到安顺的一半路程）；接着红白旗会的混居的地方；红旗会党：从巴力到新邦安拨（Simpang Ampat）①。他补充说，特别是这些地区的那些小户农民必须得属于会党，他要是不捐款给会党，一个外来人实际上不可能在沿河的村庄住下来。

在马来亚人中，大家都假装为慈善事业捐款，实际上村长和村长助理都是会党中人。报告包括一份巴力（Parit）地区的会党首领名单，他们

---

① Simpang Ampat 在新马不同地区有不同的中文名。在吉打被称为十字港或四七港；在威省和马六甲被称为新邦安拨；在霹雳被称为新邦暗拨；在玻璃市被称为十字港或四叉港。——译者

都属于白旗会，也被称作三点会。除巴力的两名华人首领和8个马来人村庄外，还举出了南部更远的兰伯（Lambor）的一个马来人首领。这些首领中有三人是村长助理、一名甘榜头（Ketua Kampong，意思是小村庄的头头）、一名马来学校的教师。在江沙往东的波打卡南（Bota Kanan）地区也有会党存在，据说堂口就设在这一带。

遗憾的是只有三点会这么一个名称，似乎哪个华人秘密会党都可以套得上，也许是广东义兴的后裔，但也有证据证明在巴力东北边一点的怡保有海山会存在。还有件令人遗憾的事，就是没有近海岸地区的红旗会的资料，尽管完全可以合理推断出这个地区有福建人的大伯公会和由福建人及潮州人组成的和胜会，而这两大会党都向控制此地的马来人开放。

1923年3月，在霹雳河口的峇眼拿督（Bagan Datoh）的一名马来人家里发现了一本非同寻常的文献，据说是由一个叫广龙兴（Kwong Lung Hing）的会党用中文写给峇眼拿督地区的马来人会员看的注意事项，授权上面注明的那些马来人按照三十六誓的要求管理会党事务，指示会员无论大小事务都要听从决议中提到的三个人的命令。从文献使用的术语可以看出，这是一个三合会，他们的标牌上写有汉字和阿拉伯字。护卫司报告说，这是近年来发现的唯一的由马来人持有的三合会文献。其重要性不在于它是三合会文献，更在于它是槟榔屿的华人秘密会党在任命霹雳的马来人作为他们在这个地区的代理人时向霹雳的马来人授权的形式，它表示会党之间为了共同利益的扩张有更高形式的联合。

马来人参加华人秘密会党的迹象显示在1925年犯罪侦察科所做的调查之中。据说这个地区最重要的会党包括了华人和马来人，堂口设在峇眼拿督南边的峇眼巴西（Bagan Pasir）。这个地区有两个马来人首领和一个华人首领，在槟榔屿还有一个华人首领。入会费提高到30元，以保证会员对于入会的严肃性，许多遵规守矩的马来人都是他们的会员。12月举行了一次入会仪式，一个马来人将这次入会仪式的情况的材料交给了警方，因为仪式就在他家旁边举行，他对此很有兴趣，就躲在旁边看了个究竟。

仪式在一块隐秘的空地上举行，地上摆着几盏灯，从午夜一直亮到凌晨4：30。神坛上点着红蜡烛，准备入会的人双手合十站在神坛前。宰了一只公鸡，鸡血用杯子装起来。就在这个时候，杀鸡的那个人（一名马来人）说："谁要泄露秘密或背叛兄弟，下场就跟这只公鸡一样。"入会的人轮流在神坛前经过，有人拿针在他们的手指上轻轻扎了一下，再用劲挤出一滴血到杯子里，然后端起杯子砸在地上的一块木板上。随着杯子的破碎声说："我们是同父同母的兄弟，谁要欺骗或背叛，就像这个杯子一样不得好死。"然后，入会的人都走上前去说："我真诚地发誓！"每个人都用手指去沾点血放在嘴里。

没有材料说在这上百人中有没有华人，只是提到了"一大群马来人"。这似乎是由马来人举行的一场华人会党的入会仪式。第二年6月，有4个参加了入会仪式的马来人因为蓄谋抢劫被捕。警方的调查及对与抢劫案有关的人的逮捕使这一时期的会党活动有所减弱。

也是在1925年出现了遥远的东边的打巴地区（Tapah）的马来人会党。据说没有华人参加，该会在槟榔屿有一名马来人首领。霹雳会党与槟榔屿的这种关系当时没能弄明白原因，后来有人发现槟榔屿一个名叫杜拉玛阿麦足球俱乐部（Dural Ma'amur Football Club）的马来人俱乐部一直在霹雳的马来人中招募会员。此俱乐部成立于1920年，继承了三合会的会型会党——白旗会的传统，但直到1925—1926年才引起注意。

就在这个时候，槟榔屿的一些会员突然脱离原来的会党，组织了日落洞足球俱乐部，于是杜拉玛阿麦足球俱乐部重组，采用有吸引力的福利计划及俱乐部徽章制，在吉打、玻璃市、霹雳和雪兰莪极力劝说人们加入该会，一些警察也被他们拉进该俱乐部之中。俱乐部在槟榔屿的负责人是查宾艾德里斯（Chah bin Idris），别名穆罕默德艾萨（Mohammed Isa），他是一家服装店老板，早在1905年就有过犯罪记录，并曾于1917年在拉央拉央有过操办入会仪式的不良记录。1927年杜拉玛阿麦足球俱乐部共招收会员1300人，当年的收入在7000—8000元左右。但是，就在这一年的12月，该俱乐部的人在与日落洞俱乐部的人因在同一村庄招募会员而发生争吵，引起了警方对其秘密会党性质的关注。警方的干涉阻止了两家俱乐部之间发生大规模的冲突。1928年3月，杜拉玛阿麦足球俱乐部被政府勒令解散，而日落洞俱乐部到1935年才被公告停止活动。①

---

① Dural Ma'amur Football Club （GN 569, 31 July 1928）; Jelutong Club （GN 2461, 20 Sept. 1935）.

　　槟榔屿足球俱乐部的招募活动给霹雳河沿岸的马来人会党注入了新鲜血液。从 1925 年开始，霹雳侦察小组（Detective Branch in Perak）的组长莫里稀（Morrish）就忙于搜集这些会党的信息，尽量消除会党分支机构的影响。从 1927 年起，这些调查工作受到了继任瓜拉江沙警察局官员的热心细致的胡塞（Hussey）、杜西耶（Duthie）、达里（Dalley）、肯（Kemp）的帮助。但这拖延了工作，每个官员轮流应付那些受秘密群体中的村长的阴谋、警察局的小官僚及有钱的马来人支使的以不合作面目出现的群众，他们害怕掌握权力的人的报复。

　　显然，有一个庞大的兄弟会组织从北部的玲珑延伸到河流入海口，其在沿途的每个村庄都有分会，主要头目拉地夫（Latif）住在安顺，沿河流活动，是各村庄分会之间的联系纽带。他同时也是与槟榔屿联系的纽带，槟榔屿的首领是塞德奥维（Syed Alwi），他是老白旗会留下来的首领。有证据表明，在同意加入马来教派（Ugama Malayu）时举行马来仪式（马来哇扬，Wayang Melayu）。[1] 这里的教派不同于"中国教派"。马来人的仪式主要是《古兰经》的翻版：一杯牛奶加一把刀，《古兰经》放在准备入会者的头上，刀是用来搅拌牛奶的。据记载，抄写好的《古兰经》的诗篇（古兰经的精神）摆好位置，用刀把纸戳开。[2] 新成员发誓说，他永远不会背叛任何会员，或者泄漏会党的任何秘密。之后他与主持入会仪式的首领一样喝点牛奶，然后，向他展示许多秘密的会党符号。不同的消息来源都说入会费是 21 元，月捐 50 分。

　　这清楚地表明这个马来人兄弟会不仅与槟榔屿的马来人秘密会党有关，而且与总部也在槟榔屿的霹雳的华人兄弟会有关。霹雳河沿岸的绝大多数马来地主都雇用打手保护其少量的财产，这些打手是义兴会松柏馆分会会员，在木歪地区有很大的势力。从木歪向东有道路通往近打河谷西边的矿区村落，这些村落是义兴会和海山会的传统居住地，其成员主要是广东人、江西人和客家人。华人会党与马来人兄弟会联系的确凿证据没有找到，但似乎这个有联系的会党就是义兴会（广东话拼作"Yi Hing"）。无

----

① Ugama 的意思是宗教、教派。
② Wynne，p. 537. 像这样列出《可兰经》中的诗句：36:1 – 38，50 – 59，&79 – 83；18:19。

论怎么样，马来人会员被华人会党接受并缴纳额外的费用后，就可以参加华人入会仪式，包括砍鸡头、喝血酒，然后就是华人会党的一员了。

这就是 1925 年年底以前的情况，尽管可能这幅场景被过于简单化，且在河流的上游也有敌对会党组织。但是这个时候，也可能更早的时候，在瓜拉江沙地区的马来人会党首领，哈欣阿都拉（Hashim bin Abdullah）与一个名叫梅格（Megat Ibriahim）的人之间发生过一次争吵。双方都是富裕的地主，争吵的原因是梅格与哈欣的拥有大量财产的后母结婚了。婚后不久，梅格便想方设法占有了妻子的财产，使哈欣受到重创。争斗的结果就是梅格与一帮支持者建立了自己的会党（十二兄弟）。他们劝说霹雳和槟榔屿的联系人拉地夫陪同他们前往槟榔屿，并在那里举行了入会仪式。毫无疑问，这表明他们被正式承认，受到了槟榔屿的华人母会党总部的支持，这对于任何意图找麻烦的人都是一个警告。

这次支持梅格的会党还是不太清楚，但是因为梅格由拉地夫陪同，而且拉地夫告诉槟榔屿方面，从那时起，这个地区就不是一个而是两个会党了，因此可以推定，华人会党就是那个与哈欣的会党早有联系的组织。但是，哈欣拒绝承认槟榔屿入会仪式，并对安排华人入会官主持梅格的入会仪式很是生气。从这时起，这两个集团之间就有冲突。1927 年 2 月还有人企图枪杀梅格，一般人都相信这是哈欣与其支持者策划的，但是警方的调查没有找到任何能在法庭上说服人的证据。

新（通常称新派）老（通常称老派）会党之间的纷争继续存在，他们对这个地区马来人的影响已是无人能及。1928 年 3 月，苏丹收到了一封匿名信，是关于老会党的活动的，还给出了 16 个成员的名字，但是地方官员在汇报其调查时断言：不能提供任何有关于该会党的信息。"村长含糊地说，这里有一个会党组织，但是没有公开活动……我的印象是这里有的都是互惠互利的会党。"

与此同时，警方的调查仍在继续。1929 年 6 月，胡塞（Hussey）提交了一份报告，其中列出了 14 个村庄的老会党首领，范围是从会党活跃的南部的万浓（Manong）到北部的玲珑，向西延伸到武吉干当（Bukit Gantang），另外还包括在瓜拉江沙地区的首领。他们中有地主、有钱人、村长助理和卡车司机。根据报告的内容，入会仪式上准备入会的人割破手指，挤出血来，在《古兰经》面前发誓效忠。这似乎是华人会党和马来人会党仪式的融合，尽管有可能这两种仪式都要举行。会员就称"兄弟"。这个时候没有提到他们与华人会党的联系，尽管后来有证据表明他们确实有联系。

1930 年 3 月，警方从一个因未缴费而被痛打的人身上得到信息，哈欣和另外两人被捕，其中一个仅仅因为攻击他人被定罪。1931 年 1 月到 4 月，华人团伙在瓜拉江沙地区干了几起抢劫案，每个案件的受害人都是马来人。据此可以相信，这些强盗与马来人会党的会员有联系，这些会员向强盗告密，透露业主的财产和活动情况。经常有人请愿反对哈欣，他持有武器——他持有这些武器可能是有执照的，但把武器借给华人匪帮。1931 年 9 月，甘榜齐（Kanpong Cheh）也有了会党的影响，那里的一个人因为与他人的妻子有染而被杀。但与此相联系的是，受害者是新派会党的一名成员，而谋杀他的是老派会党的会员。另外，该村庄的首领是老派会党在当地首领，他们组织了保护被告的证据搜集，积极贿赂出庭的证人。这是三年来该村的第三起谋杀案，警方对每一事件的调查都因会党首领或村民不愿给予帮助而受到阻拦。

警方因坚持调查会党活动，于 9 月份受到嘉奖，当达里（Dalley）搜查瓜拉江沙的一个马来人房屋时，发现了一份可追溯到 1926 年 1 月的新帮派会员登记的名册。它表明，在瓜拉江沙地区共有 224 名参加者，而这个地方，该会党明显是被限制的。登记名册中有对非马来人成员的规定，但是没有华人名字出现在登记册上，这可能是所有华人都是受到有关华人会党欢迎的。但其中有一个印度人的名字：出纳是一个切地亚人（Chettiar），两个委员会成员是在地方拥有橡胶园的新客。这次发现的直接后果就是，119 名可以找到行踪的人被华民护卫司召集起来进行登记，他自己任登记官。所有的人都否认他们是会党会员，但根据《社团条例》，他们的照片和指纹都被取样。

这些会党的存在被证实后，引发了州议会一个特别委员会成员的讨论，他们有一条意见是：已知道的马来人会党首领应被驱逐。这就出现法律上的困境，因为即使不是所有的人，也应有绝大多数的有关人员是霹雳出生的，问题是把它们放逐到哪里去。政府当局想方设法地寻觅其他合适的控制措施，但都失败了。5 月，经与殖民地政府商榷，与法律对着干的一方站了上峰。于是根据《驱逐条例》发布逮捕包括梅格在内的新帮派首领的命令。6 月，拉律地区的官员展开了调查，他主张所有的四个人应该被驱逐。法律对立派提出了立法调查的程序形式问题，因此发布了另一道调查命令，这次是由下霹雳地方官贝（N. K. Bain）主持的。他得出结论说，在瓜拉江沙地区和霹雳其他地区存在一个广泛的、有影响力的、危险的秘密会党，那四个犯人就是首领。他主张实施《驱逐条例》。最后，在高等法庭和上诉法庭运用人身保护权都被驳倒之后，起用了《驱逐条例》。四个人被押送到纳闽岛（Labuan，纳闽岛在马来西亚沙巴州北边。——译者），每人每月领到 25 元的补助。纳闽岛是海峡殖民地的一部分。

这份调查给出的证据包括会党活动的细节和老帮派与新帮派的入会仪式，尽管这些名称没有在报告中使用，即报告没有提到这些会党，也没有红旗会或白旗会。调查官员仅仅表示："它……清楚……说明……这里有一个会党的两个敌对分会"，这似乎是对以前的说法的一种证明：这两个会党是同一会党的分会。

有趣的是，在逮捕 4 个新帮派首领时，老会党的三个领导人明显地害怕同样的命运，于是他们逃跑了，没有被抓到，其中包括哈欣。现有证据可以明显地看出，普通法律程序在该地区是无效的。一个偷偷作证的村长宣布，他从来没有不带着手枪和火把走夜路，也没有独自一人夜里出来。他不相信村庄里的首领，因为首领不让他知晓会党的事情。

在采取反对四个首领行动的同时，霹雳苏丹"为了表明他对这些秘密会党的关注"，沿着霹雳河的下游地区进行了一次代表王室的巡行。每到一个地方都有人向他表示效忠和悔恨。苏丹清楚地告诉他们，所有坦白自己是会员并在将来与会党断绝关系的人都会得到他的宽恕。① 从记录的结果来看，仅巴力地区的八个请愿者到马来亚助理地方官的办公室向他坦白。

政府这个时候所关心的还有另外一个结果，因为《驱逐条例》在实施于当地出生的马来人时遇到了困难，于是 1933 年初通过了一部新法律，即《限制居民条例》。根据此条例，这些当地人就可能会被从他们施加恶意影响的地区被驱逐，并限制居住在该州某个特定的区域。

---

① 被 Wynne 著作的第 513 页引用。

尽管有这些措施和逐步增加的警察反对霹雳河流域会党的热情，但1933年3月，在靠近瓜拉江沙的地方仍举行了一次入会仪式，会党仍旧运用其影响力压制犯罪信息，其数量特别是入室抢劫和偷盗的数量一直在增长。最后，1933年7月，因为发生在哥打兰卡纳（Kota Lamn Kanan）的村长屋里的入室抢劫案件使警方能够打破沉默，当时劫匪抢来的东西里有散弹猎枪和左轮手枪。被逮捕的一名成员手里有些偷来东西，这使得警方围捕了30名会员，其中7人有前科，通常都与抢劫和盗窃案件有关。27人被作为嫌疑犯受到法庭指控，并被勒令具结保证其良好的行为。7人根据《限制居民条例》进行了处理。这是会党权力第一次受到挑战，接着取消了14个已知行为不端的人的武器执照，没收了他们的武器。

再往南走，一名热心的马来警察总监亚耶酋长（Raja Yahya）4月就驻扎在端洛，以便搜索巴力南部地区的会党分支。通过收集信息和押送嫌疑犯到法庭勒令具结等手段，几个月后，他在该地区成功地减少了犯罪案件的发生，其程度可以用"非凡"来形容。7月，他逮捕了一个声名很大的人，他叫依淡沙马（Hitam Samad），与从天定经由实兆远的橡胶走私有关。该会党在一处偏僻丛林中举办了一次马来语龙根舞会（ronggeng，马来西亚的一种有伴唱的传统舞蹈。——译者）为他募集辩护费。这次有职业马来舞女的舞会共有400名马来人和马辰人参加，这些人都购买彩色的纸质徽章，所得收入全部作为他的辩护费。但是依淡还是被判有罪，一些被逮捕的参加龙根舞会的人进一步泄露了会党信息。不仅仅是在这个地区，包括南到安顺甚至更远的地方都有他们的会党。这证实了警方的怀疑：该会党支配着整个地区的人口。在该地区同样采取了围捕了坏分子的行动。沿着河流向南走，特别是到了安顺以下，那里有马来—波依混血人种，许多马辰人都是会党的活跃首领。

苏丹遇到了与1931年时相同的情况。1933年9月28日，他给所有的村长发布了一份备忘录，号召所有的秘密会党成员都到他那里去坦白，否则就要受到驱逐条例的处罚。结果令人惊讶：年底时有3000多人坦白。于是，法律便规定此后的坦白必须在地方治安官面前宣读法定声明。到1934年底，总共约有5000人坦白，其中2000名来自端洛一个地区。

至少，这种大众极力要求的坦白的做法必须部分地归功于警察对付会党力量的增强以及当局并非无权登记首领的表白。坦白给人们留出了逃脱会党束缚的机会，并把苏丹的宗教权威作为他们抛弃以前所发誓言的强制性理由。另外，因为现在的信息容易获得，一些首领预见到了落入警察手中的可能性，他们毫不怀疑地把坦白作为一种保险，而不再被认为是严重背弃。但如果他们将来被指控为活跃的秘密会党领袖，这是对他们的一种保护。最后，可能一些人不是会员也去坦白了，部分是因为他们所有的邻居这样做了，部分是想把这作为一种工具，他们相信将来某一天可能被迫加入会党。不管怎么样，反应是很强烈的，它影响了所有霹雳河沿岸的人们。

另一件事对坦白也起到了推动作用，那就是逮捕了 1930 年逃脱了的瓜拉江沙的首领哈欣。7 月，根据《限制居民条例》批准逮捕他的兄弟沙哈里（Sahari）。后者从会党那里听说了这一消息，在被抓之前就跑掉了，但他在 9 月份又回来向苏丹坦白，然后匆忙地离开了这个地区。11 月，他和他的哥哥哈欣一起回来，哈欣也有意向苏丹坦白，并已提出了个人申请。但在他坦白之前兄弟俩就被捕了。经过法庭调查，哈欣被流放纳闽岛十年，而他的兄弟在警察监视下被限制住在瓜拉江沙。

这些人坦白时的招供说明会党的影响没有被高估。有几个入会仪式主持人被揭发出来，其中有一个是安顺的拉桑玛（Lassam bin Mat），有 28 个证人准备出庭证明是他主持他们入会的。他为帮助管理一个非法会党这一罪名进行了辩护，有 25 人声称是另一个人，即哈山（Haji Hussain），主持入会的，哈山声称无罪，但是还是被判有罪。另一个马来人玛金（Mat Zin）据说至少主持了 350 人入会，尽管法庭没有指控他。另一位主持仪式的先生曾以马来形式的誓言为许多马来人主持入会，他是一个华人伊斯兰信徒，名叫里贝·易卜拉欣（Lebai Ibrahim）。

在这些经过了警察之手的人所做出的陈述中，其中有一个是用马来语叙述马来会党职位的。看起来都是直接套用了三合会的用法：

Tembage（铜）：可能是指华人仪式中的香炉（Incense Pot），意思是"香主"或"主持人"。

Kipas（扇）：等于三合会的"白扇"。

Kasut（鞋）：等于"草鞋"。

Tongkat（棍、棒）：等于"红棍"。

1934 年，仍然有人自告奋勇地坦白，警察的起诉还在继续，但是，1935 年 5 月，在霹雳河贞德洛打（Chenderoh Dam）以上的一个小岛上举行了入会仪式。警察现在的消息更灵通了，实际上他们在仪式举行的两个月前就知道此事。当日期最终被敲定后，警察就在举行仪式的地方布下了埋伏，仪式一开始，便逮捕了 12 个马来人。这次不是在夜里，而是在上午 10 点。两个首领被马来治安官判 12 个月的苦监。

这样一来，整体气氛得到改善。这个时候有 3 个马来人表示，如果需要的话，他们愿意到法庭上为他们 6 年前入会的仪式做证，尽管与此案没有牵连。一个首领承认他曾在 1933 年向苏丹坦白过。此次仪式上被捕的其他 10 个马来人被勒令具结保证行为良善。他们中的绝大多数属于太平地区一个名叫阳光俱乐部的有名集团。太平是信息比其他地区少得多的地区。

除了判刑，这两个首领被终生驱逐，这个决定是由苏丹本人宣布的，它再次警告：任何人，包括酋长和高官在内，特别是那些已经坦白过的人，只要加入秘密会党，就将被终生驱逐。宣言公告的日期是 1935 年 8 月 7 日，但同一个月就发现了另一场入会仪式，这次是在瓜拉江沙的一个首领的房屋里。被逮捕的 6 个人中有两人出现在 1933 年的报告上，他们那时已经是会党成员了。另外的 4 个人承认已经坦白过，但是声称是被胁迫参加入会仪式的。因为他们准备要出庭给煽动者作证，但法庭没有指控他们。这一次，主要人物也被判 12 个月苦监。

然而，1936 年 4 月，霹雳河的会党在天定离红土坎 5 英里的地方举行了另一场入会仪式。5 个马来人被捕，其中一个是已经坦白过了的，所有人都被宣告有罪。于是，苏丹要求该地区所有的会党成员都要交坦白书，有 300 个人交了。

在这个时候，霹雳河的会党信息中断了。警察局 1937 年和 1938 年的年度报告中都没提到他们，在战争爆发的前一年，这些报告被打印出来，但没有任何部门的记录在日据时期被保留下来。如果没有维尼（Mervyn Lleweln Wynne）的尽心竭力的劳动，它的历史就会一点也不知道了。维尼于 1933 年担任霹雳的警察局局长，警察的进攻活动都是他领导的，后来他收集和存放所有能得到的与会党有关的材料。即使有这些材料，轮廓也不太清晰，特别当考虑到会党和传统的红旗与白旗会之间的可能的联系时。维尼发现自己已置于这种困境中。他说："然而我们被迫假定我们现在所知道的霹雳河的会党是一个独立存在的，或者至少是与它今天不得不混合的旗会系统分离的组织。"尽管如此，在仔细阅读了那些可得到的证据之后，他坚持认为，纵观会党历史，白旗会与红旗会的成员之间很清楚地有着裂痕，而且这种裂痕长期存在。与此想法一致，他认为最初的会党就是白旗会，新帮派就是红旗会。

最初的会党看起来非常可能就是白旗会的幸存组织，但是新帮派在红旗会的地盘上并取而代之的事却无法证实。正如上面所说的，有很好的理由来假设：尽管在同一地盘上，它却反对最初的会党组织。但是在河流的南端，毫无疑问有白、红旗会的支持者，白旗会与有"澳门"背景（广东人、江西人、客家人）的华人三合会有关系，可能就是义兴会或海山会。红旗会与有福建（加上潮州人）背景的一个三合会有联系，可能是和胜会，但也可能是大伯公会。看起来白旗会的影响比红旗会更广，特别在河流的中、上游地区。

且不说假设的事，有些情况是可以肯定的。第一个就是在 1900 年到 1907 年间，秘密会党对霹雳的马来人有很大的影响，他们住在有华人秘密会党存在的或与其临近的地区。马来人看见华人组织秘密会党而跟样学样，或者甚至受到华人的煽动这样的假设都是合理的。很明显，马来人秘密会党的入会仪式虽然有其特殊的形式，但其宣誓效忠与秘密性质却与三合会一样。也有可能在某些地方的马来人会党与华人会党没有联系，但有证据表明他们一般都有密切联系，他们事实上是华人会党在马来人中的分部。但是证据也同样表明马来人可以通过参加华人会党的入会仪式而成为华人会党的会员。也可能有些会党采取把马来人会党和华人会党的入会仪式掺和到一起的办法。还有证据表明，霹雳地区的马来人会党和华人会党都把槟榔屿当作他们的中心，因而接受了很多年前就存在的模式。

至于秘密会党对民众生活中的影响，尽管对政府的措施，如上缴土地税，没有明显的干预，但明摆着的是，本应政府通过司法程序公正处理的事情却被会党运用它们自己的权力解决了。也有证据表明会党本身就包含犯罪因素，特别是劫匪，他们依靠会党的保护来避免承担自己行动的法律后果。农村的生活大部分在会堂首领的控制之下。一个村庄或一个地方除了官方任命的领导人村长——由政府任命，经常是来自不同的地方——还有一个非官方的领导人，即秘密会党的首领。一般而言他们是当地最重要的居民，往往是富裕地主。有时这两个首领会重叠，即村长与会党首领是同一个人，特别当村长是当地人时，他被任命仅是因为在该村或该地区的威望。这样，他首先要忠于的就是会党，因为它才是直接的权利来源。如果村长不是会党首领，由于地方上给他施加的压力及因此造成的恐惧，他的实际权力就会被削弱，他的忠诚度也会降低。

还必须注意这些会党的宗教内容。事实上，"马来教派"和"中国教派"这样的术语的应用本身就是一种宗教概念，而且有证据表明20世纪30年代的霹雳河沿岸建了很多宗教集会所，而这些房屋都是会党集会用的。为会党募捐也经常是披着宗教捐款的外衣。在马来人的入会仪式上使用《古兰经》，把"种族"（Kaum）作为会党的一支，等等，进一步说明了会党的宗教性质。当然，这并不是认为会党发展成了伊斯兰教，而是恰恰相反，他们的鼓吹者利用了人们的宗教习惯和宗教观点来加强会党事务的秘密性，这就好像中国的三合会把他们本土的宗教习惯用于兄弟会组织一样。

似乎霹雳政府（包括苏丹的精神——世俗影响）对这些会党进行镇压的努力取得了很大成功，掀起了群众反抗会党的高潮，尽管发起者明显不会被轻易被打下去，而且马来亚其他地方也发现了代表三合会这颗种子超强生命力的标志。

除了霹雳州，这个国家的其他地方都没有任何实际信息，仅仅暗示在吉打、雪兰莪、森美兰、柔佛（Johore）等地确实存在马来人会党，却没有可信的证据。因此，马来人与秘密会党有联系的这种看法必定是不完整的。不过，霹雳的情况对于揭开秘密会党对马来人口的影响有着潜在的重要性。

后来的情况只需加上一条。1949年，有人报告说，霹雳河下游正在通过马来人的入会仪式形成一个组织，以支持共产主义运动。但很明显，这件事没有下文，巫统（UMNO）比华人组织的共产党运动对农民更有吸引力，共产党在任何情况下都不是三合会的同情者。我们经常可以看到，三合会和其他同样的社团是共产党的最强烈的反对者。

第三部分

20 世纪的马来亚

新世纪的马来亚

一 华人政党的兴起

19 世纪末，政治变化这一作用于中国国内学生和海外华人的发酵剂在马来亚也有了反应，那里的一些政治党派开始出现在历史舞台上。由于有些党派后来卷入秘密会党，有必要在此对他们的起源进行简单的介绍。

中国改良运动的领袖人物康有为于 1898 年逃脱了那位继承了夫位的女皇帝的魔爪，因为新加坡有他的支持者，他于 1900 年 2 月到那里避难，并在建立了保皇党分部后搬到槟榔屿。光绪皇帝于 1908 年去世后，康有为和他的政党没有了存在的理由，但他的存在，以及他在当地华人报纸上刊登的关于在中国进行改良的文章已经足以在海峡殖民地开拓一种新的政治意识。

第二个鼓动政治运动的团体是中和堂（Chung Woh T'ong），其创始人是尤列（Yau Lit）。他于 1901 年抵达新加坡，在阅览室、演讲大厅、书店和学校的掩护下，他首先是在新加坡，后来在吉隆坡和怡保（Ipoh）建立了中和（Chung Woh）协会。但是他募集资金的活动被指控为诈骗，并于 1909 年被驱逐，来到了暹罗（Siam）。

孙逸仙，1905 年经过新加坡时受到尤列的欢迎，并把他介绍给当地的三个支持者：陈楚楠（Tan Cho Lam）、张永福（Teo Eng Hock）和林义顺（Lim Nee Soon）。1906 年 2 月，孙逸仙在日本建立了同盟会后回到新加坡，并在那里创建了该会的一个分会，尤列的三个朋友担任领导人。于是，中和堂集体加入了这个组织。该会在芙蓉（Seremban）、吉隆坡和槟榔屿都设有分会，那里有着对于革命的巨大热情。

从那时候开始，孙逸仙逐渐把新加坡作为他在中国实现起义计划的基地。他通过销售印制好的面额为 100 元到 1000 元的债券来募款，许诺在中国革命政府建立一年后偿还。雪兰莪的矿产资本家陆佑（Loke Yew）被允诺给予云南省所有矿产资源的十年的开采权，条件是捐献 100000 元，但是他太狡猾了，没有上钩。对于小人物来说，可以购买 2 元一份的"保护券"，保证在中国发生起义时保护票券持有人的安全。

1908 年，大约有 350 名参加了云南南部的反清起义的三合会会员在中印边境被法国当局驱逐到新加坡，并得到了那里的同盟会的照顾。他们很快就让人生厌了，因为卷入了匪帮抢劫。最后，他们被驱散，有的到了柔佛、马六甲和雪兰莪。除了中和堂是三合会外，那时马来亚的三合会与革命活动的组织联系没有任何证据，尽管毫无疑问有许多三合会会员在同盟会里担任职务。直到 1934 年新加坡的中国秘书处的一份文件才显示出这一联系的记录。该文件说，1909—1911 年，马六甲的三合会实施了大量的抢劫案，其所得都送到中国去帮助革命事业了。[①] 可能从中印边境来的难民要对此事负责。

当地对孙逸仙未能成功地筹划一次起义的不满情绪，加上《联合时报》（Union Times）对党务基金被侵吞的指控，迫使孙逸仙在 1909 年迁到了槟榔屿。在那里，一年前就有热情的革命支持者在汪精卫（Wang Ching-wei）的鼓励下建立了学习联盟。在这个政治热情高涨的时代，除了中和堂系列外，其他革命中心也很活跃，比如新加坡和吉隆坡的中国基督教青年会（YMCA）、霹雳的中国商业学校和中国自由医疗队等，他们通常是以俱乐部形式组织起来的。[②]

1911 年 10 月武昌起义的成功和随之而来的共和制度的建立，使得同盟会的会员数目猛增。党务官员意识到这种情况后把最低入会费改为 5 元，并希望店主、商人和财产拥有者能多交点。

影响马来亚和其他地区华人的政治前途的重要因素之一来自宣传的展

---

① "Historical Notes on Chinese Political Societies", *Monthly Review of Chinese Affairs*, May 1944.

② 在安邦有文化俱乐部；在新街场有文汉俱乐部；古毛有易文俱乐部；端洛有文会俱乐部；怡保则有文明俱乐部。

开和"中华民国"的最终建立。中国这个民族国家概念被广为接受。自此以后，很少再有人关注民族忠诚了。人们感到了地方关系、家族、派别、方言群以及籍贯等的凝聚力，对中国人祖先的优越性及文化遗产的继承有了持久的认识，但很少会提到作为政治实体的国家忠诚。因此，19世纪的海峡殖民地华人宣称自己是效忠英格兰女皇陛下的臣民，这不用怀疑。但是，一旦民国建立，由具有中国传统思想的人取代他人进行统治，每个地方的中国人都要重新开始给自己定位了。

国民党

同盟会与其他党派合并，于1912年8月在中国建立了国民党，同年12月12日在新加坡建立了支部，并根据《社团条例》进行登记。它根据传统的三合会习惯仍自称为"堂"，并在马来亚建立了总堂。1913年时的8个主要官员中，有7个持英国国籍，另有9个普通官员也是英国臣民。在领导人中，有三个尤列时代的顽固分子，另外还有林文庆博士，他早先并不是孙逸仙而是改良派的支持者。另一支部于1913年7月在马六甲登记。但其在槟榔屿被拒绝登记，因为当地的政治局势很不稳定，于是用学习联合会秘密取代。

在马来联邦（F. M. S.）的吉隆坡、怡保、朱毛（Chemor）和甲板（papan）共建立了4个北京堂支部，新加坡堂则在联邦的其他地方共登记了20多个支部，主要是在霹雳。1913年11月，北京堂被袁世凯（Yuan Shih－k'ai）解散，孙逸仙这一命运挫折在马来亚也有所反应。在那里，新加坡和马六甲的支部解散了，霹雳的5个支部也被解散。同时，中国的许多国民党员逃到新加坡政治避难。1915年，张永福通知华民护卫司，大约有200名因反抗中国新政权"被通缉"的人在新加坡，许多人已经成为学校教员。这种政治思想的种子就通过这种方式在马来亚的华语学校扩散开来了。

第一次世界大战期间，除了1915年4月因日本向中国提出二十一条而出现过抵制日货运动外，马来亚的华人几乎没有政治活动。国民党活动低潮期间，中和堂在全国的成员仅有1000人左右，而且都变得流里流气。1913年，在瓜拉古毛（Kuala Kubu）发生了团伙抢劫；1914年与新义兴（新的义兴会）在新街场（Sungei Besi）地区发生了械斗；1917年和1919

年，与义兴会在丹戎马林（Tanjong Malim）地区械斗。因此，尽管中和堂从来没有被彻底消灭，但是许多成员在 1915—1919 年被驱逐了。

1919 年中国反对《凡尔赛条约》的运动使政治兴趣迅速兴起，国民党的重建和孙逸仙 1920 年宣布成为广东"国民政府"主席使这一兴趣得以加强。国民政府派人到马来亚筹集资金，据当地华人报纸报道，那一年就汇出了 400000 元。国民党在马来联邦招兵买马的事也取得了极大成功。入会费是 10 元，并要求申请者发誓保密；服从、忠贞于党。可总结为："从现在开始，我将永远信守誓言，至死不渝，如有改变，我愿接受最严厉惩罚。"党员证则与三合会的腰凭一样，记录了党员详细资料、介绍人，等等。最后还要求申请者按上左手中指印，与三合会仪式上咬破手指没什么两样。所有党员都禁止加入其他组织，也不准退党。

国民党的分支机构、华语学校和劳动组织都承受着巨大的宣传压力。如果被盯上，没有人敢拒绝加入国民党，不管什么时候被号召，没有人敢不缴纳特别捐。马来亚政府因为这些与中国政权相联系的活动而陷于尴尬境地，因为该政权本身就是不合法的。而且，允许他们在"海峡侨生"中进行这样的违规宣传似乎就是故意的。

1921 年，中国的共产党员被允许加入国民党，孙中山的地位被削弱，这打击了马来亚华侨商人的政治热情。1922 年，霹雳的 22 个支部自动解散，而与此同时，客家人三合会的政治组织五洲洪门致公堂于 1923 年在香港成立，它支持陈炯明反对孙中山。其宣传鼓舞了联邦的惠州客家人，也进一步唤醒了国民党人的党员意识。1925 年，国务秘书批示联邦的国民党为非法组织。9 月 21 日，其领导人接到通知，被要求在一个月内解散所有的支部。政府认为，该社团的存在对国家的和平、安宁和公共安全不利。10 月 26 日，所有这类支部全部关闭，政府同时颁布了解散令。

在新加坡，自 1913 年解散后就没有再登记过国民党组织，但他们借各种各样的托词继续存在。1925 年，国民党左翼人士发起"主流学校"运动，运动主要在海南人夜校内进行。在这些学校内产生了一股反英、反荷、反日、反殖民、反资产阶级的共产主义风潮，主要在工人中进行宣传。这里的工人也像中国的上海和其他地方的工人一样被共产主义者动员起来。这是一块充满希望的土地，那些在中国遇到挫折的人疯狂地向马来亚移民。①

1926 年采取了对付这 16 所海南人夜校的行动，40 人被逮捕，夜校领导被驱逐，打乱了这些组织的阵脚。但是，海南人领导的一个名叫南洋劳工联合总会的组织成立了，就在孙中山生日的那一天，该组织举行暴动，袭击了警察局，结果有 6 人被打死。

1927 年发生在中国的国民党的清党行动及蒋介石的成功使从马来亚国民党左翼分离出来的国民党右翼占了主导地位。南京国民政府准备实施一项登记制度，让所有的海外华人及他们的学校、组织统一在国民党支部的领导之下，并与英国政府商量允许在马来亚重建国民党支部的事。但马来亚政府坚决反对。虽然没有得到承认，但宣传的浪潮又一次挟裹了马来亚的华人，而情况也像原来那样让人左右为难。新总督金文泰（从香港调任，香港是国民党的禁地）1930 年 2 月到任是禁止和镇压国民党的标志性行为。尽管南洋总支委根据总督的要求给所有马来亚支部发文，宣布结束国民党在马来亚的工作，但总支委却在继续起作用，并指导其他支部的工作。它的两名领导人被驱逐。

这一行动在中国产生了外交影响。1931 年 2 月，英国大臣迈尔斯·兰普森（Miles Lampson）为此视察了新加坡，结果修改了与社团相关的立法，允许马来亚华人加入中国的组织，但禁止在马来亚成立这些组织的支部。作为对此行动的回应，中国的外交部部长王正廷（C. T. Wang）于 4 月 2 日照会英国大臣，国民党并不打算在马来亚建立支部。然而，就是在同一天，国民党中央召开了王正廷和蒋介石都参加的常委会，决定在马来亚建立 8 个党支部来取代总支委的工作。这就是外交的反复无常。虽然支部活动还在继续，但他们都是非法的。

一直以来，国民党对华人社会都有无法比拟的影响华人的潜力，可他们却从未有过完全控制华人的时候，这部分是因为马来亚政府的反对，部分则是因为国民党和华人族群各自内部的不和。有些不和是由于方言群之间的嫉妒造成的，有的则是因为中国的国民党领导人的权力起伏波动造成的，他们的个人忠诚远不如与共产党有联系的左翼。

---

① 从中国移往马来亚的移民情况如下：1925 年 214696 人；1926 年 348593 人；1927 年 359262 人。此前移民数最多的纪录是 1911 年 269854 人。1927 年的移民数之高空前绝后。

马来亚共产党

1927 年以前，共产主义组织都是在国民党内部发展起来的，但此后还是让马来亚政府伤透了脑筋，特别是在新加坡，1928 年一位吴姓广东政治家访问该市定下目标之后。随后几年里，共产党与诸多谋杀案有牵连，而在罢工的同时还将炸弹放在雇主的商店里，使情况变得更糟糕。警察缴获了 25 把手枪和 2000 发子弹，大多数著名首领被驱逐。

1930 年，上海的共产国际远东局领导下的南方局（香港）帮助共产党进行了重组。马来亚劳工联合会同时作为共产党的劳工组织成立，1931 年，在新加坡发现了共产国际远东局的代理人塞吉·利弗朗斯（Serge Lefrance），暴露出共产党的内部分歧，相当长一段时间里都在就党的作用问题进行争论。

自从出现主要是在海南人中开展的活动（一直延续到 1935 年）以来，客家人、福建人和广东人中都出现了共产党分子，他们集中在教师、记者和工人之中。抵制日货运动为他们的宣传提供了很好的主题，而就在这个时候，于 1937 年在中国形成了国民党与共产党的统一战线，"救国"成了所有爱国华侨的口号。共产党的影响和势力范围通过救济基金会、抗敌后援会、劳工互助协会等大大扩张，通过这类协会，许多此前远离秘密会党的矿场和橡胶园工人都被拉进了共产党系统。

国民党的支持者潜心于所有的国家拯救工作，直到他们发现自己被拖进了一场反英运动（跟在莫斯科与德国的结盟政策之后），同时陷入了一系列带有政治动机的工业骚乱中。

这些麻烦在 20 世纪 40 年代中期达到高峰，然后就突然停止了，因为德国向苏联进攻，共产党便制定了一项反德亲英政策。1941 年 12 月，日本进攻马来亚，马来亚共产党主动提出要招募新党员进行游击战训练，政府接受了这一提议。后来，这些人成了丛林中的华人游击队的核心，名为马来亚人民抗日军（Malayan People's Anti-Japanese Army，MPAJA）。实际上，它是一支华人共产党军队，在任何意义上都不代表其名称所包含的马来亚人民。

后来，当日军抵达新山（Johore Bahru）准备进攻新加坡时，政府同意由国民党、共产党、华人总商会和中国赈济基金委员会的代表组成一个华人动员委员会。在危险关头，华人的这两大主要党派得到了官方的认可，尽管没有登记注册就仍是非法的。

二 海峡殖民地的传统秘密会党，1900—1919

在 20 世纪的前四十年里，有三个因素影响了马来亚的情况，改变了移民模式——它们就是橡胶作为主要农作物的出现、中国革命和第一次世界大战。

橡胶于 1877 年引入马来亚试种，从 1895 年起进行商业性的广泛种植，但是直到 1905 年橡胶才成为主要的作物。这意味着种植面积和劳工需求都要增加。这个时候（与 19 世纪 70 年代一样），劳工仍然很容易得到，一方面，他们更多的是通过不受限制的中国移民的渠道，而不是通过有限的个人招募印度劳工。另一方面，1908 年的平均锡价从每皮库尔（Pikul）188.28 元猛跌到 66.78 元，随之而来的便是矿区劳工减少，暴力犯罪严重增加。1910 年，由于世界对橡胶的需求使其价格猛涨，导致橡胶业进一步扩大，移民也在 1911 年猛增，有记录的人数达 269854 名。中国的种种情况：水灾、收获不多、粮价疯涨、政治混乱以及革命早期起义造反等，也促进了移民的增加。

1914 年年中，欧洲战争迫在眉睫，给橡胶和锡矿生产都带来了重大打击。当欧洲市场被关闭或受到限制时，冶炼厂不能无限制地购买矿石，而锡业直接雇用的劳工就达 200000 多名。8 月 3 日，从中国南部和印度东部海岸来的移民都被禁止，给所有赤贫和失业但想回家的人提供免费旅程。但是，尽管申请遣返的人总数达到 22000 人，仅霹雳一地矿工就几乎增加到 30000 人。为了避免完全崩溃，殖民地政府和马来联邦政府达成协议，殖民政府同意出钱购买锡矿，并许诺帮助橡胶业渡过难关。可 1914 年年底和 1915 年年初，这里仍有大量的失业者。完全禁止移民政策一直持续到 1915 年 3 月底，接着便逐渐放宽，7 月底才取消限制。这时候，宣战造成的震动已经过去，开始需要大量锡矿和橡胶。1915 年下半年，失业者重新找到了工作。

从 1900 年开始，秘密会党的模式从整体上来说是 19 世纪最后 10 年模式的翻版——本地集团的周期性出现；当局不断施压以分解他们或阻止他们扩大。然而，洪水般涌来的劳工影响了这一模式，移民的增加使传统被重新捡起，而失业则有利于犯罪团伙的形成。

在槟榔屿的新会党当中，有两个是多年以来一直让当局头疼的，即万安台（Ban An T'ai）和乾坤（Khien Khoon）。前者的名称来自大顺街（Rope Walk，义福街或烟筒路）上一个戏院的名字，由福建人和潮州人组成。它在威省南部——那里的收入大部分来自通过小河走私鸦片——的潮州人农业区有分会。万安台经常与潮州人的枋廊会（Panglong）发生冲突，后者于 1904 年在该省再次出现。在日本占领前，这两个会党同时在威省和槟岛上制造麻烦。

乾坤（意思是天和地）会（来自三合会仪式中用来指天和地的词）本部在槟榔屿，威省有分会。1901 年，其首领被驱逐，此后，该会党就没什么组织了，但是时不时会重新浮现出来。槟榔屿另外两个从来没有被完全消灭的会党就是鸡爪山（Ke Ian San）和甘光内（Kampong Lai），前者与乾坤为敌。① 1906 年，破棺会有复活的迹象。

马六甲也出现了新会党——1903 年发现了同兴（Tong Hing）公司，1908 年发现了海南会党和同兰新（Tong Nam Heng）会党。

在新加坡，赫尔于 1904 年发现了 5 个非法会党，其中的两个分别是漳顺（Ch'ung Sun）和忠义堂（Chung Yi T'ong），他们都采用三合会的名称和入会仪式。这显然是自 1890 年实施《镇压条例》以来第一次发现了三合会复活的证据，但赫尔不相信原来的危险会党在复活。30 个与这 5 个会党有联系的人被驱逐，一个已登记的海南会党——新南和（Sin Nam Hop）因为与其中一个同谋而被解散。

随着 1905 年移民的增加（这一年有 200000 多名华人抵达），当局决定要更加自由地运用驱逐权力来对付惯犯或危险罪犯。1903 年，有 50 人被驱逐，1904 年有 65 人，但 1905 年被驱逐人数就达到了 394 人。此后，驱逐命令数量的增加和强度的加大就成为平常事。这个时候的移民当中有许多来自福州地区的福州人（Hokchius）和福清人（Hokch'ias），他们蜂拥而入殖民地，成为人力车夫。他们的语言与其他的福建人的语言非常不

---

① 鸡爪山（fowl's claws mountain）是白云山（Mount Erskine）的一种地方叫法，甘光内（卡那封巷）是槟榔屿的一街名。

同，他们自己建立了一个没有骚乱名声的社区。1906 年，护卫司查到一个非法的、由三星党人管理的福州人会党，它的首领在被逮捕时声称自己是当地出生的人，并出示了新加坡出生的证明。调查发现，他还是小孩时被从中国带来的，证明则是另外一个拥有非常普遍的姓氏的李姓人的。犯人的父亲已在新加坡去世，为了支持他的说法，做儿子的雇了个石匠在父亲的墓碑上刻上那个出生证明中的姓名。人身保护权申请及向国务秘书请愿都没有成功，他被驱逐了。①

1906 年，新加坡的华人关系领域又添了一个新因素，那就是中华商会的建立，4 月 14 日被允许免于登记。商会领袖来自各种不同的方言集团。与马来亚其他华人会所一样，它关注的不仅仅是商业。会党被镇压时成立的华人参事局是一个政府提名任命的组织，在选举和他们自己安排的讨论中都不大可能出现什么阴谋。商会所提供的正是这种缺少社会政治的代表集团，因此商会成了华人社会主要的代表组织。举例来说，它一定程度上继承了三合会在维持人们之间的关系和处理殖民地的纠纷上的地位，尽管它没有三合会的法庭那种惩罚权力，有时也可以施加压力使得人们保持和平并压制暴徒。

1906 年 11 月发生的一件事就是个例子。当时新加坡受到了与 1854 年的福建人与潮州人械斗同样的威胁，纠纷始于 9 月 13 日。那天，来自两个不同族群的苦力船夫为争泊位发生争执，聚众掠夺、杀人和抢劫很快就扩散到整个城市。身着官袍的中国总领事试图恢复秩序，但没用。当局根据《和平保护法》宣布戒严，并要求中华总商会警告暴徒们继续暴动的严重后果。通过逮捕 300 人和由谢伍德·佛斯特（Sherwood Fosters）领导的在该市的一次巡逻使人们恢复了信心，市里于 17 日恢复平静。但是必须承认，商会的帮助起了重要作用。护卫司认为，没有社团——不管是秘密地还是非秘密地，参加这场暴动。但是，警务官严厉批评了华人侦探，认为他们没有提供暴动信息。宋旺相则认为人群"明显是被会党首领煽动"才聚在一起的。尽管这不是会党之间的争斗，但是很难相信福建人和潮州人的秘密会党能脱得了干系。②

---

① GD 297, 27 July 1906; CO 273/318.

② CP *AR*, 1906; Police *AR*, 1906; SOS, 402–403.

赫尔在 1904 年注意到，在接下来的几年里，小会党使用三合会的仪式和名称的趋势很明显。1905 年，在新加坡的广东铁匠和装配工中发现了一个叫新义兴（San Yi Hing）的会党（新义兴的广东人模式），1906 年，槟榔屿北赖码头（Prai Dock，俗称北海码头）也发现有这一会党存在。同一年，在新加坡发现了 72 友会、36 友会和忠义堂（Thung Yi Thong，可能指的是 Chung Yi T'ong）。1909 年，在槟榔屿和马六甲都举行过三合会入会仪式。槟榔屿的三合会仪式是在罗碑径（那里供奉着义兴会的祖先们）的一间屋里举行的，被警察逮了个正着，当时在场的人都被逮捕了，后来有 17 人被驱逐。在马六甲举行仪式被马来亚的居民包围，他们讨厌华人匪帮的掠夺行为，对那么多人进入椰子园表示怀疑。他们包围了这个地方，抓住 22 人，后经法庭审判，他们因参加三合会集会而被判 6 个月监禁，有 17 人被驱逐。

在新加坡，1907 年的警方报告说明：当三点会（She Theam Whai）和其他危险会党被准许在柔佛繁荣发展时，镇压会党根本没有用。两年后有人发现从附近荷兰殖民地，比如廖内和文岛（Muntok），[①] 带到英国殖民地的三合会会员票布的贸易很兴旺。（She Theam Whai 可能指的是 Sa Tiam Hui 或者 Three Dots Society，它是三合会的通称）

除了这些已证明的三合会的复兴和渗透外，一个白旗会党也于 1908 年在槟榔屿的亚依淡（Ayer Hitam）地区建立，也就是在这个时候，在新加坡第一次提到了华记（Wa Kai）会党。这次提及它是因为以"华记"作为印章符号的破棺会的发展，但这一假设是否正确还不能确定。也就是从这个时候起，华记会党发展成一个有自己特色的会党，并很快遍布了马来亚的广东人社区。

当殖民地 1909 年年底废除饷码时，秘密会党的古老资源之一就被消除了。政府的专卖部门不仅仅制作和售卖成土，而且征收烧酒税。

1910—1912 年[②]增加的移民刺激了会党的活动，在这三年里，护卫司和警察对付犯罪团伙以及未登记的会党进行的行动得以加强。在此期间驱逐的 1267 人中，247 人是因为他们与非法会党有联系，可以想象，其他

---

① SSPLC/19 Nov. 1909.
② 从中国来的统仓旅客 1910 年是 216321 人；1911 年是 269854 人；1912 年是 251644 人。

绝大多数因犯罪而被驱逐的人也多数是这些会党成员。

1910—1914 年，新加坡采取了对付 47 个非法会党或匪帮团伙的行动，槟榔屿和马六甲的行动规模虽然小一点，但模式相同。警方 1912 年的报告中暗示，在警方力量里有会党分子在活动。1913 年，一个已登记的社团被解散，因为它与殖民地的良好秩序不协调，与其通过的准则也不一致，它就是 1908 年在新加坡罐头制造厂雇工中建立的菠萝采摘协会（Pineapple Cutter's Association）。它最初的成员来自三个地方：福建、潮州和海南。但它最早注册的名字是"三合"（Three in Accord），这个名字与三合会（Sam Hop Wui）太相近了，它的发起人被说服改名为福潮琼（Hok Tio Kheng），表示是福建人、潮州人和海南人的联合体。在它解散时，绝大多数成员都已不再采菠萝，该会党已经与非法会党一道卷入许多混乱中。尽管它被解散，但继续秘密活动了很多年。

槟榔屿 1911 年对乾坤会、鸡爪山和甘光内会 24 个头目的驱逐阻止了会党内部的聚众斗殴，尽管其组织仍然存在。

在马六甲发现了一个由来自雷州岛（Lui Chiu Islands）的人组成的三合会，取名忠义公司（Dong I Kongsis），也就是忠义会。其领导人和 6 个成员于 1910 年被驱逐，但直到 1911 年也没能减少到处都有的谋杀和抢劫活动，这导致护卫司于那一年的 4 月被重新任命。亚罗牙也（Alor Gajah）和野新（Jasin）地区根据《禁止犯罪条例》宣布戒严，[①] 华人劳工居住的许多的亚答屋顶（atap）被搜查。其中有一次逮捕了 27 人，他们都带有手铐或手枪。监禁三个月之后，他们被驱逐出境。他们可能是 1908 年从中印地带被驱逐的三合会的残余，辗转到了新加坡，并在那里从事匪帮抢劫活动。1914 年，第一次世界大战爆发，新加坡政府又被授予一项额外应急权力。在该权力的保护下，一大帮出了名的坏人被逮捕，随后就被驱逐。马六甲的华民护卫司在 1915 年帮助警方"引诱"了 200 名不受欢迎的华人离开该殖民地。值得注意的是，在 1915 年 2 月发生的马德拉斯

---

① 《预防犯罪条例》（1902 年第 16 号）授权总督可以在殖民地及其属地内随时为预防犯罪发表声明，因此，任何人只要非法持有"步枪、手枪……或者其他的攻击性武器"到处走动就是犯罪，可处罚金 100 元或六个月监禁，或二者并处。晚上 9：00 至凌晨 5：00 不打灯笼到处走或在家以外及住处的院子里闲逛都是犯罪。

（Madras）第五轻步兵团发动兵变的紧张时期里，华人秘密会党没有任何利用局势的企图。根据一份官方的报告："华人，特别是在所有市内和乡村的华人，对此毫无热情，漠不关心。"

1915 年采取了另一控制三合会党影响扩张的步骤。那时，海峡殖民地的华民护卫司被授权可以对柔佛华民护卫司提供咨询，这是苏丹 1914 年 5 月接受一个英国人做总顾问的结果。柔佛 1915 年采用《社团条例》，同时终于把该州归依到殖民地和马来联邦。1916 年 7 月 1 日，为了缓和新加坡及马六甲的情况，柔佛的义兴会党——马来亚最后仅存的合法会党被解散。① 接下来，关闭了这些年来一直深深吸引着新加坡居民的柔佛赌场。

1916—1918 年的详细信息很少，因为在此期间，华民护卫司的年度报告因缺乏纸张未能印刷。但是，似乎小规模的会党械斗依旧在继续。在新加坡，宗族械斗泛滥。而在槟榔屿，1918 年已经知道有 8 个秘密会党存在了，其中包括 5 个老的，即枋廊会、万安台、乾坤会、鸡爪山和甘光内会，他们总是吵吵闹闹。

随着战争的结束，橡胶价格崩溃，锡价低落，而粮食价格仍然很高。因为《凡尔赛条约》的建议条款带来的反日情绪，导致了 1919 年 5 月新加坡的暴动及 6 月槟榔屿和威省的暴动。暴徒强迫店主和住户毁掉日本货物，当警察干预时，他们便进行掠夺和攻击。在军事巡逻和澳大利亚皇家海军舰艇悉尼号的海军队员的帮助下，新加坡的秩序得以恢复。而在槟榔屿则召集了志愿者，且澳大利亚皇家海军舰艇再次运抵登陆士兵。这些暴动幕后的组织自称为"爱国团体"，在华人报纸上刊登煽动性文章，并张贴布告号召暴动。连土匪都发现通过这个渠道找到了一个表达的媒介。反日抵制行动一直持续到 1919 年，新加坡发生了好几次炸弹爆炸事件，都是在那些表现出对抗倾向的商店主的门口。

既影响到社团条例又影响到驱逐条例的立法在这个时候经过反复考虑

---

① 柔佛 1915 年 2 号法令。其中的条款与《限制会党条例》相同，于 1915 年 5 月 1 日生效。解散令的日期是 1916 年 6 月 14 日，但登记程序的实施从 1916 年 7 月 1 号开始，并于当天解散那些对国家有害的会党（GNs 75 & 76 of 1 July 1916）。会党的资产用于购买地产，其收入则归当地中文学校支配。1921 年在新山（也是义兴会的基地）的华人墓地建了一座巨大的、有象征意义的墓（叫作明墓），每当春秋天，华人学校的孩子们都一起参加祭祀。

得以通过。《社团条例》有几个方面被加强。1909 年 11 月通过了一部修正条例（1909 年第 20 号）。它授权注册官可命令采集与秘密会党有关人士的照片和指纹，可以搜查任何地方，只要有合理的怀疑在那里可以找到与非法会党有关的文献。为了处理持有殖民地之外的三合会会员票布的人，采用了一种假设：这样的人是一个会党的成员，如果该会党是三合会党，就可以认定是非法的。还有其他的细节修改，包括登记费用或免除登记。常规公布会党名单的条款还保留，确认会党的程序也没修改，但起诉由注册官而不是副检察长同意就可以了。

1911 年 12 月，另一修正条例（1911 年第 22 号）被通过，其中特别强调"每一会党，不管其是否被豁免登记、已登记或未登记，只要使用了三合会仪式，就可以被认为是非法会党"。任何人只要被发现持有三合会党的材料等等就是犯罪，最严重的惩罚可以是罚款 500 元或者监禁 6 个月，或两者并处。

另一立法与驱逐条例有关。正如法律所规定的，一个被驱逐的人从流放地返回将因其罪行而面临强制性的终身监禁。国务秘书提出了替代方案：第一次回来判入狱 5 年；第 2 次回来判 15 年；第 3 次回来则终身监禁。当这个法案送到立法会时，由艾弗里·爱里思（Evelyn Ellis）领导的非官方议员们令人惊讶的反对这个建议，因为这会削弱被驱逐者回归的阻碍。陈若锦（Tan Jiak Kim）支持这个反对意见，声称华人社区不同情被驱逐者，一旦被驱逐，就不再希望看见他们回来。于是该议案的第二读（1914 年 12 月）延期，而且没有采取任何行动。后来提出了一些有细微修改的补充议案，并将之与驱逐条例和马来诸邦被驱逐者的拘留有关的不同法律进行了综合，并于 1915 年 8 月 27 日通过，是为第 18 号条例。[①]

三 马来联邦的传统秘密会党，1900—1919

20 世纪初，马来联邦的行政报告很少提及秘密会党，1900 年在霹雳"没有任何麻烦"；1903 年在槟榔屿明显不存在；1904 年在雪兰莪"很少甚至没有麻烦"。但断断续续会有个人的报告提到三合会，英国居民承认

---

① GN 932, 10 Sept. 1915.

驱逐权力使用的效果。

1901 年 12 月，拉律地区两个"甲必丹"中的最后一个，郑景贵，在他槟榔屿的家里去世。过了几个月，雪兰莪的"甲必丹"叶观胜（Yap Kwan Seng）也去世了。每次发生这样的事，政府都宣布没必要继续任命"华人甲必丹"了，这些任命可以成为过去式了。他们是前官方政策最后的残余。以前的政策希望通过把责任和权威委托给在华人社会模式内在力量互相作用中脱颖而出的领导人和代表，由他们来控制华人移民群体。多年来，这些人的执行权力已经衰弱，因为西方立法模式已经把刑事案件和民事案件审判职权转移到法庭或护卫司手中。但是，直到 20 世纪 30 年代，各个华人社区的领导人，尽管官方不再承认其为"甲必丹"，仍然维持着很高的威望，并仍然知道他们那个非官方的旧称"甲必丹"。他们在自己的社区里继续充当着纠纷的仲裁者角色，当某个案件牵扯到他们社区的成员时，护卫司还经常咨询他们的意见。①

但是，尽管非法会党看起来已经得到了很好的控制，在某些特定地区仍会有突发事件。1905 年，彭亨的关丹（Kuanta）附近发生了一起典型事件，这是在宣布该州没有任何秘密会党存在的仅仅两年之后。紧靠甘邦（Gambang）村庄的白拉特（Belat）河谷是一个锡矿场，1905 年为扩大生产有大批劳工涌入。到年底，新来的人组建了一个秘密会党，成为麻烦的根源。经过 1906 年一年，采用一系列的驱逐程序驱逐了该组织的 17 个重要成员之后，事态才稳定下来。

显然，其他矿区同样也有秘密会党在活动。在霹雳，1907 年在务边（Gopeng）地区发现了一个海南人的"危险会党"。在近打河谷，一个名为三百六（Sam Pak Luk）的广东人秘密会党 1908 年引起了人们的注意，而且在以后的几年里经常被提到。1912 年发现了一个广东人的新义兴（San Yi Hing），该会有义兴会的传统。海山会由客家人经营。在近海的甘文丁（Kamunting），福建人组建了一个大伯公会。

雪兰莪也有三合会继续存在的证据。1906 年驱逐了 3 个成员；1908

① 1921 年，霹雳苏丹任命太平局绅郑太平（Chung Thye phin）为霹雳甲必丹，郑为前任甲必丹郑景贵之子。但据说给予他如此荣誉是苏丹为了感谢他为霹雳王室效力，具有财务性质（*FMSGG*，24 Mar. 1921，p. 370；GN 1147）。

年有 14 人因携有三合会的文件被定罪；同一年，一个由海南的仆佣组成的新三合会遭到警方审讯，此前它已在吉隆坡地区招收了大约 600 多名会员。1911 年，森美兰和柔佛交界的村庄在 3 月成了华人武装匪帮夜袭的现场。据报告，这些土匪是柔佛和马六甲地区的一个秘密会党的成员。警察局的卡宾枪和军火被抢走，商店和房屋遭到洗劫。但是，在早期发展中，最使人感兴趣的是华记会党入侵联邦的广东人地盘。在新加坡和槟榔屿，这个会党也被称为水陆平安（Shui Luk P'eng On），据此，它还获得了另一个名称——"四字会"，简写为 Shui Luk P'iu。

华记一直到 1912 年才引起联邦的注意。这一年年初，槟榔屿的华民护卫司报告说，有人告诉他，霹雳所有侦探都与该会党混在一起，这毫无疑问解释了为什么该会党的活动能够隐瞒当局如此之久。调查表明，这是一个在联邦和附近乡村活动的、高度组织化的兄弟会，有好几千名成员。可以肯定的是，从一开始到现在，广东侦探（以及为他们提供信息的人）与该会党有着最为密切的关系，警察和护卫司需要有非同寻常的技能和毅力才能揭开这个保护网。

其前身，即"破棺会"主要是在货船甲板上偷窃和诈骗，而华记在开展和保护赌博方面特别出名，还对"狡猾的"妓院、流氓团伙和敲诈勒索等提供额外保护。纵观其整个历程，它是一个广东人占绝对主导地位的会党，尽管有一些客家人加入，福建人和潮州人则非常少。它的成员中有不少是巡回演出的广东人剧场的演员，他们加入是为了保护自己免被其他团伙干扰。

1913 年，当局提出了具体目标：通过同时对霹雳、雪兰莪和森美兰等地被华记使用的地盘突袭，以消灭华记会党。在这次扫荡行动所逮捕的人中，有 121 人被驱逐，46 人来自霹雳地区。

同年还采取了对付其他会党的镇压行动。此次行动也可以从被驱逐者的数量上反映出效果来，1909—1912 年，平均每年从联邦驱逐 200 名华人，1913 年是 486 人，其中有 187 人被指控参与秘密会党活动，76 人来自霹雳，71 人来自雪兰莪。尽管采取了这次镇压行动，秘密会党仍然存在。

1914 年下半年，劳工的断层及战争早期的失业引发了严重犯罪，特别是匪帮抢劫。霹雳、雪兰莪和槟榔屿的矿区都依据预防犯罪条例宣布戒严。1915 年，局势得到改善，但近打地区除外，在这里，20—30 个来自中国广东清远地区（Ch'ing Yuen）的广东人对村庄实施了一系列的武装抢劫，警察局受到攻击，武器也被抢走。在陈伦（音 Ch'an Lun）及其同志们的领导下，他们 10 月袭击了真德良（Chenderiang），12 月袭击了万里望（Menglembu）。于是他们很快就在当地获得了中国的传统英雄——梁山好汉的地位。这些抢劫在该地区持续了很多年。

陈是兄弟会的一名老会员，他实施的一系列勒索都与三合会的模式相同。他们常常声称自己在某个特定地区，得到了当地会党，如新义兴、360（360 像一个匪帮，其成员很大一部分是广东清远人）或华记（很少）的支持。这使人想起有些小团伙一次又一次的模仿主要匪帮的盘剥行为。

1916 年，很多地方的抢劫都是匪徒干的，且大规模的匪帮抢劫仍在继续，其中还牵扯到谋杀警察和其他人的几起案件。但 1918 年 9 月，陈伦和他的同伙龙永（音 Lung Wing）发生争吵，匪帮分裂，陈和他的人马以朱毛（Chemor）山脉为基地，继续在近打北部的主要地区活动，而龙永团伙则从金宝（Kampor）后面的山脉地区向南部开进。1919 年的前几个月里，护卫司加强了信息搜集，警察对山脉进行了扫荡，捕获了几名匪徒，并从他们身上获得了一些消息。陈伦在全副武装地参与勒索商店主的行动中被捕。尽管他们应该对几起谋杀案负责，但法庭没有证据，结果以企图谋杀和匪帮抢劫的罪名起诉，陈被判 15 年监禁和鞭笞 12 下。这一年总共逮捕了他匪帮中的 25 人。龙永觉得自己很难生存下去，就逃到了雪兰莪，然后再逃回中国。随着他的逃离及他的 22 名同伙被逮捕，近打河谷匪帮的威胁暂时被解除。

护卫司认为，这些匪帮长期的成功鼓励了各州的三合会，霹雳地区一些护卫司留下来的资料表明：在第二次世界大战中，尽管秘密会党没有构成对联邦或社会秩序的主要威胁，但是会党增加了对华人的控制，特别在人口绝大部分是华人的霹雳矿区。

1914 年，在为当地华人矿工设有海山会总部的端洛地区，海山会（主要是来自增山的客家人）和新义兴（主要是来自四邑的广东人）爆发了一次为期两天的械斗。春天，金宝和怡保的"360"制造了麻烦，他们的几个会员被驱逐。在霹雳海岸的瓜拉古楼地区，除了迫于警方行动而从槟榔屿涌入的万安台和枋廊会之外，当地还有三个会党：1899 年在古楼河口北边的本地潮州人中建立的广泽义（Kwan Teh Yeh）；为抵抗广泽义的压力，福建人于 1914 年在古楼河口南边建立的广水义（Kwan Sui Yeh）；1917 年与万安台集团合并的三点会与当地其他两个会党与枋廊会合并。

1915 年，客家人和广州人组成的义和堂（Yi Woh T'ong）被发现在端洛地区活动，而在靠近太平的阿三古邦（Asam Kumbang）地区发现了另一个属于松柏馆的客家人集团（新加坡义兴会的客家人分部），这一年的最后一天，他们在霹雳河与海岸间靠近木歪的地方举行了一场三合会入会仪式，据说有 100 名会员参加。在吉辇海岸，枋廊会开设了锯木场，那里现有的四个锯木场的所有雇员都是其会员。他们自称为福兴和（Hok Hing Ho），把会员的腰凭印在黄色的丝绸上，意思是听从蔬菜进口商汕头公司的命令。他们的敌人万安台在瓜拉古楼地区仍然保持着强大的优势，那里粮食加工厂的劳工都是其成员。在这个村庄，几乎每天都可以看到两会成员之间的争斗。那一年，枋廊会的 36 名成员被法庭审判，其中 7 个被驱逐。在该州，警方总共查到 16 个会党，法庭判 54 名会员有罪。

1916 年，霹雳的镇压行动是直接针对吉辇潮州会党及怡保的万安台和广东人"360"的。每镇压一个会党都有人被判刑，有人被驱逐。"360"在离怡保 5 英里远的思里槟（Silibin）地区举行了一次入会仪式。在接下来的调查中了解到，怡保有好几千名会员。务边有一个海山会，据说传授免遭伤害的礼拜仪式。还有人说在万里望有 300 名华记成员，他们是霹雳华记会中心。

1917 年的 4 月，在瓜拉江沙举行了一次入会仪式。仪式正在进行时遭到了警察的突袭，16 人被捕，其中 13 人被判刑，后来被驱逐。同年，吉辇海岸的潮州人中发生了会党重组，三点会与万安台中逃脱警方搜捕的残兵败将进行了合并；广泽义（潮州）吸收了广水义（福建），然后又与枋廊会的剩余分子进行联合，因而形成了两个主要阵营。1918 年 3 月，警方采取了反对这两个集团的猛烈行动，许多成员被捕，使得这个地区的会党出现了暂时的松弛。

三合会在联邦其他州活动的详细情况非常缺乏。在雪兰莪，一个名叫义和兴或协和兴（Ghi Ho Hin 或者 Heap Ho Hin）的福建人会党于 1914 年在巴生地区被发现。第二年，瓜拉古毛（Kuala Kubu）的一个三合会参与了团伙抢劫和武器交易，暂时驻扎在当地的护卫司记下了这件事。从经常被发现的三合会的文件及许多三合会员被判刑的情况可以看出，该州1919年活跃的勒索团伙也属于三合会。该州最引人注目的时间是1917年7月，警方突袭了一次入会仪式，逮捕了92人，72人被判刑，5人被驱逐。

根据华人事务秘书1949年年底的报告，三合会在所有联邦各州都有，并已取得了三合会参与团伙抢劫以及其他有组织犯罪的证据，还发现了霹雳北部和吉打会党之间的联系。

除了三合会党，还知道在联邦的整个广东人社区中都有中和堂和华记的分会。前者起初是由尤列组建的秘密政治组织，一律以阅览室、文学机构或图书馆为伪装。这一伪装使它的分会有时候能够根据社团条例注册。他们与其他的流氓团伙以及三合会没有多大区别，并经常与这些会党发生冲突。他们保护自己的成员，为成员打架斗殴，并通过传统秘密会党这个渠道来对大众施加影响。1919年对新街场（雪兰莪）分会的突袭使得24名会员被判刑，15人被驱逐。据报告，华记会比以前更加广泛，权力更大。

在立法领域里，以1909年和1911年的《殖民地条例》为基础的第一个《联邦社团法案》于1913年通过（1913年11月20日），并于1914年2月13日生效。《驱逐条例》的一份修正案也于1914年通过，其中规定，被驱逐的人第一次返回可以给予最高5年的监禁。（在殖民地，同样的修正案受到所有非官方议员的反对，没有被采用）

尽管在简短的官方报告中很少提到，但非法会党毫无疑问地在第一次世界大战期间在整个联邦内大肆复出，三合会仪式被广泛运用。还是在外来政治影响的帮助下，警察和护卫司才努力把三合会的威胁降低到合理的范围。在这之前，会党已经存在很长一段时间。三合会的影响在霹雳席卷而来的一个后果就是，像以前那样，使用三合会仪式的马来人会党和马华会党重新崛起。

复兴与镇压，1920—1938

1920—1929 年，秘密会党的影响更为强大，至少在新加坡是这样。会党复兴的一个重要原因就是那些零星的会党准备联合组成少数几个更大的集团。其中最为臭名昭著的就是福建人当中的新义兴和新公司（Sin Kongsi）。福潮琼（一般被称为"三字"）在 1913 年被解散后又发展成一个潮州人秘密会党。广东人会党从来没有这样的联合，但其中的兴党（Heng Alliance）① 和群义（Khwan Yi）② 都是规模很大的会党。而且，这些大集团明显属于两种模式：使用三合会仪式的和不使用三合会仪式的。这就使福建人中的新义兴（仪式性的）与新公司对立起来，潮州人中的新中华（Sin Tong Hua，仪式性的）与福潮琼对立起来，广东人中的兴党（仪式性的）同时或单独对付群义或新会馆（San Wui Khwan）③。

以誓言和神秘符号为特征的三合会仪式的复兴毫无疑问给沿用这套仪式的会党增添了威望，并加强了他们之间的团结意识。但是，在举行仪式时或者携有比较容易验证的三合会腰凭时所冒的被逮捕的风险比以前大。1929 年，警方突袭了 7 个入会仪式，之后，复兴这套仪式的要求有所减弱。但同时，新义兴与新公司之间，新中华与福潮琼之间的争权夺利困扰了新加坡很多年，当最后恢复和平条款时，新义兴便跑到槟榔屿和马六甲去活动了。

社团的权力分别于 1922 年和 1927 年两度达到高峰。那时，解决华人

---

① 兴党就是广帮五方六面党。——译者
② 群义就是广帮三方四面党。——译者
③ 新会群是广帮七方八面党万义的分支。——译者

社区内的纠纷依赖的是会馆的领导人或华人总商会，在华民护卫司的要求和支持下，形成了类似于毕麒麟时代的局势，福建会馆和华人总商会已经取代了会党首领在纠纷仲裁中的角色。

第一次起义威胁因修正殖民地法律而起，修改后的法律加重了惩罚，并授予护卫司和警察额外权力。但仅有这些措施还不够，紧接着在 1927 年至 1930 年间，警察根据登翰（G. C. Denham）爵士的建议进行了重组。登翰以前是锡兰警察，1923—1925 年任警察总监，他的任命就是为了重组。重组结束后，护卫司逐渐把侦察和镇压秘密会党的工作移交给犯罪侦察科。他们为了侦察犯罪而用现代技术进行装备，并配有领导、侦探和熟悉汉语的翻译官。于是，"双重控制"在 1933 年结束了。

从另一方面采取的进一步措施，即限制华人移民的法律，于 1930 年 8 月生效。该措施使得政府可根据马来亚主要工业——锡矿和橡胶——的需要来改变新移民的数量。移民潮年复一年的消退为控制秘密会党起到了积极作用。

20 世纪 20 年代的警察与护卫司的报告表明，新加坡处于支配地位，而槟榔屿和马六甲则处于从属地位。除了年度报告以外，新加坡 1929 年和 1930 年印行的两份特别报告中也提到了新加坡潮州人和福建人的非法会党（1929 年 12 月）及新加坡的广东人秘密会党（1930 年）。这两份报告表明新加坡秘密会党的关系极其复杂，同时也证明护卫司和警察局官员要把这个问题搞清楚有多难，要把那些眼花缭乱的信息一点一点地拼到一起有多么不容易。①

一　新加坡，1920—1929

1920—1929 年的十年间，殖民地的任何一块土地都非常平静，只有几次会党、族群或宗派争斗。新加坡在前几年里有一些街头斗殴，警方怀疑是新义兴所为。另外还有两次宗族争斗，一次发生在福建大街上的陈姓

---

① 　新加坡的报告分别是由 J. A. Black（1929 年）和 S. E. King（1930 年）写的，第三个报告 *Hokkien and Tiechiu Secret Societies in Penang* 是 1930 年由华民护卫司 R. Ingham 准备的，但一张纸片都没能留下。

和辜姓之间，另一次发生在码头附近的余姓和罗姓之间。这两次事件都打伤了好几人，第一次事件中还打死了一个人。警方 11 月突袭了新义兴支持的一个三合会入会仪式，从而进一步证实了新义兴的复兴。①

由于世界性大萧条的到来，经济风暴的乌云在聚集。幸运的是，粮食短缺时代已经结束，不满的理由也得以消除。但从 1920 年初秋开始，锡矿和橡胶的价格猛跌。贸易萧条是 1921 年的一个显著特征，而且所有的族群都尝到了其滋味。华人中有人失业，主要是在乡下的劳工，他们以前是矿工或铁路建筑工，但是成千上万来自中国的新移民又加入到这群人当中。②

就业的缺乏导致团伙抢劫和其他暴力犯罪的增加。新加坡很容易受到临近地区来找工作的人的影响，由于没有工作，他们就去犯罪。武器是很容易到手的，因为与北欧进行贸易的船上的船员把德国制造的自动手枪走私到东部农村一带，尽管警察抓住了很多，但逃脱的部分就足以让警察头疼。③ 于是毫不奇怪，秘密会党活动在 1921 年增加了，发生了多起街头斗殴。其中一次非常严重的斗殴发生在中国农历新年，也就是 3 月，潮州人之间因赌博而争吵。8 月，来自巴利巷（Bali Lane）的一个团伙与来自福建的陈姓团伙有过一场械斗。但是，新义兴是最恶劣的罪犯，他们在 1 月与所有福建陈姓人团体斗殴，接着又与新公司械斗。他们这有不少人被

---

① CP *AR*，1920，paras 15，38；SS Police *AR*，1920，paras 80 – 81.

② 1921 年有 191043 人经海路到来，98986 名统仓旅客离开新加坡回到中国，新加坡的中国移民增加了 92057 人。

③ 1919—1921 年统计的严重犯罪 1919 年、1920 年、1921 年谋杀案分别为 31 件、46 件、70 件，企图谋杀分别为 13 件、8 件、19 件，团伙抢劫分别为 24 件、65 件、106 件，抢劫 96 件、122 件、172 件。

1919—1921 年间的严重犯罪统计

年份	1919	1920	1921
谋杀（件）	31	46	70
企图谋杀（件）	13	8	19
团伙抢劫（件）	24	65	106
抢劫（件）	96	122	172

（SS Police *AR*，1921，para. 114.）

捕，总共有 360 人遭驱逐。①

　　1922 年，局势继续恶化。互相敌对的广东流氓在街道上进行枪战已经是平常事，直到有一人被判死刑并被处决之后，这种形式的斗殴才有所收敛。这些团伙主要靠组织赌博和团伙抢劫为生，护卫司和警察对广东人开的赌博中心开展了一系列袭击行动，特别是在港口上下船的地方，逮捕了 113 人，后来这些人均被判刑。这有助于割裂他们的活动。接着，他们于 11 月包围了新辜（Sin Koh）街的一个危险团伙，其时，该团伙正在进行一场决斗。结果，一匪徒被当场打死，3 人受伤——1 名警官和 2 名侦探，23 人被捕。几个被捕的人遭到驱逐。

　　发生在马六甲村地区的潮州人房间（Pangkeng）② 与帮会之间的稍不那么严重的斗殴也零零星星持续到 8 月。3 人因谋杀罪被判死刑，其中两个被处决。这些人中有两个跑到米惹岛（Pulau Minyak）避难，这里是福潮琼的藏身之地，在护卫司和警察的一次联合行动中被发现。潮州帮在马六甲村开发的赌博被镇压。护卫司和警察经常光顾房间，把斗殴一直压制到年底。这时，另一秘密会党会员犯下了谋杀案。

　　新义兴和新公司之间的仇杀在 1922 年有所增强，因为前者打算牺牲对手的利益来扩大自己的势力范围。新公司与陈姓人联合起来对抗新义兴，双方都采取了抽丁和广泛勒索的手段，犯下了许多谋杀案，但谁也搞不清是谁干的，因而双方受到鼓励，继续实施暴力犯罪。尽管很多人被逮捕和起诉，暴力活动仍在继续。

　　第一次冲突发生在 1 月初，那时新义兴和它的潮州对手福潮琼进行了一次严重械斗。同月底，新义兴在上沙球劳路（Upper Circular Road）的戏院里明显是无缘无故地用刀和斧头攻击别人，当时就有 4 人被杀，几人受伤。2 月 9 日，还是这个会党在雪兰莪路附近举行了一场入会仪式。事先得到消息的警察突袭了现场，26 名男人和一名妇女被捕并判刑。不久之后，在新公司全副武装穿街过巷去报复新义兴的侮辱的路上，17 人被捕，后被判有罪。

　　对入会仪式的突袭和对新义兴、新公司及福建陈姓人房间团伙领导人

---

① CP *AR*, 1921, para. 14；SS Police *AR*, 1921 & SS *AR*, 1921.

② "pangkeng" 是指一群人租用来睡觉、聚会和存放行李的房间。

的逮捕和驱逐，骚乱有所平息。但是，尽管变换了花招，骚乱在7月再度复兴。除了街头斗殴外，小团伙还精心策划攻击敌对会党的个人。接下来的三个月里，护卫司至少接到38起砍杀案件和2起枪击案件的报告，还包括7起凶杀案。这些攻击安排得如此仔细，以致进攻者每一次都能毫无困难地逃离。新义兴显然没把对当局的恐惧当成一回事，于8月21日在靠近杰维斯路的地方举行了一场入会仪式，由于警察事先得到通知，在现场逮捕了15人。

有责任心的华人开始对反复发生的街头斗殴产生警觉。10月，华人参事局开会讨论福建非法会党无法无天的现象。11月，福建会馆的主席和委员与福建宗族的领导人一道，在护卫司的鼓励下组成了一个仲裁委员会。这很快被证明在械斗造成巨大损失之前对阻止争吵和解决争吵是非常有用的。这是一种新进步。在镇压开始之前，会馆就避开了秘密会党的纠纷。随着驱逐令进一步起作用，械斗的数量渐渐减少。这一年，339名外来人口被驱逐，99人被判违反《社团条例》，其中62人是三合会员。其他22人的案件悬到年底。

护卫司把这次"例外的违法"归因于三个方面：经济萧条使许多身强力壮的人完全或部分失业；新义兴与早已明确了的对头对勒索区域的争夺；中国国内局势不稳定的影响，以及从中国带来的族群观的影响。

仲裁委员会的工作一直持续到1923年，大大减少了新义兴和新公司之间的暴力冲突的数量，但仍有两个严重骚乱阶段，一次在2—3月间，另一次在7—8月间。不过，这一年双方的恶棍有组织的勒索和抢劫增加了，而且还扩散到农村和城镇。航行的必经之地——峒叻也成为有组织抢劫的目标。

2—3月间的骚乱是小团伙的成员与几个杀人犯实施的一系列行刺事件。世仇最终被福建会馆解决了。但7月底爆发的械斗更加严重，它源于新中华和福潮琼这两个潮州会党之间的争执，但最终牵扯到整个新义兴和新公司以及他们的支持者。

新中华形成于1921年，是新义兴的潮州人分支，招募了很多成员。1922年，规模甚大的非法潮州会党，即福潮琼与新中华相互联合，但两会党为7月半鬼节时在岛上农村地区的"募捐"权吵了起来。于是福潮琼与新中华解除了联盟关系，成为新中华根深蒂固的敌人。接着，福潮琼中又加入了另一个非法组织诏安合顺兴（Chiau An Hop Soon Hin）（来自诏安的福建会党），后者对新义兴在这一年早些时候谋杀其一名成员怀恨在心。新公司也被拉了进来。因此，新义兴在支持新中华的过程中开始全面参与械斗，本来两会党间的小小争吵变为地下秘密会党的两大主要对立阵营的争斗。对阵形式是：

> 新义兴（福建）对新公司（福建）
> 新中华（潮州）对福潮琼（潮州）及合顺兴（福建）

械斗于 8 月 3 日在河谷路和码头展开。8 月 8 日，新义兴用矛、刀攻击麦波申路（Macpherson）的新公司成员，11 日，合顺兴的两个成员大白天就被一伙持有武器的人谋杀，这伙人是从芽笼路（Geyland）前往谋杀现场的。17 日，河谷路和船码头的战火再开，警察的逮捕行动才使其平息，有两人，其中一人是新义兴所谓的"内阁"成员，因在芽笼路谋杀合顺兴的成员被判有罪，并处决。

另一次街头械斗带有"族群"性质，与秘密会党无关。当时福清（Hokch'ia）和兴化（Hinghwa）的人力车夫因在大饭店外争车位发生争吵，于是发生了斗殴，但是没有进一步的发展。

报纸和立法会关于制止暴力犯罪流行的讨论表明大众非常不安。10月召开的一次立法会上，非官方议员，陈祯禄（Tan Cheng Lock）[①] 提议成立一个委员会。该委员会由"华人社区中值得信赖和精力旺盛的人组成……他们是从新加坡所有城市中选出来的。如此一来，城市的每个部分、每条街道，也许是一组街道都会有一名代表"。这样，他认为罪犯将会被登记在册，谁制造了麻烦就可获得他的信息。这与 1854 年新加坡暴动之后所提的建议一样，但是每次都没有任何结果。这种办法非常累赘，与会党被禁之前通过会党首领来运作的制度一样，它也会导致滥用职权和腐化堕落。

12 月，政府提出修正刑法的议案，增加了武器弹药条例中对罪犯的惩罚，对各种不同的勒索增加了鞭刑。在讨论过程中，陈祯禄一方面承认

---

① 拿督陈祯禄，太平局绅、爵士。

有空前的违法行为存在，但一方面认为这是一个暂时性阶段，鞭笞没有必要。另一个成员罗泽肯（Lowther Kemp）提到新加坡最近一个案例："成员飞舞旗帜，敲锣打鼓地向前走，将同胞杀死在家中。"在这样一种局势下，他认为需要采取极端猛烈的矫正手段。该议案被及时通过，成为法律。

同时，护卫司和警方再一次幸运的逮捕了一个大团伙，这些人刚从实里达（Seletar）参加完入会仪式回来时被抓，18 人被判有罪。警方还尽力包围新义兴和新公司所有有名的首领和三星党的头目，对这些人的逮捕和驱逐使他们的一些同伙至少暂时离开了殖民地，并把活动转移到槟榔屿、马六甲和马来诸邦。警方在情况糟糕的地区有加强力量，增加巡逻，给报信人的奖金也大大提高，还提出要从印度征集一批新兵，组建一支处理街头斗殴的特别武装警察。这一年，76 人因违反《社团条例》被判刑。[①]

当局的努力和秘密会党首领的被驱逐显然有一定成效，也许还有因1922 年 11 月橡胶限制方案的采用而改善的就业条件的帮助，局势有所好转。华人流氓团伙中仅发生了几起孤立的斗殴和抢劫案，举报新义兴和新公司的勒索和抢劫案也比以往少了很多，海南流氓团伙之间的敌对引起了一些小纷争，新义兴和新公司内部的福清人和兴化人之间有些争吵，可能是前一年的人力车夫械斗的回声。这一年唯一一次严重的暴乱发生在潮州人的新中华和潮州陈姓房支之间。8 月，马六甲村的两个劳工发生争吵，他们各自把争吵带回了自己的会党。根据护卫司的报告：

> 几次小争吵之后，更大规模的冲突显然正在孕育之中，但警察和护卫司从房间收缴了斗殴用的棍棒，从而挫伤了计划，而且，由于其他警力的预防，双方只能通过一些小小的武装集团对个人实施一系列的刺杀、抢劫和掠夺。由于作案环境经过了精心选择，起诉很困难。有几个人在马六甲村及其附近地区被谋杀，其中一人被左轮手枪击毙，其他几个受重伤。

---

① CP *AR*, 1923; SS Police *AR*, 1923.

　　然而，警察和护卫司再次密切合作使得双方的许多首领和打手都被逮捕和驱逐，骚乱也在 9 月底平息。

　　同时，警方力量的重组和加强仍在进行，在局面糟糕的地区有强大的巡逻队在保护，目光主要集中在新加坡河和移民船的盗窃案上。

　　但是，地下社会在 1925 年又重新受到刺激，使用枪炮制造麻烦的事再次经常发生。这一年，广东帮经常为一些小事相互攻击。在福建人和潮州人的阵营里，原有的敌对情绪再次激化。5 月，新义兴和新公司福建分会的舯舡（tongkang）和驳船（twakow）① 的船夫之间发生多次斗殴，负责稻米交易运输的福建河的交通都一度停止。警察和护卫司在掌握了足够的证据后逮捕 12 名打架的人和首领，并批准驱逐他们，纷争才停下来。货船主和粮食商的代理要求撤回同意书，理由是双方的"暂时分歧"就要解决了，但逮捕行动破坏了他们的协议。他们的要求被拒绝，于是代理人也随之拒绝提供任何有关这些谈判的信息。不管他们怎么样，"和平"于 9 月再次受到威胁，只好再次根据《驱逐条例》采取行动。

　　然后，到了 12 月，这一年中最严重的暴乱发生了。这次是在两个潮州人会党，即新中华和福潮琼之间，问题还是出在河流上。福潮琼攻击了新中华，紧接着在船坞地区和米惹岛发生了一系列枪击和刺杀案件，这些地区是福潮琼的藏身之处。结果造成了两起蓄意谋杀案和至少 22 人受伤。对那些雇用新来的和不认识的打手来单独攻击个人的行为很难找到蛛丝马迹。暴乱持续了好几个星期，但很少有消息透露。在暴乱过程中，护卫司提议建立一个搜集反对两会党情报的代理机构的办法来颠覆他们，如果密告者通知警方，则不追究其行为。警方反对这个建议，但 1926 年 1 月底，就在刚刚签发了一大批驱逐双方人员的命令时，会党解决了自己的分歧。警方认为是华人总商会安排了这一解决方案，生计受河流交通中断影响的商人付出了一大笔钱作为和平的代价。警方还认为，仲裁者是得到了护卫司支持的。②

　　1925 年违反《社团条例》的总共有 43 人，其中 4 名青少年被发现参

---

　　① 货船。（驳船业由潮、福两帮把持，船头红青白多色的是福帮，船头红色的是潮帮，为了争渡头下货，经常大打出手。——译者）

　　② Wynne, unpublished ch. 27, p. 76, Quoting Encl, 7 in CSO Conf. 351/1927, 2 Dec. .

加了入会仪式。立法会上,《警察机关条例》变成了 1925 年第 9 号法律。该法规定建立一支武装警察预备队。阻止武器进口的努力导致在来往的船上抓获了 86 支轻武器,其中的 53 支来自殖民地的某个地方或个人,另有数千的弹药。来自中国的移民在入境时也被紧密监视。那一年,大约有 400 人被认为是不受欢迎的,拒绝其入境。

1926 年 1 月的解决方案给潮州人会党带来了一段时间的和平,但现在广东帮又带着毫无节制使用枪炮的特点跳上了舞台。世仇的烈火于 4 月再次点燃,接着就是一系列的械斗,仅仅在 6 月因一名枪手在硕莪街(Sago Street)与侦察巡逻队交火时被打死而停过一段时间。兴党和华记实施的一系列武装团伙抢劫,包括谋杀,更增加了大众的警戒。但到 8 月,可以相信几乎一半的歹徒被抓获,紧张情绪开始缓解。

正是在 9 月的立法会上,在回答宋旺相提问时,提到了"最近爆发的反常的暴力犯罪"。宋很希望能够保证"在镇压现在的犯罪浪潮中牺牲的"警员和市民的家属能够得到足够的赔偿。后来,他在休会期间的演讲中建议《驱逐条例》"不应仅仅用于那些臭名昭著的罪犯,还应该用于惯犯和所有在警察局或护卫司的黑名单挂了号的坏人"。他接着提出了一条独特的建议:应该授权法官,每年下一次命令就可鞭打一个人多次而不仅仅是一次,这样,那些被驱逐的人就会因为害怕被定期鞭笞而不敢回来。

来自中国的移民数量这一年创下了新纪录,总数达 348593 人。其中包括从厦门来的空前的 225834 人,他们中的许多人来自汕头(Swatow)后面的潮州,搭乘沿海蒸汽船到厦门。警方在新加坡阻止了不受欢迎的 554 人登陆,槟榔屿则阻止了 217 人,并从来往的两艘船上抓获了 86 支自动枪械和 8500 发子弹。1927 年,更强大的华人移民浪潮席卷了新加坡,总数达 359262 人,这个数字是空前绝后的。也就是在这一年,秘密会党和匪帮的骚乱达到了十年来的高峰。

这年年初,广东帮内的兴党与群义之间的世仇为争夺妓院的"保护权"而卷土重来。不仅这些团伙的成员,也包括无辜的过往行人都在街头械斗中被击毙。这些团伙还干过多次的武装抢劫。年中时,警方根据《驱逐条例》对所有知道的广东嫌疑犯进行了一次大包围,批准逮捕了 220 人。于是,这个城市少了一大帮臭名昭著的坏人。7 月和 9 月的两次大规模突袭共抓获了群义和兴党 40 个主要首领，10 月对兴党的另一次突袭使他们陷于瘫痪状态。

在 7 月的立法会上，宋旺相再次劝告大家要用强硬的措施来镇压帮派械斗和抢劫，并表示，如果政府"用强硬的手段和严厉的方式，甚至重新起用被我们中的许多人诋毁为野蛮的鞭刑"来处理这些问题，那么，他相信这将会获得殖民地上遵守法律的公民的一致赞同和支持。殖民地秘书在回答这个问题时说，所有的公众意见都无法忍受这样的建议。

这个时候，这个城市的骚乱又因为新中华和福潮琼这两个潮州会党之间再度出现的仇杀加重了。6 月，两会会员在新加坡河上再次发生争吵，本来应该是 8 月开始的斗殴基金募集拖延到 9 月。警方事先得到了通知，但 9 月 2 日在马里士他路（Balcstier）的戏院里一个不曾料到的角落发生了械斗。幸亏第二天武装巡逻队及时出现，否则骚乱会蔓延到船码头。经此挫折，福潮琼的暴徒被打散，从这个时候到 14 日骚乱结束，打架闹事的形式都限于有刀枪的一小撮人对敌对会党的个人进行攻击。在前面那短短的几天里就有 16 人受伤，3 人有生命危险，他们中的绝大多数是街上的店主，没有一个人能够或者愿意说是谁袭击他们和为什么袭击。

9 月 6 日，护卫司向警方提议，中华总商会正在开会，希望骚乱会因此停止。但是警方的信息却指的是新义兴侵入这个地区使得冲突扩大了。

第二天，粮食商的一个代表团拜会了护卫司，并要求每天从上午 7 点到下午 4 点提供一支警察卫队来保证新加坡河上的运输不要停下来。这个包括中华总商会两名成员的代表团接着会见了警察局长，通知他说商会可以解决纠纷，但当警方要求他们提供与秘密会党沟通渠道的细节时，代表团就走了，假装说要问一下，但再也没有回来。

此后，骚乱加剧了。9 日黎明时分，两个潮州渔民在靠近爱伦波巴刹（Ellenborough）的地方卸下捕获物时被枪杀，攻击者逃进聚集在码头上等待拍卖鱼的人群中。第二天，一名潮州人在西贡岛（Pulau Saigon），另一名在芽笼被砍伤，当时五个攻击者逃进米惹的红树林里。另外五个潮州人在夜里被打死。在克莱台（Clyde Terrace）发现了新义兴发的一张布告，警告人们要待在家里，以免被误认为福潮琼成员。

13 日，又有三个潮州人在破晓时分店铺准备关门打烊时被刺伤。第二天，又有一人在雪兰莪路被枪击，但是攻击他的三个枪手中有两个被一个马来亚一等兵及几个帮忙的马来人和淡米尔人逮捕。还没到 14 号深夜，处理的谣言就传开了。这一点在第二天早晨得到确认，当时华人总商会发布的传单沿街散发，劝告人们停止打杀。传单上的日期是 9 月 10 日，看起来稍早的协商方案可能在最后关头停了下来。

福建人方面 9 月下旬时在直罗亚逸街发生争吵，牵扯到一般货船和马来式大号木帆船上的劳工，尽管这是一次小纠纷，却引出了两件谋杀案。对这次事件的关注在于受纠纷影响的商人及时地呼吁货船协会来调停，而且，受害者和货船协会都没有寻求护卫司或警方的帮助。①

这种源于秘密会党冲突的无法无天的做法深深地削弱了公众的信心。在有关潮州人骚乱的长长的报告中，护卫司强调受害者一方现在比以往任何时候都更讨厌向警方或护卫司署报案，无论他们受到直接暴力伤害还是被敲诈勒索，都不愿提供攻击者的情况。警方甚至更直率地提到他们或护卫司都几乎完全缺少信息。警方拐弯抹角地听说一些华人被掠为短期人质的事，每次绑架至少得付出 3000 元的赎金，但是任何情况下都没有接到报案。护卫司的报告也提到他们的解决方案和行为的秘密性问题，其中有些是已经了解的。对他们部门了解的情况，他是这样说的：

> 庞大的潮州粮食进口商的生意是靠把河流上的货船交通搅混来支撑的，他们向华人总商会提供解决争吵的办法。商会任命了一个数量相等的下级委员会，其中仅有一人参与了接下来的谈判。这个人召集 13 个货船主开会，船主任命了 5 名所谓的"仲裁者"来与会党首领打交道。其中三名仲裁者是福建人，另两名是潮州人。（他们中有一个是货船主，还有两个海峡出生的福建人坏分子，他们曾因与会党骚乱有关而被逮捕，并签署了驱逐命令，因为出示了出生证明而被释放）。
>
> 解决方案是每一方都应该给对方一对蜡烛和一匹红布，除了名义上的"红包"（ang pau），② 不用花钱。有理由相信，送给福潮琼礼

---

① Encl. 7, dated 2 Dec. 1927, in CSO Conf. 351/1927, quoted by Wynne, pp. 75 – 76.

② "ang pau"（红包）也作 Hung Pau，等于 Red Packet，就是按习惯在红纸里包上钱作为礼物。

物是在乌节路（Orchard Road）上的华人墓地的庙宇里进行的，而给
新中华送礼是在乌敏岛（Pulau Ubin）进行的。至于礼物送给谁，又
是谁代表两会党进行裁决的则不太肯定。当然，仲裁者肯定知道这些
情况，但是两方愿意接受的仲裁者显然要答应一个条件：即不得泄露
信息给政府……

这份报告认为，警方和护卫司的现存方式在阻止非法会党的增加方面
没有多少甚至根本没有起作用。现在的会党大约两年来一次"总爆发"，
随之而来的是杀手的训练和企图谋杀与绑架。报告也认为有侦探勾结秘密
会党，还有非常受人尊敬的华人时不时牵扯在内，这些使得当局对"仲
裁者"和会党内部活动的细节都不甚了解。

比如在 1923 年，陈祯禄提出了使老百姓与政府联系更紧密的方案。
这一次他的计划包括：

> 登记居住在新加坡的所有国籍的每一个人。
>
> 系统地安排装备精良、身着制服的警察在新加坡的所有街道，特
> 别是在犯罪分子频繁活动的地区日夜巡逻。
>
> 通过赢得大众的合作，唐人街应该分成许多部分，或者街道组，
> 每一部分有一名由侦探协助首领，他们一定程度上要对该区的秩序
> 负责。

在这些建议的最后我们发现了一种几个世纪前在中国实施的被广泛抵
制的，毕麒麟也于 1889 年作为镇压秘密会党方案之一提出过的制度。这
种措施过于严厉，新加坡政府或民众都不能接受。而且，它还会与"甲
必丹"制度和通过首领，无论是甲必丹还是秘密会党领导人来控制民众
的实践一样被滥用职权和腐化堕落所困扰。

在评价自 1923 年来依据《驱逐条例》和《社团条例》所采取的行动
时，护卫司强调了《驱逐条例》这个武器的重要性，但也再次使人注意
到它的不足之处，即无法触动那些当地出生的人。1923 年以来共发出了
1007 份驱逐令，只有 663 份得到执行，剩下的 344 份无效，理由几乎完
全是罪犯出示了出生证明。至于依据社团条例起诉的人，过去 4 年的数字

分别是29、20、17和27。报告提出，由于信息不足，依据该条例采取的行动与会党成员的数量比起来是微不足道的，即使跟会党首领或三星党人比也是如此。正如华人总商会所相信的，1923年仅仅新义兴就有12000名成员，"微不足道"这个成语看来非常公正。报告描写了1927年新加坡的一个典型秘密会党作为结束语：

　　这个典型的秘密会党包括许多的房间或苦力会所。房间被同一族群的许多华人租用，他们都从事同一种工作。每月租金1.5—2元。有些人睡在房间里面，其他人睡在外面。比如赶早潮运货的船员、郊区的建筑工人，还有那些喜欢远处的新鲜空气或喜欢整夜抽烟的人，他们把东西都放在这里，把这个地方当作一个俱乐部。在这个无害的中心的周围则聚集了一群职业流氓，他们开设赌场、烟馆，敲诈勒索，必要时还抢劫。

　　在他们之上是警察法庭和警察局的暗探、告密者、职业仲裁和保释者、假释掮客、律师书记官等等。这类人中的大部分是年轻的海峡出生的公子哥儿，他们可以豁免于《驱逐条例》之外。再往上就是神秘的"首领"。支撑这帮失业食客生活的经费来自勒索，每个房间都有自己的地盘，多多少少是被严格限定了的。这块地盘上的每家店铺每月交3到4元。作为回报，房间向他们提供"保护"，比如保证其他的会党不会对同一地区再次勒索。过去，这些会党之间的绝大多数大规模争吵都是争夺"保护"权引起的。

　　同一会党的房间之间交往如何是不确定的。很可能（如）新义兴没有自己的人组成的、由自己出钱养活的"内阁"。房间的首领当然互相了解，在危机时刻，当会党希望有所行动时，这些首领就会自然地聚到一起。

　　也许互利互惠或互相合作的社团一定会在所有的华人社区里兴起。这种类型的社团在新加坡兴起是因为该市的特殊条件。这些特殊条件包括：许多地区人口非常拥挤；非法赌博与非法的成土交易的分化；政府和市政官员的腐化堕落；受人尊敬的居民对当局能否保护他们免受会党流氓的伤害缺乏信心。

同时代的另一评价饶有兴味，它出现在 1927 年 12 月的警方报告中。它写道：

> ……允许或鼓励私人或协会来充当仲裁者——特别当仲裁者认为有必要与罪犯签订信任的合同时——这种政策如果继续下去，无论持续多长时间都是有害且危险的。应该坦然承认，镇压影响这个城市大部分人口的和平与安全的会党间的仇杀是警方的主要职责。为了完成这一职责，必须给予警官适当的装备和训练。

毫无疑问，这是对已经被护卫司署采用的政策的一个挑战，护卫司号召华人总商会和其他的组织为这个城市的和平而努力。作为一种呼吁，它应该是无可指责的。但尝试这一政策的理由很清楚，就是警方与护卫司署都发现自己显然不能完成维持和平或控制非法会党的职责。护卫司署对这一实验的进展也不满意，它的秘密协议和对真相的隐瞒使罪犯得不到惩罚，于是，实验停止。

六年（1928—1933）后，起于毕麒麟和杜洛普时代的护卫司署与警察对秘密会党实施的双重控制逐渐被警察的独立控制所取代。过渡期间，护卫司署和犯罪侦察科的秘密会党部之间紧密合作，特别是在交换信息方面，1933 年底，护卫司署把秘密会党的记录交给了警方。从那时起，警方成为主要负责发现和控制非法会党的活动的责任单位，尽管护卫司仍旧是会党的登记人，并享有《社团条例》规定的登记人的权力。

但这是后来的事。1928 年的记录表明骚乱大幅度减弱。对广东嫌疑犯逮捕和驱逐了如此之多，广东人的两大会党，即兴党和群义会被严重挫伤，尽管偶尔仍有复兴会党的企图，但都得到了及时的处理。4 月和 7 月的孤立争吵导致对群义会会员的另一次逮捕。潮州人会党也受到严密监视，对河道交通更完善的规范使一些小小的争吵没有了发生的理由，而这些争吵以前往往导致严重的派别争斗。在福建人中，新义兴和新公司吵了一整年，但从来没有威胁到新加坡的和平。然而，尽管帮派之间的纷争被看作是"微小的"，他们却制造了至少 12 起谋杀案，并有 6 次谋杀未遂。

另外, 海南人集团——马来亚共产党的先驱的活动, 还引起了剧烈的骚乱。[①]

警察内部力量的重组已经开始了。华人翻译官被派到华民护卫司署、犯罪侦察科和侦探部门的办公室工作。这样做可以更容易得到信息, 更及时处理信息, 当出现骚乱的威胁时, 能够早点采取行动。华人事务委员会的组成也作了些改变, 给华人总商会和海峡华英协会各提名一人的权力, 立法会的华人成员也成为该顾问委员会的准成员。这种改变就是希望能帮助华人社区的代表之间产生更大的向心力, 使得他们与政府更密切地合作。

1929 年没有发生延续时间很长的非法事件, 尽管帮派纷争导致了许多枪击和刺杀案件。恒义于 1 月被围捕。群义在实施了一系列的团伙抢劫后也于 6 月被围剿。3 月, 新义兴内的义洪山 (Gi Hong San) 与各房成员发生严重争吵并有 1 人被杀, 这是一次威胁。警方对这起事件的调查显示, 新义兴包括不同身份的会员, 包括 "福建人、诏安人、福清人、潮州人和海南人"。反对房的及时行动阻止了他们的进一步发展, 潮州人会党整年里都很平静, 继续摆脱前些年那种嗜血的仇杀, 警方称为 "巨大的觉醒"。在某些人的领导下, 犯罪状况有了 "显著改善"。根据警方的报告:

> 各类抢劫不到 1928 年的 1/2 和 1927 年的 1/3, 是过去六年中的最低记录。谋杀和谋杀未遂案也比前两年的巨额数目有大幅下降。55件凶杀案中, 11 件属于派别或会党仇杀。

促成这样一个相对安宁环境的另一个因素可能是废除了 "容忍" 妓院的制度。自 1894 年——那时妓院登记制度已经废除——以来, 这已成为一种习惯了, 因为当局允许妓院存在, 只要妓女接受过护卫司的讯问, 护卫司就保证他们的自由, 并发给他们一张包括写有中文的 "保护券", 同时, 每个妓院妓女的详细情况都保存在护卫司署。保护券制度最后被废除时, 这些妓院就不会被容忍而是要关闭, 这样就至少会暂时性地有适度

---

① 参见前文第 300 页。

地减少。一个明显由"保护"领域引起的纠纷相应而言就减少了。

前文引用的警方报告的描述表面上看起来极大地促进了犯罪的减少，但是可能这一年最麻烦的就是警方在岛上不同地方发现了总共不少于 7 次的入会仪式。尽管所有的行动都是针对他们的，但会党仍然招募新人，并举行入会仪式。

通过总结前面 314 页上的两份报告，新加坡在过去 10 年（1920—1929）中的会党活动的数据可能看得更准确。

潮州帮和福建帮这个时候的组织模式被 1929 年 12 月的华民护卫司布莱克（J. A. Black）准备的报告揭露出来。潮州会党中，不使用三合会仪式的福潮琼或三字在新加坡有 10 个分会，在柔佛南部也有强大的势力。其对手新中华由 1921 年从新义兴中分离出来的潮州人组成，他们使用三合会仪式，仅有 4 个分会，每个都有许多附属的房。会党间各分会的纠纷很平常，所有的会党都是这样。其他的潮州人社团包括两个宗族组织，即姓何林（Seh Ho Lim）及姓陈，前者有五个房，后者有 6 个分会，其中 3 个已是濒临消亡。另一个潮州人社团是刘关张（Lau Kuang Tiun），这是一个由三姓成员组成的小社团。①

福建人一方主要有两个会党，即新公司与新义兴，他们是对手，后者更加强大。不太重要的福建社团有来自中国诏安的合顺兴、义泉成（Ghee Chuan Seng）、"20"（Ji - tsap）和 "84"（Poeh - Si）。

新公司是两个老会党——有 21 个房的源盛和有 12 个帮派的新公司的联合体（1921）。1929 年底，新公司只剩 7 个分会了。它不采用三合会仪式，而是制定了解决会员纠纷的规章制度，对武力对抗义兴会的房给予金钱上的支持，并对受伤或被驱逐的会员给予补偿。

这些会党中最大的一个就是新义兴，报告说它是 1890 年被官方解散的老义兴的接班人，它在马来诸邦、荷兰东印度公司及新加坡都有分支。它是一个三合会组织，入会仪式是三合会式的，会员的腰凭也是三合会型的。自 20 世纪初以来，它一直稳步发展。早在 1923 年它就是新加坡最大最有势力的会党组织。从那时开始，随着它主要对手新公司的衰落以及它对它的潮州分支新中华的重新吸收，逐渐变得强大，但是经历了一些内部

---

① 这是桃园三结义中的三姓：刘、关、张。

纷争后，目标就不再一致了。报告继续说：

把新义兴作为一个会党是容易让人产生误解。可能自老义兴会解散之后，会党的总堂就没有了共同的首领或者头目。可以肯定的是，最近以来该会党是由许多联系松散、相互敌对的房组成的，他们仅仅是在受到压迫时才联合起来共同行动。

在过去的五六年里，这些不同的房肯定或多或少地与许多团体搅在一起，比较有名的有8，18，24，36，72，108。这些团体中，72存在的时间很短，现在已没有听说过了。8是个与众不同的组织，全部由泉州（Chaun Chiu）的房组成。18和108如果不是同一会党也该是同盟；24和36的关系也是这样。8和24之所以选这两个数字来代表他们自己，是因为他们形成时候分别由8个和24个房组成。其他的数字则是来自三合会的神秘数字。

在列举了护卫司所知道的新加坡的60个房之后，报告继续说道：

上面所提到的这60个房不应该是新义兴分会的完整名单，它们今天不应该都存在，甚至他们不应该都在某一个时候存在。老名字经常退出，而新名字又加上去。除了8这个例外，所有的分会在从一个组织变成另一个组织时并没有经常去汇报。一个房的消失可能是由于当局的起诉，也可能是地主的驱逐，还有可能是因什么原因自愿解散。或者说，一个房在改变了它的会标后，同时又以同样的人在同一个地方或另一个地方重新出现。最后还有一种可能，即它保留了名称和组织，但停止参与任何非法活动，以避免引起护卫司和警方的注意。

这份报告引起人们关注估俚间（Kuli-keng）[①] 和新义兴分支之间存在的细微差别，它所举的前者的例子证明明显没有任何非法目的。报告继

---

① 估俚间就是按月付租的房间，经常是由被同一人雇用，或者是来自同一家族、姓氏的劳工租借，用以放他们的旅行袋或在地板上睡觉。

续说：

> 显而易见，这样的一个组织可能会因为一些琐碎的争吵而被迫去找一个同姓或同行或同村的流氓帮派作为同盟，或者因受不良影响而去敲诈估俚间附近地区的小商贩和其他人。他们可能使用三合会入会仪式，也可能不使用，但不久就会被举报成了新义兴的一个房间。这种看法有一半是对的，某个时候危险的、威胁到公众和平的会党可能经过改革就变成了一个互利互惠的组织。……

助理护卫司金（S. E. King）1930 年 3 月写的关于广东帮的报告揭示了其稍嫌松散的内部结构。开始时他们是做同一买卖的贸易商人之间互相保护和互相帮助的组织，现在却堕落成联系松散、仅有一点或完全没有组织的犯罪团伙。自称为头目和收费员的人都是失业流氓，依靠榨取成员的血汗来养活自己，强迫他们接受保护，并暗示他们拒绝就会有麻烦。入会费是 3.60 元、7.20 元、10.80 元或者更多，而且每月要捐 50 分或者 1 元钱。很少给收据。绝大多数成员都不是积极活动的犯罪分子，缴钱仅为保护自己。

报告继续写道：

> 他们不是真正意义上的会党，而是使用不同名字的失业罪犯的联合体，在群义、新会群名字下从事犯罪活动。……广东会党的历史已经成为关于抢劫、敲诈勒索、保护妓院和赌场、团伙内部斗殴的武装帮派的悠久传说。他们斗殴的原因一般很琐碎，比如争夺某个妓院的保护权；争收赌场税，甚至是因为某帮成员骂另一帮成员的几句话。
>
> 几乎所有的武装抢劫案都是广东帮干的，1926 年、1927 年时达到了令人震惊程度。帮派内部用手枪对射的事经常发生，甚至大白天出现在大街上，以至于 1927 年年中，侦察部门申请要给广东会党最为出名的 220 个三星党人发驱逐令。这些命令很大一部分被执行，因此，1927 年底，广东帮的活动大大减少。除了一些孤立的枪击和团伙抢劫事件外，还有些就是像扒窃、敲诈沿街叫卖的小贩和妓院这样的小案件了。1928 年、1929 年，活动没有明显的复兴。

在列举了护卫司了解的 19 个广东人的"所谓的会党"——其中最主要最危险的是群义、新会群、兴党（Heng Alliance，其中包括五个会党：兴记，Heng Kee；兴义，Heng Yi；兴华，Heng Wah；兴友，Heng Yau；兴侨 Heng Kiu）、① 和记（Woh Kei）② 与华记，报告描述了他们所卷入的事件，它写道：

> 从新加坡目前的情况看来，很难扑灭这种零星性质的犯罪。《驱逐条例》是一个强有力的武器，这可以从 1927 年的发出的 220 份驱逐命令后除了个别事件外，持枪歹徒已被消灭的情况看得出来。但是，《驱逐条例》仅仅让病症有所缓和而不能治疗。毫无限制的移民和随之而来该市的大部分失业人口的存在、地区人口的过度拥挤以及公众热情的缺乏只对持枪歹徒有利，却牵制了警察。阶段性的平静毫无例外总是在犯罪高发之后。由于上述情况普遍性，最根本的办法应是允许广泛使用《驱逐条例》。

这些报告在描述团伙的组织结构和会党组织方面非常有帮助，不幸的是，他们没有考虑过安排和执行三合会入会仪式的代理机构或组织，也没有考虑到这些机构和使用三合会仪式的会党与犯罪团伙之间的关系。

二 新加坡，1930—1941

20 世纪 30 年代引人注意的主要特征就是更强大的会党的衰落以及秘密会党的进一步分裂。义兴组织的一些东西仍然保留在以数字命名的集团里，许多帮派都属于这些集团，但新义兴的领导层却没有明显的控制权。警察由于组织的改善、情报更准确以及记录更详细，逐渐能够获得秘密会党的全面知识。这一点也得益于对华人移民的进一步限制和这十年间的前几年里成千上万的华人因马来亚的猛然衰落而不得不回国。而且，（英国警察部门的）政治保安处一直对所有政治团体及其分支给予密切监视，

---

① 另外还有一种关于兴党的组合形式：兴发和兴华。
② "Who Kei"即"Woh Kei"（和记），是广帮七方八面党万义的分支。——译者

阻止地下世界的秘密会党用盘剥来的钱财支持政治目标，直到第二次世界大战开始。尽管秘密会党在马来亚从来没有完全消失，但准确地说，它的影响再也不明显了。

1930 年的情况在护卫司的年度报告中有所反映。因为贸易萧条对橡胶工厂造成了特别大的影响，劳工纠纷比平常要多。一个夏天，仅仅这一个行业里就有 1000 多名苦力失业。海南工人挑起了几起事端，但没有出现严重事态。批发业解散了，锯木厂、储木厂、凤梨罐头厂的工资也全面下降，此时共产党还煽动了几起没成功的罢工。在机械业中，除了新加坡的一个大型企业，都遇到了萧条景象，采取了短时工作制，但没有解雇工人。下半年，有 500 家店铺关门。①

经济萧条显然对秘密会党造成了不利影响，因为不仅有大批的人回到中国，而且留下来也不能给予通常那样的经济支持了。头三个月里，许多的武装抢劫都是合兴义（Ha Heng Yi）这个广东团伙干的，而一定数量的敲诈勒索和小偷小抢是福建的小团伙干的，除此之外，任何秘密会党的犯罪都不值一提。潮州会党之间的纠纷被及时的干预所扑灭，但三合会的传统仍旧存在，因为有一场入会仪式被警方偷袭，逮捕了 14 个潮州人，并定了罪。

1931 年尽管没有发生大的骚乱，却也不平静。前三个月里，潮州人会党新中华内部的骚乱导致了义少华（Gi Sio Hwa）和义中华（Gi Tong Hwa）这两个分会之间的多次街头斗殴。在争端解决之前，两名成员因谋杀罪被绞死，许多人被驱逐。另一场会党之间的斗殴发生在新中华的一个分会与福建集团中最有实力的 24 会，双方各有一人被刺杀身亡。此外，还记录了 29 次福建会党成员之间的斗殴，都是因琐事引起的，其中一次有个成员被枪杀。

广东帮因受警方困扰，许多成员不得不迁到柔佛和马来联邦。无论他们到哪里，都会被与当地警方一致行动的殖民地侦探追踪。缴获了两个最危险的广东人会党的三份重要文件和其他会党的 8 份文件，所有文件包含了有关成员和内部经济状况的有用信息。

警方对他们所实施的控制措施非常满意，并把这一成功归于专业指挥

---

① C AR, 1930, para. 16.

部和侦察人员的预防作用，他们能够对这种形式的犯罪进行调查和咨询，必要时可以召集大批的机动侦探和警察。也有经济方面的原因：失业和贫穷严重地影响了会党和流氓团伙的收益，降低了他们的勒索水平。自由妓院的废除也限制了可勒索的领域，缴纳保护费的娼妓和其他人越来越愿意向警察报告。尽管仍有许多的骚乱及骚乱带来的威胁存在，警方已经能够维持公正的社会秩序了。①

到 1932 年底，福建会党中仅剩下大约由 70 个房组成的五个集团，这其中有一半也难以为继了。这些福建房成员之间大约发生了 20 次斗殴事件，但是只有 4 次是所有的帮派都参与的。另 3 次事件是福建帮与广东帮或潮州帮斗殴。潮州会党的势力看起来在削弱，两个活跃的会党 1931 年已经不存在了，曾经令人恐惧的福潮琼也没有惹麻烦。潮州帮内部发生过 8 次小规模斗殴，还跟福建人的 24 会发生纠纷，但没使用武器。广东帮也比较安静。当群义的两个小分会发生冲突时，有 4 人被刺伤，1 人致死。群义与兴党之间也发生过一次对杀事件。有人注意到他们有时候会携带武器，并偶尔开火，但显然是为了恐吓。参与兴党创建的一个分会——兴友——企图复兴，但另一分支却因 4 名成员被判刑而削弱了。这年底的警方报告是这样说的："会党和帮派造成的实际损害几十年来第一次几乎可以忽略不计。"报告还把这归功于以下几个方面：及时掌握信息这个"永远辛苦的"工作，打击出名的首领，及时惩罚或逐出那些威胁和平的人，这些使得警方在会党完全建成之前就瓦解他们。②

1933 年的福建人和潮州人会党的情况与上一年差不多。除了如果不是警方及时干预可能会很严重的新公司与潮州林姓的械斗外，别的都是些小争吵。但广东人会党虽然受到警方报告的挑战，却开始复苏并强大起来，到年底已经成为维护和平的一大威胁。这次复兴部分是因为 1932 年出现了新情况：这年年初，失业华人船民组建了一个船民联盟。"这些人厌烦了河岸上水手长和屋主的贪婪要求，又面临着越来越多的求职困难，便建立了一个非正式的船民之家，其真实目的是想在一定程度上发泄他们的不满。"

① CP *AR*, 1931, para. 8; SS Police *AR*, 1931, paras 97-101.
② SS Police *AR*, 1932, paras 114-115.

警方的提前袭击暴露了一大批成员，事情被转交给护卫司署处理。有了主要运输公司的合作，护卫司打算通过这个联盟建立一个劳动组织。问题的复杂性使之难以找到一个满意的解决方式，不过，该计划从一开始就被两个对立的因素弄糟了。第一个就是共产党机构渗入联盟中，利用联盟来增加他们与当地劳工接触的机会，并通过送快信的船民与马来亚之外的红色组织建立联系。另一个因素就是双方（联盟和河岸水手）都利用了秘密会党组织。联盟通过每月向广东人会党定期捐款来保护其成员，而河岸水手则从兴党那里寻求同样的帮助。双方之间怨恨很深，发生了几次严重袭击。警方认为这种"攻击、恐吓，甚至从船上绑架的事已经有很长时间了"。警察采取了特殊的预防措施，并经常给予保护。除了这些直接的因素，广东人社会里的士气也因就业而提振了，许多的武装抢劫案件和敲诈勒索的全面增长值得关注。①

1934 年的模式大致相同，福建帮内部发生了 20—30 起斗殴，其中有 3 起使用了火器，两起事件中，福建团伙得到了广东人的支持。在潮州人当中发生了 13 起帮派斗殴，其中一起是与一个福建团伙进行的。这些斗殴大都没有使用武器。据报告，广东帮"比以往平静"，因为成员甚至担任职务的人经常改变效忠对象。该帮共犯下 4 起谋杀罪、1 次谋杀未遂、13 次抢劫罪。其中一起谋杀事件是广东帮的一名成员在波普乔（Popejoy）巡视官大白天进行例行检查就要进入一家当铺时，凶手向他射击。尽管射击是在商店所有职员面前进行的，歹徒还是沿着拥挤的通道逃走了，即使在逮捕之后，仍很难获得其身份证明。

这次谋杀之后，警方对有点名气的广东歹徒采取了镇压，结果有 27 名首领和 40 名成员入狱或被驱逐。不过，第二年有两起广东帮的谋杀案，其缘由是通常的保护纠纷。其他至少还有 7 次广东人斗殴使用了武器。另外还有 20 桩抢劫案是广东团伙所为，有些使用了武器。广东帮企图在圣诞岛上的磷酸盐公司的劳工中建立兴党的分会，但因被发现而失败。

在福建集团当中，新义兴的 24、18 和 108 等会在保护权争夺中很活跃，经常与新公司作对。争夺的主要保护目标就是咖啡店里的女服务员。在关闭了官方认可的妓院之后，这一职业变得非常流行，许多女服务员都

① SS Police AR, 1933, paras 97–101, 117; 1935, para. 138.

是暗娼，他们为流氓团伙提供了剥削的空间。到了这样的程度，当局就要严肃考虑不让女人从事这种职业的问题了。

在潮州会党中也发生了几起刺杀案件，尽管没有人受重伤。在 7 月中旬，出现了往常的小规模勒索案件的高峰，导致五个臭名昭著的首领被定罪，并最终被驱逐。就业条件，特别是在柔佛的改善，使一些潮州房成员涌到柔佛去寻找工作，房就空了。

如前几年一样，警方的报告引起了人们对福建会党中海峡侨生不断突出增长的注意。有人发现新义兴的几个管理层人员是当地出生的。这份报告再次强调，仅仅是因为警方从不放松的警惕性才使殖民地杜绝了由于非法会党活动而产生的严重骚乱或纷争。①

1936 年因为福建帮与潮州帮、福建帮与广东帮、潮州帮与广东帮之间的帮派冲突，以及广东帮内部敌对会党之间的斗殴（其中两个人被枪杀）而引人注目。有一次斗殴使用了火器，这次被逮捕和定罪的 4 个人（其中两个是当地出生的）被判长期监禁和鞭答。第二年相对平静，只有小的波动。福建帮中的货船船员参与了一系列斗殴，但警方对涉嫌会党的突袭阻止了事态朝严重方向发展。7 月，108 会参与了一次枪杀事件。潮州人会党特别平静，广东人会党也是 10 年来第一次没有参与谋杀。但是，这一年的最后三个月里，这些会党犯下的抢劫案比 1936 年全年还多。

警方在过去 10 年中的严厉行动以及继之而来的特别针对秘密会党组成的侦察小组毫无疑问在减少犯罪方面卓有成效。举例来说，会党谋杀案从 1927 年的 26 起降到 1934 年的 6 起，1937 年只有两起。警方的一份报告说，新加坡居民已经很长时间不能使用某一道路了，因为在一场严重的潮州会党械斗之后，这条路上铺上厚厚的碎瓶子。另外，会党的三合会性质明显减弱。1929 年，警方突袭了 7 次入会仪式，但 1930 年的新加坡仅1 次，现阶段则再也没有听说过这样的仪式。

尽管主要集团——新义兴和新公司、新中华和福潮琼、兴党和广帮等在 20 世纪 30 年代末期仍旧存在，但他们的组成单位是独立的，关于他们有效联合的证据很少。

即便如此也必须承认，威胁依然存在，如果首领们卷土重来，或给他

---

① SS Police *AR*，1935，paras 122 – 139.

们机会，或警方放松警戒，这些力量就有可能抬头。一旦日本开始侵略中国，欧洲战争随之而来，这些潜在力量就会转移到政治或工业渠道，转为抵制日货运动，转为共产党所期望的牵制英国在战争中的努力的一场工业骚乱，前面已经提到了对秘密会党通敌方面的情况。

三　槟榔屿，1920—1941①

对于槟榔屿的情况，官方 1920—1928 年的报告中仅仅简略地提了一下。显然，这里也和新加坡一样，自 1919 年反日暴动以后的 10 年间是平静的，8 个有名的会党［万安台、枋廊、贡江湖（Kong Kang Ngo）、甘光内、小鸡爪山（Seow Ke Iau San）、乾坤、新高潮（Sin Kow Teo）和老高潮（Low Kow Teo）］中只有甘光内和贡江湖惹麻烦。这两会党在大街上械斗，后者的一名成员被杀害。结果，甘光内的 4 名成员被捕并被判 5 年苦监，其中 3 人是市政消防队的成员。这一年里还发现了一个新的由妇女管理的会党，即一路香（Ghi Lu Siah），它可能是一个以养老为目的的会党，一般由华人妇女组成。不过，最终也被解散。

1921 年还有点小麻烦：大鸡爪山和小鸡爪山两伙流氓之间发生了冲突；而在湖内（Relau）和浮罗山背（Balik Pulau）地区，马来亚红、白旗会之间发生斗殴，使得好几个人被逮捕。

尽管许多首领被法庭定罪，这两个华人团伙在第二年里还同样活跃。1923 年，他们之间又有了麻烦。这一年聚众赌博增长特别快，可能是由于从新加坡涌来了希望逃脱警察注意的歹徒。

从 1924 年到 1926 年，没有什么扰乱殖民地和平的事，但是 1927 年是新加坡的危机之年，有迹象表明，槟榔屿的会党活动在增长，年底，谋杀案从 1926 年的 5 次增加到 1927 年的 15 次。骚乱的原因是新义兴的几名首领从新加坡逃到槟榔屿，并在槟榔屿组建了一个由福建人中的建筑工、石匠和人力车夫组成的分会。10 月 1 日，15 个主要来自瀑布路（红毛花园路）采石场的石匠谋杀了石材店老板，因为他拒绝加入会党，也

---

① 仅有的资料包括：P. of C. *Ars*；SS Police *AR*；Report by E. V. Fowler，Asst Cmmr，Detective Branch，Pg，22 May 1930（quoted by Wynne，ch. 27 – unpubl）。

不让他的劳工参加。此后举行了许多入会仪式，也有证据表明当地的两个会党：小鸡爪山和甘光内与新组建的新义兴会有关联。一个很有名的秘密会党首领 1928 年 3 月 6 日在吉打路的一间屋子里举行入会仪式时遭到警方袭击，逮捕了 11 人，所有的随身用具被收缴。

9 月之前就再也没有听说过新义兴的消息。而 9 月有一名福建人向吉宁万山（Chowrasta Market）的巡视员举报了另一个摊主，结果他被仇敌雇人谋杀了。4 天后，一名侦察小组的线人因曾向警察提供消息，致使与这次犯罪有关的一些人被逮捕，也成为在升旗山上举行的仪式的祭品。

至此，新义兴的 12 个房已经全被警方掌握。其中一个是浮罗池滑（Pulau Tikus，三合会的一个势力地带）的一家店铺，另一个是在坚打巷的一间店铺，但其余的则是会党从汕头街（潮州）、港仔墘（湾头仔街）（Prangin）、姓王公司后街（Macalister Lane）及其他地方租来的单间房屋里。在升旗山仪式谋杀案发生两天后，警方同时袭击了所有已知的房，逮捕了 103 名福建人，其中 55 人被驱逐，许多人是刚从中国来的。他们抗议说如果他们不加入会党就不可能找到工作，特别是房屋建筑这个行业。这一年里，因为持有三合会的材料而进行的起诉是 7 次（18 人），而 1927 年仅有 3 次（6 人）。

1929 年 2 月，新义兴和乾坤的会员在日本街（日本横街）（Cintra Street）发生了一场严重骚乱，之后，另外九个新义兴会员被驱逐。1928 年 10 月至 1929 年 3 月间，新义兴总共有 77 人被驱逐，尽管其会党仍然存在，但活动减弱了。

两个本地会党，即小鸡爪山和甘光内一向都是与本地三合会（乾坤）作对的，不清楚为什么会与也是三合会的新义兴联合，唯一的解释是可能他们希望加强力量以对抗本地三合会敌人。新义兴与乾坤这两个三合会党之间的斗殴是可以解释的，因为乾坤是在槟榔屿建立的一个三合会党，必然抵制从新加坡来的会党与他们竞争。还有可能是因为他们各自代表不同的三合会会堂。新义兴肯定是第二堂的；乾坤可能是第一堂，即槟榔屿和胜会的后代。

警方报告中还有一些关于那时的会党组成的信息。新义兴的组成已经说过了。所有的房都是 108 集团的，使用三合会仪式，会费是 10.80 元，另交仪式费 1.36 元，月捐 1 元。小鸡爪山会员则由出租车司机和赌场捐客组成。甘光内的成员主要是叫卖小贩、港口苦力和市郊的养猪工人。乾坤主要从东方冶炼场的劳工中招收会员，但也招收来自中国大埔（T'aupak）、兴化和仙游地区的人力车夫、中央市场的菜贩子和九大苦力所的苦力。大鸡爪山总是在双方之间不偏不倚，保持独立，其成员包括过港仔（城隍庙街）的橡胶厂工人和渔民。

1929 年经过了 2 月那次斗殴后就再也没有其他的会党纠纷，警方便把注意力转移到镇压槟榔屿、威省和天定地区的赌场上来。1930 年也很平静，但新义兴 11 月举行了一次入会仪式，遭到警察袭击。24 名被捕的福建人于 1931 年被判刑。这一年，华人和日本人的关系因中国的政治事件而非常紧张，并随着 1932 年日本入侵满洲和进攻上海达到顶点。随后，槟榔屿的这种紧张和不安情绪因当地华人报纸的煽动性报道而加剧，3 月 5 日，一名暴徒攻击了中央警察局。8 月，一枚土制炸弹被扔进槟榔屿集市以恐吓售卖日本布的摊贩，但是 1932 年或 1933 年都没有秘密会党活动的报告。1934 年的唯一记载就是新义兴与鸡爪山会在 7—8 月间发生纠纷，逮捕了一些首领。

1935 年，有的会党时不时地活动，他们是新义兴、二条路（Ji Tiau Loh）① 和一个名叫新乾坤的会党。新乾坤可能就是新的乾坤会，从这可以看出老的乾坤会被以某种方式重组了。新义兴和新乾坤 1 月发生斗殴，前者的首领被捕并判了刑，它的另一首领因 3 月的非法威胁被判 6 个月的徒刑，后来被驱逐。新义兴的一名前成员因为担任海关的线人被刺杀，12 月，北海（Butterworth）的一名公共汽车业主被谋杀，因为是他透露信息使得三合会材料被收缴。

1936 年和 1937 年唯一的会党活动记录指的是 1937 年发生的两个案例。一个案例中，一名广东人被刺伤致死，一名福建人严重受伤，都是新义兴所为；另一案例是一次小小的暴动，牵扯到新乾坤和一些博亚人（他们是来自西里伯斯岛②的移民，通常是卡车驾驶员）。

其他的情况就不太了解了，直到日本占领之后，正如下文要说的那样，槟榔屿出现了同样的秘密会党模式，新义兴在这其中起了积极的作用。

---

① 二条路是指 Noordin Street，槟榔屿黑帮喜欢以街道俗称立名。——译者
② 西里伯斯岛（Celebes），印度尼西亚苏拉威西岛之旧称。——译者

四　马六甲，1920—1941[①]

这一阶段了解到的马六甲的情况比槟榔屿的更少。1920 年 1 月到 6 月，客家人和福建人之间斗殴，但是 1921 年的所有记录中没有关于秘密会党活动的情况。第二年，有信息表明乡村的马来亚人加入了秘密会党，目的是避免他们所讨厌的关注而不是为了非法的目的。护卫司署收到了大量的匿名请愿书，都与马六甲边界的麻坡的三合会宣誓有关。结果发现了一个名叫汉义馆（Han Ghi Koan）的非法会党。根据《社团条例》，19 个人被判刑，并被命令具结保证其善行。从这一点可以看出，危险不大。马六甲地区的潜在不安是因为以柔佛的昔加末（Segamat）和麻坡地区为基地的秘密会党在活动。

与槟榔屿一样，因新加坡警方扫荡歹徒行动而逃出来的难民于 1923 年 8 月之后开始登陆马六甲。一些人很快就进了监狱，其他的则逃往马来诸邦。那些从中国南部的广东省和福建省某些地方来的新移民都是被国内战争所困扰的。这些人中不仅仅包括来自骚乱地区的难民，还包括中国国内某一党派的代理人，他们到马六甲的目的是寻找资金帮助其军队和政治运动。特别值得一提的是，客家人陈炯明将军的支持者来到马六甲并建立了与柔佛北部的客家人联系的致公堂分堂。

根据官方的报告，殖民地在 1924—1929 年间没有发生任何严重骚乱。这一时期内非法会党只有 9 名会员被定罪，1927 年有 6 人，1928 年 3 人。1929 年，犯罪（特别是入室抢劫）明显增加，但这是日渐衰败的经济状况造成的。1930 年，因为会党的捣乱出现了一些小规模的攻击行动，但是主要麻烦来自被描述为与"共产党"相联系的会党，他们在劳资纠纷中制造影响。

从那时起，关注的重点就集中在反日活动上了。一个海南人学校的校长 1931 年被判刑，罪名是鼓动成立抵制日货社团。还有一次小小的骚乱，一名华人暴徒与警察发生了冲突，当时警察想保护一名被怀疑出售日货的华商的店铺。与 1932 年中国国内的情况相呼应，抵制日货运动进入一种

---

①　Sources are：Mal. *AR*.，P. of C. *AR*；Wynne. Ch. 27（unpublished）.

狂热状态。此外还发生了一些事情，如割去一名华商的耳朵，还有几起泼硫酸的事件。失业在马六甲地区和其他地区一样明显，无业游民团伙之间多次发生冲突。大批大批的赤贫劳工返回中国，除了1935年福建渔民的两个团伙之间发生过一场斗殴之外，战前报告里没有别的扰乱和平的记录。毫无疑问，秘密会党一直存在，但是他们的活动明显没有乱到足以引起这阶段的官方记录的注意。

五　马来诸邦，1920—1941

从1920年到日本入侵马来亚之前这段时间里，马来诸邦有关华人秘密会党的有用资料实际上非常少。但有一点很清楚，他们还继续存在，并使用三合会仪式。

跟往常一样，霹雳比其他州为三合会冒险家组织会党提供了更大的空间，与此有关的一些资料可从幸存的一直到20世纪30年代的护卫司署档案中找到，因为这个州自那时起就被日本人占领，其间的绝大多数政府记录都被毁了。

1919年到1922年，松柏馆这个招收广西和广东人的义兴会党与一个福建人会党，据说是大伯公会，从整个木歪一直延伸到实兆远都存在竞争。每个本地会党据说都是由来自槟榔屿的人组织的，每人开办一个马来人会党，义兴扶助白旗会，大伯公会扶助红旗会。在这个地区，两个警方线人被谋杀，一个是在1921年，另一个是在1922年。

在实兆远的甘文阁、爱大华（Ayer Tawar）、双溪万齐（Sungei Wangi）和新邦安拔（Simpang Amput）一带发现了一个名叫福和胜的会党，成员是福州人和仙游人①。可能这个会党的名字取自原本海岸边的和胜，在前面加上个"福"字表示其成员来自福建。1919—1920年，该会被驱逐11人，包括一个老种植园主，他是福州人基督教会的一名杰出成员。这次驱逐使得一段时间内得以保持安宁，但1922年它又死灰复燃，1923年发现爱大华的一名首领携带的材料中有许多写在红布上的腰凭。这些材料

---

① 从仙游及周边地区来的人，仙游位于厦门和福州之间。（今福建省莆田市仙游县，也有写成"仙游"的。——译者）

包括会旗、本部号码、三合会最初五个分堂中第一分堂的口令。① 我们有附加证据证明这是第一分堂的和胜会的后代。此外还有即将出席入会仪式的一些新人的名单。因此,很清楚,三合会的惯例仍在使用。

来自槟榔屿和威省的万安台在班台(Pantai)的福建人中有一个分会。有人报告说华记(广东人)仍然在霹雳活动,并操纵着甲板(Papan)、伯卡(Bekor)和朱毛(Chemor)的赌博业。

在稍南边的安顺,福建仙游人的两个集团多年来一直在吵,一个姓黄,绝大多数人在这个宗族的砖窑厂工作;另一个姓王,主要是人力车夫。1922年,这两大集团之对抗引起了暴动,接着,姓黄的加入新义兴的一个分会。新义兴的总部设在双溪布鲁岗(Sungei Blukang)的海岸,其分会设在峇眼巴西(Bagan Pasir)和安顺。他们想把其他姓氏的人(陈姓、林姓和邱姓)吸收进来对抗王姓集团。这个地区的新义兴也自称423点(Si Ji Sa Tiam),给会员发放用黄色丝绸做的腰凭。② 王姓一方也组成了一个会党,自称为四点(Si Tiam)。1923年,双方发生一次械斗,许多首领被驱逐。③ 因此成立了一个名为吴公司(Goh Kongsi)的新会党,它的目标是联合王姓和黄姓反对其他人,但这个关于权力平衡的建议没有听到下文。

福建仙游的两大会党——一个源自中和(Chung Woh),另一个基本源自三合会,自称三德会(Three Virtues Society)或三德公司(San Tek Kongsi),可能是新组建的义兴会,也就是新义兴的一个分会——在怡保又处于敌对状态。1923年,法庭采取行动并以《驱逐条例》为依据驱逐了许多首领。

但1923年提到的另一个会党是广共兴(Kwong Kung Hing),由槟榔屿来的华人在霹雳河流入口处建立,成员包括马来人和华人。在马来亚发现的一份文件证明,它曾任命了3名马来人为该地区首领。该文件用汉语写成,明白地说了是三合会的,而“印章”有汉语和阿拉伯语两种。

1928年,从槟榔屿来的人试图在十八丁(Port Weld)组织三合会,

---

① 参见前文第47页。

② “4、2、3点”这个名称源自三合会密码的反读。

③ 4点可能是因为“洪”字的四笔。

至少举行了两场入会仪式，其目的是通过限制交易只能在会员内部进行来使所有的渔民入会，并控制鱼市。不久就惹怒了早已在马丹的会党——它可能是和胜会在海岸的幸存部分，他们之间发生了械斗，新来的会党被击败。给这个入侵者起的唯一名字是"三点"。但是，从战后的证据看来，这个地区在二战之前就有过现存会党与大伯公会的一分会展开斗殴的事件，后者试图在该地区建立组织，这可能是个机会。

当 1919 年逃离近打的可怕的会党领导人龙永（Lung Wing）于 1925 年重新出现时，近打抢劫团伙的记忆复苏了，但是他还没来得及聚集起一伙匪徒就被警方逮捕。没有人打算在公开法庭上出示他以前犯罪的证据，结果他仅仅被指控为一个坏人。但文件中有足够的证据来证明驱逐他是合理的，他被及时送回中国。四年后，他与以前的一个助手李方（Lee Fong）在暹罗成立了一个团伙。该团伙在吉打地区从事抢劫活动，并逐步南进到近打地区。在几起小型抢劫案之后，龙永终于跟踪到了 1925 年出卖他的人，并把他给杀了。在两年来的时间里，该团伙成功地逃脱了警方的抓捕，参与了勒索和绑架。但到 1931 年，首领被一个受害人用长矛刺伤身亡，在李方领导下的剩余团伙被围剿。

在日本发动战争前的那一段时间里，关于会党的信息不多。1930 年，双溪布鲁岗再次成为两个福建人会党械斗的现场。1932 年，在瓜拉江沙地区发现了一个由仙游的人力车夫组成的新义兴，在宜力（Grik）则发现了一个"三点会"。1933 年 3 月，吉辇马来露天海关的一名官员被谋杀，瓜拉古楼地区一个走私团伙被泄露。他们共有 11 名成员，都是"三点"的成员。他们的领导人是该村一个重要的福建人，他是当地华人学校的主席。显然，他们已经成功走私了大约 20 个年头了。该团伙的所有成员，包括领导人都被驱逐。

对护卫司署和警察局官员以及会党老会员的询问清楚地表明：尽管没有记录，同样的会党间的阴谋却继续遍及乡村，直到日本入侵为止。只要有剥削的机会，新会党就会不停地出现，这不可避免地导致了与该地区早已存在的会党的冲突。一方面是护卫司署与警察之间无休止地智力战，另一方面却是秘密会党的发起人不断地进步。

六　总结

华人会党在 1941 年底日本入侵马来亚之前的地位可以总结归纳如下：

在殖民地和马来诸邦的都市里，帮派组织参与保护—勒索活动。他们的组织变化多端，但经常是由一个方言集团组成，或者由相同职业的人组成，如果他们有工作的话。一些帮派追寻更老的三合会的足迹，并使用三合会式的名称。但是，尽管所有帮派都浸染了三合会的精神，直到 1929 年新加坡还有这方面的证据存在，三合会仪式的使用却减少了，主要是因为当局采取了严厉措施，这在新加坡和槟榔屿很明显。

三合会仪式的使用在主要城市的郊区更为普遍，因为政府的监督要松一些。特别是三合会在吉打到巴生沿海地带的渔村（bagan）① 的渔民中非常猖獗，这些村庄包括十八丁、马丹、太平、巴生和巴生港（Port Swettenham，也称"瑞天咸港"）等，所有这些地方主要都是福建人。这个海岸集团一直与槟榔屿有密切联系，似乎是从老的和胜会发展而来的。19 世纪 70 年代和胜会在这个地区占有压倒性优势。按照兄弟会传说史，和胜会是中国最早成立的兄弟会的基本组织，代表着五房中的第一房。然而，它不断受到从槟榔屿来的其他集团——以新义兴名称出现的义兴会（代表三合会第二房）和大伯公会的侵犯。

在霹雳和雪兰莪内地的农业区和矿区，广东人—广西人—客家人之中存在一条有力的三合会链条。在霹雳近打河谷，它起源于槟榔屿的两个老会党：义兴和海山，后者代表第三房。在雪兰莪，它起源于 19 世纪矿业发达时代的海山会和松柏馆（义兴会）。

总的来说，早期移民中发展起来的那种模式仍然保留，槟榔屿会党系统影响半岛的整个北部，包括吉打、霹雳和雪兰莪海岸，而新加坡会党系统的影响则向北延伸，穿过柔佛和马六甲直达森美兰和雪兰莪。但是，这两个区域没有严格的分界，因为劳工非常态的流动模糊了这种界线。

特别要注意的是，柔佛义兴会掌握的三合会霸权到 1916 年才被宣布为非法，直到这个时候，义兴会在这个州的组织及影响才不再被保留。

---

① 码头、防坡堤。也被用于指河口的渔村。

尽管有相当多的证据表明三合会的活动在 1910 年到 1927 年间复兴了，但看起来其增长势头受到了抑制。会党尽管没有被根除，但它确实没有严重地扰乱行政部门，而是保持一种隐秘状态，并利用任何可利用的机会。入会仪式确有举行，但要么是他们不常举行，要么就是护卫司署和警察的情报机构查不出。

除了三合会系列，华记在整个广东人，也包括一些客家人的社区布下了一张广泛的网络，在操纵赌博业方面有明显的优势。据说，这些会党都来源于 20 世纪早些年代的老的水陆平安会或破棺会。尽管华记在许多方面都模仿三合会，但也有其独特的仪式。

最后，在广东人、广西人和客家人劳工中还有中和堂，它是尤列那个由穷人组成的政治性三合会的后代，但是几乎已经尽失所有的政治关怀，与其他秘密会党没什么两样了。除了作为会规规定的一条，它确实提供"阅览室"或诸如此类的俱乐部设施。

20 世纪二三十年代发生了对我们研究有重要意义的两件事：殖民地，（特别是新加坡）警察力量的重组及入境移民的控制。

随着 G. C. 登翰（G. C. Denham）1923 年离开锡兰到这里任警察总监，警察力量重组工作开始了。在他的继任者 H. 费白恩（H. Fairbairn）的领导下，重组过程从 1925 年开始加快。1924 年起便直接从印度招募武装警察预备军，组成了后来出名的"锡克分遣队"（Sikh Contigent），其功能就是处理暴动和聚众公众骚乱。本打算再度从华人中招这样一个分遣队，但努力又失败了。1927 年的报告中，警察总监表示：

> 道德水平低下的贫穷苦力这类人是迄今为止唯一的申请者，不值得在他们身上花费钱财。即使有了新的兵站和良好的城市兵营，他们是否会带来足够的所需材料也让人怀疑。对香港和上海的情况的考察没有提供任何解决办法，从尽早建立一支足够的华人分遣队的角度思考，目前这个问题应特别考虑。

尽管被特别考虑了，但还是没有成功。

然而，分配在各个警察部门的华人侦探、书记官和翻译的数量有了显著增加。通过采用改善的措施，整个这支力量取得了更大的效率，特别是犯罪侦察科更专业了，这使得警察 1933 年从护卫司署手中接过侦察和调查秘密会党事务全部责任成为可能。有关这些会党及其成员的材料和记录从护卫司手中转交给了警察总监，但是合法社团的登记仍旧继续作为护卫司署的一个职责。另外，根据《社团条例》，对非法会党会员、持三合会材料者，或者任何其他根据该条例可以提起诉讼的人在被起诉之前都必须得到护卫司的批准。只有有足够的文字上或口头上的证据，护卫司才会批准起诉。有一点是不变的，即当法庭需要有关三合会的专家意见作为证据时，都是由护卫司署提供的。

正如我们所看到的一样，自从 1825 年富勒敦总督提出控制洪水般涌进马来亚的华人移民以来，这一明智选择在不同的时候被反复提起，但商人，既包括欧洲人也包括华人，反对对劳工的自由流动有任何干预。

1914 年一战爆发时，来自中国和印度的移民被禁止，以缓和被突然暂时性关闭的锡矿和橡胶市场所引起的压力。此前，从 20 世纪初开始，除了少数例外，来自中国的移民每年都超过 20 万人，1911 年达到高峰，有 269864 人。尽管战时禁令后来被修改直至废除，但 1925 年之前，来自中国的移民再也没有达到这个数字。从 1925 年的 214692 人开始，移民在第二年升到了 348593 人，1927 年达到一个新的高峰，为 359262 人，这些数字反映了中国南方的混乱状态。尽管由于橡胶业的萧条，这个数字到 1928 年降到了 295700 人，1929 年降到了 293167 人，但马来亚的移民还是有显著增长。1930 年，橡胶和锡矿价格暴跌，结果影响了所有的贸易和行业，大面积的失业迅速发生。大批华人返回到中国，政府对那些想回家的老弱劳工的补贴鼓励了这次返乡运动。另外，救济院为留在马来亚又没有生活来源的失业劳工提供住房和食物。

面临这个问题的殖民地政府与同样也面临这个问题的马来诸邦政府一道于 1930 年 8 月 1 日开始实施限制入境制度。这个措施的直接作用可以从下面这个关于从中国来的成年男子的数据表中看出来：

1931 年到 1933 年的三年间，季节性流失到马来亚的华人数目超过 500000 人，有男有女，还有小孩。

限制男性华人（1938 年之前没有限制女性华人）入境的作用之一就是被刚从中国来的会员——他们中的很大一部分是战争和贫困造成的无家可归者——激起的复兴三合会的热情明显减弱。警方于是能够集中处理渗透到乡村中秘密会党会员中的残渣。

1928 年	未限制	192809（人）
1929 年	未限制	195613
1930 年	限制 5 个月	151693
1931 年	全年限制	50120
1932 年	全年限制	18741
1933 年	全年限制	13535

　　限制入境措施一直持续到现在。1933 年 1 月 1 日实施了《特别条例》（外来人条例）。根据此条例，已在马来亚的人可以申请准许证，持有此证明的人就可以不受限制性分配额度的影响而回到马来亚，这样就加强了这些人回马来亚并定居的倾向。女人免于限制的一个未被预见的结果就是华人女子汹涌而入马来亚寻找工作。这与早期华人移民完全不同，正如我们看到的，早期移民几乎毫无例外的都是男性。除了一些福建家庭外，1853 年从厦门来的难民居于该市职业的最底层，1863 年之前实际上没有女性移民。接着，她们继续源源不断地到来，开始是小规模的，但后来就增加了。自从 1911 年开始，数目增加得特别明显。即使如此，我们还是很惊讶地说，海南岛当局直到 1924 年才允许女性出境，第一批华人女性在这一年来到马六甲，使海南社区的成员几乎酿成一场街头暴动，他们反对改变禁令，因为许多人除了在海南有妻子之外，在当地又娶妻生子了。

　　到 1938 年，女性华人洪流的到来对政府将移民劳工限制在一定数目以满足整个马来亚工业发展要求的既定政策造成了威胁，就此判断，定额限制应该扩大以包括女性。不过，华人社区性别比悬殊减小的趋势已经确立了，到日本发动战争时候，显然已有足够的在马来亚出生的华人儿童来满足所有未来劳工的需求，而不用求助于来自中国的移民了。华人逐渐成为马来亚定居地上的固定族群。

第四部分

战后马来亚

战后的反应

一　日本占领与三合会

　　1941 年 12 月，当日本军队开始向南扫荡至马来亚时，华人秘密会党成员成为被特别关注的对象。因为日本人不仅熟知与自己在本国所使用的一样的秘密会党的技巧，而且当他们开始入侵满洲时已经熟练地利用中国的秘密会党了。他们清楚这样的事实：所有的三合会都是中国人爱国主义发展的重心，并且了解到马来亚的华人秘密会党会员都参加了抗敌救援团和其他爱国组织的抗日活动。因此，马来亚的秘密会党遭到了残酷的镇压。然而，就像中国的某些秘密会党会员被利用来作为日本人扩大其宣传和影响的工具一样，日本人也决定在马来亚利用秘密会党的会员，通过恐吓首先把他们的领导人置于日本人的控制之下。1942 年 2 月 15 日，英军投降，恐怖统治开始了。

　　每个城镇和村庄的华人男性都被监禁在用带刺的金属丝围起来并有哨兵把守的区域。俘虏们一个接一个地被隐藏的告密者审问和检查，国民党员、共产党员、学校教师以及秘密会党的成员都在日本人搜查的范围之列。社会上的不良分子战前通过在大拇指和食指之间刺上三五个点来在黑社会中获得特权，现在他们发现这种做法经常会有把他们置于死地的可能。成千上万被怀疑为秘密会党成员的人与其他对抗者一起立即被关押和处决。其他幸运一点的也会被拘留，并经常受折磨。如果有钱人能为他们作担保或他们自己愿意保证在他们熟知的黑社会中作日本人的密探就会获释。三合会会员当然也曾经被英国人拘留，但在投降前就立即把他们从监狱放出来了。对侦探及其他想要通过指认这些人来从日本人那里获得好处继而与日本合作的人来说，这是一项比较简单的任务。

许多秘密会党的首领从他们以前经常活动的地方逃出，会员们一般都努力把自己隐藏起来，这是为避免被认出而进行的绝望的努力。整个国家都在日本人手中，隐藏本身也变得越来越危险。于是许多人把赌注投在了正在组建的华人抗敌军（Chinese Resistance Force）上，或加入共产党领导的"马来亚人民抗日军"（Malaya People Anti-Japanese Army，简称"马抗"，MPAJA，也称"三星军"），或加入国民党的抵抗组织"海外华人抗日军"（Overseas Chinese Anti-Japanese Army，也称"二星军"）。另一些人离开了人口集中的中心地区，逃到丛林边的村民中去生活，并且为"山里的人"提供食品。海外华人抗日军以上霹雳山区为中心，在宜力和玲珑村庄的外围活动。与近打河谷相连的霹雳山区却是马来亚人民抗日军的主要据点，共产党游击队的影响还向西南扩展到邦咯、实兆远和天定。其他的马来亚人民抗日军抵抗组织以雪兰莪和柔佛为根据地，通过走丛林小道的秘密通信员与霹雳联系起来。游击队驻地周边的城镇和村庄被马来亚抗日联合会（MPAJU）秘密组织起来以提供情报和补给。

1943 年 12 月底，东南亚司令部（South-East Asia Command，SEAC）的代表与共产党的秘书长签署了一份重要协议。根据这一协议，马抗将通过降落伞获得武器、资金和其他物品，其在日本占领区的抵抗运动可以获得东南亚司令部一支特种部队 136 军军官的帮助，这些人将通过潜水艇或降落伞登陆。作为回报，马抗答应不仅在实际战斗中，而且在敌人失败后一段时期的军事占领中为东南亚司令部尽可能提供帮助。这一协议大大增加了马抗的士气和力量，增强了他们的信心。然而，这一运动并没有用来支持英国人，而是用来反抗日本人和支持共产党。一旦马抗在联军的帮助下把日军赶出马来亚，共产党在适当的时候就会用重新装备和经过训练的军队来打败英国人，并在马来亚建立一个共产主义国家。然而，这并不是普遍的认识。同时，抵抗组织得到了马来亚华人的崇敬和帮助，但也遭到日本人的敌视和残酷迫害。

那些既没有逃过日本侦探的眼睛，也没有逃到山里的三合会会员发现他们自己不得不在某种程度上为日本人干坏事。这样做基本上为合作者提供了一定的保护，并保证他有足够的食物维持生命。而且，与日本人的密切关系有时能够为他去做有用的事情提供保护。特别是在传统上由三合会控制的北霹雳海岸，情报人员对于向联军的潜艇构成威胁的向马来亚西海岸推进的日本人具有特别重要的意义。据说，这种合作在日军攻占马来亚的最初几个星期里就开始了，他们带领日军经过一条特殊的路线到达太平，这条路线使日军能够切断一部分正在撤退的英军余部的去路。之后，像马来亚所有其他地区一样，马来人和华人领袖被迫在建立和平保护团方面采取合作态度，以保证盟军的任何行动都立即报告给日本人。保护团的总部就建在瓜拉古楼一个当地商人的住宅里。真正熟悉海岸边情况、小海湾潮涨潮落的复杂性以及红树林中的沼泽地的人自然是华人渔民，而他们都是三合会员，他们有熟练地利用这些小海湾走私鸦片的技术。因此，三合会的兄弟迫于瓜拉古楼来的压力，被拖入日本人的情报网中。但是，由于日本人一向对自己允诺要给的好处不兑现，名声极差。不久之后，这些海滨居民在日本保护者的掩护下开始了灵活的贸易，包括私运大米、食品、干椰子肉、鸦片和烟草，有机会时还进行一些抢劫活动。这种贸易逐渐从沿海地区横向延伸到达苏门答腊并向北到达暹罗。而在内部建立的包括太平、怡保和安顺在内的秘密网络使走私物品在该州得到广泛分配。得到适当的娱乐、贿赂和报酬的日本宪兵队为他们提供了全面的保护和合作。结果，吉辇的一些华商从这些经营中大大获利，他们开始成为当地有钱和有地位的人。尽管他们公开地与日本人保持密切的联系，同时他们也小心地讨好山区的游击队，秘密为他们提供食物补给。例如，他们以这种方式与瓜拉古楼和以距吉打边界山区三十英里的司南马（Selama）为中心的共产党的同情者保持一定的联系。对于很多人来说，活下来就意味着必须经常服侍两位主人：日本人和抗日领袖。

在槟榔屿，三合会组织甚至受到日本人更完全的支配，1942 年 4 月 6 日对华人男性人口的围捕中，大批男人被下狱或者被处死，有的则被虐待致死，否则就必须同意合作。所有团体均被残酷镇压。据称，新义兴同意为日本情报当局工作，其他人为宪兵队工作。但是，尽管一些人看起来是通过有问题的贸易或者被赋予小范围的垄断而致富，霹雳地区却极少有人通过合作获得好处。然而，霹雳为从槟榔屿逃脱日本人迫害的兄弟会成员提供了庇护所，在整个占领时期，两个地区一直保持着密切联系。

有资料表明，槟榔屿在日据时期曾举行过四次入会仪式，组织者是战前新义兴的一名会员，他试图在极度困难的时期把岛上幸存的三合会会员组织起来，同时为他自己提供某些形式的保护。这些入会仪式的第一次显然是 1942 年在亚依淡的山区中举行的，据说，先生是槟榔屿新义兴的黄亚苏（Ooi Ah Soh），主持人是一个来自霹雳的三合会会员，名叫杨亚桥（Yeoh Ah Geow），他此后一直生活在槟榔屿。当这两个人发生争执时，合伙关系破裂。在之后的 1943 年、1944 年和 1945 年的入会仪式上，杨亚德（Yeoh Ah Teik）担任先生一职，但杨亚桥仍是主持人。总计大约有 300 名入会者被承认为兄弟会会员。在霹雳大陆，另一来源的资料也表明日据时期在渔村（fishing bagans）举行过大约六次入会仪式，他们表明都是新义兴的"沿海"组织。显然，这些入会仪式的第一次是"日本侵略的那一年"在牛拉（Gula）沼泽地举行的，黄亚苏担任先生，十八丁和马丹的老兄弟会的杨亚峇（Yeoh Ah Bah）担任主持，有来自十八丁、瓜拉古楼和老港（Kuala Sangga）的将近 100 名入会者。一个月后举行了另一场仪式，这次入会者更多，他们来自向南直到巴西依淡，向北直到槟榔屿的沿海村庄。杨亚峇担任这次的主持，而先生是来自太平的著名的三合会人物林亚夏（Lim Ah Hah）。其他三次仪式的细节没有提供，但是据说第六次仪式是在 1945 年日本人投降后英军还没有到达之前举行的。1942 年入会的动机是利用日军入侵造成的混乱，而 1945 年冬季入会的动机则是出于对马抗报复通敌者的自我保护以及表达继续控制对海滨地区的决心。就像一个渔民所说的那样，"我进去后，我们被聚集在一起并被号召起来拯救我们自己，反抗共产党人的入侵。我们没有祈祷，面对祭祀用的香，我们发誓如果我们做错事就会受到上天的惩罚"。

在霹雳的近打河谷，也有举行类似入会仪式的证据，1941 年，三合会在所有地区秘密存在的说法可能是正确的。

随着日本战争的结束，出现了没有预料到的突发情况。自 1945 年 8 月 10 日的晚上起，日本可能投降的谣言就传遍了马来亚。但是，尽管这一消息于 15 日被证实，一般人从放松状态转而担心日本指挥官板垣征四郎（Itagaki）上将会像后来实际发生的那样顽抗。这一决定直到从东京来的天皇的外交使节传达了帝国的投降命令后才改变。其后，锡兰的东南亚司令部总部面临立即转变工作重点——从对侵略军的要求转变为对英国军政府的要求，还要对马六甲海峡进行广泛的清理——的困难，因为任何数量的英军都还要几天才能到达。英国人 9 月 3 日在槟榔屿登陆，5 日在新

加坡登陆，11 日在吉隆坡的门户摩立（Morib）登陆。英国军政府的官员
12 日到达吉隆坡，17 日到达吉兰丹，18 日到达太平和怡保，19 日到达吉
打。但彭亨是在更晚的时候才被占领的。又过了几个月，政府才允许重新
开始控制海边的沼泽地带和一向处于政府控制能力之外的更偏远的地区。
日本分别于 9 月 12 日和 13 日在新加坡和吉隆坡正式签署了投降书。

在日本投降与英军到达前的空隙里，马抗从丛林中出来，按照东南亚
司令部 8 月 20 日的指示，与马来亚共产党一道打算控制乡村。马抗占领
了警察局，共产党在许多村庄建立人民委员会进行统治，特别是在柔佛、
森美兰、雪兰莪和霹雳这些抵抗运动被高度组织起来的地区。这一行动尽
管引起了马来人的恐惧和憎恨，但是除了在被柔佛之外并没有立即遇到麻
烦。在柔佛，马来人攻击了企图控制麻坡—峇株巴辖（Batu Pahat）地区
的马抗分子。由于马抗在面对艰苦的丛林生活和一旦被捕就会受到残酷折
磨和死亡的危险时所表现出来的耐力，他们在所有地方都得到充满热情和
钦佩的华人的敬意。马抗是穿军装的华人，不仅代表了当地华人对日本人
的反抗力量，同时也是新找到的中国自身的象征。人们普遍相信，他们在
缅甸和祖国的英勇表现是日本倒台的主要原因。无论是在新加坡庆祝日本
投降的游行中，还是在正式进入怡保的庆典上，都是马抗而不是英军受到
群众热烈的欢呼。

但是，人们对新"解放者"的热情逐渐消退，尽管他们摆出马来亚
民主运动领袖的姿态，却专横残暴，霸占食品和住房，反攻倒算，铲除所
谓的通敌者以及那些违抗他们命令的人。甚至在英军到达和英国军政府建
立后相当长的时间内，人们面临恐怖威胁的状况都没有改变。食物和消费
品的普遍匮乏导致抢掠、走私和黑市交易不断增加，史无前例的犯罪浪潮
席卷了整个国家，成群结队的武装流氓们发现手枪是维持生活、进行勒索
和消灭仇敌的最容易的办法。警察机关的处境很是悲惨，它曾被日本人用
来作为镇压和羞辱华人的工具，因此受到这个群体的憎恨。由于被指控渎
职和贪污腐化，警察队伍中稍有头衔的人都溜的溜、杀的杀，警察机关的
纪律彻底松弛，没有任何秩序可言。华人的各个政治组织之间的关系趋于
紧张，马来人与华人团体之间的紧张关系加剧了局势的动荡。因此，各个
组织都在采取措施以保护自己能从所面临的众多危险中解脱出来就不足为
奇了。在这种情况下，传统的三合会作为避风港重新出现，它不仅保护那

些担心遭到马抗立即报复的人，或在政治上反对共产主义制度的人，而且保护所有那些为避免受到目前的混乱局面伤害和被勒索而寻求保护的人。

三合兄弟会的复兴开始于 1945 年 8 月，同时，洪门会（Ang Bin Ho-ey）① 在北霹雳瓜拉古楼的一个村子里成立。前面也提到过日本占领时期霹雳的沿海沼泽地曾举行入会仪式。日本投降的谣言流传的直接结果就是会党卷土重来，随之而来的最重要的事就是自我保护。这里作为三合会活动的中心，并且因在整个日本占领时期都在日本人保护下进行有利可图的进口和走私活动而声名狼藉，当地渔民和商人有理由害怕遭到马抗的报复。日本投降前夕，当这种报复似乎在逼近的时候，据说他们得到了日本官方的秘密许可，把这一地区的三合会成员组织起来互相保护。这样，由瓜拉古楼提供财政支持，由来自瓜拉古楼、牛拉（Kuala Gula）、十八丁、巴西依淡（大直弄，Big Trong）、拉哈村（Bagan Jaha，小直弄 Little Trong）、峇眼瓜拉（Bagan Kuala）、拉律和班台（Pantai Remis）这七个渔村的三合首领支持的洪门会形成了。沿海所有三合会这次联合的目的是要建立一个总部，洪门大公司（Ang Bin Tua Kongsi, Ang Headquarters）覆盖并控制了从威省到班台的所有地区。重要的是这时所有新加入洪门会的成员都被告知这一会党的目的在于为免受共产主义者的"入侵"而提供保护。据信，除华人外，有数百马来人，主要是有好战名声的马辰人（Banjarese）被从瓜拉古楼到角头（Tanjong Piandang）之间的地区征招而来，并在一个特殊的仪式上以《古兰经》的名义发誓。日据时期到吉辇和拉律避难的槟榔屿的三合会会员以及瓜拉江沙山区的广西帮都给予了支持。武器是从日本人的仓库中获得的（可能在新板），他们一看到日本投降就把这些东西收起来，并被分发给沿海每个村庄的三合会组织。然而，也有一些在瓜拉古楼落入了共产党的同情者手中。

当日本投降的消息被证实，马抗便趁统治空缺时从丛林中蜂拥而来接管了控制权。实兆远的马抗军队接管了太平，作为控制拉律的中心，而来自司南马（Selama）的军队把峇眼色海（Bangan Serai）变成了控制吉辇的中心。干这些事并没有遇到什么困难，但是，这一地区并不只有马抗的力量，他们的竞争者——海外华人抗日军的游击组织也迅速从玲珑下山，

---

① "Ang Bin Hoey"是福建人的拼法，"Hung Man Wui"是广东人的拼法。

并在瓜拉江沙建立了他们自己的根据地。在那里，他们通过合并日据时期一直在山区活动的广西帮而加强了自己的力量。由于马抗试图解除海外华人抗日军的武装又没有成功，双方曾发生了一些武装冲突。而且，当马抗想把他们的统治扩大到霹雳沿海渔村时，遇到了洪门会的武装反击。在瓜拉古楼，他们建议会党应该与他们合作建立共产主义政府，遭到拒绝。那里的三合会也拒绝向他们交出武器，结果村子里领头的华裔商人与他的兄弟被捕，并被押送到峇眼色海，他们的商店也被洗劫。他们在日本人保护下获取的财富使他们成为显眼的目标，但他们幸运地通过与被洪门会在直弄附近抓获的马抗的重要领导人进行交换而得到释放。

双方为争夺控制权而开始了武装械斗，在瓜拉古楼发生了几次激烈的冲突，其中一次大约有十名马抗士兵被杀。三合会在听到可能会遭到马抗和重返的英国人的报复的警告后，大约有 100 人包括许多在日据时期到那里避难的人，逃到了槟榔屿。在那里有希望获得有利机会。但是沿海会（Yen Hai，沿海的三合会组织）在沿霹雳海岸继续斗争。在牛拉，一位年轻的首领，也是一个勇猛的斗士——陈宁来（Chen Leng Lay）和从十八丁来的一名老三合会会员杨亚峇把共产党的势力从马丹赶到了太平。再往南，直弄地区又发生了激烈的战斗。据说，那里的几个马来亚抗日联合会的士兵受到三合会成员的攻击。然而最后，马抗获胜，三合会的战士逃到巴西依淡沼泽地附近避难。在那里，他们参加了国民党游击队。整个 9 月，战斗就一直没停止过，直到 28 日，两船受伤的三合会会员才到槟榔屿向他们兄弟寻求救援。英国到达并进行了大规模的逮捕以及解除了马抗的武装后，战斗最终结束，三合会的人才开始回到他们的地盘上。不久以后，他们重建了以前的控制方式。在很短的时间里，牛拉或瓜拉古楼没有一个人声称是共产党员，可他们既没有离开这一区域，也没有被干掉。三合会又重新掌握了权力，海盗和走私活动、赌博和保护性勒索再一次普遍起来。

二 战后马来亚的规划

英国从日本征服马来亚的震惊中恢复过来以后，立即任命了一个规划小组考虑日本失败后应采取的政策。1945 年 9 月英军返回马来亚时，就决定对宪法进行重大修改，目的是尽可能快地转变为代议制政府。

战前，马来亚的行政模式经常受到批评的理由是它的分散性。除了海峡殖民地之外，马来亚共有9个独立邦，每个都有一定的立法权，各自都有一些独立行政的要求。同时也是马来各土邦的高级专员的海峡殖民地总督联结的纽带。尽管这一安排带来了政策上的一定程度的一致性，但它并不能克服阻止马来亚成为一个行政单位的宪法障碍。在一个土地面积比不包括威尔士的英国稍大一点的国家里，这种多样性成为全面发展的障碍和贸易的困扰。

因此有人建议应该成立包括马来亚9个土邦以及槟榔屿和马六甲等殖民地在内的马来亚联邦（Malayan Union）。苏丹在宪法中的地位将有所改变，马来亚联邦将由一个总督管辖。新加坡将不包括在联邦之中，而是作为一个在独立总督管理下的殖民地。宪法模型将在马来亚联邦总督和新加坡总督之上的代表皇家的总督被任命之后完成。对于把新加坡从马来亚其他地区分离出去的原因一直没有充分的解释。在关于马来亚战后政策的白皮书中仅仅声明：

> 考虑到保持马来亚政治统一的需要，英国政府认为，新加坡至少暂时需要分治。新加坡是一个大范围的贸易集散地，在经济利益方面与大陆有所区别。①

后来的人都假定，把新加坡庞大的华人人口与马来亚联邦的华人人口放在一起，将会使华人成为这个国家数量上占绝对优势的种族，这将增加让马来人支持新方案的困难。

调和华人群体在新宪法中的地位无疑成为一个问题。华人不再仅仅是在这里待几年之后就回到他们自己的国家去的暂时移民。移民仍在大规模地进行，但是越来越多的家庭在马来亚定居下来，并且他们的后代与中国的联系越来越少。而且，无论在新加坡陷落前还是在马来亚被占领后，华人在反日斗争中所发挥的重要作用是不可否认的，尽管这一时期里华人与马来人的关系逐渐恶化，但这种恶化是日本人为了自己的目的而故意挑起

---

① Cmd. 6724, Jan. 1946.

来的。

英国战后政策的目的在于尽可能地消除不同种族之间的隔阂，并且通过建立全社会都能参与的具有广泛基础的机构，为马来亚提供发展有效自治能力的方法和前景。白皮书还提到，"在这种发展中，所有把这个国家作为祖国的人都有机会参与到国家的政治文化机构之中"。

新政策的一个直接结果就是华民护卫司署的撤销，其根据是英国军政府在刚到达马来亚时所做的一个秘密声明，它宣布这一政策"已完成其历史使命"。尽管仍有作为政府顾问的华人事务秘书，其目的在于华人今后表达意见应通过人民选举的代表而不是通过政府部门。新政策的另一半任务是检讨关于社团登记立法的必要性，以保证政党能够顺利形成，并希望这些政党能成为新政府选举体系的基础。

结果，1946 年 4 月 1 日产生的马来亚联邦宪法在恢复公民政府方面一直没有被马来人所接受，就职典礼也受到苏丹们的抵制。他们反对建立一个统一的独立主权国家，而认为应该建立在苏丹领导下的独立自主的土邦的联合邦，由每个土邦的苏丹按条约规定听取英国顾问的意见，可新宪法最终使这些土邦都成了在总督直接控制下的殖民地。不仅如此，它还给予所有在这个国家出生的人平等的政治地位。这得到华人的欢迎，他们除了希望新加坡能够被包括在马来亚联邦之内以外，明智地没有对新宪法做出任何评论。但对于马来人来说，接受平等政治地位的原则就意味着自身最终政治地位的下降以及对国家统治权的丧失，因为本地出生的华人人口增加非常快，以至于本地出生的马来人眼看就要被超过。诚然，苏丹们同意接受作为新宪法的基础的一些提议，但这种同意是在英国军政府成立的头几个星期里，由英国密使对每个统治者做轮流拜访时做出的，苏丹们之间没有互相交流的机会。并且，密使提议的方式是不乏强制性的。

马来人的普遍反对导致了巫统（United Malay Nationalist Organization, UMNO）的成立，其目的是反对新宪法，要求重建苏丹们的地位，以及承认马来人在政府中的最高权威。面对这种形势，英国政府成立了一个调查委员会，1946 年底之前提出了马来亚联邦宪法的新提议，大量接受了马来人的要求。

这又导致了 1946 年由陈祯禄先生领导的另一个政治组织的出现。这个组织自称是泛马联合行动委员会（Pan-Malayan Council of Joint Action），其目标是反对关于联邦的新提议，并提出了一个过分的要求，希望成为马来亚人民的唯一的代言人。他反对的根据在于：各种会议上的新提案中没有充分照顾到华人的利益（特别是联邦议会上的提议）；获得公民权的住宅和语言条件过分苛刻，以及新加坡没有被包括在联邦之内。1947 年 1 月，政府成立了一个咨询委员会来征求公众的意见，对宪法提案做出了修改变更，增加了立法委员会中华人代表的比例并修改了公民资格限制。

但是这些修改既不能使提出少数人报告的委员会中的华人成员满意，也不能让自由的华人团体满意。从一开始，泛马联合行动委员会就对咨询委员会进行抵制，并在全国范围内组织群众会议来反对宪法提案。而且，越来越多的华人、印度人甚至马来人左翼组织的代言人纷纷出现，他们看到用这种方式可以使英国政府难堪。

随着事情的发展，主要的华族商人怎么都高兴不起来，他们更多地希望通过华人总商会来表达他们对新宪法提案的反对。然而，所有组织（包括华人总商会）都参加了 1947 年 2 月 20 日举行的一日罢工（One-Day Hartal，停业），作为对宪法提案不满的标志，市场、商店、娱乐公园、电影院、工厂以及街道货摊在那一天都停止营业，对与之相关的行业造成了重大的经济损失。但是，从那以后，左翼组织的影响趋小。从总体上说，华族继续在特定刊物上反对新宪法的同时，通过担任土邦、殖民地以及联邦议员而采取了合作态度，希望通过密切的合作而不是继续对抗来协调巨大的分歧。

1948 年 2 月 1 日，马来亚联邦终止，马来亚联合邦形成。通过成功的宪法改革，联合邦于 1957 年 8 月 31 日成为一个独立的国家，并选择留在英联邦之内。

关于社团条例政策的改变注定要产生重要的结果。政府打算引进香港模式的新条例，所有社团都可以不经登记而被允许存在，唯一的限制在于总督应被赋予宣布任何行动对和平及良好秩序构成危害的社团非法的权力。这一立法的修正悬而未决，旧的社团条例暂时保留。这样就为政党的形成扫清了道路，也克服了对共产党和国民党的承认问题，同时还避免了对成千上万的其目标和行动都无害的社团进行登记，从而便于管理。

1946 年，新的公民政府成立之初出现的普遍困难和混乱局面导致人们倾向于把这一政策转变看作是 1945 年中期在英国获胜的工党政府的一个慷慨但是失策的举动，但实际并不是这样。这一决定是 1944 年 8 月做出的，当时是在联合政府任期之内，并且，可能在做出不得不做的决定时，掌权的任何政府都会得出一致的结论。无论殖民主义的批评家说什么，结社自由是英国传统的重要组成部分，就像英国人早些年在海峡殖民地的统治历史所充分说明的那样，只有在认识到为了公众利益有稍加限制的必要之后，他们才极不情愿地采取一些立法措施来限制这一自由。无论如何，1890 年实行的立法控制是针对华人三合会的不法行动的。但是，在第二次世界大战爆发前的几年里，拘泥于仪式的三合会对华人群体的影响从各方面看都是减轻了，它重新出现并严重威胁政府的可能性是很小的。而且，随着汉语教育和西式教育的传播，以及在马来亚出生的或在那里度过很长的成年时期的华人的比例的增加，华人被期望更加熟悉和服从政府的法律体系和管理方式，并且不再感到需要秘密会党支持。

1945 年 9 月，英国人一返回马来亚就做出了允许自由结社的声明，这导致了华人、印度人以及马来人结社浪潮的出现。华人共产党组织也当仁不让，公开地把他们的政纲，即 1945 年 8 月共产党提出的"八点计划"，作为马来亚政府新民主形式的基础。这些组织不仅包括共产党本身，而且还有新民主青年联盟（NDYL）、妇女联合会、全国工人联合会以及 1945 年 12 月马抗军队解散后成立的马抗退役同志联合会。随着英国控制的扩张，华人国家主义者联盟（国民党）出现了，并迅速成长，得到了已经厌倦共产主义者的激进行为、担心共产主义政体危害经济发展的华族商人的支持。除了在全国范围内建立许多分支机构的国民党之外，三民主义青年团（SMCYYC）的活动也特别积极。这个团体与国民党结盟，但是在中国建立了独立的总部。其目的在于向华族青年传授国民党的基本原则，它是仿效希特勒青年团组织起来的。哪里建立了的新民主青年联盟分部，哪里就会出现三民主义青年团的分部，他们尽可能地靠近他们的共产党竞争者，努力破坏他们的影响。

1946 年 10 月，国民党海外事务部的副部长戴愧生（Tai Kwee Sheng）的来访大大促进了国民党组织争取当地华人拥护的行动。他在马来亚联合邦住了六个星期，在新加坡住了四个星期，以招募国民党的同情者。在他之前，早在 1946 年 1 月，"华人海外教育检查官"从重庆（Chungking）乘飞机到达此地，对这里进行了为期三个月的访问，召开了学校委员会和教师会议，并与中国教育部一起安排了华人学校和教师的登记工作。由华人教育部和海外事务部联合制定的关于华人学校的内部管理和课程设置的内容的一套规章制度刊登在当地中文报纸上。

这样，国民党通过努力获得了马来亚华人的忠诚，破坏了共产党的行动，于是，在马来亚复制了在中国早已存在的国共两党对立的局面。即使如此，正如在中国一样，其他政治性团体也出现了，其中一些，如致公党和中和堂是战前旧有组织的幸存物，已经是苟延残喘了。而其他的是早已在中国建立的中间党派，诸如民盟、国民党革命委员会和中国民主建国会的分会。

华人在政治上分裂成右、左、中三派，虽然在中国是有用的，但让以在马来亚建立一个目的是解放住民的政府的英国的新政策钻了空子。从锻造一个有马来亚人特色的马来亚族群的立场看来，任何根在中国或者说是直接从中国照搬来的组织，无论是右派、中派还是左派都是一种威胁，而独立的马来亚人的任何运动，无论其政治色彩如何，都有利于促进对本土的忠诚。而国民党集团显然是依赖中国的，公然叫嚣准备把所有的海外华人组织在中国政府旗帜之下。共产党组织一直合理地主张他们不是中国共产党的工具而是马来亚共产党的一部分。马来亚共产党是一个完全独立于中国任何组织的实体，其目的正如八点计划所表明的那样，就是建立一个民主形式的政府和一个自治的马来亚。在那个时候，这种观点是无法反驳的。

但是，在马来亚的华人当中除了大势声张的政治集团——尽管他们有着强烈的宣传手段，仍然有很大一部分商人、店主和小商贩非常清楚自己的利益所在，没有任何政治企图。精神上缺少投身任何集团的热情，他们对政治没有任何兴趣。但不幸的是，他们容易迫于恐吓和秘密压力而立即成为肆无忌惮的小集团的工具和受害者。

早期会党在整个马来亚的复苏对其自身的分类和我们这项研究都至关重要，下面将予以非常详细的叙述。

对政府来说，另一件尴尬的事就是出现了许许多多小犯罪团伙，有的团伙名称就很放肆，如灭奸团、铁血团、敢死队等。他们公开宣称要消灭所有与日本合作的人，但是实际上是用这个口号作为勒索的掩护。一些团伙与奉行三合会仪式的会党有关，而其他的则是独立的流氓团伙，他们是在利用动荡的政局和结社的新自由。这些团伙通常都由华族青年组成，在城市地区有时候还有印度人加入。在吉打，马来亚青年的类似团伙也显得很突出。

在刚刚解放和建立起英国军管政府之后，各种社团，包括政治型的、三合会型的、犯罪型的，都迅速崛起，这些社团给民众施加的压力使得那些负责行政管理的人再次考虑结社的完全自由对维护秩序是否合适，这导致了另一次立法控制的尝试。

三　槟榔屿洪门会①

尽管三合会的战后复兴起源于霹雳北部的洪门会，三合会力量最主要的发展和最大的控制权却是在槟榔屿。那里幸存下来的新义兴的各房的几个高级成员由战前的先生，即黄亚苏领导，加上从霹雳迅速回到槟榔屿的其他三合会流亡者一起，仿照瓜拉古楼地区兄弟会的例子，建立了一个也称为洪门会的相同组织。

参与这次复兴的人有的在战前已经参加过新加坡108会的入会仪式，而其他的则是槟榔屿的新义兴会成员。据说所有人都曾经与日本人合作过，尽管一些人后来被警方的调查所否定。不管其真假，这个集团在日本投降的时候肯定害怕，考虑到共产党肯定会对他们在日据时期的亲日活动进行清算，他们希望复兴三合会党，作为保护自己的一种方式。他们中有在日据时期生意兴隆的商人，有被迫为日本人干活的华人侦探，还有声称是曾与敌人合作的共产党人。

但是，此外还有一些战前的新义兴成员对诸如非法贸易、创办赌博等此类三合会活动以及通过走私鸦片和烟草得来的钱财感兴趣，也爱好与霹雳三合会集团之间的合作。霹雳的不法商人、走私犯和瓜拉古楼、十八丁、马丹地区的海盗对槟榔屿与霹雳之间的继续合作机会持欢迎态度。这

① 战后的材料主要来自作者为进行研究而在当警察和秘书时搜集的材料。1946—1948年间，作者作为联邦华人事务秘书，所有检举三合会成员的材料（文件、陈述等）都要经过作者之手。其后（1955—1958年）的一些材料则来自对与此事有关的一些人的讯问，所以，除了新闻和政府出版物之外，不可能引用别的材料。

种合作在日据时代就有过，他们早已从中获利。他们完全赞同在槟榔屿组织一个强大的三合会组织。特别是在日落洞，他们受到了日据时代的会党创办人杨亚桥和他的朋友、码头上的劳工杨振玉（Yeoh Chin Goek）的支持，后者在 1941 年日本入侵之前的混乱中抢劫发家。但码头上的局势因战前的二条路帮的到来变得复杂起来。二条路是新义兴的仇敌，因为后者也希望从走私和抢劫中获利。在四坎店（柑仔园）和缅甸路（Burma Road）等内地，新乾坤仍旧是其"保护"赌场和妓院的宿敌。最后，还有黄亚苏这个危险分子。1942 年，因为他与杨亚桥发生争吵，只好逃到霹雳海岸度过日据时期，但他现在匆忙回到槟榔屿，决定把自己重塑成一个拥有所有权力和财力优势的强大三合会的首领。尽管受到杨亚桥的挑战，他仍是幕后的驱动力。

三合会复兴的第一个征兆始自新义兴，中心是在日落洞的一个咖啡店里，战前，这里经常被新义兴集团光顾。这个咖啡店由许堪（Khor Khum）经营，许是一名三合会会员，任白扇（415）之职，是一名在监狱里待过多年的流氓。在政权交替出现空档之初，当内陆的马抗开始在村庄里实行专制统治时，许堪就迅速组织了一伙武装匪徒，给那些向他寻求帮助的三合会成员提供保护。黄亚苏在瓜拉古楼与马抗交战之后从霹雳来到这里，不久之后，也就是 1945 年 9 月 1 日，一年一度的五祖节（农历七月二十五）是三合会的盛大节日，洪门俱乐部秘密发展成会党的核心，并开始用许堪的旗帜在日落洞的海滨地区活动。许堪已经赢得了黄亚苏的支持。黄承诺将在即将到来的入会仪式上给他香主的位置，而黄自己将在仪式上担任先生一职。可是，许堪的枪手们很快就给会党增加了在地下世界中的威望，这有利于通过恫吓来征集新成员。

英国军队于 9 月 3 日到达槟榔屿，接着就宣告不会启用《社团条例》，这对各种类型的社团都是一个极大的刺激。他们相信以后再也不会被束缚于秘密活动的要求之下了。洪门俱乐部于 9 月 7 日在麦那加街（或横路，McNair Street）召开了一次会议，讨论以霹雳的洪门会为基础，组建一个更有野心的包括所有会党的联合邦。这个建议受到了黄亚苏与许堪的强烈支持，但后者建议新乾坤与二条路应该被邀请参加时遭到了一些新义兴成员的反对。不过，反对意见被黄亚苏所压制，黄亚苏主要关心的是从这些新的入会仪式上为他自己聚敛日益增加的财富。最后决定组建由许堪担任秘书的洪门俱乐部，邀请所有的三合会参加一次联合会议，并与槟榔屿的洪门会保持密切联系。

那时，尽管英国人回来了，但槟榔屿的生活并不安宁。在码头，有二条路团伙在洗劫和偷窃；在城内，有共产党的三星军和新民主青年团，以及令人毛骨悚然的铁血除奸团和种族除奸团等敲诈勒索团伙充斥着街道，要消灭所谓的"叛徒"，并敲诈店主。洪门会公开派出巡逻人员到城里维持秩序，但这些人的主要活动却是抢劫和掠夺。9月底，洪门会接受了不少在槟榔屿受伤的人——他们带来了一支自动步枪和几颗手榴弹——加入，据说该会党已有400多名成员和100多支手枪，在该州的许多区很有影响，并对码头地区进行了强硬控制。

在这种情况下，他们于10月2日以洪门俱乐部名义邀请三合会会员（包括所有曾属于新义兴、新乾坤、二条路的会员）参加在中路（Macalister Road）召开的、以建筑工人协会为掩护的会议，其目标是组建一个洪门会，并设立一个下级委员会来安排新会党参加中国10月10日的国庆节庆典。组建一个洪门会作为三合会兄弟们的核心组织的决定得到了一致同意，但在应该"公开"还是"秘密"这个问题上产生了分歧。由杨亚桥领导的霹雳集团赞成继续以秘密组织行动，以延续三合会的传统。他现实而又幼稚地指出，作为一个"公开"的组织领袖，假设是一个受人尊敬的商人的话，就会因为其成员的过失行为受到当局的指责，一个无辜的人就会因此受到责难。很明白，他对兄弟会将来的活动没有任何幻想。那些支持组建一个"公开"组织的人坚持说，在整个历史上，兄弟会被强迫必须秘密活动，但现在到了公开存在并在社区里取得合法地位的时候了。现在没有任何理由不这样做，因为英国政府允许结社自由。就此，双方进行了尖锐地讨论，新乾坤与二条路的被邀代表对杨亚桥与黄亚苏之间的私人恩怨看得很清楚。最后，"公开"政策的支持者取得了胜利。这次会议还决定不与马来亚共产党发生关系，不接受共产主义者的"八点规划"。这与霹雳的洪门会的反共政策一致，但黄亚苏并不看重这个决定，他愿意接纳缴纳会费的任何成员。会议还选出张德才（Toeh Teik Chye）为新会党主席，张是一个小型潮州汇兑店铺的店主，曾经在日据时期因为与日本人的关系而致富。他也是三合会会员，支持国民党达七年之久。为什么选他是个谜，可能如杨亚桥认为的那样，一个"公开的"组织需要一名受人尊敬的商人担任其名义上的首领。许堪被任命为书记和财务部长，黄亚苏是操作入会仪式的先生。这一任命再次遭到杨亚桥的反对，并离开会场表示他的不屑，他提名了一个自己家族中的人杨亚德（Yeoh Ah Teik）。

总部暂时设在九条路（Sandilands Street），已经开始招募新成员。当这个会党参加双十节的游行时，据说成员超过了2000（来自霹雳的许多人还不包括在内）人，共建立了三个分会。

对所有诚实的劳工来说，这是个令人讨厌的东西，可对所有靠小聪明过日子和以勒索、偷盗、恫吓、贩卖鸦片、走私及欺骗等活动为生的兄弟会成员来说，这是一个实实在在的机会。即使组织本身，也是一个赚钱的机构，因为一个新成员不仅意味着要给杨亚桥一份入会费，而且对所有与仪式相关的人都是有利的，还可通过压力使非会员入会。从一开始，这个会的一些成员以及打着他们旗号的一些人就有明显的犯罪迹象。张德才很快就意识到危险就在眼前。10月15日的华语报纸《现代日报》上的声明提到了"肆无忌惮的人装扮成我们的会员去敲诈钱财，并用死来威胁别人"，建议公众向会党或警方举报此类案件。他声明，会党的目的就是"促进成员之间的友谊，避免讨论政治事务"。但是抢劫和勒索仍在进行，因为很少有人向警方报案，没有人指证攻击者到底是不是洪门的人，因为他们害怕无法避免的报复。

11月1日，该会的三个福州人因为携有抢劫来的东西而被捕。四天后，调查此案的一名侦探被杨亚桥打死，同一天晚上，杨亚桥本人也被枪杀。他的仇敌黄亚苏有很大嫌疑，因为他与他的一帮朋友就在枪杀现场，他本人又是个有名的神枪手。后来，黄亚苏评价说，杨亚桥使北霹雳许多无辜的人死去，但所有洪门会的成员都知道杨亚桥之所以被杀，是因为他企图把黄亚苏从会党挤出去。

由于这两次谋杀案的发生，警方和军队于11月6日突袭了会党总部，带走了所有的账簿和印章，关闭了该会党的"公开"组织。黄亚苏与许堪躲到日落洞，而曾被杨亚桥支持出任先生的杨亚德（Yeoh Ah Teik）逃到了瓜拉古楼。他在那里向霹雳的洪门会宣布了枪击案的过程。黄亚苏与许堪再也没有踏上霹雳北部的土地。

《社团条例》的终止使得警方面临两难。他们没有权力对任何会党采取行动，而只能针对法庭上有证据指证的犯罪个体。另外，人人都知道政府反对使用《驱逐条例》。局势已经倒退到 19 世纪早些年那种状态了，现在的警方也与那时的一样，试图利用洪门会来帮助控制犯罪。警方突袭会党总部三周后，被警方缴获的资料被归还给张德才，并告诉他，只要会党能帮助当局维持秩序，就准许活动，张德才同意了。但是，结果却是灾难性的，因为大众现在都相信会党已经得到政府的支持了，而洪门会实际上对其所承诺的事没有给予任何帮助。

张德才花了几周的时间来制定会党的规章制度，身边聚集了一群令人尊敬的小商人，他劝他们担任临时委员。他的得力助手是新加坡 108 会的一员，名叫王庆辉（Ong Keng Hooi）。此人残酷无情，与黄亚苏和许堪控制会党仪式上的事务一样，他很快就控制了会党的中央委员会。1946 年 1 月 8 日，重组的通知刊登在中文报纸上，是这样写的：

> 那些无法无天的人使用了洪门会的名号，还破坏了它的名声。公众已经知道，我们有了政府善意的准许，组织正在复苏。将来，本会的所有正式文件都肯定会有正式的印章。所有以前的成员都要重新登记，在他们被确认为正式会员之前，他们的申请必须在委员会会议上通过。

2 月，该会党在曾经被马抗占据的柴埕前（麦士卫尔路，Maxwell Road）55 号建立了总部，而马抗则根据与英国当局的协议于 12 月份自愿解散了。仅这次转让，洪门会就付给马抗 3000 元。在 2 月 27 日召开的一次全体会议上，根据新规则选出了领导层，他们的名字公布在报纸上。[①]

但是，谋杀杨亚桥的阴影仍然笼罩各地。在日落洞，一群渔民的首领杨振玉（Yeoh Chin Geok）承诺要与警方合作维持秩序。黄亚苏与许堪在与那些想要调查杨亚桥谋杀案的警察捉迷藏的同时，认为这对他们的安全是一个威胁，因而在自己身边安排了一帮流氓恶棍。不到一周，杨振玉遭枪杀。在拿督克拉马路东方冶炼厂的新乾坤团伙被发现与码头地区由无法无天的匪徒林乌洋（Lim Oh Yeoh）和其年轻心腹周吉宁（Chew Kit Ling）领导的二龙团一伙开展了进一步合作。周有一半华人血统，一半淡米尔人

---

① *Northern Star*, 1 Mar. 1946.

血统，是货船上最为恶劣的抢劫者。黄亚苏从这种类型的人中招募"杀手"和私人保镖，所有人都是在他手上入会的。

在日本入侵前十年，二条路已经成为新义兴的死敌，但他们现在愿意加入洪门会，因为该会党明显是在官方同意下活动的，有可能变得非常强大。他们一旦被接纳为成员，就希望能够更好地控制该会。在任何情况下，他们都能够保持对自己地区的控制。几个月后，张德才告诉警方，"槟榔屿洪门会全部麻烦的根源在于不明智地接纳二条路团伙为成员"。

洪门会在 1945 年 10 月开始活动时，是个单纯的单位，但是 1945 年 12 月重组后，新义兴原来的 16 个房都被作为单个个体加入，新的个体视需要而扩大。每个个体分别采用"部门"或者"基层组织"等更加适合联合组织的形式，使用"组"（Ch'u）这个字，就好比共产党所用的"基层组织"一样。截至 1946 年 2 月底，共有了 22 个组，从 1 到 22 进行编号。组的号码不是按岛上地理区域来分的，而是按公认的领袖来划分的。一些组既有城市居民又有农村成员。

其中最有势力的是由陈庆山（Tan Keng San）领导的 12 组和由许堪控制的 4 组，尽管其他的组都是官方的地方监督者。12 组除了在过港仔（城隍庙街，Bridge Street）及从头条路（Magazine Lane）、六条路（Katz Street）沿河一带有强大的城市会员外，还包括从峇都茅（Batu Maung）往南的海盗窝，也包括北霹雳 7 个渔村的会员，这些人早在洪门会在瓜拉古楼建立时就加入进来了。霹雳与槟榔屿之间本来有意在非法贸易、走私、海盗等方面紧密合作，但因为霹雳的会员与黄亚苏之间为谋杀杨亚桥而产生了敌对情绪。霹雳的会员经常出游槟榔屿，但害怕黄亚苏的支持者攻击，于是向陈庆山寻求保护。陈庆山便声明这些人都是 12 组的。此后，他们就安全了，因为即使是黄亚苏与许堪也害怕陈庆山，陈不但拥有许多枪支，而且有需要的时候就会用他的名声。通过保留槟榔屿洪门会这个基层组织，槟榔屿和北霹雳之间的联系加强了，12 组成为最有权力的组织，有诸多的武器。它很快就因其成员参与马来亚和苏门答腊之间狭长水域的海盗行为变得臭名昭著，最后海盗向南扩张到雪兰莪海岸。

4 组的活动地区在日落洞的霹雳巷（Perak Lane）和日落洞路（Jelutong Road）之间，并在那里建立了总部，但它也控制了双溪里蒙（Sungei Nibong）的村庄。在往南的海滨乡村，与峇都茅一样，很快就成为走私和海盗中心。在拿督克拉马和伯玛路（Burmah Road）地区，新乾坤团伙的加入又补充它的力量。但在槟榔屿，它在林乌洋那个可怕团伙的支持下深深卷入到滨海地区的抢劫和洗劫货船的事件当中。4 组也是装备精良，它的领导人为它在地下社会里争得了许多威望。

已渗透到洪门会机构中的二条路这个秘密会党集团是它声名狼藉并最终导致解散的一个重要因素。二条路原为鸡爪山，在二条路海墘（Noordin Street Ghaut）附近活动。从海岸边到城内的第二条路，就是闽帮华人二条路所说的"第二路"。这个海边地区是当地形势最严峻的地方，包含许多的流氓集团，好像都是二条路的分会，按常规，他们都由干特定职业的人组成。所有这些分会都是洪门会的一部分，尽管他们分散在不同的组。二条路海墘码头的劳工是二条路的核心力量，受林乌洋领导的团伙的支配，与舢板制造厂（船廊，Choon Long）① 的工人一样，加入了 4 组。橡胶工人集团的劳工发生了分化，大约 80% 加入了 12 组，其余的加入了 4 组或 2 组。二条路海墘与铁路码头之间有四个码头，每一个都由同一个姓的舢板工人住居，其中两个分别属于 12 组和 13 组。这个地区的人力车夫（蹬三轮车的工人）绝大部分都是姓陈的福建人，他们组建了自己的组，即 18 组。而在二条路保护下发展赌博业的集团变成了新的 21 组。不同于二条路集团的冶炼厂的工人都是新乾坤的成员，开始时加入 4 组，但是后来组建了自己的 20 组。

1946 年 1 月初，入会仪式恢复，每一组的组织极力扩张，因为更多的成员意味着更大的权力和首领收入的增加。理论上讲，10.8 元的入会费由先生（黄亚苏）、组的领导人和会党总堂之间平均分配。同样，申请成员资格理论上也要在入会仪式之前经过委员会批准，但黄亚苏与许堪都不理睬这一限制，他们直接招募新成员，占有大量的相关收入。实际上，人们在街头被强迫入会，在光天化日之下被人从货车上拉走，不得不参加入会仪式，但不敢反抗。那些游说的人采用压迫手段在城市周边向过往的货车兜售"入会券"。

绝大多数仪式都是在亚依淡河谷上游，离槟榔屿西南方几英里远的湖内山峦中举行的，达到了马来亚三合会历史上空前的规模。黄亚苏承认

① 福建话"船廊"，是华文"造船厂"的意思。——译者

1946 年 3 月底举行了 20 场完成全部三合会仪式的仪式。日据时代结束后，任何单个仪式上的入会者数目已经从 300 人或 400 人上升到 1946 年 3 月 26 日和 31 日举行的第 19 场和第 20 场入会仪式的 1000 多人。在第 20 次仪式上，除了新会员，还批准或授予了 1000 多个职位，霹雳海岸的村庄中的大约 20 个集团举行了入会仪式。仪式持续了一个晚上，但拂晓时警察拦截了那些陆续离去的人，他们失去了目标，黄亚苏则逃走了，未被认出来。一些受审的人估计，至少有 3000 人在现场。从后来的一些材料来看，这本是他们打算在槟榔屿举行的最后一次入会仪式，因为黄亚苏为了避开警方的注意力，准备以后在威省举行入会仪式。他和许堪于 4 月 1 日逃到大陆。

随着成员的增长，犯罪也在增加，很少兑现张德才那个与警方合作的承诺。张并不关心秘密会党成员的违法行为，而愿意对非成员特别是共产主义者采取反对行动。共产主义者不但是其控制人群的对手，而且是为寻求保护而加入洪门会的人公然的敌人。任何案件都包含政治对抗，因为张德才和许多其他成员都是国民党老资格的成员，这种对抗已经在会党不支持马来亚共产党的八点规划的决定里有所反映。

但是，这个时候的洪门会里毫无疑问有许多同情共产主义者的人，一些人已经互相合作，有的人加入是寻求保护，防止他们自己党派的报复。其他人曾被黄亚苏接纳为成员，他们与政治联合邦无关，只是为了钱。有些人故意加入会党是为了把会党争取到共产党一边。再次被吸引过来的是因为其迅速发展和膨胀的权力，他们发现加入会党有更大的利可图或者更方便行事，尽管政治上他们倾向支持共产主义政党。

洪门会于 1945 年 12 月复兴时，正是包括马来亚共产党、新民主青年团、妇女协会、劳工联合会和前马抗同志协会在内的共产党阵线积极宣传反抗英国军事管制的时候。他们受到了华人本土报刊的强烈支持。几周以后，共产党集团试图在 1946 年 2 月 15 日，即新加坡沦陷的周年纪念日，在整个马来亚举行群众游行，庆祝英国人的失败。尽管这一天的游行或集会被最高联军统帅蒙巴顿元帅（Admiral Mountbatten）所禁止，但还是有几起集会举行，并被警方驱散。这使得共产党大丢面子，尤其是平常警告会员不要这样做的洪门会也被邀请参加了集会。另外，洪门会于 2 月 18 日在警方与普遍的勒索和抢劫发生冲突时第一次表现出给予警方实质性帮助的迹象，一些会党成员逮捕了几个疑犯交给警方，怀疑他们以会党的名义进行勒索。会党受到了侦察小组负责官员的个人感谢，第二天的报刊上还夸奖他们在"武器运输"中"富有价值的帮助"。但是被捕的人中有一个没有移交警方，他叫郑益成（Teh Aik Seng），绰号十一趾（Chap It Chye 或 Eleven Toes），直到几天后他妻子报案才在海里发现他那被麻袋捆着的尸体。毫无疑问，他曾被带到洪门会的总部，并被"指控"与洪门会作对，于是会党的一名首领宣布了他的死刑。迫于警方压力，张德才交出了洪门会中四个与此有关的人中的两个，但同时在报纸上做出声明。他希望通过批评警方来提高会党的声誉。他说，尽管警方最近仍受到会党的帮助，但还是拘留了许多会党成员，指控他们抢劫、勒索和谋杀。[①]

警方现在意识到了洪门会的真正本质，但会党如此强大，他们给一般民众以如此恐怖的印象，以至于除了侦探和线人，警方无法得到有可能逮捕罪犯的信息。而那些线人到 1946 年 4 月中旬时已有六个被枪杀，两个失踪，一个溺死，还有一个被枪击伤。其中一个遭枪杀的人提供的信息曾使得警方袭击了 1946 年 3 月 1 日在湖内山地举行的一次入会仪式。

同时，前马抗和槟榔屿的洪门会之间的分歧在 4 月 9 日升级了，因为那天洪门会"逮捕"了前马抗一个成员，并移交给警方，该人因为非法持有手枪被判 5 年苦监。几个洪门会成员还在法庭上作证，说此人试图以会党名义敲诈勒索。对此的报复是，10 日到 13 日之间，洪门会的三个成员被谋杀，马抗的两名成员在最后的斗殴中受伤。马来亚共产党现在高度地集中其注意力于仇杀上，因为其组织越来越多的成员背离它而投向洪门会。一段时间以来，民众仅仅把这归于两个同样令人讨厌的犯罪集团之间的仇杀，但 4 月末，洪门会对所有社区明显控制的推广引起了全面的警戒。22 个组除了加强对沿街叫卖的商贩、娼妓、摊主的一般"保护"之外，还向每批进出港的货物进行勒索，整个装载货物的海用货船经常被人借宿，船员被骚扰，货物随意被带走。沿海岸线一带，经常有海盗出没，都是与 12 组有关的以北霹雳的瓜拉古楼和十八丁为基地的海盗集团所为。在整个槟榔屿地区，有无数起勒索、武装抢劫和行凶案发生，受害者通常都不敢报案。在一次二条路实施的抢劫案中，一名原告于 4 月 25 日被枪

<hr>

① *Kwong Wah Jit Poh*, 7 Mar. 1946.

杀，因为他胆敢去指证罪犯。12 天后，一名锡克保安员在其棚屋里被杀，因为他目击了 4 月 25 日的枪杀。

4 月 28 日，会党典礼在柴埕前 55 号开幕，槟榔屿的中国领事受到邀请，但他与警方交谈后表示，因会党的非法性，他不能派代表。会党决心要获得民众的承认，就派了两名成员前去协商，通过对其将来困难时保证"没人合作"的威胁，他们胁迫一名代表出席典礼。

一周以后，隶属进出口协会的一帮华商主动提出要给洪门会的 20 名成员付保护费——为他们在码头保护治安和阻止商人们的货物被抢劫付费，每人每天 15 元，一天总共 300 元。最终达成的协议如下：应该有两倍的成员参与此项业务，按同等价格，每天总共 600 元，或者每月 18000 元，预付 5000 元。但该计划实施的第六天，一艘属于某个商人的货船被抢，协议就此结束。失败的原因很大部分在于委员会无力控制二条路和码头区的团伙领导人林乌洋。同时可以相信，那些在港口"维持治安"的人没有得到所承诺的数目，钱款被王庆辉扣留了。

警方不断施压，1946 年 5 月 14—15 日对柴埕前（麦士卫尔路）会党的房屋进行了一次搜查，发现了一间刑房、捆绑的绳索、皮鞭和麻袋。这证明了两个受害人所说的经历：他们因被控错误地使用洪门会的名义进行勒索而被带到刑房来"审判"，但他们否认有此事。他们被绑起来用鞭子抽打，并被威胁说，除非他们承认，否则就要丢到海里溺死。他们最后付出了代价，通过恳求该会党的一名成员才被释放。警方还发现了会议记录和账本，进一步给警方提供了会党活动的证据。他们还突袭了张德才和王庆辉的住所。但是，洪门会 5 月 15 日正式招待了华人总领事伍伯胜博士（Dr. Wu Paak Sheng），他在游览半岛途中参观了槟榔屿，张德才公开声明会党的目标是帮助英国政府维持马来亚的和平与秩序，尽力为中国和华人的幸福而奋斗，促进中国的民族统一。

第二天早上，警方通知他三天之内关闭洪门会。晚上（5 月 16 日）警察袭击了 12 组领导人陈庆山的住所，以持有武器为名对他实施逮捕。5 月 18 日，张德才关闭了总部，关于此事的通知于 20 日（写于 18 日）同时刊登在中文和英文报纸上，张德才以主席身份签署。

对解散时候的会员估计不一，有 20000—40000 人，其中 90% 是福建人，剩下的是广东人、客家人和海南人。码头工人、汽车驾驶员、橡胶工厂工人尽管有自己的与马来亚共产党有联系的劳工组织，但绝大多数是其成员。总工会的成员也是这样。实际上，那时的报告说，大多数槟榔屿工人要么是会党成员，要么与会党在某些方面有一定的联系。

衰落

但是，槟榔屿洪门会中心组织的瓦解对其成员的犯罪活动没有直接的影响，甚至，当警方被授权可有限制地进行驱逐时，仍需很长一段时间才能控制槟岛的局势。

尽管张德才公开声明解散会党，但他仅仅通知了执行委员会的一些成员，让这些人向组领导传达他的决定。组领导对此决定很气愤，不愿解散，组仍旧单独在地下进行秘密活动。保护与勒索的混乱状况仍旧没有改变，洗劫货船和海盗活动也一样。而且，组之间有关势力范围的嫉妒和纠纷经常引起严重的团伙斗殴，这是又一个不安定的因素。此外，废除控制中心造成的党派真空不仅引起了会党内部的纷争，而且引起了外部各个政治集团的注意，所有这些集团都认为洪门会的群龙无首和分崩离析是自己获得支持和权力的一个潜在来源。

警方的注意力第一次转移到码头区。1946 年 5 月逮捕了林乌洋和他的心腹周吉宁，6 月，这两个 4 组的"恐怖分子"被驱逐，这打乱了在二条路海墘地区对商人实施大规模抢劫和勒索活动的主要团伙。林乌洋越狱了，逃到霹雳海岸避难，大约过了两年他回到槟榔屿，1848 年 2 月再次被捕并遭到驱逐。周吉宁 1946 年 7 月被宣告无罪释放，但 8 月因私藏武器再次被捕，并判入狱，1949 年 9 月被驱逐。这两次逮捕是码头地区局势的转折点，不仅把最恐怖的首领从现场清除出去，而且使其他几伙匪徒逃窜到大陆。一周之内，港口的局势得到了改善，进出口协会第一次报告说货物装卸没有受到骚扰。

切断深海地区的复杂的走私和海盗网更加困难。走私是地区性的，而海盗已经在三个主要贸易路线沿线发展起来，这条路线连接起槟榔屿与苏门答腊、霹雳港、暹罗港及仰光。尽管 1946 年的前几周里它被英国军队和当地的志愿者暂时挡在了北线，但它已经再次培育出了凶残的首领。①

---

① *Straits Echo*, 5 July 1946.

通常来说，到苏门答腊难走的路线是从乔治市到木蔻山（Pulau Jerejak），从此地紧靠河岸走到里毛岛（Pulau Rimau），接着朝西南的方向往前走就到了苏门答腊港口。到霹雳港口去的商人也是先乘船南行到木蔻山，然后从里毛岛出发，朝东南的方向走不到 5 英里，接着在大陆海岸乘船南行不到 3 英里。去暹罗和仰光的帆船从乔治市北行到比丹岛（Pulau Bidan），接着再向西北方行进到浮罗交怡（Langkawi），从这个岛向东而行。这三条线都被用来作为回程路。

洪门会主要关注前两条路线。海盗以离槟岛东南方很远的峇都茅为基地，在北霹雳海岸的瓜拉古楼、牛拉和马丹活动。当局认为所有这些走私团伙和海盗的首领都集中在瓜拉古楼，匪徒主要是 12 组的成员，在瓜拉古楼和峇都茅之间有着最为密切的合作关系。

海盗船只几乎都是华人和印度人的木制平底帆船，操作起来极其笨拙。海盗船只包括航行舢板、中国型的摩托舢板（因为长距离，在槟榔屿和苏门答腊之间广泛地使用）、渔船舢板，甚至有时还有日本的登陆船。后来发现北线的海盗从特拉托岛（Pulau Teratau）——一个靠近浮罗交怡岛远离暹罗的岛屿——开始的。

槟岛上的海盗团伙集中在峇都茅、峇都乌蛮（Batu Uban）、双溪里蒙、伯马登打马老（Permatang Damar Laut）和直落公巴（Telok Kumbar），没有团伙会独立行动。即使进攻不太激烈，他们也总是至少与来自峇都茅的一支代表一起行动，与他们分享"利润"。

槟榔屿所有海盗案件的 90% 是峇都茅来的团伙作为。他们通常的活动方式是乘 2—3 只舢板船从基地出发，中途拦截往来于里毛岛、木蔻山岛和克拉岛（Pulau Kra）之间的帆船。这些团伙绝大多数的成员都有武器装备，往往对着天空鸣放几枪就足以使帆船船员遵守落帆和顶风停船的命令。然后海盗们登上他们的战利品，把船员关起来，将帆船拖到其总部附近的一些方便之处，用舢板船把帆船上的货物运到海滩。这项工作经常需要几个小时才能完成。他们的战利品由一个购买代理接管，此人或者是自己购买货物或者安排卖给槟榔屿的某些买家，从陆路上运输。部分抢来的东西就这样安排好了，而可自由拿取的货物通常在货物运上岸后几小时内就安排完了。一旦舢板船清空，就释放帆船船员，并威胁他们说，如果举报就有失去生命的危险。一般而言，威胁总会达到其所需的目的，如果警方通过代理人知道了这事，已经过去好几天或者好几周了，根本来不及采取行动。

瓜拉古楼和牛拉的团伙经常使用同样的办法，但他们使用摩托帆船，这样就能够在远离基地 10 英里远的地方活动。他们或者把有价值的货物转移到自己的帆船上，允许被劫帆船继续前行，或者把它拖拉到总部基地去。和峇都茅团伙一样，霹雳的团伙装备精良，被抢劫的船只没有任何抵抗的能力。

1946 年 6 月，槟榔屿警方采取行动，在双溪里蒙发现了两个大型地下汽油库，一个靠近海滩。这两个汽油库应该是为出租车和海滩上的货车和海里的摩托船提供燃料的，这些都与走私活动有关联，据说已经被郑文云（Teh Boon Hoon，双溪里蒙 11 组的首领）在政权空虚时期购买了，这些油库遭到破坏。7 月警方在附近地区进行了几次突袭，[1] 不过，在 1946 年 8 月到 9 月中旬的六周里，从马丹往北的槟岛南部和霹雳西北海岸地区仍然发生了 20 多起海盗案件。尽管贸易商的所有损失超过 100 万元，但只举报了两起。据信，这些货物一般都从苏门答腊走私了，海盗是"极善冒险"的走私者。即使只留下一组可以登陆，警方在海里还是无所作为，但在 9 月 20 日晨的几个小时里受到海军和陆军的支持，警方突袭了峇都茅，缴获了大量军火，抓了六个人来审问。[2] 结果，几个匪徒在 9 月 22—23 日晚抢劫了 20 组停在里毛岛外的一只帆船后就逃到瓜拉古楼去了。这艘船配有武器装备，在枪战中，12 组的两名成员被打死。此后，随着军队和巡逻警察的增加，海盗活动在峇都茅停止了，尽管走私活动仍在继续。

霹雳海岸仍与以前一样糟糕，11 月，北线的海盗活动大量增加，引起了新闻界和贸易商人的强烈抗议。[3] 1947 年 1 月，警方在对浮罗交怡和不丹岛（Butang Island，属暹罗）组织了一次反海盗巡行之后，发现北方地区的海盗与洪门会没有关系，而是以暹罗为基地的组织，其活动分子是

---

① *Sunday Gazette*（Penang），21 July 1946.

② *Straits Echo*（Penang），25 Sept. 1946.

③ Ibid.，5，6，7 Nov. 1946 & 4 Apr. 1947；*Sing Pin Yih Pao & Modern Daily News*，11 Nov. 1946.

来自特拉托岛上的囚犯关押地的暹罗官员。

1947 年 5 月 27 日，一艘装载猪和家禽的暹罗摩托船前往槟榔屿，在离开吉打山近浮罗巴耶（Puala Paya）以东 0.25 英里的地方被一艘曾是日本登陆艇的船拦截，它是从北方压过来的。货船遭到射击，按暹罗人的意思，就是命令其停下。船员们被绑在船舱，一小时后，又一对一对地被带到甲板上枪杀，尸体就扔在甲板上。可海盗们不知道，第三对的其中一个人逃脱并向吉打海岸方向游去。他在黑暗中把自己绑在一块渔桩上，28 日黎明时被两个马来亚渔民救起。他向双溪里茂（Sungei Limau，属吉打）当局做了初步汇报，于 29 日抵达槟榔屿。由于已经有人报告帆船没到，29—30 日的夜里，警方逮捕了槟榔屿一家饭店的 5 个暹罗人，在一间屋里抓获了海盗船只上的马来船长。有 4 个人被那个逃脱的人认出。那些猪就到屠夫那里去找。

当时，那艘登陆艇已经转交给一名槟榔屿的华人，据说此人是那 6 个被起诉者的首领。他于 6 月初被捕，这起谋杀和海盗行为不仅仅使特鲁达与监狱主管有关的暹罗法庭判了匪徒们重刑，而且导致了马来亚和暹罗反海盗的联合行动。此后，北线的海盗活动就停止了。

同时还在双溪里蒙设置了警戒，那里的汽油库早已经被发现。每艘船都交付保护费，每个村民都是洪门会成员。在经过水稻田通往码头的一条道上，走私商品被装上卡车运到市内销售。另一种安排就是把货物重新装到小船上，再运到苏门答腊出售。洪门会因此而富起来，并在槟榔屿开设了一家进出口公司。

1947 年 4 月，两辆满载纺织品和轮胎的价值 4 万元的卡车被双溪里蒙附近的警察抓获，在场的首领被捕后受到指控，并被处罚款 500 元或 8 个月监禁。三个月后，他的小兄弟（一个活跃的海盗）和其他 7 人——都是一艘摩托船上的船员——因为在深海抢劫被荷兰人抓住。1948 年 1 月，他们回到槟榔屿，到双溪里蒙避难，很快就卷入里毛岛的另一起海盗案件。这时，警方建议驱逐双溪里蒙的首领，并于 3 月 24 日将其逮捕并驱逐。之后双溪里蒙的走私和海盗团伙就瓦解了。

但是，除了要对付洪门会的犯罪活动外，警方还面临着一个政治问题。自 1946 年 6 月开始，左、中、右三派华人政治团体之间为争夺马来亚华人的控制权，斗争不断激化，导致了很多机会主义者想利用洪门的影响重新组织一个三合会中心组织，以洪门致公堂（Hung Mun Chi Kung Tong）的名称像一个政治党派那样在马来亚公开活动。这是仿效中国早已存在的先例。① 在那里，洪门致公党，即民治党（Min Chi Tang）早已存在。

在槟榔屿首先有此打算的是庄明理②（Ch'ng Beng Lee），作为"中国贫困救济基金委员会"的一员，作为"抗敌后援会"负责鼓动宣传强烈抵制日货的一名领袖，以及作为 1939 年奔赴中国抗日的两支机械化华人志愿者服务团（司机和机械工）的组织者，他早已名声赫赫。1941 年，他觉得离开马来亚是明智之举。1946 年 5 月，他又回到了马来亚。作为中国民主同盟的一名成员，他被指示在槟榔屿建立分党。另两个与他一起的代表准备在新加坡和霹雳建立分党。中国民主同盟的槟榔屿分支于 8 月在华盖街（Farquhar）33 号按时建立。9 月，另一分党也在吉打的亚罗士打（Alor Star）建立。③

庄明理于洪门会解散三周之后即 6 月 8 日抵达槟榔屿。他发现一个无组织的三合会正需要他的支持。这个时候，中国民主同盟与国民党正在中国和香港争夺三合会的控制权，庄明理采取了同样的政策。他与卡车司机协会的老朋友以及洪门会的三个左翼分子联系，这三人中，一个是新民主青年团的官员，一个是槟榔屿港口劳工协会的委员，还有一个是槟榔屿橡胶工人协会成员。庄明理的目的在于获得坚定的共产主义者的总工会的支持，希望自己不仅仅是三合会的首领，还是槟榔屿劳工事务的高级主管仲裁人，与杜月笙在上海控制三合会和劳工社会一样。最后，除了建立中国民主同盟分会，他还开始组建他所谓的"（马来亚）中国洪门致公党筹备

---

① 参见前文第 33 页。

② 庄明理（1909—1991），福建泉州人。早年赴马来亚、印度尼西亚经商。曾先后参加日里济南惨案筹赈会、槟榔屿救济东北伤兵难民委员会、南侨筹赈总会槟榔屿分会的抗日救国活动。1936 年参与创办槟榔屿《现代日报》。1940 年参加南侨回国慰问视察团，后留居重庆，先后任旅渝华侨青年联合会主任委员、闽台建设协进会总干事。1946 年重赴槟榔屿参与创办《商业日报》，任社长兼总经理。同年加入中国民主同盟，任民盟槟榔屿分部副主席。1949 年回国，出席中国人民政治协商会议第一届全体会议。新中国成立后，历任政务院参事、国家侨委副主任、全国侨联第一至三届副主席。是第一至六届全国人大代表，第一届全国政协委员，第六、七届全国政协常委。——译者

③ *Sing Pin Yih Pao*, 12 Sept. 1946.

部"。

1946 年 8 月初，这个筹备部在槟榔屿秘密散布他们准备好的传单。传单内容包含三合会运动简史，挑起洪门兄弟会会员与在中国和马来亚的日本人对立，提到了槟榔屿的洪门会被当局"镇压"的情况，要求马来亚北方三邦的洪门兄弟们响应中国洪门致公党的号召，建立马来亚支部。接着列举了 1946 年新年那天美国和加拿大的洪门兄弟会发布的九点政策（这在中国也被采用），包括停止内战，废除一党专政等。新增加的部分特别适用于马来亚：

> 目前，大量的人民仍生活在饥寒交迫中，过着非人的日子，失业、疾病和公民权根本得不到保护。为了 500 万不同民族的兄弟能过上自由的幸福生活，我们洪家的兄弟们，应该为马来亚的民主运动尽一分力量，应该联合所有的派别为实现马来亚的民主制度而奋斗。

庄明理的宣传得到了日落洞左翼分子的帮助。在农协的掩护下，他在浮罗山背周围的农村地区扩大了影响。大约在 8 月中旬举行了两场三合会入会仪式，洪门会 21 组的 20 名潮州人被介绍到洪门致公党内。

但是，庄明理再也没有进展了。双溪里蒙的首领，不仅是 11 组的首领，还掌握着 4 组，他在许堪早期飞往大陆时吹嘘自己在洪门会剩下的少数几个委员会成员中具有强大的权威，他还怀疑入会仪式的合法性，拒绝承认新的入会者为三合会兄弟，并威胁要报复。其他组那些领导预见到自己的财政地位将会受到这个新成立的致公党影响，所以支持双溪里蒙的首领，拒绝帮助致公党。

不过，国民党的干预是个决定性因素。与在中国一样，国民党的领导决定其他政党都不应该以任何方式控制三合会集团，他们在与马来亚华人共产党争权夺利的过程中早已秘密计划要争取三合会的帮助。国民党领导人采取步骤削弱庄明理和中国民主同盟的影响，鼓励张德才在他新加坡的避难所重新把洪门会组织成一个政治组织。国民党知道，可以依靠张德才的忠诚，并运用其影响力，争取兄弟会站在自己一边。

8 月，张德才假装为了生意上的事去了吉打的亚罗士打，这个地区以黄亚苏支持的三合会的活动而臭名昭著。这次拜访的几周内就有迹象表明

槟榔屿附近地区的活动在增加。几个组的领导人和一些委员会委员从
"放逐"之地回到了槟岛，捐款又开始了。会党和国民党之间的合作更加
紧密。早在6月，日落洞一名重要洪门会领导人就成了新成立的三民主义
青年团在当地分团的领袖，以压制共产党在这一地区的影响。9月，一名
兼任国民党浮罗山背农村地区——庄明理早已在这里活动——副主席的洪
门会首领把洪门会的400名成员吸引到国民党内。众所周知，这个地区的
很多成员都同时在这两个组织中都担任职务。10月和11月期间，在更远
一点的地方，槟榔屿三合会的官员、头衔和文件对帮助国民党成员在天定
地区对抗共产党的干扰有极大用处。与此同时，既是国民党员又是中国民
主同盟的成员的庄明理被国民党驱逐，因为国民党断定其参与"共产党
活动"。

9月1日，司徒美堂（Szeto Mei-tang）在上海正式宣布中国洪门民治
党（Hung Men Min Chi Tang）成立，三合会进入中国政治领域的议题在
马来亚新闻中被广泛宣传。《北斗报》（*Northern Star*）（槟榔屿洪门会也
有股份在其中）刊登了一系列关于"马来亚五大政治党派"的文章，列
举了国民党、共产党、三民主义青年团、中国民主同盟和洪门民治党，后
面那个名字"还没有最后确定"。① 11月，马来亚国民党收到中国的官方
指令，要求培植与在中国新成立的政治性三合会、民治党的良好关系，并
且，来自槟榔屿和北海的两名国民党官员（两人都是洪门会首领）奔赴
中国调查在马来亚组建民治党的可行性。

就是这个时候，黄亚苏仍然在吉打活动，不仅仅与当地的国民党和华
人领事个人有联系，而且与来访的国民党海外部的副部长戴愧生有合作。
他从吉打、威省和槟榔屿（尽管漏掉了12组）召集了所有的洪门会首领
来讨论募集基金和支持张德才提出的把会党重新组织为一个政治基础的意
见。在这次会议上，一小部分槟榔屿的组领导对以前根本就不与他们协商
就解散会党的事表示了他们的不满。而且，因为他们相信张德才和黄亚苏
在逃离槟榔屿时挪用了会党的基金，于是抗议募集更多基金的建议。其他
的问题就没有机会提了，因为以新的面目复兴洪门会的计划随着张德才和
黄亚苏的被捕和放逐而寿终正寝了。

---

① *Northern Star*, 30 Sept. 1 & 2 Oct. 1946.

某些老的中央委员会的成员努力地把洪门会团结成一个组织,小的入会仪式在山川与河流的代号下(槟榔屿洪门会)继续举行,由来自霹雳的一名重要先生林亚汉(Lim Ah Han)操作。但是,其他分部也举行入会仪式,出现了许多所谓的先生,很少有人能够背诵圣词,他们只是毫无顾忌从入会费中聚敛钱财。

1946年9月,政府决定禁止三合会的法律(因为包括在已经被废止的战前的社团法律里)必须起用,于是授予警察在法庭上指控那些有证据表明是三合会成员的人的权力。10月,又进一步同意对与犯罪活动有直接关系的人可以考虑驱逐。① 年底,在两场入会仪式中共逮捕了20人,他们在槟榔屿被判有罪。但是,许多入会仪式逃脱了侦察,警方开始集中精力去逮捕先生,没有这些先生,就不能举行仪式。这些人中不少都已记录在案,他们无一例外都出生于中国。1947年逮捕了一些人,通常都是以携有三合会文件为名,1948年被驱逐,其他的则躲起来了。这个政策在1948年十分成功,因为在槟榔屿警方所管辖的区域里没有入会仪式出现。②

同时,槟榔屿所有三合会的权威受到兄弟会自身严重的新挑战。早在1946年1月,霹雳海岸的海盗团伙失去控制的事就被已被了解,甚至早在洪门会于1946年5月解散之前,该会的委员已经被"水上兄弟"臭名昭著的犯罪活动所困扰。牛拉的年轻首领陈宁来(Tan Leng Lay)逃脱了警方追捕,第一次是由他的团伙陪同到槟榔屿的12组避难,然后又回到了霹雳海岸,擅自把自己装扮成北马来亚所有三合会的最高统治者。陈宁来开始时在霹雳海边的沼泽地的总部活动,接着在1947年8月之后,在苏门答腊的亚庇(Bagan Si Api Api)活动。

他盘剥的整个过程极端地表明了三合会的独裁专制,③ 尽管黄亚苏故意漏掉了12组,不让其参加1946年11月30日在吉打举行的组代表会议,但其他的组代表都不敢反抗这个崛起的暴发户的要求。只是1948年1月在亚庇发生一场未曾意料到的枪战,陈宁来及其团伙被消灭,威胁也

---

① 参见下文第383—385页。

② Pg CID *AR*, 1948.

③ 参见下文第399—407页。

随之消除。但是，即使在他死后，他的事例仍然鼓励着洪门会的少壮派抛弃老一辈的权威，组建他们自己的团体。1948 年 3 月，8 组的白扇与 12 组的一个年轻福建人在一起组建了一个勒索和保护团伙。后者在警方注意到他的活动时，躲到亚庇去了。但他的想法很引人注意。5 月，新义兴的一名战前的会员也组建了一个由好几个组和地区的成员组成的新会党，目的是在遇到麻烦时，帮助分会的成员或组对抗敌对党派。警方再次行动起来以分解组织。

8 月，洪门会的流氓团伙被招到亚依淡和日落洞，日落洞的领导人试图把洪门会的 4、7、8、19、20、21 组合并在一起。他招募了 100 名成员，并受到 4 组和 7 组的倾力支持。一个月后，新洪门会（即新的洪门会）出现了，其目的依然是解决组之间的纠纷，但当它的下级组织受到警方警告后，其发展也被阻碍。1947 年 12 月，槟榔屿另一次组建致公党支部的努力也失败了，这次是吉隆坡苏丹街（Sultan Street）的中国致公党成员所为。①

尽管有这些事情发生，但 1948 年并没有出现任何危险。根据《驱逐条例》和《社团条例》对勒索进行严惩；采用对非法藏有武器者处死刑的法律；警察在人力、装备和精神风貌方面的加强；最后还有 1948 年 6 月为对付共产主义者而采用的《紧急条例》，等等，都成为反三合会战役中的有效因素。1948 年底，现有的最大问题就是马来亚共产党对三合会的影响。②

四　官方政策新动向

正是槟榔屿洪门会令人恐怖的犯罪记录才使马来亚联邦总督爱德华·吉恩特先生（Sir Edward Gent）命令对委员会成员的犯罪活动进行正式调查，并最终与他的智囊团考虑社团和协会的无限制自由的整个问题。根据一份警察的官方报告，1945 年 9 月到 1946 年 6 月 13 日期间，槟榔屿和威省的会党成员犯下了如下罪行：

---

① 参见下文第 468—470 页。
② 参见下文第 456—464 页。

谋杀群众	30 人
谋杀警方人员	5 人
谋杀警方线人（也包括失踪的一名侦探，相信是被谋杀的）	6 人
谋杀（群众）未遂	7 人
谋杀（警方人员）未遂	1 人
武装团伙抢劫	46 人
武装抢劫	59 人

此外还有无数起勒索案件。因为群众不愿意向警方报案，所以，可以相信，实际抢劫案的数目远远高出上面所列。赌博和博彩组织广泛存在，而柴埕前（麦士卫尔路）总部的会党惩戒委员会乱抓乱关，并给予肉体惩罚。洪门会在整个地区的控制不断扩大，据估计，仅在槟榔屿一地就有20000 人。

早 1946 年 3 月 1 日，英国军管政府解决各州和殖民地民事纠纷的官员就对整个马来联邦地区的有害会党的扩散有了警惕，并召开了一次会议讨论此事。他们得出的结论是必须给予某种形式的控制，并建议每个会党都要向注册官提交一份关于其组成章程、规则、目的以及其领导层人员的名单和地址的正确又完整的复印件，姓名和地址必须保证任何通知可以送达。任何未能提供此详细清单的会党将要被宣布为非法。同时还有人建议说，要控制公众的募捐和捐款，因为这已经堕落为勒索行为了，但因为有关对大英帝国管理的民众募捐进行强制管理的立法悬而未决，整个问题便推迟了，直到英国军管政府 1946 年 4 月 1 日移权给公民政府，也没有再采取任何行动。

随着公民政府的继续发展，人们普遍希望再次实施《社团条例》。但是恰恰相反，被英国政府放弃了的自由结社政策被继续执行，其理由是由于解放以来的反常的情况，新政策没有得到公平的审视。而且，有人认为以任何方式阻止政府政策鼓励发展的政治党派的形成都是不明智的，并对完全自由的结社政策是否没有通过日据时期的 136 部队与马来亚共产党有关也存在额外的疑问。因为那次事件中，任何限制都可能被马来亚共产党认为是对信仰的破坏，都可能会给他们提供一个批判政府的理由。

尽管没有一个会党达到槟榔屿洪门会的令人恐怖的程度，新加坡这个殖民地却面临着同样的犯罪勒索团伙的问题，主流社会对自由结社的实际性毫不支持，希望恢复战前的立法。但两政府协商之后，新加坡方面同意在马来亚联邦正在准备的法案公布之前不采取任何独立行动。

这一法案于 1946 年 7 月 27 日公布，并提出了一项社团可以依其进行登记的制度，这样的登记保留了战前立法的优点，保留财产，可以起诉与被起诉。注册官被授权可以要求任何已登记的社团提交一份其章程和规则的复印件、领导层的名单和成员的数目，以及根据条例可以要求提供的其他详细情况。那些关门的社团不需要登记，也没有这样的控制。所有社团只要使用三合会仪式就被认为是非法的，任何人只要携有任何三合会材料也算违法，或被假定为某个非法会党会员。①

除了三合会，宣布一个社团非法的程序是间接的。如果注册官有理由怀疑一个未登记的有非法目的的，或其目的与马来亚联邦或者其他地区的和平、良好秩序以及人民的幸福不兼容的，或其目的与其职业目的或目标不一致的社团正在活动，或者可能要活动，就可以要求其登记。如果在登记之后，他依然有合理的理由怀疑社团追求着这些目的，注册官就可以在获得总督同意的前提下宣布解散该社团。

这一法案既没有在马来亚联邦也没有在新加坡赢得赞同。马来亚联邦顾问委员会认为立法至少应该与战前一样严厉。② 新加坡政府很快得出结论，认为照这一法令草案立法是个错误，并认为与会党注册的相关的条件从 1888 年以来就没有实质性改变。那时，金文泰把他的"镇压个案"以急件方式寄到国内。③ 该急件认为要求会党在被解散之前登记，否则就宣布其非法的程序对处理流氓恶棍会党无效。此法案看起来没有考虑华人当中存在的真真切切的恐惧，也没有考虑及时而又直接地处理恐吓型会党的必要性。可以相信，某些强制性立法是很重要的，尽管战前条例从总体上可能被简单化了。

---

① 措辞是这样的："三合会的票簿、账册、文书、封印、旗帜、徽章。"

② 在马来亚和新加坡两地，非官方顾问委员会都是被作为暂时措施任命的，在适当的时候，他们就被立法和执行议会取代。正如其名称所暗示的那样，顾问委员会的作用纯粹就是顾问而已，决定还是要总督做出的。

③ 参见前文第 236 页。

爱德华·吉恩特不赞同此观点，他不打算废除现有政策，那是在针对马来亚的长远利益经过了非常谨慎地考虑之后才采用的，而且还没有受到完全检验。他认为，处理勒索者、绑匪和以保护的名义进行敲诈者的正确方法是警察行动。随着警察效率的提高和对这些罪犯的积极追捕，有理由相信将会把罪犯捉拿归案。这样，他重复（尽管毫无疑问是无意识的）了海峡殖民地早期总督的观点和印度政府的理念。印度政府在 19 世纪的前 60 年里一直深信一支有效率的警察队伍和一般的立法就是对犯罪会党的威胁的解决办法。1946 年，那些持相反观点的人指出这样一个事实：战前和战后的经历都表明三合会和勒索团伙都是为了进一步犯罪组织起来的，而不只是一些成员可能凑巧犯罪的无害组织。大家公认，在战前，尽管有社团法案的存在，也不可能阻止像国民党和共产党这样的"社团"非法存在，镇压的目标就没有完全实现。另一方面，这些社团非法存在的事实意味着，只要有合适的机会，警察可以对社团的成员采取行动。即使如此，这也没有完全消灭。宁可通过立法准许他们活动，这样反而可以公开限制他们以威胁和恐吓为手段对全体民众施加影响，要知道那些受害者是从来不举报的。

因此，争论的钟摆在摇来晃去。最后，马来亚联邦法案被修正，其中包含了一份会党的目录，总督可以宣布那些以（或者可能将以）威吓、勒索和其他非法目的为目的的会党为非法会党。同时（1946 年 9 月），通过了如下意见：只要与三合会有关，不需要等待新法律的实施，准许根据现有立法中关于宣布三合会是非法团体的那部分来处理。

但是，甚至这样的修订都未能使新加坡政府满意，它的顾问会议对该法案表示了强烈不满。皇室总督与两个总督的商谈没能打破僵局，最后，国务秘书的赞同意见还是没解决分歧。马来亚联邦打算实施这一法案，而新加坡想保留旧的《社团条例》，只是为政治党派作一些修补。在马来亚联邦，该法案成为 1947 年第 11 号条例，并于同年 4 月 1 日开始生效。在新加坡，1947 年 4 月 15 日起根据旧社团条例重新登记，并于 5 月 29 日通过了修正案，把条例中"总督可以通过命令宣布任何社团为政治性结社"这一条删除。

三合会的身份再一次成为犯罪，携有与这样的会党有关的文件就可以假设为其成员，中国的群众可以理解这一点，以前的混乱已经支配了他们的头脑。以他们的经验，这些会党一直就是秘密的、受到法律禁止的。但战后，犯罪尽管可能会发生在其家门口，但没有采取任何镇压行动，而且中国的领事还公开表扬三合会是一个正直的组织，应该完全值得政府认可。一般而言，华族都认为，当罪恶威胁到人民的幸福时，政府就有责任采取行动去改变，特别是那些给居民造成恐吓和危害的秘密会党，以及那些众所周知有害的会党都应该宣布为非法并被镇压。1946 年底，三合会是非法的及三合会活动的发起人使得人民大众处于危险之中的认识给守法公民带来了一丝安慰。1947 年 5 月，当马来亚联邦政府打算对犯罪会党采取强硬手段，并禁止了 8 个要么是三合会，要么是在整个联邦不同地区活动的与三合会有联系的团伙的秘密会党时，民众增加了对政府的信任。①

五　求助与驱逐

　　槟榔屿的洪门会对作为公众秩序保卫者的政府的强大威胁，以及随后发生的关于犯罪社团的争论，不仅使因马来亚联邦政府的新法律而被悬置的《社团条例》三合会条款被实施，而且还考虑使用驱逐立法中总督会同政务局的权力。

　　和过去一样，不得不再次承认普通的立法程序再也不能控制局势了。尽管已经知道洪门会的成员广泛地参与了严重的犯罪事件，但受害者和目击证人都慑于恐吓气氛不敢报警，也不敢在法庭上作证，使得罪犯不能被定罪，不能因其犯下的罪行而受到惩罚。

　　英国人返回到马来亚时，就打算尽可能避免运用驱逐条例的权力，尽管没有做出有关此事的任何公开声明。洪门会的领导人估计警方将会采取驱逐行动来对付自己，有 1946 年 4 月 3 日在柴埕前（麦士卫尔路）上的总部举行的一次联合委员会的会议的记录为证，这是在警方突袭了在湖内山脉举行的一场入会仪式的三天后，也是在国民政府重新就职两天之后。在这次会议上，议程的第 2 条就是："讨论执行委员会和监督委员会的成

---

　　① 洪门会、大红花公子（Bunga Raya Boys）、忠义堂、哈佛区青年团（Harvard Estate Youth Corps）、海陆帮、三点会、32、铁龙团。（*MuGG*, Suppl., 8 May 1947；GN 3028）

员被政府驱逐事件的措施。解决方案是：每一个成员都参加'一美元运动'。"4月16日的第二次联合会议上，再次讨论了这事件，解决方案是每一个部分（组）"都应该准备好捐献金"。

4月30日，警方报告槟榔屿的局势严重并建议应该再次采用《社团条例》。5月20日，当会党主席张德才在报纸上公开宣布洪门会解散时，警方又建议应该对25名有名的成员采取驱逐行动。四天后，警察局的一名官员开始调查会党活动，他是为此任务而特别任命的。随后，又有一名司法部的成员加入他的行列，此人的任务是检查所有可以获得的信息并向政府汇报洪门会的犯罪活动，追究会党首领在这些活动中的个人责任。他那落款日期为8月28日的报告说，有合理的解释可以相信一些首领个人卷入了犯罪活动。他证实公众受到了会党的恐吓，不要希望能在法庭上看到证人出示对会党首领和成员不利的证据，驱逐条例看起来是阻止这些团伙的邪恶活动的唯一可行的方法。根据《驱逐条例》的诉讼程序制度，八名保护人和黄亚苏和许堪这两个入会仪式上的领导人都应该被驱逐。

同时，尽管有警方的努力，犯罪浪潮却继续席卷槟榔屿，并扩散到威省、吉打和霹雳。槟榔屿的英文报纸强烈呼吁采取驱逐行动，[1]并质问英国国会下议院有关北马来亚的"有组织犯罪"问题。但是，直到10月中旬，马来亚联邦政府才决定对10个有名的会党会员采取行动，理由并非他们是三合会的成员，而是驱逐这些人对公众利益来说是必需的。这个方案得到了国务秘书的认可。

逮捕证签发的时候，他们中有几人已逃离槟榔屿，但到1946年底有5人被逮捕，黄亚苏的下落也已查出。1947年1月7日任命了一名驱逐调查官，在槟榔屿的监狱展开调查。黄亚苏于1月6日早晨在霹雳的一个很偏远的村子里被捕。1月18日，调查结束。1月29日提交的报告建议张德才（洪门会的主席）、涂文换（Thor Boon Huan，22组主管，农村地区

---

① *Straits Echo*, 24 June 1946；"在新加坡，总督已经从英国政府手中取得了采取处理犯罪浪潮的必要措施的权力，在所有的措施中，很有可能就是不经审判就可以驱逐一个人的驱逐条例。本栏目一直支持在这个国家采取这样的措施来对付那些'坏蛋'，因为这比其他的法律威慑力大得多。此条例的运用也不大可能会像马来亚那样激起政治反应，而只是行使其将那些为了自己的邪恶欲望违反法律，扰乱和平的外来居民赶出这个国家的权力。"GN 3028，1946年7月5日。

的控制者）、黄亚苏①这三个犯人应该被驱逐，其他三个（副首领、助理秘书和4组首领）应该释放。当局接受了这个建议。那些没有被建议驱逐的人于3月初被释放，而那三个被驱逐的人于3月4日坐船去中国。

尽管没有证明张德才个人参加了任何犯罪行动，但很清楚，作为洪门会的主席和三合会一名老会员，他不可能没有意识到会党的犯罪活动以及会党对公共社区的搅乱和恐吓作用。另外，他被捕时在其新加坡的家中发现的文件表明，1946年5月会党解散后他仍然对会党事务有长久的兴趣，一旦有机会，他就决定复兴会党。这使得他成为潜在的威胁，因此不欢迎他继续在马来亚居住。

在他自己的辩护中，张德才把会党的恶名归罪于黄亚苏接纳流氓恶棍为成员，特别是二条路，张德才说他一直是洪门的死敌。他坚持说他自己努力使会党事务沿着正确的方向发展，但土匪因素太强大了。②

第二个被驱逐者涂文换是槟岛浮罗山背地区22组的负责人，他出生于中国福建诏安（Chiau An），是一个强壮的中年渔业贸易商。他住在巴鲁街（Kuala Jalan Bahru），不仅指挥该地区的抢劫行动——1946年5月、6月和7月特别多，而且允许瓜拉古楼的12组那些臭名昭著的海盗使用他的村庄，必要时还可以把那里作为当地团伙的集散地和藏身处。还有一些材料表明他曾参加了王庆辉于1946年5月6日召开的一次会议，讨论"帮助"进出口协会的货物在码头和深海被抢劫的问题。

7月，警察在浮罗山背山区周围的全面出击帮助该地区重建了自信，但即使如此，要劝人们出来提供证据仍有很大困难。

关于驱逐的调查认为，涂文换在创造恐怖气氛方面即使不起主要作用也肯定要负部分责任。由于这种恐怖气氛在浮罗山背民众中间依然存在，因此，他的驱逐受到欢迎。

黄亚苏这个"幕后的邪恶守护神"从开始就与洪门会有关联，尽管他否认在柴埕前（麦士卫尔路）建立总堂之前有联系。他像传统"梁山好汉"中的典型成员，无情、贪婪、嫉妒、杀人不眨眼，随时准备打死

---

① 三合会仪式中的高级官员。

② 他于1953年3月在苏门答腊的一次车祸中丧生，他的家人的悼念词刊登在槟榔屿的中文报纸上。

他所见到的任何可能企图挑战他的地位或干预他活动的对手。调查还了解到黄亚苏个人参与枪杀三个人的事件。他对会党的影响很大，对其成员有着巨大的恐吓作用，甚至拥有大到包括处死的惩罚权力。他通过他的五"虎"将保证人人都发誓服从他的命令，并对那些背叛会党的人和那些试图把三合会的活动绳之以法的警察泄怨报复。他对自己主持了那么多场入会仪式感到自豪，承认他介绍了数以千计的新成员，授予了无数的职位。但是他声称秘书长王庆辉在缴费惯例和实际同意的比例上欺骗了自己，仅仅缴了"他认为是合适的部分，剩下的归了他自己"。建议驱逐他是因为他是"一个非常危险的人物"。黄亚苏登上前往中国的船时，在新加坡码头制造了一幅场景：他在摇椅里晃动着拳头，要求旁观者证明他曾经仅有的犯罪就是为兄弟会的利益而努力。

四个"被通缉"的首领仍旧逍遥法外，黄亚苏的心腹许堪逃到了暹罗，在那里，他最后因勒索被驱逐回中国。财副陈德永（Tan Teik Eng）也逃离了农村。但是，11 组首领傅廷山（Poh Teng San）于 1947 年 10 月 23 日在槟榔屿被捕；1948 年 5 月，逃难中的秘书长王庆辉也在新加坡被捕。

傅廷山说自己是一位中药商和魔术师，实际上，他战前就是一名三合会成员，1938 年抵制日货时期犯有暴动罪。1945—1946 年间，他创立洪门会 11 组，以双溪赖的慈善社团作掩护进行活动。他在三合会内担任草鞋（432）一职，招募会员很积极。据说失业的他依靠从花会彩票得来的收入和对非会党成员征收的保护费为生。他承认 1946 年 12 月从槟榔屿逃离之后，组织了花会彩票，最后因担任洪门会在丹戎巴东（Tanjong Piandong）经营的渔民俱乐部的一个赌巢的看守人而结束了彩票营运。一名被调查的证人把他描绘为"不是一个靠暴力，而是依靠洪门会的影响轻易得来的钱财为生的寄生虫"。1948 年 1 月 21 日，他被建议驱逐，5 个月后被送到中国。

王庆辉在洪门会最早的记录当中不显眼，尽管他与张德才一起复兴了 1945 年 11 月被勒令关闭的会党，并很快就成为主席的得力助手和该组织的智囊。当会党开始再次活动时，他成为一个委员会分会的成员之一，该委员会参与了是否在柴埕前（麦士卫尔路）55 号建立总堂的协商，他被选为惩戒委员会的一名成员，有权对威协会党的名誉和地位的人执行

"民事"和"军事"行动。最后，他被选为秘书长，或者像他所喜欢称呼自己的那样——总事务官。尽管他承认自己在三合会中只是一名普通成员（49），但可以相信，他曾经是白扇（415）。

王庆辉远比张德才更强势和无情，并很快就控制了执行委员会，甚至在张德才担任首领时，他也是个比首领讲话更为流利的演说家，经常主持并垄断整个会议。当张德才外出时，他肯定代替其行使权力，掌管安全锁的钥匙，并与首领和财副签署了所有的支票。黄亚苏断言，王庆辉控制了会党的方形印章，那是张德才给他的，使他能够要求别人服从任何带有这枚印章的指令。作为主持官和惩戒委员会的主要委员，他指挥洪门会总堂的审讯，并命令对与会党作对的人实施惩罚。有了这种能力，他就要对1946年2月鞭打并用麻袋捆绑郑益成的溺死事件负主要责任。王庆辉相信郑益成这个外来的十一趾是警察的眼线。1946年5月14—15日晚上，警方突袭了王庆辉的房屋，发现了一份文件，是一份起草好的准备用来指导3月份被捕的那些嫌疑犯实施的谋杀案的说明。

他因为惩戒调查员的无情，给他带来了强大的权力，获得了12组的匪徒的仰慕和支持。尽管王庆辉在委员会上表面谴责他们的活动，但背地里却鼓励其海盗和抢劫行动：他能够从码头区的抢劫中要求一份收入；可以在货主和海盗团伙之间协商；可以征集洪门会各组的成员参加保护行为，例如1946年5月与进出口协会的协商。最后他被4组的不合作的首领林乌洋出卖，因为他的贪婪总使他自己装满腰包而不会给下属分一杯羹。即使黄亚苏及其庇护下的4组的凶手也曾犹豫不决是否要与王庆辉公开决裂。

在警方突袭其住所后，王庆辉逃到瓜拉古楼，与12组的霹雳成员一起避难。后来，他在新加坡与张德才联系，但张德才1946年12月的被捕使他再次向北逃去，1947年成功地逃到厦门。在那里，他遇到了被驱逐的张德才和黄亚苏。当他认为警方的警戒已经松懈时，就经暹罗回到马来亚，最后抵达新加坡，均未被发现。一段时间以来，他对可以组建一个三合兄弟会的洪门致公党一类的政治性政党的建议有兴趣，并努力搞到了一分新加坡出生的证明，这使他可以宣称自己是当地出生，如果被警方抓住也可以避免驱逐。当他最后穿梭于内陆并于1948年5月被捕时，还在他的文件里发现了一份新的新加坡出生证明的申请。

1949 年 5 月进行了驱逐调查之后，根据 1947 年 1 月就已有的大型调查所展示的证据，对他的驱逐令被确认，他那份当地出生证明没有被接受。面对 1946 年积累的大量证据，他自己已找不出证人了，仅仅要求被尽快驱逐。由于那个时候的困难，直到 1951 年他才离开马来亚海岸回到中国。自此，他就从马来亚消失了。

马来亚大陆的三合会活动，
1945—1948（Ⅰ）

一　绪论

　　槟榔屿洪门会的入会仪式主持人黄亚苏和许堪在 1946 年 4 月初逃到大陆，使得威省、吉打和玻璃市的三合会活动立刻增加，对此，他们俩应该负主要责任。在槟榔屿的会党被勒令解散几周以后，许许多多的会员和会党文件也在大陆上寻找避难容身之所。不少人来到霹雳，因为槟榔屿会党的 12 组与北霹雳渔民帮中的三合会员的联系对从槟榔屿穿越瓜拉古楼"逃跑"的成员是个明显的诱惑，因此他们一路南下到海边的邦咯、巴生港、吉胆岛（Pulau Ketam）、马六甲、新加坡，甚至到苏门答腊的西亚庇村。正如我们看到的事实那样，许多逃亡者决定留在霹雳，这刺激了该州的三合会活动。

　　随着槟榔屿会党流向大陆，警察圈子里就用 Ang Bin Hoey（洪门会），或者其简称 ABH 来指代所有的三合会，正如战前的许多会党一般都被称为 Sa Tiam Hui（三点会的福建人叫法）、Sam Tim Wui（三点会的广东人叫法），或者 Three Dots Society 一样。这就产生了一些混乱，尽管瓜拉古楼的三合会在日据时期重组时保留了洪门会的名称，槟榔屿洪门会的一些逃犯对霹雳甚至整个马来亚的许多的三合会也产生了影响，但他们一般而言并不是槟榔屿（或者瓜拉古楼）的洪门会分会，而是独立的三合兄弟会的组织，其中绝大多数源于某个地区的战前会党。

二 威省

1945 年 8 月，日本即将投降的消息一公开，三合会就开始在威省复兴，为那些二流的与日本合作的人提供免遭马抗伤害的保护。三合会的领导人是一名曾被日本雇用的侦探，战前就是会党中的一员，他在该省的中部大山脚（Bukit Mertajam）活动。

起初，会党根本没有势力，许多日本人的合作者被马抗杀死。后来，当马抗被解散，其成员为了谋生，有些加入了该省的三合会集团，参与了勒索和收保护费的活动，据说有的还成了"杀手"。另外还有一个在总工会保护之下活动的集团也加入了该会党，它有 100 名成员，本来是被日本带到该省来造船的。中国新年（1946 年 2 月）时，尽管受到警方的禁止，这些人还是在吉打的居林、双溪大年（Sungei Patani）和亚罗士打等地舞龙灯。当他们以"强制"方式向商店募捐时，被逮捕了 40 人。

该省前几个月里的三合会活动不太清楚，但从 1946 年 4 月开始，即当黄亚苏和许堪来到后，活动情况日益明显。

5 月 7 日，警方得到消息：两天前，从吉打、槟榔屿、瓜拉古楼和威省来的大约 200 名新义兴成员在大山脚的山腰上举行了一次联合会议。5 月 22 日，一个名叫互助英雄联合协会的俱乐部在大山脚成立，很快就被发现不过是给三合会作掩护。这表明大山脚取代槟榔屿成为整个北马来亚三合会的中心，因为槟榔屿的总部 5 月 18 日被关闭了。6 月，事情发生两周后，警方得到信息：6 月 9 日将要在峇东丁宜（Matang Tinggi）举行一场有 860 人入会的仪式。此后从被捕者那里搜集的信息表明吉辇河口也举行了类似的仪式，其中一次早在 1946 年 4 月就举行了，黄亚苏担任先生。

同时，抢劫、勒索、绑架和"保护"在农村扩散开来，出现了"36"和"50"数字彩票（花会），严重犯罪统计稳定上升。这时候，来自高渊（Nibong Tebal）的匿名信抱怨压力极大，在此压力之下，估计有 90% 的男性人口被迫加入了会党，不但要缴纳 13.8 元的入会费和每月 1 元的捐献，而且要缴特殊费用，店主估计要缴 50 元到 1000 元不等。会党的影响被描绘为"与天一样高"，遍及这个地区的每一个部落、阶层。在威省也是这样。

警方对三合会开始采取行动。互助协会也关门大吉。因为警察的突袭和逮捕,许多当地首领躲藏起来了,或者投奔许堪和黄亚苏。5月5日的大山脚会议之后,他们向北逃到吉打、玻璃市和暹罗边境。有13名首领从北海(Butterworth)逃到峇东勿刹(Patang Besar),那里有火车进入暹罗的领地,那是匪帮和走私者的天堂。这里自1945年9月开始繁荣,到1947年初尚未结束,而当时的情况已经正常了,这个边境小城的人口从战前的700人增加到10000人,所有人都干走私的活,或者从事赌博和勒索。

到1946年9月,威省警方把从被捕的三合会员那里得来的信息整理成一份完整的名单,其中包括北海的34名首领、大山脚的34名首领、高渊的22名首领以及甲抛峇底(Kapala Batas)的12名首领。警方对会党活动的了解被证明对抑制会党的影响有用。1947年期间,这仍然是正确的,因为5月对槟榔屿会党首领的驱逐和在报纸上公布洪门会是非法会党都有阻碍作用。而1948年年中的紧急事件的爆发以及授予警方对威胁和平的不受欢迎的人实施逮捕的紧急处置权力,使得三合会匪徒败下阵来。

同时,1946年下半年,北马来亚的三合会(和槟榔屿一样)因为国民党和共产党之间的斗争日趋激烈而在政治上变得重要起来。11月(1946),威省的国民党主席公开接纳三合会员,但声称这一举动仅仅最近才有效,因为以前共产党分子给三合会施加了巨大的压力,试图把三合会转为左派。他还声称,该省总工会(这是一个共产党成员控制和支配的社团)的前任主席怀着将共产党控制引进洪门会的特别目的加入了洪门。但他相信国民党已经赢得了斗争,估计洪门会在槟榔屿和威省的10000名成员的80%已经被国民党接纳(警方估计这时候洪门会成员有30000—40000名)。他还说,洪门会已经不再是一个犯罪组织,其根本是反共的,但因被扩大权力的企图所误导而招募了流氓恶棍加入,这给会党带来了耻辱。他对最近中国的民治党的形成(1946年9月)特别感兴趣,并作为一个政治性党派参加了中国政府,他相信这样一个会党从一开始就应该得到马来亚所有三合会员的完全支持。同时,他一边密切地关注中国的局势,一边等待从槟榔屿和威省去中国的两名国民党特使的返回。

三 吉打和玻璃市

洪门在华人中的影响从威省迅速扩散到整个吉打。它首先出现在靠近居林的南部，并在那里疯狂地勒索，然后向北通过双溪大年和亚罗士打抵达玻璃市的峇东勿刹。它沿着海岸线从班茶（Tanjong Dawai）向北扩散到吉打坡，而到达北方喧嚣的暹罗边境时，前国民党游击帮的残余力量与从槟榔屿来的洪门会难民，特别是在峇东勿刹逃来的难民也一起加入。再向北，暹罗的合艾（Haadyai）① 成为马来亚洪门会员躲避警方注意的避难所，当地的一个"收留中心"为他们提供食物和保护。

值得注意的是，在整个吉打，尽管主要是在双溪大年周围，洪门会看起来不仅仅与国民党游击队关系不错，而且与像人民和平维持会、农民协会、新民主主义青年团和工人协会这样的左翼组织很友好。还有消息说，洪门会、前马抗和一些日本人联合，在华玲山区（Baling Hills）建立了一个总部，在莪仑山区（Gurun Hills）还有一个分部。

这让人觉得，日据时期的余孽——马华冲突，对洪门会在吉打的迅速发展可能起了一定作用。吉打是个以马来人为主的州，"马来亚人的马来亚"的政治运动在当地华族中引起了一些恐惧。于是，不但某些国民党成员欢迎槟榔屿来的洪门会的武器和人员来加强他们的力量，而且华人左派组织——所有这些组织都间接地由马来亚共产党支持——与三合会集团的左翼也达成某种协议。

洪门会在吉打发展幕后的指挥与在威省一样，就是令人恐惧的槟榔屿来的先生黄亚苏，他得到了许堪的帮助。几周之内增加的关于勒索、绑架、武装抢劫和恐吓的犯罪统计都被证明是三合会的匪徒们邪恶的影响所至。在居林，警方的快速行动在一段时间里抑制了犯罪。那里最早被举报的入会仪式是在双溪大年地区，时间是 1946 年 5 月 14 日和 15 日，地点是一个橡胶厂，共有两场入会仪式，每场 150—200 人入会。5 月 24 日，

---

① 即现今泰南宋卡府合艾市。"Haadyai"为旧式拼写，现在拼为"Hatyai"。泰语 Hat 是"沙滩"之意，"Yai"是"大"的意思。据说此处原是沼泽地，华人运来海沙填平，因此称为"大沙滩"。——译者

在西米林（Semiling）向北几英里的一个偏僻的地点，举行了第三场入会仪式。6月6日至7日夜里，在双溪大年—亚罗士打路的16英里处，举行了第4场入会仪式。受到槟榔屿来的4组的会员支持的两个老三合会员成为双溪大年地区的首领。洪门会的影响很快遍及瓜拉姆达（Kuala Muda）、双溪呀兰（Sungei Lallang）、武吉西兰布（Bukit Selambu）、美农（Bedong）、莪仑（Gurun）和铅（Yen）等地区。

在亚罗士打，不止一个洪门会集团想确立自己在这块土地上的地位。早在5月就发现在当地的电线杆上粘贴了一张告示，宣布洪门会将组织起来以团结人们。这些告示盖有吉打洪门会的印章，向那些打着洪门会旗号并使洪门会蒙羞的坏人提出警告。该地发生了一起武装抢劫案之后，警方逮捕了5名嫌疑犯。这五人一到亚罗士打中央警察局，就决定要拼个你死我活。打斗中，一匪徒被打死（5月17日）。在6月12日，警察逮捕了另外4名武装土匪，其中两人来自槟榔屿。4天后，在瓜拉吉打沼泽地的一个偏僻渔村举行了一起入会仪式，那里离亚罗士打仅几英里。警察拦截了参加仪式返回的两辆满载华人的汽车，但证据不足，无法交法庭审判。该地区报告的勒索案件在增加，很清楚，包括亚罗士打在内的瓜拉吉打正成为洪门会的一个重要中心。一名店主被勒令加入会党，还要他为此特权交付3008元。来自同一村庄的一名木匠，也是总工会的一名成员，在拒绝加入会党后消失了，有谣言说他那被绑上了石头的尸体只能在海底找到。

为避免竞争，一个三合会首领打算付给黄亚苏2000元作为独享该地区的代价。它成为第9组，并把其收入的一定比例缴给槟榔屿9组的大本营，作为回报，它有拒绝任何其他三合会组织在该地活动的权力。双溪大年的首领为独占其地盘也可能缴了一定数量的钱，他占据的区域包括双溪大年、武吉（Bukit）、西兰布、莪仑和班茶。于是它成为第4组。

1946年8月，双溪大年地区的4个三合会会员被捕，被指控犯了恐吓和勒索罪。12月，警方的一次重要行动逮捕了28名正在离开在居林举行的入会仪式的成员。这一次有足够的证据，每一个都被判了6个月的苦监。

早在1947年1月，黄亚苏就在班茶被捕，这样，尽管三合会集团仍然存在，却消除了他的强大影响，打击了会党进一步发展的计划。有点特别的是，对独占某些特定地区的安排被忽略了，三合会想成为至尊，相互的敌对情绪有所发展。1947 年 7 月，在莪仑，马抗的一名重要成员被三合会员绑架，而三合会的 3 名成员后来也被共党分子谋杀。10 月，瓜拉吉打一名三合会首领被发现携有三合会材料，结果被判 6 个月监禁。不久之后，在离亚罗士打仅仅 10 英里的地方举行了一次小型入会仪式，但三合会的活动规模明显缩小。

在吉打与在北马来亚的其他地区一样，国民党对洪门会的发展很感兴趣，同时，洪门会的一些首领也在考虑在国民党旗帜下活动的可能性，特别当他们知道三合会将不可能再不受惩罚地自由活动后。黄亚苏被捕时，他在物品中还有一份国民党吉打分部颁发给他的一份证明，说他是一个诚实又值得信赖的人，还指导他把吉打州的党务联系起来。该证明要求所有的成员提供这项工作所需要的一切力所能及的帮助。这份由国民党官方颁发的证明于 1946 年 11 月 18 日签发，它可能是他为三合会活动获得的最好掩护了。

黄亚苏在给槟榔屿洪门会前任主席（张德才）的一封信中——当黄亚苏在新加坡被捕时被发现——叙述了他与海外部副部长戴愧生 1946 年 12 月 1 日会谈的一些细节。这次会面是在国民党在吉打的各个分部成员的一次集会上，"绝大部分是洪门（即三合会）中人"。黄亚苏被介绍给槟榔屿的中国领事，并私下里向领事和副部长汇报了洪门会的情况，请他俩代表会党接近当局。根据信的内容，副部长认为洪门人的历史就是中国的光荣，如果会员没有违法，就没有什么值得害怕的，还要求领事调查此事。

但是，黄亚苏在这里看起来对自己是否应该过多地与国民党密切交往还不确定，因为他写道，国民党执行官员希望陪他到槟榔屿领事馆一游，但他还未给他们肯定答复。他应该考虑这次邀请。无论如何，他显然去参观了中国领事馆，因为在他被捕时持有一份槟榔屿的中国领事于 1946 年 12 月 25 日同时用中英文签发的文件，其中提到了他是国民党的一名成员。中文把他描述为"有值得信赖的忠贞和诚实"；而英语的表达是"有着良好的品性"。很清楚，目的就是要使他与国民党结盟。

中国的副部长和领事官员在对洪门会的这种认可的后果之一就是，1947 年 3 月，槟榔屿会党的许多首领根据驱逐令被逮捕后，有人引用了中英政府在 1943 年签订的条约中的条款提出正式请求,声称这些逮捕违反了该条约。但这一辩护没有被接受。

黄亚苏在吉打和玻璃市的整个时期内都与暹罗有密切联系。他有一本暹罗护照,上面的名字是陈强有(Tan Kiong Yiu),而作为一名烟草商人活动时,他用陈钦玉(Tan Khim Gek)这个名字在暹罗的合艾和南吉打的峇眼色海(Bagan Serai)之间可以自由往来。

在马来亚—暹罗边境的峇东勿刹,他与来自吉兰丹宋艾歌乐(Sungei Golok)①的一支曾是抗日抵抗运动的部分力量的广西游击队小群体联盟。他们跟他一起参与三合会的赌博、勒索和收保护费等活动,帮助他压制某些在日本投降的时候就占领了这一地区的马抗组织。他们也在暹罗活动,在北大年(Patani)、合艾和峇东勿刹之间来往,当他们 1947 年初在城市失去了暂时性的优势后,在加基武吉(Kaki Bukit)建立了总部。在那里,他们抵制住了马来亚共产党规劝他们加入的企图。作为"吸鸦片和冒险的人",他们觉得共产党的纪律非常令人讨厌。

直到黄亚苏被驱逐后,当局才完全意识到霹雳的以广西游击队主体的国民党在推翻马来亚共产党计划中的重要性。②

四 霹雳

在槟榔屿洪门会成员涌入霹雳的时候,那里早已有三个三合会集团在活动。在吉辇,有实力强大的福建人和一些潮州人作成员的瓜拉古楼的洪门会是三合会活动的中心,并与峇眼色海、巴里文打(Parit Buntar)、司南马、甘文珍、太平、瓜拉江沙和怡保的内地会党有联系,也与十八丁、邦咯、红土坎、安顺的"沿海会"有联系。沿霹雳海岸边渔村的会党,都叫"沿海"或者"海岸组织"(老和胜会现在的继承者),他们也与洪门会有合作关系,并曾是他们的一部分。他们的成员都是福建人,主要活动中心在巴西依淡。在近打河谷,广东人和客家人矿工当中的海山会和义兴会幸存者组成了第三集团,以布先(Pusing)为中心,而且,广东人当

---

① 即今泰南陶公府宋艾歌乐县,一般称为"歌乐"。

② 参见下文第 418—421 页。

中还有许多华记分会成员。

北霹雳

1946 年中，吉辇、马丹和拉律地区已经成为以瓜拉古楼、十八丁和太平为基地的密切联系的三合会活动的场地，他们的成员与日据时期一样，在海边从事走私和海盗活动，整个州都有他们处理的抢来的货物。他们和其他所有的会党一样，常常进行敲诈勒索、绑架、保护、鸦片和赌博等方面的活动。

瓜拉古楼的走私规模很大，并延伸到暹罗、缅甸和印度尼西亚。它得到了当地三合会的全力支持，尽管某些海盗团伙的成员表现出的独立精神使得要控制他们很困难。

瓜拉古楼还是一个兄弟会成员逃脱法律武器的制裁或者潜伏下来等待更好的抢劫机会的避难所。它由两个村庄组成，一个位于从吉辇海岸到太平的大路上，另一个在古楼（Kurau）河口的对岸，马来亚人习惯上叫它"史布朗"（Seberang）或者"水域（Across the water）"。史布朗位于沼泽地和小溪的边上，这些沼泽和溪流组成了从这里沿着海岸线向南的复杂的网络。任何穿过河口或从海边的道路上走来的人都可以被立即看见，避难所就在小河中。

第二个指挥部在靠近马丹的一个小岛上，那里的主管被人形象地称为"鳄鱼"。他除了在槟榔屿经营日用杂货生意，还大规模地走私稻米到马丹。作为秘密会党的盈利的支配者，他掌握有关货船动向和货物性质的信息，以准备安排在霹雳海岸的海盗行动。他与该地区公认的三合会"老板"杨亚峇合作策划海盗进攻方案，杨亚峇是十八丁义平和（Ghee Peng Ho）的首领。后来的海盗首领是古楼的陈宁来，他从沿海会当中招募匪徒成员，一旦实施海盗抢劫，便把礼品带到马丹，贿赂税官和警察，货物则通过陆路运到太平，由在那里的其他商人安排出售，部分收入汇给"鳄鱼"。抢到的货物有稻米、干椰子肉、橡胶、缅甸烟草、绳索和鸦片。为了避免海盗，商人们发现与"鳄鱼"签订一份关于缴保护费以换取安全运输的文件是明智的。这样的保护可从陈宁来本人身上获得，也可从他在马丹的私人代表处获得。他成了非官方的港口官员，检查所有进出港口的货物，以确保给匪帮纳贡。

该组织以马丹公司的面目出现在公众面前，不仅包括对走私感兴趣的商人，而且包括在陈宁来个人控制下的海盗团伙、勒索群体、绑架匪徒等。公司有自己的秘密会党和合，其财副和白扇都参与走私，也负责安排绑架，选择牺牲品，并仲裁受害者与绑架团伙之间关于放人等方面的事务。

人口集中的商业中心太平是非法商品的主要交易市场。当地仍旧保留着 19 世纪 70 年代的某些东西，那时的吉利包是海山会的据点。但其人口组成早已改变，福建人居支配地位，而拉律矿区的客家人和广东人已经移到更繁华的近打河谷。

三合会是在日本投降的时候在太平复兴的，主要是因为日本人的合作者需要抵抗马抗的报复。这使得十八丁的杨亚峇与瓜拉古楼合作，组成三合会来对抗控制太平的马抗的威胁。在那里，商人和匪徒都非常希望阻止这个对走私和海盗有价值的交易中心落入共产党之手。有互相合作为基础，战前的新义兴会党复兴了，杨亚峇充当太平的会党与十八丁和马丹的沿海会党之间的联系媒介。他与秘密会党的其他四个显赫的首领一起招募新成员，保持对诸如兄弟会之间纠纷的制裁权。一名做运货汽车生意的重要商人接受了三合会授予的官职，他的卡车很快就成为海边走私者、海盗与太平的交易中心之间沟通的工具，除了运送入会者到仪式地之外，其他任何时候只要杨亚峇要求他都会这么做。在运输途中偷窃稻米已经成为那些持有政府合同者的祸害，当有关公司雇用了新义兴成员后，这些祸害很快就停止了。信义（Sin Ghee）会渐渐为人所知是以音乐协会锦和轩（Kim Ho Hean）的名义，因为这个名称对信义会有掩饰作用。一段时间以来，它控制了太平的所有的三合会活动，其他集团都承认它的最高权威。

沿海的会党很快从北霹雳向南延伸到邦咯岛、天定河口、下霹雳等，其他还包括：

义平和（Ghee Peng Ho）在十八丁
合和（Hup Ho）在马丹
益胜（Aik Seng）在双溪吉隆（Sungei Kerang）
益万（Aik Bun）在淡浮落村（Kg Temerloh）

益兴（Aik Hing）*　在巴西依淡和直弄

益九（Aik Kiu）在班台

益振（Aik Chin）在邦咯的吉灵丸（Sungei Kg Pinang Kechil）

义气（Ghee Kee）在天定红土坎

益顺（Aik Soon）在天定的双溪爱大华（Sungei AyerTawar）

忠义（Chung Ghee）在天定的甘文阁（Kg Koh）

益义（Aik Ghee）在天定的实兆远

益顺（Aik Soon）在下霹雳安顺

益义（Aik Ghee）在下霹雳峇眼拿督（Bagan Datoh）

益新（Aik Sin）在下霹雳的峇眼巴西（Bagan Paris）

> 注：* 也称为"See Hai"，意思是"四海"，是一个渔民团体的名称，或"Ma T'au"，意思是"码头"。

这其中许多都是海盗集团，很难找到他们的活动踪迹。

1946 年底，最重要的内陆会党是太平的信义、益和、益洪；在后廊（Aulong）和新路口（Changkat Jering）有分会的（太平）新邦的义合（Ghee Hup）；峇眼色海的义洪；在司南马的益坤（Aik Khoon）；瓜拉江沙的益明（Aik Beng）；怡保的忠义堂（Chung Yi T'ong）等，所有这些会党都与海边有联系。吉辇的会党与瓜拉古楼密切合作，但太平的益洪和怡保的忠义堂都承认巴西依淡会党的权威。

从 1946 年 5 月开始，槟榔屿人开始涌入北霹雳，那里的三合会犯罪活动不可避免地增加了，因为槟榔屿的团伙在海上加入了海盗集团，在陆上则加入了勒索和绑架集团。很快就有人报告说，麻烦的根源集中在瓜拉古楼、牛拉、老港（Kuala Sanga）、直弄码头（Kuala Trong）和瓜拉亚鲁姆马斯（Kuala Jarum Mas）地区。7 月，在更南一点，一艘满载槟榔屿"兄弟"的帆船在红土坎登陆，他们打着友好社团的旗号，很快就在天定和下霹雳组织了几个三合会集团。于是，三合会的活动在整个霹雳海岸线扩张开来。

从瓜拉古楼往内地走，峇眼色海成为吉辇三合会的一个指挥部。早在 1946 年 3 月，许多从吉辇海滨招来的人在黄亚苏在槟榔屿举行的最后一次入会仪式上加入兄弟会。7 月初，数百人在高渊附近加入会党，当新指挥部于 1946 年 8 月 15 日开张时，信义送了礼物，并举行了一场庆祝宴会，有很多槟榔屿和吉打的成员参加。一周后，一只红鹰①被画在了一块三英尺宽的木板上，太平的兄弟们还为新分会预定了孙逸仙和蒋介石的大幅画像。

红鹰和画像象征着三合会和国民党的联合，在槟榔屿、威省和吉打，国民党试图利用北霹雳的三合会作为反对共产党分子的"有力武器"。通过双边协议，三合会开始在三民主义青年团的掩护下活动，而青年团则利用三合会的影响宣传自己的政治主张，以便获得国民党未来规划的支持。在太平，信义会的另一分会益和在这一年的最后几个月里招募了好几百名新成员，与信义一同采用了国民党旗帜形式的印章，取代了以往的入会材料。

有人报告说，槟榔屿洪门委员会的总书记王庆辉在霹雳的政治活动中很是积极，特别是在 1946 年 10 月和 11 月的时候。在瓜拉古楼和直弄的两个指挥部之间经营他的内陆地区，范围包括从峇眼色海经太平到和丰，再沿着瓜拉古楼到邦咯的海边。与黄亚苏在吉打一样，他于 11 月与中国领事戴愧生进行了联系，当时后者正参观马来亚的国民党和三民主义青年团。在接下来的一个月里，从太平来的信义及益和的先遣队成员与来自槟榔屿的其他人联合对抗天定的共产党分子。②

尽管槟榔屿在北霹雳的影响很大，但三合会活动增加的主要原因是当地三合兄弟会首领之间开始了严重争斗，海滨地区早已确立了的诸如十八丁的杨亚峇的权威受到了不法分子和海盗首领陈宁来的挑战。陈宁来是个出生在瓜拉古楼南部几英里的牛拉地方的年轻人，这里和瓜拉古楼一样，河流网络复杂。陈于日据时期被介绍入会，成为团伙中的一名小头目，任草鞋之职，他在战后的政权真空时期积极抵抗马抗。该团伙主要是勒索和抢劫牛拉地区的不是他同伙的外来人。结果有同一家庭的三人——父亲和两个儿子，被他的团伙带进小港，陈宁来刺死了他们，因为他相信其中一个儿子是马抗的在乡军人，而另一个儿子是警方线人。几个月后，也就是在 1946 年 2 月，该团伙在夜里围捕了牛拉的另外两个同族家庭，包括村

① 一只红鹰就代表"红英"，这两个词虽然字面不一样，但发音是相同的。
② 参见下文第 382 页。

庄的首领、两名妇女和三个未满16岁的孩子，其中有两名是女孩，一个12岁，一个8岁，总共是10人或11人。他们都被用绳子绑着，经沼泽地被带到了河域。在那里，他们被陈宁来刺死或枪杀，据说理由还是这个家族背叛他而成为警方的潜在线人。看起来，陈宁来已经患上杀人偏执狂。两个男孩，尽管被从喉管刺伤，但还是活下来并到了警察局。陈宁来和他的团伙占据小港，开始形成一个独立的海滨三合会团伙。从渔村流氓和槟榔屿来的一些人加入其中，很快就有一支20多人的武装队伍，1948年已经超过50人，而且获得了许多海滨村庄的帮助。

借海滨红树林沼泽地的掩护，陈宁来建立了他的三合会堂口，他称为洪顺堂，福建话拼写"Ang Soon Tong"，广东话拼写"Hung Shun Tong"，意思是"Hung Obedience Hall"。这个名称是洪门兄弟会起源时第二堂（广东人）用的。他的团伙称他为大哥（Tai Koh），警方通常称呼他为"麻风病人"，由汉语"大哥"和"麻风病（T'ai Koh）的发音混乱引起的。

既有的三合会首领把他当作暴发户，但是他把自己变成了一个杀人狂，而且因为有一伙杀手在他身边，很难被除掉。警方努力想逮捕他，但没有成功。他的团伙仍有日据时期的恶劣影响存在，他们受过严格的个人素质、汽艇、机动车驾驶等训练。陈宁来有三条快摩托艇（以前是空军救援队的），他的对外联络使得他能够很好地了解警方的行动。他起初于1947年5月驻扎在拉律河口，当警察追寻到他的踪迹时，他已经转移到另一个地方，最后在直弄河口的北岸扎营。他的团伙以抢劫和海盗活动为生。在他的成员当中，陈宁来非常受到欢迎，因为他不像大多数的首领那样要求占有全部收入，而仅仅分出一小部分给团伙。相反，他只要有钱，就让团伙保留大多数。这样他就能够一心一意地把成员当作"鹰犬和走狗"一样利用，他们忠诚地为他效力，而他自己可以放纵独吞全部鸦片贸易的欲望。

从牛拉到班台的海滨都被他牢牢控制，他成了北霹雳霸主，傲慢地声称有权惩罚任何不听话的成员，有权命令处死那些仅仅是他手下肆无忌惮的人抱怨违反了三合会法则的三合会首领。他充当三合会事务仲裁者角色的范围更广，要求各个三合会首领向他捐献，绝大多数人都害怕得不敢拒绝。马丹的"鳄鱼"每月缴500元给他，杨亚苔每月缴300元还说不够，从海边来的鸦片的利润都要缴一定比例的利润给他。甚至在瓜拉古楼他也有间谍中心。

但因害怕被抓,他被迫把海盗活动限制在公海上,只是短暂地骚扰一下海滨的渔村,在警方无法到达的沼泽地里进行审判。尽管他极端反共,但不能参加三合会—国民党联盟,因为他不敢公开露面。但他采取自己的战斗方式,模仿洪门第一位祖先陈近南（Ch'an Kan Nam）——一名道长,指导着五个避难和尚分散到中国各省去招募军队和筹集经费以反抗满族人的统治。他派出了自己的五名随从——每一个都有"虎将"头衔——到太平榨取钱财,购买军火,以与马来亚三合会的敌人共产党做斗争。"虎将们"显然是在信义的名义下进行活动的,但最后组成了一个名为益洪的会党。原来的五"虎将"受到20—30名没有职位的成员支持。他们装备良好,敲诈勒索和绑架活动达到了史无前例的程度。他们特别把那些已知的共产党的同情者列为勒索和绑架对象。

益洪很快就成为太平地区所有会党中最为臭名昭著的会党,吸引了流氓恶棍中最坏的那一部分人。它受到该地区最为年长的、最受人尊敬又最令人生畏的先生大肥家（Tua P'ui Ka）的保护。他通常被人尊称为"管人"（Kwun Lam）,对他很少使用"489"这样的代号,这代表着他在三合会中的地位。他精通三合会仪式,同样也在那些对此类仪式知之甚少的兄弟会成员心中引起畏惧感。在组建秘密会党时候,他已经60多岁了。"麻风病"的5个"虎将"都是由他"加冕"的。这提高了他们的威望和权力。

"虎将们"从马丹地区开始活动,与和合会相互合作。但他们的掠夺不仅很快就与十八丁的杨亚峇发生冲突,因为陈宁来决定要取代杨亚峇的位置,而且与太平的新义兴、与新邦义合会手握大权的先生林亚汉（Lim Ah Hah）有了矛盾。三合会的准则允许向非成员勒索作为一种可能的谋生之道,但会党间经常为争夺某个特定的勒索对象发生矛盾。有一次,太平金保新路（Ayer Kuning,也称亚亦君令）一个橡胶厂的中国商人被益洪的四个匪徒绑架了,却被他一个雇员所领导的义合（Ghee Huo）救出来了。后来,当他刚要加入林亚汉主持的兄弟会时又被益洪抓住。既然三合会准则没有被破坏,就只好寻求仲裁了,营救者被判12棍鞭打,因为干预了代表中国商人的一个非成员。这名中国商人被勒令缴付3000元作为第一次绑架的赎金。林亚汉很丢面子。另外，新邦的义合首领被陈宁来要求在一周之内缴付 1000 元作为侮辱"虎将"的补偿。

这种事本身就与三合会准则有矛盾，因为尽管非成员是勒索的合理目标，但兄弟会成员却受保护。"虎将"则忽视了准则，把勒索钱财的信件邮寄给早已属于兄弟会的店主。太平地区的会党首领聚在一起试图消除这一威胁。根据杨亚峇的意见，益和是一名白扇在太平建立的堂口，其意图就是瓦解"虎将"的权力，保护三合会员免遭他们的勒索，但新会党却发现仅有的口头保护受到了"彻底决裂"的挑战。"麻风病"本人声称他缺少钱，没有打算抑制其团伙。在太平，司南马和峇眼色海的益和甚至收集并交上 1000 元也没有得到和平，勒索仍在继续。

对整个华人来说，三合会的网络如此复杂，任何交易没有会党征税就完不成。大多数人都发现必须要加入某一个会党，否则生意就会被毁掉，或被绑架勒索赎金。入会费各不一样，工人入会费 36 元，月捐 5 元；商人的入会费 360 元甚至 3600 元，店主或有产阶层再加上月捐 50 元。即使如此，气氛依然非常恐怖，使得在太平的几英里内就有多达 500 人的新会员要求保护。

当两个屠夫因打算加入益洪会而消失时，三合会权力的无情性质就完全显露了。几年过后，才得知他俩在入会仪式上被另一个卖猪肉的人（他嫉妒他们两个）公开谴责为华记的成员，华记是三合会集团的敌人。就是在那个时候，这两个屠夫被消灭了。

1947 年初，以外交手段阻止"虎将"抢劫失败之后，信义和益和的首领要求杨亚峇作为该地区的龙头大哥召开一次纪律审判会，质问陈宁来准许其帮派破坏三合会准则之事。但杨亚峇不敢行动。而一个来自直弄码头的白扇和来自怡保的草鞋因为破坏三合会规则早已被陈宁来处死。该名白扇与去世的兄弟会会员的遗孀私通，又没把勒索一个炭窑主的 4000 元上交给会党基金，而是自己侵吞了。而该名草鞋则是与怡保的一名会员的妻子有通奸行为。这两个违纪者被捆绑在麻袋里投入河中，那些执行判决的人都受了了适当的奖赏。陈宁来本人在第一起谋杀案中也起了帮助作用。但是，当因一名能力非凡的侦探的工作而使他的三名助手 1947 年 1 月被捕时，他再次逃回到沼泽地。

为了与"虎将"一决雌雄，益和会组建了自己的暴力队，但是这一行动与许多"麻风病人"的手下实施的绑架案一样，引起了警方的干预，逮捕了益和的几个首领。

1947年，太平在华商中成为臭名昭著的地方，他们无论如何也都尽量避免。没有人能幸免于益洪团伙的绑架，而且一旦被抓，如果未能交上赎金就意味着死亡。三合会绑架者们的另一个恶毒团伙在益明会的支持下开始在瓜拉江沙活动。至12月，当其10名成员被捕并被指控为三合会员时，他们至少实施了25起绑架案，但没有一次有证人出庭做证。

这一年最引人注目的绑架案发生在威省双溪峇甲（Sungei Bakap）一位著名的华人社区领袖身上。他于1947年4月从自己家里被绑走，在改乘了三次船之后，被安置在沼泽地的一只有人看守的小舢板船的底舱里。尽管有陆军和空军进行全面搜救，他还是在那里待了50多天。最后，在西泠盛（Selinsing）河入口处被警方发现并被营救，看守们被打死。有理由相信，这起特别的绑架案不是陈宁来批准的，当警方展开猛烈行动时，他被迫离开霹雳，并留下指令，发现绑匪就杀死。

警方的行动使得三合会首领四处逃窜。1947年2月，杨亚峇觉得离开霹雳是可行的，不仅仅是因为警方的追击，而且还因为他和新义兴的财副这个三合会官员已经被人向陈宁来举报侵吞了三合会基金。这两人拒绝被传唤接受调查，结果在缺席的情况下被判死刑。与他们一起的还有先生林亚汉，他也惹得陈宁来很不高兴。他们通过益和的一个害怕警方逮捕的红棍向南逃窜到雪兰莪海岸。在那里，他们很快被人花钱雇用去为从苏门答腊的西亚庇村而来的避难人员主持了几个月的入会仪式。这些人是1946年9月为逃脱印度尼西亚人的攻击而在巴生港、吉胆岛（Pulau Ketam）、波德申港（Port Dickson）和瓜拉雪兰莪寻找避难处的。1947年8月，大量的难民回到西亚庇村，通过杨亚峇配备了良好的武器，一到达该地区就组织了（海外华人）自卫队维持当地的秩序。

他们刚组成自卫队，陈宁来和他的团伙就加入进来，他们已经厌倦了被霹雳警方从一个地方赶到另一个地方，迁到苏门答腊并在离村庄不远的沼泽地的竹林中定居下来。从开始撤退，陈宁来就计划要把马来亚海滨的所有敌对势力和某些据他看来破坏三合会规则的三合会首领消灭掉。在这些得罪了他的人中有角头（Tanjong Piandang）的老潮州的首领谢林意（Chia Ling Ngai）、槟榔屿12组首领、班台益九（Aik Kiu）的财副、马六甲洪门会的首领以及瓜拉古楼某些有影响的商人。他的团伙从十八丁地区开始部分地执行他的建议。

角头的社区是一个潮州的渔村，在瓜拉古楼西北 5 英里的地方有常见的走私设施。这里一直就有独立精神，不愿意忍受任何外来的干扰。它不仅仅是一个潮州人的渔村，偏南一点的地区绝大部分是福建人，而且根据警方的报告，这里的人更加不一样，因为他们是三合会第三组的。其他的海滨会党这个时候是效忠第二组的。

陈宁来的团伙与瓜拉古楼萨柏朗的一些不良群体一起在角头发现了一个敲诈勒索的机会。1947 年 10 月，一商店老板接到匪帮要 5000 元巨款的要求，并以处死相威胁。该业主是一名三合会会员，便到谢林意处，希望以他的影响来安排一个可居之处。谢认为这样的要求是外来人对他地盘的入侵，便告诉店主如果有人来收钱就向他汇报。匪帮叫一名闽籍会员居住在角头以接近店主，提出付款的要求。就在那个时候决定了第二天缴付480 元，店主向谢林意做了汇报。因此，当中间人来收钱时被谢的人逮捕了，带到丛林中接受谢的审判。他说"兄弟"榨取另一兄弟是犯了死罪，因此判犯人"丢到海里"。这时，犯人的妻子来恳求饶恕丈夫的性命。谢发慈悲释放了他，并警告不要再做这样的事了。这事就结束了，或者看起来是结束了。

后来，"麻风病的人"计划在瓜拉古楼绑架角头一位年长的小店主，他不是三合会的成员。他那作为三合会成员的儿子知道了这个消息，便向谢林意寻求保护，因此当"麻风病人"的成员抵达村庄，准备绑架时，被谢林意和他的成员逮捕。这些人被带到该村作为堂口活动中心的渔业贸易协会，谢林意是该协会的主席。在这里，他宣布未经他同意进行勒索或绑架的入侵者将会被"扔进海里"。被告们拒绝承认是来绑架这位老人的，因为没有证据，他们被释放了。但是，他们离开之前被警告：如果不在乎谢林意的意见，或者纠集一帮人来对付他，他就会通知警方，请求警方帮助。

那一伙人回到了瓜拉古楼，并与他们的同盟讨论起这事。他们断定谢林意因为阻止"兄弟"谋生并保护一个非成员，违反了三合会的规则，也没有真正的三合会"兄弟"会威胁要报警。他们谴责他为叛徒，还说他把三合会的钱据为己有。于是，命令谢林意到瓜拉古楼接受对他的调查，但谢拒绝了。

11月6日夜里，一艘摩托艇从瓜拉古楼抵达角头，一伙人划着两艘舢板来到岸边与其他由陆路来的人汇合。他们一起来到渔民贸易协会，冲楼上的谢林意叫喊。谢没弄清楚这伙人的身份，下楼来就被枪杀。之后，匪徒们把村人聚集到一起，宣布他们处决了叛徒。三合会杀死叛徒的用语"Ah Ts'at"被留在了桌上，以示警告。

随后，匪徒中的两人辗转来到槟榔屿，在那里。洪门会12组的首领被指控侵吞了25000元海上盗取鸦片的收入。这两个人把他杀了，还从他的兄弟那里勒索了1200元报酬，接着回到瓜拉古楼。与此同时，在角头谋杀案48小时之后，该团伙的其他成员往南抵达班台。11月8—9日夜里，他们杀害了当地三合会的财副，罪名也是贪污基金和拒绝调查传唤。另外，南马六甲是第二个被"麻风病人"的团伙盯上的地点，11月11日，当地三合会集团独立又不肯合作的首领在沿街骑车时被射中，后来死了。

"麻风病人"团伙的黑手伸到了瓜拉古楼，那里许许多多的华商和社区领袖都要求当地三合会首领避免犯罪活动，因为这些犯罪活动会使村庄名誉不佳，并要求抵抗"麻风病人"团伙在该地区的绑架和勒索要求。11月26日夜里，商人的活动被密切监视了好几天后，"麻风病人"团伙的10名成员从十八丁乘摩托艇抵达，以绑架目标换取赎金。一名匪徒走进商店，用枪逼迫受害者交出钥匙。幸运的是，警方得到消息及时赶到现场，并逮捕该犯人，而其他人则逃脱。4人乘摩托艇逃到十八丁。在那里，他们被拦截，但他们跳船逃进沼泽地的红树林中。其他人则乘舢板逃走了。11月28日的第二次企图又因警方船只的到来而挫败。瓜拉古楼会党两个最重要的头目辞职后来到槟榔屿。

最后，12月8日，同一团伙的几名成员再次造访马六甲，并试图控制这里。但他们被当地匪帮认出，有两人遭到枪击，尽管未毙命，但后来被警方逮捕。另外4人回到十八丁。其余的人来到西亚庇村向"麻风病人"汇报情况。

在过去的几个月里，西亚庇村的华人变得清醒起来。起初，他们在8月欢迎"麻风病人"和他的40名装备良好的成员所代表的强大势力进入。但是他们很快就发现新来者也是不法分子，没有服从村里老人的吩咐的打算。他们刚到几天就已经在附近抢劫了 5 艘船只，当地居民十分恐惧。因为他们害怕海盗会给村里带来坏名声，引起当局的注意，也害怕再发生 1946 年军队实施的大屠杀那样的事件。他们还害怕可能会被指控为谋杀三合会首领的同谋，而事实上那些案件都是在"麻风病人"的命令之下在马来亚海滨发生的。

这样的谋杀在西亚庇村也发生过。"麻风病人"派人到新加坡去抓一名叫"蟑螂"的先生，此人被指控尽管不完全合格，但曾经主持过入会仪式。虽然该指控被否认，此人却被杀死在"麻风病人"曾经住过的房屋里。自卫队委员会认为"麻风病人"欠下的债太多了，必须警告他停止他同伙那些无法无天的行为。这些行为是对陈宁来最高霸主地位的直接挑战，破坏了他与当地华人的关系。

他迅速采取行动，包括命令他的团伙额外招募新成员来加强他在西亚庇村的护卫力量，提高北马来亚所有三合会的捐赠数目。但这些规划实施之前，他被要求出席自卫队委员会召开的另外一次会议，因为海盗活动仍在继续，匪帮则越来越猖獗。讨论拖得如此之长，以至于"麻风病人"的一个"虎将"——他以前曾被指示，如果"麻风病人"被当地人拘留，就要去营救他——坚持闯进会场，在被拒绝时就开枪打死了卫兵。争吵中，该村首领被打死在房屋门口。

于是，愤怒的村民决定采取唯一的方法来消灭匪徒。毫无疑问，他们与杨亚谷之间的紧密联系加强了他们的决定。他们包围了匪徒在竹林中的营地，开枪打死了所有在场的匪徒，仅仅留下"麻风病人"的妻子，她努力商谈停火，但没有成功。尽管留下了她的性命，却取走了她所有的珠宝。据传，大约有 30 名匪徒被杀，但在此次攻击之前，有几名成员到海上进行海盗活动了。船只又一次被拦截，所有在甲板上的人除两名海南人机械师外都被杀害，他们逃到了马来亚海岸。陈宁来的寡妇认为这次屠杀是"蟑螂"的报复。她说，"蟑螂"的鬼魂此前两夜里都出现在营地，而且如此清楚，第二次出现时，"麻风病人"用自己的手枪向它开火。

1948 年 1 月，这些海盗、强盗、勒索者和杀人犯的消灭暂时缓解了霹雳海边居民无法忍受的恐惧，使得早已在这里立足又相对"保守"的当地会党首领复兴起来，并重新获得了曾因为"麻风病人"的出现而受到挑战的权威。警察听到这些消息也谢天谢地，更多的是因为屠杀发生在马来亚管辖范围之外，他们再也不用面对把这些人绳之以法的令人讨厌的工作了。这些人通过消灭罪犯已经行使了公共职权。

当然，1947 年底，马来亚联邦犯罪侦察科的总部已经完全意识到三合会所带来的威胁程度，提出总部需要一个专门的人来处理这个问题的建议。1947 年 8 月对犯罪侦察科人员的加强阻止了恶劣的秘密会党制造的麻烦在联邦的发展。9 月，一个新的负责在整个霹雳搜集与三合会员相关信息的登记处设在怡保，由一名华人警官领导。11 月 17 日，犯罪侦察科在太平设的一个分会也开始活动。1948 年初，在下霹雳和南霹雳也建立了同样的分支，但是后来的发展，特别是在马来亚联邦总部以一个中央清理办公室的形式的发展，是非常重要的。

同时，陈宁来的出现和其团伙的疯狂盘剥行动已经严重地对抗着北霹雳的被地方所认可的三合会首领，他们都害怕有生命危险。于是，信息开始从三合会流向警方，他们都非常希望看到这些团伙的毁灭。这个受助于与槟榔屿的紧密合作的发展有利于警方采取更加有效的行动。1947 年 12 月 10—11 日夜里对萨伯朗的突袭以及接着于 12 月 28 日对马丹 10 号的突袭都发现了许多材料。这些材料表明，这个会所是太平的锦和轩与马丹的联系点。于是，立即逮捕了太平的用自己的卡车从海边装载走私商品运到交易中心的首领。锦和轩关门，其他人也接着被逮捕，其中包括马丹臭名昭著的"蟑螂"和充当该地区绑架案中间联系人的白扇。这三个人都被驱逐，马丹的走私组织被毁坏。马丹的"港口主人"也在 1949 年 1 月被捕，陈亚海（Tan Ah Hai）被驱逐。

对"鳄鱼"的账簿的检查揭露了马丹、十八丁和槟榔屿的受贿和腐败程度，公众来信表示了商人对这个"第二政府"垮台感到的快慰。这个"第二政府"一直沉重地压迫着人们。有关马丹和太平之间的联系及秘密会党敲诈勒索和恐吓的方法也多有揭示。

1948 年 6 月，驱逐行动开始，被驱逐的人包括杨亚峇、马丹和十八丁的海盗团伙的三个著名首领，还有几个落入警方手中的成员。杨亚峇逃脱，但据说逃到了马六甲海峡，警方再也没有发现过他。他于 1949 年 2 月死在十八丁，此前没有人知道他的存在。

至于海盗团伙，陈宁来死后，郑守发（Teh Siew Huat）——1947 年 11 月谋杀案中杀手的头头，幸运地从西亚庇村逃脱——聚集了该帮所有剩下的团伙成员，逃到马丹沼泽地避难。此前不久，他还控制着海滨，他的成员以"十八丁匪帮"而闻名。直到 1948 年 11 月 16 日他才最后走上绝路，与其他 4 人在德哈卡河（Sungei Derhaka，属马丹）的一间孤立的屋子里被捕。在他们的物品中发现了一支轻机关枪和一支鲁格尔手枪，还有许多弹药。这 5 人被指控非法持有武器。1949 年 1 月 20 日，郑守发被判死刑。

接替他位置的并不是二把手陈亚宁，因为陈也在警方"通缉"之列，而是由罗章耀（Loh Cheang Yeow）继任的。在陈宁来决定哪些人破坏了三合会规定之前，是由罗个人提出名单的。一名警察在一家咖啡店里想逮捕他，他竟敢对警察开枪，因此而得到团伙的敬佩。于是，他亡命海边，作为海盗和保护团伙的组织者，他自然而然地继"麻风病人"之后成为接班人。

突袭德哈卡河发现的材料表明，该房屋直至 1948 年 9 月 19 日（农历八月十七）一直被三合会用来作为总堂和举行入会仪式的场所。24 名新会员带来了 65 名入会者，36 元和 21 元的费用都已经交纳了。被发现的入会仪式不多。当警方在太平的行动不断深入时，益洪的先生逃到安顺。林亚汉在雪兰莪待了一段时间，但最后还是回到了太平。他于 1949 年 7 月在新邦被捕，被驱逐出马来亚，后来有人报告他在苏门答腊。黄亚南（Ng Ah Nam，Ooi Ah Nam）是居住在双溪加弄（Sungei Karang）的一个杂货店主和螃蟹收购商，也是沿海会多年的老成员，充当了海滨许多入会仪式的先生。他一开始是在巴西依淡避难，但最后被捕，1954 年被驱逐。

1949 年底，为新义兴的复兴招募新成员的五大人物中只有一个仍旧留在太平。其他 4 个之中，杨亚峇死了；林亚汉被驱逐，现在还在苏门答腊；曾因陈宁来的愤怒而逃走的信义会财副 1947 年 2 月回到霹雳，后被捕并被驱逐回中国，根据后来的报道，他在中国被共产党所杀；该集团的第 5 人已去了苏门答腊。

于是，在马丹、十八丁和太平，混乱的局面被消除，最为显赫的人物一个接一个消失，但是还有其他人希望而且愿意取代他们在舞台上的位置。

天定和下霹雳

沿霹雳海岸而下，从班台到伯南（Bernam）河口，在天定和下霹雳地区开演了一幕同样的戏剧。

日据期间，马抗的一部分成员在红土坎和实兆远后面的沼泽地的大陆上建立了堂口，还有一些海外华人抗日游击队在邦咯岛上。红土坎海岸是英国单只潜艇和136部队的中国成员几次秘密登陆的地方。在那里，他们与马抗的代理会合，被带到近打河谷金宝（Kampar）后面的山里丛林中的抵抗运动总部。

实兆远周围的当地华人，主要是福州人（来自福建省的福州），说着难懂的语言，得到了马抗的慷慨援助。对他们来说，语言不通也成为一种保护，尽管日本人肯定招收了间谍和密探来警戒这些人登陆，但是没有136部队的成员在这个地区被出卖。

尽管共产党占有绝对控制的权力，而且能得到的有关三合会在日据时期在天定活动的正确信息很少，还是可以合理地假设，这个时候三合会的压迫及自我保护以避免危险还是存在的，特别是海边孤立的渔村有会党活动。可以肯定的是，一旦日据时期结束，就有明显的证据表明三合会活动迅速高涨。第一阶段里，中马两国在交界的霹雳河谷的紧张导致了1945年和1946年有好几次严重的公共事件的爆发，使得在天定地区的许多华人在秘密会党集团内部寻找个人保护，以免麻烦扩散到海边。与吉辇和马丹的情况一样，华人内部之间再次发生争斗，在邦咯、红土坎、实兆远、甘文阁和双溪爱大华形成并组织海滨走私或者充当保护集团的三合会，在这些地区的华人民族主义集团与马抗的残余分子之间的政治对抗中很快就可以见到。

尽管日据时期实兆远的福州籍居民帮助了马抗，但政权真空时期却是一个普遍的恐慌时期。马抗在其短暂的掌权时期里进行的勒索规模巨大，据说该组织在这个地区的首领有100000元进账，部分来自劫掠的橡胶。在邦咯岛，共产党人民委员会处死了大约50人，包括店主和劳工承包人，他们所犯的主要罪行似乎是因为他们没有满足委员会的要求。受害者被带到鬼角（Tanjong Hantu，闹鬼的海角）处决，并被埋在一个埋普通叛徒的坟墓里，他们的遗体后来在那里被找到。

然而，英国军事管制的前几个月里，因为对处决事件的调查导致马抗的几个主要首领被捕，共产党的严密控制松动了。国民党和三民主义青年团现在能够建立起来，并最后取得了三合会集团的帮助，双方有着共同的目的：消灭共产党分子。根据一个三民主义青年团领袖的说法，三合会为维持和平而活动，负有消灭扰乱居民生活的共产党组织的职责。共产党站在自己的立场上，全神贯注地在橡胶工人协会和海岸渔民当中向劳工渗透，它的政策就是要加重劳工与雇主之间的怨恨。

中国国庆节那天，即1946年的10月10日，包括新民主主义青年团、工会、妇联和前马抗在内的共产主义分子，装饰房屋，准备演说其主张。一位臭名昭著的前马抗首领的一辆运货汽车上插着镰刀铁锤旗，载着新民主主义青年团成员在大街上飞奔。结果在甘文阁受到了攻击，轮胎被砍坏，驾驶员及陪同人员被打伤。几天之后，好几个村庄的共产党先锋队组织的许多首领被绑架，全面反共运动开始了。整个地区的共产党组织的招牌和旗帜都消失了，200—300名有名的共产党支持者逃到沼泽地避难。攻击他们的那些人被警察逮捕，罪名是参加运动，但都被三民主义青年团的一个重要官员保释出来。而共产党控制的怡保的华语报纸则要求政府镇压"实兆远暴徒"。

吉隆坡的中国领事是第一次担任领事之职，他以前是个认真的大学教师，他非常希望华人社区能有好名声。他拜访实兆远，试图恢复和谐的局面。据报告，他在一次演说中表示，每一个政党都应该保留自己的章程，不要干预别的政党。他希望在英国的统治之下，所有的社团都能够得到承认，洪门兄弟会的成员将可以抛弃他们以前的秘密性质而公开活动，就像美国的民治党一样。他肯定，如果华人兄弟会能够获得注册，将来就不会发生意外事件。[1] 与他的绝大部分同胞一样，领事也被联邦的法律弄混了。根据战前的条款，被要求登记的会党就不再活动。但他的意图很清楚，即洪门兄弟会应该得到马来亚政府的正式承认。

邦咯是接下来发生冲突的地方。该岛大约有8000名居民，除了通常在这些地方走私的人之外，完全依靠渔业生存。2/3的渔业公司拥有船只和运送工具。在市场上买卖鱼的有2/3是福建人，其余的是广东人、潮州

---

[1] *Kwong Wah Yit Poh*, 28 Oct. 1948.

人，或者海南人。这些人在政治上也都倾向于国民党。

另一方面，绝大多数的渔民都是广东人，还有一些海南人混迹其中。战前，这里有两个渔民协会，一个是同情共产党的海南人协会，另一个是广东人的，由那些没有强烈政治兴趣的工会首领和承包人管理，但他们和渔业公司的业主一样，有支持国民党的倾向。但在日据期间，当人民大众都支持共产党的抗日运动时，广东人协会的控制权转移到年青一代手中，他们积极地支持共产党。因此，在战争之后，所有劳工力量，尽管不是完全由深受共产党思想熏陶的分子组成，但也是被共产党占主导的协会所控制。

这些协会也获得了资金赞助。除了在政权真空期间的广泛的勒索活动外，所有渔民每捕获一担（pikul①）鱼就要交50分的税，其中20分归马来亚共产党，30分归劳工协会，由此带给共产党的收入是每月4000元，带给协会的收入每月6000元。另外，为"救济贫民"募捐了1000包玉米，和1000罐油，都被共产党领导人挪用了或者卖了。渔民协会不是共产党分子施加影响的唯一渠道，因为还有其他惯用的共产党先锋队的政治组织，甚至包括为那些8—15岁的孩子设立的新民主主义儿童团。

一方面要面对共产党在劳工中的强大影响，另一方面又与国民党支持者达成了一致的槟榔屿洪门会还遭遇到三合会的压力，这些人决定向三合会集团妥协，同意组建一个名为益正（Aik Cheng）互助会的商人协会，并于1946年11月17日举行了开幕典礼。这个决定受到了三民主义青年团首领的强力支持。三民主义青年团是该岛上唯一的民族主义组织，与实兆远地区的三合会集团联系密切，最近还有一次根除共产党在该地区组织的企图。

11月17日，趁着黎明前的黑暗，100人或更多的人在邦咯岛的东海岸秘密登陆，沿着海岸前行到吉灵丸（Sungei Pinang Kechi）旁的村庄。他们是从槟榔屿、瓜拉古楼、瓜拉江沙、太平、直弄、班台和实兆远来的援军，他们认为益正的开幕典礼应该没有共产党分子的干扰，共产主义者应该完全意识到新协会的力量。他们路途上的花费是由三民主义青年团提供的。

_____

① 参见280页注①。

开幕典礼举行时没有受到骚扰,尽管驻扎在附近的新民主主义青年团通过把新协会的旗帜升到半空的方式显示了对新会党的藐视。但这种侮辱行为毫无疑问惹怒了来访的三合会的客人,他们挑起了争端,报复性地绑架了一个海南籍咖啡店店主,尽管有警察追击,还是把他带到大陆。虽然随后的暴乱被镇压,但不安的局势仍在继续着。捕鱼业停了下来,因为渔民声称不敢在夜里到港口外,以免受到三合会打手的攻击,业主们报告说共产党分子威胁要焚烧整个村庄。

当局决定在最适合的建筑,即益正协会的房屋里设立一个警察局,益正协会自从暴动之后一直关闭。在接管的时候发现了三合会的材料及该协会的400多人的名单,这些人都已经被接纳为洪门兄弟会会员。该协会是三合会的一个幌子。

由于委员们非常清楚三合会是非法的,于是立即解散了该协会,并把他们的基金捐给慈善机构,但他们仍应受到起诉。随着组织的解散和那些来"保护"新协会的"外来"三合会会员的撤回或者消除,紧张局势得到缓解。并随着警方额外的警戒,最后达成了妥协,该岛的经济生活也繁荣起来。共产党分子看起来赢了第一回合,但是政治斗争还没有结束,很快就有了特别可怕的结局。

在实兆远甘文阁的一所有厚木板和亚答屋顶(atap,马来亚屋的亚答屋顶——译者)的房子里,一位朱姓小型橡胶业主与他的家人一起生活。家里不仅包括他的妻子和小孩,而且有他的父母、兄弟姐妹和一个女仆,总共14人。1946年末,当三合会分子开始在该地占上风时,朱申请加入兄弟会以保护自己免遭其成员的掠夺,但他的申请被拒绝了,原因可能是他受了共产党的影响,也可能是他缴纳的捐献不够多。

1947年1月3日,朱向警察报告说他家后面有坏人。警察因此对沼泽地的一间木屋进行了突袭,并在那里发现了11月18日从邦咯岛绑架来的咖啡店店主,此人在做了几周囚犯之后终于被营救出来。

报复行动很快就开始了。1月9日半夜,朱一家人正在睡觉,一个5人团伙靠近他家并从楼下的窗户扔进了一枚手榴弹。第二次爆炸后,火焰蔓延到楼上。绝望中的人跳出窗外,被匪徒截住打死,其他人被火烧成重伤。朱本人逃脱,但8个家人遇难。匪徒中有3人被逮捕,但没有足够的证据进行起诉。他们随后被驱逐到中国。

1948 年 6 月的紧急事件暴发之后，朱与丛林里的共产党分子汇合了。没有人知道他的心是一直与共产党分子在一起，还是为了报复敌人，因为他在 1949 年 2 月该集团与警方的冲突中被杀死了。但是，"实兆远暴行"作为反抗三合兄弟会将遭到残酷报复的例子永远留在了该地区人们的心中。

整个 1947 年，天定的三合会员继续在国民党偷偷地支持下进行反共活动，这使国民党可以刺激反对共同敌人的行动而不用直接卷入公开的犯罪行为。但是，当三合会会员 8 月在靠近班台的地方绑架并谋杀了 5 名华工——其中包括一名共产党高级委员，此人不仅为共产党控制的橡胶工人协会招募新会员，而且据信掌握着马来亚共产党在天定地区的武器库地点的信息——而增加了警察的注意力这个麻烦后，某些国民党官员要求联盟缓和一下行动。有迹象表明此谋杀与"麻风病人"的海边团伙为在离开霹雳到苏门答腊去之前多搞些武器有关。就这方面来说，该团伙已早有准备了，因为在绑架案发生的 9 天前，霹雳警方还发现了许多武器埋藏在离爱大华（Ayer Tawar）4 英里的沼泽地里。

三合会在下霹雳的境况某些方面与在马丹和太平相似。安顺是三合会的主要中心，这个港口既服务霹雳河又服务于下霹雳地区，是在日本人纵容之下由来自瓜拉古楼包括全霹雳的人组成的南部走私网络的进口和交易中心。这个港口的商人充当走私商品的批发商，在日据时期就极度发达。但因为所有发达了的人都不可避免地被他们那些不幸的同胞当作日本人的合作者，他们害怕在占领结束后，特别是在马抗控制时要遭报应，于是向传统三合会寻求帮助。下霹雳的第一个三合会就是福建集团的沿海会，它包括安顺的一个以慈善社团的名义活动的益顺、二十碑新村的益义和峇眼巴西的益新（Aik Sin），这三大会党都保护走私者和批发商，牢牢地控制着海滨。这些会党与更北部的天定、马丹和吉辇地区的相同集团合作行动，益顺逐渐掌握了最大权力。所有抵达安顺的船只向会党缴纳捐赠，非会员的货物经常被没收。在城内，潮州人的店铺成为敲诈勒索的目标。做小买卖的被勒索 400 元、500 元和 800 元不等，那些敢于抵制勒索的大生意则发现自己可能面临着高达 50000 元的勒索款。陆上的绑架和海上的海盗活动都很猖獗。

沿海集团在这个地区并不是唯一的会党，因为三合会集团已在近打河谷复兴，而其他会党的活动也蔓延到下霹雳，1947 年底，安顺有六大会党记录在案。对手们各自的勒索加剧了这里的局面的混乱，华人犯罪大部分是他们所为。当把马来人和印度尼西亚人违法团伙的掠夺活动考虑进来时，下霹雳的犯罪数字是联邦最高的。

1948 年 1 月，一会党因一名马来人的谋杀案调查而被揭露出来，该马来人于 1947 年 9 月被发现装在麻袋里溺死在靠近安顺铁路码头的河里，他曾经向海关透露有关一个鸦片吸食沙龙的信息。这个沙龙的业主和其他利益相关的党派筹集了 1600 元付给一个三合会杀手，要其消灭这个人。这件事还使海关的一名华人小官员，也是相关会党的秘书露出了马脚。会党堂口的发现、许多三合会材料的缴获以及三名会党首领的逮捕瓦解了会党组织。1947 年底，有人发现该会党在安顺的华商社区中有 558 名成员，其中有几人辩称是因为害怕和受到会党官员的威胁才入会的。入会费从 21 元到 360 元不等，总共收取了 15000 多元，来自太平的先生在附近丛林里举行的入会仪式上行使职权。

近打

继续往近打河谷广阔的矿区内地去，从怡保的北部向南延伸到金宝是战后一个重要发展的场所。不但秘密会党在广大的华人会员中全面复兴，而且完全了解这些会党对劳动大众的吸引力的马来亚共产党也企图通过渗透进洪门兄弟会和争取三合会员对自己的支持来控制三合会的复兴。

这取得了一定的成功，因为有日据时期的接触帮忙。许多三合会员为了安然逃脱已经加入了马抗，并与游击队一起参加了霹雳的抵抗运动。日据一结束，他们就回到村里。大多数人既没有接受共产党的教化，也没有成为支持马抗的同志，但是有的人因为这种战时的联合而屈从于共产党的压力，而大家都知道某些三合会员被送回老家专门"指导洪门兄弟"。

日本占领后，再也没有比近打河谷涌现出更强大的马抗势力的地区了。游击队是共产党实施控制的先锋组织，由战前的共产主义分子领导；装备精良；有着专门处理宣传、供应、联络和捐赠的外部机构，还有间谍和消灭叛徒的暗杀人员。当英国最后接管以及随后马抗被解散时，共产党继续在成千上万的华人中活动。这些华人组成了锡矿区劳工的大多数。罢工和总工会骚乱的加剧，特别是通过工会的霹雳联盟和霹雳的橡胶工人联盟来进行活动,破坏了政府恢复和平与秩序、复原锡矿和橡胶业的企图。

局势因数不尽的武装土匪对村庄出其不意地抢劫以及煽动导致了1945 年 11 月在万浓(Manong)、12 月在波打(Bota)、1946 年 3 月在北咯(Bekor)的骚乱的马来人和华人之间的共同情感而变得更加糟糕。霹雳苏丹和华人社区领袖刘伯光先生(Mr. Lau Pak Kuan)的个人努力成功地抚平了社区的恐惧,但仍很紧张,犯罪活动也还在继续。这一点在下面关于霹雳 1946 年和战前四年的犯罪对比表中可以看出。

（单位：件）

年份	谋杀案	团伙谋杀抢劫	谋杀抢劫	团伙抢劫	抢劫	总数
1946	63	3	1	124	338	529
1939	19	无	2	9	22	52
1938	20	无	2	6	35	63
1937	17	无	无	4	4	25
1936	13	无	4	无	15	32

资料来源：Perak Police *AR*,1946。

在槟榔屿和北霹雳海岸,共产党的威胁已经被由国民党加强了力量的三合会所限制。但是,当近打 1946 年年初企图开展同样的运动时就面临着某些困难。政治上,近打的共产党权力仍然广泛存在,而且非常恐怖。种族上,近打的华人非常不同于槟榔屿和霹雳海岸占主导地位的福建人集团,因为这里大多数不是广东人就是客家人,还有一小部分福建人和潮州人。[①] 另外,近打的三合会集团发生了分化,缺少像槟榔屿和北霹雳的洪门会那样的凝聚力和团结精神。尽管肯定有人赞赏全面三合会组织的优越性,但是这里没有这样的集团。

在广东人和客家人当中复兴的主要三合会要么是义兴会(广东话拼作 Yi Heng)要么就是海山会(广东话拼作 Hoi San),仍旧像拉律早期开矿时的两个主要竞争者一样,那里原本的矿业社区在 19 世纪 80 年代迁移

---

① 根据 1947 年人口普查的数据,近打的 107000 名华人男性中,广东人占 46%,客家人占 32%,福建人占 9%,潮州人占 5%。(*Census Report*,*1947*,Table 36,adapted)

了。同时，大批的广东人和一些客家人加入了"保护"广东人社区的三合会最大的对手华记。福建人和少部分潮州人，特别是在怡保地区，组成了集团，与槟榔屿海岸的一些会党密切合作。

怡保是近打河谷的商业和交流中心，对海滨走私者和内陆批发海盗劫掠的赃物的商人有特别重要的意义。解放之后，在朱毛路（Chemor Road）很快就有了三合会开始活动。而在怡保的张伯伦路（Chamberlain Road）建立了忠义堂（Chung Yi T'ong 或 Hall of Loyalty and Righteousness）。这个会党的成员是实力雄厚的福建人，不但与十八丁和巴西依淡有联系，而且通过甘文阁的忠义慈善协会与天定的走私团伙联系。

在朱毛路举行了两场入会仪式，在怡保西南方几英里远的布先也举行了两场。布先坐落于南北向和东西向两条道路的交界点，很方便，是广府义兴又是海山会的总部。在这两大会党保护下，这里成为三合会复兴的中心。义兴会以仁义社（Yin Ngee Seah）的名义活动，由一位极力反共的三民主义青年团的官员领导。海山会以一个不受人反对的非政治性的慈善组织的名义活动，这个慈善组织的成员都是受人尊敬的当地商店主、矿业主和有产阶层。

海山会的首领在日据时期加入马抗以免被消灭，成为马来亚共产党的一名成员，解放时参与了怡保的共产党宣传行动。当宣传队解散时，他回到布先，与三合会的一名先生薛道生（Sit Toh Sang）一起复兴了海山会。马来亚共产党希望通过他的领导来控制这个三合会。起初，他从三合会会员中给共产党集结了许多支持者，其中不少人加入了当地共产党五一节的游行。

1946 年 7 月，三合会集团已经全面扩散。向西，会党已进入埔地（Siputeh）、巴力（在霹雳河边）和木歪，从布先向南一直影响到红土坎和实兆远。布先南边仍由马来亚共产党控制的端洛和督亚冷（Tanjong Tualang）还有海山会。海山会的另一支在华都牙也的东边成立。北边，一批会党开始在甲板、拿乞（Lahat）、万里望（Menglembu）、怡保和朱毛成立。在万里望还有一个义兴分支，由一名高龄的先生领导，他的儿子曾是马抗的一名成员。从拿乞往南，"108"的影响从朗加（Langkat）直到下霹雳。

与义兴会和海山会一起复兴的还有华记，其分支已经在怡保、万里望、端洛、督亚冷和和丰北部、务边（Gopeng）、金宝等地建立起来，都以慈善社团的名义活动，他们的名称通常都包含"华侨"（Wa K'iu, Overseas Chinese）的字样。三合会复兴的先生是客家人薛道生，他是布先海山会的成员，在南到天定地区的所有三合会集团中都有着崇高的威望。

在整个近打，各个三合会集团依靠以往的渠道，如勒索、绑架和"保护费"等来弄钱。1946 年中的槟榔屿逃亡者的到来增加了这些活动，他们迫切希望在这里谋得生路。但是，直到 1946 年 9 月决定要起用社团条例的三合会附加条款，才使警方可以对三合会采取行动。对先生在万里望路的房屋的突袭缴获了三合会入会仪式的材料及与共产党密切合作的证据，包括加入马抗的预备党员文件。1947 年 1 月，薛道生在布先被捕，罪名是持有三合会文件。他被判两年监禁，后被驱逐出境。

他被驱之后，布先又出现了新情况。一段时间以来，随着海山会权力的增长，其首领逐渐脱离了马来亚共产党。现在它开始与义兴会合作，联合组成了霹雳矿工协会分会。这是一个受国民党官方授意成立的商业协会，由杰出的华人矿主和劳工承包商支持，这些人决定继续保留对矿业的控制权。组成该协会就是为了阻碍受共产党熏陶的霹雳矿业总工会的活动。海山会首领成为该协会的副主席，秘密会党帮助招募新成员，新协会的影响遍及务边—怡保地区，进而延伸到共产党的根据地督亚冷。

在怡保，警方对闽籍集团采取了行动。4 月 9 日至 10 日夜里，警方突袭了忠义堂的总部，六人被捕。在用三合会的画卷装饰的大厅里发现了一幅红鹰图，在花园里挖掘出六个手榴弹。当进一步突袭影院路的一幢房屋时，发现了两本有三合会内容的书。

5 月，朱毛路的一间亚答屋也遭警方突袭，并发现它是三合会的另一个中心。在屋里发现了与入会仪式有关的三合会材料和物品，还有 171 名入会者的姓名及主持仪式的先生。这些材料对进一步调查很有帮助，审讯表明，绝大多数成员是因受到威胁才入会的。于是，报纸上公布了忠义堂为非法会党。许多三合会首领躲了起来，其他人则逃到怡保。

1948 年 5 月，警方的压力使三合会在朱毛、怡保、布先的活动有所减少，但在万里望和拿乞仍很严重。在西普河北边、务边和金宝，华记的势力非常强大。在南霹雳，共产党的影响受到美罗（Bidor）和打巴（Tapah）的三合会的挑战，那里有大规模的赌博活动。靠近打巴的万岭村（Banir）是三合会招募新人和举行入会仪式的一个关键中心。入会仪式在橡胶厂里举行，通向那里的唯一路径必须经过村庄，而村庄可以轻易发出警报。

马来亚共产党没有赢得三合会员的一点帮助，特别是在 1947 年的布先溃败和霹雳矿工协会成立之后。但是，他们在该地区仍然保持着强有力的控制，因为他们早在日据时期就开始在包括从督亚冷到知光（De-gong）；从知光到金保新路（Ayer Kuning，在美罗一安顺路）；从美罗到丹戎马林（Tanjong Malim），特别是乌鲁新（Ulu Sim）这一带活动了。金马仑（Cameron Highland）也在共产党的控制之下。这些地方住着"等待中的共产党军队"，他们是从来没人知道的马抗军队。

上霹雳地区：马来亚海外华人自卫军

国民党在整个霹雳地区争取三合会站在自己一边以对抗共产党的努力已经引人注目，但国民党反对共产党的决心远不止如此，因为在霹雳河上游，国民党仍维持着一支秘密武装游击队，如果马来亚共产党企图通过武装力量来控制马来亚，那么国民党就会使用这支秘密力量。这支力量由战时的非共产党和前国民党的游击队残余发展而来，尽管不是起源于三合会，但其官员中有三合会分子，并与三合会有联系。

1945 年 12 月，当共产党的马抗被解散时，本来想让国民党支持的游击队同时也交出武器并解散，实际上国民党也曾为此目的上街游行，但是在最后关头，因为有几起所谓的侮辱事件始终没有得到满意的解释，他们就拒绝解散，继续游行，仍旧完整地保留着武装。

1946 年 6 月，通过协商，双方同意解散霹雳的主要集团的一部分，但有数量可观的一个部分分成两支退回到上霹雳丛林深处的战时基地，一支在宜力周围，另一支在玲珑。另有第三支在吉兰丹的边境。1946 年下半年和 1947 年上半年，政府进一步努力，在中国领事和许多杰出的前国民党游击队员的帮助下与这三个集团联系，劝诱他们接受一般条款而解散，任何想要回中国的人可以自由离开。尽管有许多充满希望的开端和花了一大笔钱，但谈判没有取得任何成果。1947 年年中，他们显然已经分化。从后来的发现看，他们是否真有解散的意图还值得怀疑。1946 年，那些投降的人交上的武装大部分不能再用了，参与谈判的许多人仍然在丛林里，坚持要官方承认为正式军队，并由政府雇佣。

1947 年 11 月，有人报告说，在怡保北部地区出现了一次征兵运动，其目的是在玲珑组成一支接受国民党军纪训练的军队，以免共产党在马来亚变成好战之徒。随后，政府展开了调查。1948 年年初证实了这支军队的存在，它控制了大约 600 平方英里的一个梨状地区，从北部的宜力，沿着霹雳河的两岸和主要通路而下，在瓜拉江沙向北几十英里的加地（Kati）打住。

从 1948 年 1 月 1 日开始，这支军队采用了新的名称，即马来亚海外华人自卫军（MOCSDA）。其整体力量很难估计，有人估计是 800—1000 人，这可能有点夸张，包括 1947 年 11 月这支军队组建时从玲珑去的吉兰丹集团，活跃的军人可能不到 400 人。

有一个情况加剧了这支"军队"潜在的危险性，即它所控制的地区有大量的广西籍华人农业人口，而马来亚海外华人自卫军中大部分是广西人。在战争年代，该地区被跋山涉水而来的广西籍人发展起来，他们种植大量的烟草和生姜等农作物，战争时期这里组成的海外华人抗日军自然也是广西人组织，他们也应该有了与他们那些从事的耕作的同胞不一样的谋生技能，这使得这些有劳动能力的农业生产者随时可以变成在马来亚海外华人自卫军控制之下的战士。这种情况在首领和军队的支持者心中增加了权力感，使得他们有点不情愿接受政府提出的条件。

1948 年 4 月，已经有足够的信息可以使警察和军队联合派人对马来亚海外华人自卫军的许多营地采取行动了。第一个目标是亚逸卡拉（Ayer Karah）。这是一个营地和训练站。装备完整，有阅兵场、旗杆、打靶场、办公室和所有的军事训练的随身用品，还有悬挂着孙逸仙（Sun Yat-sen）和蒋介石（Chiang Kai-Shek）画像及中国国旗的大厅。这个营地兼训练学校坐落于山顶，下面是丛林，为在山顶周围挖的步枪掩体提供了一个毫无阻碍的射击场地。丛林里大树都保留着，可作完全掩护，使空中观察无法进行。在宜力和加地发现了其他营地，从所有的这些据点缴获的文件证明了他们的组织和活动。

除了游击队，还有一支由住在瓜拉江沙的前海外华人抗日军首领领导的民政军团。它与一个曾是当地南部霹雳河谷的马抗的一部分的三合会结盟。脱离了布先的共产党的支配，成为马来亚海外华人自卫军的搭档，他们的首领是市政指挥官的一名密切的合伙人。继续往南，1947 年 12 月在督亚冷建立了一个控制着 200 人的指挥中心，也提出要向万浓—木歪—埔地的三角地扩充势力。在那里，马来亚海外华人自卫军与当地的三合会组织有着紧密联系。

维持游击"军队"的经费是通过敲诈勒索得来的。上霹雳地区被分成 4 个区，每区有一名"民政官"。各区又进一步划分成更小的区，每 30 个家庭分为一组，称为"甲"（Kaps），每组都有一个首领，负责向其控制下的家庭征税。每个 16 岁以上的成年人，无论男女，每人每月缴纳 1 元人头税。农产品则通过负责出售的交易商缴税：橡胶每担交缴 50 分；烟草每担缴 5 元，而在宜力得缴 8 元，那另外 3 元是为了维持三民主义青年团而强行征收的；豆类每担缴 1 元；生姜每担缴 1.5 元；杂货缴纳 1/10。由民政官任命的官员每周检查交易商的账簿。货物运输工具每月缴税 50 元；而公共汽车公司每月缴纳 400 元。商业税是不固定的，大店铺每月缴纳 100 元，一般的店铺每月 60 元，而小店铺每月上缴 10 元。行政局也开设自己的贸易公司，在锡矿业有利润分成，而且在商谈购买一家橡胶企业。为了产生别的税收，还签发了准许开展赌博业的命令。马来亚海外华人自卫军也有自己的法庭，由一名军官担任法官，违反行政条例的人都要由他审讯。

从种地人的言论中可以清楚地看出，这套制度运行了两年多，但是从 1947 年 8 月开始，当召开委员会会议计划重新组织一套征税标准时，这个组织被改良和扩大，整个地区都置于马来亚海外华人自卫军的控制之下了。也就是在 1947 年 8 月，它接受了扩充"军队"的建议，开始征兵运动，1947 年 11 月建好了训练营。

在开始于 1948 年 4 月的军警联合行动中，主要的马来亚海外华人自卫军为了避免碰上政府军而转移了，可能是到了吉兰丹和暹罗的荒蛮之地，但有些人被抓住。警方发出了悬赏捉拿司令官的告示。被捕的首领很诚实地承认"军队"正在实施自己的计划，因为他们相信第三次世界大战就要开始了，准备击退共产党控制马来亚。

此次行动中缴获的文件证明了该组织与国民党和中国领事有联系。中介人是中国国民军的一名高级官员，他在向马来亚海外华人自卫军传送一份提醒政府军计划进攻的文件时被捕。他说因为马来亚政府无能，不愿意对共产党采取任何镇压措施，这个重任就落到了海外华人身上，他们自己提供保护。从政府行动的一开始，中国领事馆的官员和国民党领导人就极力劝说马来亚政府接受马来亚海外华人自卫军为一支官方的防卫力量。尽管总指挥是一个"被通缉"的人，但一般人都知道，如果把地址写成"新加坡中国总领事转交"，就可以抓住他。

在上霹雳地区开展的军事行动的直接后果就是解放了处于马来亚海外华人自卫军重压下的人民大众。和通常一样，一旦官方采取行动消除压力，就会立即从那些以前因害怕而不敢吱声的人那里得到信息。这两年来，政府毫不清楚这些人一直受着这种形式的独裁专制。恐怖的力量遍及那样大的华人社区，这应该是一个现代反面教训。

对马来亚海外华人自卫军采取的行动在取得令人满意的结果之前拖了很长一段时间，还启动了紧急条款，并把所有能够调动的军队和警察调来对付这一新威胁。这给马来亚海外华人自卫军的支持者增加了分量，他们试图劝诱政府接收其组织作为一个反共组织，但是他们的建议因为卷入政治事务而没有被接受。于是，一些成员重新去做他们的农民，其他人则仍然与"军队"的残余力量混在一起，回到过去的基地，从 1948 年 4 月开始又向从事耕作的人强制收税，而当时该组织已经瓦解了。但是农民并不甘心，马来亚海外华人自卫军的权力受到了挑战，尽管没有被推翻，但是已经不是往日那种必然承认的情况了。这些不法之徒的好运因追随那些成为新共产党军队暗杀组目标的国民党领导人而渐渐消逝。1949 年 4 月，仍然盘踞在上霹雳地区的马来亚海外华人自卫军的残余力量投降，共有 90 人，其中 56 人被吸收为特别警察，组成了在瓜拉江沙地区的军警丛林小组；33 人在上霹雳重新定居，还有 1 人自己要求回到中国。投降时上缴的武器有 2 支伯尔尼枪、11 支轻机关枪、41 支来复枪、21 支手枪、4 枚炸弹、35 颗手榴弹，还有 10000 发弹药。

于是，这个组织结束了，国民党领导人和中国领事馆官员曾对这个组织寄予厚望，希望它能成为反抗共产党的武装运动和在马来亚的华族中确立国民党统治的核心。

马来亚大陆的三合会活动，
1945—1948 （Ⅱ）

一　雪兰莪

尽管有关半岛的更南面的报告不如槟榔屿和霹雳的系统和全面，但是对分析主要特征还是足够了。

在雪兰莪，战后的主要特点就是马来亚人民抗日军一方的众多的复仇行动和共产党盘踞和控制农村的企图。和在近打一样，共产党的目标是控制劳工，不仅要控制巴生岛码头上的劳工，而且要控制煤炭山（Batu Arang）海岸的矿工，以及整个州的锡矿和橡胶企业的工人。加影（Kajang）是吉隆坡南部的共产党的主要活动地区，受到了特别的注意，因为在共产党的最终叛乱计划中，有要把英国人赶出马来亚的意图，要让加影成为第一个"解放区"。

但是共产党的领导人并不是没有受到挑战，因为勒索者的武装团伙以在中国家喻户晓的传奇般的山匪模式夸张地活动，他们是第一批在大众中抢劫的团伙。其中一个团伙叫青龙山党，是一个犯罪团伙，日据时期就使用三合会仪式，制造了多起谋杀案，此后继续在吉隆坡周围实施恐怖活动，直到1947年中期，其团伙成员超过100人，由刘日新（音 Liew Ngit Sing）领导，一开始是在首府的南部活动。1945年9月，该团伙夺取了在沙叻秀（Salak South）的警察局，而且是在与军队交战之后才被赶出来的，战斗中有几个匪徒被打死，其他人或受伤或被捕。后来，经过谈判，这些犯人被释放，条件是交出武器，但他们已秘密保留了足够多的武器，使得该团伙能够继续对该地区的店主敲诈勒索。任何不"合作"都会导致被绑架，有时甚至在缴付赎金后还会身亡。

有记录表明，一段时间以来，团伙得到了在沙登（Serdang）成立的一个三合会的庇护和财政支持，但活动了几个月之后，刘日新于1946年5月被捕。9月又被他的同伙救了出来，他们埋伏在警察卫队押送他从法庭到监狱的路上。1947年1月，他再次被捕，同时被捕的还有其他5个人，刘日新最后被判7年监禁，罪名是绑架和故意谋杀。同时，团伙的7名成员向北转移到峇都急（Batu Caves，黑风洞），其他人则向东去了安邦。1947年5月，他们在那里加入另一个更小团伙驯虎手（Tiger Tamers）之后被发现。他们继续自己的勒索和绑架生涯，但当几个成员被捕而没有受害者敢出庭作证时，政府开始根据《驱逐条例》采取行动。

1947年10月，仍然留在沙登大本营的团伙受到了一个自称马来亚华人人民自卫军的敌对团伙攻击。该团伙由李来（音Lee Loy）领导，在日据时代就有马来亚人民抗日军的刽子手的名声。战争一结束，他和14个从雪兰莪和霹雳来的同类来到玻璃市—暹罗（Perlis-Siam）边境的巴东勿刹。在那里，李来组织了大规模的赌博，并对聚集在当地的走私者进行讹诈。1946年，当从槟榔屿、威省和吉打来的团伙开始干预时，李来与从加基武吉（Kaki Bukit）来的前国民党游击队的一个团伙达成联合协议。这个联合集团在李来的领导之下一直在巴东勿刹活动到1947年年初。那时边境恢复了正常，不受团伙欢迎的警察也增加了对这个地区的注意，使得整个团伙开始从加基武吉撤退。但是，犯罪和政治两方面都不太平，内部纷争也开始爆发。在加基武吉后面爆发了一场枪战后，李来的人被杀掉三个，他本人也被废黜。于是他与他的同伙回到了雪兰莪的老巢，他原来的盟友单独控制了加基武吉。

很快，李来又重新出现在雪兰莪的沙登，成为一伙受过良好训练、装备精良的30名前游击队员首领，准备消灭当地的对手绿龙山团伙。他的助手是一名16岁的男孩，从雪兰莪的家里逃出来的，用一把藏在面包中偷运进来的手枪发家。他们身穿有锤子和镰刀图案的黑白制服，擎着有同样图案的红旗，开始谋杀和勒索。他们向人们发出标有"贡献"字样的收据，以使人们幻想他们是合理组成的集团，是为人民大众利益服务的。

他们从9月2日开始反对绿龙山团伙，当时他们正在进攻沙登村庄，把当地华人协会的主席拖到街道杀了，还与当地警方交上了火，并在该村涂满了反英反政府的标语。离开之前，他们从所有的正在死亡线上挣扎的杂货店强行索取捐赠物。10 月，他们发现了对手的藏身之处，对方的首领跳进池塘里自杀身亡，大量的军火弹药落到了李来团伙的手里。

华记会员提供的信息使得李来团伙在吉隆坡西南方 5 英里的双溪布洛（Sungei Buloh）定居下来。该团伙遭到警察奇袭，在枪战中，李来与另外两个人被杀，对该团伙的追击仍在继续。12 月，那位年轻的代首领在吉隆坡的半山芭（Pudu）被捕，当时他正在为购买一把左轮手枪讨价还价。他的腰里还带有一把鲁格尔半自动手枪。

与霹雳一样，雪兰莪的共产党遇到了海滨地区的，特别是在吉胆岛、巴生港、巴生，以及瓜拉雪兰莪和瓜拉冷岳的渔村的三合会复兴的挑战。稍稍往后，吉隆坡的三合会也复兴了，后来蔓延到乌鲁雪兰莪和乌鲁冷岳（Ulu Langat）。

在海滨，三合会内部还有两个集团相互争权，一个叫沿海，一个叫陆地（Luk Tai），警察圈子里分别把他们叫作"海帮"和"陆帮"。沿海受到十八丁年底的强烈影响，与霹雳和槟榔屿的 12 组有联系密切。相反，陆地则向槟榔屿的 4 组和 21 组寻求帮助。

海帮在每一个方面都与霹雳海滨渔村的三合会集团相像。与他们北方的兄弟会一样，他们的成员也绝大部分是福建人，作为渔民和走私者，一个集团与另一个集团经常接触。吉胆岛是离巴生港西部八英里远的一个小岛，也是他们的堂口所在地。该岛长 4 英里宽 2 英里，是走私者和秘密会党活动的一个天然据点，因为彼此间的联系可以通过进出巴生港的汽船和在海岸沿线贸易的小帆船轻松地传达。这个小岛距离苏门答腊和三合会的据点西亚庇村仅 75 英里，与这里的居民有紧密地联系。同时，它还远离雪兰莪大陆，确保了其秘密性和不受干扰，不会引起警方或海关官员的过多的注意。没有人在靠近吉胆岛时可以不被发现，所有到达村庄码头的陌生人都被当作可疑分子。当需要掩藏走私武器、成土或者逃亡的三合会兄弟时，靠近村庄的沼泽地便提供了一个方便的藏身之所。该岛还为入会仪式提供了一个绝佳的地点。

尽管吉胆岛是总部，是仪式中心和海帮的避难所，但巴生港才是权力中心、收入的源头、抢劫和掠夺场所以及招募新成员的重心。战后在港口立即成立并运营的一个华人公司很快就受海帮支配并受其"保护",海帮的首领是该公司幕后的权威人物。在"小河道"装卸货物的劳工都是华人,而在码头上,通常更多的是印度人,但是不管其种族如何,都由三合会控制。所有的华人都被迫成为兄弟会会员。共产党的代理机构试图深入码头劳工中去,以便在1945年12月掀起一场罢工,但公司的监工——三合会的一名白扇、海帮首领——很快就觉察到了。他迅速从吉隆坡招募了一批暴力分子,迫使罢工者退回到工作岗位上。没有三合会会员被公司解雇,公司还得照顾那些因过失被拘留或囚禁了的,或者潜逃了的人的妻子和家庭。

从财政上讲,海帮确实大丰收。发货人和收货人都给"小河道"中的驳运货船付装卸费,而码头也要给货运汽车装卸货付钱。有团伙监视着巴生港—巴生的道路,防止有人没缴费。在城内的赌窟、鸦片馆、妓院、店主、叫卖小贩和诸如此类的人都要缴纳"保护"费。在海上,海帮不仅仅在巴生港,而且在整个雪兰莪海岸线上抢劫货物和走私武器与鸦片。

1946年9月末,海帮出乎预料地加强了实力,从西亚庇村来的大约2500名华人在被印度尼西亚的军队攻击后逃亡至此。当时,他们所有的人,无论男女老少,都乘船东行到马来亚海滨寻找避难之所。他们到达这里时穷困潦倒,起初受到了他们的同胞和社会福利部的照顾,暂时分散住在这里,一直到时局好转,他们可以回到苏门答腊去。1600人住在吉胆岛,550人留在瓜拉雪兰莪,150人去了丹戎加弄(Tanjong Karang),100人安置在巴生港,还有40人被分配在森美兰海岸的迪克逊港(Port Dickson,或波德申港)。他们得到了令人称奇的友好对待,很快就融入当地群众中。官方试图给他们在荷兰的领地上寻找新的住所,并提供了一个在廖内岛上的营地,但难民代理看了这个地方后拒绝了。他们在雪兰莪待了好几个月,在得知西亚庇村已恢复平静后,一部分人于1947年6月回来开始重建村落。渐渐地,绝大部分人回来了,尽管还有一些人仍留在雪兰莪的海滨的村庄里。

这次人口流动的重大意义在于,所有男性难民都被吸收为三合会成员,并把他们自己的会党与马来亚海滨的沿海会联系起来。他们抵达雪兰莪给当地三合会带来了直接的刺激。从后面几个月获得的消息看来,他们通过传统的强迫方式积极招募新成员,特别是在瓜拉雪兰莪周围的渔村中。1946年年底，他们要求杨亚峇和林亚汉这两名从南太平来的三合会首领举行入会仪式，这大大加强了海滨三合会的组织。正如上面所说，这一邀请非常及时，因为"麻风病人"正在威胁着北霹雳的这些首领的权威和性命。1947年2月，这些太平的首领抵达雪兰莪，花了好几个月的时间来改变海滨的状况。截至1947年5月，在吉胆岛至少举行了7场入会仪式，在丹戎加弄还有另外两场，适耕庄（Sekinchang）还有一场。此时，吉胆岛、巴生港和巴生三地的全部成员估计达11000人，据说其中3000人在吉胆岛。8月，一支特别警察滨海巡逻队开始在巴生港和邦咯活动。有报告说，海帮几乎完全控制了在雪兰莪海滨工作的所有华人，走私和黑市交易非常猖獗。

杨亚峇于1947年11月回到北霹雳，但在他离开雪兰莪之前的9月末还在吉胆岛举行了另一场入会仪式，当时有大约80位新人人会。他受到苏门答腊来的首领的支持，给20个从太平来的、40个从安顺和瓜拉雪兰莪来的，以及其他从雪邦（Sepang，属瓜拉冷岳）和马六甲来的人举行了入会仪式。

海帮的权威实实在在地建立起来了，但也并不是毫无挑战。尽管它在雪兰莪的活动主要集中在巴生港、吉胆岛和海滨的渔村，但也蔓延到六英里外的内地巴生及通向吉隆坡和内地的主干道和铁路上。而在那里，陆帮通过槟榔屿21组那些于1946年5月洪门会解散之后向南游荡到这里的成员已经建立起来。据说这个团伙总部设在武吉长冈（Bukit Changgang，属瓜拉冷岳），还可能在靠近瓜拉雪邦的岛上有个避难所，但其主要活动集中在巴生。在那里，它极力控制所有的非法交易，给商人及其货物提供保护以换取通行税，也给咖啡店、娱乐场所、小贸易商和沿街叫卖小贩提供同样的"保护"。槟榔屿4组的成员某个时候也试图在巴生确立自己的地位，但最后加入了21组的队伍。

在海帮和陆帮之间不可避免地有矛盾，因为他们的"保护"区域经常重叠。主要冲突集中在鸦片走私上，海帮声称要垄断，但当巴生的非法成土进口者决定要接受陆帮的保护时，冲突达到了顶点。为了加强自己的力量，海帮邀请杨亚峇到雪兰莪来担任海滨地区的龙头老大，引发了公开的敌意。1947年3月初，海帮命令杀死陆帮的一名首领和一名成员。三周后，陆帮报复性地杀死了海帮的一名首领。5月，陆帮的9名成员企图智取对他们的对手而言有重要意义的成土走私保护费。他们乘坐一只小船来到巴生港港口，直接买下成土，据说价值超过 20000 元。海帮进行干预，杀死了 9 个闯入者当中的 3 个，囚禁了剩余的 6 人，直到巴生的福建会馆来人协商后才放了他们。

然后，计划为争夺霸权而在雪邦附近进行械斗，双方都向远方的槟榔屿、怡保和马六甲等寻求帮助，以加强力量。但在太平首领的建议下，双方达成了一个暂时的妥协方案。

就在这个时候，警方采取了决定性的行动：1947 年 5 月公布这两大帮派均为非法会党，并加强警力，逮捕了巴生港的一名显赫的海帮首领和在双溪比力（Sungei Pelek）及雪邦活动的陆帮的一名首领和六名成员。匪徒的活动平静了一段时间，尽管双方都试图说服太平来的首领同意从苏门答腊召集三合会会员来刺杀巴生的侦探，因为他们认为是这些侦探负责那些使这些团伙成员被捕的信息。海帮还加大了对特别捐的征收，从 108 元提高到 360 元，并成功地赢得了斯居特苏丹（Sultan Street）和吉隆坡致公堂集团的支持。在致公堂的掩护下，它又开始活动了。

以吉隆坡为基地的内地三合会的复兴起源于首府北方几英里的一个小村庄文良港（Setapak）。这个村庄在日据时期就成立了为附近山脉中的雪兰莪马来亚人民抗日军总部供给物品的民间组织，其首领是战前闽籍三合会成员，其中一些人在槟榔屿时就与新加坡的 108 有联系。他们以槟榔屿为榜样，采用洪门会的名称，建立了一个由中央控制的委员会，把吉隆坡地区分成很多"组"，每一个"组"的主管参加中央委员会。但他们没有集中的总堂，他们的权威远不如槟榔屿的会党广泛。因为有一点是与槟榔屿不一样的，吉隆坡甚至包括雪兰莪海滨的华人都不以福建人为主，而主要是广东人和客家人。他们的三合会集团一旦形成，就保持着一定程度的独立，与完全由福建人控制的不一样。而其对手华记也早已在该地区发展起来。华记是战后立即发展起来的，部分是为了与共产党争权，部分也是为了确保在英国政府集会自由的新政策下，由华记而不是三合会，来控制秘密会党世界。华记复兴的另一个原因是渴望继续对公众彩票组织进行控制，它的几名成员在日据时期已经卷入彩票中。①

在这种情况下，尽管洪门会能够指望其各组的支持，又与巴生港和巴生保持联系，以便最后能够得到已准备好抵制华记的傲慢与自负的某些广东人和客家人的三合会团伙和社团的有限，但它还是不能取得三合会在槟榔屿和沿霹雳到雪兰莪海滨的霸主地位，吉隆坡仍然是三合会和华记之间无休止争斗的场所之一。

除中央组织外，洪门会还在吉隆坡地区发展了7个分会。其中，秋杰路（Chow Kit Road）② 的组最为强大，但是其他几个也迅速在文良港、鹅唛路（Gombak）、洗都巴刹（Sentul Pasar）、甲洞（Kepong）、彭亨路（2.5 英里）和巴生路（4.5 英里）建立起来。远离村庄的战场也快成为此网络的一部分，在吉隆坡的支持下，入会仪式到远在彭亨的文冬去举行。

中央委员会在三合会的一个杰出首领陈鸿彪（音 Tan Hong Piew）的控制之下，尽管他在 1929 年被硫酸盐弄瞎了眼睛，仍受到非同寻常的尊敬，因为他有演说的天赋和关于三合会仪式与实践的广博知识。

除了一个能说英文的华人——他担任会党与外部的联络官为被捕的成员安排法律辩护——之外，其他大多数中央委员都是各组的首领，他们积极地从事秘密会党的一般追求。通过恐吓广泛地招募新成员，成员数量增加，特别是在有大量劳工的地方，如文良港村黄重吉（Ng Teong Keat）

---

①   华人族群   （单位：个）

地区	福建人	潮州人	客家人	广东人	海南人
吉隆坡（市）	21385	566820	330	54066	6616
（其他）	17448	269435	967	18338	2940
乌鲁雪兰莪	79631	8515	723	12639	1141
乌鲁冷岳	8805814	17468	5179738		
巴生	24194	52393	1596	5793624	
瓜拉雪兰莪	10907	807	13691	206997	
瓜拉冷岳	16288	16242	6901	2771823	

资料来源：*Census Report Malaya*，1947，Table 96（adapted）。

②   此路纪念矿主陆秋杰，他是秋杰公司东主，分别与陆佑及孙中山关系密切，1906 年同盟会吉隆坡分会会长。

的饼干厂，鹅唛路的李氏橡胶公司、冼都巴刹的铁道工厂、吉隆坡的幸运世界娱乐公园等。小摊贩、店主、妓院老鸨、鸦片馆、巡回剧团和诸如此类的经营都要缴保护费。在娱乐世界表演的福建黑猫剧团在后来被捕时承认，他们加入洪门会是为了保证在大陆巡回表演期间免除骚扰。

1947 年 5 月，官方公布洪门会为非法会党，之后，雪兰莪的小组要么转为地下活动，要么以会馆的名义活动。在沙登，为丧葬提供服务的成功运动协会（Seng Kong Athletic Association）就被洪门会用作集会和赌博场所。那些申请入会而又没有被批准的人在允许加入之前需要经过一种"蚊帐"入会仪式。成员包括福建人、广东人和其他人。有一个福建先生负责主持福建人的入会仪式；一个广东先生为广东人主持入会仪式。送葬的队伍要高举协会的旗帜——一杆带有红边的白旗，这与 19 世纪 70 年代拉律所使用的作为第二堂（义兴会）象征的旗帜一样。1948 年在甲洞建立了分会；1952 年又在吉隆坡的安邦街成立分会。

洪门会在吉隆坡的小组与海帮一样，也被安排以致公堂的名义活动，致公堂就是战前惠州客家人会馆，与广东人的中和堂一起于 1946 年在吉隆坡复兴。以吉隆坡为根据地的还有三个广东人的三合会集团：军联（Military United）①、新军（San Kwan，New Military）和十三幺（Sap Sam Yau，Thirteen Comrades），他们都是新加坡会党的后代。

军联与新军都是战前的会党组织，都与新加坡的军记有关联。军联是 1946 年由一个新加坡的代理人在吉隆坡复兴的，② 这个代理人受到当地一个在双溪威（Sungei Way）的一艘挖泥船上担任机械师的会党首领的支持，在文良港村建立了指挥部。成员包括矿工、机械工和三轮车车夫，他们缴纳 2.1 元入会费。这个团伙使用三合会的名称，但简单化了入会仪式。它干着犯罪团伙通常干的勾当，坚决地与华记对抗。

新军与军记一样，战前就已存在于吉隆坡，其成员是剽悍的客家人和广东人，采用三合会仪式。日据时期，更名为新军，解放后，开始在半山芭和安邦活动，堂口设在当地一个庙宇里。它也简化了仪式，特别参与赌博、走私鸦片和"保护"华人剧团活动。它的成员少于军联，估计约 200

---

① 军联至今还活动于吉隆坡。——译者

② 参见下文第 464—470 页。

人。十三幺的详细情况没有。

1948年3月，在这些联盟的打手的支持下，实力加强的洪门会向华记发起挑战，用有组织的战斗来决定吉隆坡地区的地下非法行为控制问题。从1945年开始，当甲洞设立分会后，华记变得非常强盛，还在吉隆坡、半山芭、文良港、安邦、加影、新街场、沙登、万挠（Rawang）、双文丹（Serendah）和呼鲁音（Ulu Yam）有分会。这些分会绝大多数是以协会的名义活动的，所有协会都为丧葬提供慷慨支持。主要组织者是吉隆坡一个卖粉的人，叫谢寿（音Cheah Siew），外号"高浩七"（Kor Hor Chut），众人都知道他是"自封的华记之王"。

如果认为这些协会的目的是参与非法事务，那就大错特错了。基本上，这些协会都是社会俱乐部形式的，其成员中许多人都是店主、贸易商、承包商，傍晚时分可以开会、喝酒和赌博。他们也很需要帮助，既需要应付来自共产党的又需要应付来自三合会匪徒的勒索。但兄弟会内部也有很多成员是靠组织大众赌博（经常在协会的会所里）和开设非法的鸦片烟馆来谋生的。有这样一个服从日本人的集团，其经营的大众字花（Chee Fah）彩票①在整个日据时期都很兴盛繁荣，一直持续到1946年9月，彩票被官方禁止。之后，警探（许多都是华记的成员）的受贿变得越发普遍起来，至1948年，雪兰莪、霹雳、森美兰和彭亨的会党成员已经数以千计。在吉隆坡，因为"保护"区的纠纷，华记团伙发动了一场对三合会的旷日持久的战争。

1948年3月23日，在幸运世界娱乐公园外面发生了一场械斗，尽管因警察的干涉而中断了好几次，但还是持续到深夜。华记最后撤退了，两名成员受重伤。

华记也面临着马来亚共产党这个敌人。5月4日，华记的60个首领在吉隆坡召开了会议，决定向政府提供帮助以对付共产党，特别是要给警方传递信息。5月19日，华记和洪门会各自派出三名代表见面协商，大家同意，为了避免警察的干预，将来应通过谈判而不是械斗的方式来解决纠纷。

----

① 参见下文第483页。字花彩票又称花会彩票，清乾隆、嘉庆年间流行于广东，后又流传到香港、东南亚等地。——译者

同时,警方在会党之间发生严重械斗后也采取了严厉的行动。5 月 9 日,秋杰路的会党小组的首领被捕,后被驱逐。其物品中有大量的与名义上的协会形成有关的成员表和收据,新军会对此特别感兴趣。这个协会就是忠义互助协会（Tong Yik Mutual Aid Association）,它对所有的三合会兄弟开放。

共产党暴动的爆发促使警方对那些可能会扰乱公共和平的人采取行动。6 月,十三幺的首领被捕,同时被捕的还有一名日本医生,他自解放后就一直被该团伙窝藏着。警方发现,他们所有的人都藏有大量的药物,该名日本医生正要把这些药送给附近丛林里的马来亚共产党军队。7 月,在巴生港和雪邦的海帮的 5 名重要首领和吉隆坡秋杰路小组的两名保镖被捕。8 月初,雪兰莪洪门会中央委员会那位看不见的首领陈鸿彪也被拘禁。9 月,军联的 4 名首领和新军的一名首领被捕。此次行动打乱了小组组织,拆散了广东人和客家人的联盟,一段时间里三合会在雪兰莪的活动销声匿迹。

二 彭亨

附近的彭亨和森美兰州都受到雪兰莪的华记和三合会复兴活动的影响。

在彭亨,华记早在太平洋战争之前就在文冬设有中心,在劳勿（Raub）、文德甲（Mentakab）、立卑（Kulua Lipis）有分会。日据时期,活动就完全停止了。华记的首领于 1942 年被日本人逮捕杀害,会党便不再活动。但刚解放时,会党利用转变时期无法纪可循的有利时机复兴了,尽管一段时间里这个地区的马来亚共产党的力量从多方面阻止会党的发展。1946 年 1 月,马来亚人民抗日军刚被解散,吉隆坡华记的一个重要组织者就由六名活跃的成员陪同来到文冬。他们开了一家餐馆作为华记的聚会地点和会所,并在这里组织大规模的赌博活动。到年底,该会党一些战前的首领重新就职,招募了 120 名成员,还在劳勿和文积（Manchis）设了分会。警方的禁赌阻碍了会党的发展,但会党于 1947 年又买了新会所,建立了一个起掩护作用的俱乐部,很快就招了好几百人,此外还有慈善项目的捐赠者。与往常一样,一个犯罪核心组织了向当地商人征收保护费、开设赌场、敲诈勒索以及暗杀等活动。

文冬的华记与联邦的特别是吉隆坡的其他分会保持联系，它是三合会和后来在彭亨出现的中和堂的一个强劲对手，并依然是共产党根深蒂固的敌人。它对文冬华人的控制强度在1948年宣布进入紧急状态后显现出来。共产党从来没有能够渗透到市内，因为那个时候市内已经组织了地方军，其大部分官员和成员是华记的人。但是，当恐怖分子在文积（Manchis）地区泛滥时，这里的小分会没能幸存下来，只好关闭。

在东海岸紧靠着彭亨联合公司（Pahang Consolidated Company）的锡矿区的关丹也是华记的一个中心。1941年，有报告说当地80%的华人是华记会员。日本占领该州后，有几人被杀。但解放后，会党在一个社会俱乐部的掩护下复兴。它只招广东人，或者说只允许广东人进入该俱乐部，会员绝大多数是建筑工和机械工。

有关战争刚刚结束之后的三合会在该州的活动细节很少。在文冬发展起来的一个义兴集团与吉隆坡和文良港有联系，并在关丹组建了一个三合会组织，尽管不如华记强大。中和堂也有在关丹组建分会的企图，但失败了。整个州有影响力的主要会党就是华记。

三 森美兰

在森美兰，有关战后早期的秘密会党地位的记录仍然很少，尽管现有资料表明森美兰是活动的一个中心，并蔓延到其他有三合会和华记复兴的华人居住地。

1946年，一伙战前属义兴会的闽籍会员受到吉隆坡和巴生同胞的影响，在森美兰组建了一个三合会分会，总部设在当地的一个橡胶厂里。他们成立了一个中央委员会，并按照吉隆坡的模式分六个小组，开始了通常的"保护"活动。其他与森美兰有联系的三合会集团也出现在文丁（Mantin，在森美兰—吉隆坡主干道上）、迪克逊港，以及东边的瓜拉庇劳（Kulua Pilah）和马口（Bahau）。可能在淡边（Tampin）和金马士（Gemas）也有三合会集团存在，尽管没有特别的信息。

和平常一样，招募新成员的活动总是在工厂工人和锡矿区的矿工中进行，店主们也被迫加入会党。在迪克逊港的渔民中的进展受到了1946年

6 月从苏门答腊涌入三合会员的刺激而大有收获,但马口东部在日据时期就已经是马来亚人民抗日军活动的中心,住着大量同情左翼人士的客家人,三合会组织者面临着共产党的挑战,1948 年 7 月,其以在吉隆坡苏丹街建立致公堂分堂名义活动的企图受挫。在一场械斗中,分堂首领被华人共产党分子杀死,据说凶手是其敌人左翼致公堂的成员。

在森美兰市内,三合会受到华记的挑战。与在彭亨一样,这里的华记也是由吉隆坡的首领谢寿领导的,它在当地一个音乐协会的掩护下活动,集中在组织和保护赌博方面。其他的华记分会建在文丁和瓜拉庇劳,后来在芦骨矿区和马口的橡胶企业里也有分会。但是,宣布进入紧急状态后,这两个会党在整个州的活动就减弱了。

四　马六甲

关于 1947 年 11 月"麻风病人"命令枪击马六甲三合会主要首领的材料很简短,他的团伙企图控制整个州的三合会活动并失败的材料也很少。[①]

马六甲与义兴会和海山会传统上就有联系,自然就成为日据时代之后三合会复兴的地方。马来亚共产党也在这里做出了不懈努力,他们通过贸易协会来控制港口和农村的劳动人口。从新加坡来的敌对团伙也在寻找黑市贸易、走私和勒索的机会。

本地三合会的主动权抓在一名已退休的马六甲侦探手里。这名侦探于 1946 年的某个时候加入洪门会,是槟榔屿 16 组的成员。该组 3500 名成员大部分来自农民、渔民和当地商人,还包括一些马来亚共产党的同情者。

在马六甲,这名前侦探从事三轮车行业,用团伙中暴徒敲诈商人得来的保护费资助成立了最早的三合会组织,他给这些人提供武器。因为他的"保护"费很高(3600 元、7200 元和 10800 元,这要根据商人的地位而定),他很快就变得非常富有,成为马六甲地下社会的主要人物,还因为他以前与警察有联系,那里的人都非常怕他。他的三合会堂口建立在马六

[①] 参见前文第 402—403 页。

甲市大红花路（Bunga Raya）他自己的屋子里，在峇章（Bachang）和双溪南眉（Sungei Rambai）都有分会，后者是一个走私方便的海滨村庄。据黄亚虎（Ooi Ah Hoo，来自槟榔屿的一名先生，也是 16 组的一名成员）报告说，入会仪式是在大岛（Pulau Besar，柔佛称五屿岛）举行的，这是一个远离海滨的岛屿，另一举行仪式的地点是双溪南眉。

马来亚共产党在马六甲的影响很大，但三合会的首领把它的许多支持者都拉到了三合会门下，不久，它的组织里就有了规模非同寻常的共产党分子。在那些变成了会党重要人物的鸦片走私者中，有几人是积极的共产主义者和前马抗成员，还有几个是共产党控制的工会领袖，这些工会是在建筑工人、锯木厂、港口甲板和橡胶工厂工人当中成立的。然而，另有两个首领在日据时代曾为日本海军情报局工作过，其中一个成了会党暴力团的首领，另一个组织了三合会—马来亚共产党的联合敲诈组织，所有从马六甲市之外进入那里的卡车都需缴 5 元的通行费，再加上 10% 的租金。同样的合作也出现在偏远的村落，比如比柏宁明（Belimbing）、马接（Machap）、望旺（Bemban）和双溪南眉等。被驱散的国民党分子发现只要伪装成他们的政治同情者就可以不被骚扰。大部分华人要么缴保护费，要么加入三合会，即使到 1947 年 5 月"大红花公子"被公布为非法组织时，恐怖仍在继续着。

三合会首领在当地的霸权受到外部三合会利益干扰的威胁。随着洪门兄弟会在槟榔屿暂时受挫和警方在北霹雳及雪兰莪加大压力，马六甲似乎提供了一个可供选择的海滨总部。但是，1947 年 6 月，槟榔屿洪门会 15 组的领导和 7 名成员抵达马六甲，准备在那里举行入会仪式。三合会首领通知他们说，当地方圆 5 英里的区域都是他的地盘，他们不能在他的地盘上活动。但当他们搞清楚他有多少武器时，新来者没理会他，并决定一决雌雄，结果他非常沮丧地回到了槟榔屿。

当警方了解到这些情况后，便采取措施加强马六甲犯罪侦察科及与秘密会党活动有关的部门的力量。8 月 20 日，警方突袭了作为致公堂马六甲指挥部的公益（Kong Yik）俱乐部，发现这些会所早已做好举行三合会入会仪式的准备，所有在场的人（11 名客家人和 2 名潮州人）都被捕。与在吉隆坡一样，三合会集团已经开始在致公堂的掩护下活动。杨亚峇的视察和 9 月末在吉胆岛招募的一群马六甲人随后举行的入会仪式都为马六甲在三合会世界中的重要性的增加提供了补充证据。

现在,对当地三合会首领权威形成挑战的威胁是从其集团内部发展起来的。一些成员不满意他的利润分配,组成了一个独立的团伙,开始从事抢劫活动。因为这违背了他关于避免公开犯罪的政策,他便要求这些人交出武器,当被拒绝时,他就把这些人从自己的地盘赶了出去。为了报复,这些成员加入了"麻风病人"的海滨团伙,并向"麻风病人"报告说马六甲首领已变成了政府的线人,拒绝槟榔屿团伙在马六甲举行入会仪式这一条已构成越权行为,而且还剥夺了他们的生计。因为这些指控的力度,他被下令消灭。11 月 19 日,这名首领被枪杀。

马六甲组织的幸存首领们很快采取措施来保卫他们自己的地位,当"麻风病人"的海滨团伙于 12 月 8 日第二次视察马六甲,打算进一步消灭这个团伙时,当地团伙已经得到消息,首先发起了进攻。对方的两名成员被打成重伤,其他人则逃跑了。不到一个月,以"麻风病人"及其团伙的毁灭结束了仇杀。

1948 年初举行了几次对藏匿三合会文件或参加三合会管理的指控的成功审判。根据戒严规定,警方加强了权力,逮捕了有名的匪徒,发现了包括 430 名马来亚共产党成员的名单——其中一些人也是马六甲三合会官员。这次行动同时瓦解了马六甲的共产党和三合会集团。

五　柔佛

三合会在柔佛的风起云涌是受到早在 1945 年 8 月 21 日爆发的集体骚乱的影响,当时马来亚人企图进攻在峇株巴辖地区夺取控制权的马来亚人民抗日军。随后出现的混乱使华人到他们传统的会党中去寻找保护。此后,多个因素,包括三合会内部之间、三合会与华记之间及三合会与马来亚共产党之间的竞争与敌视,促成了战后整个州,特别是柔佛中心地区的混乱局面。

麻坡和峇株巴辖的西海岸港口的居民绝大部分是福建人。国民党原来就在这里有强大的影响,并成功地抵制了共产党的渗透。这里的港口劳工主要是从新加坡招募来的,都是坚定的三合会员,而麻坡似乎绝大多数都是新加坡 24 集团和 8 集团的人,尽管从马六甲经巴生而来的 21 组也有一些。这两个港口的本地华商和他们的劳工承包商都保证通过劳工协会（勤劳华工协会和港口劳工协会）对其工人实施严格控制，极力避免罢工和类似的麻烦。这两个港口都是鸦片走私中心，走私者受到从秘密会党雇来的打手的保护。在这项生意中，麻坡和马六甲的三合会之间有联系。1948 年 3 月，在麻坡逮捕了一名海盗，这些活动才暂时停下来。

在新山西南方的坤甸（Pontian）和龟咯（Kukup）两个小港、东南方的哥打丁宜（Kota Tinggi）地区及边佳兰（Penggerang）半岛，秘密会党都在复兴，并与新加坡建立了联系。坤甸港的装货苦力和新山－士古来（Skudai）大道沿线的凤梨罐头厂的工人，从事木材砍伐、藤条采集和在哥打丁宜路沿线 17 英里周围地区的锯木厂工作的惠州客家人，在西地里（Sidili）和马威（Mawai）地区的福建渔民，以及在边佳兰这个单独的小村庄作园丁的潮州人都卷入其中。在整个南部，勒索者对华族中更为贫穷的人进行恐吓，而店主则发现满足他们的捐款要求很有利。

从现有的很少的资料可以看出，来自新加坡三合会 24 集团和非三合会的潮州人三字会（Sa Ji）的代表在南柔佛地区都很活跃，三字会在 1949 年之后变得更为强大。

日据时期，柔佛已经成为抗日运动的一个中心。战后，许多最无情和最没有责任感的前马抗成员聚集在柔佛地区中心的铁路两旁，包括两边 10 英里的范围，从北部的彼咯（Bekok）延伸到南部的古来（Kulai）。他们成群地活动，以居銮（Kluang）为中心的这个地区成了主要战场。马来亚共产党和迅速组成的三合会、华记等秘密会党集团在此厮杀，争夺对华人社区的控制权。

居銮坐落在从峇株巴辖到丰盛港（Mersing）的东西大道与南北铁路线的交叉点上，华人人口超过 40000 人，分成三个大的集团：福建人、客家人和广东人，另外还有许多海南人和少数潮州人，是带有政治倾向的复杂的秘密会党发展的重点，因为它易于受到从吉隆坡和新加坡来的三合会和华记的影响，同时也是共产党积极活动的中心。① 早在 1946 年，三合会在昔加末（Segamat）和彼咯就明显存在，并从这些中心扩散到附近的武吉仕（Bukit Siput）村和北根也美（Pekan Jabi），进而遍及江加三合港（Kangkar Cha'ah）的华人财主中。

1946 年 9 月，一个自称为忠义堂的三合会在居銮由从吉隆坡来的两个客家人组织起来。它在当地一个俱乐部的掩护下活动，通过强制手段从各行各业招募成员：商人、承包商、店主、市场摊贩、企业工人和从附近的叶淘沙（也称花旗山或叶豆沙——译者。Yap Tau Sah，以三合会的温床而臭名昭著）村来的财主，甚至还有前马抗成员。入会仪式由一名来自吉隆坡的年长的客家先生主持，会党的影响迅速向北沿着铁路线蔓延到梁站（Niyor）、占美（Chamek）和巴罗（Paloh），向南则延伸到令金（Rengam）和拉央拉央。

忠义堂从左翼工会中拉拢成员的成功激起了该地区共产党集团的敌意，但是除此之外，三合会在内部也有仇人。1947 年 4 月，一名来自叶淘沙的先生在居銮被枪杀。他是几个月前从布先（霹雳）来的，他的死是共产党所为还是三合会的阴谋一直没有定论。也可能是他要成立另一个三合会堂口使忠义堂的首领无法接受。

忠义堂的活动在一段时间内有所减弱，但霹雳对这个地区的影响通过彼咯那个小咖啡店显示出来，其标志是"兄弟"（Hing Tai，意思是 Brothers）的首领在霹雳组织了三合会，之后于 1946 年来到柔佛，大家都知道他一直在居銮、三合港（Sungei Cha'ah）、彼咯和昔加末之间往来。

有报告说，在居銮，一群显赫的国民党首领秘密会面，组建了一个三合会分会，以阻止共产党沿居銮—丰盛港路展开自己的影响，并把自己的势力向亚依淡、峇株巴辖延伸。尽管他们在市内很强大，又有吉隆坡组织者的帮助，但是还未能渗透到西部的峇株巴辖或者麻坡，东部的三板头（Jemaluang）或丰盛港，以及南部除古来之外的任何地区，因为这里的每

（单位：个）

地区	福建人	潮州人	客家人	广东人	海南人	总数
① 居銮	10873	13071	11691	10944	3515	41317*

资料来源：*Census Report Malaya 1947*，Table 36。＊此数据有误，译者将前五个数字相加，总数应为 38330。

一个地区都早已有某个会党存在，不欢迎外来入侵者。

比从雪兰莪和霹雳来的侵犯更为重大的是从新加坡来的影响，它沿着新山到金马士的铁路线侵入。1947 年 4 月，在士古来附近的一间会所里发现了题写着 36 集团"铁龙会"（Thit Leong）字样的招牌。7 月，从新加坡来的泰山（Tarzan）团伙在新山活动。8 月，在巴罗逮捕了很多人，包括 108 集团分会的几名成员。

9 月，柔佛的中心地区已经成为马来亚的主要犯罪场所。10 月，军警联合行动铲除了一些团伙，并成功地把每月武装抢劫案总数从 17 起减到 3 起，但 11 月又有人报告，在士古来、士乃（Senai）和古来有自称三合会的集团在活动，其主要组织都在居銮和拉美士（Labis）。在更往北靠近昔加末的铁路线地区，警方在 12 月突袭了一场三合会入会仪式，当场逮捕了一名先生、两名首领和 13 名入会者。这里还发现了一枚设计精巧的手榴弹、一些一般性文件和祭坛设施。发起者是新加坡 328 会的成员，其更多的成员于 1948 年 2—3 月间在古来被捕。

华记的活动比三合会更活跃，它是 1946 年初由华记会"国王"谢寿在彼咯复兴的，在一名显赫的劳工承包人组织的协会掩护下活动。与在其他州府一样，其成员主要是从广东人中招募的，还有一些为从事木材和日用杂货贸易的江西人和客家人。承包商非常希望避免共产党的控制，于是要求他的劳工们加入会党，这样一来就成了马来亚共产党的眼中钉。

1946 年底，华记会的总部移到居銮，在接下来的 8 个月里，在柔佛华人互助协会分会的掩护下，其活动向东扩展到三板头、丰盛港和兴楼（Endau），向北延伸到金马士，向南则到了古来和士乃。因为这些地区都有共产党的影响，1948 年年中，共产党暴动的首要结果就是消除了华记会的许多首领。

中和堂和致公堂这两个有三合会渊源和政治目标的会党也参与到大众骚乱中去。中和堂来自吉隆坡的代表于 1947 年 2 月抵达居銮，并在居銮和三板头建立了分会，招募广东人、江西人和客家人为成员。致公堂在这两个地方都设了分会，但没能激起多少热情，而是被这里的主要会党三合会和华记给埋没了。

六 小结

在成为马来亚联邦一部分的那些地方，战后早期因为结束了日本的控制，又有英国新的结会自由政策，三合会在每个地区都得到了复兴和繁荣。这种情况在某些地方，特别是在槟榔屿和霹雳沿海更显眼，因为某些集团——通常是与日本人合作的组织，他们是共产党控制的游击力量的眼中钉——内部需要互相保护。

一个公开、合法的三合会的兄弟会在马来亚的总堂能够在社会和政治舞台上发挥作用的观点引起了复兴会党的某些首领特别是槟榔屿首领的兴趣，可能是效法中国国内的流行趋势。但是其他集团，以瓜拉古楼集团、后来霹雳海滨的"麻风病人"集团和苏门答腊西亚庇村的集团最为有名，目的却在于全面控制兄弟会，而不管其合法还是非法。

新成立的或复兴的三合会内部那些不可避免的流氓恶棍开始剥削别人，并运用兄弟会的权力和威望服务其犯罪目的：抢劫、勒索、绑架和谋杀。此外还对违反兄弟会准则的成员给予包括死刑在内的惩罚。

马来亚共产党和国民党都认识到了三合会的广泛影响，并想方设法地吸引和利用这股势力为自己服务。

一方面，在像吉打、近打（霹雳）、乌鲁雪兰莪，马口（森美兰），马六甲和中央柔佛地区，战争时期吸收三合会成员到抗日组织中，使得这些成员与共产党集团有了密切的联系，当马来亚共产党竭尽全力企图控制劳工时，双方创造的关系在和平以后仍然维持着。共产党和三合兄弟会的信条有一个原则是共同的，至少在理论上是一致的，就是对普通大众实行霸权控制。这两个组织对民众都很有吸引力，但这种相同就意味着他们是竞争对手。尽管共产党希望取代三合会在群众心中的影响，但为了开拓自己的事业，还是准备渗透进三合会组织，他们不愿意与一个如此远离共产党公开观念的会党妥协。另外，一般大众经常不确定自己的个人忠诚——是忠诚于受到共产党鼓舞的劳工协会，还是忠诚于当地三合会，他们经常根据某个时候看起来更为强大的某个团体确定自己的忠诚对象。

另一方面，国民党则悔恨太少关注意识形态问题，并发现三合会是一个打击共产党的有价值的武器。这在霹雳海滨地区特别明显，有段时间，警方都认为三合会是国民党的"暴力工具"。在实兆远—邦咯地区发生的事件是这个观点最好的注脚。虽然说国民党和三合会双方的个人及组织之间为了共同的目的，或者更准确地说是为了反对共同的敌人而有关联或关系，但这并不意味着只要有三合会集团存在的地方就必然在意识形态上与国民党联盟。真正情况是，许多个人既是三合会成员又是国民党党员，因为在中国宗教上，两重身份没有问题。但是，这两个组织中，三合会的传统、仪式和权力更为古老，更无法抗拒，三合会的传统就是独立。

华记是三合会的广东人—客家人兄弟会分支，尽管为争夺所控制的"保护"区域，他们总是反对三合会的直系福建人—潮州人集团，但它更不屈不挠地反对共产主义。所以，在广东人占主导的地区，经常有人发现华记与国民党合作。

最后，除了一般的三合会的活动，还有两个在社会俱乐部的掩护下活动的特殊三合会集团，就是致公堂和中和堂，它们都跟着中国发生的变化艰难地前行，致公堂"左"倾，而中和堂右倾。

三合会于1945年和1946年间在槟榔屿和北霹雳地区掀起了不可抵抗的暴动，并随即扩散到整个半岛，这使得局面倒退到类似于19世纪90年代之前的那种情况，秘密会党在华人社区成为极其重要的无法抗拒的力量。这给落后的、装备仍旧低劣的警方增加了无穷的问题，他们面临着整个州的史无前例的犯罪。

政府采取的第一个步骤就是于1946年9月宣布将要实施战前的法律条款，剥夺三合会的法律保障，并决定在合适的犯罪案例中动用驱逐权。接着，包含了反三合会内容的新社团条例于1947年4月1日生效，同年5月公布了九个会党为非法会党。这些措施中最重要的是在1948年6月引入的《紧急管制条例》，给予执行人员逮捕和拘禁可能破坏和平的人的广泛权力。

运用以西方伦理为标准、专门为处理西方社会状况设计的法律准则和技巧来处理特别的东方问题的困难再次变得明显起来。

新加坡，1945—1948

　　日据时期的新加坡，秘密会党信息阙如。英国军队于 1942 年 2 月投降之后，日本立即围捕了岛上所有的男性华人，在成千上万未能使调查者满意而被带到海滩或者用驳船拖到海上枪杀的人中，有一定比例的秘密会党成员，尽管他们在战争开始时受到英国人的限制，但是在新加坡陷落之前被从普通监狱中放了出来。一些历经日本人调查审讯而幸存下来的人是在同意充当线人的条件下才得以活命的。1945 年 9 月英国人解放新加坡时，这些人把自己与所谓的"爱国会党"联系起来，而"爱国会党"不过是在整个岛屿上参与抢劫、掠夺、恐吓和勒索浪潮的流氓恶棍组织。接下来的几个月里，他们在从军事码头到英国皇家空军（RAF）仓库的运输——特别需求量极大的布匹——过程中的偷盗行为为他们获得了无尽的利润，这些货物主要是由与匪帮有联系的公职人员和司机运送的。与荷属印度之间的武器运输也成为地下社会成员有利可图的领域。

　　与这些流氓活动同时出现的还有通过总工会施加重压的强大的共产党运动，与工会有联系的劳工组织吸引了失业者和下层社会的人，这些人在早些年已经是秘密会党流氓的主体。几个月来，为彻底粉碎雇主的攻击而组织的无数起罢工受到工会的财政支持。当然，这笔钱是工会的打手和附属组织运用暗含威胁的熟练技巧向店主们募捐来的。但是，1946 年 2 月，共产党未能够通过在全市举行的表面上是哀悼 1942 年新加坡沦陷于日本，实际上是庆祝英国人失败的游行示威来挑战当局的权威。政府牢牢把握的新闻机构清楚地说明了允许破坏分子活动的范围。解放后，共产党组织者陶醉自身成功的时期结束了，许多首领被逮捕，这浇灭了煽动者的激情。从此以后，新加坡的地下世界开始以战前熟悉的秘密会党模式重组。

结果，秘密会党开始大量复兴，许多福建人和潮州人的战前会党迅速在传统的"8"、"18"、"24"、"36"、"108"等集团下复兴。也形成了一些新的会党，有些属于24集团、36集团的和许多属于108集团的都以数字代替三合会名称。969集团就是24集团的；329和666666是36集团的；其他还有303集团、404集团、505集团、707集团、808集团、909集团和760集团都是108集团的。24集团的969集团最后发展了9个分会，36集团的329集团和108集团的303集团各有三个分会。许多新会党由讲不同汉语方言的华人组成，还有一些集团有马来亚人和印度人。绝大多数集团不仅仅是普通意义上的秘密会党，而且是犯罪团伙。

战前独立的三字会的复兴有重要意义。这个潮州人会党在里峇峇利路（River Valley Road）重建了指挥部，并在该岛其他地区建立了7个分会，尽管没有统管全盘的人担任首领，但一致承认主要分会老永兴（Lau Yong Heng）的权威，所有重要事情都与其首领商量。

广东人会党当中，战前的兴党和群义集团在该地区迅速复兴。兴党组成了新的会党乐华（Loh Wah）、兴福（Heng Fuk）和兴侨（Heng Khiu）。群义组建了五个新的集团大集会（Tai Chap Wui）、新军（San Kwan）、军联（Khwan Luen）、军记（Khwan Kei）及军发（Khwan Fatt）。在遇到麻烦的时候，兴党向福建人的18会寻求帮助，群义向24集团寻求帮助。除了兴党和群义集团外，其他重要的复兴包括会群（Wui Kwan）、铁群（Thit Kwan）、和记（Woh Kei）和华侨（Wa Khin）在内的广东人的万义（Man Yi）集团。

一个名叫十三太保（Chap Sah Tai Poh 或 Thirteen Prince）——这个名字取自于麻将桌上13张主要牌——的新会党在战后的环境下变得重要起来。它的成员一开始仅限于福建人，是18集团的一部分。成立多年后，它改名为十三幺（Chap Sah Io 或 Thirteen Comrades），从柔佛路的总部开始，在该市共发展了9个分会。该会党变得越来越强大，其成员保护着十一趾（Chap Ji Ki）彩票。这些年来，其许多首领被驱逐，成员后来扩张到马来亚人、印度人和其他华人，比如客家人和广东人。

某些华人会党内部混合了马来人和印度人是战后秘密会党发展的一个新情况，这大大地增加了团伙内部的争斗，36集团的329集团和18集团的全义和（Choan Gi Ho）之间特别明显。329集团由马来人、印度人和华人组成，马来人占主导地位。全义和的成员绝大部分是华人，但吸收了一帮马来人，以帮助他们与 329 集团决斗。这种仇杀持续了多年，1948年 5 月变得特别严重，只有在逮捕了 329 集团的北印度人（锡克人）和马来人首领之后，才最终限制了这些团伙进一步的暴虐。

秘密会党的复兴和在这些会党的保护下形成犯罪团伙，以及他们相互之间为了争夺"保护地盘"而彼此厮杀是导致战后几年新加坡混乱升级的一个因素。但是，武器的轻易获得、正常情况下成千上万罪犯的逍遥法外、一般人无法继续就业、粮食的缺少，以及供应物资的整体短缺也制造了容易犯罪的气氛。据报告，1946 年被捕的罪犯总共有 14187 人，而1938 年是 6893 人，1937 年只有 4702 人。毫无疑问，1946 年还有大量的案件没有被举报。这一年最主要的犯罪就是武装抢劫，共有 960 起，而1938 年有 117 起，1937 年仅有 28 起。入室抢劫和偷窃共有 1520 起，而1938 年只有 567 起。

面对这种史无前例的犯罪浪潮，特别是无数的武装抢劫案件，警方要求再次起用战前的《社团条例》。1946 年 7 月，对三字会"保护"粮食走私的地盘加冷盆地（Kallang Basin）湿地米惹岛（Pulau Minyak）的突袭缴获了 18 支连发左轮手枪和普通手枪、一枚手榴弹及大量的弹药，对惹兰勿刹（Jalan Besar）地区的另一次突袭抓获了属于兴侨会的装满子弹的来复枪和手枪。至 8 月，估计有 100 个福建人和潮州人会党，有 50 个还在积极活动。警方在向政府递交其中 9 个最为突出的福建人、潮州人和广东人会党的详细情况时，还认为应该施压的情况不只是与 1889 年一样严重，而且由于日本占领和长期战争之后的反应，情况更加严重。

新加坡政府和马来亚联邦政府一样，被要求在战后自由结会的政策下废除战前的控制，实施社团可以自由存在而不需要登记的新立法，但如果社团可能威胁到州的和平或秩序，就可以被宣布为非法社团。自 1946 年4 月 1 日国民政府成立起，新加坡政府及其顾问就强烈反对该政策。1946年 10 月，新加坡跟在打头炮的马来亚联邦之后，决定可以部分起用战前的《社团条例》，即宣布三合会党为非法这一部分，这使得检察长对这个初看起来可以答应的情况表示满意。

这个决定就意味着要禁止三合会，但这对秘密会党团伙的活动很少甚至没有用，团伙的绝大多数成员并不公开加入三合兄弟会，他们继续着日常的勒索、抢劫和团伙之间的内部争斗，经常戴上识别徽章炫耀他们的成员身份，通常是前面有彩饰的一个小金属片，上面有团伙的数字或表明其名字的字。有时，图案上还包括别的东西，比如十字旗、一颗星、一个纳粹党所用的十字记号、一条龙或一只虎等都被用作特别的会党的象征。同样作为装饰的带扣也很流行。成员证书一般是一张小小的印制卡片，尽管有时会是一小块布，这个东西通过木制印版印出，在勒索活动中很有用。中国新年时的文化卡是一种可以在当地买到的、已经印刷好的卡片，上面有新年贺词，经常用有某个特别的会党或帮派名称的橡胶图章、木制"印章"或者钢笔给予修饰。这些卡片留在店主的店面里，上面列着捐赠者被要求捐赠的合适的礼物。没人会怀疑这是什么用意，也没有人会怀疑不听话就是失策。

整个 1947 年，新加坡都遭受到秘密会党内部械斗的骚扰。1 月发生的福建人的 108 集团和 36 集团之间严重的械斗虽然最终得到解决，但那是直到各方面的冲突导致了一起谋杀案、一起谋杀未遂案、八起绑架案和七起攻击事件后才解决的。108 集团受到三字、五星（Goh Chhin 或 Five Stars）和 18 集团的十三幺的支持。

4 月，秘密会党和工会之间的相互影响在益和（Aik Hoe）① 橡胶厂被曝光，这里的工人要么是橡胶工会的，要么是机械工会的。前者与十三幺有联系，并受它的保护；后者受 36 集团的 329 集团的支持。作为十三幺成员的工人想尽办法强迫对手的会员捐赠给自己的会党，还发生了一场典型的仇杀，导致了几起严重的武装冲突。冲突中一名过路人被打死，329 集团的一名首领被枪击身亡，另一名成员受伤。5 月，冲突仍在持续，有枪战，也有人扔手榴弹。6 月，329 集团的一名成员在益和的厂里被谋杀。为了报复，十三幺的一名成员被 329 集团绑架，但他幸运地逃脱。最后，一个受 329 集团影响和保护的娱乐公园的经理的干预达成了解决方案，因为大家担心，如果纠纷继续下去的话，争执会在公园内继续。

6 月，三字和 108 集团之间又发生了仇杀，起初是 108 集团的成员企图向一个属于三字会的人勒索钱财。双方发生了多场械斗，108 集团的成员到对手保护下的北船坞示威，还绑架了三字会的一名成员，并威胁到要

---

① 益和的老板是陈六使，他是陈嘉庚的旧伙计，李光耀的眼中钉。——译者

将其活埋。于是，三字会在新市场路公开张贴挑战书，要求 108 集团敲定某个日期和地点来决一死战。但在 7 月，108 集团的一名成员被三字会的成员枪杀，随后，108 集团报复性地绑架和毒打了两名敌对分子。

这些都是福建帮内部，或者福建帮与潮州帮之间的世仇，但也有牵扯到福建帮和广东帮之间的纠纷。1947 年 7 月发生了一件事，兴党集团中有混合成员的团伙乐华与群义集团仅限于广东人会员的老君（Lo Kwan）发生纠纷，争执的内容与在光华戏院（Jubilee）和大华戏院（Majestic Cinemas）售卖"黑市"票有关。这两个团伙安排了面谈，但是没有达成一致意见，接着发生了打斗，其中乐华的一名福建人被刺身亡。接着，福建人 18 集团向乐华团伙提供帮助，而广东人群义集团和福建人 24 集团（它是 18 集团的敌人）也给老君注入了力量。

尽管被谋杀者的尸体躺在殡仪馆里，侦探却检查了会党的会所，发现了许多价格不菲的花圈，落款是众所周知的秘密会党，包括兴和（Heng Woh）和兴发，这两者都是反对老君的广东人会党。每一个花圈上都附有一张有关会党哀悼的卡片。因为有强大的警察巡逻队在现场，葬礼举行的第二天没发生什么事，但这正是可能会发生暴力事件的秘密会党的典型的葬礼。最后，尸体冷冷清清地到了墓地，好几百哀悼者因为有大量的侦探而放弃了游行。

同样形式的仇杀和械斗在主要是属于福建人秘密会党的敌对团伙之间从 1947 年底到 1948 年中期里继续发生。1948 年 1—6 月，发生了 20 起动刀动枪的团伙打斗事件，7 名会党成员被杀，9 名过路人受伤。另外，还有几场械斗使用了充气水瓶。这是暴徒们特别喜欢的武器，每个街头都可以发现。还有两起谋杀福建侦探未遂的事件，在第二起事件中，攻击者向侦探开了五枪都没打中，而侦探却把对方击毙了。

同时，国务秘书于 1947 年 3 月批准在新加坡起用战前的《社团条例》，规定要提出允许政治性党派不受约束地存在以鼓励在殖民地发展出一套选举制度的修正案。1947 年 4 月 15 日，根据原来的《社团条例》重新开始登记会党，尽管受到政治性党派的反对，却赢得了大众的赞许，可能是因为在宣布提议恢复登记的同时，政府没有把如何保护政治性党派的特殊地位这一点阐述清楚。

马来亚共产党的代表宣布该党不会申请登记，除非政府废除处理煽动叛乱和驱逐的现有立法，但又补充说，该党希望解释清楚的是原则上并不反对登记，而是要求政府承认马来亚共产党为合法的政治党派，就像战后共产党在大英帝国的其他许多地区被承认一样。① 可能这位代表看到了共产党根据登记制度有在法律上获得官方承认的可能。但在 4 月底，他肯定是接到了该党其他官员的指令，又宣布马来亚共产党在任何情况下都不可能接受该条例。5 月 11 日，其他的 12 个政治性或者半政治性组织决心要求撤销条例。

政府早已决定要提出修正案，免除总督会同行政局可以通过命令宣布任何社团为政治性团体的那部分条款。5 月 29 日召开的顾问委员会考虑了这个被提出的修正案，代理殖民地秘书简单地回顾了重新实施条例的理由。他说，新加坡正在经历与 1890 年时相同的局势，当时殖民地被恐吓和平民众的秘密会党统治。处理这种情况首先就应该运用《社团条例》。他接着提到了目前以某个社团的名义进行的大面积的勒索活动。在重新实施《社团条例》之前，这些社团并不是非法的，警方在采取行动之前必须要证明某个人有明确的犯罪行为。在正常局势下，这种权力可以说是足够充分的，但现在的情况却一点也不正常。警方受到缺乏证人的严重限制，因为勒索和抢劫团伙的恐吓使得没有人敢出来做证。我们并没有期望秘密会党会因为执行了《社团条例》而停止活动，但这会给警方增加一件额外的武器。

有关政治党派的修正案于 1947 年 6 月 12 日生效。根据新的条款，15 个协会被排除在《社团条例》管辖范围之外，可以自由活动。尽管这个修正案的目的是刺激当地政治性党派的增长，以引入以大众选举为基础的政府代表的形式，它不但使现有的像马来亚民主联盟、马来亚共产党及其附属组织、前马来亚人民抗日军同志会、新民主青年团和新加坡妇女协会这类当地的政治党派合法化了，而且向以华人为基础的政治性党派，如国民党、三民主义青年团和中国民主联盟等敞开了大门，总督宣布所有这些派别都是政治性组织。实际上，所有这些社团自解放后"完全自由"时期就一直公开存在，而且竭力增加在马来亚华人中的影响。与在中国一样，这些集团在受欢迎的三合会组织中看到了扩张自己权力的可能性。

---

① *Straits Time*，11 Apr. 1947.

1946 年中期开始，除了实际上早已存在的根据战前模式重组的秘密会党团伙之外，明显还有其他的影响在新加坡（与在槟榔屿与吉隆坡一样）起作用，企图把秘密会党成员吸收到一个广泛的政治性三合会组织中来。

9 月末，新加坡兄弟会的洪门家族发布了声称是宣言的印刷传单，准备开幕典礼时在大世界娱乐公园散发。宣言把战后洪门的腐败和堕落归结于缺少一个中央领导机构。有许多次，其成员参与武装冲突，落得了毁灭性的后果。一些成员已经走到了出卖兄弟会利益的地步，而其他人则盗用三合会名义犯下勒索、恐吓、抢劫和掠夺的罪行。因为这些耻辱的行为，洪门会长辈的生命都受到了威胁，和平与秩序被扰乱，成员则被当地政府和警察诬蔑为"恶棍和社会害虫"，因此要求成员改变其行为方式，牢记兄弟会的传统，并要求他们为国家和同胞利益提供服务。新成立的新加坡会党的目的就是赢得所有三合会成员的合作，以建立一个新中国，其政府由人民统治并为了人民服务。会党"赞同并支持中华洪门民治党所制定的政策，也赞同和支持中国洪门致公党马来亚支部的政策，所有这些目的都是建立一个有民主政府的联合中国"。同时，海报张贴在街道的墙壁上，108 集团和 36 集团的总部通过海报也联系起来了。所有这些文件都盖有洪门兄弟会新加坡分会的印章，同几周以前槟榔屿所散发的传单一样的语气。

尽管这些传单和海报的来源当时没有绝对地确定，但他们清楚地表明了要激起人民对中国政治局势的兴趣和重新把兄弟会组织成一股政治力量的企图。这一思路受到了美国和中国沿海的致公党的驳斥，他们已经在建立洪门民治党方面有所收获，那就是它在 1946 年 9 月 1 日由司徒美堂（Szeto Mei-tang）在上海宣布成立了。11 月，有人报告说，洪门会在槟榔屿的首领企图在新加坡建立一个总部，并与 108 集团、36 集团和十三么进行了联系，但直到 1946 年 12 月中旬逮捕张德才之前，新加坡并没有出现他所提议的发展到以前在槟榔屿的活动那样的程度。

尽管他卷入了新加坡的规划，但主要的刺激来自国民党和中国领事馆的重要官员，他们参与了联系新加坡某些老练的三合会党首领。他们的潜在目标就是为国民党组织获得政治和财政支持，以对抗在马来亚和在中国的共产党。在洪门兄弟会这个新会党的保护之下，他们在新加坡已经组织了十场入会仪式，一名重要的三合党人物从中国来到这里，帮助组织提议的三合会联合体。张德才仍然被承认是槟榔屿洪门会的首领，被新加坡三合会首领称为"龙头老大"，将要重建权力，而黄亚苏这位声名狼藉的槟榔屿的先生也来到新加坡，与新加坡三合会首领讨论在北马来亚的发展问题。

逮捕并驱逐槟榔屿首领确实没有震慑到其他人，因为马来亚中文报刊上公布的把中国和美国的兄弟会组织成一支政治力量的打算增加了社区对一个中央集权的三合会的潜能的认识。新加坡当地三合会、经济和政治圈子里的机会主义者很快意识到与支持中国的强势政府的运动搭上关系的可能优势，他们都很自信地希望从战后的定居地上脱颖而出，并从中获益。

1947 年和 1948 年前几个月，仍有人企图利用新加坡大量的三合会这一潜能来为以华人为基础的政治性党派服务。1947 年 2 月，出现了一个把自己说成"负责马来亚中国洪门致公堂新加坡筹备处官员及暹罗分堂主席"的人。他由槟榔屿的三合会成员陪同，与 108 集团的八哥会（Put Ko）联系。他显然不足可信，便从新加坡消失了，只是在 12 月作为中国致公党吉隆坡地区苏丹街的代表又露面过一次，打算组建该会党的分会，也没有成功。据传，他是槟榔屿洪门 12 处的一名成员。

1947 年 7 月，致公党在美国和中国的老牌组织家赵煜（Chiu Yuk）申请访问马来亚，但因为其组织的三合会性质被拒绝了。他本来就不仅是想要把洪门兄弟会联合成一个无所不包的中心，而且要建立民治党的支部，这将在政治和财政上促进战后中国的福祉，他肯定在这方面会得到国民党支持。尽管他的拜访没有成行，尽管司徒美堂于 9 月 6 日在上海宣布放弃在中国组织民治党的打算，赵煜却继续努力去影响马来亚的华人，他不仅与某些新加坡的三合会成员保持一致，而且由他的侄子赵昌兴（Chiu Cheong Heng）代理他在马来亚做一些初步的调查工作，比如组建一个联合的三合会组织的可能性。

结果，10 月初由福建集团与当局进行了非正式的接触，这个集团的一名成员显然与赵煜有联系。他们建议新加坡的秘密会党应该统一在一个名为马来益洪门致公堂的组织之下，这个组织根据《社团条例》申请登记，但希望授予其与其他政治性或大众性组织相同的地位。他们提交的规章制度的草稿看起来几乎与民治党在中国发布的宣言一样，尽管它还另外谈到了槟榔屿洪门的复兴。发起者没有一个是华人社区的著名人物。从地址上看，这些人都来自因秘密会党活动而名声不好的地区，都声称已经承诺与一些主要的秘密会党互相合作，并希望能够结束这种使新加坡精神涣散的械斗，鼓励兄弟会成员之间相互增加善意。

六周后，即 11 月 18 日，他们正式申请登记为一个社团。他们这个名称前注明了"洪门"的组织接到命令，在考虑他们的申请期间不得继续活动。月底前，《中兴日报》（*Chung Shing Yit Pao*，1947 年 11 月 26 日）还刊登了对那些用"洪门"的名称来获得更大影响的"政治机会主义者"的评论，并举了司徒美堂的例子。第二天，《星州日报》（*Sin Chew Jit Poh*）宣布了即将组成的"中国洪门致公党新加坡总支部"的消息。①

12 月 2 日，洪门致公党原本在新加坡的申请被另一个受与中国民主同盟有关人士支持的社团给推迟了。新的领导被认为是个更有影响的人，他是被原来的发起人敦促来向当局推动申请的。需要提交的规章已经重新拟好，但是会党的名称仍然不变，"目标"也相仿，执行委员会同意的"所有洪门兄弟"都有会员资格，其他的华人则要经过为期 3 个月的考察，非华人也可以作为荣誉会员。

一位新的发起人说，通过这一组织，成员可以被教育和培养成"守法又爱好和平的"人，这将会是反抗共产党煽动（特别是在劳工当中，许多人都是兄弟会成员）的一个壁垒，永远也不会成为任何政治性党派的工具。他还举了国民党（在中国和新加坡）努力吸收兄弟会失败的例子。

与此同时，尽管他们还没有得到官方的任何承认，但已经开始招募新成员了，还举行了许多秘密的入会仪式。但在内部，那些自称为洪门联合组织的组织者与被联合的各个会党的首领之间的和谐关系很快就难以维持，新发起人想控制三合会财务的企图受到了这些首领的猛烈抵制。

赵煜的侄子赵昌兴作为洪门致公堂上海总部的代表也试图在新加坡和马来亚大陆把互相猜疑的三合会联合成一个组织，但是劳而无功。他于 1948 年 3 月末回到中国，承认失败。国民党在吉打的努力也没有取得任何成果，因为每一个三合会集团都在观察洪门致公党在新加坡申请登记的结果。

---

① *Sin Chew Jit Poh*，27 Nov. 1947.

事情在1948年3月有了答案。月初，居住在武吉知马的一名印度人给地方法官寄了一封信，通知法官大人说，他看见一卡车的华人在金文泰路旁边的小路上消失了。警方开始密切监视，并于3月5日黎明时分逮捕了88名华人，他们当时正参加完一场三合会入会仪式后从路边的灌木丛出来，多数人的中指末端都有一个新刺的针眼。绝大多数被捕的人是被码头或造船厂雇用的福建劳工，其他人则是舢板船民或小商店主。67人需要为参加入会仪式的罪名进行辩护，其他人中的多数声称自己是被迫的。

对入会仪式现场的搜查发现就在那个地方埋藏着一只被砍了头的公鸡，还有焚烧了一半的三合会符号。入会费是10.8元。这场入会仪式是洪门致公党组织安排的第7场入会仪式。据估计，总共有大约500人已经入会，但是警方没有得到任何消息。

通过这次逮捕，警方发现了几个负责组织入会仪式的人和主要首领，他们后来都被捕并驱逐。5月12日，洪门致公党要求以一个政治性党派身份进行登记的申请被官方拒绝。几天以后，在金文泰路的入会仪式上被逮捕的个人在地区法庭上举行听证。地方法官在向警方提出了总是缺少公众合作的意见之后，给这些犯人判了3个月到30个月不等的严厉监禁。45个被判驱逐的人于几天后执行。

该月末，当槟榔屿洪门的总书记、躲藏在新加坡的王庆辉被发现时还有一次有意义的逮捕行动。王关心的是开展入会仪式，希望在未来的三合会联合组织中扮演重要角色。为了避免被驱逐，他申请了一个假出生证明。他的案件被移交到槟榔屿，接着他就被驱逐了。相当长一段时间里，没有其他人试图复兴三合会联盟的想法了。

在马来亚联合邦，正是1948年中期爆发的共产党运动和《紧急条例》的实施才从根本上使警方对付三合会团伙的权力上升。早在1947年下半年，三合会就平均每月有100名重要会员被捕并接受审讯，并根据《社团条例》的规定进行拍照。那时候，《社团条例》已经允许使用，但绝大多数的人根据法律要求在24小时内被放了，很少有案件能获得足够起诉的证据。为了抑制共产党对联合邦和平的威胁扩展到新加坡，也部分地为了保证逮捕和拘禁那些看起来有可能对公众秩序造成威胁的人，1948年6月24日施行了《紧急条例》，因此，第一次出现在警方名单上的便是为共产党工作的人，但大量有名的秘密会党的成员也因为可能会在共产党想利用一切方式来扰乱公众秩序时成为潜在的威胁而被囊括进来。1948年, 总共有1400名各种各样的人根据《紧急条例》被捕, 但年底时只有227人仍在押。其余的人有的被驱逐, 有的自己要求遣返回中国, 但是大多数人要么被无条件释放, 要么被直接命令夜里待在家, 并一次又一次地向警方汇报他们的行动。许多根据《紧急条例》被捕的秘密会党成员都受到这样的限制。

《驱逐条例》的权力被全面发挥。1948年9月底以前的18个月里, 几乎有1000名外来华人被警方建议驱逐, 其中900多人被批准。有些人是因为犯下了几起案件, 其他的则与鸦片走私、调戏妇女或发展赌博有关。这些活动一般都有秘密会党成员参加, 因此, 说被驱逐的人中的大多数都是秘密会党的活跃分子也不为过。

1948年7月底之前, 马来亚共产党和新民主青年团被从官方承认的社团名单中删除, 因为政治党派不归新加坡社团条例管, 而其他的共产党附属组织也停止以组织形式活动。马来亚民主同盟没有能够获得它所希望的大众支持, 他们自己也意识到了与"左翼"集团密切联系的缺点, 同盟于6月20日自动解散。但直到1949年5月, 国民党和中国民主同盟才从名单上消失, 他们被要求遵守《社团条例》的条款。

《紧急条例》要求全体人口进行登记的规定及每个人都必须申请带有其详细情况、照片和指纹或签字的身份证的要求大大加强了警方的力量。个人身份证一直是马来亚政府大量华人管理方面的最大困难, 许多次被建议使用都被拒绝, 仅仅因为它认为是对国民自由的无端干预。但是, 由于马来亚共产党暴动带来的对安全的威胁, 联合邦政府和新加坡政府都接受了登记政策。这让起义者很愤怒, 于是他们的对策就包括从居民身上抢劫身份证。对人们发放身份证这种登记方式是作为暂时性的措施引入的, 连《紧急条例》本身也是暂时性的, 但事实证明非常有用, 不仅仅对当局有用, 而且对个人也有用。人们认为它有价值, 因此在这两个地区通过了永久性立法, 为其继续实施提供了法律依据。

因为《紧急条例》是在重新实施《社团条例》后不久生效的, 所以不能肯定该管制条款本身就足以控制那些恶劣的一直发展到1948年中期的秘密会党的威胁。而且, 鉴于接下来发生的事情, 说他们足以保证对会党的控制是非常不可能的。毫无疑问, 执行人员和警方使用《紧急条例》

授予的权力可以迅速减少犯罪数量，特别是新加坡和联合邦的秘密会党犯罪的数量。最后，事情已到了 1825 年的槟榔屿总督开始面临秘密会党问题时所说的那种情况，就有无须 "在拘捕嫌疑犯时采取适合于普通案件的严格的司法申请程序"，尽管 1948 年这个非同寻常的程序已经立法化了。

秘密会党与马来亚共产党

一　马来亚共产党的叛乱

1948—1960 年间，给马来亚人民带来严重危险，特别是对华族造成巨大影响的马来亚共产党的武装暴动震惊了马来亚政府，也掩盖了几年来的秘密会党的威胁。关于暴动的事已在其他地方作了详细讨论，这里作为讨论马来亚共产党和秘密会党之间的关系的背景仅作简单概述。

尽管马来亚共产党表面上与英国合作对抗日本，但它从来没有改变把英国人赶出马来亚的想法，从而最终建立一个受共产党军队支持的共产主义共和国的秘密目的。1945 年年末，共产党的政策得到了统一，就是应该采用和平渗透而不是直接武装暴动的方式，并在向工会和一些新成立的政治团体渗透方面取得了显著成功，而同时又在中文报刊上宣传遭人唾弃的反英战略。但是，1947 年年底，除在劳工领域外，马来亚共产党的运气都不太好，政府控制的扩张、经济状况的改善、华人民族主义团体的膨胀和某些地区反共产党的三合会和华记集团的强势行动等共同作用，动摇了共产党的控制。尽管马来亚共产党仍然能够策动许多起罢工，但影响正在衰退。1948 年 4 月爆发的武装起义使马来亚政府非常惊讶。

马来亚共产党改变计划主要是以下三个原因：

1. 不太成功的和平渗透。

2. 发现共产党总书记莱特（Loi Tek）在日据时期向日本秘密出卖党的领导人，使得许多共产党领袖被害。莱特在被一个叛变了的同事谴责后于 1947 年 3 月消失。当年年底，调查证明他已经叛变。这一发现使中央委员会对他所鼓吹的和平渗透政策表示怀疑，害怕这可能是他口是心非的一面。

3. 共产党和工人党情报局指示东南亚共产党要在民族解放运动的旗帜下掀起起义，以达到阻碍殖民势力的目的。这些指示是在 1948 年 2 月在加尔各答 （Calcutta） 召开的、由共产党资助的东南亚青年会议上传达给各个地区的代表 （包括马来亚） 的。在 3 月召开的一次会议上，马来亚共产党中央委员会采纳了这一计划，谴责莱特以前的政策是一个"机会主义错误"。

起义始于 4 月新加坡港码头的一次普通罢工，5 月蔓延到槟榔屿的各个港口和巴生港，以及橡胶厂和锡矿。在那些地方，华人承包商被杀死，工资册被抢劫，房屋被焚，劳工受到恐吓。6 月，对常规目标的袭击加上对房地产管理者、警察局和许多国民党首领的攻击，共发生 119 次事件。马来亚共产党也曾号召已改名为马来亚人民抗英军的马来亚人民抗日军全体动员起来。面对这样广泛的、组织良好的谋杀运动，联合邦政府于 6 月 16 日至 7 月 5 日间发布了一系列的《紧急条例》措施，授权逮捕不法分子时不用批准，总书记可以拘留两年的命令也规定要进行修改，还规定私藏武器可以判处死刑。根据《社团条例》，采取了宣布马来亚共产党、新民主青年团、前马抗同志会及马来亚的一个左翼团体"马来亚捍卫国家阵线"（Ikatan Pembela Tanah Ayer Melayu）[1] 为非法团体的行动。新加坡于 6 月 24 日实施《紧急条例》，撤销前面提到的不受《社团条例》约束的三个共产主义者组织。[2]

为了赢得一些政治支持，马来亚共产党于 1949 年 1 月宣布了他们要建立马来亚人民民主共和国的计划，把马来亚人民抗英军的名称改为马来亚民族解放军。但是，没有得到大众的支持。相反，原本共产主义者通过突然的暴力攻击所带来的麻木和惯性开始在华族中减弱，因为政府的力量得到了加强。政府把擅自占地的人从丛林边缘赶进有哨兵警戒的村落，使

---

① *FMGG*, 13, 23 July 1948, 2nd suppl., GN 2037, 23 July.

② Sing. GNs 216 & 217, 23 July 1948.

叛乱分子得不到补给。1949 年 2 月，一群华人首领意识到他们这一族群的被动性在危害着他们的政治前途，于是组建了一个马华公会（MCA），宣称其目的包括保持内部的公共关系；支持政府镇压叛乱。人们特别是不说英语的华人立即就有了回应，还有一些是国民党员。该年年底就有100000 多人加入，在各个州和联合邦的绝大部分地区建立了支部。

至 1954 年，情势已经很清楚地表明武装暴动是不会成功的，马来亚共产党越是强调颠覆，情况就越是这样，因为政治发展正有计划地朝着独立的方向进行。1955 年 7 月的第一次联合邦选举前夕，马来亚共产党向英国人提出谈判以结束战争。这一要求被拒绝了，但是新选出来的政府执政后，宣布有限制地特赦并提出了投降条件。因此安排了与马来亚共产党领导人陈平（Chin Peng）的会面，陈提出的马来亚共产党应该享有合法地位和行动自由的协议遭到拒绝。1956 年发现的一份 1955 年写成的马来亚共产党文件把这个协议的意图阐述得很清楚。它说：

> 毫无疑问，我们今天的策略就是要跟东姑（Tunku）一道共同努力消除英国帝国主义的殖民统治。此后就是我们能够立即争取广大民众更多支持的和平时期，而接下来就是要颠覆东姑的资产阶级独裁统治，把它改变成一个所有种族和所有阶层联合统治的国家。①

与英国殖民部就建立一个独立国家的讨论于 1957 年 8 月 31 日宣布独立时终于有了结果。政府（1953 年发展起来）的政治结构是三个党派，即巫统（UMNO，United Malays National Organization）②、马华公会

---

① F/M Leg. Co. Paper 23 of 1959，p. 17.

② 马来西亚全国巫人统一机构，简称巫统（United Malays National Organization，UMNO），自马来西亚独立后，一直是该国的执政党，同时亦是执政联盟"国民阵线"的领导党派。巫统始于马来亚联邦计划的提出。由于马来亚联邦计划的提出，使一向视英人为"保护者"的马来人感到遭受背弃，视之为对马来亚的并吞。尤其是欲开放公民权给华人的建议，不啻是对其一向自恃的原住民优越地位之严厉挑战。在这种情况下，由柔佛的"半岛马来人运动"（Peninsular Malay Movement）与雪兰莪的"马来人协会"（Persatuan Melayu Selangor）所主导的"泛马马来民族大会"于 1946 年 3 月 1 日在吉隆坡举行，并于 5 月 1 日的第二次会议上正式成立了"全国巫人统一机构"（United Malays National Organization，UMNO，简称巫统），积极反对马来亚联邦计划。——译者

（MCA，Malaysian Chinese Association）和印度人国大党（MIC，Malaysian Indian Congress）之间的相互联合。

丛林中的军事行动又拖了三年之久，到 1959 年 5 月，除霹雳的和丰周边的一个地区之外，整个国家已经肃清了叛乱，武装暴动也最终消失。1960 年 7 月，《紧急条例》时期结束。在陈平领导下的共产党力量的残余逃到马来亚—暹罗边境的农村避难，并作为共产党的"御用军"一直在那里待着。但是，共产党对政治党派、劳工组织、青年组织和其他得民心的集团的颠覆与渗透越来越富有激情，并受到强大的、取得了胜利的中国共产党的支持，他们通过新闻媒体、文学作品、电台、电影、学校和商业接触在东南亚的海外华人中领导了无休止的宣传潮流。

二　三合会与马来亚共产党的关系

对于联合邦政府而言，一个至关重要的问题是：一旦《紧急条例》被看成一次广泛的运动时，三合会中大量的与共产党有深远联系又崇尚暴力的会员是否会加入共产党。众所周知，三合会与共产党之间的联络早有个人基础，而三合会圈子因 1947 年和 1948 年初的警方的猛烈行动而对警察有怨恨情绪也是人所共知。

但是，三合会与马来亚共产党在本质上是对立的，各自都希望控制大众，都清楚地了解将要获得的有利条件，准备无情地对待所有反对派。他们的差别在意识形态方面：马来亚共产党信仰马克思主义，旨在建立一个社会主义制度的政府，而三合会提供了他们希望复兴的传统的社会组织的保护领域，并不关注政治理论。因此，这种权力争夺是共产党和三合会分裂的主要理由。整体上说，在战争刚刚结束的时期里，是反感而不是合作成为双方关系的基调。在恐怖运动初期，秘密会党成员也成为共产党的第一批受害者，与国民党员和劳工承包商一样的命运，其中许多人都是华记的成员。在三合会死亡人员当中，海山会首领在布先被一伙流窜恐怖分子杀死在自己的屋子里，主要是因为他在组织霹雳矿工协会中所起的重要作用，而这个组织挫败了共产党控制当地劳工力量的企图。① 之后，警方迅

----

① 参见前文 416 页。

速行动，拘留了几个州的多个三合会首领。三合会活动被打乱，而其成员因害怕被逮捕和引起恐怖分子的注意变得谨慎，以免引人注意。

在《紧急条例》初期，即 1948 年 6—7 月，三合会与马来亚共产党之间的敌视似乎仍在继续，尽管许多三合会成员——有的人（特别是在马六甲）是因为同情共产党，有的人是因为寻求刺激，有的人是对警方行动表示不满，有的人是被前马来亚人民抗日军成员恐吓，还有的人是害怕因《紧急条例》而被捕——参加了暴乱。此类明显的联系都是建立在个人基础之上的，并没有组织之间的合作。但随后就有了别的迹象，特别是在近打（霹雳）和北马来亚地区，共产党起义者与一些小秘密会党团伙进行了合作。1948 年 8 月，在靠近端洛（近打）的一个恐怖分子的木屋里发现了一份文件，写着雇用"受过良好训练的不良分子"（毫无疑问包括三合会持枪歹徒）来执行暗杀任务的决定。在槟榔屿，洪门会的 4 组和 12 组的某些成员受其首领的鼓舞而帮助共产党。在雪兰莪，前绿龙山团伙的一名首领和他的几个兄弟被招募到共产党的武装队伍里，经过一段时期的训练后，重新在沙登出现，从事他们传统的勒索活动，这一次是以马来亚人民抗英军的名称进行活动的。[①] 在万里望（属近打），华记的一些首领和共产党分子合作经营花会赌场，作为共同筹集资金的一种方式。据报告，尽管某些共产党领袖强烈反对任何形式的合作，太平地区的三合会集团也让共产党滴水不能渗透进来，但是这些只是大趋势中的一个小插曲。

早在 1948 年 9 月，新加坡的一些共产党领导人由于受到恐怖主义正在失去华人大众的同情的警告，就认识到了如果不相互合作，也要争取中下层阶级——艺术家、公务员、小商店主的同情的必要性。有人建议应该争取国民党和秘密会党普通成员的帮助，因为这对发展被称为反英同盟的"阵线"组织是必需的。这一想法在大陆也很普遍。1949 年 2 月，在埔地（近打）发现的一份文件写着："反英后援会组织的工作就是争取马来亚士兵及三合会成员的合作……"

也有谣言（1949 年 3 月从一名受伤的恐怖分子手里再次发现的一份书面文件给予了证实）说，沿着北霹雳海岸、威省、南吉打和槟榔屿进

---

① 参见前文第 422—424 页。

行的宣传强烈要求在共产党控制下的反英联盟内开展三合会与马来亚共产党的合作。甚至还有建议说，所有的三合会应该统一起来组成一个追求这个目标的泛马来亚联合。该方案利用了反帝国主义和民族爱国主义（受中国共产党的支持）。它强调三合会成员在马来亚政府的压迫下所受的苦难，建议兄弟会应该通过保证起义成功的方式来进行报复，因为，如果失败的话，会党就会再次受压迫。另外，因为民族爱国主义成为三合会的一个鲜明特点，也因为中国共产党不久就要么统治全中国，要么控制一个当地联合政府（这样的话，顺便提一下，是值得支持的），马来亚的三合会和共产党似乎应该团结起来对抗反三合会和反共产党的政府。需要强调的是共产党的战略是直接反对英国人，认为英国人应该被赶出马来亚。

但是，在筹划这样的一个联盟时，北马来亚的共产党阵线的组织者过分地耍了手段。考虑到该地区三合会的混杂，所有会党中都有着无数的共产党的同情者和前马来亚人民抗日军的成员，这样一个计划就不足为怪了。但是，当马来亚共产党的官员考虑这件事时因为不同于那些卫星组织（新民主青年团、工会联盟和马抗退伍同志联合会）的首领，这一计划竟被公然谴责为政策中的一个极严重的错误，可能会在损害党的利益的情况下令人使得三合会集团的力量增长。有人预言，政治上和经济上的见解将会使得继续合作非常困难，迟早会出现麻烦，"朋友到那时就会变成敌人"。

于是，有人建议，独立运作的马来亚共产党不应该以集体的形式与三合会联盟，而应该集中精力争取三合会成员个人加入反英联盟，这样将会鼓励秘密会党的同伴们加入联盟，并打算在某些特定环境下允许从商人身上征收资金来维持武装力量的生存。这样，三合会对大众的影响可能会对争取人们支持武装暴动有用，而不用损害共产党的领导权和控制权。

尽管马来亚共产党采纳了这一政策，但一直对兄弟会不太信任。1949年2月在柔佛发现的一份文件有力地表达了这样的观点：

> 秘密会党是由强盗们组成的。他们没有具体目标，也没有政治信仰，只关心自己的利益，一方面可以被英国帝国主义或国民党利用，另一方面，也可以参加革命。
>
> 因此，我们应该向他们进行政治渗透，劝说其成员加入革命。我

们应该通过建议他们重组来努力争取他们。如果他们拒绝重组，只要他们不压迫群众，不与我们对抗，也可以允许他们存在。

他们是游民群体，很难纠正他们的观念。因此当我们接受他们，或者重组了他们后，我们应该提高警惕，应该对他们进行政治教育，以便在民族解放斗争中改造他们。

1950 年 5 月从一名在鹅唛路（雪兰莪）被杀的恐怖主义首领身上发现的马来亚共产党雪兰莪州委会书记陈路（Chan Lo）写的一封信，表达了同样的观点：

三合会人员是一个颓废会党的一分子，表面上爱国，但是实际上自私自利，在金钱的诱惑下会犯各种罪行。我们应该谨慎，避免惹起他们的怀疑，应该对他们进行政治教育。他们的会党应该以不同的名称重组，比如"正义杀手班"、"铁血志愿团"和"反英保护团"等。

的确，多年来的经验完全证明了共产党对作为同盟的三合会成员的不可靠性的担忧。1949 年初，反英联盟支部在槟榔屿、威省和南吉打成立。霹雳和太平则没什么反应。警察非常清楚在高烟的秘密会党首领，因此他们很谨慎。在更往南的霹雳海岸，共产党特别努力想影响沿海集团，还要求华族领袖提供财政和物资帮助，以招收反英联盟新成员。在某些似是而非的宣传单上，"洪门兄弟会"作为受欢迎的新成员被特别提到："他们以勇敢和团结出名，我们热情地希望他们站起来，带着武器，加入我们颠覆英国帝国主义的行列。在光明的未来里，我们共同分享自由和快乐。"

在槟榔屿，洪门会的 4 组、12 组和 15 组有众所周知的共产党的同情者，由于警方逮捕了 4 名杰出的组的首领，合作的进展从一开始就受阻，即使如此，还是有一些三合会持枪歹徒加入了共产党的暗杀班。1949 年和 1950 年间，槟榔屿三合会成员似乎总体上已对政治没有什么兴趣，更多的是想尽力复活战前的三合会，以保护和防卫自己的赌博活动。当这些企图失败后（是被警方行动再次挫败的），一些三合会个人转向了共产党，对共产党的日益增加的权力感兴趣，希望能为他们的非法职业提供支持。1951 年，日落洞的一个三合会集团被准许合作参与募捐，但共产党很快就发现资金被贪污了，他们害怕的是反英联盟里的三合会成员是间谍。好几个嫌疑人被暗杀，原有协议中同意的共产党支部委员会被解散。1952 年 1 月的威省，曾参加过恐怖活动的一名杰出的三合会首领向警方投诚以逃避共产党对他侵吞公款的调查和报复之后自杀；另一名分了赃的首领则被共产党杀掉。很清楚，"朋友会变成敌人"的预言变成了事实。

三合会与共产党的关系继续恶化。到 1952 年 6 月，三合会的成员离开槟榔屿，加入近打河谷卫队①的武装机动力量。大约在 1952 年 7 月，马共以安全为由禁止再向三合会招收成员加入槟榔屿反英联盟，开始了对党员和"同情者"的严格调查，以消除三合会因素，从而建立一个小规模的、可信赖的、政治上纯洁的共产主义集团。

在槟榔屿湖内山脉（Relau Hills）恐怖分子基地附近发现了一份共产党的文件，1953 年 1 月证明这是一份对来自秘密会党的新成员的调查表格，其中有 49 个问题，涉及会党名称、加入的理由、职务及首领与成员的身份等。涉及抢劫和杀人的犯罪问题有：同谋者姓甚名谁？枪支由谁提供？是被捕、逃脱，还是叛变？是否在法庭上接受审判？是否雇用了律师？监禁或警察监视的期限是多长？涉及警探（"走狗"）的问题是：谁最好？谁最坏？他们有多少人？仍然跟他们之中的谁有联系？对于涉及参加革命的问题是：谁是推荐人？为什么加入？什么时候加入的？最后，有人建议，如果秘密会党成员有什么要向组织招供的，他就应该利用此次机会。后来的调查显示，自《紧急条例》以来到 1953 年 8 月，至少有 50 名三合会成员在槟榔屿被共产党消灭。

由于槟榔屿的三合会与共产党的关系紧张，到 1952 年秋，马来亚共产党在整个联合邦赢得或组织群众的支持方面显然没有多大进展，如何最好地把三合会的革命潜能吸引到共产党的事业中来这个问题仍然没有解决。

就我们了解，共产党政治局发布的政策文件（与当地党的领导的意见有区别）中没有关于秘密会党的。直到 1951 年，当莫斯科指示采纳中国革命模式时，马来亚共产党才开始限制军事活动，强调组建共产党阵线

① 参见下文第 478—479 页。

组织。当时发布的 10 月指示表示，"除非三合会以胁迫群众募捐，充当走狗或间谍，或者组织反对共产党的土匪，否则其成员一般很难消灭"。另一个与调动民意和赢得群众支持有关的指示要求利用现有的组织，"包括非法的群众组织形式"，组建一个反对帝国主义的统一战线，这显然包括三合会，尽管没有具体说明，也没有指导如何最好地消除三合会分子对原有组织的忠诚。

考虑到中国当时的局势，这些指示的重要意义更加明显。1951 年 1 月，中国宣布秘密会党为非法，在接下来的几个月里掀起了镇压"反革命"的运动，许多人被指控利用"封建会道门参与反革命活动"[①] 而被判处死刑或终身监禁。在马来亚，这些措施突然把恐惧深深地扎进了等待船只回中国的被驱逐的秘密会党成员心里。但是，尽管中国的共产党政府无情地消灭那些活跃的、威胁地方治安的秘密会党分子，共产党的基本政策仍然争取并吸收秘密会党的普通会员到共产党的人民组织中来。在中国以外，中国共产党已经充分准备好利用秘密会党为自己服务。举例来说，马来亚当时的情况是，追逐权力的当地党派仍然需要考虑如何最佳地利用秘密会党对广大群众的影响，于是，沿中国共产党路线发布的 10 月指令代表了完全不同的政策，马来亚共产党在清算已经明确的敌人和肃清自己不需要的人的同时，也寻求（尽管有一些疑惧）那些没有积极反对过它的秘密会党成员的合作。

尽管马来亚共产党内部高层对武装暴动和渗透颠覆的有关优点还存在着极大的分歧，但在雪兰莪，党的总书记陈平的亲密朋友和老师、共产党的副总书记杨果（Yang Kuo）对此却毫无疑问。他 1952 年中写信给陈平时，把目前为止党的失败归结为他们低估了英国人的力量，高估了自己。他要求组建一个民族独立统一战线，其中所有种族、各阶层、政治党派、协会、行会和个人都可以一起来共同对抗帝国主义，而他们下属的所有恐怖军队的活动都应该结束。尽管他的建议没有被全部接受，但共产党于 10 月（1952）在雪兰莪的突然发展（可能是受到中国共产党的刺激）对他非常有利，至少把秘密会党与共产党的关系问题重新凸显出来了。

被缴获的有关 1952 年 10—12 月的文件揭示，对于是否要与吉隆坡的

---

① Keesing, 1950 – 1952, p. 11419A, *Ta Kung Pao*《大公报》(Hong Kong), 23 Feb. 1951.

中国致公党（中国致公党的一个支部，而整个致公党已经成为中国共产党统一战线的一部分）主动合作，从双方的利益着想，雪兰莪的党委书记陈路在那个时候给予了虽然说很谨慎但非常认真的考虑。谈判记录清楚地表明，如果致公党能够证明其真诚，并让州委书记满意的话，后者就会推荐它作为马来亚共产党进一步向城市和郊区、青年与知识分子渗透的掩护组织，通过党的领导人物，可能促进其与中华人民共和国政府的联系。①

可能是受到致公党向其靠近的刺激，马来亚共产党雪兰莪州委书记在11月（1952）出版了两个小册子。第一个意在仅仅供党内使用，标题为《关于目前活动的意见》，从政治的角度为"秘密会党问题"费了好几页篇幅。其中，三合会和华记都被说成是资本主义的产物——要么是游民和失业者为犯罪目的组织的协会，要么就是除"兄弟"之外所有劳工都被排除的组织。给人的感觉是，后者是手工劳动者，"容易接受革命的影响和领导"。

册子中对于雪兰莪秘密会党情况的简单但敏锐的记录提到了海滨地区的海帮和陆帮，它们从渔民及港口、仓库和交通工人中招募成员，经常为走私和其他利益互相争斗。他们的政治倾向不得而知。至于三合会和华记集团内部，三合会首领长期以来就是三合会成员，他们中有小商店主、小企业老板和劳工团伙首领。他们在政治上被形容为"左派"（"倾向于民主"），而人人都知道在三合会内部也有国民党员。据说，他们对革命的态度是"要么中立要么支持"，致公堂则被说成他们的公开的政治组织。

不同的是，华记虽然是一个衍生出来的会党，成员中包括了手工业者、农民、店员和中小型资本家，但其招收的最重要的成员都是大承包商、工头和领袖，这些人负责招收和控制企业和矿区的劳工。据说随着从市内来的流氓恶棍和一些警方侦探力量的加入，这些承包商便组成了华记的核心。在政治上，这个会党处处受国民党支配，其政策是"亲英，反共，反革命，反民主"。马来亚共产党的评论是："三合会与华记互相作对。"

据说，三合会和华记都使用恐吓手段来招募成员，两者都在合法的慈

---

① 参见下文 473—474 页。

善社团和俱乐部掩盖下活动，而且从这些组织中获取资金。共产党在工会里的活动与三合会和华记都有冲突，但是与前者的冲突比较轻微，与后者的冲突则非常严重。自从共产党武装暴动以来，华记就是共产党最大的敌人，因其成员充当了英帝国主义的间谍。

从一个长时段进行分析，我们必须承认，共产党过去对待会党的政策，特别是处理"反动承包商"的政策过左了，对顽固的反动分子和为了生存而被迫加入会党的人之间的区别没有给予充分的考虑。后者组成了人民群众，可以看作政治上是中立的，必须要争取过来，不能因为毫无道理地灭绝其首领而引起他们的对抗。将来，秘密会党底层的手工业者和农民大众必须要被当作党的基本目标，必须要争取过来，团结起来，组织好，尽管还必须警惕不受欢迎的人渗透进他们所组成的组织。即使秘密会党中的反动分子也不应消灭，除非能够证明他们"与敌人共谋破坏革命"。如果这样的话，违反者"就应该被当作敌人的奸细，并这样声明。至于他是一名承包商还是一名秘密会党首领，或是任何其他组织的负责人的情况就不应该公布出来。如果他既不是敌人的同谋，也不是敌人的奸细，仅仅是剥削和压迫人民，或者仅仅在其言论中有反动的话，那么也不应该消灭他（特殊案件除外）。相反，应该警告他并处罚他，在政治上争取他"。

最后，不应该直接与这样的三合会协商。对于慈善社团和其他任何由秘密会党管理的组织，只要他没有强迫群众加入，就不要干涉。共产党应该向这样的组织渗透，以达到控制的最后目的。在此过程中，无论遇到任何情况都不应该着急，因为必须要承认秘密会党对大众的影响比共产党的影响强大又根深蒂固。任何急于控制的想法都只能导致冲突，使秘密会党更加强大，容易获胜，并排挤共产党的成员，在将来，就会变得更加难以控制。（对于秘密会党在当代马来亚华族中的重要性，肯定没有任何比马来亚共产党雪兰莪州委会所做的诚恳评价更准确的了）

第二本小册子中"对各秘密会党兄弟的声明"，是由马来亚民族解放军第一师指挥部和马来亚共产党雪兰莪州委会联合推出的，带有"中央"的权威。它仅仅是写给三合会成员的，后来又邮寄给某些三合会首领和雪兰莪的慈善社团。它要求秘密会党加入反对英国帝国主义的统一战线。

为了表明其所提出的共产主义与秘密会党基本原则的密切关系（其

坦白地承认了犯罪情况），马来亚共产党采用了一个令人生厌的套近乎的方法。它宣布雪兰莪所有的秘密会党都来自洪门兄弟会，原本是中国农民对抗封建贵族、地主和坏人的组织。兄弟会侠义、正直、勇敢，与邪恶做斗争，劫富济贫，最重要的是它受强烈的民族主义情操感染，几个世纪以来一直反对外敌入侵。但是，这些高尚的目的和理想在"殖民地的马来亚"被掩盖了，因与"自私的个人主义观念盛行的资本主义霸权"的接触而被同化了。游民浪子已经渗入会党，还压迫群众，并为了金钱而为外国资本家做帮凶反对工会。他们还企图破坏革命战争的成果，于是共产党被迫采取了惩罚性措施，这造成了共产党与秘密会党之间的误解。但是，秘密会党与马来亚共产党或工会之间，本质上没有不可调和的矛盾，他们都是为了人民群众的幸福而奋斗。尽管悄悄混进会党中的犯罪分子应该被惩罚，但他们的存在并不必然意味着秘密会党整体上不好。"正如一棵大树上枯萎的枝叶容易被发现一样，一个大家庭里的害群之马也是很容易被发现的。"对于那些在与群众打交道时仍然保持着"诚实"和"令人尊敬"的人，共产党会不计前嫌，邀请他们加入反对英国帝国主义的统一战线。这份声明的结尾是对会党成员的警告，让他们从中国国内的反共产党的会党成员的悲惨命运中吸取教训。

整个册子是指导文件中所推荐的圆滑容通的方法的典型例子，即使最后那句话也是警告而不是威胁——提醒在马来亚将会和在中国一样，革命最后不可避免会取得胜利，利用了会党想站在胜利一方的传统愿望。就我们所知，共产党的其他州委或区委都没有发出这样的要求。它之所以在雪兰莪出现，很大程度上可能是因为这个州有中国致公党马来亚支部，中国共产党希望利用致公党作为与马来亚华人联系的渠道，也因为有杨果在这里，他认为马来亚的暴动必须被和平颠覆的政策所取代，统一战线的任何成功都有三合会成员的支持，必须争取他们而不是与之对抗。

三　中国致公党与马来亚共产党

中国国内所有的政治团体努力把洪门兄弟会带入政治舞台的企图，以及互相敌视的三合会政治党派、民治党与中国致公党随后的形成又在马来亚重现了。特别是来自中国共产党代理机构巧妙地在当地的中国致公党掩护下活动，以鼓励马来亚共产党把三合会成员拉进暴动当中，这给本已严重的对公众安全的威胁增加了潜在的严重性。

战后，中国致公党在马来亚的活动始终与中国的局势有着极其密切的联系，特别是雪兰莪与由已故将军陈炯明的侄子领导之下的中国致公党有关系。该致公党是于 1946 年 5 月在香港重建的，表面看好像是因为蒋介石宣布所有的政治党派都将被邀请派出代表参加即将到来的国庆节而引起的。这个战后的中国致公党实际上是一个新党派，受到中国共产党的渗透和财政支持，以对抗民治党（洪门致公党中国的政治示威），其实是利用老的中国致公党的外表来掩盖新的党派，这在中国或马来亚都是不正常的。中国共产党通过中国致公党的海外支部寻求联系海外华族的三合会成员以服务于其政治目的，这一点不是大众所能了解的。

作为对中国致公党香港办事处 1946 年 6 月发出的那封信的回应，雪兰莪的老致公党开始重新活动。1946 年 9 月，一些仍然对会党事务感兴趣的人在吉隆坡苏丹街共产党以前的联络处工商（Kung Seong）俱乐部举行了会议。会议通过了应该重组党派的决定，马来亚联邦的中国致公党也于 1946 年正式搬进俱乐部办公。其政治目标是反对国民党独裁统治，帮助在中国国内的共产党夺取政权，但吉隆坡的领导对有关事务了解甚少。他们被中国政治生活中知名度日渐提高的政治实体的前景和名声弄得头晕目眩。

在当地介绍新成员入会对官员们来说意味着除了工商俱乐部的赌博收入之外还有别的收入。但很快就出现了分歧，主要集中在钱和该年年底选出的新主席问题上。主席证明了自己对其位置的经济利益有敏锐的眼光，他声称作为致公党主席，当然有权控制该党的收入。这个要求遭到拒绝。三个月后，因为另一场有关分配赌博收入的纠纷使党内的分裂开始扩大。党的主席和大约 40 个追随者脱离组织，以"中国致公党雪兰莪支部"为名另建组织。他们暂时由雪兰莪的马来亚共产党"公开"代表提供的福熙路（Foch Avenue）① 7 号的惠州会馆的一个房间里设立了办事处。这栋

---

① 福熙路即现在的敦陈祯禄路 [马来西亚有两条"敦陈祯禄路"，一条在马六甲，俗称"荷兰街"（Heeren Street），一条在吉隆坡，即此处所说的福熙路（Foch Avenue），后改名为"祯禄路"，之后又正名"敦陈祯禄路"]。——译者

惠州会馆的建筑主要由马来亚共产党和其附属组织占用,他们如此友好地邀请致公党的分裂者,就是想把这个组织拉到左派的一次精明行动。早些时候,有人建议致公党应该与马来亚共产党合作,却没有被接受,但现在经常接触将不可避免会产生效果,为共产党苦心经营的密切合作铺平了道路。

留在苏丹街的那一部分仍然保留中国致公党马来亚联合支部的名称。1947 年 5 月,这两个部分都被邀请派代表参加在香港举行的所谓中国致公党第三次大会("第三次"会议聪明地沿用了原来的中国致公党会议的历史顺序,第一次是在 1923 年,第二次是在 1931 年)。除了书记之外,福熙路集团还派了一名前东江(在广东)游击队的官员。苏丹街则派了一名老资格党员。

会议是在李济深(Li Chi-shen)将军的主持下进行的,吉隆坡派系内的人事嫉妒很少有人同情。只有福熙路集团的代表被准许参加实际会议,尽管苏丹街的代表可以发表自己的意见。这三名代表都被突然告知要调解其分歧,并因允许人事问题干扰党的利益而受到谴责。会议还发布了一道正式命令(签字日期是 1947 年 5 月 15 日),指示这两个组织合并,并任命了一个由官文森负责的委员会来调解和重新登记。官是雪兰莪惠州人社区里一名老练又受人尊敬的首领,还是工商俱乐部和中国致公党的一名成员。但他没有关注复兴党派的事务,因为他忙于有关中国民主同盟在马来亚组建支部的事情去了。得知任命自己为仲裁人,他很惊讶,但仍然接受了。

8 月 30 日,就在代表刚刚从香港参加会议回来之后不久、调解委员会到来之前,福熙路集团招待了新闻界和所有共产党附属组织的代表,通知他们自己已经被承认为正式的中国致公党马来亚支部。在一片祝贺声中,马来亚共产党和劳工领袖要求双方紧密合作,庆祝会在相互友好的气氛中结束了。9 月 6 日,调整委员会召开了第一次会议,决定了登记成员的细节,并任命了一个筹备委员会来组织中国致公党马来亚支部。苏丹街的首领拒绝参加。显然没有任何调和的希望。但是,10 月份在继续任命客家人社区里的杰出人才为仲裁委员以协商这两个集团的联合事宜。然而,尽管福熙路集团作了某些妥协,苏丹街却拒绝让步,并在 9 月 9 日召开的所谓雪兰莪全体会议上指责福熙路集团受共产党的控制,宣称一个独立的致公党应该在工商俱乐部下执行中立的政治路线。苏丹街树了一块党的招牌，开始招收新成员，建立新支部，11 月 30 日还进一步召开了选举领导层的会议。福熙路知道后，把情况反馈给香港，并接到了官方的指示：苏丹街集团应该承认官文森的权威，应该登记为香港总部的一个支部。

双方的分歧及香港裁决的主旨的详细情况被福熙路集团刊登在左翼报刊上。[①] 这一公布在苏丹街集团中引起了很大反响。按照以前的安排，11 月 30 日在苏丹街召开了"全马来亚会议"，有 70 多名"代表"参加，其中大部分来自雪兰莪的不同集团，尽管还有少数来自霹雳、槟榔屿、森美兰、彭亨和柔佛的代表。常务委员会和执行委员会的选举推后了，但由 9 人组成了一个旨在"保护党"的委员会。在公布的会议记录上，苏丹街集团宣布他们正按照中央的指示在工商俱乐部建立自己的支部，以便让所有的人相信他们不是像福熙路所断言的那样，是一个"非法组织"。[②]

僵局仍在继续，这两个对立集团都维持着自己的独特性，各自声称是中国致公党的真正代表。但是，毫无疑问，福熙路被香港总部承认是雪兰莪也是马来亚的真正支部，苏丹街受到冷遇。

这些鸡毛蒜皮的争吵被当地的中文报刊刊登出来，尽管致公党在更广泛的领域取得了预期的重要发展，包括赵煜在中国南部、印度支那、暹罗、印度尼西亚与马来亚建立三合会联盟的宏大的构想，以及司徒美堂于 1947 年 9 月在上海宣布从政治舞台上引退，以便集中精力领导洪门兄弟会从事光复中国的重建工作等事项。

因为所有以中国为根据地并设立了海外支部的政治党派都已经参与到寻求财政支持以复兴中国的事情上来，可能对洪门兄弟会作用的强调会在整个马来亚引起三合会活动的增加。从吉打到新加坡的国民党、中国民主同盟和中国共产党的支持者为各自的政治目标开始寻求三合会的帮助。既然当地政府已经禁止了三合会，他们都打算在吉隆坡的政治党派，即致公党的名称下组织这个强有力的后援。

赵煜的侄子从香港秘密前来，负有鼓励在马来亚组建一个联合的洪门

---

① *Min Sheng Pao*，28 Nov. 1947 and *Nan Chiao Jit Poh*，2 Dec. 1947.

② *Chung Shing*，3 Dec. 1947.

致公党（堂）的使命。1947 年 12 月在中文报刊上的声明已经交给社团注册官，它是由新加坡一位显赫的商人资助的申请，为的是在新加坡登记一个名为洪门致公党的三合会政治党派。这更增加了马来亚华人大众的混乱与迷惑。

霹雳的一名国民党官员在评价有关组建"致公党党支部"过多的报告时，承认存在"左派"和"右派"洪门集团，很难给它们分类。12 月初，福熙路觉得有必要公开解释：尽管它与洪门兄弟会有密切的历史渊源，但与那个时候在新加坡积极活动的洪门致公党没有关系。① 几周以后，香港民治党总部宣布，它与海外致公党组织没有任何关系，② 吉打的那些被要求加入国民党以组建一个致公党组织的三合会成员，坚持认为"洪门"这个词应该出现在任何新成立的致公党党支部的名称中，以承认兄弟会过去为民主事业做出的贡献。

吉隆坡的两大中国致公党党支部展开了政治扩张竞赛。1947 年 10 月，福熙路企图在威省的大山脚建立支部，并在槟榔屿秘密散发传单。11 月，两名福熙路的代表接触昔加末、西丁（Siding）和拉美士（Labis）本地的三合会，同时建议柔佛的三合会与中国致公党合并成代表洪门兄弟会的唯一政治党派。一些客家会员支持他们，但福建会员对政治不感兴趣。1948 年初，福熙路召开年度会议选举行政人员。官文森仍然全权控制马来亚致公党筹备委员会。陈鸿彪（Tan Hong Piew）这名普通的雪兰莪执行委员会成员被选举担任了重要的职位。他虽然失明但在吉隆坡的三合会集团中是位很有能力的首领，也是地下社会中很有影响的人物，人人都知道他倾向于共产党。更重要的是，他还被任命为官文森手下的马来亚致公党委员会的副主席。③

由于前期的扩张没有取得很大进展，福熙路的官员决定改变战略，并派出代表到北马来亚、南马来亚和新加坡组建新的支部。他们的努力徒劳无功。在北方，据说人们不敢加入，以免政府采取不利于自己的行动；在南方，据说是无法让人们相信致公党是一个政治党派而不是三合会。

① *Nan Chiao*, 2 Dec. 1947.
② Ibid., 26 Feb. 1948.
③ *Ming Sheng Pao*, 13 Feb. 1948.

　　一开始，苏丹街比对手更成功。战前两个分别在劳勿（Raub，彭亨）和马六甲的俱乐部的支部复兴了，并于 8 月在巴生组建了一个新支部，随后就在瓜拉雪兰莪地区进行了大量活动，那里的新入会者受到鼓舞，于 11 月初参加了一场在吉胆岛举行的三合会入会仪式。随着与福熙路关系的紧张加剧，苏丹街招募成员的活动有所加强，还经常使用恐吓手段。11 月 30 日的一次会议上，苏丹街集团宣布控制了雪兰莪的 13 个支部以及霹雳、槟榔屿、彭亨、森美兰和柔佛的集团。[①] 这一声明有点夸张。苏丹街集团的首领为了增加自己的力量和财政来源，在三合会内大面积撒网。但是，参加 11 月 30 日会议的绝大多数"代表"不是对该党的政治目标感兴趣的真正的致公党员，而是为了避免警察注意而把致公党作为掩护其活动的避难所的三合会首领。他们以"保护"赌博活动作为回报，得到了主席的默许。在政治领域里，他们与赵煜的侄子取得了联系，后者拜访了雪兰莪，目的是想组建一个联合的洪门。他们还与国民党成员之间有一些往来，苏丹街集团希望这些人能为在槟榔屿开办的致公党支部提供必要的启动资金。

　　筹备办公室于 1947 年 12 月 27 日开始运作，树了一块招牌，在华人报纸上刊登了支部准备登记党员的公告，[②] 并正式通知了槟榔屿的中国领事。他们印刷并分发了好几千份登记表，还特别给槟榔屿洪门会的 22 个组各送了一份，附后建议，因为政府已经"批准"在吉隆坡组建中国致公党，其他地方就不会反对了。因此，洪门会就可以以新支部作掩护，恢复它以前在三合会世界里的地位。但是，洪门会各组的首领仍然不为所动，他们在等待洪门致公堂在新加坡申请登记的结果，在此之前，不会有任何行动，尽管他们都认为这个申请会被拒绝。他们也怀疑，尽管苏丹街集团最近主张忠诚于国民党，但政治上仍同情中国民主同盟。另外，他们本身也与国民党领袖有接触，这些领袖都仍在致公党的名义下活动，而致公党正企图联合三合会分子支持在中国国内受到共产党挤压的蒋介石。这次运动是新加坡组织的更大计划的一部分，目的是在北马来亚联合吉打、槟榔屿和北霹雳的三合会员组织一个与暹罗一样的集团。

---

① *Chung Shing*，3 Dec. 1947.

② *Sit Pin Jit Poh*，27 Dec. 1947，and *Kwong Wah Yit Poh*，30 Dec. 1947.

　　和福熙路一样，苏丹街集团的努力也没有取得成功。主席因为独裁和滥用俱乐部资金而不受欢迎，被从委员会清除，1948 年 2 月到香港做生意去了。那些曾经与赵煜的侄子联系商谈建立一个全马来亚洪门致公堂可能性的官员非常失望，因为他也于 3 月末（1948 年）回到香港，向赵煜报告说，在新加坡和联邦组建的情况"非常不顺利"。在槟榔屿，就建立新支部努力了几个月之后，苏丹街集团的领袖于 1948 年 3 月也就是新加坡政府正式拒绝洪门致公堂在殖民地登记之后，放弃这一努力。

　　马来亚共产党暴动的爆发和《紧急条例》的实施大大限制了致公党在马来亚继续活动。（1948 年）7 月，福熙路在香港的指示下"暂时终止了外部活动"。8 月，两名委员会成员，包括三合会首领陈鸿彪与一些共产党支持者被捕。许多党产和文件被带进丛林，那些仍然留在市里的成员也不露面了。

　　苏丹街集团有好长一段时间非常谨慎，想通过彩票和一个互助团体来获得资金。1948 年 12 月，前任主席从香港回来。他在香港已经与中国致公党总部（作为民主阵线的一部分，现毫无疑问是站在中国胜利者一方）言归于好，并宣布他已经被委托负责这两个派别的联合任务，但一直没有合并。官文森宣布，致公党的活动已经停止了，而且当新《社团条例》于 1949 年 9 月生效时，哪一方都没有申请登记。尽管有些成员抗议，苏丹街集团还是撤下了招牌，但赌博和三合会入会仪式继续秘密地在工商俱乐部里举行，直到 1950 年中期官方采取关闭会所行动时才结束。

　　在马来亚，中国致公党虽然在衰退，但在中国国内，由于中国共产党不仅仅在战场上击败了国民党，而且巧妙地把包括中国致公党在内的民主党派联合在其旗帜之下以建立一个有广泛基础的政府以取代国民党的独裁统治，致公党变得越来越重要。1949 年 4 月，官文森以马来亚致公党代表的身份来到北京，参加即将举行的人民政治协商会议。这次会议由毛泽东公开召集，以听取民主阵线的所有成员的意见并制定一个可以接受的政策。官文森留在北京，成为中央人民委员会的一名成员、广东的致公党和中国民主同盟的主席、海外事务委员会广东地区的顾问，成为中国共产党、马来亚共产党和马来亚中国致公党之间重要的联系纽带。福熙路其他杰出的行政人员也涌向中国，但是福熙路的中国致公党集团的核心仍然留在吉隆坡。某些苏丹街集团的利己主义者加入了这个核心，它还受到一些活跃的初来者的帮助。这一核心打算在有机会时执行中国致公党"兄弟会"的命令。尽管致公党在马来亚的支部已经正式关闭，而且外部的活动也明显停止，但在中国的官文森1949年7月底指示："在马来亚选择有行政才能的人以备将来使用。"在接下来的几个月里，吉隆坡的致公党成员在当地报刊上读到了正发生在北京的讨论——作为民主阵线的一部分的中国致公党向何处去。致公党派出了6名代表，其中包括官文森。9月，他们从广播里听到陈其尤（Chan Ki Yau）和司徒美堂表示支持共同纲领，承诺动员海外的致公党员帮助建设一个新民主主义国家。1950年1月，他们在吉隆坡的一家饭店举行宴会，庆祝英国承认中国共产党，还购买了中国的胜利债券。4月，他们听到了中国致公党在广东建立总部的消息，官文森担任副主席，并从报纸上了解到关于致公党第四次代表大会的信息，其领导人再次向中国人民政府表示了忠诚，并承诺要动员海外人士进行帮助。

但是在整个1950年，尽管致公党对中国的这些发展很感兴趣，但中国致公党在吉隆坡当地的成员却受到《紧急条例》和新《社团条例》的严重限制，害怕参与任何过于积极的活动。苏丹街集团的一位"左"倾领袖希望因为三合—华记的敌对正迅速扩张的洪君（Hung Kwan）的三合会员能为致公党所用，但他在致公党前高级成员中找不到一名合适的组织者。

这种局面没保持多久。1951年，中国人民政府采取镇压反革命行动，扩大土改计划，并为其战略伙伴朝鲜寻求支持，因而在国内和海外都需要统一战线的全体成员加强努力。这年初，吉隆坡得到消息，中国致公党会员大会将在广东召开，有人建议马来亚的代表也去参加。此次会议之前，统一战线与共产党南方局先于3月召开了一次会议，中国致公党会议于1951年4月初举行。会议批准了早已采纳的决定：党的任务就是在中国以外的地方扩张建立一个坚实的基础。北京电台广播了这事。

作为来自吉隆坡参加致公党会议的马来亚代表人受到了热情接待，还被选为中央执行委员。他于7月回到马来亚，负有重组当地致公党以执行既定政策的使命。这些政策包括：帮助马来亚的华人学生到中国继续学习；鼓励以捐赠或投资的形式向中国输送资金；扩大反国民党宣传活动；歌颂新中国的行政管理和迅速的重建工作。几个月中，吉隆坡的领袖们重新找到了兴奋点。一个小集团时不时地进行多次秘密集会，讨论如何最好地实施这一计划。最后，一些学生被派去支持中国，与中国的学校签订了一些合同，还募集了一点资金。他们与马来亚其他支部的致公党员也有交往，但是没有特殊的组织——只有一个所谓"负责人"的小集团，也没有太大的力量去追求政策所规定的目标。

　　但是，在老的致公党领导人的背后，渐渐地有了新的活跃分子。1952年1月，李济深将军以前的一个使官——他曾在吉隆坡隐姓埋名生活了很多年，当清除致公党中的"反革命和不纯洁分子"的决定被采纳时，他刚到广东——作为当地致公党集团与广东总部之间负责向官文森通报马来亚的事态发展的一个联络官回到了雪兰莪。在槟榔屿，一名自称从中国来的难民在增进致公党的影响中非常活跃。在吉隆坡，一名年轻的致公党员在推动广东命令的执行活动中起到了"负责人"的作用。正是他在1952年10月以直接方式接近了雪兰莪丛林里的马来亚共产党，从而引起了前面已经提到过的骚乱。有理由相信，他是为三合会—共产党亲善而被特别从中国派到马来亚的，以进一步建立统一战线。但也有人认为他是因缺乏进展而失望，仅仅想用自己的能力和热情给中国共产党留下印象，以便保证自己能在中国谋到一个官位。

　　当局1953年1月末得知了这个方案的细节，当时在靠近吉隆坡地区展开的军事行动中发现了几封信。第一封信的署名日期是1952年10月23日。信中，马来亚共产党淡江（Ulu Klang）区委会成员向安邦区委会主席报告说，致公党打算组建一个"人民正义团"，而且已经向共产党寻求帮助。开始时，这个团将在吉隆坡（"我们自己这个城市"）成立，随后准备扩展到其他地区。该团的目标是对那些活动于人民大众中对马来亚共产党有害的任何秘密会党采取行动。而信中对此目的说得更清楚，就是要对吉隆坡地区也是全雪兰莪内的三合会集团的对头、共产党的死敌——华记采取行动。毫无疑问，这就意味着致公党计划要组成一支强大的力量，应三合会的要求进攻华记。他们有希望得到马来亚共产党的武装帮助。虽然在之后的信件中再也没有提到这个团体，但与致公党联系的期望受到马来亚共产党区委会主席的欢迎，他认为这可以帮助自己在吉隆坡活动，并为其提供了接近中国共产党领导人的一条途径。这些联系以及一些广东发来的关于致公党当前任务的详细情况被汇报给雪兰莪共产党的高级官员，但有关致公党扩大所谓青年人工作的材料没给雪兰莪区委委员留下什么印象。马来亚共产党雪兰莪区委书记陈路于 1952 年 12 月写信表示，尽管他愿意继续担任联络员，但坚决要求更加谨慎，要过滤致公党的政治观点。他特别希望知道致公党首领是会把中国还是马来亚当作自己的祖国，以及他们对于英帝国主义的态度。至于青年工作，他建议致公党应该集中精力组建一个公开的合法组织，学生可以以文化活动作掩护在其内部组织起来。

这一证据似乎表明，尽管马来亚共产党不期望被中国致公党联系上，但是他们很快就看到了合作的好处。他们紧接着于 11 月炮制出的两份三合会—共产党关系的文件①表明有的领袖认识到了与三合会应以与过去不同的外交手段重新接触，又不忽视组建一个团队来对抗华记这个共同敌人的明智之处。

1953 年上半年，致公党"负责人"这个小核心继续执行广东的命令，其中一些人通过散发从中国拿来的传单帮助马来亚共产党，并把马来亚共产党的"宣言"文件传给有名的三合会首领。但这些活动取得的进步很小。他们本身采用的名字是"人民正义团"，但声称要努力劝说三合会成员加入一个所谓的"洪门革新团"（Hung Mun Kak Sun Tuen），这个团体仅仅吸收到 30 人或 40 人，尽管其成员被保证受广东的中国致公党总部的保护，在驱逐时可以回到中国。

马来亚共产党在文良港（Setapak）与雪兰莪洪门会的瞎子首领陈鸿彪进行了单独联系，通过他于 1953 年初建立了第二条渠道，以鼓励与三合会的合作及散发"宣言"复印件。虽然马来亚共产党似乎为了回报也保证要提供一些当地保护，但在与华记的抗争中没有给予任何武装形式的实质帮助。

当警方于 1953 年 5 月开始全面反对雪兰莪的知名三合会首领时，这两条联系纽带立即断裂，包括一些与这条纽带长期有关联的人。反对致公党的行动推迟到 12 月（1953 年）才开始，到这个时候，主要的联系方式已经确立，实施的范围也已显示出来。1954 年 1 月，主要操作人被拘留，几个月后，此人被逐回中国，致公党的活动也随之陷入混

① 参见前文第 462—464 页。

乱。尽管在他被捕的时候,马来亚共产党雪兰莪区委会与致公党广东总部接触,询问致公党是否能够帮助马来亚的三合会,如果能的话,这个作家是否可以为了相互合作的目的而与他们联系。就我们所知,这样的联系没有再发生。

这些在三合会与马来亚共产党之间通过致公党建立联系渠道的企图的某些特点值得注意。

第一点就是马来亚共产党内倾向本地和倾向中国的两个集团的意见有分歧。马来亚共产党部分力量的活动与它声称为了马来亚人民的民族解放事业而奋斗的声明一致。它在马来亚整个战后的活动表明它是一个"马来亚人"的政党,驳斥了它受中国共产党领导的任何想法。因此,马来亚共产党领导人作为一个整体并没有受到中国共产党有关利用致公党的任何指示也是可以理解的。

但是,有些马来亚共产党员,特别是雪兰莪的杨果,意识到武装暴动的无益而要求组建一个以中国模式为准的统一战线。反过来讲,这样的政策也是苏联在 1950 年签订中苏条约之后为苏联在远东提供一个基地,从而可以扩大自己于 1951 年提出的巧妙建议的影响的。

如果马来亚人从来没有举行暴动,马来亚共产党可能会获得自己的合法地位,就不会有反共的军事运动,马来亚的华人居民也不会以组织的形式来抵抗共产主义。相反,共产党的压力就会通过工会和文化团体以一种逐渐赢得华人支持的方式来进行。这样,他们就会与共产主义中国的观念相调和,可能自豪地宣称中国的新政府是中华民族的胜利。从这样的角度来思考,马来亚的暴动如果不成功就是中国共产党政府的一个债务包袱,因为它倾向于团结华人中的大多数来对抗共产主义,尽管统一战线的办法会为争取这一族群中的一大部分人开辟道路。像致公党这样的组织是一个真正的潜在的危险,虽然它不至于直接地、实质性地帮助马来亚共产党的暴动,但它在整个国家通过学校和协会的渗透,可能会对马来亚华族造成影响,使他们支持中国的共产党政权。这样,就会减弱对一般而言的共产主义,特别是马来亚共产党的抵抗。

至于三合会与马来亚共产党之间的联系,所有主动帮助马来亚共产党的三合会都是以自我利益为基础的。1952 年,共产党在马来亚发展势头良好,对三合会来说,与胜利一方关系良好是一大诱惑。而 1952—1953

年，三合会集团特别是雪兰莪的三合会需要武器来与华记械斗，希望能从共产党那里得到。

致公党对三合会的支持的基础则不一样，因为它原本就是一个三合会组织。鉴于洪门兄弟会在共产主义的中国被宣布为非法，被马来亚驱逐出来的三合会会员担心有可能被判刑，而作为统一战线成员之一的致公党又在中国有一些地位，因此，支持致公党在马来亚的活动对于驱逐者来说就是有利的。

马来亚联邦的三合会，1948—1955

一 概述

在非常时期之前，联邦政府重新考虑了社团的立法问题。自 1947 年 4 月开始，以战前的《社团条例》为基础的一套登记制度在新加坡生效，有人提议联邦也应引入相同的制度，这一提议受到了新的高级专员①和新的警察局长的支持。

与战前规定相似的新条例于 1949 年 9 月 1 日开始生效，是为 1949 年第 28 号条例。它仅仅适用于在联合邦建立的社团，或者其总部或者活动地点在联合邦的社团。那些打上"本地社团"印记的社团全都要申请登记。于是，他们要么会被登记，要么就被免于登记。所有既没有登记也没有豁免登记的当地社团被认为是非法的。

使用三合会仪式的社团将被宣布为非法，收藏三合会材料也是违法行为。

如果登记官认为某个社团与马来亚之外的任何政治性集团有联系，而且可能有对和平、安宁或良好秩序构成危害的目的的社团则一定会被拒绝登记。此外，高级专员被授权可以命令解散为其他目的服务的任何（已登记的或者豁免的）社团。

非法社团中犯了罪的领袖、管理人员或协助管理的人员都要罚款 5000 元或者判最长可达 3 年的监禁。此种社团的成员或者参加此种社团

---

① 爱德华·根特（Edward Gent）先生在 1948 年 7 月的一次空难中丧生，接替他的是亨利·古尼（Henry Gurney）先生。

会议的人将被处罚款1000元或者入狱最长可达一年，允许这些社团在其占有的或者控制的房屋里开会的人也会得到同样的惩罚。参加三合会会议或者被发现藏有三合会的材料的人将会被罚款2000元，或者判最长可达两年的监禁。

随着该条例的通过，历史的车轮又回到原点，结社完全自由的实验宣告终止。在马来亚联合邦内，根据1947年实施的《志愿登记规划》，仅有208个社团进行了登记，而根据1938年的强迫登记制度，有2660个社团或者登记，或者免于登记，或者被记录在案。尽管自愿登记制度给社团提供了合法地位，登记还是不受欢迎，部分原因是因为注册官要求登记的社团仅仅是那些被怀疑有非法目的的社团。于是，登记被许多人认为是可尊敬性令人怀疑的标志，因为自愿登记与被强制登记没有区别。1949年的条例恢复了战前的状态，据此，登记是常态，只对那些生来就不可能需要进行财政或政治监督的社团给予豁免权。

1951年对条例进行了修正。据此，注册官可能拒绝给一个与马来亚以外的政治集团有联系的社团登记，不管其是否可能有危害和平的目的，但对任何可能有危害和平目的的社团或注册官认为不受欢迎的社团则必须拒绝登记。[①] 1953年和1954年又通过别的修正案，加强了对那些给予会员或依附者死亡抚恤金的社团的控制。此类社团大量地无序地涌现，其中许多对公众进行诈骗，条例的附加条款使这类社团的财政状况处在监督之下。[②]

新的社团条例对三合会的活动又是一把潜在的枷锁，但共产党暴动带来的问题需要警方继续不懈努力，那些在1948年第一次大逮捕时逃脱的会党首领开始利用这个问题转移警方的注意力。秘密会党的力量逐渐加强。从1950年开始，随着一些原本因《紧急条例》被拘留的首领的释放，他们又开始回到活动老巢。

同时，尽管参加共产党起义的个人要么是自愿的要么是被迫的，但许多地区的三合会员和华记会员一般都反对暴动，某种程度上还与政府军一起参加战斗。当局完全认识到了这一点，比如，在雪兰莪甲洞和彭亨文冬

---

① Ord. 23 of 1951，FM.

② Ords 11 of 1953 & 12 of 1954，FM.

地区的家丁都是华记的人，他们控制了该地区所有的居民，并指挥与恐怖分子战斗。当然，华人领袖也同样认识到了这一联盟，并于1950年1月通过新加坡一名重要华商的代理人进行了间接接触，同时认为洪门兄弟会马来亚中央组织的建立将会是对付共产党威胁的最好办法。有人争论说，通过每个州的代表运作的组织将会鼓舞华人，特别是靠近丛林的地主，停止对共产党的帮助，并收集有关共产党的情报。据说，这样一个有权给予奖赏，有权安排身份证的发放，并有权让土匪习惯于市民生活，或者他们愿意的话，安排他们回中国的组织对某些有着三合会背景或者与有武器的投降人员有一定联系的"土匪"会有诱惑力，只要这一切能秘密地进行。这些安排中，从头至尾都强调政府要避免有任何的参与，实际上这似乎就是像甲必丹制度一样，打算通过各宗族和会馆的领袖发展出一套控制制度来。值得注意的是，国民党的领袖也包括在提出的计划之中。

一年后，也就是1951年1月，5000号特别邮箱收到了一封匿名信，信中要求政府动员并武装槟榔屿及霹雳的三合会集团来对付共产党，同时指出，如果这样做了，《紧急条例》将在6个月内结束。写信人称，三合会在天定与共产党发生的战斗已经证明其反共情绪，随信还附上了在这个计划中槟榔屿、瓜拉古楼、太平和怡保地区能帮助政府的华人名单，并强烈建议与这些首领商谈。国民党的领袖再次出现在这一名单上。这两个建议都没被政府采纳，因为其政治暗示非常清楚，那就是三合会和国民党得到官方承认；逃避新社团条例所加强了的禁令；并且，他们希望也需要在政府讨论时派出代表。通过坚定依附于台湾的"国民政府"，马来亚的华人的三合会型的国民党向政府开放了。

后来，一支主要由秘密会党人员组成并受到国民党支持的反共武装组织在政府的同意和帮助之下成立了，尽管在建议成立的时候，没有关于三合会或国民党参加的暗示。之所以出现这样的事，是因为共产党1951年末和1952年初在近打河谷矿区的猛烈进攻，使得霹雳华人领袖提议应该组成一支机动武装力量，取代落后的静止守卫来保护矿区。最后，尽管大家对这个私人武装有些担心，政府还是同意在家丁组织的框架下成立了这样一支武装。其费用由政府和矿区业主分摊。按计划，后者每生产出一担锡矿石就要缴纳8元。这支武装被命名为近打河谷家丁（Kinta Valley Home Guard），以怡保、华都牙也和金宝为基地，并于1952年6月举行了第一次阅兵,共有 163 名成员,后来成为增加到 1600 人的流动武装。但是,该组织从一开始就有内部争斗,相互关系紧张。40 个当官的人中,24 人在民族主义的华人军事和警察学校受过训练,是坚定的国民党支持者,受到一群也与国民党有联系的华人矿主的秘密资助。其余的官员,包括几名华记会员和争夺全面控制权的每一个集团之间经常有派系争斗。

在普通士兵这一方面,招募的急迫性排除了任何对个人的先前行为的限制,接纳了不少不受欢迎的人,不仅仅包括罪犯——这些人已经被释放,是通过指纹检查发现的——而且吸收了大量的秘密会党成员。在当地招收的华记会员构成了早期招募总量的 60%—70%,他们绝大部分是广东人或客家人。不过,也有在霹雳沿岸和槟榔屿招募的三合会员,他们主要是客家人、福州人或潮州人,大部分是来自霹雳海滨的沿海集团或内陆(Ngai Loke)运动协会,这是一个战后不久才在槟榔屿成立的"自卫"俱乐部,但 1950 年被拒绝登记。据估计,1952 年底,这支武装有一半人属于华记或者三合会,其中两者所占比例相当,另一半为自由独立者。

这两大敌对集团之间的紧张关系引出了大量的麻烦和违纪现象。每个集团都想提升自己的人,并拒绝遵守由对方官员和军士发出的命令。1953年中期,政府宣布要削减这支武装的规模,解散秘密会党成员。这不仅使许多人匆忙辞职,而且还出现了官员也被列在敌对会党提交的解散成员名单上的奇观,他们声称这些人是不守纪律的麻烦制造者。最后,一支由纪律很好而且道德高尚的 900 人组成的武装在一名前欧洲警官的统帅下发展起来,7 名欧洲助理官被分在总部及三个分支下进行协助。但是,即使清除了最积极的秘密会党分子,三合会和华记毫无疑问仍有相当势力的比例在其中,华记占主导地位。尽管警察那不足的训练和糟糕的射击水平未能阻止共产党早期行动的特别成功,但这些流动武装集团的存在震慑了对矿区的进攻。从 1954 年 1 月开始的一些成功的遭遇战使其士气有了明显改善,共产党的进攻进一步减弱,矿区可以重新开业,产量也增加了。锡矿业的危机至此结束。

在霹雳,近打河谷家丁系统内尽管三合会员和华记会员之间相互有敌意,但都帮助政府镇压共产党。雪兰莪的局势则不同,因为双方的敌视已发展成对公共和平的严重威胁,两大会党都在争夺控制公众赌博的权力。

二 雪兰莪

在整个雪兰莪地区，1948 年的逮捕严重打乱了三合会组织的阵脚，他们在巴生港和巴生的所有公开活动已停止。在吉隆坡市，三合会与军联和新军结盟，十三幺团伙也受到削弱，洪门会的小组也转为地下活动。在农村，特别是在靠近丛林的地区，三合会员与其余的华人联合，仍经常受到恐怖分子的恫吓，尽管包括文良港的三合会在内的一些集团发现要回到从前日本占领时期那个有充足补给的粮食供应者并没有太大困难。

如果三合会衰落下去，华记会继续强大。华记以吉隆坡为中心开展秘密活动，并在文良港、甲洞、沙登和加影等地有着强大的分会。它在文良港的成员 1950 年时估计增加到了 2300 人。在整个联合邦里，其成员共有10000 人。在吉隆坡，它的赌博活动受到一个武装精良的团伙——十三太保的"保护"，因为三合会与华记 1948 年 5 月签订的同意通过谈判来解决纠纷的条约很快就被废止了。

1949 年，一些三合会会员加入了军联（后来，有时候就叫作红军，Hung Kwan），但仍不能与华记相抗衡。1950 年初爆发的多次械斗只不过导致了新一轮的逮捕的开始。尽管华记毫发无损，但进一步削弱了三合会和军联。根据驱逐条例，军联的五名首领和洪门会、致公党、华记的各一名首领被捕。

但军联在1951 年再次复兴，已停止活动的致公党苏丹街集团的流氓分子组成了廿一兄弟（Yee Sap Yat Hing，Twenty-one Brothers），专门与华记的十三太保作对。3 月，洪门文良港组的红棍被捕，因为其参与明远（Min Yuen）①的活动而被逮捕和拘留，但《紧急条例》颁布初期被捕的其他三合会首领这个时候被释放了。6 月（1951 年），陈鸿彪经过三个月的拘留回到文良港，条件是付保释金 500 元和住居受限。这些首领的释放是与非常局势逐步缓和一致的，因为安全部队成功的军事行动以及对马来亚共产党政治颠覆的武装起义政策的改变使真枪实弹的战争局势平静下来，这种环境为秘密会党扩展影响提供了额外的刺激。

---

① 一个为共产党游击队提供给养和信息的民间组织。

1951 年年终时，有人警告说三合会正在槟榔屿和霹雳积聚力量，而雪兰莪也甘不落后。到 1952 年 3 月，12 组开始在吉胆岛和巴生港复兴，据说得到了苏门答腊的西亚庇村的帮助。巴生的 21 组在慈善社团的掩护下也重新活动，1952 年 4 月就有人报告巴生来的一名先生在吉隆坡主持了入会仪式。6 月，吉隆坡的花会彩票组织受到华记的"保护"。华记在赌博领域日益增加的权力激怒了三合会团伙，因为尽管他们万般努力，仍然未能渗透进花会组织，也未能分到利润。1952 年底（此时，闽帮的红棍已经从拘留地回到文良港），局势大大恶化，特别是三合会欲在当地巴士公司的雇员中招募成员以加强力量的打算受挫后，使他们处于被动地位。

12 月 12 日的一起小事故导致了局面严重失控。这次事件中，一名三合会会员驾驶着汽车在吉隆坡撞翻了一个巴士站里的两罐汽油，也不向巴士站的业主道歉就想离开，而该业主是一名华记成员。这名司机遭到了巴士站雇员的殴打。尽管几天后三合会一名说客想和解，只要求一般的殴打赔偿费，但被拒绝，这使三合会很丢"面子"。

械斗很快蔓延到文良港、秋杰路和半山巴地区。除了巴士公司的 3 名华人雇员外，华记、三合会及支持他们的帮派也都卷了进来。三合会与华记于 18 日夜里在文良港发生械斗，接着经过三合会地盘的公交车遭到石头和瓶子的袭击，司机和售票员被殴打。于是，警方逮捕了几个人，但几乎没有入狱者是由受害者指证的。

20 日，秋杰路上一名富裕的本地承包商雇用的华记工人受到 6 个三合会流氓攻击，严重受伤。有谣言说，华记与三合会之间的全面械斗即将爆发，来自槟榔屿、霹雳、彭亨和森美兰的援军将参加械斗，但警方的严正警告对文良港的某些三合会首领的继续骚乱起到了威慑作用，尽管三合会还远没有接受溃败的命运。骚乱刚在其他地区爆发时，巴生的敌对三合会团伙之间于 12 月 25 日发生严重骚乱，27 日，一名副督察在芙蓉因华记与三合会之间争夺当地花会彩票被打死。（1953 年）1 月中旬，在巴生的新一轮骚乱中，从巴生港带来了马来亚和印度流氓，而从秋杰路、吉隆坡来的援军据说在观望。

同时，吉隆坡的花会彩票仍然在全面运作。花会彩票是一种博彩，共有 36 个字母或数字，组织者从中选择一个，把它写在一张纸上，而这张纸按惯例是放在一个公开悬挂在彩票中心的密封的盒子里的，这样看来就没有作弊篡改的可能了。印好的包含得奖数字线索的谜语或韵文公开分发。下注的人研究谜语，并把自己的赌注交给庄家。有时候还给点"最新线索"或者口头的小道消息，以促进最后时刻的那一搏。压中注的比例是 1/30。这种彩票如果操作得当，应该是一种合理的经营。但是，1952 年和 1953 年时，吉隆坡的组织者违反法律，没有公开悬挂幸运数字，这引起了警方的注意。组织者利用等待的有利时机，到赌注全部收齐了才宣布最不受关注的数字是幸运数字。这一程序可能甚至是极有可能起不到阻碍作用，因为大多数习惯了日据时期的赌博集团的民众非常愿意参加，因此这个彩票广受欢迎。

起初，在吉隆坡和郊区有三个集团经营花会彩票，但自南沙叻和把峇都路的两个小规模的集团关闭之后，这个大型集团在半山芭地区就没有竞争对手了。它的巨大成功归功于它收集赌注的组织。一支收集队伍和其跑腿的人覆盖了城市里的每个地方和附近的村庄，其代理机构包括最小的路边咖啡摊、小商贩和经常参加赌博的大赌徒。在花会组织中，集团本身就是大银行，其他小的集团或经营者经营下级银行，为了避免无法承担的损失，他们通常"拿出"自己收集的赌注的一部分给大银行。

赌注从几分到几百美元不等，尽管绝大多数在 2 元以下，但因投注的范围非常广，大银行每天可收到 60000 元，下级银行每天收到 2000 元到 6000 元不等，而村庄里的小组织者则可收到 200 元到 300 元。收集者可获得 10% 的赌注，中奖者每中 30 元就给收集人 2 元也是很平常的事。只有一小部分收集来的赌注要用来偿付给中奖者，这项生意极其兴隆。

每个地方的妇女都是坚定的支持者，甚至达到疯狂的程度，做梦、祈祷、占卜等手段都用上了，就是想尽力找出那个幸运数字来，他们家的许多积蓄都被花在这上面。小店主抱怨说他们生意受到了损害。即使 1952 年经济衰退时期，工资被缩减的橡胶工人仍然购买彩票，希望赢得那些累积下来的赌注。

1952 年 9 月，警方采取了一些措施，制止持有花会彩票和名单的跑腿者和赌注收集人，但是没有太大作用，因为违法者缴纳 2000 元或 3000 元罚金毫无困难。城里谈论的话题就是大"下注人"，而经营者因为贿赂放对了地方，是非常安全的，但是问题并不这样简单。反对公众赌博的法律在实施中很难用来对付组织者，除非他们公开设立公共赌场，花会彩票（其中很多技巧可以说类似于英国的足彩）的组织者发现，要提供无罪的证据没有什么困难。

另外还有一块绊脚石。1949 年 2 月为帮助政府的反共运动而成立的马华公会已经被允许经营彩票，其收入一部分用来安置被政府要求离开家园的华人中的随意占地者，把他们重新安置在"新村"里。尽管这些彩票表面上是限制在协会成员内，实际上却和花会彩票这样的公开彩票一样，对所有人开放。（直到 1953 年 6 月，随着公共选举即将开始，颁布了政治党派不准组织彩票的禁令，马华公会的彩票才停止）

1952 年末，新闻界公开了花会彩票的普遍性，并声称因为这一公开，彩票总部将会迁移到一个更加隐秘的地点。1952 年 12 月 28 日和 1953 年 1 月 4 日的《星期天时报》使用了头号大标题"花会彩票，最伟大的韵律诗诈骗"，并说"这一巨大诈骗的首脑人物某某先生"受到的保护甚于高级专员。根据该报纸，"狡猾的某某先生只有一点担忧"，就是害怕被驱逐。

实际上，警方知道花会之"王"是谁，但他的犯罪案件很难有证据，他的联络官每月号称要贿赂掉 10000 元，这使得具体证据更难找到，因此，在咖啡店、公车和村庄里，谈论的主要话题仍然是花会彩票。在新闻界曝光几周之后，花会之"王"似乎把彩票经营权交给了他的下属，三合会和华记之间也在安排某种折中方案：三合会在首府的郊区"保护"组织者，而华记则在吉隆坡市对其进行"保护"。同时，三合会还在寻找联盟。

政府担心对会党的激进镇压行动会削弱以华人大众为基础的抵抗共产党威胁的唯一因素。这特别适用于华记，它在整个联邦的各个地区毫不妥协地对抗共产党的渗透。三合会集团也帮助政府阻止共产党的渗透，特别在霹雳海滨地区。许多警方侦探与三合会或华记有联系，这种情况把局势弄得更为复杂，而且由于主要精力都集中在紧急问题上，官方档案中很难找到有关秘密会党人员、组织或活动的信息。但是，马来亚政府不可能镇定地看着秘密会党权力有可能复兴得如同日据时代及共产党暴动爆发期间那样横扫整个马来亚，也不会允许目前城市里的团伙争斗、大面积的腐化堕落以及非法大众赌博的组织继续存在。很清楚，秘密会党必须处在某些控制措施之下，他们的犯罪活动必须结束。

1953 年 1 月初，政府在吉隆坡建立了联邦犯罪侦察科秘密会党镇压小组，它全力收集有关问题的严重程度、秘密会党所及之影响以及不同集团的政治倾向等信息。警方所有的分遣队都要向联邦总部汇报秘密会党在其地区的形势，要收集和编撰有关会党的人事信息，并开设了登记中心。哪里有工作人员，哪里就成立秘密会党镇压小组。但是联邦总部派出的代理机构除了有当地分遣队为其提供信息外，还独立收集信息。因此，曾经准备建立高度集权的秘密会党镇压小组的想法在被《紧急条例》中断四年半之后又得以继续。

收集信息是非常重要的，但随着 1953 年 1 月末发现致公党和文良港的雪兰莪三合会集团的某些成员与马来亚共产党有联系，以及这些恐怖分子正努力争取获得当地三合会的支持，才意识到三合会，至少在雪兰莪，不仅仅是一个犯罪问题，而且还是一个潜在的安全威胁，对其采取积极措施已势在必行。

在高级专员①的建议下，3 月初，一个包括了警方代表、华人参事局主任和秘书的小型委员会讨论了这一问题。此次会议决定从吉隆坡开始行动。首先，为了不切断信息来源，逮捕应该有选择地进行，对那些已经知道其参与犯罪活动的秘密会党成员应该给予限制，直到获得更为详细的有关秘密会党的结构和人事信息为止。会议还决定，委员会应该在各个州建立可能的联络处，由华人参事局的本地秘书管辖，成员还应包括犯罪侦察科和警方特别小组的代表。这些委员每月碰头一次，交流信息。

大约过了几天，警方第一次重拳出击。警方得到信息，大约 60 名待入会者将于 3 月 19 日至 20 日夜里在文良港参加入会仪式，于是突袭了现场。这次仪式在两次更改地点后于一片香蕉林中举行。警方在一支夜巡队的合作之下，成功地逮捕了 30 人，这些人或者逃离现场，或者被发现躲在附近的房屋里，不过仍有许多人逃脱了。被捕者当中有 25 名福建人。

调查表明，尽管有些待入会者住在雪兰莪，但大部分还是从大老远的峇株巴辖（属柔佛）和瓜拉古楼（霹雳）来的，还有一大群人来自马口

① Gerald Templer 于 1952 年 1 月被任命为高级专员，Henry Gurney 于 1951 年 10 月被共产党游击队刺杀。

和瓜拉庇劳（森美兰）。大家都知道这两个地方的三合会在扩张。从仪式现场找到的物品清楚地表明，这是一个规模完整的三合会入会仪式，其显然打算接受遍布整个联邦的三合会新成员进洪门兄弟会。

所有被捕的人都被关押和拘留，听说此案于 4 月 23 日开庭审判。调查期间，秘密会党镇压小组获得了大量有关其组织和首领的信息。尽管三合会首领很快就募集了大笔资金交给律师——他为 11 名被告辩护——作为辩护费，仍有 15 名被捕者因参加三合会会议被定罪，各判监禁两年。上诉后，其中两人分别被减为 18 个月和 15 个月。另有 3 名被捕者被释放，12 人的被撤诉。

这些法庭程序引起了人们的广泛兴趣。有好几封信件寄到 5000 号邮箱，其中一封声称，就在警方突袭入会仪式时，其他的三合会员正与附近的马来亚共产党代表召开会议。另一封信的作者在审判之后遗憾地宣布，只捕了"小鱼"，首领（其中有一些非常出名）都逃脱了。这封信也声称文良港的三合会集团是马来亚共产党的联盟，作为明远（Min Yuen）会的一部分在这个地区活动。4 月，几名公众人物通过邮局给警方送来了马来亚共产党的"宣言"。

5 月初，警方已经有了足够的信息以采取进一步的行动，于是根据《驱逐条例》向政府申请对吉隆坡地区的 23 名三合会首领签发逮捕令和拘留令。申请于 5 月 28 日被批准，22 张逮捕令中再次包括文良港的瞎子首领陈鸿彪——他的所有集团都与马来亚共产党有联系，还包括三合会中央委员会的所有成员、所有组的首领、廿一兄弟会团伙的三名首领和彭亨路小组的三位声名显赫的、其"保护"活动具有特别压迫性质的会员。经过审查，其中 11 人被逐回中国，9 人被限制住居自由（其中两人终身受限，4 人 10 年，其余 3 人 5 年），还有两人被释放。陈鸿彪当为特例，也在被限制居住自由 10 年的行列。尽管他在文良港的三合会圈子里很有影响，但是考虑到他的失明和家庭背景，驱逐对他过于严厉。于是禁止他住居在瓜拉雪兰莪、瓜拉冷岳、巴生和吉隆坡，并希望他将来能与过去一刀两断。

吉隆坡 22 名三合会首领的被捕给秘密会党镇压小组提供了巴生和巴生港的有关三合会组织的别的信息。7 月，21 组成员的"保护"活动直接导致潮州戏院的一名经理在大世界娱乐公园被杀。这名经理本人意识到自己必须购买"保护"，可这个倒霉蛋每次演出只安排为 21 组的一名老领导提供 10 张免费票，该团伙的年轻成员明显没有从中获利，他们直闯戏院，拒绝付钱买票，于是引出了一场骚乱，一名华人警察被攻击。后来，团伙因为丢了"面子"而报复经理。他们雇了两名淡米尔人和一名马来人袭击受害者，后者遭到毒打，没恢复知觉就死在医院里了。

警方在试图削弱巴生的三合会权力的行动中逮捕了 4 组、12 组和 21 组的几名成员，并继续在巴生港展开行动，这几个组的另外一些成员也在此被捕。被捕者中有 12 人遭驱逐，其他绝大多数被限制居住，期限从 1 年到 15 年不等。其中两个还被要求缴纳了每年 1000 元的保证金。

同时，马华公会的彩票交易这个绊脚石一旦被剔开，吉隆坡警方便把注意力转移到花会彩票的组织者身上来。6 月（1953），他们逮捕了 5 名主要人员，其中包括花会"王"和他的两个兄弟、一位表兄。第五人则与此无关，但他在文良港温泉的华记组织中担任高等职位，而且深深地卷入吉隆坡的几起组织赌博的活动当中。他那位以前有过三次违法经营鸦片前科的表兄被逐回中国，其他人被终身限制居住在离吉隆坡 40 英里远的瓜拉古毛，1955 年改判为逐出雪兰莪。许多小的花会彩票的经营者逃跑了，其他人主动提供信息，这使得警方能够勾勒出一副关于彩票的大量衍生物、掩护组织的使用、赌博俱乐部及腐化堕落的一幅清晰图像。调查期间，有人向警方的一名官员提供了 3000 元的报酬，只要他对彩票的事情视而不见，不管不问就行；还有人向另一名高级警官建议，只要他准许彩票再持续 4 个月，就可分得 30000 元到 40000 元的好处，而在此期间，组织者有望最后得到 100000 元利润。组织者在开出这个价的同时还承诺 4 个月期满后就"退休"。但这一提议遭到拒绝。

对花会集团的逮捕在华记会员中引起了忧虑，特别是在那些组织番摊（Fan Tan）和牌九（Pai Kow）① 赌博的人当中。6 月，对半山芭的一次突袭使得声名狼藉的番摊中心关闭。它的组织者是华记的一名高级官员，曾重金贿赂当地警方，现在也躲藏起来了，但于 1954 年初被捕，被判处限制居住自由。他的另一名同等职位的同事，曾在本地一个俱乐部的掩护下

① 番摊：注下在每次数出四个一堆的东西后的余数（1、2、3、0）上。牌九：一种多米诺骨牌式的赌博游戏。

在半山芭开展牌九赌博活动，后来成为十三太保的一名首领。他在经营花会彩票期间给该地区带来极大恐怖，现在也逃跑了，后又回到吉隆坡，开了一间鸦片沙龙，但还是被捕了，并于 12 月被逐出该地，为期 10 年之久。这两次逮捕及其他几个不太重要人物的被捕在一段时间里阻止了半山芭地区的番摊和牌九赌博活动。

其他的情况是：11 月初（1953 年）逮捕了自称华记之"王"，化名高浩七的谢寿，因为他与华记战后在雪兰莪、彭亨和柔佛的复兴有关，早已被盯上。其能力和个性使得他有时候在雪兰莪的华记组织中起重要作用。他坚持华记应与政府并肩对抗共产党，还指出那些成功的家丁组织与其他家丁组织比起来，大部分是华记成员。他强调，如果华记在这些地区被打乱阵脚，接着出现的真空就会被共产党填补。这种情况促使政府采取了有选择地反对华记中的犯罪个人的官方政策，而不是反对负责会党组织的人。这一政策成为指导性政策。但当警方得知该组织总是整体上得益于"保护"赌博、妓院、鸦片烟馆和其他类似活动时，警察发现很难有选择地对付某些人而不打乱其机构。谢寿被驱逐雪兰莪 15 年，于是他来到马六甲。1954 年 2 月，这个自 1949 年开始掌权的吉隆坡的会党首领被关押，并被逐出雪兰莪。

自 1953 年 5 月开始，警方采取了对付那些已知是华记或三合会掩护组织的俱乐部的行动。到年底，吉隆坡的六个被用来作为赌场的俱乐部被关闭，其中包括三合会和左翼致公党都在其中活动的成功（Seng Kong）运动协会，而有 4 个俱乐部是华记的掩护组织。解散令人厌恶的会党的权力被广泛运用，据报告说，自 1949 年《社团条例》生效以来，在整个联合邦共有 188 个社团被关闭。其中，23 个社团是因为被秘密会党成员使用，剩下的多数都被用作职业赌博窝点。警察的激烈行动从 1954 年持续到 1955 年初，在此阶段，吉隆坡的 7 个俱乐部因非法赌博被关闭。

各种各样的措施对于在一段时间里建立相当程度的公共和平起到了一定作用，某些致公党人的被捕成为政治舞台上三合会—共产党之间合作的威胁。但是，在犯罪领域，这种中断只是暂时的。1955 年 3 月，受花会"王"支持，由 1953 年逃过追捕的人组织，花会彩票在吉隆坡复兴。花会"王"被允许可以离开瓜拉古毛，条件是不要再回到雪兰莪，但他到了森美兰附近的芙蓉，并希望在这里通过电话组织彩票。尽管他最后放弃了这个计划，启程前往新加坡；尽管 1953 年逃脱警方追捕的一名华记重要花会组织者于 1955 年 6 月在吉隆坡被捕，花会却继续在首府经营，到了 7 月已经遍及巴生和巴生港。

花会的复兴给华记和三合会带来了新的生命力，因为尽管主要的三合会首领已被驱散，华记的组织也已被打乱，但这些团伙很快又重新组织起来。当洪门会成员因 1953 年的警方逮捕行动而群龙无首加入君联时，君联便获得了一批力量。21 兄弟会也复兴了，还有一个 1955 年 1 月组织的，成员有 50—60 人的叫义和社（Yee Woh See，Rightous Accord Society）的新团伙成为它的分会，也在吉隆坡的半山芭和陆佑路（Loke Yew Road）地区活动。华记又出现了 3 个团伙，不仅仅包括十三太保和广东十虎（Kong Tung Sap Fu）。后者于 1952 年在马德拉斯剧院那一带成立，但一个年轻人团伙——十八罗汉（Eighteen Disciples，Sap Pat Loh Han）在半山芭（Pudu）地区很活跃。

警察再次面临驱散这些帮派的任务，逮捕和驱逐二十一兄弟会和十三太保首领的行动减少了因为帮派斗殴引起的突发事件，同时，花会、番摊、牌九等赌博活动也被禁止。这样，警察经过两年集中整治的雪兰莪会党活动在 1955 年又有所反弹，他们想重返该地区。不过，刚成立的既有能力获得情报也有能力使用情报的犯罪侦察科的秘密会党镇压小组对他们来说是一种威慑，它让人们看到了彻底控制会党的希望。

三　槟榔屿

1953—1955 年间，整个联合邦之内的秘密会党犯罪达到了高潮，而某些邦的政治威胁也十分明显。

在槟榔屿，出现了 1948 年的紧急情况，警方逮捕了 15 名洪门会首领，包括一些准备带领其会员投靠共产党阵营者，但这并没有消灭会党的活动。洪门会的二十二个小组依然存在，尽管他们并不太活跃，但他们那种匪徒的德行却没有改变。虽然说他们的首领已经被驱逐，可他们时时寻找着像过去那样挣快活钱的机会。就如前面提到的那样，他们在 1948 年下半年组织继承帮派，除了新洪门会外，其他的都被警察驱散了。①

会党在缺乏核心组织的情况下，分裂还在继续。1949 年 3 月是某些战前会党复兴的标志，包括新义兴、新太君、鸡爪山、新乾坤（Sin Khien Khoon）等在 1945 年与洪门会合并了的会党都企图重新自立山头，新义兴从 18 组分离出来，新太君脱离 1 组，鸡爪山脱离 2 组，而新乾坤不再与 12 组和 20 组为伍，因为警方及时获得消息而采取了行动，使这些会党的重组活动在萌芽阶段就被压制了。

有一段时间，三合会帮派满足于在某些组织的掩护下流窜赌博，1949 年底，20 组在丹绒武雅（Tanjong Bungah）成立了一个赌博中心，经常有洪门会的人来，但很快就遭到警察搜捕。1950 年 1 月，5 个前洪门会的领袖在浮罗山背因赌博而被警察警告。据说，在 1950 年 2 月时，4 组、12 组、20 组、21 组的会员都集中在赌博领域，而其他的三合会员看看槟榔屿没有什么便宜可占，便转到对面北霹雳河的瓜拉古楼去了。在那里，他们干着赌博、盘剥他人、走私等勾当，尽管其规模已经不像洪门会兴盛时那么大。1950 年 1 月到 6 月间，在吉辇和虎屿（Pulau Rimau）间的海边发生了四起海盗案件，因为货船都是橡胶的，很小，总价值只有 16000 元。

1950 年 3 月间，2 组、19 组和 21 组的某些会员打算摆脱老组那些为警察所熟知因而成了累赘的首领在日落洞另组新会，会党的名字就叫新洪门会，后来又改为特立堂（Tok Lip Tong 或 Specially-formed Society）。该帮在其首领——19 组一名前会员——被捕后分裂，会员们也作鸟兽散。

持续到 1951 年底的警察行动大大削弱了洪门会组织，于是，洪门会的老对手共产党走到前台来了，地下世界中的那些匪徒以往都靠洪门会恐吓公众，现在则用共产党三个字来达到勒索的目的，这使共产党要找他们的首领报仇。1951 年头 3 个月里，4 名洪门会员被共产党击毙，另有两名被击伤。即使在 20 组的某些会员与共产党在日落洞谈判达成谅解协议的时候，双方的关系也是以械斗、绑架及共产党的法庭调查为主。1951 年底开始了暗杀活动，三合会被暗杀的人数不断增加，这种情况延续到 1952 年底。1953 年，洪门会与共产党撕去合作——在乡村进行过一

① 参见前文第 361 页。

些——的伪装。城市里的三合会匪帮重新开始了他们的活动，因为有新加坡来的支持者及为逃避吉隆坡警察行动而到来的难民的加入而更加严重。

情况与1945年和1946年已经完全不一样了，大多数洪门会的组已经不再活动，各组的首领因被警察所了解而在背后小心翼翼地行动，核心委员会早已不存在，入会仪式也不再举行了，也许是因为槟榔屿的警察驱逐了不少先生的缘故。现在，一些组的会员开始以完全独立于三合会的犯罪帮派的面目活动，他们以文身作为入会的标志，但在帮派名称的使用上则有点怀念三合会的味道。

最引人注意的就是108集团，据说该会在1953年由三合会会员组织起来，是新加坡108集团的分支机构，与吉隆坡的108集团关系也很密切，其成员迅速增加，并得到骨头党（Skeleton Gang 或 Kut Thow Tong）的支持。骨头党也是这个时期从洪门会衍生出来的组织，其首领属于4组、18组和20组，主要从三轮车夫、扒手及小流氓中招收会员，从事保护妓院、鸦片馆馆主和小摊小贩的勾当。就在这个时候，以怀念三合会入会仪式上的红花亭而成立的红花党（Red Flower Society 或 Ang Hua T'ong）也出现了，听说是吉隆坡"48点"会的分支，48点会则是为了纪念"万云龙（Myriad Cloud Dragon）"墓上的48点水，每个华人名字上三点水。红花党的创立者，48点会槟榔屿分会的财副，是洪门会4组的白扇，大多数红花党会员都是三合会中人，这是一个集扒手、小偷、戏票黄牛于一体的特殊帮派。

1953年7月，前内陆运动协会的部分会员组成了八仙（Pat Sin）①，部分成员加入了近打河谷家丁。近打河谷家丁活跃于乔治市，特别是在团伙械斗中，作为（由当地消防队的一名消防员组织的）斧头帮的成员，其成员都左手持一把斧头。组织者是洪门会1组的一名成员，他的两名副手是20组的"虎"将，绝大多数的团伙成员都是三合会员。该组织给鸦片烟馆的经营者、小商贩和街道摊贩提供"保护"，还有一帮可以雇佣的打手。另两个团伙在1953年年底出现，就是上帝帮和祈祷党，但都没活下来。祈祷党靠着100字和1000字彩票养活，赌徒陷入恍惚境地，预测幸运数字，当预言被证实时，就从赢家身上盘剥。

---

　　① 该帮至今仍在槟榔屿活动。——译者

　　毫无疑问，1953 年的前几个月里，警方在雪兰莪的行动使得许多嫌疑人逃到槟榔屿促进了这些新团伙的组建。警方召集并警告那些被认为是首领的人，一些团伙自动解散，但其他的，特别是骨头党继续制造麻烦。华记第一次渗入槟榔屿是在 1950 年，也就是从这时开始让人们知道了它的存在。它从广东人中招募新成员。1954 年 4 月，骨头党与 108 集团为一方，华记会员为另一方的争斗导致了暴力冲突。

　　1955 年 1 月和 2 月，华记与 108 集团之间的仇杀再次爆发，108 集团 4 名成员被捕并被判处 6 个月监禁，这使双方的争斗平静了一段时间。同时又出现了 6 个由洪门会会员组成的新团伙，其名字都含有三合会的意义。他们分别是二剑七星（Two Swords and Seven Stars）、八角帮（Octagon Gang）、金鹰（the Golden Eagle）、308 集团、忠信（the Faithful Hearts）和义龙虎（the Righteous Dragon and Tiger）。

　　二剑七星是个强大的敲诈团伙，在峇都眼东（Batu Gantong）、甘榜峇鲁（Kampong Bahru）和天德园（Thean Teik Estate）[①] 一带活动，由 20 组的一名成员（此人后来根据《限制住居条例》被捕）组织，其象征就是两柄由七颗星镶成一圈的交叉的剑。八角帮由 4 组一名与共产党有联系的声名狼藉的草鞋组建，在峇都茅组织海盗活动，也在过港仔（城隍庙街，Bridge Street）的乔治市活动。其成员是劳工和舢板船水手，大约有 200 人。该团伙强大而且令人非常害怕。金鹰是由 4 组的一名成员在日落洞组建的一个"保护"团伙，与 308 集团合作，对霹雳路市场和该市其他地区的小规模赌博感兴趣。忠信据说是"48 点"的后代，原本是由新加坡来的一名组织者组建的，有 20 名到 30 名成员，所有人都在 17 岁到 25 岁之间。他们企图控制黑市电影票，也受人雇用攻击他人。义龙虎是窃贼、小偷和强盗组成的邪恶集团，大多数人都有着好几个罪名。他们拥有槟榔屿地区最好的打手。

　　在匪徒的世界里，新来者是不受欢迎的侵略者。6 月，早期建立的团

---

　　① 此园原属邱天德所有，因此而得名，共 379 英亩土地（有的资料说是 365 英亩，但朋友王明光先生提供的资料为 379 英亩，译者认为王先生的资料更为可信，这不仅是因为他自称为邱天德的"粉丝"，更因为他搜集了所有能够搜集到的与邱天德有关的资料），1920 年其后人卖给龙山堂邱公司，现发展成为发林亚依淡新市镇（Bandar Baru Air Itam），从 1997 年竣工通车的耗资百万令吉的天德大道（Lebuhraya Thien Teik）尚可看到一点历史的痕迹。——译者

伙，如 108 集团、骨头党和八仙（the Eight Immortals）组建了三合党（Sam Hup T'ong），它有双重目的，一方面是加强力量以对抗华记会，一方面是维持自己的霸权。新团伙中的四个团伙联合对抗外敌，而华记则继续与所有其他团伙不相往来。

尽管防暴警察巡逻了几个星期，但 7 月 30 日夜里，三合党和忠信之间还是爆发了一场严重的械斗，接着这两个明显是为了挑战而组建的会党解散了。直到 12 月初，108 集团才重新开始对华记展开攻势。这一次，警方事先得到报告，于是逮捕了 7 名成员，发现其中两人携有装满盐酸的电灯泡。

到 1955 年底，洪门会各组，可能 20 组除外，都退到幕后。总体上讲，"通常意义上的三合会"已经是垂死挣扎，而流氓恶棍占据了槟榔屿的舞台。但这一年的最后一条消息说，威省在 10 月和 12 月各举行了一场入会仪式，两次都是为 108 集团举行的。此会党于 1955 年中期在该省组建，与槟榔屿的 108 集团在组织上没有关联。它绝大部分钱款由年长者提供，全是福建人。该会取代了到 1953 年底还一直在北海、大山脚和高渊活动的洪门会的位置。此会党迅速扩大，发展到 9 个组，取得了驻扎在北海的联合邦军团中一些华人成员的支持，这些人成为该会党的"打手"。入会仪式于 12 月 9 日到 10 日在双溪浮油（Sungei Puyu）的中国村这个小村里举行。警方错过了仪式，他们在一个小时之后才抵达现场，但足以证明通常意义上的三合会在像威省这样的农村地区仍然能够存在下去，尽管北海的土匪情形与槟榔屿岛上乔治市的一样。

在实施《紧急条例》的前五年，警方对槟榔屿秘密会党的行动集中在农村地区，特别是浮罗山背地区的三合会——共产党合作，以及控制槟榔屿的犯罪团伙等方面，但 1953 年从雪兰莪来的三合会逃亡者需要警方采取更加严厉的行动。1953 年 8 月，由华人事务秘书与警方的犯罪侦察科和特别小组的代表一道组成的秘密会党联络委员会召开了第一次会议，1954 年 4 月，因为三合会与华记之间的争斗，设立了一个小规模的秘密会党镇压小组。从 1955 年 1 月开始，当镇压秘密会党的权力从联合邦首府分给警察分遣队后，地方警察的活动余地变得更大，除了通常的对暴动或勒索实施逮捕，还可召集嫌疑人来审讯，提出警告，有时还拍照和取指纹。所有这些手段被大规模地采用。

骨头党的三名首领于 1954 年 12 月被捕，其中一个后来被驱逐，其他两个被判限制居住自由。警方还对 48 点的两名首领、二剑七星的一名首领采取了行动。1955 年 9 月，第一次法庭审判确定了非法会党会员的身份，文身为其提供了证据。108 集团的一名成员在胳膊上文了一个老虎头，被判 4 个月的苦监，罚款 100 元。12 月，新加坡 360 集团的一名成员在槟榔屿被捕，此人还是新加坡 108 集团及吉隆坡地区二十一兄弟会的成员，被判一年监禁，罚款 100 元，他在胳膊上文了一条龙和一把剑。

四　吉打

1945—1946 年，槟榔屿和威省的秘密会党活动在附近的吉打和霹雳引起了强烈反响。随着 1948 年实施《紧急条例》，吉打的绝大部分三合会首领被捕并被遣返中国。到 1952 年中期，洪门会的小组在该地区占主导地位。1953 年中期，在亚罗士打出现了两个团伙，一个叫 303 集团，是由洪门会的一名"草鞋"组建的；另一个叫 48 点，与槟榔屿同名的三合会团伙有关联。所谓的"慈善"游艺集市为槟榔屿和太平来的秘密会党成员提供了开设赌场和联络当地三合会的机会。但当赌场发展到使许多马来人失去他们稻谷的收获这种程度时，当局采取了禁止集市的步骤，接下来在槟榔屿和吉打对 48 点的首领采取了行动，在亚罗士打对 303 集团的本地首领展开了行动，从而得以控制这些团伙。但 1955 年初，从槟榔屿洪门会分裂出去的组织 08 集团在双溪大年组建；年底，还有三合会员在亚罗士打、莪仑和居林地区大量活动。

这个时期，比吉打的华人会党更为麻烦的是马来人秘密会党，特别是五星（Bintang Lima）和红布（Kain Merah）。五星最初于 1938 年组建，开始时是个政治党派，后来堕落成一犯罪组织。它在吉打—玻璃市边境沿线活动，成员多次卷入谋杀、抢劫和勒索活动中。它于 1945—1946 年复兴之后，警方采取行动以迫使其瓦解，但 1952 年时，其影响再次沿北海滨和南亚罗士打发展。它最擅长的活儿就是从马来亚稻谷种植者那里偷水牛换取赎金。1955 年，该会党的一部分向南转移到威省边境线往东的巴东色海（Padang Serai），并在这里组建了红布会。其成员在其头上佩戴红手帕，或者把其自行车的挡泥板涂抹成红色。

1955 年 5 月，五星的四名首领被捕，其中两人后来被判限制居住自由，但这两个马来人会党年底时仍很活跃。

五 霹雳

尽管警方在 1948—1949 年间采取了严厉行动，三合会仍然在霹雳生存下来了，特别是在海滨地区，警方总是很难控制他们，而且几乎无法接近。在直弄周围的沼泽地区，"麻风病人"的继承人罗章耀与一小撮保镖继续他们的逃亡生涯，直到 1955 年才挫败了他返回老巢的各种企图。在瓜拉古楼，无法避免的走私和赌博活动还在继续，尽管其规模已受限制。在太平，一些三合会集团开始重组。但在其他地区，共产党的严酷进攻，起义的继续，还有对当局根据《紧急条例》规则运用权力的恐惧都阻碍了三合会的任何公开活动，会党保持平静。

1951 年末，大肥家（Tua P'ui Ka）这名老"先生"从安顺的避难所出来，再次出现在太平。因此，1952 年，三合会在太平和海滨地区逐渐聚集了复兴的动力。尽管信义仍然存在，但与益和（Aik Ho）一样保持沉寂，而义合（Ghee Hup）跟着声名狼藉的益平复兴起来了。益平于1953 年举行了三场入会仪式。在海滨地区，十八丁的义平（Ghee Peng）和马丹地区的合和（Hup Ho）仍然隐匿着，而巴西依淡和直弄的益兴开始复苏，并与罗章耀联系密切。而更往南的地区，在班台举行了三场入会仪式，在红土坎举行了一场。9 月 2 日，在十八丁和直弄举行了庆祝三合会祖先节日（年历 7 月 25 日）的盛宴，各地都有 100 多人参加。只有入会者才明白这些表面上是为了纪念"10 位精神领袖"——指三合兄弟会的前五祖名和后五祖名——的宴会的含义。接下来的一年，在巴西依淡的四海（See Hai）俱乐部举行了同样的庆祝会，有 200 名成员参加。

尽管闽帮如他们 1946—1947 年那样控制了从北霹雳到安顺的沿海地区，但从太平起的内陆地区及在瓜拉江沙、怡保、金宝和打巴等地都有报告说，1953 年中期，广东人和客家人会党在这些地区招募新成员。在与槟榔屿和吉隆坡的三合会竞争中，八仙堂（Pat Sin T'ong）出现在怡保，新军（San Kwan）在金宝，后者大约有 100 名成员，有些是前近打河谷家丁的成员。

华记也崭露头角,特别在怡保与端洛之间的金宝和近打这两个该会党的传统地盘内。尽管华记在 1949 年经受了绝大多数掩护俱乐部被拒绝根据新《社团条例》登记,甚至被命令关闭的挫折,但它的成员却增加了,活动地盘也扩大了。1953 年,仅霹雳就有 6000 多名成员。与往常一样,他们的大部分成员是广东人。侦探、临时警察和家丁中也有不少是他们的成员。

华记新发展的活动地盘就是太平。1951 年,一个自称 18 集团弟子(Eighteen Disciples)的组织以互助社团——音乐与戏剧协会的名义在此成立。这个新成立的集团成员不是年轻流氓,而是中年人的组织,其中有些人在市里做生意。它不仅是一个赌博中心,而且是华记在太平产生影响的重要据点。它强烈反对三合会。秘密会党对霹雳未来的政治生活感兴趣的可能性反映在 1954 年 8 月太平第一次议会选举时,当时失败的候选人包括 18 集团弟子的一名成员和一位知名的三合会首领。

1953 年中期,警方迫切需要采取行动以阻止霹雳会党活动的加剧,但首先要获得首领个人卷入其中的信息,与在雪兰我一样,逮捕是受严格限制和有选择性的,一开始就限定在构成主要威胁的三合会集团之内。9 月,原来的先生大肥家被捕。因年龄和长期在马来亚居住的关系,他没有被逐回中国,而是根据《限制住居条例》,只准他在金宝生活。他被迫离开太平以及三名为了对付那些帮助警方攻击会党线人和侦探而与槟榔屿 4 组商谈组建特别服务班的代表的被捕阻碍了益平的活动。近打河谷家丁中的秘密会党成员被逐出,金宝新军团伙崩溃,怡保八仙首领也被捕并遭驱逐,所有这些至少打击了三合会集团的信心,尽管怡保团伙很快在新首领的领导下以 21 兄弟会的新名称复兴了。

1954 年,警方继续在太平地区活动。年初,新邦的义合会首领被捕,并被限制在怡保活动;5 月,益平的另一名重要首领被捕,被限制在金宝活动。在海滨地区,沿海集团的先生被捕并被驱回中国,使得该集团失去了主要的仪式专家,但 1955 年 3 月,海滨地区真正的威胁罗章耀又露头了。这一次,警方在一个红树林覆盖的泥泞沼泽地中的高脚村子——峇眼瓜拉拉律挨家挨户地搜查,罗章耀在用轻型机关枪杀害了一名侦探之后,逃到沼泽地中,最后在那里被逼入绝境身亡。

多年来，直弄河口和附近海滨地区的居民第一次不用超负荷捐纳。但罗章耀统治海滨时，每当遇到纠纷，他的话就是法律。在他死后，世仇和和争吵重新出现，特别是出现了关于十八丁北部海贝基地的所有权纠纷。十八丁北部的海贝基地在 1939 年之前就是天然的海贝繁殖场，主要由十八丁的潮州人掌管。之后，海贝没了，于是一个主要以福建人为主的集团（姓王）再次引进海贝种子，申请了暂时使用执照。其间，十八丁的拾贝人突袭了基地，组建了一个会党（1955 年 10 月和 11 月），他们自称为洪门团（洪门人的社团）。该会党驱赶福建人集团，还帮助在突袭之后被警察逮捕的人。该会党迅速沿着霹雳海滨向下游扩展到直弄河口，联合所有小姓对抗强大的有垄断海滨趋势的王姓家族。为了报复，王姓一派组建了白面（Pek Beng，White Clear）。

洪门团的活动很快就不再只是突袭海贝基地和干扰敌对团伙的传统走私路线，而且把自己变成了海滨的一大威胁，以三合会通常的方式进行"保护"和勒索活动。尽管警方成功地阻止了这两大团伙之间的大规模冲突，但洪门团继续繁荣，麻烦绝对不远了。

六　彭亨

尽管华记仍是彭亨处于控制地位的会党，但三合会和中华集团也在 1948—1955 年间浮现，并不可避免地与华记对抗。由于《紧急条例》对警方提出了要求，直到 1954 年年初，才对时局进行认真评估的想法，此时，作为整个联合邦反对秘密会党活动战略的一部分，彭亨的秘密会党联络委员会才在立卑成立，第一次会议于 1954 年 5 月召开。

华记在文冬和附近的新村势力仍然很强大，在家丁组织中特别活跃。据信，关丹的华记在组织鸦片走私，劳勿的华记是以文冬的一个分支出现的，还有报告说，前往吉隆坡的货运道上的卡车司机正打算在淡马鲁（Temerloh）组织一个华记分会。文冬还存在一个三合会，其他的三合会则在文德甲（Mentakab）、淡马鲁、直凉（Triang）和劳勿地区。中华集团在文冬和（15 英里外）的吉打里新村（Ketari New Village）积极活动。致公党则在偏远地区活动。

联络委员会第一次会议之后的调查显示：文冬的华记会员超过 300

人，通过其慈善计划捐赠的还有 1000 人。在瓜拉务打（Kuala Padah）的一个新分会已经取代了在《紧急条例》初期就停止活动了的文积（Manchis）。华记在文冬地区的新村里的利益也已得到确定。

文冬的三合会成员及其活动在 1953 年里大大增加。他们使用恐吓手段来招募新成员，并把这些新人带到雪兰莪的文良港去参加入会仪式。1954 年，三合会的活动蔓延到加叻村（Karak），由于领导有方，会员很快就达 200 人。年底，华记的家丁成员之间发生了三场冲突。在葫芦顶（Pertang）和吉打里新村也发现了三合会活动，而森美兰来的伐木工中也有三合会活动，这些人穿越铁路到瓜拉吉挠（Kuala Krau）、而连突（Jerantut）和立卑地区。

到 1955 年年底，据估计，文冬地区的三合会员在 300—400 人之间，三合会集团与中和堂有密切联系，其绝大多数成员也是国民党员，以华人青年会的名义活动。但是，文冬和加叻的一些三合会员已经加入左翼泛马橡胶工人协会。

在战后马来半岛的雪兰莪、霹雳、柔佛和新加坡早已闻名的中和堂直到 1950 才在彭亨开展活动。它在这一时期出现部分是因为 1949 年 9 月实施《社团条例》在马来亚造成的局面，部分是因为 1950 年中期朝鲜战争的爆发。

随着《社团条例》的实施，本地所有的国民党支部正式关闭。但国民党不仅想利用（企图在社会俱乐部掩护下活动的）中和堂作"暴力"组织，而且想利用它为自己的地下活动作掩护。其间，朝鲜战争的爆发和美国资助可以在中国大陆扰乱共产党的中和堂游击队的美好前景支持了中和堂在香港和马来亚招募新成员的想法。他们努力筹集资金，表面上是为了资助中国的"反苏反共军"。他们希望在中间力量的可靠成员中宣传其为祖国引入一个民主政府而奋斗的价值观。

中和堂在彭亨的活动开始在文冬的广东人、广西人和客家青年中进行，他们参加了一个中国武术班。这个集团受到文冬的国民党员的鼓励，特别是马来亚华人使团 1952 年年底对台湾的拜访，重新激起了民族主义中国支持者的热情。在文冬，秘密组建了一个包括中和堂、国民党和三民主义青年团的首领及几名三合会首领的委员会。中和堂在文冬和附近的新村举行了入会仪式，有报告说，至 1953 年 3 月，会员已达 150—200 人，新成员都是在华人青年协会的掩护下招募的。因此，它成为华记的一个强大对手。尽管，这两个会党都是反共的，但华记关心的是其在当地的财富，而中和堂则与国民党及中国的政治有关联，它希望通过台湾的军队进攻大陆来获得声望。当这一希望破灭时，当地一些狂热分子便消失了。从1955 年年底开始，中和堂在文冬的影响力衰退，这使华记成为主要集团，而三合会成为其主要对手。

在关丹，组建中和堂分堂的计划失败，警方对主要组织者的关注迫使他乘飞机匆忙逃离关丹，最后到柔佛的居銮避难。

七　森美兰

森美兰在这个时期的活动与雪兰莪密切相关，并以三合会与华记之间争夺赌博控制权为基础，特别是在芙蓉地区，这种情况在 1952 年 12 月达到了顶点。之后，1953 年年初，雪兰莪的三合会首领决定开始广泛招募新成员。这场运动强烈地影响了雪兰莪，特别是瓜拉庇劳和马口，随后的警方行动削弱了三合会相对于华记的优势。

会党自 1948 年中期《紧急条例》开始后沉寂了一段时间，之后华记首先露出了复兴的迹象。它与吉隆坡的总部联系后，在仁凤（Yan Fung）音乐研究会的掩护下仍在芙蓉活动，其在吉隆坡的目标是控制花会和十一趾彩票。1950 年 3 月，其掩护俱乐部重新登记为仁凤业余音乐协会，着手一个野心勃勃的计划：125 名华记成员组成了一个集团，每人出 100 元以筹措他们在芙蓉的大规模赌场。他们还组织了一个保护赌博的计划，一些当地侦探也被劝说加入了这个会党，并用钱来保证其他人不会对该组织不利。但是，这个高盈利的会党于 1950 年 8 月遭警察突袭，会所被关闭。1951 年 7 月，掩护社团被解散。

华记在与吉隆坡的代表商谈之后开始秘密活动。成员身份有着强烈的吸引力，特别是对在机电贸易行业的配件工和机械工。到 1951 年底，其权力再次上升，勒索和保护违法行为增多，还开设了二级指挥部，并与此时已经显示出自己实力的三合会产生了不可避免的大规模冲突。

1947 年 5 月对洪门会的禁令阻止了其分支继续公开存在。接下来，三合会员打算在致公党支部，特别是右翼致公党的掩护下活动，并提出对共产党恐怖分子进行复仇,因为共产党分子在《紧急条例》实施初期就杀害了森美兰马口地区的几名致公党首领。尽管致公党 1949 年在马口举行了三场入会仪式,共产党仍然保持着对这个坚固的三合会地盘的控制权,它们的冷酷无情及对《紧急条例》规定授予警方的额外逮捕权的恐惧,一段时间里打击了三合会在森美兰的活动。但是,1950 年 9 月,侨友慈善社(Kiau Yew Benevolent Society, Overseas Friends Benevolent Society)申请注册,据说总部设在巴生(雪兰莪),其森美兰的组织者(其中有 5 人被证明为义兴会员)希望会党在芙蓉的李氏橡胶工厂的会所开展活动,这个工厂的雇员几乎都是三合会员。

这一申请于 1951 年 5 月遭拒,但与此同时,组织者于 1950 年 10 月在芙蓉—拉务(Labu)路举行了入会仪式,当时有 35 人入会(绝大多数是来自芙蓉、芦骨和波德申的小店主)。在接下来的几个月里,他们在组织保护活动方面取得了重大的进展。即使在掩护社团注册申请被拒绝之后,该集团仍继续活动。1951 年 7 月又举行了一场入会仪式,兴化籍的三轮车夫被接纳为会员。

在此期间,赌博的控制权仍然在华记手中。1951 年年底至 1952 年间,敌对会党之间发生了几起冲突,但都不是决定性的。三合会渗透到了协警自愿者队伍中,但是尽管他们在数量上和经济上强于华记,每当发生械斗时还是认为有必要从其他地区寻求帮助。而另一方面,华记建立了一个掩护组织——森美兰华人技师雇员协会。1952 年 11 月,他们以吉隆坡华记在 6 月组织的彩票为榜样,开始在芙蓉经营花会彩票。

彩票繁荣了两个月,给华记带来了财富和名声。对此,警局分管侦察的副总监负有大部分责任。据传,他是一名会党成员,但他承诺既要保护华记,也要保护洪门,不仅仅支持花会彩票,也支持三合会在加冕游乐园新成立的赌窟,从这两大会党收受"保护费"。三合会的一名"虎"将被他的这种两面三刀惹怒了,于 12 月 27 日在大街上把这名副总监杀了,尽管在死之前,他向杀手开枪并打死了他。这场相互谋杀,以及在吉隆坡和巴生同时发生的严重骚乱,再加上花会在雪兰莪的丑闻,促成了联合邦政府对秘密会党采取行动的决定。在芙蓉,警方对三合会和华记采取的强烈行动导致加冕游乐园关闭;对花会公司的几次成功袭击导致多人到法庭受审。随着这些收入来源的消除,敌对团伙之间的和平暂时得以恢复,但是会党仍旧存在。1953 年 3 月，华记关闭几个老巢后开始对所有被认定为告密者的人的脸上泼硫酸进行报复。

同时，因为致公党、马来亚共产党和文良港的某些洪门首领之间在雪兰莪有联系，三合会决定组建一支武装攻击队（Hung Kak，洪革）来对抗华记。森美兰农村地区（特别在瓜拉庇劳和马口）的三合会分子受到外部来的三合会招募代理机构的压力。在警方 1953 年 3 月 19 日和 20 日夜里成功袭击在文良港举行的入会仪式上，至少 19 名来自森美兰的入会者被捕，其中 11 名（5 名来自马口，6 名来自瓜拉庇劳）被判两年苦监，其他 8 人被释放，另外两人逃脱。这一挫折并没有让他们停止招募新成员，10 月在亚沙的一场小型入会仪式上，招募了 11 名新成员。但之后，两名芙蓉首领——均为先生，也都是客家人——逃到了中国，警方开始了对森美兰三合会首领的严厉行动。11 月初，森美兰三合会集团的"外事"人员被捕，并被限制住居在该州北边。其他重要首领或者投降或者外逃，不可避免地削弱了三合会集团，并使华记权力增加。三合会中年纪稍轻、影响力较小的成员和联合邦其他地区的一样倾向于组建新的团伙，脱离他们老一辈的限制。

在整个 1954 年里，三合会的老成员都保持着沉默，但在 3—4 月，有个会党进行了重组，其目的是保护市场货摊主和商贩，他们大约招募了200 名成员。另一个全部由兴化人组成的集团，其大多数成员是三合会会员。它以三合会模式为标准，在一名制粉商和一名鸦片私贩的领导下组织起来。三合会集团在驻扎在该州的联合邦军队中也有成员。但是芙蓉例外，在这里，流氓恶棍很是猖獗，据说秘密会党没有什么活动。三合会和华记都没有举行入会仪式，仅仅是缴钱表明其成员身份。会党收入的主要来源是鸦片、妓院、赌博，其中鸦片是最重要的，到年底，芙蓉至少有50 个鸦片馆兴盛起来。

8 月 9 日夜里，芙蓉发生了一场严重械斗。当时联合邦军队中的 15 名士兵在大约相同数目的洪门会中的华人公务员的支持下与华记发生冲突，消除了与秘密会党有关的任何不安定因素。械斗使用了皮带、钢刮刀和摩托车链，4 名联合邦军队士兵与 5 名公务员受伤，其中 1 名公务员受了致命伤。

联合邦军队中一名华人会员被捕，并被控谋杀。此人在 1952 年被解职之前一直担任特别警察，后来又加入了近打河谷家丁，大约为期六个月，最后被联合邦政府征用。为了那些参与械斗的人，洪门会中的兴化帮筹集了1500元，芙蓉地区其余的洪门会也筹得了同样的数目。那个向联合邦军队求助的市场与商贩协会的首领逃到了新加坡。在这里，他因携带三合会文件而立即被捕，并被判处4个月的苦监。冲突之后，警察当局承认，洪门会在芙蓉、瓜拉庇劳和马口势力强大；而华记在芙蓉、文丁（Manting）、知知港（Titi）、瓜拉庇劳和榴梿知贝（Durian Tipus）很有影响。它们各自在芙蓉约有800名成员。警方也对芙蓉和瓜拉庇劳地区的华记首领采取了行动。

1955年的显著特征就是三合会活动在大企业的华人劳工中蔓延。中国新年为芙蓉的三合会首领提供了在附近几个小城和新村开展赌博活动的机会。2月28日，警方袭击了在汝来（Nilai）举行的一场入会仪式，共有8名入会者，其中4人的左中指有针刺眼，这些人与先生一起在参加完仪式后回来的路上被捕。法庭审理并不成功，因为警方没有实际见证仪式的进行，先生还声明：不会有任何三合会入会仪式在中国农历的初七这天举行。3月又举行了一场入会仪式，这次是在马口，入会者来自瓜拉庇劳和马口，但先生仍是从芙蓉来的。9月30日，这名先生在文丁介绍了4人入会，说是在自己家里举行入会仪式。11月，该州南部和马六甲边境的淡边（Tampin）新村成为招募新成员的重要中心，来自马六甲的新会员受到当地洪门会员的帮助，很快就组织了一个100人的三合会集团。

这一年，有几起华记与三合会的小冲突，华记成员在自行车的行李箱内携带窄刃匕首、锋利的三角锉刀、刮刀。12月，经常性的团伙械斗使警方提高了警惕。这个月31日参加一个葬礼的三合会员都带着铁棍和木棒，而靠近墓地的华记会员也同样如此武装，在警方开了一枪之后，拥挤的人群才开始散开。

八　马六甲

在马六甲，1947年8月及时地加强了犯罪侦察科秘密会党镇压小组的力量，它成功地揭开了430名马来亚共产党包括许多与三合会有关联的人的身份，这使共产党和三合会组织均被削弱多年。除了知道1951年中期洪门会的 5 名成员去了西亚庇村（苏门答腊），有关秘密会党的活动知之甚少。在马六甲市，一伙大约 50 人的流氓（三合会与其他团伙的残余力量）开始以梅花帮（Plumflower gang）的名称进行活动。1953 年，他们的首领去了巴生，再也没有回来。至 1955 年，他们的活动已衰退。1953年，设在马六甲的秘密会党联络委员会的官员就发现很少有什么值得汇报的了。据传，渔民和小商贩中大约有 1500 名闽籍三合会会员仍旧在像双溪南眉（Sungei Rambai）、峇章（Bachang）和马六甲市这样的传统中心生活，但是这三个分会的活动都不积极，他们的成员也是众所周知。马六甲还有 4 个早已建立的、起源于三合会的慈善社团。有时，来自吉隆坡的三合会会员希望能够"保护"鸦片走私，而来自居銮的其他成员则对发展赌博感兴趣，他们拜访了马六甲，但没能成功地建立任何组织。1952年 6 月和 1953 年 2 月，来自吉隆坡的广东戏院在华记的武装成员的陪同下考察了马六甲，但是这些华记会员没有任何干预当地事务的企图，并与剧团一起离开。1953 年，有些没有什么证据的报告说，有人企图在这里组织一个包括了马六甲地区的广东人和客家人的华记分会，但据我们所知，这些计划都没有成功。1954 年 2 月，许多从新加坡来寻找新的活动地盘的 108 集团拜访了马六甲，接着，在 5—6 月间，24 集团的一些人也试图向这里的妓院敲诈勒索。但是，所有这些入侵者很快就回到其原来的地盘上去了。

1955 年，森美兰警方的严酷镇压使三合会活动越过边境向马六甲渗透。9 月，有报告说，万茂（Mambau，在芙蓉西南方）的新入会者承诺要给马六甲的三合会提供帮助，还说将来要在马六甲地区举行入会仪式。12 月，有报告说南宁（Taboh Naning）新村（在马六甲地区，从淡边向东几英里远）建立了秘密会党的一个分支，其中客家人和广东人互相合作。

九　柔佛

在柔佛，共产党的暴动特别激烈，秘密会党立即受到影响，与马六甲的相对和平与稳定形成鲜明对照。1948 年 5 月，当《紧急条例》开始实行时，马来亚联合邦共报告了 40 起共产党事件，其中有一大半发生在柔佛，到 7 月底，当每月暴动总数上升到 250 起时，柔佛仍旧名列前茅，雪兰莪、霹雳和彭亨紧随其后。

柔佛的地产承包人和他们的上司是特定目标，他们削弱了共产党控制的工会，劝说这些工人加入秘密会党，主要是华记。在彼咯村，华记战后设在柔佛的第一个分会于1946年在这里成立，共产党恐怖分子在1948年6月袭击了该分会，华记的一名成员被杀，其积极活动的重要首领受重伤。于是他和他的家人逃到了雪兰莪，之后，该分会停止活动。但其他地区都受居銮分会的操纵，仍旧在华人互助协会的掩护下活动。柔佛华记势力的增加，毫无疑问部分是因为其首领通过向政府提供广泛的信息以对付共产党，从而获得了相对豁免逮捕的权利。1952—1953年，柔佛的成员已达1700人，而且绝大多数家丁组织成员由他们提供。它在三板头（Je-maluang）地区对抗共产党的活动特别有价值，把恐怖分子驱逐到了偏远地区，否则，那里可能已经成为共产党的"解放区"了。同时，会党作为一个整体。其权力使部分成员从事通常的赌博、恐吓和勒索活动，以获得收入。①

经常与新加坡会党联系的三合会集团也引起了警方的注意。1947年12月在昔加末附近的一场入会仪式上被发现的新加坡三合会的多名成员被捕，随之遭驱逐。1948年2—3月间，在古来活动的同一会党的其他成员也被捕。随着《紧急条例》的实施，警方加强了行动。在昔加末地区，还有更多会党成员被捕，特别是在武吉仕（Bukit Siput）、北根也美（Pekan Jabi）和三合港（Sungei Cha'ah）地区。7月，几个月前刚刚由来自吉隆坡的福熙路的代表组建的致公党昔加末和居銮支部首领被捕并遭驱逐，这牵制了三合会活动。1950年7月，当掩护社团的注册申请被拒绝后，三合会忠义堂（Chung Yi Tong）在居銮地区的以明乡思（Min Sian Shee）俱乐部为掩护的复兴遭遇重大挫折。在南部地区，强大的新加坡潮州会党——三字会以1949年建立的音乐协会的名义进行活动。在新山、士古来（Skudai）和小笨珍（Pontian Kechil）地区的成员很快达到1000

---

① 1952年，华记在柔佛的会员估计如下：昔加末地区，包括彼咯、利民达（Jementah）、巫罗加什（Buloh Kasap）、峇都安南（Batu Anam）、金马士（Gemas），共700人；居銮地区，包括巴罗（Paloh）、令金（Rengam）、拉央拉央，共600—700人；古来地区，包括阿逸文满（Ayer Bemban）、士乃（Senai）、士年纳（Sedenak），共200人；丰盛港地区，包括兴楼（Endau）、三板头，共300人。

人。三字会和往常一样，在柔佛和新加坡的凤梨罐头厂工人中特别活跃。

1950—1952 年，尽管有《紧急条例》，新加坡秘密会党在新山的影响继续存在，三字会仍然控制着凤梨罐头厂工人。1950 年，24 组（新加坡）的一个分裂团伙也组织起来，在新山、淡杯村（Tampoi）和士古来活动。

新山的巴士公司的雇员是 18 组（新加坡）的十三幺的成员，但在巴士公司困难时候，新加坡分会拒绝在新山采取行动，当地成员便向新成立的柔佛青年协作会这个非三合会集团求助。柔佛青年协作会原本是新山的电影院管理层为了驱赶小流氓而组建的，但很快堕落为一个"保护"团伙，从三轮车夫和驻扎在新山的新加坡海军基地的青年人中招募新成员。1952 年，这个团伙与警方发生了多次冲突。

峇株巴辖仍旧是国民党的一个堡垒，1949 年之前，在组织良好的码头工人的三合会的保护下保持相对的平静。从 1949 年开始，来自居銮和新加坡的暴力团伙和相互敌对的三合会渗透进当地，勒索和袭击使富裕华商大量流到新加坡，社区领袖集体决定单个收买团伙。在警方侦探的合作下，这个方法很奏效。1951 年，当来自新加坡的和记（Woh Kei）在峇株巴辖建立分会，并向广东人和客家人社区招募新成员时，出现了同样的局面。组织者再次被社区首领收买，回到了新加坡。后来，从居銮来的匪徒到达该地，组成了勒索团伙。这种团伙很容易恐吓侍者和小商贩之类的人，这再一次扰乱了当地的平静。

麻坡的情况差不多。当地的敲诈团伙自 1951 年开始活动，一段时间里受制于码头工人三合会。码头工人三合会靠当地娱乐公园的收入维持，还有几名有影响的商人的支助，并采取了预防措施。来自芙蓉的准华记的侵入者也被排除在外。但 1952 年，一些投降敌军人员与麻坡来的匪徒聚在一起开始打杀和抢劫，麻烦又开始了。10 月，警方采取了大规模撒网的办法才使局面有所缓和。

警方 1953 年对雪兰莪三合会员采取的坚决行动使一些人逃到柔佛避难。他们商议要在居銮建立一个三合会指挥部，但柔佛警方的逮捕阻止了这一计划的实施。警察对该州绝大多数城镇和乡村的涉嫌会所的袭击控制了三合会的活动。三板头的中和党在 7 月遭警方突袭，阻止了其进一步的活动。4 月，三板头（在这里，华记占有主导地位）的华记的一名重要首领被捕。1954 年年初，来自三板头和居銮的华记首领被召集到吉隆坡的警察总部并受到警告：其成员必须停止一切勒索活动。因此，华记于 4 月关闭了在居銮的掩护组织，于 1954 年 5 月关闭了在三板头的掩护组织。居銮的成员登记簿被主席烧毁，三板头分会的首领逃到新加坡。之后，该会党除了收费外，相当一段时间都没有活动，尽管其组织仍然存在。

许多华记会员在家丁组织内工作，（1954 年）10 月 19 日夜里，袭击三板头的共产党恐怖分子被家丁组织的巡逻队挫败，这支巡逻队几乎都是华记的成员。恐怖分子试图占领发电站，但没有成功。他们还在周围的栅栏上张贴标语，吁请当地居民支持，声称"白区"仅仅是掩盖英国军队在马来亚加强力量的一个诡计。

警方对三合会集团采取的行动包括 1954 年 1 月解散三合会的掩护组织——勤劳华工协会，但在清除此协会的控制的同时，该地区为争夺"保护"区域显然发生过多次冲突。新加坡同样的匪帮活动刺激了该州其他地方。5 月，十三幺的两名成员从新加坡抵达昔加末，但在发出勒索信后被捕。08 这个三合会以前的一名成员，拉美士的一位居民，在新加坡待了几年后回到家乡，也想组建一个勒索团伙。在新山，24 组非常活跃，其首领被逮捕，而新加坡三字会在此地的分会尽管表面上平静，但在士古来—新山地区的凤梨罐头厂有 400 多名成员。

1955 年，关注秘密会党的州联络委员会记录了他们的观点：局势不太平静，但仍不能得到足够信息。

新加坡，1949—1955

　　尽管1948年根据《紧急条例》实施的全面逮捕使1949年的新加坡与联邦一样，秘密会党的活动明显平静了许多，但警方仍旧经常视察已知的帮派集会之地或房间，以及经常有秘密会党出入的鸦片馆和咖啡店，尽量行使逮捕权。团伙之间的冲突时有发生，不过，从整体上来说，在警察的非常控制下，局势依然平静。

　　但是，1950年5月初出现了会党重新招募新成员的迹象。据报告，有人为建造一座庙宇公开募捐，收据上就盖有一枚三合会的印章。警方突袭了毕麒麟街的一个地方，缴获三枚印章及几本印有桃园兴社（Tho Hng Sin Sia，Peach Garden Spirit Society）名称的收据，还发现其中一本账簿盖有炉主（Lo Chu）和会计的印章。这名炉主在会所遭逮捕，并被指控携带三合会文件，判入狱一年，后来，又把他逐回了中国。会计也被逮捕，还有一名年龄较大的老资格三合会会员，被认为是主要组织者，也被驱逐。

　　调查表明，桃园兴社于1948年初成立，以鼓励从姓刘（Low）、关（Kuan）、张（Teo）的人中招募成员，入会仪式由新加坡洪门致公党的发起人组织。其招募活动因1948年3月5日在金文泰路上被逮捕了88名成员而停止，但1950年5月又重新开始了招募新成员的活动。桃园这个名字在与刘姓、关姓和张姓①人关联时有特别的意义，因为它让人想起已经成为三合会传统之一部分的中国三国时期的桃园结义。如果建一座桃园

---

① Low，Kuan，Teo 在普通话里拼作 Liu，Kuan，Chang。

庙,不仅可以作祭奠场所,而且可以成为新加坡三合会的中心。对该会党首领的逮捕阻止了进一步的发展。

从共产党组织暴动以来,就一直存在共产党可能寻找利用秘密会党匪帮的时机的可能性。1950 年,当新加坡共产党的威胁从宣传转为暴力活动时,有人发现秘密会党成员已经卷入其中了。12 月,14 名年轻华人在麻坡路一号被捕,共产党的文件被翻了出来。调查显示,这些人与多起身份证抢劫案有牵连。他们都是秘密会党成员,有的属于全义和(Choan Gi Ho,18 组),有的属于泰山帮(Tarzan Gang,18 组),还有的属于义同兴(Gi Tong Hin,24 组)。1951 年 6 月,石叻路(Silat Road)的许多秘密会党团伙也被发现与马来亚共产党有联系。根据《紧急条例》规定,59 人被捕。他们都属于反英联盟(马来亚共产党的一个附属组织),是义昆堂(Gi Kung Tong,18 组)① 的成员。有的人承认,因受该联盟的煽动而犯下各种罪行,比如纵火焚烧公交车,抢劫身份证,散布马来亚共产党传单,等等。

同时,警方采取了针对马来亚共产党的激烈行动,包括1950 年 5 月逮捕了新加坡城市委员会的 4 名成员;1951 年 1 月和 2 月,逮捕了反英联盟英文分会的成员;1951 年 7 月,缴获了《自由新闻》的印刷机,揭露了共产党的各个支部,使共产党组织陷于混乱。1952 年,共产党不再进行公开挑衅,回到向劳工和学生阶层进行秘密渗透的政策。公开的暴行减少了90%,公开散发的传单少得几乎可以忽略不计,但再次利用秘密会党针对个人实施了几起残忍的攻击行为。在共产党的蛊惑之下,这些匪徒于 1952 年 11 月枪杀了新加坡牵引公司的巴士司机;1953 年 1 月枪杀了一名华人男子;1953 年 5 月枪杀了一名侦探。

对于立法会为抵抗马来亚共产党的颠覆行为而授予的权力是否应该继续用以控制与共产党无关的秘密会党这个问题,官方圈子里自 1951 年开始就存在疑虑,并且,随着地下世界继续相对平静,政策日益放松。1951年中期进行了一项裁定,即当已确定某个人是秘密会党成员,但此人又没有犯法,而且在《紧急条例》时期也没有其他特别活动时,就不可以发出任何拘留令,但是可以通过指示令控制他的夜间活动,并要求他向警方

① 有的警方文件拼作义群堂。——译者

报告行踪。一年后，政策进一步放松，于是，在没有获得颠覆活动或颠覆倾向的证据时，不可以再根据《紧急条例》授予的权力来拘留任何类型的罪犯，尽管并不禁止在合适的案例中使用指示令。8 名因此被拘留的罪犯依指示令释放，同时还有其他 47 名被延期拘留的人也被释放。自 1953 年初开始，即使是这样的指示令也不发了。这样，秘密会党成员只要不干颠覆活动，就不用害怕《紧急条例》的权力。

正如所预料的那样，根据这些规定运用权力毫无疑问导致了秘密会党活动和犯罪的普遍减少，但 1952 年底又出现了不好的迹象，从 1953 年中期开始，警方恼火地发现，尽管他们非常努力，秘密会党会员及有组织的会党集团的犯罪在增加。这一年的前六个月里发生了 60 起秘密会党冲突，而 1952 年全年只有 25 起。到年底，重罪数字显示，抢劫案的报案数从 1949 年的 10 起增加到 1953 年的 33 起。有人估计这个时候的新加坡有 360 个秘密会党，其中 136 个在积极活动，其中包括 110 个福建人和潮州人会党、18 个广东人会党和 8 个马来人或印度人会党。除了拥有 7 个分会的强大的潮州三字会，大多数福建人和潮州人会党仍旧属于 5 大集团："8""18""24""36"和"108"，但是没有永久的集团首领，也没有领导人，没有总部。整个集团的重要事件有时由会党首领们在方便的咖啡店里讨论。会党集团内部尽管有互相忠诚的措施，但经常发生冲突，24 集团与 108 集团就一直在互相械斗。广东人、客家人和福建人共有 25 个会党，仍旧在万义（Man Yi）、兴（Heng）和群义（Khwan Yi）①的掩护下组织活动。除了这些华人会党之外，印度人、马来人和欧亚洲混血儿也搅在一起，寻找"轻松得来的钱财"，其所用名称包括泰山、英雄、B. 29、飞虎，以及黑原子弹。福建人和潮州人会党中有 8000 名成员在警方有记录，其中 75% 被列为"活跃分子"。广东人会党的 1400 名成员被记录在案，34% 属于积极分子。马来人和印度人集团有 500 人被警方记录在案，其中 20% 是活跃分子。尽管有混合成员的团伙，而且他们也制造了很多麻烦（1953 年，五名秘密会党杀人犯和两名谋杀未遂者都是政治混合会

---

① "万义"也叫"七方八面"（Ch'at Fong Pat Min; Seven Cardinals, Eight Faces）。"兴"也叫"五方六面"（Ng Fong Luk Min; Five Cardinals, Six Faces）。"群义"也叫"三方四面"（Sam Fong Si Min; Three Cardinals, Four Faces）。

党中找到的），但是华人会党仍然是主要问题。考虑到会党成员中本地出生、不能接受法律的制裁的人日渐众多，警方再次注意到《驱逐条例》正在失效。据估计，本地出生的成员占到总会员的 80% 或者 85%。但1953 年还是发了 350 份驱逐令，其中只有 33 份在当年执行，逃脱的人与1947—1952 年持平。

警察还认为，《社团条例》对于处理在新加坡发现的犯罪团伙类型没有太大用处。尽管，有的人纯粹是三合兄弟会会员，许多不是，但这些团伙的入会仪式没有任何是可以从《社团条例》的三合会部分反映出来的。尽管一些福建人和潮州人会党有房或者总部，但它们往往也是某个店铺的一间房。会员在此睡觉，几乎没有家具，也没有任何明显特征。缺乏书面证据，实际上不可能证明某个人是法律意义上的"会党"的一分子。另外，警方还进一步声称，根据《社团条例》第 22 部分的条款对嫌疑人拍照和取指纹不再具有威慑作用。以这样的方式召集来的歹徒不可拘留 24小时以上，因此他们又回到原路上去了。匪徒已经习惯于这种套路，知道接下来什么也不会发生。

于是，警方向政府派出代表，呼吁更严格的立法，对现有法律的回顾肯定会发现所有可以用来对付帮派的条款是否都用上了，结果发现，只有刑法典第 75 部分的法律条款没有被完全利用，该条款让法庭可以命令那些看起来会破坏和平的人具结保证。在当年（1953 年）的最后几周里，32 名团伙首领进行了具结保证。但是很快就表明，这种形式的间接打击不会有什么意义。于是，必须仔细考虑通过新的立法来处理这个继续存在的问题的可能性了。

为了加强警方对团伙的打压，犯罪侦察科进行重组，1954 年 3 月 1日成立了一个单独的秘密会党组。在这个组又包括三个小组，一个对付福建人和潮州人会党；一个对付广东人会党（包括客家人和海南人）；第三个则对付印度人和马来人会党。就在其形成后不久，该组得到信息说，最近要在市郊一采石场附近举行一场三合会入会仪式，并听说有人建议在此举行另一场仪式。警方安排一旦仪式的日期确定就要转告他们，但直到10 月 12 日才接到通知。在得知仪式已经开始后，警方人员分散埋伏在通向该地点的所有道路上。深夜，36 名会党成员在离开现场时被逮捕，并在现场发现了通常的举行仪式的用具。随后，被捕者中有 31 人被指控有会员身份和参加非法社团会议，受到监禁7个月的处罚。

秘密会党小组继续积极活动以对付帮派，到年底，共逮捕2920人送审，其中384人被拍照，并依《社团条例》第22部分的条款进行记录；55人被法庭判有罪，罪名是参加非法会党，他们中的22人身上有与其会党相关的文身标记。1954年1月，警方意识到，文身这件事初看起来是团伙成员为辨别身份的特殊方法，但实际上与战后非常流行的佩戴徽章的行为性质相同。但那个时候《社团条例》没有起用，所有会党都是合法的。自1947年4月重新起用《社团条例》以来，这样的会党都是非法的了。与会党掌握的权力相比起来，这种权力很少引起警察关注，会员们随时准备公开展示其胳膊或胸膛上代表自己所属会党的文身图案。必须承认，绝大多数图案是神秘的，非成员难以明白其含义，但图案里很多都有会党或集团的数字。拥有这样一个区别性标记就是警告其他所有人：他是受"保护"的，于是不会有人轻松地上去搭讪。文身也是为了传达令人敬畏的印象，在其圈子里很普遍，它使文身者在向别人提要求时有一种非常有用的虚张声势的气氛。

在早期的这类案件里，警察能够把被告送上法庭判加入非法会党罪是幸运的，因为要使法庭对一个仅仅被某个会党成员使用的特别图案满意可能有困难。但随着案件的增多，这些图案又含有该会党的数字，警方已能够自信地进行调查。有些人甚至因为害怕受审而通过使用强酸来烧毁所有的皮肤表层直到肉里，以消除文身，结果留下了可怕的伤疤。还有些人自愿到侦探所报告自己是无意识地文上了这些似乎就是秘密会党标记的图案。在这些案件里，如果不知道某个人是三合会成员，就不会起诉，但因文身被法庭审讯的人，会被判处1—5个月的入狱。即使如此，这些审讯仅仅牵连到秘密会党活跃成员中很小的比例。

政府考虑到实施更加严厉的法律以处理匪徒的可行性，于是根据1948年的《英国刑事诉讼法》第21和22部分的条款起草了劳动改造和拘留改造提案。其导言中就宣布该法案将是"为处理非法会党会员，或与其有关人员提供新方法的一部条例"。

正如当初起草时那样，它授权法庭（高等法庭和地区法庭）：任何年满18岁犯有细目表上规定的某些罪行的人，并且是非法会党成员，或者与非法会党有关，就可以判处不少于3年不超过7年的监禁。而同样的情况下，一名年满 30 岁的人可能会受到不少于 5 年不超过 14 年的入狱判决。其他条款还授权法庭禁止某些人在晚上 7 点至早上 6 点之间外出，并要求这些人向警方通报其活动情况、住址变动；任何时候法庭都可以命令这些人具结保证和平，或接受警方监督。在这些案件里，法庭必须一开始就认定某人是非法会党的成员或者与非法会党有关。

该法案还规定，由警方代理监督官或社团注册官签署的证书应该是非法会党成员身份或者与非法会党有关联的决定性证据。这一条款增加了民众的不安，当议案于 1954 年 4 月 13 日提交到立法会选举委员会时，有几份修改建议都表示，警察或社团注册官签的证书不应该作为决定性证据被接受，而仅仅应该被当作实际情况的初步印象证据，是否可以作为证据被接受要由法院来决定。另外还有一项修正也很重要。最初的议案中提出，在此类案件中警察局官员或普通警察的法庭陈述同意作为证据被接受。这在大英帝国及其某些殖民地上是个出名的法律条款，但选举委员会以 3:2 的优势推翻了这一结论。通过修正，该法案在 1954 年 10 月通过，是为 1954 年《刑事司法（临时条款）条例》*Criminal Justice（Temporary Provisians）Ordinance*。它是暂时性措施，有效期仅一年，虽然授权总督可通过立法会议延长有效期，但每次不得超过 12 个月。

该条例在 1955 年 4 月 1 日生效。但到年底，警方报告说，该法案能提供的帮助很有限，其主要规定是仅仅在定罪之后才有效，而定罪很难。警方提供给法庭的 65 份证明书只有 18 份被接受，尽管到年底仍有一些案件悬而未决。警方也没有把该条例当作过去最有力的武器——《驱逐条例》的有效替代物。一些犯人被释放，其他人的指控则被减到新法律不适用的更低的类别。任何案件中，因为难以获得证据，可以送上法庭的案件的数目如此之少，以至于其对会党的影响可以忽略不计。

实际上，新加坡 1955 年遇到了很大困难，既有政治上的动乱，又有工业上的不安，秘密会党还利用所有骚乱的时机来追求他们的目的。年初时，有一部新宪法生效。根据该宪法，4 月将要选举新的上议会。上议会由 32 个人组成，其中的 25 人将由选举产生，4 人将由总督推荐，还有 3 人 [即首席大臣（这一名称是由从殖民地大臣转变而来的，从名称的变化可以看出其功能的改变）、检察长和财政委员] 将是理所当然的成员。部长委员会议将取代最高行政会议。部长委员会包括总督、3 名官员，以及多数人党派的领袖（他将拥有首席部长头衔）和其他五名由他任命的部长。与过渡时期相吻合，该宪法是为通过让某个政治党派在选举集会中获得多数票并获得行政经验以铺平政府自治的道路而专门设计的，尽管财政、防御、内部安全和外交事务仍然暂时掌握在对总督负责的官方议员手中。

即将到来的选举自然刺激了当地政治党派的活动。以中国为依靠的政治党派的成员也没有放慢利用时局的步伐，与1946年及1947年和1848年时一样，国民党和"中间道路"集团都再次想把秘密会党组建为联合协会，公开承认其目的：部分是阻止秘密会党内部派系之间的争斗，并建设一个堡垒以对付共产党在学生和工会中不断加强地渗透，但同时也是加强他们自己在本地的权力和推动其在中国的特别党部的政策的一种方式。[在此时期，香港在这方面的发展也很明显，国民党企图在那里把右翼工会成员组织为洪门义永堂（Hung Mun Yi Yuen Tong）——民治党的一种新表达]

国民党在新加坡地区发展很快。早在1954年中期，该党派的一名积极分子，也是马华公会的一名委员就从台湾发出要求，要华人学生抵制共产党的影响，鼓励他们回到"民国"来深造。他的努力体现在1955年2月组建的一个受马华公会支持并向秘密会党招募成员的所谓青年党的努力上。组织者声称，通过纪律、管理和反共产党思想的灌输，这些青年将会被改造成守法公民。尽管没有声明，但可以肯定，这个组织将会被用来在马上就要开始的选举中支持某个候选人。

秘密会党首领于2月20日召开了一次会议，大约有200名代表参加。会议选举出一个17人组成的中央委员会，并提议要设立25个支委，各自负责一个选区，该提议被通过。但是，当他们发现政府不会支持这样一个组织时，停止了该计划。这次努力的一个好处就是为108集团和24集团这两个长期以来一直因世仇而对抗的集团的首领提供了联系媒介，两个集团的首领都坐到调解会议上来了，尽管这只是暂时的缓和。

选举在4月2日举行，五大党派的10名独立候选人进行竞争。劳工阵线赢得多数选举，其领袖大卫·马绍尔（Mr David Marshall）应邀组织政府。大卫·马绍尔在两名指定成员和三名官方议员的支持下，组建了巫统（UMNO）—（马华公会）（MCA）—新加坡马来亚联合邦集团的联合政府，他的三个席位使得他在议会中占绝大多数。

在选举前几个星期，当地掀起了声势浩大的竞选运动。在这些运动中，殖民制度受到一些候选人，也包括一些受压迫者和即将被释放的人的痛斥。有人发现向秘密会党会员拉选票非常适合，于是绝大多数候选人便有意无意地在自己的战略组织中利用这些会员。由于这些人都是单个而不是集体雇用的，许多候选人并不知晓自己与这些帮助自己的人之间的关系。相反，提供帮助的会党成员却清楚地认识到提供帮助的价值，并向侦探表明，如果自己的候选人获胜了，他们在议会中就会有一个席位，如果有麻烦，就可以向他求助。

在某些情况下，秘密会党的影响比估计的情况要大得多。1958年由选举腐败、非法、不良行为调查委员会公布的报告里提到，1955年公众选举时，除了秘密会党成员使用的恐吓外，到投票站的投票者被当成了"贿赂投票者的方便程序"。报告说：

> 一名投票者被告知，只要候选人在选举中成功获胜，他就会因投此人一票而获得贿赂金。陪伴投票者到投票站的秘密会党成员会记录下此人的姓名和地址，在选举之后，如果候选人成功了，将会按照所承诺的金额付给报酬。然而，即使这样，恐吓的作用也不小，因为如果该候选人没有成功，而且他的得票与预期相差很大的话，没有按照指示行事的投票人不仅会失去获得贿赂金的机会，而且还要担心遭到秘密会党成员的调查和惩罚。

一名被击败的候选人（一名欧洲人）在其报告中说，公众集会对于自己的选举活动不太有价值，而秘密会党的干预是选举的一个重要因素。这只是一个人的观点，是一名欧洲籍失败候选人的观点，但毫无疑问，华人大众普遍感觉秘密会党虽然可能不是选举的决定性因素，但起到了一定的作用。

然而，并不存在具有特别政治目的秘密会党联盟。在同一个地区，我们会发现，一个特别秘密会党集团的某些成员在为某个党派工作，而同一集团的其他成员为这个党派的敌对党派工作。鉴于此，再加上警方特别提高了警惕，参加选举活动的成员之间没有发生内部的械斗。但值得注意的是，选举结束，新政府就任后，发生了好几起被捕的秘密会党成员向其选出的议员求助的事件。

这就再一次使人误认为有关议员应该是知道这些人的生活方式的，或者说他们必然处在会党的影响之下。委托人向议员说警察毫无理由地逮捕他，议员则觉得自己有责任来调查此事。有关候选人越是在选举时期得到过强烈支持就越是如此。但很明显，会党成员相信，或者说是希望，新宪法能够提供削弱警方企图压制帮派威胁的权力的前景。

除了因宪法模式的改变和选举中参与者的充沛激情带来的煽动情绪外，不少行业纠纷也因许多罢工团体所表现出的对法律和命令的藐视，以及在罢工中出现的恐吓、威胁、破坏和暴动而成为公众关注的焦点。随之进行的还有罢工工人以及由其支持者——共产党的顽强阵地、华人中学生联盟——组织的把仇恨目标指向警察的运动。

从 1951 年开始，警察的行动使得新加坡共产党放弃了公开的暴力，转而赞成颠覆。共产党代理人集中精力在工会和华人中学生联盟里安插地下工作者，这一政策得到中国共产党的赞同，因为它可能会赢得劳工和学生的支持。为了推动该政策的深入执行，1952 年的某个时候，一名能干的劳工组织者被介绍给新加坡反英联盟。1953 年时，他已经成为马来亚菠萝罐头工人工会合并组织的主席。1954 年，他被任命为新成立的新加坡工厂与商店工人联盟的副主席，1955 年又成为另一个新协会，即农民协会的领袖。此人还是 18 集团义和会（Gi Ho）的一名成员。作为马来亚共产党统一战线的一名积极领导者，他通过他所控制的组织，通过利用共产党庆祝活动、人们对工资的不满和农业人口问题，以及通过在教育圈子里散发统一战线的宣传品等活动，把共产党影响扩大了。共产党的渗透不仅仅局限于劳工和学生组织，而且在 1955 年里扩大到警察队伍中。当时，由不同阶层的左翼人士组成的人民行动党（PAP）在 4 月对选举进行抗议，尽管仅仅赢得了三个席位，但是成为议会中最积极的抗议者。

新加坡新政府成立后不久就发现受到好战的工会主义的挑衅。所有的纠纷中，最重要的是福李（Hock Lee）巴士公司的争吵，它拖了好几周，最终导致了 1955 年 5 月 12 日的暴动。在这次暴动中，共有 4 人被杀，其中两名是警察。尽管秘密会党成员对暴动的爆发没有责任，但他们利用骚乱的机会加入了袭击警方的行列中。从那时开始，暴力犯罪明显增加，其中许多都与秘密会党暴徒有关。

新政府在 4 月 26 日和 27 日召开的第一次议会上的第一个行动就是废除《紧急条例》的一些规定——规定之一就是授权警察局长可以实施宵禁，如果他觉得有必要的话。因为这是在选举中所做的最重要的承诺。5 月 13 日，即福李暴动的第二天，政府觉得有必要恢复这个发布宵禁令的权力。16 日议会召开紧急会议肯定了这一行动。于是，人民行动党的领导人因为与罢工分子涉及的协会有联系而被起诉，指控其鼓励罢工分子顽抗和煽动工人暴动。因为这个原因，政府很容易受到不称职的反指控。可以肯定的是，共产党向工会和学生会的渗透的加强，以及某些候选人在选举中的煽动性语言所激起的政治动乱，为扩大共产党阵线的组织进行的起义的混乱和刺激提供了机会，并导致了暴徒和秘密会党成员参加的市民骚乱。

后半年还发生了许多行业纠纷，一些影响到公共事业。其中最恶劣的就是企图在煤气厂、电站和民用机场搞破坏。绝大多数罢工都有罢工分子的破坏与警察为清除这些行动的反破坏，同时恐吓也广泛存在。发生了51 起焚烧摩托车——通常属于欧洲人的——事件。尽管警察对提供信息的人高额悬赏，但是没有得到任何信息。

在此情况下，警察一直忙于处理行业纠纷，秘密会党便得以有一个宽松环境来开展活动，也可能是受新时代即将来临的信念的鼓舞，因为柔佛6 月取消了 9 份关于驱逐秘密会党成员的命令，并释放他们。其中 7 人参加了 1954 年 10 月举行的入会仪式。这一年，犯罪活动迅猛增加，共有39 名凶手被定罪（相比之下，1954 年是 19 起），其中 11 起是秘密会党分子所为（前一年只有 4 起是秘密会党成员所为）。

为了给选举中的候选人提供有利证据，比如一个"压迫型"殖民地政府的证据《紧急条例》规定在 1955 年 10 月 21 日停止生效，因为就在那一天，《紧急条例》措施失效，且没有重新宣布生效。与 1872 年的《和平保护法》一样，《紧急条例》状态也持续了很长一段时间。1872 年的戒严维持了 13 年，尽管原打算仅仅在暴动和骚乱时期才起用。1948 年的《紧急条例》持续了 7 年，但与前面的戒严不一样的是，这次的戒严每三个月就要提交新加坡议会进行重新讨论，而每一次有关《紧急条例》的言论都会交给议院和有机会（经常使用）批评《紧急条例》规则的人。

但是，1955 年的新政府认为，已经持续了 7 年的局势依然被叫作紧急状态是不合适的。但在新政府上台的头几个月里，受共产党控制的有名的中间集团工会的权力有了极大的增长，是他们制造了绝大多数的行业骚乱，这使部长们明白了《紧急条例》规则中的某些非常权力必须保留下来，直到恢复和平为止。联合邦政府着急考虑的另一情况是处理共产党的权力不应该放松，以免新加坡成为联合邦丛林战争中共产党的避难所和组织基地。新政府很难做出决定，特别是对于首席部长来说，他在选举中无节制地谴责了政府使用《紧急条例》规则授予的权力。但是9月实施的法案包含了认为必须保留的权力，有效期为三年。

新法律就是《公共安全保护条例》，它是1867年《和平保护法》的复活。1955年的条例（1955年第25号）于该年10月21日生效，这一天，非常时期的戒严终止，它的主要条款涉及命令拘留的权力。产生这一权力的部分如是说：

> 3（Ⅰ）如果总督会同行政局同意，为了阻止某人以任何方式参与危害马来亚安全或者公共秩序或者重要服务设施，那就有必要逮捕此人，首席部长将亲自发布命令，指示对这样的人最长可拘留两年。

此条款与《紧急条例》规则的重大不同之处就是，根据新条例，必须让总督会同行政同意逮捕某人；而根据旧规定，必须是首席部长认为有必要发布逮捕令。但在上诉方面还有一个更加重大的不同之处。根据旧规定，反对命令的上诉要向一名法官主持的顾问委员会提出，该委员会再向总督建议；根据新法律，上诉法庭由两名法官和一名地方法官组成，有驳斥、修改，或者确认命令的权力。警察被授权可以在毫无理由的情况下实施逮捕，并可对警官有理由相信会有证据来证明可以根据条例拘留的任何人，或者已经将要以任何方式危害到公共安全或公共秩序的任何人继续进行调查。如果必要的调查不能够提前完成，这些案件的拘留时间就可以延长到16天。警察局局长被再次授权实施宵禁，条件是除非得到总督会同行政局的确认，任何宵禁的命令不得超过48小时。根据该条例的条款，可以对被拘留者拍照和取指纹。

与以前的规定一样，新条例没有提及共产党分子、共产主义，或颠覆这类字眼。但其实施的背景就是共产党的颠覆运动，新法律的权力不用于逮捕和拘留与颠覆运动无关联的罪犯。因此，该立法对警方控制帮派活动没有直接作用。但是，它重申了处理颠覆分子的权力，这些人利用工会制造不安全氛围，帮派借此生存。这是有重要意义的事件，因为到该年年底已经发生了 275 起罢工事件，骚乱的浪潮还在继续，而在 1954 年只发生了 8 起罢工，1953 年只有 4 起。

在实施新条例的同时，另一条例，即《刑事法（临时条款）条例》*Criminal Law（Temporary Provisians）Ordinance*（1955 年第 26 号）被通过。其条款包括禁止重要服务部门的罢工和停业，限制展示民族象征的权力。警方被授权可以驱散在任何地点举行的公共或私人集会，只要首席部长宣布对公共和平存在直接威胁的因素。携带爆炸物品并意图危害生命和财产安全的人将处终身监禁和鞭刑，陪同人员也会受到同样的惩罚。根据条例，还制定了关于审判罪犯的条款，如果法庭认为有利，可以录像；被告向警官或者督察之上的任何官衔的人自由表述的任何言论都将被接纳为庭审证据。

除了这些企图改善局势的立法之外，警察本身也不仅仅可在任何时候直接对秘密会党成员采取行动，而且对赌场、彩票组织者和鸦片沙龙发动不松懈的战争，所有这些与秘密会党相关的组织的人员毫无例外都是由秘密会党成员组成的，他们依靠秘密会党的保护而存在。最"卓越的"秘密会党的作用就是充当非法企业的保护伞。这倒也不是说合法的生意人——店主、市场摊贩、领有执照的小贩——就能逃脱他们的保护网，这些人也要交纳保护费，但非法单位，比如赌场、鸦片沙龙、无执照的小贩，或者妓院特别有吸引力，因为他们的管理层鉴于其贸易的非法性而不敢向当局起诉，于是他们大部分收入被保护者勒索走了。

犯罪侦察科毒品和赌博部工作范围的一些观念可以从下表的数据中看到。

华人秘密会党在马来亚的影响　　　　（单位：次）

年份	1953	1954	1955	1956	1957
毒品					
搜查的沙龙		3796	3720	3149	2541
搜到鸦片烟斗		2978	1787	1749	2053

续表

年份	1953	1954	1955	1956	1957
搜到的鸦片灯		2879	1571	1543	1678
被法庭指控的人		1851	989	1070	656
赌博					
搜查的赌窟	688	588	540	878	620
被发现的赌博	480	420	348	643	518
赌博					
被捕的人数	1437	920	885	1216	401
缴获的十一趾赌博款（千美元）	323	525	241	207	6
罚款（千美元）	146	234	198	97	12
被判入狱者	22	32	53	48	1
解散的俱乐部	8	6	6	2	–

资料来源：犯罪侦察科 ARs，1955—1957。

就在新政府于 1955 年 4 月上台掌权之后不久，又有人建议组织秘密会党联合体，这次是那些在 1947 年 12 月曾经有此企图但在 1948 年 5 月遭拒绝的狂热者支持这一建议。组织者明显希望新选出的政府在面临无法解决的日益增加的帮派战争和共产党鼓动的广泛盛行的劳资纠纷问题时，会欢迎一个有双重效果的计划：即吸收秘密会党于一个其影响力可用于对抗共产党的可控制组织之下。

这次运动的首次行动发生在 1955 年 7 月，当时，发起方的代表要求联合邦信息科（US Information Service）的一名成员运用他的影响力帮助被提议的协会获得登记。社团注册官只是略有所思地听完这个要求，没有给予任何鼓励，但是在接下来的几个月里经常有报告被反反复复送上来，华商、政治党派的重要成员，甚至连部长都找过了。11 月底，他们已经制定了目标和章程，意图向官方申请承认一个名为东南亚洪门致公党的"党派"。为了能让政府接受他们的申请，支持者还帮助维持和平与秩序；解决劳资纠纷；抵抗共产党的威胁。而且，为了建党，该"党"将鼓励其党员"在合理工资基础上进行合作"，只要政府提出要求。作为回报，它建议政府任何时候都应该保证该党党员的公民权，为了提高"党"的威信，还应该给提出申请的党员提供特别便利。

该党还制定了在各区和各州建立分支机构，并在城镇建立下级分支机构的规定。其党员被分成四类：原始党员（也就是原来洪门兄弟会的党员）、终身党员、普通党员和资助党员。资助党员仅仅免除参加传统的秘密会党的宗教型入会仪式，而这对"党"的所有其他党员来说是义不容辞的。

很清楚，一个其会员将会被仪式和誓词所约束，并将接收三合会的纪律准则的三合会组织需要正视。但到1955年底，登记申请仍没有交给注册官，同时尽管出台了新的法律，警方也对帮派继续施加压力，敌对秘密会党之间的冲突及他们的会员实施的犯罪活动仍在继续增加。1955年11月，24集团和108集团之间为争夺硕莪街（Sago Street）和珠烈街（Chulia Street）周边地区的保护权而再次发生仇杀。两集团的首领在一间咖啡店里会晤，试图通过谈判来解决问题。但当谈判失败时，两派人从咖啡店里互扔瓶子，并从附近的小货摊上拿刀来互相攻击。60多名会员参加了各种不同的械斗，其中有7起持续了一整夜。5名年龄在17—20岁的会员被严重砍伤或刺伤，还有4名过路人受伤。在这种情况下，警察得到可能械斗的消息，召集两集团的首领，并警告他们不要扰乱和平。

海峡时报在评论这个"流氓帝国"时说：

> 这次团伙之间的小打小闹最烦扰的事情就是团伙的大老板认为发动这样规模、这样公开的战争没什么关系。尽管当局反复警告要"打击秘密会党团伙"——其中的368个已为警察知晓，但这些团伙仍与以前一样大胆活动。这场战斗使那些受这些歹徒"保护"的店主和贸易商确信，警察局不是他们的保护所。警察必须开展工作的困难是异常大，但是生活在这些歹徒的阴影下的店主则只感受到歹徒的强大和警察对付歹徒的无能。原因是值得探究的……秘密会党远不曾衰弱的活动显示了其复兴和卷土重来的活力。

此评价是正确的。帮派正稳居上风。

马来亚联邦，1956—1965

一　概述

1956—1958 年间的主要政治发展就是 1957 年 8 月 31 日马来亚取得了联合邦自治。警察所采取的措施就是要保证在独立日到来之前不会出现破坏性的骚乱，并在此后的数月间仍有影响。

秘密会党世界自然接到了很多警告，每个警察小分队成立一个专门处理秘密会党镇压事务的特别部门的做法得以对警方盯上的嫌疑人或警方所了解的人进行密切监视。不过，在 1956 年期间，尽管警方盯得很紧，在霹雳、森美兰和马六甲还是出现了三合会的入会仪式，而且在好几个州发现有许多新会党，这足以说明三合会传统的根深蒂固。虽然这一年的记录中频繁地提到一些小事件、敌对帮派之间的冲突、警方的镇压等，但情势还是得到了控制。一些参加三合会入会仪式，或持有三合会文献，或被证明卷入械斗的案件被起诉到法庭，但更多的时候是根据《限制居住条例》中的驱逐条款处理了。

1957 年开年就不顺，槟榔屿发生了一系列骚乱（详见后），特别是有场骚乱居然正好发生在为同意独立而搜集公众意见的非常敏感的时期，光头党（Kwun T'au）在全国范围内迅速增长，该团伙向华人传授防身术，包括刀枪不入的计谋和巫术。霹雳一名秘密会党首领在招募会员时居然公开说，独立以后，英国人撤走了，华人就要自己保护自己了，所以现在要保卫三合兄弟会。

在马来人方面，则教人们马来武术的团伙比较多，马来人的防身术中也有刀枪不入那一套。除了限制华人和马来人参加这样的团伙以外，当局还在 2 月采取了驱逐秘密会党成员的代号为"渔网行动（Operation Pukat）"的打击措施，目的是在 8 月 31 日的独立庆典到来之前把这些流氓帮派从他们的活动地盘上清出去，将发生骚乱的风险降到最低。一旦发生骚乱，在那种人群拥挤、情绪高昂的地方非常容易导致严重后果。一些上了黑名单的人已经被找来谈过话，而一些有名气点的首领已经被驱逐，其他人也已经拍过照并警告过了。就这样，全国数百名秘密会党中人及歹徒被警察梳理了一遍。

独立庆典期间，一切都有序进行，整个联合邦都没有出现骚乱的迹象，但值得注意的是，尽管有渔网行动的实施，还是有关于举行入会仪式的报告上来，其中一次是 6 月在离吉隆坡仅 6 英里的雪兰莪（而那里的警察驱赶活动是非常彻底的），有几次发生在马六甲地区，还有一次发生在森美兰。

召集所有出名点的嫌疑人来谈话并给他们提出警告这一方式一直延续到 1958 年。这样做本身对这些人就具有威慑作用，而警察在与这些人谈话中了解到的信息又可以被警方将来实施《驱逐条例》和《限制居住条例》时进一步使用。根据相关法律进行的调查结果使 17 人被驱逐，130 人被限制居住。警方 1957 年的努力在 1958 年看到了效果，那就是大多数州的突发事件大幅度地减少，尽管还是有冲突发生。那一年，秘密会党谋杀案只发生了 8 起。一项针对秘密会党对联邦军队渗透情况的调查表明，军队中已经有很多华人士兵，特别是联邦步兵团。9 月，有 60 人因此原因而离开联邦军队。

立法行动

1957 年的槟榔屿暴动时（见第 527 页）使人们意识到处理威胁公共和平与秩序的永久性法律不足以应付这种情况，必须求助于为镇压共产党煽动叛乱活动而不是为此目的而制定的《紧急条例》。为了将这样的权力变成永久性法律，《公共秩序保护法案》于 1958 年 9 月被提出，规定任何地方发布的声明一次不得超过一个月，一旦这样的声明发布出去，政府在不违法的情况下就有权采取诸多控制措施，包括实施宵禁；封闭道路；驱散旁观者和强夺者；禁止集会或游行；收缴武器；将煽动者赶出某一特定地域；禁止不利于公共安全或煽动违法、引起暴力事件的任何书面的、口头的或其他形式的文字材料。该议案于 10 月 25 日得到绝大多数人赞成而通过。虽然该法案并不是特别针对秘密会党的，因为它不可能在日复一日的警察与会党的对抗中使用，但它显示了政府治理社会治安的态度，给民众以信心。

虽然 1957 年的严重犯罪有所下降，但到 1958 年政府就并不完全满意了，因为正如在新加坡那样，警察把嫌疑人找来了，审问之后又放了，开始时还能安静几天，可时间一长，地下世界认识到这只是一种规则而已，不会有任何惩罚，生意可以和往常一样继续发展。

于是，又开始考虑通过实施与新加坡 1958 年所实施的相同的立法来进行更紧密地控制。该立法规定，只要执行官命令，不经法庭审判就可以进行预防性逮捕。[①] 1959 年 2 月的一次记者招待会上，东姑阿都拉曼（Tunku Abdual Rahman）在谈到秘密会党"日益增长的威胁"时表示，联合邦宪法条文排除了采用这种性质法律的可能。因此，必须有一种不同的方式和一部预防犯罪法案得以实施，其"目标和理由"如下。

> 在最近一段时间里，秘密会党会员、歹徒、勒索者和其他犯罪分子的活动明显。如果不采取有力的行动来镇压，这些人可能会成为严重威胁。经验表明，仅有刑法的普通程序是不够的，主要是因为这些深受有组织团伙和会党之害的人因恐惧而不愿意公开出庭作证。以前，这类犯罪活动一定程度上是通过驱逐法来控制的，但这对于联合邦的公民不起作用……因此，如果要有效地打击秘密会党，就必须有新办法来阻止犯罪社团和犯罪活动的增长。

通过这种机制要达到的控制目的就是维持对那些经调查被发现参与秘密会党或犯罪团伙者、毒品走私贩、买卖妇女者、非法赌博组织者、惯犯或其他令人讨厌的人的登记。在登记之前，警察要使调查官员对那些支持问题人属于某一类别的假设的充分证据表示满意。那些被登记的人应受到为期 5 年的警察监督，其行动也应受到限制。为了易于辨认，他们的身份证上有一大黑叉。如果在登记期内犯有任何罪行，其惩罚将比平常多一

倍,还要处鞭刑。有人向部长提出,反对登记,并要求撤销一段时期内表现良好的人的登记名单。该法案在 2 月 19 日的议会上得到一致通过,并于 1959 年 4 月 1 日生效。

这一年的政治事件是 8 月 20 日选举新的众议院。逮捕行动极大地削弱了各反对党的势力,自 1958 年 10 月开始,300 多人被归入"颠覆者"行列。最后一批仅在选举前 6 天被围捕,这种情况遭到了反对派领袖们的批评。在选举中,主要的政治联盟在 104 个席位中占据了 70 席,重新掌握了政权。

宪法规定,在对其进行修正之前,必须得到参议院和众议院总数的 2/3 的赞成。联合政府现在有足够多的票数来保证采纳其认为必要的对宪法的修补。

新国会在 4 月 19 日开始运作时就宣布,政府打算对新宪法实施多项修正。其中有一条是关于允许采用预防性拘留的。它还表示,此修正案是为了宣布《紧急条例》于 7 月 31 日正式结束,而在此之前,要通过立法来把《紧急条例》所授予的权力并入到永久性法律当中。

修正宪法的议案于 4 月 25 日经过一场尖锐辩论后在众议院通过,75 票赞成,13 票反对。在召集大家消除分歧时,许多投反对票的成员离开了议院。6 月 20 日,承诺要取代《紧急条例》规定的立法提交下院讨论,并且通过了所有步骤。7 月 6 日在上院获得通过,定名为《国内安全条例》。它规定,如果最高元首(Yang Di Pertuan)① 认为有必要阻止任何正在危害马来亚或其中任何地区安全的人,就可以命令对该人实施最长可达两年的拘留。或者对其实施与就业、居住、政治参与及夜间活动有关的活动的限制。它还规定,反对拘留或限制者可向由一名法官和两名其他人组成的顾问委员会提出上诉,他们的建议将送达最高元首。顾问委员会每六个月就要对所有案例进行逐一审查。

与在新加坡一样,该法律主要是为了取代《紧急条例》措施来对付

---

① 马来西亚是个君主立宪的国家。她的象征性统治者称为马来西亚最高元首(Yang Di-Pertuan Agong),由柔佛、雪兰莪、吉打、霹雳、吉兰丹、彭亨、登嘉楼的苏丹,加上森美兰的严端(Yamtuan)和玻璃市的酋长(Raja)轮流担任,每任为 5 年。另外四个州属——槟榔屿、马六甲、沙巴、沙捞越由象征性州元首(Yang Di-Pertuan Negeri)统治。——译者

进行颠覆活动者。自1958年10月反对共产党渗透开始以来，已根据《紧急条例》逮捕了300多人。①

为了对付匪徒，《预防犯罪条例》的修正案得以通过，它授权警方在无逮捕证时可以逮捕根据条例进行了登记的人，如果他在闲逛或与其他已登记者在一起的话。这一权力的扩张受到反对派成员西尼华沙甘（D. R. Seenivasagam）律师的强烈批评，他认为不应该把这种权力委托给警察。对此，《海峡时报》（6月29日）的社论是这样评论的："所有这类立法都是丑恶的，还会被滥用。本法所反对的匪徒活动则更加丑恶，这是普通法律程序难以处理的。"权力必须扩大的观点被普遍接受，警方5月的报告使这种感觉加强了。该报告揭示，在此前的15个月里成立的120个新帮派都是三合会或华记的分支，他们绝大部分集中在非常时期出现的新村庄里进行敲诈勒索。警方已经了解到有1500名秘密会党成员，其中350人根据《预防犯罪条例》进行了登记。

跟所承诺的一样，于1948年6月首次宣布的非常时期在1960年7月31日宣布结束。但是，这并没有减弱犯罪团伙对公众施加的压力。实际上可以看出，从这时开始，犯罪团伙的活动在增加，团伙抢劫和勒索，包括绑架富有华人的数目在增长。

新加坡政府6月份在安乐岛（Pulau Senang）建立罪犯改造中心，重新激起了人们对这一建议的兴趣。两年前就试图在联合邦地域里建造这样一个定居点的建议得到了联合邦政府的同意。10月3日，政府宣布选择刁曼岛（Pulau Tioman）东边远处的一个小岛作为试验基地。据说设立这样一个中心的另一条理由是中国不愿意接受被马来亚驱逐的罪犯。10月4日的《海峡时报》社论这样评论这一建议：犯罪威胁与以前一样严重，但不应该建立这样的管教定居点。

秘密会党1960年在各个州的活动细节不清楚，但12月出版的前9个月的犯罪统计显示，团伙抢劫和勒索剧烈增长。在雪兰莪，团伙抢劫和勒索均发生了275起；而在霹雳，团伙抢劫发生43起，还有不少于412起的勒索；在马六甲，花会彩票似乎在复兴，警方一年中对花会彩票进行了66次突然袭击。

---

① 共产主义渗透白皮书，1959年2月24日。

在 1961 年 4 月 21 日的众议院会议上,人民进步党领袖西尼华沙甘指责马华公会的青年组织招收华记凶手和歹徒入会,利用他们在选举中进行恐吓活动,这一说法得到社会主义阵线一名成员的支持。据说,他们已经为被送上法庭审判的成员募集了特别基金作为辩护费,还从一名做律师的叶姓参议员那里得到了免费的法律咨询。该参议员后来极力否认马华公会的青年组织与秘密会党之间有任何联系,还指控西尼华沙甘曾经在选举中利用匪徒,并免费为他们提供法律咨询。叶还说,马华公会青年组织(据说其成员有 50000 人)所采取的行动只是抵抗此种恐吓形式的简单的自我防卫。不管曾经的事实如何,有一点是可以肯定的,即马华公会青年组织确实用大卡车把其成员运到选举地,假装维持和平。

这一年,团伙绑架勒索赎金的事件在全国都有增长。5 月,政府决定要根据新加坡政府公布的法案实施新的立法,批准对犯此罪的人可以处死刑,对任何参与赎金谈判的人可以处以高达 7 年的监禁。司法部长梁宇皋(Mr. Leong Yew Koh)在向国会推荐该法案时强调了会党的严重威胁,他说:"秘密会党对马来亚华人社区民众的强硬控制达到了骇人的地步。"

1962 年的迹象表明犯罪仍然在增长,秘密会党压力肯定不小。这一年第一季度的团伙抢劫和抢劫统计显示,与上一年相比,增长了 40% 到 50%,而上一年又比 1960 年增加了很多。4 月,国会开幕典礼上的主讲中提到了秘密会党和暴力团伙对公共秩序的威胁,还提到现有法律不足以处理问题,而新法律正在考虑之中,要求警方提供尽可能的帮助与合作。

1963 年实际上与 1962 年的大部分时间一样,当地报刊上刊登的犯罪事件大部分被政治事件所遮蔽。从 1961 年 4 月东姑阿都拉曼第一次提出考虑组建一个包含马来亚联合邦、新加坡、沙巴的婆罗洲地区(前北婆罗洲)、沙捞越和文莱在内的马来西亚联邦时,从这些地方来的代表们已经进行过磋商。联合邦和新加坡的反对党派挑起的极力反对导致这两个政府对左翼领导人展开了激烈的行动。新马来西亚开幕典礼的日期原本定在 1963 年 8 月 31 日,但在最后关头,印度尼西亚总统苏哈托(他以前表示过赞同意见)的暴力反抗打乱了计划。此事停了下来,而婆罗洲地区的公民投票还在进行。最后,面对苏哈托的大张声势的抵抗——他迅速地组织了"对抗"运动,并伴有一直持续到 1966 年 6 月的军事支持,马来西亚(尽管没有文莱,它不愿意加入)还是于 1963 年 9 月 16 日成立。

这些政治上的变化和发展的消息已吸引了新闻界的全部注意力,很少有其他事件的版面,虽然这表明尽管新政府掌握了无须对嫌疑犯进行审判就可以拘留的强大权力,但公众仍然受困于几乎不受惩罚的团伙控制。

1964年的注意力仍然集中在外部对新马来西亚的骚扰上:菲律宾政府对部分沙巴地区的领土进行持续不断地挤压;印度尼西亚继续对抗,不仅在婆罗洲地区有印度尼西亚武装军队的偷袭和渗透,而且有偷袭部队在柔佛海岸登陆(8月),还有降落伞在柔佛州中心降落(9月)。

1月,有人再次提起应该在外海岛屿上建立一个关押罪犯据点的建议。内务部长表示,已有一个委员会在考虑这一建议,但这个报告的内容没有泄露,并有声明说这一观点已经搁置起来了。显然,说服有关州政府同意为此目的拿出一个岛屿来遇到了困难。毫无疑问,上年7月在新加坡安乐岛试验的失败也对该计划产生了不利影响。[①]

为颠覆目的而使用秘密会党人员的事在这年底被曝光,当时有人宣布,12名自首的秘密会党成员自被捕后已在印度尼西亚接受从事破坏活动的训练,并被送回马来亚参加此类活动。6月至10月间,他们制造了4起手榴弹袭击案,破坏铁轨,在马六甲俱乐部安置炸弹,并毁坏了马六甲地区一座电动路标塔的一部分。内务部长向国会保证,将尽一切努力把秘密会党置于控制之下,他们的活动将受到警方牵制。自从实行罪犯登记(1959年4月)以来,已有1237名不受欢迎的人物接受登记,其他还有不少人被限制居住自由。

1963年政体上出现了重要发展,新加坡和马来亚联合邦政治首脑之间的不合导致马来西亚的构成在8月9日发生变化,新加坡被排除在外。

看看1956—1965年间记录下的联邦诸州发生的几件事,就应该注意到1958年年底就已经没有了能为此研究提供材料的详细的警方纪录和报告。从那以后的资料来自新闻界和官方出版物,但相对来说,来源依然不足。从1959年开始,这些渠道来的资料只能作为主要研究的附言。

---

① 参见下文第567—570页。

二　槟榔屿

1956 年，三合会在槟榔屿出现了复活的迹象。年初，洪门会的一个"新 12 组"被发现。它由老 12 组的 5 名成员以及其他组的成员组成，与瓜拉古楼有密切联系，其目标是招募 1000 名成员。另一个老的组，即 20 组，也重组为"新 20 组"，与 308 集团联系紧密，而且也跟 308 集团一样与 08 集团交恶，并曾当街斗殴。

华人和马来人流氓团伙的一系列骚乱始于 1957 年 1 月庆祝市政委员会成立 100 周年之际。早在前一年 12 月选举新的市议会时就已出现了一些热点问题，当时，马来亚选民自信地认为可以获得多数席位，因此可以选出自由提名的首任市长。结果，华人赢得了多数席位，选出了一名华人市长。此事虽然没有导致公开、正式的摩擦，但毫无疑问华人与马来人流氓在 1 月 2 日举行庆祝会时发生了摩擦。华人舞狮团在巡游演出过程中与一群马来人发生冲突，结果演变成一场暴力械斗，华族青年攻击马来亚人，还袭击了一名试图控制人群的华人警察分局局长。在接下来的几个星期里，4 名华人和 1 名马来人被杀死，总共发生了 88 起袭击事件。社区领袖和到槟榔屿视察的东姑阿都拉曼的共同呼吁对平息局势起了一定作用，警方对有名的团伙成员的积极搜索也减少了骚乱蔓延的机会。

之后，警察局的秘密会党部在一名从犯罪侦察科调来的新领导管理之下加强了力量，并通过逮捕嫌疑犯，收集和梳理信息，在必要时发放逮捕证和拘留证的办法加强了打压。这次打压与渔网行动结合到一起了，但 3 月份发生在春满园（Wembly Amusement Park）附近的两起谋杀案牵涉到了八仙的成员。其他的记录表明仅有小规模的勒索案件发生，其中一件与华记一个自称为新花会（New Flower, San Fa）的分支有牵连。11 月，二龙虎（Two Dragons and Tiger, Yi Leung Hoh）与华记在日本街（或日本横街，Cintra Street）发生冲突，巴冷刀（马来人用的带鞘砍刀——译者）、匕首和硫酸都用上了。结果有 8 人被捕，其中 3 人是发生在芙蓉（Serembam）的一起谋杀案的"通缉"对象。

1958 年，警方审讯了近 1000 名嫌疑人。对和平局势的唯一骚扰是导致了一人死亡的几件小冲突和小袭击行为。涉及的团伙包括八仙、双虎

山、广东十虎、红花（Hung Fa）、花园（Hua Huen）、24 集团和新 20
组。5 月，警方的干预阻止了八仙和双虎山之间的决斗计划。后者的 9 名
青年成员被捕，结果发现他们是两所华人中学——钟灵中学（Chung
Ling）和韩江中学（Han Chiang）的学生。1 月份警方就得到信息说已有
4 个团伙渗透到这些学校，5 月以后，学校领导实施纪律约束，从而成功
地减少了威胁。这一年的最后 4 个月里，没有记录任何事件，特别地考虑
到 1959 年 4 月首席部长的声明的情况下值得一提的事件，就是槟榔屿警
方得知有 2500 名秘密会党成员被组织在 24 个有名的集团之下。

三　吉打和玻璃市

1957 年，警方在这些州的行动主要是针对马来亚五星帮的，开始是
在北吉打和玻璃市，后来在中吉打，到该年年底，发现这些团伙中有 4 个
已在莪仑周围活动。警方逮捕了 6 名首领，其中 4 人是马来亚政治党派的
委员会成员。一个华人勒索团伙在双溪大年与槟榔屿来的 08 集团汇合后
壮大了力量，警方于 4 月围捕了这一团伙。年底，有报告说在华玲（Ba-
ling）组建了一个三合会。在亚罗士打、莪仑、铅（Yen）和华玲地区，
针对马来亚人团伙的行动一直持续到 1958 年。一些首领因偷窃、勒索未
遂和藏有非法武器被审判。一名刚从麦加回来的成员被限制住在邦咯岛；
其他人则被限制五年自由，并受警察监督一年。在玻璃市，有报告说黑衣
党应对绝大部分的犯罪事件负责。该帮大约有 30 人，绝大部分是马来人，
也有一些华人。

四　霹雳

1956 年的霹雳存在大量的会党活动，特别是在沿海地区和近打。在
王姓族人占主导地位的瓜拉古楼，三合会团伙继续保持其保护走私的传统
角色，也有一些内部争斗。与槟榔屿一样，这里也出现了新 12 组和新 20
组，双方再次联盟。但主要的麻烦仍出现在十八丁。在这里，自从"海
盗王"罗昌耀（Loh Cheang Yeow）于 1955 年 3 月死后，福建人与潮州人
互相争夺权力，王姓为一方，魏姓与林姓为另一方，1956 年 5 月矛盾变

得非常尖锐。5 月初,魏姓在靠近十八丁的沼泽地组织了一场入会仪式,接收了 7 名新成员到自己的帮派洪门堂(Ang Bin T'ong)之中。王姓决定要较量一番。这个月的 14 日,敌对双方的 60 名成员聚集在十八丁村,只是因为警方的干预才没有发生严重事件。尽管警方在这里加强了力量,但问题仍没解决。另外,洪门堂还于 6 月和 7 月在伯玛登的哈密达村(Bagan Hamida)举行了两次入会仪式。

在怡保和近打河谷的内陆地区出现了几个新的会党组织。1955 年在怡保组建的 108 集团(或"08")1956 年已变得非常强大。其首领参与了北马来亚工商业雇员协会。他们利用该会作为其活动的掩护,会党成员增加到 400 多人。其影响遍及怡保、兵如港(Pasir Pinji)和华林(Falim),并向南蔓延到安顺,那里的雇主被胁迫加入会党,还要为会党基金捐款。另一团伙于 4 月份开始出现,是由来自槟榔屿的一名广东人组建的。他于 1955 年年末抵达怡保,招募了 20—30 名青年人以便重组八仙,于是激起了同一名称的原会党残余分子的敌意。原来的八仙会员在重组为二十一兄弟会后,成为新大和园(Pasir Puteh)团伙,在大和园及兵如港活动。7 月中旬,这两大敌对团伙之间在怡保发生了严重的械斗,新大和园团伙的两名成员被八仙分子刺死,还有一人受重伤。

在华都牙也和布先的其他矿区,广东人会党在社会俱乐部的掩护下活动。以小英雄和龙虎会为名的三合会也在新村里出现。后来,有报告说,布先矿区的经理已经接受了当地三合会首领的要求,每产出一担锡矿石就交一元保护费。在金宝、督亚冷和红毛丹(Tanjong Rambutan)地区,华记开始活跃起来。

这一年的下半年,政府根据《驱逐和限制居住自由条例》发出了许多逮捕和拘留令,尽管没有警方要求的那么多。7 月初,怡保 108 集团的一名杰出首领,也是北马来亚商业和雇员协会的副主席,依据驱逐令被捕,同时被捕的还有 108 集团在安顺的另一名首领。

8 月,政府发出了 34 份逮捕和驱逐令,其中太平地区 8 份,安顺地区 2 份,怡保地区 24 份。被捕的人当中包括十八丁洪门堂的 4 名首领和白面会(Pek Beng)的两名首领、安顺 108 集团的 1 名首领,以及卷入 7 月份的与新大和园团伙争斗的八仙的 11 名首领。9 月末,警方对红毛丹进行了一次突袭,华记已在此积极地进行了几个月的招募新成员活动,这次突袭逮捕了 11 名成员，阻止了其发展势头。到年底，有 13 份驱逐令和 12 份限制居住自由令得以执行，还有其他几份悬在那里。

团伙对这一固定压迫的反映就是 7 月份在万里望召开了一次会议，108 集团、303 集团和八仙的代表及其他三合会成员参加了会议，其中有些人来自遥远的新加坡、槟榔屿和吉隆坡。有人建议，所有会党都应该与和记会（Woh Kei，不要与 Wa Kei 混淆）建立联盟，并把 50% 的收入交给公共基金以帮助"逃亡"的需要法律帮助的会员。全国所有的分支机构都有责任收容这样的避难者，只有如此才能用智谋战胜因警察重组而日益增长的威胁。还有些建议是给从其他地区来的移民的，要求他们消灭那些过火的警察官员或告密者。

实际上，任何有权的派别都不可能把收入中如此大的份额用于此，但谈判仍持续了一整年。与此同时，怡保的 108 集团把名改为洪合堂（Hung Hop T'ong，意思是三合会联盟），搬迁了总部，并开始招募新成员和举行入会仪式。在沿海，十八丁的洪门会的所有成员被要求至少向基金捐 30 元，用以保释最近被捕的会党首领。而直弄河口巴西依淡地区（主要是姓林的）声名狼藉的渔民俱乐部四海（See Hai）也筹集资金建造俱乐部会所。

1957 年，有人报告在怡保周围的新村庄有 4 个新团伙在活动，他们是天堂帮（T'in Fong Pong）、小飞燕（Siew Fei Ying，Young Swallows）、双虎山（Siong Foo San）和新"08"集团（San Leng Pat），与此同时在牛拉出现了一个新洪门会。但是，由于渔网行动，会党几乎没制造什么麻烦，有汇报的小冲突仅 6 场。年底时，整个霹雳的秘密会党是 52 个，其中 38 个属于三合会，另外 14 个属于华记。联邦的其他地区没有可比较的数据。

随着独立日的平安度过，警察的控制有所松弛，突发事件开始频繁起来。有报告说，规模不大的袭击和勒索未遂案从最中心地区的怡保、华林、万里望、太平、实兆远、瓜拉江沙和邦咯岛开始。其中有好几起是刀刺，或者用巴冷刀袭击。卷入其中的团伙包括"08"集团、廿一兄弟会、双虎山、和记、华记、八仙、飞虎和小英雄。5 月初，邦咯岛上的华人秘密会党与马来人团伙发生了一场战斗，烧毁了 8 间房屋，一死十伤，该岛 10000 名居民中有 2000 人逃到大陆。1958 年的《公共和平保护条例》被起用，警力加强，还实行宵禁，并收缴所有武器。经过几天的紧张之后，警方仍在有效维持秩序，亲善委员会也得以组建，恐惧开始消除。该事件与1957年年初槟榔屿发生的事件一样，是剧烈行动的前兆，可能会爆发严重的市民骚乱，特别在秘密会党控制的地区，也特别是在笼罩着公共反感情绪时。这表明在关键时刻需要像《公共和平保护法》这样的立法才能立即采取行动。

6月，在万里望，华记的成员刺死了一名和记会员；12月，在近打河流域的沙丘上发现了一具头骨受伤腐烂的尸体，可以肯定是双虎山的成员。并且，还发现了两名持三合会仪式资料的成员，一次是2月在万里望，另一次是7月在务边发现的。警察对团伙巢穴进行了反复地袭击和查夜，对十八丁的洪门堂成员发出了5份逮捕令，这些人制造了因海贝基地所有权纠纷而起的紧张关系。警方对牛拉的洪门堂的五名成员采取了同样的行动。12月，怡保发现三大三合会团伙已经联合起来，它们是：小英雄（Siew Ying Hung）、八仙和洪合（Hung Hop）。三会党各取一个字组成了新会党，称小八洪（Siew Pat Hung）。在接下来的一个月里，这个集团在万里望制造了团伙械斗中残忍狠毒的典型范例。当时，该团伙的几名成员攻击了9个正在玩牌的华记成员，砍死两人，砍伤一人。

1961年2月，有名的秘密会党械斗的模式在怡保的一次葬礼上重演，华记、"08"都有份。4月11日早晨，在万里望，3个歹徒在一青年人腹部连捅四刀，还追到一家咖啡店里将他打了一顿。尽管公众围住了街道，但没有人干预，警方也没有得到信息。据传，该地区还有其他勒索和袭击事件没有举报。商店为了避免麻烦，往往在黄昏之前就关门打烊，很好的食品摊也被遗弃。12个月里，共发生10起重大团伙冲突，导致2人死亡。7月23日，万里望的一次葬礼上又发生了一场冲突，两人受重伤。一段时间以来，小八洪的力量得到长足发展，在怡保有了400名成员，在整个霹雳则有700名成员。警方于7月逮捕了11名首领。同月，在靠近怡保的矿区发生了许多抢劫案，歹徒们取走了那些供应短缺的机械设备，比如柴油机燃料管道的某个昂贵零件，以此向业主勒索钱财。8月6日，一名重要华人矿主在怡保自己的家里被一名企图绑架他的歹徒杀害。11月，政府对小八洪的首领发出了13份限制自由令，并在金宝逮捕了"08"的7名成员和30名歹徒，拘留以备调查。12月，5名"虎"将，包括绿龙会的首领，在怡保被捕，还有一人在太平被抓住。12 月下旬还在一场葬礼上发生了团伙冲突，小八洪和许记（Koh Kee）都是其中的主角。

1962 年 5 月，怡保再次成为新闻关注的焦点，华记与"08"又发生冲突。华记支派十八罗汉的 10 名成员被警方限制居住自由。自 1959 年《预防犯罪法》开始生效起，霹雳共有 201 名秘密会党成员受该法管制。9 月，司法部长宣布，怡保的犯罪情况比联邦其他地区更加严重，这里的歹徒似乎很得势。他认为，除了监禁外，还要处鞭刑，才会有效果。甚至金马仑的平静局势也被打破，6 月，一匪帮在人行桥上拦截一辆公交车上的观光客人，威胁勒索过路费。

1963 年 1 月，警方开始审核被限制居住自由的 450 人的名单，准备对那些表现良好者取消限制，但仍需要申请别的限制。5 月，华记、八仙和金丝雀团伙的首领得到了这样的命令。

五 雪兰莪

警方从 1956 年开始对雪兰莪的花会组织者、三合会及华记采取行动，并一直持续到 1965 年，到 5 月，吉隆坡已清除了花会。在巴生的一次行动中，把剩下的 6 人也逮捕了，还有一名试图贿赂警察分局局长以便被允许继续发行彩票的海南人也被逮捕，该组织随之瓦解。10 月，在巴生新组建的"51"帮的一名臭名昭著的首领被捕，后被驱逐，这有助于打击海滨各集团。在吉隆坡、雪邦和沙叻，三合会与华记之间的一贯对抗偶尔也会爆发，于是警方加强了行动，包括在 8 月逮捕了十八罗汉的 5 名成员，11 月逮捕了一犯罪团伙的首领。

当吉隆坡被定为 1957 年 8 月底举行的独立庆典的国际性集会的重要场所后，警方采取各种预防措施阻止市民骚乱。警察局的特别秘密会党部得到加强，而且，稍有名气的或有嫌疑的秘密会党成员或歹徒的信息被收集起来制成卡片。7 月，警方还向政府申请，要求签发 44 分逮捕和拘留令，8 月，又提出了 59 份申请，所涉及的人物主要来自吉隆坡（但有 14 人来自巴生）。当庆祝开始时，尽管人群非常拥挤，但没有发生不幸事件。

警察的干劲是最具震慑力的，但 6 月 19 日还是在距离吉隆坡仅有 6 英里的肯特区举行了一场三合会入会仪式。但警方事先得到消息，成功地逮捕了 8 名参加者，尽管许多人已逃跑。现场留下的用具表明这里正在举行一个完全规模的入会仪式，可以肯定，这是由"08"支持的。这一年继续发布逮捕令，但帮派没有根除。11 月，因争夺保护地盘，360 集团的一名首领在吉隆坡的华人大使馆附近被刺身亡，凶手是二十一兄弟会的两名成员。

据报告，第二年（1958 年）仅有 11 件袭击案是会党所为，13 太保、双龙虎、军联、108 集团、广东十虎，和二十一兄弟会受牵连，另有两件持刀杀人案。加拿大总理访问吉隆坡的 11 月是安全检查的强化时期，有 200 人受到审讯。

1959 年 2 月，吉隆坡的警方查获一处武器藏匿地点，这里的武器是为约有 200 人参加的 360 集团与华记之间的械斗准备的，包括 19 支硫酸弹、10 把巴冷刀和 7 根自行车链条鞭子。正是在这一年，东姑阿都拉曼提到了秘密会党"日益增长的威胁"。1960 年底，警方开始新一轮渔网行动。12 月逮捕了 66 人；1961 年 1 月逮捕了 142 人，其目的是要减少中国农历新年（2 月 15 日）期间的犯罪事件。但即使如此，该州 1 月份还是发生了 8 起团伙抢劫案和 16 起抢劫案件。5 月的吉隆坡，两名青年在光天化日之下被谋杀，其中一人被 10 人组成的团伙打死在一所戏院外，另一人被 4 名歹徒叫到咖啡店里用巴冷刀刺死，虽有很多人在场，但没人干涉，也没人报案。还有一青年在 7 月 10 日下午被刺重伤。6 月，巴生的一名富裕的橡胶华商被一武装团伙绑架，一车乘客看见了全过程，但没有提供任何报告。处绑架犯以死刑的法律于 7 月通过，但到 8 月才生效。该法律通过的那一天，又有一名富裕华人矿主的 13 岁儿子被绑架。

1962 年 5 月 4 日，在吉隆坡又有人企图绑架，受害者进行抵抗，结果被打死。3 天后，好几名参议员在国会上提到了"犯罪浪潮"字眼。据说，处绑架犯以死刑的法律没有效果，还有许多谋杀案和抢劫案。有人认为，秘密会党缺少职业也是一大原因，他们的活动从新加坡向各地扩散。犯罪数据"令人惊愕"，群众中存在"骇人听闻的恐惧"。

国内安全部部长（拿督依斯迈，Dato'Ismail）在回答时说道，如果公众再不挺身出来并向警方报告，即使警方的力量再加强一倍并实施新的法律，警方能做的也很少。至于绑架，"只要百万富翁坚持偿付大笔赎金而不是承担他们作为市民的责任，我也不知道如何克服这个问题"。这一回应没有被接受，因为这要求"百万富翁"不仅仅要承担作为市民的责任，还要面对折磨和死亡，而且正如曾有人指出的那样，人民生活在这样的恐惧环境里，不敢举报。5 月发生的别的事件是，8 名歹徒组成的一个团伙在吉隆坡附近向一名男子泼硫酸。6 月的报纸报道了 7 起拦截或抢劫事件，包括一伙歹徒在吉隆坡抢劫一家珠宝店，并揣着价值 35000 元的珠宝逃跑了。该月初，联邦上诉法庭的一次判决还揭露出一个令人震惊的情况：刑法典的部分条款自实施以来就没有修改过，团伙抢劫案必须施以鞭刑。7 月，一名华商在吉隆坡被绑架，4 天后被释放。他拒绝承认付了任何赎金。后来，警方逮捕了作案者。报纸上再次出现了花会彩票的新闻，并断言在吉隆坡和芙蓉有 40 人与此活动有关，这些人均被逮捕。月底，警方开会讨论犯罪增加的问题，再次强调如果目击证人不打算提供证据，不要希望局面得到任何有效改善。这一结论与部长有关百万富翁的言论一样毫无帮助，因为问题的全部根源正是在于，目击证人不准备提供证据这一事实，一直都是这样。

1963 年 5 月 16 日的《海峡时报》社论评论说，吉隆坡拥挤的主街上有人大胆地要钱，并声称该市这一年的犯罪报告与战争刚刚结束那些年一样糟糕，而那时的警察力量有限，罪犯拥有的枪支也多。社论还提到有 6 名店主和多名住户成为武装帮派的受害者。该评论还说，"警察知道但绝不会承认的""违法保护""行为又空前地繁荣起来。怡保和槟榔屿出现了同样的犯罪浪潮……城市无论大小，很少有不增加暴力犯罪的。"之后，再也没有出现对吉隆坡的犯罪情况的评论。但据说 1965 年的雪兰莪有 15 个秘密会党，其中包括军联、"08"、小梅花（Siu Mui Fa）、18 罗汉、"360"、"303"、二十一兄弟会和龙虎会。

六 彭亨

1956 年的彭亨由在 1955 年就已建立的华记把持。1956 年 2 月，当在文打（Benta Sebrang）举行第一次地方选举时，据说有一小部分投票是华记通过恐吓操作的，在文打仅仅有 29%，在文打上占了 37%，其中大部分人是马来人的选票。可以相信,华记为了保证选出自己的人,有效地警告了投票者不得投其他候选人的票,因此,许多投票人特别是马华公会的人没有投票,使得马华公会的候选人被击败。

6月,有证据表明,文冬的华记和三合会之间的敌意不断增加,8月份发生了好几起冲突。11月,预先得到的信息使警方阻止了本来安排在直落蒙(Telemung)的华记与三合会和中和堂联盟之间的一场非常严重的械斗。就在该月,以文冬为基地的犯罪侦察科的秘密会党分组最后建立。12月,华记刺杀了中和堂的一名成员,因为该人拒绝加入华记,而且还杀害了一名干预者。此后,大约30名华人在当地一名公交车司机的领导下聚集在立卑,计划为三合会和中和堂招募新成员,以便将来受到华记威胁时能保证自己的安全。

华记与三合会之间到1957年还继续严重对立,中和堂与三合会的联盟也富有生机。4月,一个叫新义兴(San Yi Hing,属三合会系列)的会党在立卑成立。6月,文冬的三合会分裂成新旧两派,原因不清楚。有证据表明,彭亨的中和堂和同一会党在新加坡、雪兰莪分会的联系密切。9月,该会党在葫芦顶(Pertang)村举行了一场入会仪式。

1958年的情况差不多,这一年共有50起袭击和威胁事件汇报,绝大部分在文冬地区,总是与这三个主要会党的一个或几个人有关。最严重的事件发生在7月,来自吉隆坡360集团的一个团伙向一间咖啡店投了五枚硫酸弹,造成5名华记成员受伤。6名攻击者被捕。典型的"保护"案2月份发生在一个叫双溪镭(Sungei Lui)的新村里。当时,一个从雪兰莪来的舞狮团到这里演出,就在从双溪峦(Sungei Ruan)来了三辆吉普车的中和堂成员之后不久,该团长收到了要求分享70%收入的信件。双方没有达成协议,吉普车在该村走了几个来回炫耀其力量,但被警方半路拦截了。有一辆吉普车逃走,但在其他车辆里发现了巴冷刀、匕首和自行车链。16名参加者被捕。

三合会和华记之间的另一次冲突发生在文冬的一家工厂里,这里的监工是一名华记会员,他对有些劳工属于三合会很不满意,便解雇了这些人,并换上了华记会员。于是,三合会劳工与其他会员一道袭击了这名监工。

还有一个案子是从文件上发现的。在文冬的一间旅馆里发现一人持有记录了华记入会仪式上用的诗歌和暗语的小册子。1961 年 4 月，在关丹，24 名参加在华人墓地举行的三合会入会仪式的人于夜里 8 点被捕。其中有两名马来人和一名年轻的印度锡克教徒。奇怪的是，还有一名 18 岁的华人女孩。

七　森美兰

与在彭亨一样，秘密会党 1956 年在森美兰活动的主要特征就是三合会与华记发生冲突。由于双方都忙于招募新成员，警方觉得有必要在中国农历新年之际特别小心，应召集并警告那些有些名气的首领。6 个星期之后的 3 月 24 日的夜里，一场三合会入会仪式在淡边的华人墓地举行。警方事先得到消息，中途进行了干预，但包括先生在内仅仅逮捕了 6 人。其中 5 人被判刑入狱。4 月，三合会与华记之间发生了一场械斗，双方都动了刀，其中有两人身受重伤。除了对有可能的人给予起诉之外，警方充分利用了《驱逐和限制居住自由条例》的程序。据报告，三合会在 10 个地区非常活跃，这 10 个地区包括瓜拉庇劳（Kuala Pilah）、日叻务（Jele-bu）、林茂和淡边，而华记在包括文丁、汝来、芦骨和巴生港在内的 6 个地区很活跃。

1957 年上半年出现了因宣布独立而造成的种族冲突，特别是在农村地区。据报告，三合会与华记 4 月在 10 个独立地区招募群众。为了不被警方发现，入会仪式也免了，只举行一个把新成员介绍给老成员的简单仪式。6 月，有 8 个地方报告组织了华人拳击俱乐部，成员在 10 人到 50 人不等。这些俱乐部都与三合会或者华记有联系。与渔网行动一样，所有有点名气的会党首领都被警告要维护和平，并接受监督。

来自森美兰、瓜拉庇劳、达义（Dangi）、容吉（Ladang Geddes）和马口（Bahau）的华记代表 7 月份在日叻务召开了联合会议。这次会议规定，会员死亡的赔偿费为 200 元，另有 150 元归其父母或要供养的人；会员被警方起诉到法庭的诉讼费也从所有会员的捐款中支付；所有会员都要参加会员的葬礼，这样，敌对会党就会认识到华记的力量。据报告，另外有一场三合会入会仪式在靠近巴生港的双溪尼巴（Sungei Nipah）举行，警方毫不知晓，不过仅招募了 14 名成员。这一年的最后三个月出现了三个新的三合会组织,他们是森美兰的义忠心(Gi Tiong Hin)、在森美兰李氏橡胶厂里与新加坡有联系的十三么,还有淡边的"108",其成员超过100人。12月,在日叻务还有一起持三合会文件的案件。

尽管1958年记录的事件很少,但也有两人因为团伙冲突身亡。3月,在小拉杭(Rahang Kechil)组建的飞龙堂(Fei Lung T'ong)的首领遭吉隆坡军联成员袭击致死。12月,以匕首、镰刀、巴冷刀和车链为武器的飞龙会成员袭击了忠义和(Chung Yee Woh)的一名成员,并致死。据说这是为了报复上一次的袭击行为。

3月,来自森美兰、淡边和瓜拉庇劳的三合会成员参加了马口的一场三合会的葬礼;5月,淡边的三合会葬礼上有来自该州各地区和马六甲的大约300名成员。在拉杭还有一次持三合会文件的案件发生,并有报告说,由来自乌鲁峇玲珑(Ulu Berenang)(30名成员)和甘榜德朗(Kampong Talang)、瓜拉庇劳(12名)的马来亚人组建了"美国帮(Yankee Gangs)"。

八 马六甲

1956年引人注目的特征就是为双溪乌浪(Sungei Udang)的联邦军团营地(承包商是来自吉隆坡的一名有名的华记支持者)工作的华记成员大量涌入。5月,在一间私人房屋里举行了一场三合会入会仪式,据说有46名男子和一名女子出席。调查一开始,组织者就跑了,警方没有得到确实的消息。两大城市帮派刘关张(Lau Kwan Teo,桃园三姓的三合会团伙)和非三合会团伙十四猛(Chap Si Beng)制造了一些小型袭击和勒索案。

1957年,有迹象表明三合会和华记通过招募新人和影响工会来加强他们的会员力量。3月也出现了严重帮派械斗,刘关张和十四猛的会员都有份。5月和6月还发生了别的冲突,并举行了许多三合会入会仪式。2月,双溪南眉的工厂里举行了两起入会仪式,入会者来自柔佛、马六甲和森美兰,另一场入会仪式也在安排中。还有报告说。许多"蚊帐"式入会仪式在马六甲的低洼地举行。4月,在甘榜班台(Kampong Pantai)的庙宇举行了一场简单仪式,吸收了运输工人协会的26名成员。10月5

日，刘关张在马六甲海峡外的勿刹岛上举行了一场三合会入会仪式。该月底，警察以非常拙劣的方式干预了一场入会仪式，导致两名与会者被射中，其中一人身亡，另外还逮捕了 13 人。11 月，警方事先得到警告说，市政选举中三个互相竞争的政治党派雇用了歹徒为此次参选活动服务。警方对他们的活动给予了密切关注，没有出现麻烦。1958 年 3 月，一名骑脚踏车的人被捕，在其工具包里发现了两枚硫酸弹，这是在马六甲第一次出现硫酸弹。据说，此人和其他 3 名（逃跑了的）三合会员准备对警察局的秘密会党组的一名警官使用硫酸弹。9 月，"108"与义合和（Yee Hup Woh）之间发生械斗，双方使用了自行车链和匕首，导致 1 人死亡。除了这些，其他所记录的事件并不重要，其中也提到"108"、"21"和"36"。另有一场有 20 名新成员参加的入会仪式于 5 月在距麻坡路 7 英里的华人公墓举行，但警方事先不知情。

九　柔佛

1956 年，柔佛从 6 月开始就受到因"匕首行动"而逃离新加坡的秘密会党歹徒涌入的影响，这里显然成了避难所。到年底，48 名文过身又与新加坡会党成员有联系的人被指控为非法会党会员。警方发现这些人来自联邦的各个角落，实际上，在整个联邦都开展了同样的大逮捕行动，甚至像吉兰丹和丁加奴这样的遥远之地也未能幸免。有人试图让从新加坡来的"108"和"360"的避难者与一个"三角"帮的本地团伙接上头，但警方通过在峇株巴辖逮捕新加坡人而挫败了此企图。但三角帮的另一个角可能在居銮活动。淡杯是另一个新加坡歹徒经常光顾的地区，1956 年 11 月，根据驱逐令逮捕了当地"24"的一名首领，这使新加坡难民开始离开此地。在所有州舞狮团和华人拳击班都出现了独立的前兆，而在别处则与当地秘密会党有着一定关联。

由于警方的压制，1957 年发生的事件不算多。警方逮捕了 18 名文身者并提起诉讼。居銮出现了一个"56"帮，而"108"则出现在金马士峇鲁（大港，Gemas Bahru），但都没有说明发展的任何细节。1958 年，由于会党的忠诚而在士古来的马来亚联合罐头厂发生了多起袭击事件。工会与其被期待的那样，有很大数量的三字成员。为了阻碍这一影响，两名监工招募了从新加坡来这个工厂找工作的小义和（Sio Gi Ho）成员，并向工会领袖表明他们不是万能的。这一行动催化了恐吓和袭击案件的爆发，但局势在警察调查和起诉管理层没有遵守法律要求登记为彻底的工人组织之后平息下来。除了1960年11月企图绑架一名华人企业管理者——因警方埋伏被挫败——之外，关于柔佛在最近几年的秘密会党活动的报告非常少。

十　吉兰丹

与在吉打与玻璃市一样，吉兰丹的绝大多数犯罪活动是马来人团伙所为，他们手持小斧，以小斧帮（Kapak Kechil）的名字出名。1954年，每月平均有25起袭击事件发生。1957年开始的警方行动在许多案件里实行了限制自由的处罚，1960年才有所减少。据说这年底，帮派已经得到控制。但1952年8月的报告说，这一年的前7个月里共有107起武装袭击事件发生，主要是小斧帮所为。很清楚，这种特殊形式的马来人帮派活动在复兴。

尽管1959—1965年间的信息断断续续，但认为这个时期的秘密会党对马来亚联邦的华人社区基本影响有任何重大改变都是毫无道理的。

新加坡，1956—1965

一　1956—1959

在 1956 年的前 6 个月里，秘密会党的活动继续增加。5—6 月间被警方阻止的帮派械斗达 70 起。武装抢劫案是 1955 年同期的两倍。歹徒装备了匕首和指节铜套（一种打架时用的凶器），还使用配有手柄的自行车链。在为帮派械斗做准备时，碳酸水、木棒、树枝，以及诸如此类的武器都放在街道上黑暗角落里商贩的货摊上，以便可以轻易拿来作攻击用。

秘密会党的普遍退化使某些中国式的集团企图重新把他们置于集权控制之下，特别是东南亚洪门致公党的组织人付出了加倍努力，但他们谋取劳工阵线支持的企图和重新修改会党章程的想法都没什么效果。在任何情况下，秘密会党都不会放弃会员入会的仪式，也不会放弃三合会誓言，因为没有这些，他们就无法控制其成员。相反，政府清楚地认识到把自己维持社会秩序的主要职责委托给一个三合会组织的危险性。正如法律所坚持的，任何三合会都是非法组织，除非立法打算取消这一禁令。而这是不可能的，法律不可能承认一个公开宣称自己为三合会的社团。但直到 1956 年 9 月，组织者才最后放弃了其企图：劝说政府相信一个无所不包的三合会组织将是控制地下蛮横分子的有效工具。

同时，国民党集团也重新走进这个地方，支持现有的新加坡政府，反对共产主义，阻止非法现象。他们也意图获得"大财团"的支持，拉拢秘密会党以组成中国民族主义社团，从而促进国民党利益的发展，并形成一个国民党可以通过其进行渗透的渠道。因而有人建议组建应进一步促进新加坡贸易繁荣和工业发展的工商业联盟，并建立一个"慈善"社团，其性质是一个秘密会党的所有集团都可以重新被纳入的福利组织。该组织的主要发起人就是1955年2月试图组建青年团的那个人。

5月开始了初步行动，但根据《新加坡标准》（*Singapore Standard*）5月5日的一份报告，某些地下成员迅速利用目前的有利政治气候发出盖有三合会会章的"请帖"，要求商人们成为三合会员（入会费是100元，每月纳捐50元），并要求他们雇用"强壮的青年人"作为其私人保镖，并保证这些人以前没有做歹徒的犯罪记录。来自其他渠道的报告还说，三合会还接触了驳运货船船主，要求他们每人捐100元。

6月10日，在新加坡一间华人俱乐部召开了一次会议，代表全部集团的175个会党的大约500名代表参加了会议，到会的还有许多重要的国民党支持者，同时，列席会议的还有来自台湾的使者。据中文报纸说，这名台湾代表是三合会的一名"老大哥"，一年前被从印度尼西亚驱逐到台湾，在台湾待了一段时间后，最近又造访了菲律宾、香港和暹罗。在马来亚，他与吉隆坡、怡保、槟榔屿、马六甲和新加坡的海外华人社区几位重要首领联系。[①] 他公开宣称其目的是改善马来亚和民族主义中国之间的贸易关系，但台湾1956年7月出版的《自由中国杂志》（*Free China Magazine*）刊登的对此人造访的说明却证实，此人的意图就是要联合秘密会党作为加强国民党在东南亚海外华人中影响的一个手段。

6月10日会议的结果是成立了一个名为忠义总社（Chung Yi Tsung Sheh）的组织。该组织支持当地政府，反对共产主义的扩散，通过解决构成其组织的会党之间的纠纷来阻止他们经常依赖解决问题的、往往会扰乱新加坡社会和平的暴力手段。后来在与犯罪侦察科讨论这一决定时，发起人承认，任何涉及三合会的材料都会故意省略其组织的名称，而表示其成员不会举行入会仪式，也不会有任何的誓词。另外，他们希望该组织的分支机构可以遍布新加坡，而单个的秘密会党则会消失。尽管该组织公开宣布反共，其组织者却坚持这不是一个国民党组织，并声称其目标之一就是为其成员获得当地的居民身份。

当局并不受骗，组织者在采取行动准备制定规章并提交登记申请之前就被知会，政府不会支持这样一个计划。尽管政府完全认识到需要采取新

---

① *Kung Shang Pao*, issues 3 & 4 of 19 & 22 June 1956（Singapore mosquito paper）.

手段来处理秘密会党犯罪活动的全部问题，但同样也意识到新加坡的民众马上就会把这个拟议中的组织当成秘密会党联盟，其组织者和发起人主要是关心打着政治旗号来统一秘密会党，而预防违法行为就成为次要考虑的问题了。

1956 年 6 月，政府领导层发生变动，首席部长马绍尔先生由林有福（Lim Yew Hock）接替。

为了阻止帮派械斗浪潮，警方竭尽全力于 7 月 16 日发动了有名的"匕首行动"，其目标是减少暴力犯罪事件，阻止秘密会党之间的冲突和帮派械斗，并通过警察行动使新加坡的武装团伙更加难以采取行动。所有的警力都投入到这次行动中，主要对象是地下世界中 16—26 岁的青年成员。从下午 7 点到子夜，警察抽查了咖啡吧、游乐园和其他公共场所，为的是搜寻带有武装的嫌疑人。天黑后还设置了路障，以检查武器和车辆牌照号。歹徒经常光顾的场所被警戒线隔离，与偏僻小道和其他的黑窝点一道被进行了系统搜查，还逮捕了在可疑气氛下游荡或有秘密会党成员嫌疑的人，特别是那些文过身的人。

这次行动的直接结果就是帮派组织解散，许多成员躲起来或逃往联邦。虽然联邦的警察也逮捕了一些人，但还是有一些成员希望在这里找到新的生存空间。在新加坡，许多人藏进聚集在新加坡河上的驳船上，其他人则躲到城市的妓院里，一直到这两类避难所"爆满"为止。

在"匕首行动"实施的前六个星期里，有 922 名嫌疑人被拍照，其中 736 人已经上了秘密会党记录名单。严重的犯罪活动逐渐减少，从 6 月份的 731 起降到 7 月份的 660 起，再降到 8 月份的 610 起，且再也没有发生帮派冲突。与秘密会党有牵连的事件也只有两起，而在前六个月里则有 97 起。

同时，警方还考虑通过实施另外的法律来控制帮派的可能性，并开始把注意力集中在为什么帮派和秘密会党会存在及如何最有效地阻止他们的形成等基本问题上。1956 年 8 月 29 日，总督在上议院的讲话中承认政府已经在严肃地考虑歹徒、秘密会党、武装暴力和腐败给公共福利带来的危害，并说他已经决定继续采取强硬行动，以铲除这些威胁。为此任务，总督诚心呼吁民众的合作与支持，这对此次行动很重要。政府还准备通过鼓励健康的青年活动和尽可能地保证青年人得到适当的道德教育和引导，以培育社会道德。政府非常迫切地希望父母能够给孩子的人格与职业更多的关注。

这些都只是美丽的语言，当要考虑如何执行这样的政策时，问题与以前一样难以捉摸。人民行动党（PAP）的领袖李光耀（Lee Kuan Yew）在认同政府迫切需要扑灭"非法团伙组织的武装暗杀、恐吓、敲诈勒索和所有非法行为"的同时，明确地指出，尽管儿童康乐组织可能会有帮助，但除非解决教育和职业机会问题，否则这个问题永远也得不到解决。

"匕首行动"在继续。然而，尽管警方尽了一切努力，但还是逐渐失去作用。秘密会党意识到，尽管警方和法庭的权力令他们不安和困扰，但只要可以强迫受害者不再控诉，这对于他们继续开展保护、勒索和敲诈就不构成严重威胁。于是，歹徒开始重新组织起来。9月就发生5起帮派冲突。10月，18起即将展开的帮派械斗被警方阻止。10月25日夜，华人中学开始暴动，这为地下社会成员提供了可以为自己所承受的警方压力进行报复的机会。

共产党分子企图通过向合法的特别是与学生和劳工有关的组织进行渗透来组建一个群众的联合阵线，并在1956年有了动力。一年前，华人中学生联盟的登记已得到新加坡社团注册官的批准，其附加条件就是该联盟不应参与政治或者劳工纠纷。该联盟于12月5日（1955年）在报刊上公布，但是从一开始就忽略了这个限制条件。1956年，该联盟与其他团体联合越来越多地参加政治会议、政治行动和纠纷。联盟委员会内的中学生成员以共产党的模式为标准组建了"为行动而学习"的活动（Hsieh-Hsih），不仅控制了纪律、组织和华人教育政策，而且控制了委员会的管理、章程和教师。

联盟首领的傲慢自大和顽固迫使警方采取了某些必要行动。9月18日（1956年），中正中学（Chung Cheng High School）的3名员工与2名小学教员依据《驱逐条例》被捕，还（根据《保护公共安全条例》）拘留了中正中学的一名学生，他与"学习"运动有关联。同时，铜锣音乐协会和妇女联盟这两个共产党统一战线的组织被解散。9月24日，新加坡华人中学生联盟被解散，一周后，其首领被捕。10月10日，另4名学生被捕。教育部长命令解雇2名教师，并辞退142名参加颠覆运动的学生。

该联盟其余领袖的反应就是号召中学生静坐抗议。暴动在 10 月 25 日爆发，其原因是占据中正中学和华侨中学长达 14 天的学生遭到逐出，而这些学生拒绝离开。学生受到共产党控制的商会成员的支持。他们帮助学生的方式与 1955 年福李暴动时学生支持他们的一样。包括秘密会党匪徒在内的暴徒们也给予了广泛的支持。

从路上开始的骚乱蔓延到中正中学和华侨中学，到 10 月 26 日早晨已经扩散开来。据估计，上千人参与了武吉知马路的暴动，警察或市民的车辆要么被焚烧要么被严重毁坏。一伙 300 人的暴徒袭击了靠近中正中学的身着制服的警察后攻击芽笼警察局，但被一名警察鸣枪驱散。接着，暴徒把袭击目标转向欧洲人，一发现警察，就进行攻击。

在从联合邦来的军队和特警的帮助之下，最混乱的局面于 10 月 27 日结束，11 月 2 日恢复平静，但代价是 12 人被警察和军队杀死，其中 4 人是学生；127 人（包括 26 名警察和公务员）受伤，另外还有两起泼硫酸事件，市政委员会的一名博亚族（Boyanese，马来人种）司机被暴徒殴打致死，这一事件几乎引起了其他马来人种反对华人的行动。事实上已有两间华人商店被马来人捣毁，但穆斯林领袖劝说他们的同教者平静以待，成功地阻止了麻烦进一步扩大。

此次暴动中，除逮捕 375 名与特别罪行有关的人外，犯罪侦察科还在骚乱地区逮捕了 256 名知名的秘密会党成员。秘密会党既不是暴动的原因也不是暴动的指挥，但与 1864 年时一样，因为暴徒组织在各会党内，聚集一群人参加市民暴动是轻易又迅速可行的。在这样的情况下，这部分公众没有必要在意识形态上与发动暴动的人保持一致。尽管足以对国家当局进行挑战，但对于有起义和掠夺传统的秘密会党来说，这样的一个机会是难以抵御的。

10 月 27 日，警察对新加坡工厂和商店工人工会和公交车工人工会的 234 人采取了行动，根据《公共安全保护条例》被全部拘留。新加坡工厂和商店工人工会的有能力的组织者早在 9 月 18 日就依驱逐令被捕了，10 月还逮捕了一些重要领袖，其中包括上议院议员林清祥先生（Lim Chin Siong）及人民行动党左翼人士。但如此规模的逮捕既没有震慑共产党阵线的支持者，也没有对秘密会党形成威慑。到 1956 年底，新加坡工厂和商店工人工会重组为新加坡工人总工会，再次受到共产党组织者的影响。

1957 年 3 月，"108"集团和"24"集团的秘密会党因一些小事重新陷入不可调和的仇杀之中。

1957 年初，自由社会党（Liberal-Socialist Party）机关报《火炬》上的一篇文章暗示秘密会党与政治党派可能有联盟关系。有意见说，警方在"匕首行动"中已经成功地镇压了反对首席部长的团伙，但是 24 集团被准许自由活动。因此，这篇文章的作者得出了 24 集团支持首席部长的观点。官方对 1707 名被捕者背景的审查并不支持这一断言，但这篇文章的作者的观点清楚地表明秘密会党那时已有政治联盟。

1957 年 6 月在经禧区（Cairnhill）和丹戎巴葛区（Tanjong Pagar）的选民中进行上议院的选举再次引起人们对秘密会党影响选举的可能性的讨论。代理首席部长宣布，政府决定竭尽全力确保竞争在有秩序的方式下进行，无论是候选人还是工作人员都不会受到恐吓或秘密会党的压力。并在选民中强化了"匕首行动"的执行，矛头直指那些撕毁自己不支持的候选人海报的流氓恶棍。

在选举过程中，警方没有接到任何利用秘密会党的投诉，但在接下来于 7 月 18 日召开的立法会议上，李光耀先生（PAP）主张掀起一场成立调查委员会以调查候选人腐败行为的运动。争论中，不少发言者断言存在一些与秘密会党有关联的腐败行为。而且很清楚，华人群众的意见毫无疑问使这些断言成为真理。李的意见得到一致通过。1957 年 9 月 2 日任命了委员会成员，他们于 1958 年 3 月 22 日提交了后来得到验证的报告。

1957 年的剩余时间里，越来越多的公众开始认识到警方并不能对会党的非法事务给予合适的控制。7 月，警方还发现了谋杀"108"集团一名成员的阴谋。警方逮捕了 13 名同谋者，但与以往一样，因证据不足而无法进入司法程序。这些人都属同一会党，该会党曾决定杀死一名转化为警方证人的同伙，因他与谋杀其他"兄弟"的案件有牵连。公开的冲突仍在继续，丝毫没有减弱的迹象。9 月 1 日，在陈南街（Chin Nam Street）巡逻的一队警察在五英尺远的路上发现了许多巴冷刀、匕首、摩托车链，还有多件铁管。这明显是为械斗准备的。17 日夜里，警方得到消息，可能在一座华人庙宇里存有武器，便进行了搜查，结果发现了 4 把巴冷刀、3 个装有硫酸的瓶子和 4 个装有硫酸的球型罐、一把做仪式用的剑、4 根木棒、2 条铁链、一条铁棍、4 支铁管和 29 把铁刀。

从 7 月开始，针对华族有钱人的一系列有组织的绑架使局势更加复杂，其中最险的受害者是一名商人的儿子，因为勒索的赎金很快送达，同一天他就被释放了。没有人向警方报案。8 月还发生了两起案件（其中一起赎金总额达到 1500000 元，但是绑架犯被受害者妻子的勇敢和决心挫败），9 月一起，10 月两起，11 月两起。尽管这些案件不是秘密会党组织的，但后来泄露，与这些事件相关的团伙是由一名富有经验的秘密会党成员领导的，他利用其他三合会集团的人来观察受害目标的活动规律，并安排车辆和活动的详细计划。除了绑架，华人店主也收到许许多多的勒索信件。据说，10 月的两次打斗还使用了硫酸。

警方通过"审查运动"来进一步推进他们反对帮派的战略。12 月，除犯罪侦察科的秘密会党组实行了强化措施外，身着统一制服的警察也至少审查了 19641 人，只发现其中 3 人非法藏有武器。11 月 17 日，在军队的帮助下，警方对武吉知马进行了大规模搜查，希望发现绑架者的藏身之所，但没成功。在接下来的几周里，警方还在其他地区单独进行了两次同样的大搜捕，也同样没成功。

11 月底，极其关心绑架浪潮又无能为力的华人商会的人聚在一起考虑这一情况，会议被中英文报纸广泛披露。据报道，商会主席说，勒索和绑架的受害者不仅仅局限于百万富翁，"而且街头叫卖的小贩、小商人和其他几乎没什么钱的人也受到威胁"。另一成员宣称，几乎南桥路的所有店铺都收到过勒索信。还有一人表示，新加坡从来没有如此残暴地挑衅法律和秩序的行为。另一人更是说，新加坡正遭受恐怖统治，民众过得比日据时期更糟。

商人们感到不安是可以理解的，而且明显出现了社会上富人开始出国旅行，以逃避绑架团伙的讨厌骚扰的趋势。其他人则自己购买了防弹机动车，出门带着护卫人员，家里则筑起了护卫篱笆，还养了警戒犬。但并不是每个人都能够采取这样的防卫措施的。

商会给首席部长发了一封信，希望他能够注意到：

> 新加坡的民众最为关心的是……最近经常出现在报纸上的公然藐视法律和秩序的行为，如勒索、绑架、帮派械斗、流氓行为、强奸、青少年犯罪，以及政治家们为选举目的而调遣秘密会党或干预警察镇

压犯罪或镇压秘密会党活动。他们使国内安全明显恶化。

信中还提议，目前的局势需要新的、彻底的公共合作，但这在目前又是不可能的，要么是因为现有法律的限制，要么是因为公众基金限制，或者是因为缺少公众合作的实际安排。他建议应成立一个与政治党派无关的民众组成的调查委员会来调查信中一一列举的这个问题的不同方面。最后，该信还询问特情管制的执行是否能够抵抗目前的犯罪浪潮。

商会自己开创公众合作运动可能是一个更有帮助的表示，因为正是受害者迟疑着不敢报案，目击证人在与秘密会党有关的案件中不敢出示证据，才会出现警察应该授予非常权力的要求。而且，因为大多数前任政府官员是欧洲人，他们不愿意采用权力超过大英帝国所能接受的司法准则，而 1957 年由当地人通过选举组成的政府，虽然绝大多数成员是通过选举出来的，但决定其政策的内阁成员却只有三人是选举出来的，该政府发现同样进退两难。但是，尽管前期政府的勉强一定程度上是以英国国务秘书和国会观点为条件的，新政府却更多地关注其在新加坡人民当中的声誉。这个政府刚刚脱离殖民传统，必须做出一个取消对自由的限制的姿态，肯定不会采取在正常的法律框架外的权力和做法，尽管该法律是殖民地的产物，但是也是深深影响正在兴起的政治党派的民主观点的基础。因取消特情管制而获得民意的效果，大部分被《公共安全保护条例》的实施，以及进一步运用非常权力来对付不仅是共产党威胁这样的特定问题，而且包括秘密会党的破坏行为的常规问题的建议所抵消。

事实仍然是：尽管不停地调查法律执行的效率，并考虑修订法律或制定新法的可能性，但近几年唯一的积极结果就是对泼硫酸处以监禁并鞭笞，或单处监禁的惩罚，以及为了更有效地处理在公共场所持有危险武器修正了《微型犯罪条例》。而这些新条款本身得到了警方的欢迎，但解决问题的效果却被忽视。到 1957 年底，事情已经发展到如此地步，即警方能够控制秘密会党的唯一途径就是根据《社团条例》的第 12 部分对可疑分子进行逮捕和审讯。这样的行动既不能令人满意也不长久。因为没有起诉的根据，24 小时内必须放人，而秘密会党分子和一般民众都明白这一条款。

警方随心所欲使用这一权力的程度从下面 1954—1957 年的表格中可

见一斑。

（单位：次）

年份	1954	1955	1956	1957
秘密会党械斗	30	24	25	150
秘密会党谋杀	4	11	4	10
依社团条例12（Ⅰ）的逮捕	2920	3205	3821	5204
依社团条例12款定罪，主要是文身	55	4	119	3
被社团注册官登记	384	73	170	230
被建议驱逐的秘密会党成员	38	32	20	1
发出的驱逐令	17	9	9	缺
劳改判决			5	1
宵禁和警察监督令			24	缺

这些数字加上犯罪侦察科麻醉和赌博组的数字，再考虑到在"匕首行动"和"诊疗行动"（Operation Pereksa）期间正规警察拦截和搜查的数千人，可以看出警方活动的规模之大。尽管通过这些渠道施加了压力，但得到的效果与付出的努力并不对等。从秘密会党械斗和谋杀的数目上可以很清楚地看出，警方针对团伙的行动并不成功，如果想要恢复公众的信心，有必要采取更加有效的措施。

在某种程度，使用"秘密会党"这样的术语来描绘当前的问题有误导作用。在新加坡，使用全套三合会仪式的会党很少。从1945年开始就折磨着半岛的所谓的秘密会党很少有什么仪式或者正式组织，资金也不多。实际上，这些团伙仅仅是犯罪保护帮派而已。大部分成员在30岁以下，经常改变其效忠对象。尽管新加坡绝大多数的暴力犯罪是秘密会党成员所为，但很少是在秘密会党组织的名义下进行的，绝大多数是单个歹徒或者歹徒团伙所为。这些人希望保留其犯罪活动的全部或者差不多是全部的收入，他们只是在面临审讯或者敌对歹徒时才向秘密会党寻求帮助。会党内部的犯罪帮派经营赌博、走私、卖淫和勒索，制造帮派械斗，并恐吓大众。因此，这个问题变成了一般犯罪，变成了由歹徒引起的恐怖，而完全不是秘密会党组织针对政府的战争。1957年，与秘密会党有牵连的犯罪数字大大地增加了。这一年有150起歹徒斗殴事件发生，而比较起来，1954年只有30起，1955年24起，1956年25起。绑架、勒索和袭击的数字同样也增加了，医院的数据显示，治疗刀伤和巴冷刀伤的数字的增长令人瞠目结舌。

还得承认，秘密会党、歹徒和犯罪问题的存在是社会和经济的基本特征。新加坡的大多数会党会员和犯罪分子都是来自贫困家庭的年轻人，没受过教育，没有获得有兴趣的或者有利可图的诚实职业的希望。但即使经济状况有所改善，城市贫民区的孩子（或者父母）都能接受有效又昂贵的教育并在俱乐部工作，商贩这类集团能建立起自我保护组织，警方针对赌博行为和捐客、皮条客、非法贸易商、老鸨和靠妓院吃饭的人的有效行动能降低犯罪行为的吸引力和利润，青少年犯罪过几年时间也能根除，但眼下就需要维持新加坡的和平秩序。为此目的，就必须依赖受立法当局强烈支持和受人民大众信任的警方力量。

在处理犯罪浪潮的努力中，警方遇到了几方面的困难。《驱逐条例》已不常使用，因为很少有秘密会党成员既犯暴力罪行又在马来亚之外出生。而且，也很少能够发现文身、徽章和会党文件，这些根据《社团条例》的保护定罪和《刑事司法（临时条款）条例》预防性拘留确认身份的方便途径再也不能使用了。地方治安官并不愿意警察依《刑事司法（临时条款）条例》在没有确定的证据时就把人带到他们面前。条例第三部分规定的劳动改造和预防性拘留权力又只能在首先确信有罪时使用，并且，根本不可能说服暴力犯罪的受害者或者目击证人出庭作证，这一部分也就很少被利用。即使已经获得了对歹徒不利的证据，但法庭判刑经常很温和，这远远不能起到预防作用。

有好几份建议提出要加强现行法律，以保证警方能够采取有效的行动，其中包括增加惩罚；所有暴力犯罪都应该受体罚；所有在骚乱现场或者从现场逃跑的人都要被起诉；最后，政府应该据有与《保护公共安全条例》的权力相等的权力，无须审判就可以拘留秘密会党首领及其成员，以便进行劳改或者预防性拘留。这样立法实施的有限的六个月内就有可能使警方足以控制那些迅速失控的歹徒活动。这样的讨论在1958年的前几周里一直在进行。

1957年下半年，政府不仅仅要面对秘密会党歹徒活动的逐步增加，也要面对史无前例的绑架浪潮，而且还要面对卷土重来的共产党的颠覆活动。8 月，为对付共产党向人民行动党、几个左翼工会和某些中文报纸行进渗透而采取了行动。根据《公共安全保护条例》，逮捕了 38 人，其中包括人民行动党的中央文化和教育委员会和各地分支机构宣传部的 19 名成员、32 个左翼工会中的 15 名领袖、《新报》的 4 名职员，《新报》是一家华人报纸，在与共产党统一战线合作中有着重要的作用。

共产党企图渗透到人民行动党的活动有着特别的重要性。8 月 4 日召开了党的年会，只有 5 名"温和派"首领再次选入中央执行委员会。这是由走中间道路的左翼联盟决定的部分政策，他们要减少人民行动党中温和派占大多数的局面，尽管他们自己也没有准备来接手。但是，8 月 22 日，新当选的 12 名执委中的 5 人被捕，其余 7 人组成了紧急委员会。后来，也就是 10 月 20 日，李光耀向他们提出了 12 个"保险的"的名字，以赞同还是反对该小组的形式进行投票。该提议被接受，在此次有 700 名人民行动党党员出席的会议上，"温和派"重新控制了该党。

9 月，当局对华人中学再度掀起的颠覆行动采取镇压。25 日，48 名学生被捕，第二天，对中正中学采取了同样的行动。后来，29 名学生被释放，但对剩下的 19 名学生发出了拘留令，学校负责人被逐回中国。

12 月，新加坡又开始了与 21 日选举市议会的 32 个议席有联系的政治运动，四个党派，即自由社会主义党、劳工阵线、人民行动党和工人党（由大卫·马绍尔新组建的）竞争这些席位。结果显示，尽管之前占据了议会大多数议席的自由社会主义党试图争夺所有的议席，但仅仅占据了 7 席，人民行动党的目标是争得 14 席，结果获得了 13 席；工人党希望获得 5 席，实际上获得 4 席。

人民行动党和工人党的成功归功于学龄华人青年的热情支持，这两个党派都得到了社区里讲华语的和亲共的那部分人的强烈支持。人民行动党的成功部分也是因为得到了其所有支部的全力支持。党内温和派和极左派之间的分歧被暂时搁置起来。

参与竞选的所有政治党派和一些独立竞选人得到了秘密会党个人的积极支持的报告与本研究相关，并为当时的恐惧提供了额外的内容。

在整个 1958 年里，新加坡的政治气氛完全沉浸在 1959 年有望成功获得独立的最后准备之中。那些与选举有关的准备工作因作为新宪法的基本准备而有重要意义。危险不仅仅在于共产党阵线的领袖有可能掌握新国家政府，而且选举中自由投票也受到秘密会党的恐吓和腐化手段的危害。

国务秘书针对殖民地情况所做的决定，即新加坡内因颠覆被拘留的人根据新宪法不应被允许担任首届上议院议员，就是为了对付第一种威胁，因为，作为"选举腐败、非法或不良事件委员会"的报告公开结果的立法于1958年4月14日摆在了上议院的桌上。①

该报告证实，在1957年6月的选举过程中，秘密会党成员给选民施加了不适当的影响。实际上，委员们表达的观点就是，在他们看来到目前为止对于自由和诚实的选举的最大威胁在与秘密会党的存在以及其成员对选举的干预。他们补充道：

> 当秘密会党成员或个人因其保护行为而犯法的案例中，实际上不可能有证人到法庭去指证违法者。我们清楚地感觉到，出现这种情况的根本原因就在于缺少关于公共安全意识。除非并且直到警方足以处理新加坡的秘密会党，并把他们从社区中消灭干净，否则，不可能希望公众出庭作证，因为这样做必然会使他们遭到秘密会党的无情报复。②

一名证人的证据被描述为"对目标有广泛了解"，并且，他的观点是，普通人从秘密会党那里得到的保护会比从政府那里得到的更好。委员会在评价警方因为部分人认同秘密会党而面临的困难时表示：

> 根据现有法律，根除农村地区秘密会党并确保其犯罪成员得到惩罚的无效性在于民众在潜意识里存在对秘密会党权力的恐惧，以及对警方处理秘密会党和提供安全保护的能力缺乏信任。③

恐惧是肯定存在的，但它由来已久，根深蒂固，是中国长期的社会型

---

① Sing. Leg. Ass. , Cmd. 7 of 1958.

② Ibid. , p. 33, para. 81, & p. 12, para. 15.

③ Ibid. , pp. 12 - 13, paras 17 - 19.

恐惧的延伸。委员会再一次重申了过去经常表达的观点，即在大英帝国司法体系下的新加坡法律不足以消灭或者控制秘密会党，也不能使大众免于秘密会党的掠夺和剥削，这主要是因为不能说服受害者提供起诉攻击者的证据。

该报告还列出了秘密会党在选举中的运作方法的种种细节：

> 拉选票的秘密会党成员基本上是靠恐吓手段，该手段的效果需要一个前提条件，即选民们知道这些拉选票的人都是秘密会党成员。威胁可以是直接的，也可以是暗示的，但无论是哪一种情况，其目的就是要让选民知道，如果他不按指示做，就会在选举结束后受到报复。通常而言，"会让秘密会党不高兴"的担心就足以迫使与秘密会党歹徒有过接触的选民会照秘密会党拉选票的人的指示去做。①

该报告还提到参与选举的候选人每天派自己的支持者召集选民，并用卡车把选民运到投票地点。这一行为为威胁提供了很大的空间，因为作为乘客或司机的秘密会党成员陪着选民到投票点，并在最后关头给了如何投票的指示。而且，秘密会党成员还在一边等着，在选民投完票后接着把他送回家，这过程中一直都有威胁感存在，因为根据所听到的证据，选民对投票的秘密性根本不相信，而"非常相信秘密会党知道本应秘密的内容的能力"。这种恐惧感对于选举过程中无经验的选民来说一直在起作用，从而夸大了秘密会党无所不能的观点。而且，秘密会党成员强行查看选民的身份证，并在选民名册的复印件上做下特别记录。

这种对秘密会党游说人员的作用和所起到的根深蒂固的恐吓作用的描述是非常正确的。报告中对另一恐吓类型的描述同样正确：

> 对秘密会党的成员来说，阻止或妨碍选民来到投票点是个相对简单的任务……他们知道选民在政治上都倾向于自己的地区。在选举那一天，他们通过在街道上展示力量来阻止至少是妨碍某些敌对候选人支持者的选民离开家门或者店铺。但这很少或者完全没有任何公开的

---

① Sing. Leg. Ass., Cmd. 7 of 1958, p. 13, para. 21.

恐吓意味。他们成群地在街头徘徊,拿他们所支持的候选人的标志物玩耍,那些准备投其他候选人赞成票的选民不敢从旁边经过。对于那些大胆的选民,会党成员会简单地让其回家。这种形式的控制对于阻止选民坐上敌对候选人的车辆到投票点特别有效。当然,这不会阻止选民搭乘歹徒所支持的候选人的车辆来到投票点,但在投票时又投了他所支持的候选人,但这种情况在那些受教育很少的新加坡人当中并不太受赞成。而且,哪条街上有秘密会党支持自己候选人的威胁,哪里就有可以理解的恐惧存在,因为威胁选民给自己投赞成票的候选人提供的车辆里有秘密会党的成员。[1]

委员会对发生在 1957 年 6 月的地方选举中的特殊事件调查的结果也写进了报告。委员会根据证据的性质提出了他们的观点,他们仅揭示了事件真相的一部分,秘密会党成员干预的深度还只能是个推测。[2] 即使如此,报告仍揭示,属于"108""36""24""18"和独立的三字集团的会党都参与了这件事,而且某些会党首领特别活跃。[3]

尽管后来有一些候选人抱怨自己没有得到交互讯问证人的机会,并对委员会得出的他们与秘密会党成员之间的关系的结论表示疑问,但是,没有人试图否认这是对生活在会党占据地区的人民的正确描述,是对秘密会党成员在选举中使用的花招的概况的正确刻画。秘密会党对选举的兴趣不仅仅局限于新加坡,而且他们在联邦任何一个华人能够投票选举的地方都存在。

调查竞选活动中雇用秘密会党成员仅仅是委员会工作内容的一部分,它还被要求调查选举中的腐败、非法或不良行为。委员会的建议包括登记拉选票者;禁止在选举时拉选票;禁止私人车辆运送选民到投票点;禁止在车辆上展示任何与党派、候选人有关的物品;禁止任何人逗留在投票点200 码半径的范围内,所有这些都是为了阻止前面描述的恐吓活动设计的。值得注意的是,这些建议中的大多数限制在英国看来都是不必要的,

---

① Sing. Leg. Ass., Cmd. 7 of 1958, p. 14, para. 23.

② Sing. Leg. Ass., Cmd. 7 of 1958, p. 15, para. 29.

③ Sing. Leg. Ass., Cmd. 7 of 1958, pp. 15 - 20, paras 29 - 42.

这在某种程度上再一次超出了大英帝国法律认为保护新加坡大众必需的条款。

　　结论中最令人称奇的就是，强制投票可能是消灭所发生的腐败行为的最重要的简单措施。委员会认为，通过增加公民权的范围，强制性投票会减少任何腐败行为给选民施加的影响，就会排除候选人和其支持者诱惑选民使用其选举权力的要求。① 也许这是个过于乐观的估计。可以肯定的是，强制性投票将不会影响到报告中列举的恐吓模式，相反，还会拓宽恐吓的范围，因为尽管一个选民根据强制制度会像任何有非法行为的人一样待在家里以避免压力，但这将会给秘密会党提供对付选民的杠杆。因为他必须投票，否则秘密会党的成员就举报他，恐吓行为要做的就是迫使他投票给某个特定的候选人，这与往常一样，毫无差别。但是，因为根据自愿投的票很少，强制投票的观点一段时间以来已经成为大众讨论的话题，可以肯定的是这影响了委员会。委员会的绝大部分建议，包括强制投票制度，都被及时地收录在《上议院选举条例》中，并于 1959 年 3 月 3 日通过。

　　同时，1958 年 4 月 23 日，也就是委员会报告呈递给国会的九天后，政府就通过在一份紧急章程上建议通过修正《刑事司法（临时条款）条例》和《刑法典》以加强警方权力来从立法上打击帮派。

　　1957 年的秘密会党犯罪浪潮一直持续到 1958 年。1 月和 2 月都发生了械斗，3 月出现了械斗和一场入会仪式。这几个月期间，"108" 和 "24" 是另一个威胁，在械斗和有预谋的攻击中都使用了硫酸，有一次，"24" 的一名成员向满载劳工去上班的两辆卡车投掷了装着硫酸的电灯泡，导致 7 人受伤。另一个骚乱因素就是，越来越多的学生参加了流氓团伙，不仅仅那些早已成为新会员储备库的中文学校，而且一直以来相当远离团伙的英文学校的学生也纷纷加入。这一病毒也流行到了新加坡步兵营，那里有 56 人（代表了 10% 的人力）因为参与秘密会党活动而被解职。

　　经过争论，《刑事司法（临时条款）条例》通过了如下修正，其中只有一条有异议：

---

① Sing. Leg. Ass., Cmd. 7 of 1958, p. 34, paras 85 – 86.

1. 法庭被授权对那些包括在条例的时间表内犯了罪的人进行预防性拘留或者采取劳改措施，而无须提供秘密会党成员身份的证明。这给法庭比以往更为广泛的判决权，但定罪需要有充分证据的困难并没有克服。

2. 为了对付那些参与械斗或者准备参与械斗但在警察到来时又将武器丢在地上装无辜旁观者的歹徒的种种行为，授权派出所所长以上的警官可以在团伙打斗附近地区的可疑环境里逮捕所有被发现的人，法庭则可以强制他们具结保证维持和平。法庭还有对这些人实施宵禁的权力。破坏具结保证的人将被处以不超过 12 个月的监禁，或者最高可达 1000 元的罚款，也可二者并处。

3. 最后，在公共场合携带刀剑或者攻击性武器的人、游荡着准备犯下可逮捕之罪行的人、依《腐蚀性物质条例（1956 年）》规定犯罪的人都被加入犯罪列表中。这些犯罪类型都是那些与帮派打斗有关联的个人经常犯的。

尽管所有谈及议案的人都急于找出某种结束团伙威胁的方式，但对授权警方逮捕旁观者的做法还是感到强烈地不安。不止一名发言人声称，警探都是秘密会党的前成员，他们将会通过向派出所所长告状说某个无辜的个人与秘密会党有关系来运用这个新武器对以前的敌人进行报复，同时却允许真正的歹徒在其保护之下活动。问题在于如何给警方提供必要的权力使他们能够把歹徒们绳之以法，同时却保证不会有将权力滥用到无辜个人身上的危险。

反对派首领（李光耀）认为，如果想运用外国领土上不适合本地情况的标准和法律模式，必然会导致混乱；民主制度不能，其规则、法律和措施都不能全盘移植。他承认，秘密会党暴力的根本原因是社会和经济，在这两大因素得到根治之前，有必要实施某些限制行动，以免秘密会党把其注意力不仅仅集中在敲诈勒索上，而且还会集中在颠覆现有政治秩序上。但反对日本人那种对秘密会党成员杀头的极端措施，也反对俄国人那种把这些罪犯押送到劳改营，以把这些人改造成"正确思考"的人的办法。与此同时，有必要找到一个能起有效的抑制作用，甚至可能成为一种威慑的解决办法。他希望该法令能够满足这个要求。

《刑法典》的修正条款是为了法庭对某些罪犯进行更为严厉的惩罚而设计的。如在公共场所打架的最高监禁期限就从 1 个月增加到 1 年，最高罚款从 100 元提升到 1000 元；诱拐或者绑架的最高惩罚从监禁 7 年提升到 10 年。另外，法庭还被授权可对这两种罪犯处鞭刑。在解释为什么重新起用鞭刑时，首席部长承认，尽管现代刑法改革对使用体罚很反感，但如果这些改革措施要达到目的，就必须有其存在的条件，但很遗憾，新加坡不存在这种条件。那些参与暴力犯罪的绝大部分歹徒都不会受这些准则所表现出的温情所感染。会上没有人对修正条例提出反对意见，实际上还有一名议员强烈地表示，这种已经加强了的对诱拐或绑架的惩罚仍然不充分。可以肯定的是，这些提交到国会的意见已远没有草案中所期待的严厉了。在初步讨论期间最重要的建议就是，政府应该拥有与《公共安全保护条例》同样的权力，即无须审判就可以对知名秘密会党首领进行劳动改造或者预防性拘留。对与体罚有关的条款也作了一些修改，体罚仅仅是对诱拐犯或绑架犯的一种可供选择的惩罚，而不是强制性惩罚规定。对在骚乱场合或从此场合逃脱的人包括保镖，进行起诉的条款有了合理的理由。

修正条例于 1958 年 4 月 23 日通过，5 月 2 日生效，但局势仍在恶化。6 月 12 日，上议院又根据《社团条例》授予警方另外一些权力，使副局长之上的所有警官可以进入并且搜查某些会所，只要他们有理由认为有人做了违法的事情，而不需要从地方治安官那里领取搜查证。

除了警察权力的强化之外，还有一些目的在于建立警方和公众之间更加密切联系的努力。6 月底举办了一个警察周活动，其中一些主要的警察局向大众开放，并就警察活动的各种话题进行了演讲。警察局异乎寻常地受欢迎，人们涌向警察局，就像涌到戏院看演出。结果，这一经验推广到城市和农村地区的其他警察局，都取得了同样的成功。

但是，在正式授权之前的 5 月和 6 月的合理审查阶段，新加坡受到一股犯罪浪潮的侵袭，它引起了震惊和警惕。早在 4 月、5 月、6 月三个月就发生了 89 起歹徒打架事件。仅 6 月就有 44 人在这样的械斗中受伤；7 月，福建人秘密会党又制造了 4 起谋杀案，受伤人数达 40 多，其中一半人受重伤，绝大多数伤亡人员是在 "24" 和 "108" 之间的仇杀中出现的。另外,"36"和"108"之间的仇杀也全面展开。仇杀集团互相进行宵禁,并组织一方有 20 人、30 人或 50 人参加的械斗,同时,会党成员在街上一旦被敌对集团看见就会遭到攻击。

这些攻击行为的一个明显的特征就是有年轻学生卷入。一名 12 岁男孩被一个少年帮刺了 8 刀,还受到拷打折磨,还有一名青年被 10 个 10—15 岁的男孩残酷殴打,后来被送到医院。一名消防员被殴打致死,另一名被刺死。两天后,"108"的一名 15 岁男孩在其家附近被"24"的一伙年轻歹徒绑架。到 8 月 10 日为止,在过去的 6 个星期已有 8 人身亡,24人受重伤。

这股犯罪浪潮引起了普遍的震惊,8 月 11 日,首席部长宣布政府已采取紧急计划"扫帚行动"(Operation Sapu)以处理团伙首领。每天下午从 5 点开始,整个夜晚警方都搜查歹徒的巢穴,以搜寻那些知名歹徒,特别是那些首领人物。8 月 13 日,考虑到首席部长把逐步恶化的局势描述为"极端严重",政府决定采用紧急规章来修正《刑法(临时条款)条例》而不是《刑事司法(临时条款)条例》。

修正条例的意图就是授权首席部长可以对那些与犯罪者有关的人发拘留令,只要首席部长认为拘留这些人符合"公众安全、和平与良好社会秩序的利益"。在首席部长下发拘留令之前必须取得检察官的同意,尽管最初的拘留令的拘留不准超过 6 个月,但该命令最长可以延长到两年。还组建了一个顾问委员会,所有发布的命令及发布命令的原因都必须提交给顾问委员会。顾问委员会然后再向议会议长报告,议长有权取消或执行命令。任何警官都可以在没有逮捕令的情况下逮捕任何有理由认为符合首席部长发布拘留令要求的嫌疑人。这种警方的拘留可以延长到 16 天,这对于调查是很有必要的。

在实施条例的过程中,首席部长表示,因为有了秘密会党的活动,所以国会不需要就当前局势加强法律和命令的任何提醒。他说,过去很长时间以来,歹徒及其犯罪行为稳定增长,现在则犯罪严重增长。这一年的前六个月已经有了 157 起团伙打斗事件,相比之下,上一年(1957 年)全年只有 150 起,且这一数据还是 1956 年的 6 倍。自 1958 年 7 月 1 日以来的 6 个星期里,已经发生了 51 起斗殴和 6 起谋杀,这些都是秘密会党干的,而入室抢劫和盗窃是上一年的两倍。他宣布,警察无力处理威胁的基本原因在于公众受到团伙的恐吓，以至于无人敢出庭作证。他还补充说：

> 只有帮派违法这种状况过分恶劣才迫使政府寻求可立即使用的额外权力。没有任何一个民主政府愿意通过处决犯人的手段来减少个人的自由。现在这个政府也不例外。但如果没有恢复公共和平及良好社会秩序的其他方法，没有消除正在无辜公民的生活中蔓延的恐怖阴影的其他途径，政府不仅没有其他可行措施，而且公众也有责任主动采取那样的行动。

他继续说，条例规定的权力是用来对付帮派首领的，而不是用来对付普通成员的。

只有一名无党派人士反对该条例，其他发言人都认为这是一种令人遗憾却又必须的手段。争论引人注目是因为在争论仅有正常的司法程序是不够的这一点上得到了作为律师的李光耀先生的支持。在他看来，共有三种行动方案——或者对歹徒们进行审判，或者听之任之，或者不审就关起来。人民行动党赞成审判的方案，如果可能的话。但是，他继续说，正如市里每一名律师所了解的，警方已经承认再也无法处理这种情形了。歹徒对司法程序都非常熟悉。警方则想逮捕他们，关上 24 小时。如果他们被送上法庭，就会找两人将他们保释出狱，案件就拖延下去。如果法庭开审，证人决定作证是很不安全的，于是歹徒就会被无罪释放。当局面临的局势就是或者放弃，承认目前的司法程序不健全而使法律遭歹徒践踏，或者决定改变目前的状况。李先生在接下去的发言中开始指责执政党劳动阵线的重要成员结交秘密会党的知名打手和会员。他还提到在 7 月份刚刚举行的市议会的地方选举中，劳动阵线和人民行动党互相指控对方在竞选中利用秘密会党歹徒以达到恐吓目的。

议案被通过，条例在 8 月 15 日生效，是为 1958 年第 25 号条例。同一次会议上还为执行腐败、非法或不良事件调查委员会提出的许多建议提出了另一议案，其中一些条款专门用来减少选举过程中秘密会党歹徒参加的机会，它最后被提交给为此专门成立的委员会。

修正过的《刑法（临时条款）条例》的通过意味着政府最终公开承认文翰（Bonham）1830 年所假定的情况没错，他当时说："只要海峡殖民地还存在目前的司法制度，我认为镇压会党绝对不可能。"没错，会党的结构已经改变，但其基本特点、对平民的恐吓依旧，因此，面临的主要问题也没有改变。自从 1890 年从法律上禁止秘密会党以来，控制秘密会党的关键在于《驱逐条例》以及华民护卫司与其相对应的分支机构能够对整个华人社区施加压力。《驱逐条例》的实施和华民护卫司的活动都是正常的司法制度框架之外的行为。但至 1958 年，因为年轻人几乎都是当地出生，《驱逐条例》失效，并且，随着华民护卫司的撤销，这种影响渠道被消除，尽管随着地下社会和在华人劳工中现代因素的出现，它的影响已经减弱了。

现在取代以前的控制的新法律采用了由执行委员会使用的另一种额外司法权力，但远不如驱逐条例有效。拘留 6 个星期甚至 2 年都不能与驱逐回中国相提并论。有些犯人在拘留所经过短暂逗留之后非常适应，身体开始胖起来，回去工作后就洗心革面，重新做人。另外一些人发现自己被永远赶出了繁荣的新加坡或者马来亚联合邦，被抛进了中国地下社会的危险战场，而在那里，其他人早已守护在自己的地盘上，你想杀人都不知道杀谁。

但是，尽管被批准的新权力没有太大的价值，但 1958 年 8 月 13 日还是新加坡有记载的历史上的一个值得纪念的日子，因为就在这一天，公众接受了与大英帝国的司法概念相适应的法律的复杂机制对于新加坡政府完成其主要行政功能，即维持社会治安，是不充分、不完整的。而且，达成和支持这一决议不是殖民地官僚政府，也不是英国商界巨头们的参议会，而是其代表中的 3/4 都是经过民选，且其中大部分是华人（但是，应该注明的是其中绝大部分人受过西方教育）的上议院。一个历史的关键时刻就这样在东西方文化模式的影响下到来了，这次不仅仅是在那些过高估计了缺少与人民大众联系的危险性的非土生土长的统治阶层是这么想的，而且那些希望解释他们周围的人的准确感觉的土生土长的居民也是这么想的。另外，这一行动为政府所接受，政府完全知道这不仅仅使自己被指责为毫无民主的独裁专制，而且可能会疏远下层民众中相当比例的选民。议员们都深信秘密会党即将对和平构成严重威胁。同样重要的是，反对派也没有趁机捞取政府赖以立身的政治资本的企图。恰恰相反，他们意识到了这种需要，所有的政治党派都支持特别立法，只有两名无党派成员持反对意见。在当地英文报纸上，该法令被认为"可能是近年来最受大众欢迎的立法"①。

警方立即展开了一场逮捕知名团伙首领的运动。到 1958 年底，共有 145 名头目被拘留。但是，械斗还在继续发生：9 月有 27 起，10 月 27 起，11 月 30 起，12 月 35 起。这一年共发生了 332 起骚乱。在骚乱中，14 人死亡（另外还有两起秘密会党谋杀案发生），285 人受伤，其中 25 人遭受硫酸袭击。

随着各政治党派开始为 1959 年 5 月即将举行的重要选举做准备，1958 年的最后两个月从政治上来说是个不稳定的时期。11 月 10 日（1958 年），林有福先生宣布在他的领导下组成一个新的政治党派，即新加坡人民联盟（SPA），目的就是要联合劳工阵线、自由社会主义和工人党的成员一致与人民行动党斗争。这一行动仅仅取得了部分成功，因为原来的政治党派尽管失去了大批的首领和成员，但没有解散，而是继续存在。与此同时，人民行动党进行了大规模的内部重组。它清洗了极端分子，创造了一种特殊的党员制度，重新登记了所有党员，再次坚定了其建造一个"独立、民主、非共产主义分子、非社会主义分子的马来亚"的目标。

新宪法的条款来自 1958 年 5 月在伦敦举行的最后会谈，该会谈于 1958 年 11 月 27 日在新加坡公开，就是要建设一个新加坡国家，其内部自治的全部权力都由国家元首掌握，其防御与外交事务由英国政府委派的驻扎在新加坡的一名高级特派员负责；要建立一个由 51 名民选成员组成的上议院，他们有权选出自己的代言人；还要组建一个内阁，其上有总理，而总理则由得到上议院中大多数成员同意的人担任；内部事务的决定权归由三名代表——新加坡政府和英国政府各一名，还有一名来自联合邦政府，他有决定性的投票权——组成的内部安全会议。

1958 年 11 月 29 日，在新加坡举行的一次政治性党派论坛上，劳工阵线残余的首领公开声明，自己已经收到了 15 份报告，某个政党（意指新加坡人民联盟）使用秘密会党的传统手段，利用打手在某些地区拉选票。1959 年 2 月，人民行动党揭露说，美国的一个组织在新加坡的一家美国银行里存储了一笔 50 万元（马来亚元）的资金，打算用来谋杀政府

---

① *Sunday Times*, 21 Sept. 1958.

的一名部长,新加坡人民联盟的前景没有任何改善。当 1959 年 5 月 30 日开始为新组建上议院进行选举时,共有 14 个党派和 34 名无党派候选人参选,人民行动党获得了 43 个席位,获得 524420 张选票中的 283799 张。新加坡人民联盟获得其余席位中的 4 席,UMNO 获得 3 席,一名无党派候选人占了 1 席。前立法议员中只有 5 人进入新会议。

正如《海峡时报》在 6 月 1 日的社论中所指出的,除了分点选票外,反对党本可以更强大。很清楚,根据国会有效多数原则,包括了所有非人民行动党和每一个无党派候选人的联合选举阵线实际上不会存在实质上的任何差异。人民行动党在 7 次交手中每一次都取得胜利,在其他 23 个选区里,其候选人赢得的选票比其对手的总和还要多。有没有分走选票,人民行动党争得的选票就足以证明其自称获得大多数选民支持是正确的。

二　1959—1965

人民行动党中接受过英国教育的社会主义温和派领导人李光耀先生为首的新政府于 1959 年 6 月初执政,但在此前不久,总督宣布释放了 8 位著名的人民行动党左翼成员,他们因为 1956 年 10 月和 1957 年 8 月的颠覆行动被捕,要不然,李光耀拒绝就职,这一行动实际上是为了获得人民行动党左翼的支持。这些被释放的人都是左翼工会的官员,他们对于工会有强大的影响,特别是在那些不说英语的华人的工会成员中影响很大,那些人有不少迷恋共产主义。尽管已经完全准备好接受左翼领导人的挑战而不是惹怒其支持者,但李的政策是劝说新加坡的华人大众,其未来的繁荣和幸福不在于共产主义,也不在于对中国的忠诚,而在于民主的社会主义,在于马来亚人意识和忠诚的发展,在于新加坡与联合邦的最后的政治融合。

但这是一项长期政策,目前必须赢得中立派的支持,以阻止资金流失。李光耀清楚地知道,资金流失将危急社会和经济计划的成功,而这正是人民行动党实施规划的基础。于是,他继续使用保卫政府的权力,以应对叛乱事件及镇压危害社会治安的秘密会党团伙。

帮派是首选目标。早在 1959 年 6 月事实就已表明,1958 年 8 月采用的特殊拘留权没有导致所期望的和平。没有惩罚或者没有任何强制劳动形式的拘留已被证明是无效的，因为帮派首领很快就被替换了，与其被拘留几乎一样快。1959 年 6 月，新政府作了决定性的努力，通过加强某些酒类专卖法来消灭秘密会党借之赢利的新加坡的毒品买卖、赌博和妓院，但很快就发现采用另外的立法以增加暴力犯罪的惩罚标准很有必要，尽管 1958 年的立法没有任何失效的迹象。

8 月，《刑法（临时条款）条例》的另一修正案被提交到上议院，提出了严格拘留条款的修改意见。它规定，只要有检察官的同意，内部事务大臣在符合"公共安全、和平及良好社会秩序"的利益的前提下，可以命令对任何与犯罪活动有关的人进行为期 1 年而不仅仅是 6 个月的拘留，或者让这样的人接受 3 年以内的警察监督。根据条例发布的所有命令都要在 28 天之内向顾问委员会汇报，委员会再向国家元首报告，由他决定是同意、是拒绝、还是变更。

处于警察监督之下的人只要违反任何命令或强加的条件，就会被判处不超过 3 年不少于 1 年的监禁，同样的惩罚也适用于那些处于警方监督之下有意结交或习惯性地与那些同样处于监督之下的人联系的人。另外，那些处于警方监督之下的人，如果犯有表 3 列举的任何罪行（包括《社团条例》《刑法典》《轻度犯罪条例》《武器犯罪条例》《军火与弹药（非法携有）条例》，以及《腐蚀性物质条例》规定的罪行），就会处以平常双倍的惩罚，并处鞭刑。所有被拘留以及被警方监督的人都会收到特殊的身份证，任何对其身份做出错误声明的人都会被罚款 5000 元或者处不超过 3 年的监禁，或二者并处。国家元首还被授权可以将任何拘留令的有效期延长 1 年，可以无限期地延长警察监督的时间。

这些修正在 9 月份的上议院会上被通过。同一次会议上，《刑事诉讼法典》的修正案通过了二读，并被提交给一个为此专门成立的委员会。这一修正是为了要增加犯罪区域和治安法庭的权力和权限，使他们能够进行更严厉的判决，能够审理某些以前只能由高级法庭审判的案子。它的另一个目的就是要允许罪犯向派出所所长及其以上的警官所做的谨慎陈述可以在法庭上引为证据，由陪审团免除审判，当然，重大案例除外。

与此同时，暴力犯罪仍在继续。9 月，一个由 30 名青年组成的帮派用巴冷刀和破瓶子袭击一名巡警；另一伙 17 人的帮派杀害了一名拒绝其勒索的小贩；一名青年在一家咖啡店里被乱刀捅死；一个六口之家也成为硫酸攻击的受害者。在关押着 200 名歹徒的樟宜（Changi）监狱发生了一场械斗，用的是刀、管和瓶子。10 月 5 日的《海峡时报》如此评论：

> 新加坡的每一次暴力犯罪和秘密会党活动都为政府使用非常规权力来武装自己及警察提供了正当理由，如果加强整治手段有利于对付黑社会的话，他们就应该这么做。可以肯定，公众对于严厉的行动是支持的……问题主要是作为威慑的残酷体罚在缺少宪兵队（Kempei-ai）方法①的情况下是否有效。

10 月 14 日掀起了一场对付政治颠覆的运动，当时，政府根据非常时期章程希望上议院同意其把《公共安全保护条例》延长五年，并要求会议批准废除原本根据 1955 年的条例建立的上诉法庭的要求，代之以顾问委员会，由顾问委员会向最高元首推荐即将审理的案子。这一修正恢复了先前根据特情管制规定的局面。其他一些修正的意图就是要给内政部长在使用权力时有更大的弹性。一个人可不经过拘留就直接被限制自由，并且，限制的不仅仅是其居住权，而且也包括其职业和活动。

在提出该议案时，总理强调，对于共产主义分子挑战的最后答复不会是这种伴有紧急的或特别的权力的形式的立法。他说，经济、社会和政治条件以及在这些领域的斗争将决定新加坡，甚至马来亚，是否会一步一步地不断壮大成为一个民主国家。在这个民主国家会继续保持更加宽容的人类文化的特征，而经济需求和必需品将会迅速得到满足；或者，集权制是否会取代民主制以迎合经济需要。要求赞同的权力只能为对付那些准备破坏民主国家之人提供暂时的阻碍。

上议院上并没有人反对将条例的有效期延长 5 年，但对于是否废除上诉法庭争论激烈。这在人民行动党 10 月召开的一次会议上早已讨论过，人民行动党的全部 51 个支部都派了代表参加这次会议，当时，总理利用他党的总书记的地位解释说，尽管在选举时已经发誓保留上诉法庭，但法

---

① 日据时期，日本宪兵队所管辖的事务包括公共安全、思想灌输、保密防谍等领域，特别其情治工作和作为帝国的秘密警察令人印象深刻。此处的"宪兵队方法"就是指使用秘密警察的办法。——译者

官的请求还是要求政府给予重新考虑。在会上争论时，他强调，原则上，在超常的权力之下，拘留或释放某人的责任不能取决于法官，随着此法令的通过，新加坡政府将单独担当起保证完全的责任，只受内部安全会议至高无上的权威的影响，政府不得不遵守它的指令。

在将修正过的法律变成任何强大的动力之前，政府大力鼓吹，这是一场抵抗歹徒和违法事件的人民战争。政府还主张进行为期 16 天的特赦，在此期间，政府要求歹徒脱离团伙，向总检察长汇报。总共有 818 人获特赦机会，但这在被认为拥有 1 万名秘密会党成员的新加坡只是一个很小的比例，这项方案起到了很好的心理影响，减少了公众对接下来被拘留或者被置于警方监督之下的歹徒的同情心。

在特赦之后，紧接着就是日益加强的警察行动，秘密会党事件的数量有一定减少。到年底，276 名嫌疑犯被拘留，187 人被置于警察监督之下。在法庭上，犯罪侦察科秘密会党组指控了 721 人犯有不同程度的罪行，缴获的武器达到历史最高纪录，其中包括 257 瓶/罐硫酸。但这一年共计 402 起的秘密会党案比 1958 年的总额增长 20%。同样，街头抢劫、入室盗窃和偷盗车辆案也有所增长，50 起谋杀案中有 7 起系秘密会党冲突所致。帮派之间的械斗没有完全停止。12 月阿裕尼—芽笼（Aljunied-geylang）地区的"108"的 30 名成员与"24"集团之间发生了一场严重的冲突，其中有 5 人被泼了硫酸，2 人被巴冷刀劈伤。在一次追击战中，"24"的一名成员携带着新加坡的新国旗，上面用汉字写着："忠实的红军，广东分部。"

残酷的冲突自 1960 年的 1 月开始，并于 5 月达到顶峰，共发生了 38 起案件，但此后案件有所减少，整个一年的案件总数比 1959 年少了 40%。根据《刑法（临时条款）条例》进行逮捕起到了主要的抑制作用，增加警察巡逻也有助于控制打群架。但这些改善被两个强大的罪犯集团所组织的一场恶劣绑架所抵消，这一事件在富裕的华商当中造成了严重的恐慌。有 10 起案件被举报，另有 3 起案件没有被举报。尽管绑架并不是秘密会党组织的一项秘密活动，但参与绑架的团伙成员都是秘密会党中人，虽然不是同一会党。一个主要帮派的一名首领在 8 月 24 日的一次枪战中被击毙，另一名首领和第二大集团的几名成员后来被拘留，总共逮捕了 87 人。

为了加强政府的处理手段，立法行动也以修正《刑事诉讼法典》《社团条例》《公民法》和《驱逐条例》的方式得到加强。《刑事诉讼法典》的修正案还在特别委员会的手中时就于 1960 年 1 月引起了律师委员会的抗议，他们反对把控方向警官作的陈述承认为证据。为此，特别委员会解释了这样规定的理由，经过修改的议案在 4 月 14 日的会议上被通过。与此同时，陪审员制度不再继续，除非案件可能与死刑有关，或者报刊上公开要求要陪审员决定。

被部长描述为"一项古老又庄严的立法"的《社团条例》的修正案于 1960 年 1 月首次提出，并引起了许多争论。为了阻碍秘密会党或其他经常被作为秘密会党巢穴或赌窟的"不受欢迎又见不得人的社团"的组建而加强的惩罚招来了批评意见，而所有社团（包括政治党派）必须申请登记的条款更是激起了反对派的强烈抗议，特别是遭到了新成立的工人党领袖大卫·马绍尔先生的反对。

争论中，总理提醒议员，即使文化和体育协会也不都是专业组织，以前的政府对这一点非常清楚。还有一点要说明的是，一个为吹长笛或打锣鼓而成立的组织的另一个目的是聚集成员参加艺术活动（例子就是以前的共产主义阵线颠覆组织都有一个无辜名称）。在提交给特别委员会之后，该议案于 5 月份被通过，1960 年 7 月 22 日生效。

根据新条例（1960 年第 37 号），每一个社团都必须登记，任何社团不得豁免，共济会和政治组织也不例外。注册官如果认为某社团有服务于非法目的的倾向或有可能对公共和平或良好社会秩序构成伤害或某社团一旦登记就会对整个国家的利益不利的话，有权拒绝登记。这些条款还包含了扩大主管人员权力的内容。作为对那些强烈反对把政治组织包括进条例范围的人的让步，政府禁止注册官要求这样的政治组织向他提供任何会议记录、成员名册，并在条例中重点强调登记官的职责是要给政治党派登记，而不是拒绝其登记。

在警方打击歹徒的运动中，这些条款可能作用不很大，但可能对政府控制颠覆性组织的发展有帮助。对警方更有帮助的一个新条款是，审判中，声誉证据可以被用来证实某人是否是某个社团的成员或某个特指社团是否存在。另外，参加非法社团或者允许在其住所召开三合会会议或藏有三合会文件的最高惩罚从监禁 6 个月提高到 3 年，而协助管理某个非法社团的惩罚从监禁三年增加到监禁五年。而且，被勒令解散的社团的任何领袖，在解散的 3 年内如果没有部长的书面同意，不允许在其他社团中担任职务。①

《社团条例》还在考虑，《公民法》已经作了修改。根据 1960 年 4 月 9 日颁布的《公民（修正）法令》，现有的两年的公民居住权资格提高到不低于 8 年，而不是以前的 12 年。在过去的 12 年里，移民居住资格从 8 年提升到 10 年。还有一个重要的条款就是，授权部长可以剥夺某人的公民权，如果能证明此人的活动对马来亚的安全有害或对公众安全、和平及良好秩序有害的话。这一条款是驱逐权力的重要反弹。1960 年 9 月通过的《驱逐（修正）法令》保证政府可以驱逐或者遣返某人，无论是英国人还是其他国家的人，只要他的颠覆活动或者犯罪活动使他的存在不受欢迎。以前，只要是英国人，无论是在新加坡还是在其他地方出生，都不可以驱逐，但根据新法律，唯一不可以驱逐的只有新加坡人。还有一点要记住的是，政府同样有权剥夺某人的新加坡公民身份（即使此人出生在新加坡），只要符合安全、和平和良好社会秩序的需要。可以看出，所有这些权力加在一起使政府掌握了一个非常有力的武器。

所有上面提到的——增加无须审判就可以逮捕、拘留和监督的权力；提高对罪犯的惩罚——都是惩罚措施，但政府另一个更有建设性的解决团伙问题的努力就是在 1960 年进行的两个社会治理实验。第一个具有预防性质，就是在新加坡组建工作队；第二个具有改造性质，就是在新加坡南部 12 英里外靠近莱佛士灯塔的 200 亩宽的安乐岛（Pulau Senang）上改造营的开放，政府将要在这个"以海为墙"的开放营地里试验现代化的改造方法。长期以来，人们一直认为，缺少工作和职业是青少年渐渐加入秘密党和从事犯罪的一个主要原因，所以希望工作队能够起到抑制作用。政府希望工作队能起到双重的作用：给予年轻人人生目的感和努力观；成为熟练和半熟练劳工队伍的来源。

工作队主要从年轻人以及刚离校但还没有找到合适职业的年轻人和女孩中征集。根据方案，要招一支大约 5000 人的新队伍。他们 50 人到 100

---

① Sing. Leg. Ass. Deb. , Vol. 12, No. 2, 14 Jan. 1960；*Strait Times*, 5 Jan. , 14 Jan. , 4 May 1960；*Sing. GG*, Suppl. 41 of 22 July 1960, pp. 839 – 845；GN S183.

人或者 150 人一组，驻扎在农村，由政府提供住房、食物、衣服和生活必需品。劳逸结合使这些新人能在一起共同生活，并在工作、学习和娱乐中相互合作，以能为国家建设事业做贡献而自豪。他们的主要任务包括建设道路、灌溉渠道、开垦土地和其他公共工程项目。

为秘密会党歹徒设立改造营的决定是一个具有特别重要意义的进步。1958 年，在马来亚联合邦曾有同样的设想，尽管官方没有明确放弃，但已是难产。在新加坡，监狱情况不尽如人意，因为拘留了上千人且又将其拘留期限延长了，而且也没有新建的监狱。这一切使政府任命了一个由德凡·奈尔（Devan Nair）先生①领导的监狱调查委员会，此人以前因政治原因被拘留过。监狱调查委员会内部又成立了一个特别委员会，对根据 1955 年的《刑事司法（临时条款）条例》拘留的犯人所带来的日益恶化的监狱条件提供紧急解决办法提建议。该委员会 1960 年 1 月 15 日的报告中就有在安乐岛设立一个改造营的详细建议。政府接受了这一计划，5 月份由在押犯人开始了岛上的建设工作。

在初期，人员以秘密会党集团为单位集中，不久就开始混合起来，后来，官方的政策也接受了这种混合趋势。至于在押犯人与管理之间的关系，目标是建立相互的信任，并以此作为双方关系的基础。营地的主管（达顿先生）是个有活力，有热情，乐于奉献的人。人们希望，在该营地接受工作技能、纪律和教育训练将会促使在押犯人在其社区里成为体面的劳动公民。在该岛上度过 1 年之后，就到工作队里待上 6 个月，这可能是影响改变的合理期限。

这一规划（仅仅限于新加坡公民犯人）是种积极的努力，通过艰苦的劳动、教育和模范榜样，紧紧抓住秘密会党所带来的经济、社会和道德方面的问题，这一切与通常的监狱气氛有着很大的差别，但仍然能够保护大众。它还有另一个实际优点，就是提供了一个额外的拘留地，这有很重要的意义。因为歹徒当中有大批当地出生的人，且随着中国政府越来越不愿意接纳驱逐犯，即使这些人是中国出生，也不愿意接收，这大大减弱了驱逐法律的效力，而修补后的立法允许无须审判就可以拘留导致要提供衣食的犯人越来越多。

---

① 德凡·奈尔（Devan Nair）先生后来成为新加坡第三届总统。——译者

营地拘留的犯人迅速增长，到 1961 年 10 月时有 400 多人，且已有 76 人被招进了新加坡的工作队，其中 6 人找到了政府的工作岗位，2 人回到原来的市政工作。此外，还有一些人被营地雇为管理员。1962 年 4 月的立法会议上，内务部长提到了企图谋杀、勒索、泼硫酸、刀刺和打架数量的回落；《刑法（临时条款）条例》仍然是对付歹徒的主要武器。他向国会汇报说，有 804 名有名的歹徒被拘留，大部分犯人安置在安乐岛。他还说，自从 1960 年 6 月使用该营地以来，已经释放了 135 人。看起来，这一计划很有成效。

但是，1963 年 4 月出现了第一个不好的迹象，营地的副主管遭人用钉耙①袭击，因为该人违纪而被要求向一名高级管理员汇报。其他人也加入了这次袭击，后来有 14 人被驱逐出岛。3 周后，25 个被用船送到该岛的人中的 8 个在攻击了船员和唯一的卫兵后，迫使船员把船开回港口。7 月 6 日，13 名在前一夜工作到很晚的木匠拒绝在周六加班工作，接着就被主管送回到樟宜监狱。这是令人最难接受的惩罚，因为它取消了已经在岛上改造的一段时期，使得释放再一次变得遥不可及。木匠们向自己的朋友表达了憎恨情绪，他们的朋友让他们进行报复。这一消息通过一个恰巧听到了正在构思这一计划的另一在押犯人传到了主管的耳里，但是主管没有认真对待。7 月 12 日，有人秘密告诉他一场叛乱迫在眉睫。主管用无线电话告诉了新加坡，但表示不满意的人只是一小部分，许多愿意支持他的犯人在抵制心怀不满者。他认为没必要派警察部队到岛上来，但还是采取了预防措施，除留下一艘船外，其余的船只都悄悄地转移到了附近的一个岛上，以防止犯人逃离。

在计划兴建改造营时，政策就已决定在岛上不存放任何武器。木棒和柳条盾是仅有的防御物。尽管主管外表看起来非常乐观，还是命令派一支武装部队到岛上来，但当武装部队抵达时，暴乱已经结束了。

当时，营地里共有 318 名被拘留者（还有 60 多人正在被派往新加坡的途中），暴乱是在下午 1 点之后开始的，那时犯人刚午餐后休息过，拿着钉耙、巴冷刀和其他修剪花木的工具去整理园林。突然间，有70—90 人，用钉耙、巴冷刀攻击卫兵。暴徒们接着拿着铁管和瓶子走

_____

　　①　一种趾形的挖地工具。

到行政中心，在这里，主管和他的助手泰尔佛德（Tailford）正在无线电室向新加坡求助。靠近大楼的营地管理人员在大楼周围用瓶子（1600个）设置了防线，开始了一系列的反击行为，但最终还是被暴徒攻克。泰尔佛德在被刺中右太阳穴后被制服，暴徒们开始纵火焚烧塔楼。达顿受到袭击，被砍死，尸体被扔进火里焚烧。绝大多数的管理员受到攻击，负伤在身，还有三个人被砍死，其中一人的尸体也被扔进了火里。营地的其余建筑物被泼上汽油和煤油，点上火，发电机也被砸烂。40分钟内，营地化为灰烬，而200名，也可能更多，未参与暴动的犯人也未加干涉。暴徒在旗杆上升起囚犯的衣衫，坐在树荫下随着吉他的伴奏即兴唱起了胜利之歌。许多头目乘船驶向印度尼西亚海域，但被海关和警察汽艇拦截。

在汽笛和照明弹发出警报之后才有首批部队抵达安乐岛，他们是来自附近岛屿的大约30名马来人。紧接着有水兵部队抵达，但暴动已经结束了。他们面对的是一幅让人悲哀的景象，没有遇到任何抵抗。凝聚了那么多心思、努力和热情的无围墙监狱的实验随着灰烬一同结束了。

绝大多数囚犯被转移到新加坡，最终有58人受审。这场审判正如上诉法庭的大法官后来所说，其耗时、参加犯人的数目和恐惧程度可能在马来亚法律史上史无前例。由巴特莱斯（Buttrose）法官和一个特别陪审团主持的审判从64天延长至4个多月。该案于1964年5月13日结束，18名被告因谋杀罪被判死刑，11人因使用致命武器参与叛乱被判3年监禁，11人因参加暴动被判2年监禁，还有11人无罪。被判死刑的18人向马来亚联合邦法庭上诉，联合邦法庭维持原判。枢密院表示不会接受更高一级的上诉。18人全部于1965年10月29日在樟宜监狱被绞死。

由于之前许多鼓舞人心的报告都提及安乐岛，1963年7月12日的野蛮暴动对于新加坡来说是个沉重的打击，那些赞同并支持这一个改革计划的人也深感失望。猜测与这一计划失败原因一样的多。有人说，很多打算实施过快，营地初期的成功不仅仅使管理人员放松了警惕，而且那些负责把大量犯人安排在这一营地的人也降低了警惕；要看管400名具有犯罪倾向又与秘密会党有联系的强壮青年，这些守卫士兵是远远不够的；在选择派往岛上的囚犯时也不够严格，也没有足够重视秘密会党影响持续的程度；雇用以前的犯人作为下级管理人员导致了腐败和歧视；不在岛上存放武器的决定也是不合理的。对法庭上出示的证据（21册）的研究表明，除了主管驱逐 13 名木匠而突然造成这一情况之外，没有发现任何别的线索。上述所列情况的绝大部分或者说全部都可能在造成暴动气氛中起了一定作用。上诉法庭在其判决中提到，这一规划试图把"那些终身犯罪的人改造为有用的具有美德的公民"时，沾沾自喜地表示："我们不关心这一规划的优点，也不去思考规划的某些方面的价值是否将会在人性的舞台上占据一席之地，也不在意所追求的一些事情是否合乎法律"。还说："如果在岛上存放武器，之前所做的一切事情都可能没有必要了。"

新加坡政府命令展开对暴动的原因和背景进行调查，但在审判过程中拖延了。当新加坡于 1963 年 9 月 16 日成为马来西亚的一部分时，有关公共安全、警察和监狱事务都转交给了中央政府。调查被悄悄地搁置起来，再也没有重复过改造试验的任何举动。

安乐岛改造营存续期间，新加坡政府几乎都在忙政治事务：牵制共产主义者通过人民行动党和工会以及学生运动制造的威胁；考虑东姑阿都拉曼 1961 年 5 月提的建议，即马来亚联合邦、新加坡和英属婆罗洲领土之间应该在宪法上合并为马来西亚联邦。

到 1960 年底，人民行动党内部已经出现了冲突的迹象：属左翼集团的国家发展部前部长王永元（Ong Eng Guan）先生退党。1961 年 5 月，他以无党派候选人身份参加选举，并且击败了人民行动党对手。党派的分裂开始扩大，李光耀（在其就职期间释放了后面提到的几人）任命的几名政治官员开始批判政府的政策。这种分裂的趋势在劳工中特别明显，并使人民行动党支持的工会代表大会产生分裂，左翼由林清祥领导。7 月，3 名政务部长被解职，上议院的 13 名左翼人民行动党官员也从所有的委员会职位上退出。叛乱分子自己组建了一个新党派，即社会主义阵线（Barison Socials），由李绍祖（Lee Siew Choh）领导，使占议会大多数议席的人民行动党仅剩一席。

之后，社会主义阵线与人民行动党之间对所有相关问题展开论战，特别是劳工问题及加入马来西亚问题。工会代表大会转向"左"倾，被政府解散，而林清祥又组建了一个新加坡工会联合会（Singapore Association of Trade Unions，SATU），其中包含了许多有影响力的共产主义分子以及"左"倾工会。接着，为控制作为中国的工会分部的联盟爆发了一场痛苦的争夺，这些联盟展开了一系列罢工，一直持续到1962年。同年11月，该联盟的5名成员因出版共产主义作品被逮捕。1963年2月，国内安全部命令逮捕了113人，与此同时，还发布了题为《共产主义者的阴谋》的小册子，解释联盟和其他的"阵线"组织正在颠覆政府，建立基地，以及破坏成立马来西亚，现在，一切准备工作都已经做好了。

5月，警方对地下社会展开了激烈的清洗运动，目的是搜查与大量劫匪、路霸以及谋杀犯有关的团伙武装首领。5月16日的《海峡时报》在关于弥漫全国的武装抢劫和暴力犯罪问题的社论中表示："在新加坡，现在比过去更多光天化日下的武装抢劫行为……但授予警察对抗秘密会党的特别权力明显不足以阻止暴力犯罪的新浪潮。"它号召公众通过提供信息和合作来协助警察。

马来西亚成立的日期本确定在8月31日，但因为印度尼西亚无法缓和的反对而推迟，使联合国秘书长任命的一个小组可以到现场来调查，以确定沙捞越和沙巴的人民是否真心赞同拟成立的联邦。在肯定了这一点后，成立仪式在9月16日举行。

李光耀考虑到已经获得了人民对其政策的支持，决定立即开始选举。在人们还没来得及注意时，选举就在9月22日开始了。人民行动党以绝对优势获胜，占据了55议席中的37席。社会主义阵线获得了13席。新加坡联盟（与马来亚联邦中的执政党联盟保持相同路线）推出了42名候选人，但没有任何收获。

根据马来西亚新宪法，警察和安全事务交由中央政府处理，清除教育、劳工和"统一阵线"组织中的共产主义影响的政策一直持续到选出了新的政府。9月26日，南洋大学的20名成员因为支持共产主义分子的活动而被捕。富裕的实业家陈六使（Tan Lark Sye）也是这所华语大学的创立者，被指控积极地且持续地与大学里的共产主义者中反抗国家的团伙合作，法庭最终剥夺了他的新加坡国籍。①

10月3日，政府命令解散5个组织。它们是农村居民协会、乡人协会、商贩协会和铺主协会等，他们被指控为煽动和招募共产主义分子的政治组织。10月8日，新加坡工会联合会的14名首领，包括上议院中的三名社会主义阵线成员被捕，罪名是筹划有政治目的的罢工。上议院中另两名社会主义阵线成员认为自动退出比较有利，及时向议会请求辞职。11月13日，政府根据《工会条例》拒绝给新加坡工会联合会（此时已有29个附属协会）注册。大约在12月中旬，华语学校的108名教师（包括12名校长）因所谓的参与共产主义活动的罪名被解雇。

此后的事很快就可以概括出来。1964年，绑架富裕华人案还在继续发生，警察对部分平民进行了反反复复的奇怪的筛查，一天之内拦下了3000多人以查找勒索团伙的成员。6月，南洋大学的52名学生因颠覆活动被逮捕。7月，大约有100名学生被驱逐，50名非学术职员被解雇，这些人都受到了共产主义者的影响。

在先知生日那天（7月21日），一支穆斯林游行队伍在华人和马来人之间制造了族群暴动。这是李光耀所强烈鼓吹的人民行动党政策越来越与人民不兼容的公开表示，也是对废除种族歧视，确认马来亚所有公民的平等政治地位的公开强调。巫统的一些领导人热烈主张：坚持马来人是本土人，在国家和政府当中有着特别的地位。

突发事件被流氓恶棍利用，而且，印度尼西亚的支持者急于推进苏加诺的不承认和"对抗"新马来西亚政府的政策。在前几天里有32人身

---

① 1953年1月，陈六使于福建会馆的执监委员联席会议中提出开办华文大学的建议，并获得新马华人社会的热烈支持。但由于当时的英殖民地政府在新加坡和马来亚联合邦采取英、巫两种语文为高等教育教学媒介的政策，对拟以华文为教学媒介的大学多加阻挠，导致华文大学只能以私人公司名义注册为"南洋大学公司"，直到1959年新加坡"人民行动党"执政，南洋大学授予的学位始终得不到承认。由于新加坡政府及马来亚联合邦政府对南洋大学一贯采取漠视或敌视的态度，导致南洋大学学生一再与新加坡政府及马来（西）亚联合邦政府发生冲突，不少学生因而被捕。南洋大学学生会一再指责政府当局不经司法程序拘捕学生，压制学术自由，企图消灭华文教育及华族的民族主义意识；政府则谴责南大学生从事共产党活动，鼓吹华族沙文主义，破坏马来亚地区的族群和谐。于是，在新加坡退出马来西亚联合邦前一年的9月22日，新加坡政府宣布剥夺南洋大学理事主席陈六使的公民权，陈被迫辞职。此后，新加坡政府对南洋大学的控制日严，华文在作为教学媒介的原始规划逐渐模糊，英文的重要性则日渐明显，自1975年起英文取代华文成为南洋大学的主要教学媒介，最后导致南大于1980年的关闭。——译者

亡，大约 200 人受伤。警方发动的对付秘密会党成员的行动抓获了 550 人，根据被延长了 5 年的《刑法条例》进行拘留。零星事件直到 9 月（月初的 48 小时里就有 8 人身亡、60 人负伤）还在继续。在新加坡，柔佛和整个马来亚设立了善意委员会，最终缓和了气氛，避免了很可能出现的全国骚乱。12 月，政府公布了印度尼西亚人在叛乱中训练秘密会党成员的细节和他们的特别阴谋，包括制造社区骚乱及秘密会党成员在被捕之前受雇于印度尼西亚等。

尽管有这种危险状况，两政党之间的公开争论却没有消退的迹象，这使东姑阿都拉曼和他的顾问决定，如果要避免骚乱，新加坡必须立刻脱离马来西亚联邦。这一决定被采纳。李光耀于 1965 年 8 月 9 日接到通知，新加坡不再被接纳为马来西亚联邦的一员。新加坡政府的领导人刚从震惊中恢复过来就立即被选为共和国的领导，担任起岛国政府的全部责任。

在这种气氛下，秘密会党的事务退居其次。政府自由使用《刑法（临时条款）条例》授予的权力，把歹徒团伙隔绝在街区之外，而政府则完全集中注意力于政治和宪法事务。

在仔细研究了从 18 世纪末期到今天的马来亚发展之后，我们可以得出结论：对马来西亚和新加坡人民和政府的潜在威胁起源于根深蒂固的华人秘密会党传统，这一威胁仍在持续，如果要使秘密会党陷入绝境，不仅仅要求有最严厉的控制手段，而且需要有最明智的社会重建措施以及教育方式。和平需要付出永远警惕的代价。

附录一　三合会的历史与仪式^①

传统的历史

从历史上来说，满族人建立的清朝是三合会的发祥地。三合会的成立时间有多种说法，最惯常的说法是 1674 年。故事梗概是这样的：皇帝的地盘遭遇外族入侵，于是皇帝发了一份宣言，呼吁有志之人报效国家，得到了福建省一个少林寺的和尚们的回应，他们去了前线，通过一系列的策略和使用超自然的力量打败了敌人，拯救了国家。作为回报，寺院被皇帝授予了特权，方丈被授予象征皇权的印章。有人向后任皇帝告状，说方丈利用这些特权反抗当地政府，因此应该捣毁这座寺庙。此事通过一名背信弃义投靠清政府的僧人变成了现实，这名僧人向朝廷的军队泄露了通往寺院的秘密通道，结果一群士兵纵火焚烧了整座建筑。

五名逃出来并遭官兵追捕的僧人经历了无数沧桑，在超自然力量的干预下得以死里逃生：他们往河边一站，就有船夫渡他们过河；他们饿了，就会有卖水果的人出现；当他们面对三溪汇合处被毁掉的两座桥时，就神奇地出现了供他们踩踏的三块垫脚石。途中，他们发现了一个白色的金属香炉，上面写着"反清复明"字样。最后，他们到达了靠近黑龙河的高溪庙（Temple of High Brook）

这五个僧人被称为"前五祖"，简称"五祖（Five Ancestors）"。在与政府军的战斗中，这五个僧人再次获救，这次救他们的五个马夫被称为"后五祖"或"五虎将军"。

---

① Limitations of space restrict this account to summary form.

在高溪庙附近的一个山洞里住着一个孤独的学者，他因为支持百姓而被解除官职，赋闲在家，住在白鹤洞（White Stork Grotto）从事道家和超自然艺术的研究，他的名字叫陈近南（Ch'en Chin Nan 或者 Ch'an Kan Nam）。他同意加入这个组织，成立一个兄弟会，目的是推翻满清王朝，恢复大明王朝的统治。他们在附近修道院的红花阁里（Red Flower Pavilion），像桃园结义的英雄一样歃血为盟——刺破手指，把血挤进一碗酒里，然后轮流喝血酒宣誓。陈近南被选为领袖，尊称为"山主"或"香主"。三合会以明朝第一位皇帝的年号"洪"为姓，以"义"为口号，于7月25日举行了第一次洪氏兄弟成立大会。

此时，来了一个自称明朝末代皇帝的孙子的年轻人。这是一个吉兆，他们说："让我们按照上天的旨意去做我们的正义事业吧。"[1] 他们招募了一支军队，首领是苏红光，又叫"天佑鸿"，就是"上天保佑洪门的意思"。有一位名叫"万云龙"的和尚加入他们，这个和尚年轻时因杀了一名暴虐的官员而进了寺庙以逃避法律。他被任命为大哥或大元帅。

在与朝廷军队的战斗中，洪军被击败，大元帅被杀。为了纪念他，大家一起建了一座八角形的坟墓、一座九层的宝塔和一座三角纪念碑，碑上有十六个字，每个字都含三点水。葬礼结束后，人们发现太子朱不见了，香主宣布灭清还不是时候，不如兄弟们分散到各处，开山立堂，秘密发展组织。此后他们分成五个堂口，每个堂口由一个前五祖和一个后五祖领导，然后分散到全国各地。每个堂口都自己的颜色、数字代码、两句口号及独特的印章。

这段历史很可能完全是虚构的，它就是根据福建周边发生的一些当地事件改编而成的。这个寺院的故事显然是从河南少林寺借来的，少林寺的和尚们都习武练艺，印度宗师菩提达摩就住在那里。[2] 这个故事综合了历史传奇、民间传说、祖先崇拜、星体崇拜，还掺合了儒教、佛教和道教。

---

① 这句话是对"替天行道"按照字面进行的解释。

② 参见 Pelliot, *T'oung Pao*, XXV（1928），第 444 – 448 页。

三合会的仪式

三合会的重要仪式性特征是入会仪式，这些融合了梁山结义及其他宗教仪式的仪式与五祖之旅具有象征性联系。好几份资料里都有关于仪式的说明，但每个版本在某些特定的项目上都不相同，虽然他们都遵循相同的基本模式。这里摘取的是从战后马来亚所获得的资料上的信息，我们发现已有很大的变化，有的是由于口头或书面诗句的传播错误造成的，有的是为了把一个会跟另一个会区别开来而故意改变，有的则是由于准备和表演仪式的人的无知造成的。

在马来亚，入会的仪式可能在寺庙举行，也可能在会所举行，但通常是在丛林、橡胶园、华人墓地等这样一些与世隔绝的空地上举行。夜幕降临后，唯一的光线就是闪烁的蜡烛，让人感受到环境的森严。木头和绳子围成的方形场地（现在也出现了一些椭圆形和圆形场地），进口在东边。新人由老会员带着入场，还需要有担保人。担保人为他们支付入会费1.08元或其倍数。在仪式开始之前，场地内的各种摆设井然有序，墙上挂着写有各路神明的纸条（通常是红色的），关帝和观音菩萨总会出现在这里。往西走到尽头，会看到粗糙的木板上竖立着的神坛。神坛上面贴着一张纸，通常红色的，但有时会是黄色或绿色。用黑色字体为洪顺堂（Hung Obedience Hall）书写的服从的文字往往被缩减成三合会特有的暗语，还有红花亭（Red Flower Pavilion）里贴着五祖的名字、"五虎将"的名字连同三合会内其他传奇人物的名字、佛教和道教神话中出现的名字，他们一起被并排罗列。神主牌位供奉在神坛上。

神坛的桌子中间是一个碗或一个罐子，这里是三合会有名的木杨城（City of Willows）。[①] 碗里或罐子里有大米（有时会是沙子），插在其上的则有直尺、剪刀、镜子、剑或刀、算盘、秤、风扇、笔刷、红棍，这表示这里的头头是三军统帅。还有许多拿着小小的三角彩纸旗的三合会会员，他们的任务是听从命令，服从指挥，另外还有给五主上香的人。木杨城外

---

① 木杨城取自含义相同的北斗七星或者大熊星座的天罡星，里面陈列的一些东西在道教的仪式中也会使用。

挂着红灯（光线很弱的灯），摆着三杯茶、五杯酒、一碟油盏上点了七根灯芯（也很昏暗）、红色的蜡烛、烟枪和烟、草鞋、雨伞、墨水和五色砚、水果、纸钱（葬礼上用的那种）、中国碗、三张洪门内通用的钱。在祭坛前悬挂的纸上可能有"天地圈"的字样，表示祭坛下面应该有一个圆环。

在神坛和东门之间的围栏中，有三个用木头、树枝、绳子搭成的拱门，代表三种不同的含义：第一个贴着（从东方来的）汉字，代表洪门或者洪门大会；第二个贴着"忠义堂"；第三个可能是"木杨城"，也可能是"红花亭"。神坛的后面有一张纸，上面画着一座9层的宝塔，还有一张纸上写着16个汉字，前面都有3点水。在围栏的其他地方都贴着或者挂着纸条，标明二板桥、三家馆（分别是人和馆、义和馆、合和馆）、三块垫脚石、一根燃着的香、一盆兰花。

每一项的设置都配有诗文，由主持整个入会仪式的先生宣读，他召唤先祖的灵魂，请他们一起进行仪式。他还要给那些来参加仪式的人排位，让他们在仪式上朗诵相应的诗句。每次朗诵诗文时，老会员在围栏里面，而新人则站在外面的南墙边上看着他们念咒语。新老成员在进入围栏之前都要脱掉鞋子、外套，卸下所有金属物品，如戒指、皮带扣，还有现金，同时把右手臂从衣服袖子拿出来，露出右肩（有些时候是露出左肩），再把衬衫的左领尖向内折，左脚的裤腿向上（向内）三折叠（有一些版本说是右裤腿）。老成员的头上围一圈红布条，新成员则围一圈白布条。

当一切就绪，要入会的人——他们的名字早已由在围栏外的人写好在一张纸上——就由先锋排成一队。先锋领着这些新人从反时针方向走到东门，这时会有两个卫兵跟他要腰凭。接下来就是跟站在神坛边上的先生对暗语，先生要对先锋问一系列冗长又正式的教义。在一问一答中，详尽地涵盖了各种各样的与三合会有关的方方面面，之后，入会的人就可以进去了。在一些版本中，仪式开始或结束时都要洗脸和用毛巾擦拭。每个要入会的人捧着一根点燃的香，低着头，双手合十，三步一跪两步一拜地向前走过三道大门。每道门都有两名守卫，手持或真或假的剑或帕兰刀（parangs）。为了保证忠诚和保守秘密，入会的新人被再次要求回答问题（每个问题都在关键点上得到指点）。脖子后面插着的那把剑让新会员意识到背叛三合会与死近在咫尺，而香被从地上轻松拔出的仪式象征着他们的生命可以轻松地被消灭，因此，他们需要发誓不会将入会的事告诉他们的妻子儿女。

在到达红花馆的神坛边的时候，每个入会者用针刺破左手中指，（也有版本说是右中指），把血挤到装有酒的碗里，混合成"洪酒"或者"红花酒"（在某些版本中，则是把手指放进酒里面，然后用特定的方式吮指头）。之后，他们爬过神坛下的铁环（虽然可能这个铁环只是写在一张纸条上），象征着他们从洪氏家族出生了，大家都来自同一个母体。此后，他们在"万云龙塔"上祭拜，喝净水，买果，接着是过桥、走石阶，跳火堆，有时候还要穿果园。

停了一会儿，宣誓仪式开始了。一只白公鸡（有时的公鸡不是白色的）被杀掉，象征着叛徒的下场，所有的新成员双手交叉握刀在尸体上来回蹭，同时发誓保密。先生则宣读36宣誓及其他规则、禁令和惩罚措施。血酒也被抹在剑或帕兰刀上，让每个人舔一下，意思就是发血誓。这整个过程由三合会的老会员、五祖的灵魂和其他的神明见证。人人都牢记于心的惩罚措施清楚地表明，叛徒不仅可以被刀砍死，被绳勒死，还有可能被雷电劈死，被野狗咬死。

可能还有一些其他的仪式，比如把写有誓言和写有会员名单的的纸条烧掉，把纸灰混进"洪酒"之中；把盛酒的碗打碎；在跪着的入会者头顶上盖被；用红棍轻敲每个入会者的头；还有吃铁胆（煮熟的鸭蛋），等等。在典礼快结束时，新成员应该收到三张"洪钱"（有时仅是过下手）。在整个仪式中所做的事情都是为了恐吓候选人，让他们相信最轻微的违规都会导致最可怕的惩罚，因此到仪式结束，他们就完全承诺了。整个过程耗时数小时，持续至黎明，象征着从黑暗走向光明。

三合会的著作通常把这个仪式称为一个共有五幕半的剧。虽然各幕略有一些变化，但典型的就是下面这几幕。

第一幕：洪门兄弟大聚会；

第二幕：忠义堂前训子孙；

第三幕：稳定江山和铲除叛徒；

第四幕：神桥前（或者神坛边）吃果（或买果）；

第五幕：桥边饮水；

半幕：吃铁胆或者弟兄团结或者新老相聚。

这个仪式可以被大大缩短，最简短的形式被称为"蚊帐式"，就是在室内用随身物品及几件仪式圣物简单地表示一下。

在完成入会仪式后，还有一个庆典，在这个庆典上，先生给会员授予等级。这个庆典上也有诗文，被授级的人会收到入会仪式上那种金箔纸做的徽章（就像在庙会上使用的那种）。这个仪式是要在所有成员面前进行的，目的是确保所有成员都知道授予等级的权力。入会仪式上授级的的情况并不少见，至于授什么等级，当然是每个三合会的管理层决定的。此外，教新成员学习三合会的手势和暗语通常也在仪式上完成，但都是单独进行。

三合会成员的名称代号如下：

普通会员：49

五虎将（战士）：51

草鞋（信使、谈判者、代理）：432

红棍（执行官，一般是领导）：426

白扇（仪式官）：415

入会仪式后发给每位成员的证书或凭证上通常会写上参加仪式的头目的名称。

他们中就可能有香主，他既可能是某个赞助这场仪式的三合会香主，也可能是以香主个人名义赞助的人；还可能有负责安排所有与仪式相关的程序（但不负责仪式）的人。赞助这场仪式的三合会的大哥往往也在典礼上扮演红棍的角色。人们对红棍这个称呼有些模糊，因为大哥有时候也用于指代第一个香主陈近南。先生（广东话称为"sinshang）有时被称为蓬头元帅，他通常是一个经验丰富的白扇，他可以为任何一个三合会机构主持入会仪式。他有时候被称为"陈近南"或者"近南"，或者闽南口语"Kwun Lam"。有证据表明，一个非常有经验的先生会被称为489。

"Sin Fung"就是入会仪式上被任命为先锋的人，显然，他是要对入会者良好品行担保的保舅（Po Kau），是入会者的担保人，也是他们的介绍人。

腰凭的形式千差万别，有时，它只是一张红纸，上面写着旗帜的颜色和所属分会的口号，以及会员的姓名、人数和出席仪式的官员的详细情况。有时候，它是八角形的，上面写有入会仪式的对联，其字符排列被故意错开，通常还有些合成字，把合成字拆开，就是一个有特殊意义的短语，或由几个象征字符组成的暗语，还有可能是一个加上了另一个字符（如老虎、龙或闪电）做前缀而变得深奥的字符。数字 3、8、21，源自"洪"字的笔画和结构。从"洪"字本身就可以看出三合会的精神和行为追求，它不是普通的汉字。这个字的同音字是"红"。

会内最主要的人是大哥、二哥和三哥，他们共同构成了三合会的控制中心。大哥也可能是负责会中规矩的红棍。二哥则是一个"文官"，他作为"白扇"掌管会中书簿、印章和文件等。三哥则是武官，负责誓言及规则的遵守及对不守规则的惩罚等，还负责带人打架。

三十六誓规定了作为兄弟必须避免的行为以及上天或五祖对违犯者的惩罚，也包括三合会本身给予的惩罚。禁律和罚则通常只是同一主题的变体，主要包括：不服从父母；与兄弟的妻子姐妹通奸；为讨女人欢心背叛兄弟；与死去的兄弟的老婆结婚；为了获得奖励背叛兄弟；诽谤兄弟；兄弟有难时拒绝提供帮助；谋取先生的职位；背叛三合会；（秘密）介绍官员入会，等等。在现代版本中，上天的报应之一是被车撞死，这就像被雷电劈死、被水淹死、被老虎或野狗咬死一样为大家认可。三合会列出的刑罚包括：刀割、"吃粉丝"（被绳子捆死）、"洗澡"（被捆住装进麻袋里淹死）。

五大堂口

以下是五大堂口在中国各地的分布情况以及它们的典型标记。表格中不同省之间整齐划一的区别并不是根据实际情况得出的结论，至少根据马来亚的堂口情况来看就不是这样的，因为至少现在已经了解的前三大堂口的成员就不局限于表中所列的各省之内。

在马来半岛早期的三合会中，合胜会是第一个堂口，第二个堂口是义兴会，海山是第三个堂口，每个堂口都有自己的旗帜、代码和口号。近年来，有人发现在霹雳州的三合会的会籍证明上就存在很大的区别。义兴会的强大影响力似乎使它成为各会党普遍使用的堂口名称，而不管他们自己究竟出自哪个堂。这一点对于那些悬挂"洪顺堂"旗帜的堂口来说尤其如此。从会员证的抬头上可以看出，悬挂"洪顺堂"会党属于合胜会而不是义兴会，同理，义兴会的名字也被所有其他堂口冒用。

堂口	省份	名称	旗帜	数字编号	暗号（广东话）
一	福建 江苏	碧莲堂 凤凰分堂	黑色	19	空、飘
二	广东 广西	洪顺堂 金兰分堂	红色 （或者深红）	12	洪、寿
三	云南 四川	家忠堂 莲花分堂	朱砂红 （或者黄色）	9、49	六、和
四	湖南 湖北	问天堂 雅道分堂	白色	29	合
五	浙江 江西	巨变堂 得运分堂	绿色 （或者蓝色）	47	泰、忠

同样值得注意的是，在新加坡的九个义兴分支中，有一个分支，即松柏馆，并不像其他分支一样在其证书、印章和其他文件上使用义兴这个名称。据说它在入会仪式上也是用黑底白字的旗帜。可以想象，它可能是第一或第四堂口的，愿意与处于核心地位的第二堂口的其他义兴支会一样，但又不想使用义兴会的名称以保持其独立性。当然这只是一种猜想。

新加坡的义兴主体

人们对新加坡义兴主体的组织知之甚少，该机构似乎是由义兴会各个部门的领导人组成的联盟，但它本身并不是一个注册的会党，大概是因为它的会员人数少于法定的 10 人。

洛少校（Low）在 1840—1841 年间[1]写的一篇文章中提到，在位于甘榜格兰的郊区的一座寺庙里举行的天地会（当时义兴会已经被发现了）集会。这个寺庙可能就是那个经常被提到的位于梧槽的中心庙宇，但找不

---

[1] Buckley, i. 365 - 6.

到它建成的时间。

沃恩在 1878 年的一篇文章中描述道，这座寺庙是一座大大的开放式建筑，宽约 60 英尺，长约 120 英尺，两侧各有宽敞的厨房，宽约 30 至 40 英尺，整个建筑能容纳数百人就餐。楼下有两个大厅，中间是一个露天庭院，大厅只供宴会时使用。楼上还有两间厅堂，前一间是在重要场合供长者询问对其他社团的不满或举行大型入会仪式时使用。楼上的另一间厅堂是正厅，里面有五祖石碑的神龛，还有存放刻有先人姓名的石碑的木柜，这些石碑是在适当的时候供奉在神龛里。

在两个重要的节日里，所有九个支部的成员共吃一顿饭，每人花费 20 或 30 分。九个支部内，通常没有什么重要事情，像选举大哥、先生或者其他官员都要在总公司的参与下才能有效。

毕麒麟在他与沃恩同一年写作的文章中表示，举办宴会和表演戏剧的日期一个是在 1 月 25 日，一个是在 7 月 25 日，后者是三合会成立的日子。

斯丹顿把最大的分堂称为"广惠肇"。这是广东人的会党，它是级别最高的广东人会党，但它并不是中心机构。

那些有点名气的已故义兴会成员的牌匾仍在劳明达街的一个被称为洪家的小寺庙里。

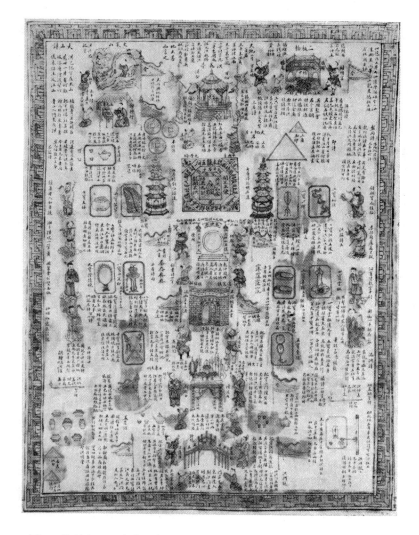

图1 义兴会（三合会）传统入会仪式堂布图。出自 1897 年考恩的墙报

图中包含了八仙，每边四个。

图中有十件宝物，每边竖排着五件。

顺着中间从下往上看是：洪门、忠义堂、木杨城、乾坤园、腰平，（上面写着"中间是九重塔'）、红花亭。

右边最上头是二板桥，左边最上头是火焰山，它的下面是果子行。

腰平的侧面是两座七重塔，左上是 Three Cash，右上是三角玉印。

图中还可以看到烟管——鸦片烟管（在右下角）、茶杯、锅，还有饭碗和筷子。

最左侧是第一堂和第二堂的令旗，右边的标注表明：槟城合胜会是第一堂，新加坡义兴会是第二堂。

图2 湖广监察御史把这份腰平连同纪念册寄给了皇上，

并抱怨三合会已经蔓延到五六个省。（A. Wylie. *Chinese Research.* p. 124. ）

图3 上海，1853 年。此腰平为上海的三合会叛乱分子所用。

（A. Wylie. *Chinese Research.* p. 124. ）

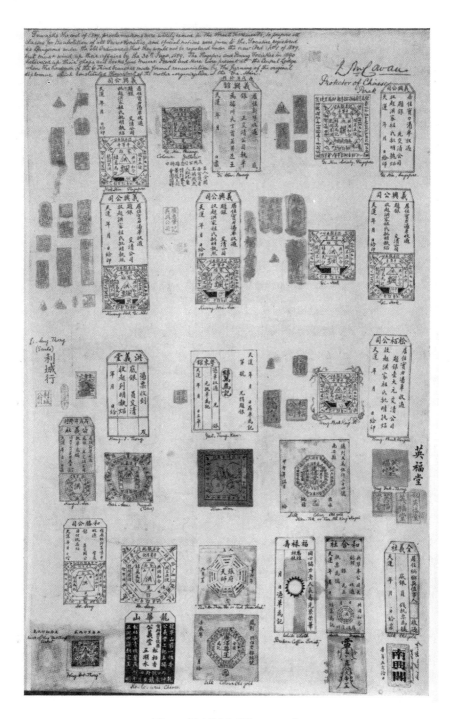

图 4　考恩的腰平墙，1897 年

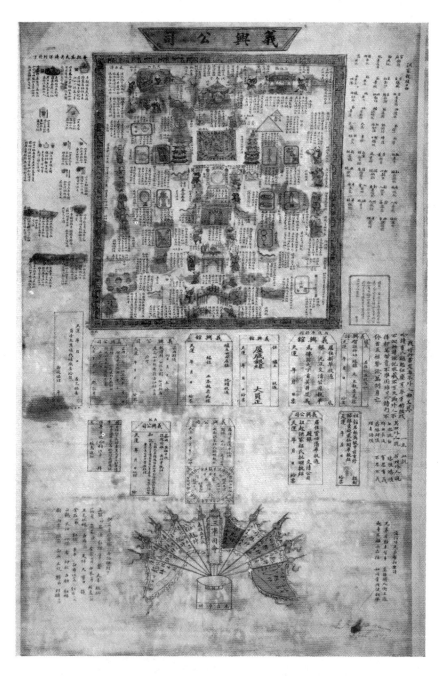

图5　1897年，考恩的腰平墙展示了义兴会的诗文、记录和坛旗

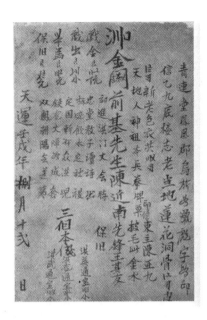

图6 第一堂的腰平，但附有第二堂的切口。
1922 年实兆远（霹雳州曼绒县的一个地方——译者）

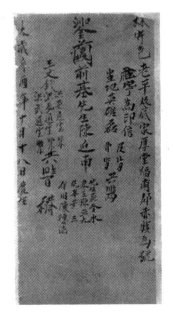

图7 第三堂的腰平，但附有
第二堂的切口

图8 印在布上的一张简单的
会员会费收据。**1923 年来自怡保**

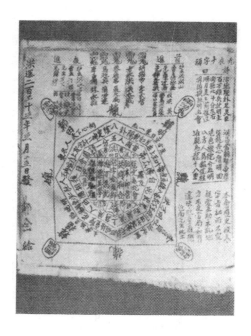

图9　洪门会的腰平。1946年来自槟城

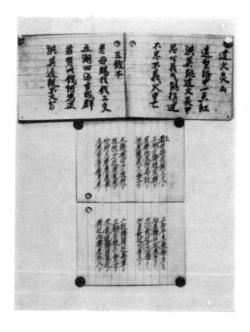

图10　几页三合会仪式手册。1946年来自槟城

图11、12　丛林里的三合会香炉。1957年来自吉隆坡

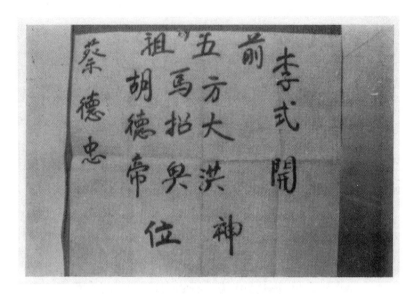

图 13　简单的祖先牌匾

图 14　木杨城、乾坤园、红花亭、火焰山、果子园、
三河井、二板桥、洪英（洪字倒写）

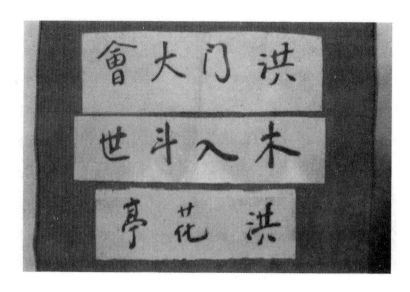

图15 洪门大会、木入斗世、红花亭

图16 柔佛新山义兴会的墓碑，建于1921年

图 17 霹雳万里望的华记会墓碑，建于 1948 年

图 18 吉隆坡华记会的墓碑，建于 1951 年

附录二　历史与仪式的来源

最早的英文资料来源于马六甲新教传教士米尔尼博士（Dr. Milne）于1821年撰写的《三合会》这篇文章，但该文直到他去世后才发表在《皇家亚洲学会学报》上（第240—250页）。1840年1月，纽波尔德（T. J. Newbold）上校与威尔逊（F. W. Wilson）写了一篇题为《天地会中的华人秘密会党》的文章，但直到1841年才发表，其中包含了这个会党在海峡殖民地集会的许多有趣信息。两位作者认为，三合会的宣誓与桃园结义时发誓没啥差别。本文简要介绍了这一仪式，并翻译了三十六誓。

霍夫曼博士的《三合会的仪式》于1848年和1853年出版，内容非常详尽，而沃恩1854年出版的关于槟榔屿华人的笔记除了描述槟榔屿的各类华人组织，还包括5个三合会堂口，同时对合胜会的入会仪式进行了简单描述。

关于三合会的另一篇最有趣的文章是写1853年在厦门和上海三合会暴乱使用的腰凭的，发表在1854年的《上海年鉴》上。这篇文章是匿名发表的，但作者是亚历山大·威利（Alexander Wylie），该文被收入他1897年出版的《中国研究》作品集中。

1854年，大英博物馆的约翰·克森（John Kesson）出版了《十字架与龙》，其中包含了关于中国秘密会党的章节，并简要介绍了三合会仪式、把36誓和会员的腰凭翻译成英文。这些信息应该部分来自纽博尔德的作品，部分来自一本名为《天、地、会》（*Thien, Thi, Hoi'h*）的书。《天、地、会》的作者是一位德国传教士，名叫罗特格（E. H. Roettger），他曾住在荷兰东印度群岛。

但直到1866年，施列格的《天地会》（*Thian Ti Hwui*）中才出现了对三合会（也称洪门或天地会）仪式的全面记载。这本书至今仍然是最基本的指南（尽管偶尔也有些错误），其最大的优势是它包含了仪式诗句中的汉字。这本书于 1956 年由新加坡政府印刷厂重印。

1868 年，槟榔屿暴动委员会的报告包括了 17 个附表，其中就叙述了槟榔屿三合会的入会仪式和仪式中朗诵诗句。作为新加坡的第一任华民护卫司，毕麒麟（W. A. Pickering）在 1878—1879 年发表了一篇未完成的文章，讲述了他在新加坡义兴会总部参加的一次入会仪式。文章发表在第 1 卷和第 3 卷的《皇家亚洲学会会刊》上。沃恩早期的文章《海峡殖民地中国人的风俗习惯》于 1879 年在新加坡出版。威廉·斯坦顿（William Stanton）的《三合会或天地会》（*The Triad Society or Heaven and Earth association*）于 1900 年在香港以书籍形式重印，摘自《中国评论》（*China Review*）第 21—22 卷，1925 年，沃德（Ward）和士多林（Stirling）合写的《洪门或天地会》）在伦敦出版。另一个还应提及的是杰姆斯胡特森（James Hutson）于 1928 年 10 月、11 月和 12 月分期在 CJSA 发表的一篇文章。这是平山周先生的一本书的中文译本，其中有几个版本，最早的版本是由南满铁路研究院（Research Institute of the South Manchurian Railway）于 1925 年 1 月出版的。胡特森对传统和现实都进行了翻译，其中大部分似乎是从斯丹顿的书中摘抄来的，但他没有翻译仪式的部分。同样重要的还有法夫尔（Favre）在 1933 年出版《中国的秘密会党》这本小书。

也有一些中文的印刷资料，但没有在 1911 年之前发表的，其中大部分发表于近三十年，本书的参考书目中都有提到这些资料。在使用这些文献时，要注意区分它们是指哥老会还是青帮，亦或是三合会，所有这些都被称为洪门兄弟会，但仪式不同。近年来出版了不少关于洪门兄弟会的一些流行小说，它们花了很长的篇幅详尽地描绘传统历史，但也有些作品，如《一百二十名同志》，对三合会的仪式只作了简短的描述。

一些未发表的文献也为我们提供了大量的信息，这些文献包括金文泰（Clementi）的书（作者有的），其中提到新加坡和槟榔屿 1890 年会党解散时上交的木质印章和一个三合会成员在 1897 年为马来亚华民护卫司威廉·考恩（William Cowan）准备的两幅大大的墙报，其中一幅提到各会党（包括 1890 年解散的会党）会员的腰凭和印章。另一幅是义兴会入会仪式的画作。另外还有一些复制的会党文件和会员随时携带的物品，都是为保持会党的秘密属性而使用的，如包含暗语的茶杯和筷子等。

但最有趣的资料来自于作者本人与马来亚华民护卫司署的长期合作（1921 年开始）。特别是 1946 年之后，三合会活动频繁，合作富有成效。警方缴获的文件包括载有入会仪式以及一些随身用品的简要说明的中文手稿。数十名参加入会仪式的人受到警察和作者的审问，有些人被拘留，另一些人被秘密送进监狱。总的来说，与会者提供的证据相当令人失望。在典礼上，那些"新马"们又困惑又害怕，常常记不清事件的先后顺序，也搞不清他们所做的事情的意义。由于仪式通常是晚上在微弱的烛光下进行，在大多数时间里，他都是低着头，几乎没有机会仔细观察。

另一类人是参加过几次仪式的老成员，尤其是主持这些仪式的先生。他们中的不少人都被审问过，有些人出于各种原因非常合作，少数人被逮捕并成为警方线人。其他人则决定，如果他们要被遣返回中国的话，他们会把他们知道的东西都说出来，以换取政府释放他们的承诺。这样的话，他们在当地的联络人也不能指责他们背叛了兄弟会。还有一些人，虽然一开始不情愿，但还是很热心地和一个对他们的兄弟会略知一二的人谈论这些事情。有一个人听到有人说他说的是假的时非常生气，于是他开始证明他是真的。另一些人则恰恰相反，他们的保密和沉默没人能改变。

最引人注目的特征是大多数被审讯的犯罪分子的知识水平都很低，他们所知道的那点点都是靠死记硬背得来的，而且还由于教的人水平不高而受到限制。每当被指出仪式有明显错误的时候，先生的回答总是他学的就是这个。如果你想了解仪式背后的深奥含义，完全没人能回答。但任何一个特定的问题有有答案，他们会说："有一句诗是这么说的……"这是他们的权威回答，没有可能理解更深了。可以这么说，许多所谓的"先生"对仪式的了解并不可靠，他们不过是靠手艺赚钱谋生的一个人而已，对他们的手艺所附带的财务潜力非常敏感，因此有可能遇到一个先生悄悄地告诉你：他们在台上说的就是一堆废话，但他们通过这些废话谋取生计。

有人说服一位退休多年靠开店为生的老"先生"写一段他所认识的马来亚和中国三合会的简短历史，同时描述三合会组织、仪式、暗语、手势等，他洋洋洒洒写了 120 页之多。在某些方面，它与其他文献上的信息有所不同，但对于综合理解战后马来亚的三合会来说，它是最有用的指南。另一项最有用的信息来源于警方在入会仪式上没收的物品和文件，这些东西往往在现场被拍照，然后送到别的地方进行进一步检查。

总的来说，考虑到各种变化，今天三合会仪式的基础与斯列格在1866年分析的仪式基本相同，而且在现代的手抄本中的许多诗句与他所引用的也完全相同，但有一项差别值得关注一下。上面引用的一些公开发表的资料说：所有出席仪式的人，包括新老成员的手指都要被扎了一下，血酒是所有人都要喝的。但是，槟榔屿暴乱委员会（1868年）提供的证据中，义兴（义气）的一名成员说，每个新成员都喝酒。似乎最初的意图是在所有成员之间建立一种血浓于水的关系，但现代的做法是只有新成员刺破手指，也只有他们喝血酒，这似乎是符合槟榔屿的做法。

沃德和士多林（第一卷，第176—179页）描述了"三点会"的一种仪式，他们认为这是兄弟会和三合会的区别所在。维尼在《三合会与东方禁忌》（第128—151页）进一步研究了这个主题。他们的这两种描述都来源于库珀（C. B Cooper）写于1924年、发表在1933年3月的《马来亚警察》（*Malayan Police*）杂志上的文章。库珀是柔佛的一个在马来亚出生的律师，每一个和他讨论过这个仪式的先生都认为，这毫无疑问是三合会，但库珀对一些物品产生了误解。在不详细说明的情况下，可以这样说，没有理由怀疑"三点会"就是我们常说的三合会。这个名称最早是出现在1831年10月15日的广东人登记册中，后被《中国资料库》第四卷（1836）第415—425页引用。

附录三　新加坡岛秘密会党一览表
（1860）

名称	估计人数	方言群	聚会场所
1. 义兴	15000	福建	罗克街
2. Chen Chen Kow	1000	潮州、客家	北桥路
3. 义福	800	潮州	木匠街
4. 海山	6000	福建、潮州	横街
5. 洪明	500	福建	南桥路
6. Choo Leong	500	福建	上福建街
7. 福明	600	福建、海南	上南京街
8. 洪门	400	福建	直落亚逸街
9. 义信	1500	潮州	爪哇路
10. 义气	1500	客家、潮州	长椅街
11. 义顺	1500	福建、海南	甘榜明骨卢
12. 义兴	2500	海南	香港街
13. Cho Koon	3500	潮州	新桥街
14. 义兴	4000	广府	罗克街

注：出现在原被引用文献中的首领名称和地址省略掉了。

上面给出的拼写是原始列表的拼写，并显示出不一致，如"Tay Chew"和"Tew Chew"都是指"Tiechiu（潮州人）"；"Kay"代表"Kheh（客家人）"。序号"4"的"Hysam"应该是"Hysan（海山会）"，而它的会员身份也有一个特点，那就是都来自福建和潮州。尽管这并非不可能，但这种组合有点不同寻常，因为它不同于其他地方的以来自"广东"的客家人为主"海山会"的组成。而这也许就是"Kay（客家人）"

和 "Tiechiu（潮州人）" 的本意呢。"Bench Rd" 应为 "Beach Rd"，而 "N. B. Rd" 可能是 "New Bridge Rd（新桥路）" 的简称，也可能是 "North Bridge Rd"（北桥路）的简称。表格中没有提到主要由客家人组成的松柏馆，但有可能是 "2" 号 Chen Chen Kow 就是它。而 "13" 号 Cho Koon 则是可能是的潮郡义兴。"7" 号 Hock Bing 可能是福兴（Hok Hin）。值得注意的是，义福被描绘成一个潮州人会党。到 1877 年登记时，其中几个社团似乎已经消失了，要不就是没有被认定为 "危险社团"。

由布兰克任新加坡警察局代理局长时签署的一份会党名单的打印本在卡文纳夫 1860 年 6 月 5 日发送的 108 号急件中被找到，同时找到的还有布兰克于 1860 年 4 月 24 日写的一封信（IOL, Proceedings Home Judicial, Range 206, vol. 64）。

附录四 1889年末注册会党一览表

新加坡

名　称	场所位置	头目数	会员数
义兴（福建）	中国街	478	18973
义　福	河谷路	396	14874
广福义气	毕其路	97	6466
福兴	北卡纳尔路	162	14317
广惠肇	维多利亚街	61	4877
松柏馆	上南京街	60	7413
洪义堂	南桥路	15	402
利城行	上泉州街	5	407
粤东馆	班达街	5	415
恒　心	哈维洛克路	42	559
总计		1312	68316

资料来源：Sing. , ch. Protect. *AR*, 1889, Table E (*SSGG*, 14 APR. 1890, p. 858).

槟　城

名　称	场所位置	头目数	会员数
义兴会	教堂街	245	75000
建德社	本头公巷	50	21000

续表

名　称	场所位置	头目数	会员数
和胜会	大伯公街	92	14000
存心会	大伯公街	9	2450
海山会	毕其街	13	850
总　计	409	113300	

注：新加坡和槟城的会员数包括了全部的注册人员，但因为死亡和搬迁，大概只剩下了50%。

资料来源：Pg Ch. Protect *AR* 1889, Table J (*SSGG* 14 APR. 1890, p. 862).

马六甲

名　称	会员数
义　兴	6487
义兴（澳门）	527
海　山	515
总　数	7529

资料来源：Mal *AR*, 1888 (*SSGG*, 5 JULY 1889, pp. 1270 – 96).

了，15 日是福建人用，16 日澳门人用。

福建人的庆祝仪式至今还存在，每年的正月十五，都会有一个雕龙画凤的香炉被从打铜街运到丹绒道光。在丹绒道光的神庙里，晚上合和兴的成员会聚在那里，非会员则不让进。（每到这有时仍会遭到异议和口头反对。）栅栏门是锁着的，一名道士用点燃的香进行简单的祭祀仪式，在仪式结束后，会员们手中的香都塞进香炉，关掉电灯，外面的人群在紧张地等待上帝复活。这个仪式是由建德社的主席来主持，他吹在灰烬上，用一种秘密的方法使火焰在黑暗中喷射出来，这让看的人大大松了一口气，因为这表示未来一年里，圣灵将与他们同在。

合和兴的成员们在离寺庙不远的桌子旁坐下来吃晚餐（钱由建德社出）。香炉里的灰烬被带回到打铜街的神龛里。就这样，我们还能看到当年建德社入会仪式的一点影子。至少在槟榔屿传说的仪式就是这样的。也许其他地方也有他们自己的传说，因为在马来亚和邻近的土地上，中国人都崇拜大伯公，认为它是好运之神，尤其关怀那些早起移民的命运。在马来语中，他的名字已经变成了"Topekong"。"Topekong"指的是中国寺庙里的任何神灵。

1868 年的槟城暴动报告虽然对义兴会的仪式做了相当全面的描述，但对我们熟知的建德社则没有这样的描述，可是我们知道，建德社的入会仪式上，新人也是要刺破手指，把血滴进酒里，然后所有成员一起把血酒喝掉，并发誓自己将忠心耿耿。所有新成员的名字都与誓言一起写在一张黄色的纸上，待秘书宣读完毕就烧掉。有些领袖的头衔与三合会所用的名称也相同：大哥、二哥、三哥、先生、红棍。尽管有这些相似之处，建德社是否是三合会和洪门兄弟仍值得怀疑。金文泰的书中有建德社会员身份的原件，库恩的墙报及维尼的书上第 102 页也都有它的复制品，这些腰凭上的词句没有相似之处。然而，他们也可能是存心安排的，让他们和那些三合会的腰凭在"洪"这个最重要的字上不一样。他们的会规还严格禁止自己的成员加入槟榔屿三合会中的任何堂口，这一规定倾向于支持这样一种假设，即他们坚持不是三合会分支，不拜五祖，只是把当地的大伯公作为自己的守护神。另一方面，有个三合会的老"先生"信誓旦旦地说，他的叔伯们都和建德社有联系。不过，可以想象的是，他这么说只是想说明，这是一种秘密的兄弟情谊，是一种誓约。

　　由于名称相近，人们很容易将这个建德社与 1846 年在新加坡与义兴会打架的"关帝会"联系起来①。不幸的是，关帝会并不为人所知，但他们之间也并非不可能有某种联系。19 世纪 40 年代初，荷兰当局将关帝会赶出廖内，可能是这些难民中的一些人到了槟榔屿（就像他们在新加坡那样）建立了建德社。当然，这只是猜而已。

　　另一个可以排除二者关系的猜想是维尼提出的（原书第 101，130 页）。他认为建德社与新加坡的义福本质上是相同的，或者说二者是对等的。从 1875 年开始，槟榔屿建德社和义福并肩而存，而后者主要是由潮州人②组成，用三合会的腰凭③。

　　在一些当代文献中，"建德社"有时也被称为"建福社"，这个名称来源于闽南语中"福建"二字。

---

　　①　建德社的英文是"Kien Tek"，而关帝的英文是"Kwan Tec"，二者虽然中文拼写完全不同，但英文拼写却很像。——译者注

　　②　Pg *AR*，1885.

　　③　Clementi Book 和考恩的墙报。

附录六　"四邑"和"五邑"[①]

　　从 1861 年开始的三次拿律战争，"四邑"和"五邑"这两个词的使用需要说明一下。这两个地方在粤语区域内是众所周知的，四邑就是指广东省西南部的新宁（即今天的台山）、新会、开平、恩平。而五邑分别是指南海、番禺、顺德、东莞和香山（即现在的中山）。五邑是广东的"家乡区"，围绕着省府，一直延伸到珠江的入海口。这里的居民认为自己是真正的广东人，把四邑人看作是说异国方言的边缘广东人。

　　四邑在广东话中被拼作"Sz Yip"，在闽南语中则被拼作"See Kwan"（确切地说是"See Koain"）。五邑在广东话里被拼作"Ng Yuen"或"Ng Tai Yuen"，而在闽南语中，就被拼写成"Go Kwan""Oh Toa Kwan"。我们注意到增城不在五邑之内，尽管它连续两次出现在发生于 1861—1865年的拉律战争的文献中，而这些文献中都没有出现四邑和五邑两个地名，最简单的原因就可能是男人都不是来自这两个区。战争中的男性参与者分别来自惠州和增城。但是，到了 1872 年，战争转向了新宁人与增城人之间。直到 1972 年，五邑的男人们才加盟到增城人一边，而这是门德利的代理促成的。

　　在槟榔屿，建于 1857 年的五福堂依然还在，五福堂的成员多数来自五邑，但也向其他非四邑籍男子开放，只有四邑人没有资格。其规则中把符合条件的地区明列在上，前五个就是五邑，第六个是增城。就此我们可以理解为什么五邑的男人要去帮增城的男人。首次提到五邑人加入战斗的

① C1111, p. 13.

文献是 1872 年 10 月 18 日黄阿玉向斯比地写的报告。他说到了 1000 名手
持武器的五邑人进行攻击的行为。① 代理总督坎培尔在 10 月 19 日的备忘
录中也谈到五邑人被增城人煽动起来对抗他们共同的敌人。② 在附言中,
坎培尔还谈到了增城人在另一个派系的帮助下恢复了元气。③ 其他文件跟
这一解释都差不多,例如四邑人 1873 年 5 月 3 日的请愿书④在详细叙述了
1872 年二三月间驱逐增城人之后,说:"那之后,门德利与一个叫五邑的
公司达成了协议"。⑤

    同样值得注意的是,不管是坎培尔还埃文(C. J. Irving,他在 1872
年 4 月和 5 月访问拉律⑥)的备忘录都没有提到 1872 年 2 月战争初期的五
邑。四邑人请愿的日期翻译有误,从另一份文件来看,这次增城人实力的
增强似乎发生在 1872 年 8 月。⑦

    从回顾 1860 年代的拉律战争开始,第一次提到四邑和五邑的名字的
作者是斯金纳(A. M. Skinner),出现在他 1874 年 1 月 10 日写的霹雳州
事务大纲之中。⑧ 这个错误立即被布莱德尔(Braddell)在 1 月 28 日的报
告中重复了一遍。⑨ 此后,所有的人都依赖这两份文件,所以错误就一直
存在。

---

① C1111. p. 33.

② C1111, p. 16.

③ C1111, p. 10.

④ C1111, pp. 146 – 7.

⑤ The printed version in C 1111 gives 'Ong Tye You', which is a miscopying from the ms in the Singapore archives of 'Ang Tye Yon'.

⑥ C1111, p. 127.

⑦ Report of Koh Boon An. CDPL. No, 26.

⑧ C1111, pp. 114 – 25.

⑨ Ibid. . pp. 160, 176.

附录七 华记会的仪式

华记会与三合会非常不一样，甚至可以说是对立的，但它已经把三合会的仪式按照现实条件和自己的需要调整得更简单。

以下是根据对华记会的首领的审讯及对华记会成员的笔记本的检查得到的信息记录的。

入会仪式通常在当地华记会工作的会所内举行，地上空着的地方被设置成一个祭坛，上面放着关帝像或他的名字，这里是整个会场的中心。没有五祖，尽管仪式歌里面有"木杨城"这个词。祭坛上还有两支红蜡烛和一个装有四根香的香炉。"四"是华记会的的代表数字。还有一小碗水，上面放着一把刀，刀尖对着前面，还有四色糖果。主持这一仪式的首领被称为三合会的"先生"（老师），但这个仪式非常简单，很容易学会。

入会者由一位表叔带领出场，他们的名字早已赫然列出，像三合会一样，他们会把身上所有的金属物品都拿掉，然后脱掉鞋子，把整个身体都裸露在外。"先生"和表叔各就各位，蹲在地上，背对着祭坛，表叔在先生的左边。如果可能的话，新人双膝跪在面前，一次四个人，每个人都有一位表叔为他们捧着一把点燃的香，捧香的方式是三合会式的，在两个掌心之间头朝下。先生念四段誓词，每次念一句，然后由新人跟着念一遍。每次宣誓完一段，香就会被踩灭或者放进一盆水里浇灭，然后就会有新的香捧上来。当四个人的香都熄灭了，新人会重新捡起来，交给表叔重新点燃。这就是所谓的"汇香（Wui Heung）"。

先生念诵一段祷文，新人们会跟着他重复一遍，之后他们把香放进香炉，再把写有候选人名字的纸条烧成灰烬，然后用刀尖把纸灰倒进碗里。当刀尖还插在水里的时候，每个新成员都要喝上一小口，然后每个人都要吃上一种有颜色的甜食。仪式到此结束。

　　誓言包括：不对兄弟的女眷起歹心；兄弟与他人纷争，如果兄弟是对的，要给予帮助，否则要劝诫；不可对兄弟怀恨在心；用食物、金钱和其他手段帮助处于困境中的兄弟，不拒绝他的请求。有个版本中还有第五条：警告候选人不要加入三合会或其他秘密组织，也不要加入共产党。从誓言就可以看出，这里是华记会与三合会和共产党经常发生冲突的地区，而且这一誓言经常被打破。

　　在整个仪式中，非常强调关帝，这个词所代表的的含义是"忠心义气"。"4"是被频繁使用的数字，而水、陆、平、安四个字也反复出现，会党的其中一个名称是"四个字"（Sz Koh Tsz），另一个名字是"四孔会"，"四孔"来自于"华记"中的"华"字。该会党的大多数暗语都用四根手指来表示，数字21日和31日也经常出现在这个会党的诗文中，这些都源于华记会的"华"字。

　　让人特别感兴趣的是华记会在万里望和吉隆坡华人公墓中的两个坟墓，坟墓里没有尸体，坟墓是用来祭拜华记会同胞的。在霹雳州万里望的那个是华记会的传统中心，建于1948年4月15日，就是农历的3月初七，上面还刻有一幅图，还有一些题字：由崔恒堂（Choh Heng Tong）建立的海外华人子孙及神明的会馆，崔恒堂是华记会马来亚分会。吉隆坡的墓1951年落成，以"广华"命名。在主题字的两边各有一行小字，把这两行字的前、后两个字放在一起就成了"水陆平安"。华记会在1948年和1951年又分别翻修了这些纪念祖先的坟墓，这表明了战后马来亚联华记会有所复兴。

引文中使用的缩写来源

Act. Sec.：Acting Secretary

AR：Annual Report

App.：Appendix

Beng.：Bengal

CDPL：Corresp. relating to the Disturbances in Perak and Larut

Commr, Dy Cmmr：Commissioner, Deputy Commissioner

COD：Colonial Office Despatch

Col. Sec.：Colonial Secretary

Conf.：Confidential

Cons：Consultations

Corresp.：Correspondence

CP：Chinese Protectorate

CSO：Colonial Secretary's Office

doc.：document

EPO：Enquiry into the Complicity of Chiefs in the Perak Out-rages, 1876

FMS：Federated Malay States

Ft Cornwallis/

William：Fort Cornwallis /William

GD：Governor's Despatch

GG：Government Gazette

GN：Gazette Notification

GOL：Government of India

Gov.：Governor

Leg. Co.：Legislative Council

Lett.：Letter（s）

Mal.：Malacca

Mgte：Magistrate

Mtg：Meeting

Ord.：Ordinance

P. of C.：Protector of Chinese

PEP：Perak Enquiry Papers

Pg：Penang

PLC：Proceedings of Legislative Council

PRCR：Penang Riots Commission Report

Pres.：President

RCs：Resident Councillor（s）

Reg.：Regulation

Sel.：Selangor

Sel. Ctee：Select Committee

Sing.：Singapore

SS：Straits Settlements

Supt：Superintendent

中英文译名对照表

1st Cross Street 吉宁街

2nd Cross Street 豆腐街

3rd Cross Street 海山公司街

Acheen Street 亚真街

Acheh 亚齐

Act of Commercial and Industrial Security Corporation 工商保安公司法

Ah Hsiu 亚秀

Ah Man 亚满

Ah Quee 亚贵

Ah Yi 亚意

Alchymist 炼金术士会

Alor Janggus 亚罗章古

Alor Star 亚罗士打

Amoy Street 厦门街 86208500

An Chi' Sheng Wang 安济圣王

An His district 安溪县

Analects 论语

Anderson Road 安德申路

Andlusia 安达卢西亚

Armenian Lane 亚米年巷

Assassin 暗杀十字军回教徒

Assessors 司法顾问

Attorney-General 检查长，首席检查官

Au Shen Kang 欧慎刚

Autumn Sacrfice 秋祭（Ch'iu-Chi）

Ayer Panas 热水湖

Baba-ization

Bagan Serai 峇眼色海

Balik Pulau 巴力布劳

Banday 班多依

Banishment Ordinance 驱逐法令

Banka islands 邦加群岛

Barkerville 巴克维尔

Barracoons 巴拉坑（猪仔馆）

Batavia 巴达维亚

Batu Kawan 巴图·卡万

Beach Street 美芝街

Bedok 勿洛

Bencoolen 明古连

Bengkalis 望加丽

Bengtong 文冬

Ch'iu Ch'ien yung（Khoo Chien Eng）
邱迁荣

Ch'iu Cheng Chung（Khoo Cheng
Tiong）邱正忠

Ch'iu Shu-yuan（Khoo Seok-wan）
邱菽园

Ch'iu-shih chia tsu hsueh-tang 邱氏
家族学堂

Ch'u Yuan 屈原

Ch'uah Chou（Ch'uanchou）泉州

Ch'un Ch'iu 春秋

Ch'un-chi 春祭

Chai Fang（They pang）宅房

Chai Hon Chan 蔡洪城

Chalmers 查默斯

Chan clan 陈氏宗族

Chan Gaik Ghoh 陈佳鹤

Chan Lak-koon 曾六官

Chang Chih-tung 张之洞

Chang Chou 漳州

Chang Fang-lin（Cheang Hong Lim）
章芳林

Chang Hsin pao 张欣保

Chang Hsun 张巡

Chang Kung Sheng Chun 张公圣君

Chang P'U sub-group 漳浦小集团

Chang Pi-shih（Thio Tiauw Siat）张
弼士（张兆燮）

Chang Te-yi 张德彝

Chang, Keng Kwee 郑景贵

Chantabun 尖竹汶

Chantu 成土

Chao I 赵煜

Chao Tze-lung 赵子龙

Chap Ji Ki（Shih Erh Chih）十二支

Char Yang Hui Ch'un Kuan 茶阳回
春馆

Cha-Shih-Shu mei-yue t'ung-chi-chuan
察世俗每月统计传

Che Toah 仄大、头头

Cheah（Hsieh）谢

Chee Liew Seong 祁柳松

Chekiang 浙江

Chen Mong Hock 陈蒙鹤

Chen Sang（Tseng Ch'eng）增城

Chen Tieh-fan 陈铁凡

Chen Wu Shan She（Chin Boo Seang
Seah）振武善社

Cheng Ch'eng-kung（Koxinga）郑成
功（国姓爷）

Cheng Ching Kuei（Chang Keng
Kwee）郑景贵

Cheng Hoon Teng 青云亭

Cheng Pang（Shung Fang）岑房
（松房）

Cheng U Wen 简又文

Chewan 陈宛

Chia Cheng Sit 赵曾石

Chia Ying Hui Kuan 嘉应会馆

Chia-chang 家长

Chiang Hai Ding 蒋海定

Chiang Wen-jui 蒋文瑞

附录五　槟榔屿建德社与
大伯公会神明①

　　会党的形成原因是可以理解的。早期在槟榔屿的中国移民主要是来自广东和广西的"澳门人②"，他们组成了劳工和小手工工人社区。数量较少的闽南人主要做店主和商人，他们中的许多人来自马六甲及其附近的其他地区，他们很久以前就住在这些地方了。由于地域、语言、风俗和职业的不同，闽南语系人口为了相互支持和保护自己的利益而结合在一起，在中国出生讲闽南语的人在1826年成立了自己的会党——全胜，其目的是为了保护自己不受澳门人各种会党专横霸道的影响，1844年成立的建德社也是这个原因。然而，仍有一些讲闽南语的人留在义兴会。

　　位于槟榔屿打铜街的会党的守护神大伯公仍然存在部分老建德社及属于合和兴——一个由土生福建人社群领袖组建的协会，在1890年被官方解散——的福德社内存在，继续担当起神社的责任。它由三个字母分别代表三个早期的客家人移民：老师李常、烧炭翁赵秀兴、铁匠马福春。他们三人肝胆相照，坟墓至今还在丹绒道光的为纪念他们三人建的寺庙——海珠庙中找到。马的墓碑上刻的日期是1809年，但据说寺庙十年前就建好了。就像槟榔屿其他的姊妹寺庙一样，这个寺庙也是客家人建起来的。那时候建德社内对抗严重，因为福建人和澳门人都想垄断当地的庙宇，好在每年正月十五这一天开展他们的庆祝仪式。这件事最后总算通过仲裁解决

---

　　①　See above, p. 75.

　　②　因为广东、广西的劳工都到澳门上船，新加坡当地把从澳门来的船上的劳工都称作"澳门人"。——译者注

Chief Commissioner 警察局长

Chieh Yang 揭阳

Chihli 直隶

Chin Ah Yan 陈亚炎

Chin Chin 泉泉

Chin Men 金门

China Street 中国街——（槟榔屿）
俗称大街或观音庙直街。在庇能
街和美芝街之间的一段称明山
（Khoo Beng-san）路头。（新加
坡）俗称（A）宝致祥街或赌间
口，（B）义兴街。

Chinchew 漳州

Chinese Free School (Ts'ui Ying Shu
Yuan) 翠英书院

Chinese Protector 华民护卫司

Chiu Ah Cheoh 赵亚爵

Chiu Sin Yong 赵兴荣

Cho Kim Siang 蔡锦祥

Choa Chong Long 蔡沧浪

Chong Shing Yit Pao 中兴日报

Chong-far 从化

Choong Hoong-lim 章芳琳

Chow Ah Chi 曹亚志

Chow Ah Yeok 赵煜

Chu Hua (Pig's Flower) 猪花

Chu Tsai Kuan 猪仔馆

Chu Tung-tsu 瞿同祖

Chua Moh Choon 蔡茂春

Chua Tse Yung (Ts'ai Tzu yung) 蔡
子庸

Chui Kwei Chiang 崔贵强

Chuliah Street 珠烈街（槟榔屿），
这条街道分为四段，第一段俗称
大门楼，第二段俗称吉宁街
（Kling Street）或衣箱街。

Chung Keng-Kwee 郑景贵

Chung Thye-phin 郑太平

Chung Yung 中庸

Church Street 教堂街，（槟榔屿）
俗称义兴街

CID, Criminal Inspector Department，
犯罪侦察科

Circular Road 沙球劳路

Civil Service System 公务员制度

Clare Street 吉利街

Cloward 克洛沃德

Cochin China 交趾支那

Cockman Street 国民街

Colonial Resident 殖民地驻扎官

Commercial and Industrial Security
Corporation，CISCO. 工商保安
公司

Commercial and Industrial Security
Corporation 工商保安公司

Commissioner 特别委员

Connon Street 大炮街

Consul General 总领事

Coope 库帕

Corridor Riot 走廊暴动

Cosa Nostra 科萨·诺斯特拉党

Council 议会，由特定议院组成为

某些特别事情召开的会议

Cowan Street 高温街

Credit-ticket system 契约劳工

Cressey 克雷西

Criminal Investigation Department 新
加坡刑事侦查局

Criminal Justice（Temporary Provi-
sions）Ordinance 刑事裁判（临
时条款）法令

Criminal Law（Temporary Provi-
sions）Amendment Ordinance 刑
事法（临时条款）修正法令

Cross Street 克罗士街，（新加坡）
俗称海山街

Dato Klana 拿督克拉纳

Dato Pendar 拿督班达

De Groot 哥特罗

Deli 日里

Deputy Superintendent of Police 副警
监

Detention Order 扣留令

Die-throwing 抛骰子

Dominoes（P'ai Chiu）牌九

Dool Syed 杜尔·赛益

Dukheim 涂尔干

Dunlop, S.（Major）邓洛普少校

Durian Tunggal 榴梿东加

Dutch East Indies 荷属东印度

Eng Choon Hui Kuan（Yung Ch'un
Association）永春会馆

Eng Chuan Tong Tan Clan 颖川堂

陈氏

En-p'ing 恩平

Etzioni 埃吉奥尼

Excise farm system 包税制度

Faction age 会龄

Falding 福尔汀

Falim Town 花林镇

Fan Shuh Ching 方树清

Fan-Tan 番摊

Federated Malay States 马来联邦

Federation of Malaya 马来亚联合邦

Feng Shan Temple 凤山寺

Fiji 斐济

Fire-crackers 燃放炮竹

Five classics 五经

Foo Chee Choon 胡子春

Four Books 四书

Four District（See Yap）四邑

Fraser River 弗雷泽河

Freyer 弗里尔

Fu Shang-Chang 傅上璋

Fu Te Tzu 福德祠

Fu Teh T'zu 胡子春

Fui Chew（Hui Chou）惠州

Fui Chew 惠州

Gan ngoh Bee 颜无壁

Gate of Chinchew 泉州门

George Town 乔治镇

Geylang Road 牙笼路

Ghee Hin 义兴

Ghee Hock Street 义福街

Larut War 拿律战争

Larut 拿律

Lat Pau 叻报

Lau Kwan Cheong Chew Ku Seng Wuikun 刘关张赵古城会馆

Lau-khan 老客

Laxamana Road 拉森马那路

Laxamana Road 叻土曼那路

Layman 莱曼

Lazarettist 遣使会

Lee Cheng Yan 李清渊

Lee Poh Ping 李葆平

Lee Seng Nam 李盛南

Lee Teng Hwee 李廷辉

Lengdeck 宁德

Lengdeck 宁德

Lenggong 玲珑

Leong Ah- paw 梁亚保

Leong Kwong Hin 梁光兴

Leong San Tong Khoo Gongsi 龙山堂邱公司

Leong Sim Nam Street 梁森南街

Li Ch'ai-yu 李菜瑜

Li Chun-ch'ang 李君常

Li Hsing-P'u 李星谱

Li Mien 李敏

Li Wei-ching 李为经

Liang Ch'I Ch'ao 梁启超

Liang Chi 梁基

Liang Jen-K'uei 梁壬葵

Light Street 莱街

Lim Cheng Kah (Lin Ch'ing-chia) 林清甲

Lim hong Khim (Lin Hung-ch'in) 林鸿钦

Lim Hua Chiam (Lin Hua-Chuan) 林花钻

Lim Jiong Kong (Lin Jang-kung) 林让公

Lim Keong Lay (Lin Kung-li) 林恭礼

Lim Ngee Shun 林义顺

Lim Seng Hooi (Lin Ch'eng-hui) 林盛辉

Lim Sin Hock (Lin Ch'eng-fu) 林承福

Lin Boon Keng 林文庆

Linggi 林加

Lingua franca 通用语言

Liu Chin-pang (Low Kim Pong) 刘金榜

Liu His-hung 刘锡鸿

Liu Jen-kuang (Liu Ngim Kong) 刘壬光

Liu Jun-the 刘润德

Liu K'un-I 刘坤一

Liu Pei 刘备

Liu Shih-chi 刘士骥

Livelihood Market 生活公市

Livelihood market 生活公市

Lo Fang-po 罗芳伯

Lo Shan She 乐善社

Socialist Front 社会主义阵线

Soo Pang（Yu Fang）屿房

Soochow 苏州

Special Constbale 特别警察、临时警察

Speech-occupation-kinship complex

Ss Hui Districts 四会县

Ssu Chou Jit Pao 四州日报

Ssu Shih Yeh 四师爷

Standing Orders 终止议事程序

Stirling 斯特林

Strodtbeck 斯特罗贝

Sumatra 苏门答腊

Sun Theatre 中山戏院

Sung Pak Kwun（Sung Pai Kuan）松柏馆

Sungei Ujong 双溪乌戎

Sunwui（Hsin-hui）新会

Swatow 汕头

Syers 赛耶斯

Sze Yap Chan Clan 四邑陈氏

T'ai Shan T'ing 泰山亭

T'ai Shan 台山县

T'ien Fu Kung 天福宫

T'ou-Chia（Towkay）头家

T'ung Wen kuan 同文馆

Ta Hsueh 大学

Ta P'u District 大埔县

Ta Po Kung 大伯公

Ta Tung Shih 大董事

Taiping 太平

Tan Ah Loo 陈亚罗

Tan Beng Swee（Ch'en Hsien Chang）陈明水（陈宪章）

Tan Boo Liat 陈武烈

Tan Che Sang 陈送

Tan Cheng Lock 陈祯禄

Tan Hiok Nee 陈旭年

Tan Hun Chiu 陈云秋

Tan Jiak Kim 陈若锦

Tan Kang Hok 陈刚福

Tan Kim Ching 陈金钟

Tan Kim Seng 陈金声

Tan Ngun Ha 陈光夏

Tan Poh Ya 陈伯牙

Tan Quan Kong（Ch'en Yuan kuang）陈云光

Tan Seng-poh 陈成宝

Tan Tek Soon 陈德松

Tan Tek 陈德

Tan Tock-seng 陈笃生

Tangling 或 Tanglin Tuah 大东陵

Tanjong Pagar 丹戎巴葛

Tank Road 坦克路

Tao Nan 道南

Tao yuan 道员

Tap Tangs 搭灯

Tavoy 土瓦

Tavy 土瓦

Teang Wat（chop）田华号

Telok Anson 安顺

Telok Ayer 直罗亚逸（源顺街）

Temple Street（马六甲），今称 Jalan Tokong（督公街），俗称观音亭街

Teo lee 张理

Teo Sian Keng（Chang Shan-ch'ing）张善庆

Teochiu 潮州人

The Game of Chap Ji Ki 十二支的玩法

The Mean 中庸

The Police Act 警务条例

The Tung Shin Institute 同心学校

The Union Times 南洋总汇报

Thien Nan Shin Pao 天南新报

Third Cross Street，今称 Jalan Hang Lekir，俗称海山街。

Thoe Lam Jit Pao 图南日报

Thong Chai（T'ung Chi）I Yuan 同济医院

Thrasher 思雷舍

Tien Fu Kung 天福宫

Tikoo 大哥

Ti-li 地理

Tin Kap 郑甲

Tinco 烟渣

Ting-chu system 亭主制度

Tio Apiang 赵亚平

Tjan Tay Sion 郑泰嵩

Tjoe Atjin（Chu Ah-hsin）朱亚辛

Toisun 台山

Tokong 督公会

Tong Kun 东莞（T'ung Kuan）

Tongka 哐叩

Toon Keng Tong（Tun Ching T'ang）敦敬堂

Traid 天地会

Ts'ao 曹

Ts'en Ch'un-hsuan 岑春煊

Ts'ui Ying Shu Yuan 翠英书院

Tseng Ch'eng 增城

Tseng Chi-tse 曾纪泽

Tseng Chi-tse 增纪泽

Tseng Lung 增龙

Tso Ping-lung 左秉隆

Tsu-chang 族长

Tsun K'ung hsueh-t'ang 尊孔学堂

Tsungli 总理

Tua Chor 大祖

Tung Hsing 东兴

Tungnay Bulu 东乃巫鲁

Tuscany 托斯康尼

Tz'u-his 慈禧

Tzu-pen chia 资本家

Ulster 乌尔斯特

Ulu Kelantan 乌鲁吉兰丹

Vaughan 沃罕

Vaz 瓦兹

Wade-giles 威妥玛—翟里思

Waller Court Housing Estate 华大伟园

Ward 沃德

Wee Ah Hood 黄亚福

Wee Kim Yam 黄金炎

Wen Ch'ang 文昌

Wen Fu 文福

Wen Kuan Shun 温观顺

Wen Shan T'ang（Boon San Tong）文山堂

Win Tai Kwan 云台馆

Wong Lin Ken 黄麟根

Wong Lin Ken 黄麟根

Wu Chiang Feo Chi Temple 浯江浮济庙

Wu Hsin-k'o 吴新科

Wu Hsin-shui 吴秀水

Wu Lien-the 伍连德

Ya Shui Ch'ien 押岁钱

Yamen 衙门

Yang Cheng School 养正学校

Yang H'o Ling 杨鹤龄

Yang Teh Ch'ing（Yeoh Teck keng）杨德卿

Yao Teh Sheng 姚德胜

Yao Teh T'ang 耀德堂

Yap Fook（Yeh Fook）叶福

Yap Ket Si（Yeh Kuo Sze）叶国驷

Yap Kwan Seng 叶观盛

Yap Ng（Yep Wu）叶五

Yau Taf Shin Street 姚德胜街

Yeh Chih Ying（Yeh Po-hsiung）叶致英（叶伯雄）

Yeh Chih Yuen 叶季永

Yen Yung Ch'eng（Gan Eng Seng）颜永成

Yenping（En-p'ing）恩平

Yeoh Seng Chan 杨盛赞

Yeoh Teck Keng（Yang Teh Ch'ing）杨德卿

Yeong Seng What 元兴行

Yin Shueh-Ch'un，Yin Shut Chuan 殷雪村

Ying Ho Kuan 应和馆

Ying ho 应和

Yu Ch'ai hsueh-t'ang（Yuk Choy School）育才学堂

Yu Ho 裕和

Yu Huang Tien 玉皇殿

Yuan Hsiao festival 元宵节

Yueh Hai Ch'ing Miao 粤海清庙

Yung Ch'un 永春

Yung Ting 永定

Zero-sum game 消长戏艺

Sap Sam Yau 十三友

Chamber of Commerce 商会

Order in Council 枢密令

Chap Ji Ki 十二支

Chap Sah Io 十三友

Chap Sah Tai Poh 十三太保

Goh Chhin 五星

Hung Mun Kak Sun Tuen 洪门革生团，（即洪门）

the Chung Yee Tong 忠义堂

the Harvard Estate Youth Corps 哈佛

青年团

the Land and Sea Gangs 陆海帮

the Three Dots Society 三点会

the San Ji Thoan，(Sa Ji) 三字团

the Thik Leng Thoan，Thit Leng or I-ron Dragon 铁龙团

Kwan Luen 军连

Hung Kwan 红军

Yee Sap Yat Hing，Twenty-one Brothers 廿一兴（二十一兴）

Kiau Yew Benevolent Society，Overseas Friends Benevolent Society 侨友慈善社

Hoi Luk Fung 海陆空

Chung Yi Tong 忠义堂

Lo Chu 卢主

Choan Gi Ho 赵二和

Gi Kung Tong 二公堂

Ch'at Fong Pat Min；Seven Cardinals，Eight Faces 七方八面

Ng Fong Luk Min；Five Cardinals，Six Faces 五方六面

Sam Fong Si Min；Three Cardinals，Four Faces 三方四面

Klings 吉宁人·

Malayan Union 马来亚联邦

picul 担 = 133 又 1/3 英磅

Catty or Kati 斤 = 1 又 1/3 英磅

tahil or tael 1 两 = 1 又 1/3 盎司

Sundanese 巽他人

Amboynese 安汶人

Achinese 亚齐人

Jambi 占碑

Billiton 勿里洞

Moulmein 毛淡棉

Palembang 巨港

Surabaya 泗水

San-fo-tsi 三佛齐

Tumasik 淡马锡

Banjermassin 马辰

Semarang 三宝垄

Towkays 头家

Inperium in imperio 国中之国

Toh Peh Kong，Ta Pai Kung，Tai Pak Kung 大伯公

Mui Tsai 妹仔

Trengganu 丁加奴

Johore 柔佛

Johore Bahru 新山

Kluang 居銮

Muar 麻坡

Batu Pahat 峇株巴辖

Segamat 昔加末

Kota Tinggi 哥打丁宜

Pontian 笨珍

Mersing 丰盛

Kedah 吉打

Alor Star 亚罗士打

Kubang Pasu 居邦巴蜀

Padang Terap 巴东铁腊

Yen 铅坡，或作燕埠

Kuala Muda 瓜拉勿打

Sik 锡

Baling 华玲

Kulim 居林

Bandar Bahru 万打峇鲁

Langkawi 兰加威岛

Kelantan 吉兰丹

Kota Bharu 哥打峇鲁

Pasir Mas 巴西马士

Ulu Kelantan 乌鲁吉兰丹

Pasir Puteh 巴西布地

Bachok 峇佐

Machang 马章

Tumpat 道北

Tanah Merah 丹那美拉

Alor Gajah 亚罗牙也

Jasin 野新

Negri Sembilan 森美

Seremban 芙蓉

Kuala Pilah 瓜拉比劳

Rembau 林茂

Tampin 淡边

Port Dickson 波德申（迪克生港）

Jelebu 日里务

Pahang 彭亨

Kuantan 关丹

Bentong 本洞（文冬）

Raub 劳勿

Cameron Highlands 金马仑高原

Pekan 北根

Lipis 立比（立卑）

Temerloh 淡马鲁

Penang 槟榔屿

City of George Town 槟城

Butterworth 北海

Bukit Mertajam 大山脚

Nibong Tebal 高渊

Perak 霹雳

Upper Perak 上霹雳

Krian 吉利安

Larut & Matang 拉律及马丹

Kuala Kangsar 瓜拉江沙

Dindings 天定

Kinda 近打

Batang Pabang 八塘巴东

Lower Perak 下霹雳

Perils 玻璃市

Selangor 雪兰莪

Kuala Lumpur 吉隆坡

Ulu Selangor 乌鲁雪兰莪

Kuala Langat 瓜拉冷吉

Klang 巴生

Besut 勿述

Marang 毛兰

Dungun 龙运

Kemaman 甘马挽

Bencoolen 明古粦

Bukit Gudong 三宝山

Bukit Tempurong 头盖山

Campon China = Kampong China 中国村

Atap house 亚答屋

Batak 峇达

Balinese 峇里

Cambaya 真腊

Chaul 注尔

Pegu 北固

Bentam 班塔木

Kampong Glam 格兰村

Bangsal 苦力

Bukit Timur 武吉知马

Esplanade 大草埔

Toh Ah Boon 杜亚文

Leppa-Lepar 立巴河

Pekan Baharu 北干峇鲁

Pekan Lama 北干拉麻

Pulo Condore 昆仑岛

Pulau Tinggi 浮卢丁宜

Timiong，Temiang 第买恩

Tanjang Putus 丹戎普渡

Durians 榴莲

Sokor River 苏角河

Pulai 波赖

Bukit Gantang 武吉干冬

Kamunting 甘文珍

Klian Pauh 吉利包

Klian Baharu 新吉利

Matang 峇东

Go Hin 吴兴

Po Leung Kuk 保良局

Sungai Besi 雪兰莪新街场

Hong Fatt 丰发

Batu Arang 峇株亚令

Baracoon 猪仔馆

Budu 布杜

Union Times 同盟时报

Yat Pau Press 日报新闻

Dalforce 义勇军

Yamashita 山下奉文

Wataniah 抗日军

UMNO（United Malay Nationalist Organization）马来民族统一机构

Malayan Democratic Union（MDU）马来亚民主同盟

New Flower，San Fa 新花会

Eight Immortals，Pat Sin 八英会

Yi Leung Hoh 二龙虎

Hung Fa 红花会

Hua Huen 花园帮

Behs 魏

Menglembu 万里望

T'in Fong Pong 天堂帮

Siew Fei Ying 小飞鹰

Siong Foo San 双虎山

San Leng Pat 新"08"

Siew Ying Hung 小英洪

Siu Mui Fa 小梅花

San Yi Hing 三二兴

Kepala 首领或监工

Sungei Nipah 双溪尼巴

Gi Tiong Hin 二忠心

Fei Lung T'ong 飞龙堂

Sungei Udang 双溪乌丹

Lau Kwan Teo 刘关张

Chap Si Beng 14 名

Pulau Besar 勿刹岛

Yee Hup Who 义和华

Sio Gi Ho 双二和

Kapak Kechil 小斧

Chung Yi Tsung Sheh 忠义总社

Lim Yew Hock 林有福

Malayan Chinese Association 马华公会

Social Front 社会主义阵线

People's Progressive Party 人民进步党

Cairnhill 经禧区

Tanjung Pagas 丹戎巴葛区

PAP 人民行动党

Lee Kuan Yew 李光耀

SPA，Singapore People's Alliance 新加坡人民联盟

Pulau Senang 安乐岛

TUC，Trade Union Congress 商贸会

SATU 新加坡工会联合会

Liu Ngim Kong 刘任光

Yap Ah Loy 叶亚来

Hap Shah 和合兴

Habsya 和合兴

SEE KWAN 四军

CHEN SHANG 增城

Khoo Hong Chooi 邱鸿作

Hiu Sam 邱三

Yap Ah Shak 叶亚致

Hoi Luk Fung 海陆丰